银 川 市 统 计 局
国家统计局银川调查队 编

银川统计年鉴

2019

YINCHUAN
STATISTICAL
YEARBOOK

中国统计出版社
China Statistics Press

图书在版编目（CIP）数据

银川统计年鉴. 2019 / 银川市统计局, 国家统计局银川调查队编. -- 北京：中国统计出版社, 2019.12
ISBN 978-7-5037-8940-3

Ⅰ. ①银… Ⅱ. ①银… ②国… Ⅲ. ①统计资料－银川－2019－年鉴 Ⅳ. ①C832.431-54

中国版本图书馆CIP数据核字(2019)第183078号

银川统计年鉴-2019

作　　者 / 银川市统计局　国家统计局银川调查队
责任编辑 / 钟　钰
装帧设计 / 蔡丽静
出版发行 / 中国统计出版社有限公司
地　　址 / 北京市丰台区西三环南路甲6号
邮政编码 / 100073
电　　话 / 邮购（010）63376909　书店（010）68783171
网　　址 / http://www.zgtjcbs.com
印　　刷 / 银川金利丰彩色印刷有限责任公司
经　　销 / 新华书店
开　　本 / 890mm × 1240mm　1/16
字　　数 / 1300千字
印　　张 / 41.75
版　　别 / 2019年12月第1版
版　　次 / 2019年12月第1次印刷
定　　价 / 300元

如有印装差错，由本社发行部调换。

《银川统计年鉴—2019》编辑委员会

《银川统计年鉴—2019》编辑部

编辑说明

一、《银川统计年鉴—2019》是一部全面反映银川市经济和社会发展状况的综合性统计资料年刊。本书收录了银川市2018年经济和社会发展等方面的统计数据以及历史重要年份的全市主要统计数据，它是认识和研究银川市情、交流社会信息、制定政策、指导工作不可缺少的重要工具，也是国内外了解银川的主要窗口。

二、本年鉴内容分特载、统计资料、附记三个部分。统计资料有15个部分组成，即：1.综合；2.人口及劳动力；3.农业；4；工业；5.能源；6.固定资产投资；7.建筑业；8.交通运输与邮电；9.内贸、外贸和旅游；10.财政金融保险；11.人民生活和物价；12.城市公用事业；13.教育、科学、文化；14.卫生、体育、民政、司法及其他；15.全区分市县资料。为便于读者使用，每部分都附有主要统计指标解释。

三、本年鉴的统计范围均为“地区”口径，含三区两县一市，包括行政区划内中央、自治区属在银单位的统计资料内容，为地域统计。

四、《银川统计年鉴—2019》是在市委、市政府和编委会领导以及各供稿单位的关心和大力支持下完成，在此谨致以诚挚的谢意！竭诚欢迎广大读者对年鉴的不足之处给予批评和指正，帮助我们进一步提高编辑水平。

编者

2019年12月

目 录

CONTENTS

特 载

Special Issue

统计资料

Statistial Data

一、综 合

General Survey

二、人口及劳动力

Population and Labor Resources

三、农业

Agriculture

四、工业

Industry

五、能源

Energy

六、固定资产投资

Investment in Fixed Assets

七、建筑业

Construction

八、交通运输与邮电

Transport, Postal and Telecommunication Services

九、内贸、外贸和旅游

Domestic Trade, Foreign Trade and Tourism

十、财政金融保险

Governement Finance,Financial Intermediation and Insurance

十一、人民生活和物价

people's living conditions ang price indices

十二、城市公用事业

City Public Utilities

十三、教育、科学、文化

Education,Science and Culture

十四、卫生、体育、民政、司法及其他

Public Health, Sports, Civil Administration, Justic ang Others

十五、全区分市县资料

Statistical Data by City and County

附 记

Apprndix

特　载

Special Issue

政府工作报告

——2019年1月9日在银川市第十五届人民代表大会第三次会议上

银川市人民政府市长　杨玉经

各位代表：

现在，我代表市人民政府向大会作政府工作报告，请予审议，并请市政协委员和其他列席会议的同志提出意见。

一、2018年工作回顾

刚刚过去的一年，是全面贯彻党的十九大精神的开局之年，也是银川推动高质量发展极不平凡的一年。一年来，在改革开放40周年、自治区成立60周年历史鼓点下，在习近平总书记"建设美丽新宁夏、共圆伟大中国梦"大庆题词感召下，在自治区党委、政府和市委的坚强领导下，市政府深入学习贯彻习近平新时代中国特色社会主义思想和党的十九大、自治区第十二次党代会精神，团结带领全市人民，狠抓"三转一高"工作落实，令出惟行，锐意进取，攻坚克难，推动银川发展在新征程上呈现新气象。自治区成立60周年大庆各项任务圆满完成，"绿色、高端、和谐、宜居"城市发展新理念全方位实施，银川都市圈、"四区四园"建设等重大战略布局全面铺开，城乡西线供水等一批战略性经济民生工程谋定而动，防范化解重大风险、精准脱贫、污染防治"三大攻坚战"扎实推进，中央巡视、国务院大督查和环保督查反馈问题加快整改，荣获全球首批国际湿地城市称号，获评2018中国最具生态竞争力城市、"国家公交都市建设示范城市"，被列为全国"互联网+教育"和"互联网+医疗健康"示范区核心区，成功举办"一带一路"国际葡萄酒大赛、全球智慧城市峰会，银川知名度、美誉度、影响力持续攀升。地区生产总值同比增长7.2%，规模以上工业增加值同比增长7.5%；固定资产投资同比下降21.9%，社会消费品零售总额同比增长4.8%；一般公共预算收入同口径增长8.0%；城乡居民人均可支配收入分别同比增长7.9%和8.2%。

一年来，重点抓了以下几方面工作：

（一）加快动能转换，高质量发展迈出新步伐。坚持以供给侧结构性改革为主线，出台促进投资10条、工业转型升级24条、"1+2+7"人才新政等一揽子政策，经济结构优化升级。大力实施创新驱动战略，组建葡萄酒产业技术研究院等4个"产学研建"平台，国家高新技术企业达到95家，全社会R&D投入强度达到1.71%。扎实推进"三去一降一补"，淘汰落后产能78万吨，万元GDP能耗下降5%以上，商品房去库存周期缩短至10.78个月，累计减免各项税费130.34亿元。大力推进园区优化整合，经开区跻身国家级开发区百强，中关村双创园获评自治区级现代服务业集聚区，丝路经济园、苏银产业园、军民融合产业园建设初见成效，园区成为引领高质量发展主战场。培育"专精特新"中小企业60家、示范企业13家、自治区标杆企业10家，石墨烯新材料项目一期投产，预计装备制造业增加值增长16%；葡萄酒产业链由种植、加工向创意研发、品牌塑造拓展；电子商务网络零售交易额增长20%。旅游总收入突破150亿元，同比增长15.83%。服务业对经济增长贡献率达到60%。招商引资到位资金505亿元，民营企业占87.5%。投资结构进一步优化，民间投资比重上升至57.7%。

（二）重拳铁腕治污，生态环境建设取得新突破。深入实施"生态立市"战略，以前所未有的决心和力度，投入资金61亿元，加强生态环境治理，生态环境质量持续好转。中央环保督察交办2017年整改任务全部完成，2018年整改任务基本完成，中央环保督察及“回头看”转办件办结率分别达99%、98%，严肃查处了泰瑞制药违规违法生产等问题，困扰群众多年的“异味扰民”问题得到有效解决。“东热西送”一期工程建成投用，集中供热覆盖区域燃煤锅炉应拆尽拆，结束了长期以来低效分散的供热历史。治煤、治车、治企、治尘、秸秆禁烧工作持续发力，空气优良天数较去年增加21天，PM10下降17.9%，PM2.5下降20.8%，空气质量改善幅度位列全国169个重点城市第4、全区第1。工业园区污水实现集中处理，城市污水处理厂全部达到一级A排放标准，清污分流项目建成投运，城市黑臭水体基本消除，城市集中饮用水水源地水质100%达到或优于Ⅲ类标准。6条入黄排水沟人工湿地和滨河湿地扩整连通工程初步建成，新增水域1万亩，黄河银川段水质实现“Ⅱ类进Ⅱ类出”。国家自然保护区生产企业全面清除，灵武再生资源循环园区整治基本完成。全市累计生态修复面积47万平方米，植树造林7.7万亩。

（三）加强统筹协调，银川都市圈建设取得新进展。深入实施区域协调发展战略和乡村振兴战略，“三市一地”携手共进、融合发展。参与实施银川都市圈项目75个，银西高铁、包银高铁、火车站客运综合枢纽等互联互通项目加速推进，高端装备制造、现代纺织等产业协作更加密切，贺兰山东麓绿化、葡萄酒长廊生态防护等生态共治项目进展顺利，教育医疗等领域惠民合作拓展延伸。城市设计等国家改革试点不断深化，凤凰北街打通、贺兰山西路拓宽等16条市政道路建成投用，“疏堵提畅”工程成效明显。建成小微公园10个，人均公园绿地面积达到16.79平方米。生活垃圾分类处理覆盖60万人口，建成投用综合执法平台等智慧城市项目9个，城市品质持续提升。新建水稻、蔬菜“五优”示范基地20个，设施园艺达32万亩，60%以上蔬菜外销，乡村旅游实现营业收入4.8亿元。加快农村人居环境整治，排查整治“大棚房”6853个，清理违法违规占用土地449.3亩。累计建成美丽村庄104个、全国特色小镇3个。

（四）扩大开放合作，改革创新取得新成果。以庆祝改革开放40周年为契机，在更大范围更宽领域扩大开放。深化东西合作，闽宁协作成果入选全国“决胜2020脱贫攻坚展”，献礼影片《闽宁镇》在全国上映；深化政企合作，与中铁、中冶、中电建等多家央企建立战略合作关系；京银、苏银、军地合作不断深化。创新审批模式，“不见面”办理事项达82%，企业开办一日办结，国务院大督查通报银川开办企业指标位列全国第2位、获得信贷位列第7位、工程建设项目报建位列第8位，新登记市场主体4.22万家、增长12.4%。城市管理综合执法体制改革试点全面完成。组建银川高新技术产业投资母基金、民营企业扶持基金，助贷规模达到60.17亿元。申请置换地方政府存量债务52.51亿元，解除政府购买服务协议30个40.6亿元，偿还债务30.73亿元。国际空港三期建成投用，河东国际机场年旅客吞吐量突破900万人次。国际货运班列常态化运营，公铁物流港被确定为国家多式联运示范工程。银川被列为23个空港型国家物流枢纽承载城市之一、55个商贸服务型国家物流枢纽承载城市之一。新设外资企业24家。

（五）加大民生投入，人民群众福祉有了新收获。财政支出80%以上用于改善民生。争取各级财政扶贫资金5.2亿元，实施产业扶贫项目58个，全面完成“十三五”易地扶贫搬迁安置任务，16个贫困村6732名贫困人口脱贫退出。创业带动就业1.97万人，农村劳动力转移就业10.58万人，城镇新增就业5.5万人，城镇登记失业率控制在3.58%以内。率先在西部地区将因病、残疾照顾返贫致贫家庭纳入低保，城乡低保标准位居西北省会城市前列。贫困群众大病医保报销比例提高5%。8.15万被征地农民纳入城镇职工养老保险。5182户困难群众住上“暖心房”。“首都带首府”教育医疗合作深入推进。实施北师大银川学校、北塔中学等28个教育项目，新增学位1.44万个。上线全国首个互联网医院监管平台，28家互联网医院累计服务患者900多万人次，“互联网+医疗健康”得到国务院大督查通报表扬。新建基层综合文化服务中心60个、示范性农民文化大院80个，推出《不到长城非好汉》《岩石上的太阳》等一批优秀剧目。2018年中国·意大利版画作品联展、毗邻地区文艺展演、舞剧《月上贺兰》等精品文化“外输”步伐加快，城市文化品牌不断增强。“丝绸之路”国际马拉松赛掀起全民健身新热潮。创建自治区级民族团结进步示范单位20个，列为全国少数民族流动人口服务治理体系建设试点城市。安全生产形势持续好转，防震减灾能力不断提升，成功抗击“5·10”“7·22”等洪灾。打掉涉黑恶势力犯罪团伙20个，命案发案率下降55%，人民群众安全感进一步增强。史志、档案、双拥、气象、妇女儿童、老龄、残疾人、红十字等工作有了新进步。

(六)**强化“四个意识”，政府治理能力得到新提升。**始终把学习贯彻习近平新时代中国特色社会主义思想和党的十九大精神作为首要政治任务，加强意识形态、脱贫攻坚、生态文明等内容学习，切实增强“四个意识”，坚定“四个自信”，坚决做到“两个维护”。始终在思想上、政治上、行动上与党中央保持高度一致，严格落实党内政治生活制度，严格执行重大事项请示报告制度，坚决执行党中央和自治区党委、政府以及市委的重大决策部署，始终做到上级有决策、政府见行动。严格落实“一岗双责”，健全完善政府党组议事规则等制度，深入推进违反中央“八项规定”精神突出问题专项治理，开展“电视问政”12期，问责“三不为”干部191人，政府系统党风廉政建设全面深化。加强法治政府建设，依法制定行政规范性文件15件，主动公开政务信息14万余条，政府透明度指数位列全国第7位。银川审改经验编入《中国地方法治发展报告》蓝皮书。自觉接受人大和政协监督，办理人大代表议案6件、建议121件，办理政协提案199件，办复率均达到100%。中央第八巡视组移交信访件办结率95%以上，“12345”热线畅通民意诉求通道，市民满意度不断提升。

各位代表，过去的一年，我们负重拼搏、砥砺前行，顶住了一个又一个压力，攻克了一个又一个难关，推动经济社会持续健康发展。一年的成果来之不易，这是习近平新时代中国特色社会主义思想正确指引的结果，是自治区党委、政府和市委坚强领导的结果，是市人大、市政协、社会各界有效监督和大力支持的结果，是全市人民勠力同心、合力攻坚、撸起袖子加油干的结果。在此，我代表市人民政府，向为银川经济社会发展付出辛勤劳动、给予充分理解的全市人民，向给予政府工作大力支持的人大代表、政协委员、各民主党派、工商联、无党派人士和各人民团体，向中央、自治区驻银单位、驻银部队、武警官兵、政法干警，以及所有参与银川建设的劳动者、关心支持银川发展的朋友们，表示崇高的敬意和衷心的感谢！

在看到成绩的同时，我们也清醒地认识到，高质量发展中还面临诸多问题和挑战：一是绿色发展基础还不稳固，污染治理和生态保护任务依然艰巨，绿色生产和生活方式还需加快构建。二是高端发展创新动力不足，产业结构不优、集群度低，企业主体实力不强，有效投资接续不足，新产业新动能培育发展缓慢，政府债务化解压力较大。三是和谐宜居发展结构性问题明显，民生保障水平还有待提高，教育、医疗、养老等公共服务供给总量不足、质量不优，城乡建设、区域发展还不平衡，城市建管水平需要进一步提升，脱贫富民还需持续用力。四是个别干部思想观念、能力作风与高质量发展要求不相适应，营商环境还需优化，行政效率还有较大提升空间。对此，我们一定要高度重视，坚持问题导向，聚焦短板弱项，采取强力措施，切实加以解决。

二、2019年工作

今年是新中国成立70周年，也是全面建成小康社会关键之年，做好今年工作意义重大。当前，国内外形势发生深刻复杂变化，世界面临百年未有之大变局，但我国发展仍处于并将长期处于重要战略机遇期。随着新时代改革开放再出发，“一带一路”建设深入推进，新一轮西部大开发战略深入实施，银川都市圈、沿黄生态经济带等重大决策部署纵深推进，减税降费及加快民营经济发展等利好政策效应充分释放，特别是“高铁时代”即将到来，银川高质量发展当下有为、未来可期。我们必须牢牢坚持发展第一要务，以强烈的担当精神和使命意识，主动对标习近平总书记视察宁夏重要讲话精神和“建设美丽新宁夏、共圆伟大中国梦”的重要指示，主动对标“走在前、作表率”的要求，主动对标“绿色高端和谐宜居”美丽新银川的决策部署，自我加压、勇于奋进、全力攻坚，奋力推进银川高质量发展。

今年政府工作的总体要求是：以习近平新时代中国特色社会主义思想为指导，深入贯彻党的十九大和十九届二中、三中全会及中央经济工作会议精神，全面落实自治区第十二次党代会、十二届六次全会和市委十四届六次、七次全会决策部署，统筹推进“五位一体”总体布局，协调推进“四个全面”战略布局，坚持稳中求进工作总基调，坚持新发展理念，坚持以供给侧结构性改革为主线，继续打好三大攻坚战，持续实施创新驱动、生态立市、脱贫富民、乡村振兴战略，扎实推进经济、政治、文化、社会、生态文明建设高质量发展，以首府责任、首府标准和首府担当，加快建设“绿色高端和谐宜居”美丽新银川，为实现“两个率先”目标打下决定性基础，为建设美丽新宁夏、共圆伟大中国梦贡献力量，以优异成绩迎接新中国成立70周年。

主要预期目标是：地区生产总值同比增长7%左右，总量突破2000亿元大关；规模以上工业增加值同比增长6.5%左右；固定资产投资同比增长3%以上；社会消费品零售总额同比增长6%左右；一般公共预算收入同口径增长7%左右；城镇和农村居民人均可支配收入分别同比增长7%、7.5%。全面完成自治区下达的各项约束性指标。

实现以上目标，困难不容低估。要坚定必胜信念、增强忧患意识、保持战略定力，聚焦建设“绿色高端和谐宜居”美丽新银川，坚持调子不变、频道不换，劲头不松、力道不减，努力做好以下工作：

（一）坚定不移推动绿色发展，加快建设西北地区生态文明先行市。加强生态文明建设、推动绿色发展，是实现高质量发展的题中之义。要深入实施生态立市战略三年行动计划，统筹兼顾、综合施策，推动生态环境质量持续改善，满足好人民群众对优美生态环境的需要。

打好污染防治攻坚战。聚焦环境突出问题，坚守阵地、巩固成果，不折不扣抓好中央环保督察反馈问题整改落实，推动污染防治由被动保护向主动建设转变，从重点突破向全形态、全链条、全市域治理迈进。打好蓝天保卫战。启动实施“东热西送”二期工程，淘汰两县一市集中供热覆盖区域40蒸吨以下燃煤供热锅炉，帮助和督促泰瑞、启元等生物发酵企业整治（搬迁），清理整治“散乱污”企业，抓好秸秆禁烧及综合利用，建成区裸露堆场地面整治全覆盖，城市垃圾、渣土运输全密闭，开展柴油货车污染专项治理，加快淘汰老旧车辆，确保优良天数比例达到78%以上。打好碧水保卫战。层层压实河（湖）长责任，推动“河（湖）长制”向“河（湖）常治”转变。实施滨河水系连通、中小河流治理、入黄排水沟人工湿地等项目，确保入黄和黄河断面水质稳定达标。年内完成饮用水水源保护区内污染源关闭搬迁，加快建设第一再生水厂，扩容提标第四污水处理厂，全面消除城市黑臭水体。打好净土保卫战。有效管控土壤环境风险，加强工业固体废物堆存排查整治和综合利用。实施农业“三减”行动，绕城高速以内所有农田全面禁止使用化肥、农药、除草剂，其他地区使用量降低15%。

加强生态环境保护。严守城镇开发边界、永久基本农田、生态保护三条红线，统筹推进山水林田湖草系统治理，争创国家森林城市。持续实施大规模国土绿化行动，造林13万亩。东部打好新时代黄河保卫战，加快河滩地生产经营活动退出，守护好白芨滩自然保护区生态环境，构建“黄金河岸”生态廊道；中部以东郊生态公园、南郊植物公园、北郊湿地公园、西郊森林公园和动物园为重点，构建生态绿网体系；西部以110国道为轴线，加快贺兰山东麓整体绿化，建设葡萄长廊防护林工程，绿化美化国道两侧和沿线产业园区。力促清水湖、七子连湖、梧桐湖争创国家级湿地公园，湿地保护率达到85%以上。加强自然生态空间用途管制，严格落实领导干部生态环境损害责任追究制，完善生态补偿机制，筑牢生态文明建设制度保障体系。

推动绿色低碳发展。广泛开展节约型机关、绿色家庭、绿色学校、绿色社区和绿色出行等创建行动，启动实施一体化绿色交通建设示范项目，加强充电站、充电桩等基础设施建设，投放500辆新能源公交车，加快城市慢行系统建设，使简约适度、绿色低碳的生活方式成为广大市民的行动自觉。加强绿色供给，稳步推进煤改气、煤改电，持续实施园区低成本化改造，打造一批绿色园区、绿色工厂、绿色产品，加快处置“僵尸企业”，年内淘汰落后产能5000吨以上，全面完成能耗“双控”任务。当好沿黄生态经济带建设排头兵，因地制宜发展“生态+”新业态，支持葡萄种植+文化旅游、石墨烯+水生态治理应用、荒漠治理+休闲运动等生态经济模式，壮大节能环保、清洁生产、清洁能源等产业，通过“绿色+”让产业变“绿”，让“绿”变成产业，让“绿色引擎”提升城市“颜值”、增强发展动能。

（二）坚定不移推动高端发展，加快建设现代化城市。高端发展的本质是高质量发展，重点是牵住产业结构转型升级这个“牛鼻子”。要以深化供给侧结构性改革为主线，深入实施创新驱动战略三年行动计划，在“巩固、增强、提升、畅通”上下功夫，推动经济发展迈向更高层级。

大力推进科技创新。用好“科技支宁”政策，加快沿黄科技创新改革试验区、国家创新型城市建设，强化产业、研发、市场、资本、人才等全要素协同，提高全要素生产率。加强创新平台建设。完善“产学研建”一体化技术创新体系，持续发挥葡萄酒产业技术研究院等创新平台作用，建成运营上海交通大学（银川）材料产业研究院，布局建设大数据、新材料、智能网联汽车等重点实验室、技术创新中心，推动科研机构市场化、企业化运作。强化企业主体地位。落实研发投入后补助等政策，引导企业建立持续稳定科技投入机制，R&D投入强度达到2.12%，实施重大科技创新项目70个以上，培育“专精特新”企业30家以上，力争国家高新技术企业达到110家以上。着力转化科技成果。健全创新成果交易市场体系，建立源头保障、转移供给、收益分配等体制机制，加强中科院产业育成中心建设，打造一批飞地育成平台和离岸孵化器，转移转化重大科技成果不少于10项。办好中国商标节。优化创新创业环境。全面落实国家科技金融试点城市政策，探索知识产权质押融资等投融资新路径。深入推进人才管理改革试验区建设，完善人才分类评价、服务体系，建设人力资源服务产业园，加强急需紧缺人才引进，大力培养各类人才，推动创新跑出“加速度”。

加快产业转型升级。产业强，则经济强。坚持产业园区化、园区项目化、项目企业化，建立“一个产业、一个规划、一批项目、一套政策、一个团队、一支基金”的支撑体系，助推“十大产业”集群化、高端化发展。着力优化产业结构。提升传统产业，加快新技术新业态与羊绒、生物发酵、食品等产业融合，实施30个重大技改项目，促进传统产业“老树发新芽”。提质优势产业，聚焦增链、延链、补链、强链，加快轴承制造小镇、隆基硅7GW单晶电池、汉尧锂离子电池等重点项目建设，做大做强高端装备制造、新能源、新材料等产业。提速新兴产业，启动实施网络强市战略，推动5G网络布局，加快“互联网+”发展步伐，实施比亚迪新能源乘用车等重大项目，推动数字经济、军民融合、新能源汽车等新兴产业尽快壮大，抢占经济发展新高地。提档现代服务业，实施宁安文化园、丝路明珠塔、京东“亚洲一号”电商物流园等项目，发展智慧旅游、“旅游+”、信息消费等新业态，做强“葡萄酒+”复合业态，培育壮大生产性服务业，推动现代物流、文化旅游、健康医养、葡萄酒等产业质量提升、发展提速，厚植经济发展新底色。深化产业园区整合转型。编制完成园区发展规划，明确发展定位，厘清主导产业，年末园区主导产业占比达到50%以上。深化园区赋权改革，确保自治区下放的权限全部到位。深化管理机制改革，苏银产业园、军民融合产业园、中关村双创园引入专业管理团队，建立浮动绩效体系和正负激励机制。贺兰工业园推进“腾笼换鸟”，灵武再生园迁建企业尽早投产达效，永宁工业园加快发酵类企业改造搬迁。“多评合一”“区域评”在园区全面推开，进一步降低企业运营成本。着力扩大精准有效投资。坚持投量投向投效并重，深化重大项目领导牵头包抓、“两个清单”台账销号、“首席服务官”等机制，聚焦人工智能、工业互联网、物联网等重点投向，谋划和储备一批项目，集中力量推动中太镁合金板材、银河大尺寸半导体等重点项目建成达效。更大力度优化投资结构，加大产业投资考核权重，发挥融资担保、助贷基金、产业基金、高新技术产业投资母基金作用，引导各类资本向重点产业、重大项目及新经济、新业态聚集。完善招商引资优惠政策，建立以落地率、到位资金和投入产出比为导向的招商引资评价考核机制，全力开展产业链招商、专业化招商，全面完成自治区下达的任务。加强政策创新。大力实施“引金入银”计划，推进中国进出口银行设立分支机构，组建中小微企业小额贷款公司，积极发展股权投资、天使投资、风投等金融业态，培育多层次资本市场，增强金融服务实体经济能力。注重政策供给的协调性和操作性，完善政策操作方案，建立政策落实督查评价反馈机制，提升政策执行力、知晓率、到位率，推动政策全链条、无缝隙落地见效。

深化改革扩大开放。坚持改革开放“双轮驱动”，着力营造一流营商环境，充分激发发展动力、释放发展活力。培育壮大民营经济。制定支持民营经济发展壮大的政策措施，全面实施市场准入负面清单，鼓励民营企业参与国企改革、进入更多领域。健全企业家参与涉企政策制定机制，实施信用奖惩和黑名单制度，激励和保护企业家精神。严格落实减税降费各项政策，清理规范政府性基金，竭力降低企业负担。树立呵护项目、善待企业风向标，及时为企业纾困解忧，构建“亲清”新型政商关系。深化重点领域改革。全面完成机构改革任务。加快事业单位改革试点。积极稳妥推进综合执法改革。深化“放管服”改革，全面推行审批服务“六办”和“四个一批”，应进未进事项全部进驻大厅集中办理，探索容缺受理审批模式，让企业办事不出园区、居民办事不出社区。完成政务服务标准化试点建设。启动要素市场化配置改革，搭建闲置资源要素共享平台，有效促进资源要素向优质企业、优质项目、优质产业流动。实施改善营商环境三年行动计划，打造公平法治可预期的发展环境。深化国企改革，积极发展混合所有制经济。扩大对外开放合作。主动融入“一带一路”建设，推动银川—德黑兰货运班列常态化运行，优化加密国内国际航线，加强与沿海沿边港口（口岸）对接，深化铁路航空口岸一体化运行、通关一体化合作，推进跨境电子商务综合试验区建设，构建内外畅通、通江达海、多式联运的开放通道。复制自贸区经验，加快进境肉类（水果、种苗）口岸和国际快件监管中心建设，完成公铁物流园海关特殊监管区建设，争取生皮、棉花、黄金委外加工和一般纳税人政策试点，申请恢复开设外汇商品免税店，推广应用国际贸易“单一窗口”，创造更加快捷便利的通关条件。抢抓西部大开发20周年和中阿博览会机遇，强化东西协作、京银合作，深化国际产能合作，对外商投资实行“准入前国民待遇+负面清单”制度，支持企业大力开拓国际市场，加快丝路经济园民营经济聚集高地建设，扎实推进中沙、中阿产业园建设，提升开放型经济发展水平。

防范化解重大风险。坚持“坚定、可控、有序、适度”原则，密切监控、稳妥处置突出风险点，守住不发生系统性、区域性、行业性风险的底线。严控政府债务风险。综合运用股权转让、市场化运作、盘活政府存量资产等方式，妥善处置债务存量。健全政府债务举借审批管理、债务风险和责任追究机制，加强融资平台、政府购买服务等隐性债务监管，坚决遏制隐形债务增量。建立偿债风险准备金，应对突发债务风险。严控金融风险。严控小贷、担保等类金融机构经营风险，高压打击、铁腕治理非法集资、金融诈骗等违法违规金融活动。健全政府产业引导、产业投资等基金投入退出机制，完善担保风险补偿、企业救助等机制，防范企业资金链断裂。严控房地产风险。开展商品房预售资金监管试点，有效防控和处置逾期交房、烂尾楼等问题。大力培育住房租赁和二手房市场，提高库存商品房利用率。规范房地产市场秩序，合理引导市场预期，促进房地产市场健康发展。

（三）坚定不移推动和谐发展，加快建设幸福城市。和谐发展是高质量发展的重要体现。要坚持以人民为中心，始终把关乎群众利益的事放在心上、抓在手上、扛在肩上，时刻和人民想在一起、站在一起、干在一起，顺民意、解民忧、惠民生，团结带领全市人民共同创造更加美好幸福的生活。

打好精准脱贫攻坚战。深入实施脱贫富民战略三年行动计划。深化闽宁协作，实施第三方项目扶贫机制，推动产业、劳务、人才等要素精准对接，合力打造“四个示范点”，加快闽宁镇从脱贫向富民转变。突出“六个精准”，坚持扶贫和扶志、扶智相结合，聚焦“两不愁、三保障”目标，紧盯月牙湖乡等集中连片贫困地区，持续推进贫困村提升、产业扶贫提质增效等重点工程，确保19个贫困村8515人脱贫出列，生态移民人均可支配收入持续增长。坚决抓好扶贫领域突出问题整改，扎实做好建档立卡动态调整和“回头看”工作。做好符合条件的自主迁徙居民脱贫工作，着力解决收入水平略高于建档立卡贫困户群众的发展问题，发挥好深度贫困人口专项救助基金作用，确保小康路上一个都不少，共富路上一个都不掉队。

千方百计扩大就业。坚持把稳就业摆在突出位置，完善就业创业政策服务体系，保障居民收入水平持续增长。全面落实创业担保贷款和各类就业创业补贴扶持政策，突出抓好高校毕业生、农村转移劳动力、退役军人、城镇困难人员等重点群体就业，城乡劳动力职业技能、创业能力培训1万人以上，转移农村劳动力8万人以上，新增城镇就业4.5万人以上，城镇登记失业率控制在4%以内。全面治理拖欠农民工工资问题。加大对就业困难人员救助力度。帮助督促停产、搬迁等企业做好职工安置工作。大力推进“双创”行动，积极培育创新创业孵化平台，发展服务业新业态、新模式，以创新带创业促就业稳增收，让群众挣钱的路子更宽些、腰包更鼓些。

提高社会保障水平。深化医疗保险制度改革，完善付费方式改革政策，优化基本医保、大病保险与健康扶贫等“一站式”结算模式。稳步提高城乡居民、城镇职工养老、医疗保障水平,继续推进被征地农民参加养老保险。推进棚户区改造,开展老旧小区供暖管网改造和加装电梯试点,让更多中低收入家庭安居宜居。大力发展养老服务事业,改革日间照料中心运营体制,完善养老护理体系。引入社会力量参与社会救助,提高城乡低保标准。实施母亲健康快车等项目,加强困难残疾人照护和生活救助,倾情倾力做好托底工作,让每一个身处困境者都得到关爱和温暖。

办好人民满意教育。深化京银教育合作,加快推进“互联网+教育”行动计划和“教育信息化2.0行动”。优化教育资源布局,推进学前教育三年行动计划,新建11所幼儿园,幼儿园普惠率达到78%。推动义务教育优质均衡发展、高中教育特色化发展,深化职业教育校企合作、产教融合,加强特殊教育,推动宁夏幼专自治区一流学科建设。清理整顿违规违法办学行为,加强民办学校规范管理,促进民办教育有序健康发展。实施一批中小学校建设项目,力促北师大银川学校幼儿园、小学建成投用,着力解决群众反映强烈的“乡村弱”“城市挤”“班额大”“负担重”等问题,力争让每个孩子都能享有公平而有质量的教育。

推进健康银川建设。加快“互联网+医疗健康”示范区建设,实施大数据共享平台、多级综合远程诊疗体系等重点项目,推进国家医疗大数据中心和产业园建设。深化与北京医疗卫生机构合作,统筹智慧医疗、医联体、急救一体化建设,加快实施市中医院迁建、妇幼保健院产科大楼等项目,建设专科诊疗中心、区域医疗中心,让优质医疗资源惠及更多群众。深化医药卫生体制改革,加强现代医院管理,推进分级诊疗、家庭医生签约服务,控制医疗费用不合理增长。优化生育全程服务,加强重大疾病防控。做好永宁县、西夏区综合医改试点工作。强化食品药品安全监管,争创国家食品安全示范城市。广泛开展体医融合及全民健身活动,举办第三届“丝绸之路”中国银川国际马拉松赛。加快国家健康城市、医养结合试点城市建设,持续开展健康村镇、健康社区等健康“细胞”创建活动,促进健康事业、健康产业互动发展,为全市人民提供全方位全周期健康服务。

做好民族宗教工作。持续加强马克思主义民族观宗教观宣传教育,全面贯彻党的民族政策和宗教工作基本方针,深入开展民族团结进步“八进”活动,加强各民族交往交流交融,不断增强“三个离不开”思想和“五个认同”意识,铸牢中华民族共同体意识,着力打造全国民族团结进步示范市。坚持宗教中国化方向,依法管理宗教场所、人员和活动,营造和谐健康的宗教关系。严厉打击和坚决抵御境外宗教渗透活动,营造和顺平静、和谐相处的社会氛围。

(四)坚定不移推动宜居发展,加快建设西北地区重要中心城市。宜居是高质量发展的重要标志。要深入贯彻区域协调发展战略,推进新型城镇化与乡村振兴互促共融,促进生产要素双向流动,着力构建优势互补、全面联动的区域发展新格局,让城乡群众在共建共享中享受美好生活。

加速银川都市圈建设。与“两市一地”增进共识、统一行动,完善都市圈基础设施、产业发展等专项规划。以交通为重点,统筹推进铁路、公路、网络、能源等基础设施互联互通,加快建设银西高铁、火车站西站房及西广场改造提升和交通枢纽地下连通工程、西线供水、智慧城市配电网等重点项目,构筑内通外联新格局。突出协同互补、错位发展,探索建立联合招商、异地开发、利税共享的协同机制,创新“研发设计在银川、转化生产在周边”的产业合作模式,打造跨区域重点产业集群。坚持与邻为伴、系统治理,推进生态环境联防联治,打造鄂尔多斯台缘、贺兰山东麓、黄河生态廊道,建设“城园一体、绿轴串联”生态绿网体系。坚持便民惠民,打破城市界线,放大“首都带首府·首府带县乡村”教育医疗合作效应,拓展延伸银川集团化办学、联合办医范围,推动公共服务共建共享。加快都市圈核心区建设,支持兴庆区打造创新发展示范区、金凤区打造对外开放高地、西夏区打造科技新城、贺兰县加快新旧动能转换、永宁县打好“翻身仗”、灵武市重构产业发展优势,推动县域经济高质量发展。

实施乡村振兴战略。深入实施乡村振兴战略三年行动计划,加快推进农业农村现代化。深化农业供给侧结构性改革,实施乡村产业富民工程,推动“1+2+4”特色产业品牌发展,支持建设有机绿色标准化生产基地,新增有机蔬菜、稻渔种养基地各1万亩,规模养殖化率达到80%以上,打造市辖区以花卉园艺、休闲观光等新业态为主的绿色生态农业发展区，两县一市以水稻、瓜菜、水产等产业为主的优质粮食生产功能区和市郊特色农产品优势区。办好第二届“中国农民丰收节”，加快苏宁现代农业产业科技园、银川枸杞田园综合体等重点项目建设，促进一二三产融合发展。稳步推进农村集体产权制度改革，支持适度规模经营，培育壮大龙头企业，鼓励新型经营主体与小农户建立契约型、股权型利益联结机制，加强职业农民和实用技术培训，激活农业农村发展活力。加快特色小城镇、美丽乡村建设，推进农村人居环境整治三年行动，突出抓好“两治两改”，加快中心村污水集中处理、农村垃圾分类和资源化利用，实施农村电网升级改造，推动道路、通讯、天然气、污废处理等基础设施城乡联网。健全自治、法治、德治相结合的乡村治理体系，培育文明乡风、良好家风、淳朴民风。

着力完善城市功能。尊重城市发展规律，推动城市发展由外延扩张向内涵提升转变，实现精明增长。精心规划城市。加快完成《银川市空间规划(2016-2035)》《银川市城市总体规划(2018-2035)》等编制，推动城市南北部等重点片区详细规划，严控楼层高度和建筑密度，优化城市色彩和天际线，加强通风廊道建设，留住观山望水的“视廊”，凸显“塞上湖城”特色。推动两县一市规划与全市规划有效衔接。强化规划执法管理，严格落实各项强制性标准和要求，维护规划权威性、严肃性和持续性。精致建设城市。加强城市特色风貌研究，推进全国城市设计试点和“城市双修”工作，大力疏解老城区功能，加强城市新片区特色建设，推进建筑风格与历史文化相融合。精心抓好银川火车站等片区城市设计和建设，改造一批特色街区。加强城市绿化美化亮化改造，建设一批小微公园，推进社区体育公园、公共场所母婴设施建设，让城市更有温度。持续开展“疏堵提畅”工程，实施亲水北大街、宏图街、沈阳路等改扩建工程，改造一批小街巷，新建一批停车场，推进城乡公交一体化，有效缓解“交通拥堵”“停车难”等问题。精细管理城市。深化“以克论净、深度保洁”模式，提升生活垃圾分类示范城市建设水平。加强智慧化管理，像绣花一样治理城市。严控新增城镇建设用地规模，实行增量供给与存量挖掘相结合的供地、用地政策，推动城市土地节约集约利用；整合优化城市资源，引导各类资本投入城市建设运营，实现城市共治共管、共建共享。

提升城市文明水平。加强公共文化服务体系建设，新建一批村级(社区)综合性文化服务中心，深化“最美银川人”“书香银川·银川书香”、志愿服务等活动，持续抓好“四送六进”“农民文化大集”等文化惠民工程，办好互联网电影节、文化创意节、黄河艺术节等活动，推动西夏陵申遗和贺兰山岩画5A景区创建，加快文化艺术精品创作和走出去步伐，为人民群众提供丰富的精神食粮。推动永宁、灵武创建全国县级文明城市，广泛开展文明村镇、文明家庭等创建活动。积极培育和践行社会主义核心价值观，加强社会公德、职业道德、家庭美德、个人品德教育，培育积极向善、创新实干、奋发有为的精神风貌。

扎实推进社会治理。加强退役军人服务管理，深入开展双拥共建、军地共建，争创全国双拥模范城市九连冠。深化“平安银川”建设，深入开展扫黑除恶专项斗争，加快“雪亮工程”建设，织密社会治安立体防控网。严格落实安全生产责任制，增强智慧安监防控能力，牢牢守住安全底线。坚持和发展新时代“枫桥经验”，加强信访法治化建设，完善社会矛盾排查预警、重大决策社会稳定风险评估、矛盾纠纷多元化解机制，引导社会组织依法参与社会治理，开展群众反映强烈突出问题“清零”行动，做到人民有所呼、政府有所应。

三、加强政府自身建设

新时代孕育新梦想，新使命呼唤新担当。作为新时代的追梦人，打铁必须自身硬，我们要切实加强政府自身建设，全面提升政府治理现代化水平，努力建设人民满意政府。

(一)坚持党的领导，建设学习型政府。坚持以党的政治建设为统领，扎实开展“不忘初心、牢记使命”主题教育，深入学习贯彻习近平新时代中国特色社会主义思想，持续开展习近平总书记视察宁夏重要讲话和重要指示批示精神“回头看”，用“学习强国”激发学习力量，进一步提高政治站位，树牢“四个意识”，坚定“四个自信”，坚决做到“两个维护”，坚决贯彻落实党中央、国务院，自治区党委、政府和市委各项决策部署。巩固提升“三转一高”大学习大讨论成果，深化新发展理念、现代化经济体系、供给侧结构性改革等内容学习，学以致用、学用结合，增强专业能力，倡导专业精神，努力增强“八种本领”，切实提升推动高质量发展的履职水平。

（二）坚持依法行政，建设法治型政府。推进法治政府建设，依法行使职权、履行职责、开展工作，扎实开展“七五”普法，深入推进科学立法、严格执法、公正司法、全民守法。修订环境保护、城乡建设、历史文化保护等领域政府规章，强化规范性文件监督管理。坚持重大决策公开听证、专家论证、合法性审查、社会风险评估和集体研究决定，增强政府治理精准度和有效性。自觉接受人大法律监督、工作监督和政协民主监督，主动接受社会公众监督和舆论监督，高质量办理人大议案建议和政协提案，定期向人大、政协通报重要工作。加强诚信政府建设，强化守信激励失信惩戒机制应用。全面推进政务公开，做好政策解读回应，推动“政府开放日”制度化常态化。

（三）坚持勤政为民，建设实干型政府。坚持实干兴银，鼓精气神、做精细活。大兴调查研究之风，问政于民、问需于民、问计于民；大兴干事创业之风，敢于担当、敢于较真、敢于碰硬，责任面前不推诿，问题面前不回避，困难面前不退缩，把工作当事业干，定了就干、干就干好，务求各项工作落到实处、取得实效。健全以高质量发展为导向的效能考核评价体系，以实绩论英雄。改进和规范督查检查考核工作，为干部减压、为基层减负。打造“市长在线”政民互动平台，进一步发挥“电视问政”“12345”监督作用，坚决整治“嘴上空跑”“纸上旅行”“虚多实少”等问题，对懒政庸政者追责问责。进一步关心关爱干部，落实正向激励和容错纠错机制，旗帜鲜明地为实干担当者撑腰鼓劲，激励公职人员尽职尽责、苦干实干，以干部的“辛苦指数”赢得群众的“幸福指数”。

（四）坚持从严治政，建设廉洁型政府。牢固树立“100-1=0”的廉洁从政理念，认真履行党风廉政建设主体责任和“一岗双责”，严格落实中央八项规定及其实施细则精神和自治区、银川市若干意见，坚决纠正“四风”新表现，巩固中央巡视反馈问题整改落实成果。牢固树立过“紧日子”的思想，强化预算刚性约束，严控超规模、超标准现象，一般性项目支出和公用经费分别压缩50%和20%，把有限的财力用在民生改善和重点项目建设上。强化审计监督，严格监管工程建设、招标投标、征地拆迁、产权交易、政府采购等重点领域、重点环节，严格领导干部经济责任审计和“收支两条线”管理，从源头上防止腐败行为发生，努力营造政府系统风清气正的政治生态。

各位代表！使命呼唤担当，奋斗创造幸福。让我们更加紧密地团结在以习近平同志为核心的党中央周围，在自治区党委、政府和市委的坚强领导下，振奋精神、主动作为、攻坚克难，以坚如磐石的信心、只争朝夕的劲头、坚韧不拔的毅力，一步一个脚印，推动银川高质量发展，为实现“两个率先”目标、“建设美丽新宁夏、共圆伟大中国梦”而努力奋斗，以优异成绩迎接中华人民共和国成立70周年！

相关用语说明

1.“三转一高”：转理念、转方式、转作风，推动高质量发展。

2.“四区四园”：银川经济技术开发区、银川综合保税区、银川滨河新区、银川高新技术产业开发区；中关村双创园、丝路经济园、军民融合产业园、苏银产业园。

3.“1+2+7”人才新政：“1”指《银川市关于激发人才活力服务创新驱动发展的若干意见》；“2”指《银川市高精尖缺人才优厚待遇实施办法》《银川市创新型大学生宜居工程实施办法》；“7指”《银川市高精尖缺人才认定实施细则》《银川市高精尖缺人才创新创业及金融支持实施细则》《银川市高精尖缺人才生活补贴实施细则》《银川市高精尖缺人才住房保障实施细则》《银川市高精尖缺人才子女入学实施细则》《银川市高精尖缺人才配偶就业实施细则》《银川市高精尖缺人才医疗保健实施细则》。

4.“三去一降一补”：去产能、去库存、去杠杆、降成本、补短板。

5.“专精特新”：指具有“专业化、精细化、特色化和新颖化”特征的工业中小企业。

6.“东热西送”：以华电灵武电厂为热源，向银川市进行长距离集中供热，满足银川市兴庆区、金凤区等区域冬季集中供暖需求，同时也将有效提高冬季供热期间城市空气质量。

7.“三市一地”：银川市、石嘴山市、吴忠市和宁东能源化工基地。

8.“五优”：品种优、技术优、管理优、品质优、价格优。

9.“四个意识”：政治意识、大局意识、核心意识、看齐意识。

10.“四个自信”：中国特色社会主义道路自信、理论自信、制度自信、文化自信。

11.“两个维护”：坚决维护习近平总书记在党中央的核心、全党的核心地位，坚决维护党中央权威和集中统一领导。

12.“三不为”：不敢为、不愿为、不作为。

13.“走在前、作表率”：2017年6月16日，石泰峰书记在银川市领导干部大会上提出要求，银川要在创新驱动上走在前、作表率；在脱贫富民上走在前、作表率；在生态建设上走在前、作表率；在银川都市圈建设上走在前、作表率；在提升社会治理水平上走在前、作表率。

14.“两个率先”：在全区率先全面建成小康社会、率先开启全面建设社会主义现代化新征程。

15.“三减”：减少农药、化肥、除草剂施用量。

16.“十大产业”：高端装备制造业、新材料、新能源、现代纺织、葡萄酒产业、现代服务业、文化旅游、现代物流、新能源汽车产业和生命健康。

17.“六办”和“四个一批”：马上办、网上办、就近办、一次办、联合办、集中办；对政务服务事项下放一批、优化一批、整合一批、打通一批。

18.“四个示范点”：东西协作的示范点、宁夏移民脱贫致富的示范点、民族团结和谐发展的示范点、乡村振兴战略实施的示范点。

19.“六个精准”：扶贫对象精准、项目安排精准、资金使用精准、措施到户精准、因村派人精准、脱贫成效精准。

20.“两不愁三保障”：“两不愁”即不愁吃、不愁穿，“三保障”即义务教育、基本医疗、住房安全有保障。

21.“八进”：进机关、进企业、进社区（村组）、进乡镇、进学校、进宗教活动场所、进军营、进家庭。

22.“三个离不开”：汉族离不开少数民族，少数民族离不开汉族，各少数民族之间也互相离不开。

23.“五个认同”：对伟大祖国的认同、对中华民族的认同、对中华文化的认同、对中国共产党的认同、对中国特色社会主义的认同。

24.“1+2+4”优势特色产业：“1”指做精粮食产业；“2”指做优贺兰山东麓葡萄酒和畜牧产业两大集群；“4”指做响有机蔬菜、花卉园艺、适水产业和都市创意休闲观光农业。

25.“两治两改”：垃圾治理、污水治理，改厕、改善村容村貌。

26.“城市双修”：生态修复、城市修补。

27.“四送六进”：送演出、送图书、送培训、送电影，进农村、进社区、进校园、进军营、进工地、进特殊教育场所。

28.“枫桥经验”：20世纪60年代初，浙江省诸暨市枫桥镇干部群众创造了“发动和依靠群众，坚持矛盾不上交，就地解决”的经验。

29.“八种本领”：学习本领、政治领导本领、改革创新本领、科学发展本领、依法执政本领、群众工作本领、狠抓落实本领、驾驭风险本领。

银川市2019年国民经济和社会发展计划

银川市发展和改革委员会

一、总体思路及主要预期目标

2019年是新中国成立70周年，是决胜全面建成小康社会第一个百年奋斗目标的关键之年。全市经济社会发展的总体思路是：以习近平新时代中国特色社会主义思想为指导，深入贯彻党的十九大和十九届二中、三中全会及中央经济工作会议精神，坚持稳中求进工作总基调，坚持新发展理念，坚持推进高质量发展，认真贯彻自治区"实施三大战略、五个扎实推进"决策部署，统筹推进稳增长、促改革、调结构、惠民生、防风险工作，继续打好三大攻坚战，加快建设"绿色、高端、和谐、宜居"美丽新银川，为实现"两个率先"目标打下决定性基础，为建设美丽新宁夏、共圆伟大中国梦贡献力量，以优异成绩庆祝中华人民共和国成立70周年。

分析研判当前经济运行态势，立足银川实际，兼顾需要与可能，2019年国民经济和社会发展主要目标预期如下：地区生产总值增长7.0%左右，突破2000亿大关；规模以上工业增加值增长6.5%左右；服务业增加值增长8.0%左右；全社会固定资产投资增长3%以上；社会消费品零售总额增长6.0%左右；地方财政一般公共预算收入同口径增长7.0%左右；城镇居民人均可支配收入增长7.0%；农村居民人均可支配收入增长7.5%；居民消费价格指数控制在3.0%以内；城镇登记失业率保持在4%以内；城镇新增就业人数4.5万人；人口自然增长率8.6‰；R&D占GDP比重2.12%；亿元GDP生产安全事故死亡率0.070%；万元GDP能耗（吨标准煤）下降1.5%；二氧化硫、氮氧化物排放完成自治区下达年度任务。

为顺利实现上述目标，全市上下要按照市委、政府的统一部署，重点抓好以下工作：

二、主要任务

（一）*培育新动能，推动经济高质量发展*。围绕"十大产业"，将数字经济作为"一号工程"，借助"互联网+"、大数据、云计算等新技术、新模式促进产业融合发展，提升产业能级，推动经济高质量发展。

一是促进工业智能化。贯彻执行《银川市开发区整合优化和改革创新实施方案》，加快园区整合提升，提速建设苏银产业园、军民融合产业园、银川中关村双创园、丝路经济园等"四区四园"建设，引导企业向产业园区集聚，努力形成错位发展、竞相发展的生动局面。大力推进"互联网+先进制造业"，支持企业依托云平台实施数字化改造，推动互联网、物联网、工业大数据普及应用。加快发展智能制造，推动重点企业实施智能工厂、数字化车间建设，推动工业机器人、高档数控机床、3D打印设备在制造业广泛应用。加快推动隆基硅7GW单晶电池、汉尧锂离子电池、比亚迪新能源汽车等项目建设，推动产业链条从前端向末端延伸，价值链条从低端向高端攀升。

二是促进服务业提档升级。促进互联网、大数据和智能技术在服务业领域应用创新，加快发展"互联网+"新业态。持续打造"银川欢乐购物季"，举办电商节推动消费升级。推进服务业数字化，加强数据资源在服务领域的开发利用和公共服务平台建设。建设国家绿色货运配送示范城市和供应链创新与应用试点城市。加快阅海湾现代金融、中关村双创园科技创新、丝路经济园非公经济等现代服务业集聚区建设，为现代服务业发展注入活力。

三是促进农业一二三产融合发展。实施乡村振兴战略，促进农业向前、后两端延伸，提高产品的附加值及市场竞争力。加快建设标准化生产基地、加工基地、仓储物流基地，做优优质水稻、供外瓜菜、名优水产、园艺花卉等特色产业。依托中国农机院万亩玫瑰田园综合体、中农晨曦西部智能生态循环农业综合体项目，推动产业融合发展。全力推动贺兰山东麓葡萄酒产业转型升级，聚优做强"葡萄酒+"复合业态，提高产业综合竞争力和可持续发展能力，全力打造"国际葡萄酒之都"。大力发展绿色种植、绿色养殖，提高农产品品质，保障群众"舌尖上安全"。

四是着力强化创新驱动引领。充分发挥银川产业技术研究院等平台优势和科技资源，强化"政产学研资"多轮驱动，提升科技创新能力。加大财政资金投入R&D精准性，力争全社会R&D强度达到2.12%，万人有效发明专利拥有量保8争9件，国家高新技术企业达到110家以上。建立新材料产业研究院，加快推进葡萄酒产业技术研究院和上海交通大学（银川）材料产业研究院等分院（中心）建设运营。组织实施重大科技创新项目70个以上。组建飞地科研成果育成平台和银川离岸孵化器2—5个，落地转化项目30个以上，力争转移转化科技成果不少于10项，在孵企业、创客和创新团队50个。

（二）着力扩大有效投资，夯实发展后劲。优化投资结构带动产业转型，以新兴产业项目引领新旧动能转换，以有效投资促进经济高质量发展，推动我市经济发展质量变革、效率变革和动力变革。

一是精准谋划项目。根据中央和自治区发展走向、政策方向和资金投向，立足"十大产业"、"6+4+4"发展载体、银川都市圈建设等重点，以各县（市）区政府、园区和主要行业主管部门为责任主体，开展自主谋划和委托专业研究机构"双轨制"项目谋划工作，科学谋划一批符合政策、符合实际、符合银川未来发展方向的打基础、利长远的项目，及时补充一批产业项目和带动力强的大项目、好项目，确保2019项目建设有序衔接、梯次跟进。

二是精准服务项目。紧盯重点项目、重大工程，开辟绿色通道，加强联审联办，做实做细项目核准、环境评价、规划等各方面工作，主动跟踪对接服务，加快银川军民融合产业园、中新苏银产业园筹建工作，推动中国电科院、中国电子集团、中新集团等军民融合签约项目尽快开工。

三是精准对接项目。围绕"十大产业"，紧盯龙头企业，挖掘分析企业投资动态，开展产业链招商。开展"走出去、请进来"，主动对接长三角、珠三角、京津冀等经济发达地区，保持常态化、高频率招商。抢抓与苏州工业园、北京经济开发区战略合作契机，积极对接龙头企业，推动比亚迪、同仁堂等企业项目落户。大力优化营商环境，落实首席服务官和重大项目台账制度，构建市级领导牵头抓总、行业部门服务、园区落地见效的各有侧重、互相衔接工作机制，切实提高项目落地率。

（三）深化改革开放，增强经济发展内生动力。持续深化改革，不断拓展对外开放新空间，为高质量发展注入强大动力和生机活力。

一是持续深化重点领域改革。深化供给侧结构性改革为主线，深入实施创新驱动战略三年行动计划，在"巩固、增强、提升、畅通"上下功夫。推进国有经济布局优化，推动国有资本更多投向战略性新兴产业等重点领域，积极发展混合所有制经济。全面深化农村改革，完善农村承包地"三权分置"制度，稳步推进农村集体产权制度改革，进一步扩大改革试点覆盖面。推进金融改革，实施混合所有制改革，鼓励国有企业、民营企业通过股权投资、相互参股等方式融合。推进债转股工作，降低企业财务杠杆，有效化解银行等金融机构风险。加快制定《银川市政府债务管理暂行办法》，建立严格的债务举借审批机制，有效防范化解政府债务风险。

二是持续培育壮大民营经济。出台《关于大力支持民营及中小企业发展壮大的若干措施》，破除各种歧视性限制和隐形障碍，焕发民营经济活力。持续深化"放管服"改革，完善"企业开办一日办结"，推行审批服务"六办"，力争全市50%以上的事项"即来即办"。建立科学的营商环境评价体系，打造优质高效的服务环境、竞争有序的市场环境、公平公正的法制环境。实施信用奖惩和黑名单制度，构建亲清新政商关系。严格落实国务院、自治区减税降费政策，主动帮助企业争取优惠政策，切实为企业减负，营造"有求必应、无事不扰"营商环境，增强招商引资吸引力和项目落地承载力。

三是推进更高层次开放。紧抓“一带一路”建设契机，加快内陆开放进程。发挥好中阿博览会、国际货运班列等开放通道和“四区四园”开放平台作用，加强与“一带一路”沿线国家经贸合作往来。加密银川至台北航线航班，新开银川—香港航线航班。加快推进国内空中快线和准快线建设，国内重要城市航班直飞比例达到90%以上。加快复制自贸区政策，着力提升贸易便利化。加快银川公铁物流园口岸建设，推进银川公铁物流港多式联运示范工程。健全适应开放联动发展的综合保税区管理体制机制，启动建设国际快件海关监管中心项目，推进进境肉类口岸建设，增强综合保税区发展能力。

(四)深入推动绿色发展，持续改善人居环境。树牢绿水青山就是金山银山理念，实施“生态立市”战略，加强生态文明建设，加大污染防治和环境保护力度，加快美丽银川建设。

一是着力解决群众关注的突出环境问题。全面落实生态环境保护党政同责和一岗双责，不折不扣完成中央环保督察反馈问题整改。督促泰瑞、启元尽快启动发酵、提炼车间搬迁工程。监督永宁博盛水务、贺兰蓝星水务长期稳定运行，达标排放。

二是坚决打好污染防治攻坚战。坚持铁腕治污，努力实现环境质量持续改善，力争优良天数比例达到78%。打好蓝天保卫战，启动实施“东热西送”二期工程，淘汰两县一市40蒸吨以下燃煤锅炉。加强机动车污染防治，严禁排放不达标车辆和农用车进入市区。加大城市扬尘污染综合整治力度。打好碧水攻坚战，规划建设第一再生水厂，深入推进城市黑臭水体整治、污水处理厂扩容提标改造、排水沟环境综合整治等工程，确保建成区污水基本实现全收集、全处理，全部污水处理厂稳定达到一级A排放标准。加快四二干沟等入黄排水沟人工湿地工程建设进度，全面完成饮用水水源保护区内污染源关闭搬迁工作。加大地下水污染防治力度，全面落实河长制，确保黄河水质安全。抓好土壤污染防治，开展农用地质量类别划定，加强耕地质量保护与提升。全面实施农业“三减”行动，控制农业面源污染，建设绿色田园。完成贺兰山自然保护区银川段40处人类活动整治点的土地移交工作，加快白芨滩自然保护区整治工作。

三是着力推进森林城市建设。以创建国家森林城市为目标，统筹山水林田湖草建设，实现城市绿化总量稳定增长。实施城乡造林绿化13万亩，推进宁夏干旱半干旱地区湿地示范公园(元宝湖)、南郊植物公园、西郊森林公园、章子湖公园、银川动物园五大公园及小微公园建设，扩大城市生态空间，不断满足市民亲绿近绿的需求。实施沈阳路(六盘山路—兴燕路)等12条道路的景观配套建设，加强对城市周边水体、湿地等自然生态保护和生态修复。

四是深入推进绿色生活方式。加快构建绿色生产体系，开展绿色园区示范创建，开展工厂用地集约化、生产清洁化、废物资源化、能源低碳化等绿色改造。开展绿色供应链管理试点，加快建立以资源节约、环境友好为导向的采购、生产、营销、回收及物流体系。支持企业参与创建国家标准和行业标准，打造一批高质量的绿色产品。淘汰无效低效落后产能，完成年度能耗“双控”任务，依法依规淘汰落后产能。积极倡导绿色生活方式，广泛开展创建节约型机关、绿色家庭、绿色学校、绿色社区和绿色出行等行动，推进全民节能、节水，推广低碳交通。因地制宜发展“生态+”新业态，支持葡萄种植+文化旅游、石墨烯+水生态治理应用、荒漠治理+休闲运动等生态经济模式。

(五)统筹区域协调，打造城市均衡发展新格局。加快银川都市圈建设，有序推进城市现代化和城乡发展一体化，逐步形成城乡共同繁荣的良好局面。

一是加快推进都市圈建设。着眼于一体化建设，从基础设施、产业发展、生态环保、公共服务等方面协同推进。推进基础设施互连互通。全力保障包银高铁、银西高铁建设。加快推进青银、京藏高速改扩建、银百、银昆等高速公路建设。加快建设银川河东国际机场、银川火车站等综合客运枢纽及典农河旅游公路。启动实施永宁快速通道至青铜峡段。规划建设沿典农河生态景观旅游公路，全方位、立体式构建都市圈“半小时通勤圈”和“一小时经济圈”。加快实施都市圈西线供水工程，完成一期工程。推进智慧政务建设，打通数据孤岛，实现“三市一基地”间政务数据资源互联互通。推进产业发展集群集聚。认真落实自治区联合招商项目利益分享机制。按照都市圈建立产业联盟要求，牵头做好纺织产业联盟，联合“两市一地”打造新材料、先进装备制造产业联盟，把相关配套产业连成串、接成链、拓成群。加快推进滨河新区与宁东产城融合发展。推进生态环境共保共治。牢固树立“都市圈生态共同体”的系统治理观，发挥银川市大气环境超级监测站作用，推进区域一体化环境监察执法体系建设。加快建设“东热西送”二期、“清污分流”、滨河水系连通等生态环保项目，实现入黄水质达到Ⅳ类。建设东部鄂尔多斯台缘、西部贺兰山东麓、黄河两岸三大生态廊道。推动公共服务共建共享。放大“首都带首府·首府带县乡”的效应，提升银川对都市圈公共服务保障和辐射水平。与“两市一地”深化优质学校发展联盟、医疗特色专科联盟合作，把银川的集团化办学、联合办医范围向“两市一地”拓展延伸。建立都市圈口腔、妇幼、中医专科和临床实训基地，免费接收都市圈内医疗机构人员进修培训。共同打造黄河金岸度假旅游、贺兰山东麓文化休闲旅游带，实行旅游线路景区一票通，携手推进全域旅游，让都市圈人民群众享有更多获得感幸福感安全感。

二是提升城市精细化管理水平。巩固全国文明城市、国家卫生城市创建成果。全面推进综合执法体制改革，提高执法效率，提升城市管理服务效能。依法治市普法宣传和综治禁毒。细化城市管理空间，推行网格化城市管理模式。推进城市管理现代化，加大违章占道、户外广告、城市三乱等城市病治理力度。完善智慧城市综合应用平台、智慧城市指挥中心建设，提高社会治理的社会化法治化智能化专业化水平。实施特色街区改造提升，推进宁安文化园银川文化艺术博览中心项目建设，打造以老银川建筑风格为主的特色街区。实施城乡环境综合治理，提升城市宜居水平。

三是大力实施乡村振兴战略。按照“产业兴旺、生态宜居、乡风文明、治理有效、生活富裕”的要求，以农民增收为目标，进一步调结构、转方式，奋力开创乡村振兴工作新局面。加快镇村一级乡村振兴规划编制进程，打造一乡一业、一村一品的发展格局。实施产业兴村强县行动，进一步壮大优势特色产业。支持龙头企业实施品牌推动战略，打造一批具有地方特色、知名度较高的国家级和自治区级品牌，塑造高端农产品品牌。进一步搭建农村产业融合发展的平台载体，促进多种模式融合发展。加快推动农村人居环境整治和美丽宜居乡村建设，打造一批有产业支撑、有乡愁乡韵的特色村镇，推动城乡良性互动、协调发展。

（六）**切实改善民生，增强群众获得感。**坚持以人民为中心的发展思想，切实办好民生实事，使发展成果更多更公平惠及全市人民。

一是打好精准脱贫攻坚战。坚持精准扶贫、精准脱贫，确保完成8515名建档立卡贫困人口脱贫退出，19个贫困村脱贫出列，生态移民人均可支配收入增长10%以上。全面落实扶贫产业项目，切实提高产业对贫困群众的带动能力。多渠道开辟就业岗位，着力推进就业扶贫。深化闽宁协作，主动对接漳州、福州、厦门等地，引进企业整体承包运营新镇区红酒一条街、闽台小商品一条街和闽台特色美食一条街。坚决抓好扶贫领域突出问题整改，扎实做好建档立卡动态调整和“回头看”工作。

二是坚决补好民生领域短板。实施推进社会服务领域“互联网+”试点工作，加大“首都带首府”京银教育、卫生等领域工程建设。启动银川市“互联网+教育”一期建设。抓好北京师范大学银川学校、阅海第二中学等新（续）建项目。大力发展“互联网+医疗”健康，落实“互联网+健康”医疗大数据共享平台、多级综合远程诊疗体系项目等13个重点任务。打造“养老在银川”品牌，加快推进养老服务业“放管服”改革，扩大日间照料中心改革试点成果。构建房地产市场健康发展长效机制，坚持房子是用来住的、不是用来炒的定位，继续深化房地产调控，确保房地产市场平稳健康发展。

三是提高就业质量和人民收入。全面落实各项政策，推动高质量就业创业。城镇登记失业率保持在4%以内。城乡劳动力职业技能培训和创业能力培训达到1万人以上。努力拓展就业渠道，农村劳动力转移就业达到8万人以上。实施更加积极的就业政策，促进高校毕业生、农村转移劳动力、城镇就业困难人员就业。

四是织密扎牢社会保障网。统筹推进我市社会保险事业健康协调发展，扎实推进社会保障“扩面提标”工程，实施“兜底保障工程”，扩大社保覆盖面。全面完成自治区下达的参保征缴目标任务。继续推进建档立卡贫困人口应保尽保，助推脱贫攻坚。

附件

银川市2019年国民经济和社会发展计划草案主要指标表

指标名称	2017年完成情况		2018年计划		2018年完成情况	2019年计划建议
	总量(亿元)	增速(%)	总量(亿元)	增速(%)	增速(%)	增速(%)
地区生产总值	1803.17	8	1962	8.0左右	7.2	7.0左右
第一产业	61.38	4.2	65	4.5	3.6	3.5左右
第二产业	908.6	6.5	976	7.5	5.5	6.3左右
#规上工业增加值	580	8.5	630	8.0左右	7.5	6.5左右
第三产业	833.18	10.1	921	9	9.2	8.0左右
全社会固定资产投资	1719.05	1.4	1857	8.0左右	-21.9	3.0以上
社会消费品零售总额	562.31	9.4	607	8.0左右	4.8	6.0左右
地方财政一般公共预算收入	177.46	9.2	190	7.0左右	8.4	7.0左右
城镇居民人均可支配收入(元)	32981	8.2	35455	7.5左右	7.9	7.0
农村居民人均可支配收入(元)	13087	8.7	14134	8.0左右	8.2	7.5
居民消费价格指数				3以内	2.2	3以内
城镇新增就业人数					5.5万人	4.5万人
城镇登记失业率				4以内	3.58	4以内
人口自然增长率					7.82‰	8.6‰
R&D占GDP比重					1.71	2.12
亿元GDP生产安全事故死亡率					0.024	0.070
万元GDP能耗(吨标准煤)					下降8.5	下降1.5
二氧化硫、氮氧化物排放					完成自治区下达年度任务	完成自治区下达年度任务

注:地方财政一般公共预算收入增速按同口径计算。

关于2018年银川市及市本级预算执行情况和2019年银川市及市本级预算草案的报告

——2019年1月9日在银川市第十五届人民代表大会第三次会议上

银川市财政局

各位代表：

受市人民政府委托，现将2018年银川市及市本级预算执行情况和2019年银川市及市本级预算草案的报告提请市十五届人大三次会议审议，并请市政协委员和其他列席会议的同志提出意见。

一、2018年全市及市本级预算执行情况

2018年，在市委的坚强领导下，全市上下以习近平新时代中国特色社会主义思想为指导，认真贯彻落实中央、自治区各项决策部署和市第十五届人大第二次会议的各项决议，践行"绿色、高端、和谐、宜居"城市发展理念，主动应对经济下行压力，坚持稳中求进、进中提质，担当作为、攻坚克难，全年预算执行情况总体较好。

（一）一般公共预算执行情况。

1. 全市一般公共预算执行情况。根据2018年财政快报统计，2018年全市全口径一般公共预算收入471.66亿元。其中：全市一般公共预算收入完成181.17亿元，完成年度预算任务的96.0%，同口径增长8.0%；自治区转移支付补助收入165.58亿元；上年结余12.09亿元；调入资金1.01亿元；债务转贷收入104.95亿元；调入预算稳定调节基金6.84亿元。全市一般公共预算总支出471.66亿元。其中：地方一般公共预算支出370.90亿元，完成变动预算数的99.0%，同比增长8.5%；上解自治区专项支出8.81亿元；超收转入预算稳定调节基金1.34亿元；债务还本支出85.65亿元。年终结余4.96亿元。

2. 市本级一般公共预算执行情况。根据2018年财政快报统计，2018年市本级一般公共预算总收入257.24亿元。其中：一般公共预算收入90.24亿元，为年初预算的99.5%，同口径增长12.2%；上级补助收入84.03亿元；上年结余5.47亿元；调入资金0.85亿元；下级上解收入1.2亿元；债务转贷收入72.45亿元；调入预算稳定调节基金3亿元。市本级一般公共预算总支出257.24亿元。其中：一般公共预算支出145.88亿元，为变动预算的99.4%，同比增长2.3%；补助下级支出42.11亿元；上解上级支出0.7亿元；债务还本支出52.12亿元；债务转贷支出14.32亿元。年终结余2.11亿元。

3. 银川经济技术开发区一般公共预算执行情况。银川经济技术开发区本级一般公共预算总收入26.64亿元。其中：一般公共预算收入完成14亿元，完成年初预算的111.1%，同比增长22.7%。银川经济技术开发区本级一般公共预算总支出26.64亿元。其中：一般公共预算支出完成17.16亿元，为变动预算的94.9%，同比增长47.0%。

（二）政府性基金预算执行情况。

1. 全市政府性基金预算执行情况。根据2018年财政快报统计，2018年全市地方政府性基金总收入104.64亿元。其中：政府性基金收入61.72亿元，完成年初预算的96.2%，同比增长39.6%；政府性基金上级转移支付收入1.23亿元；上年结余4.64亿元；专项转贷收入37.05亿元。全市地方政府性基金预算总支出104.64亿元。其中：政

府性基金支出78.96亿元，为变动预算的100.9%，同比增长94.8%；调出资金1.01亿元；专项债务还本支出22.46亿元。年终结余2.21亿元。

2. 市本级政府性基金预算执行情况。根据2018年财政快报统计，2018年市本级政府性基金预算总收入68.04亿元。其中：政府性基金预算收入45.02亿元，完成年初预算的97.9%，同比增长76.6%；政府性基金转移收入0.75亿元；上年结余2.53亿元；政府专项债务转贷收入19.74亿元。政府性基金预算总支出68.04亿元。其中：政府性基金支出34.48亿元，为变动预算的96.5%，同比增长146.9%；政府性基金转移支付16.81亿元；调出资金0.85亿元；政府专项债务还本支出0.38亿元；专项债务转贷支出14.27亿元。年终结余1.25亿元。

3. 银川经济技术开发区政府性基金预算执行情况。银川经济技术开发区政府性基金预算收入预计完成1.9亿元，上年结余收入0.22亿元。政府性基金预算支出1.02亿元。结转下年支出1.1亿元。

(三)国有资本经营预算执行情况。

市属企业国有资本经营预算收入0.53亿元，主要是国有企业上缴的国有资本经营收益；上年结转0.15亿元。市属企业国有资本经营预算支出0.68亿元。

(四)社会保险基金预算执行情况。

社会保险基金总收入106.29亿元，社会保险基金总支出102.65亿元。社会保险基金滚存结余68.63亿元。

(五)需要说明的情况。

1. 因2017年新增债券结余，经市人大常委会审查批准，调整市本级新增债券结余资金5000万元，用于安排2018年道路工程建设。

2. 因预算执行中需要对年初预算进行调整，经市人大常委会审查批准，将行政事业单位养老保险及职业年金3亿元、PPP项目财政补贴资金7亿元进行调整，用于安排上年预算预支挂账5.3亿元；安排滨河新区债务审计整改资金3.5亿元；安排60大庆项目及闽宁镇基础设施建设资金1.2亿元。

3. 2018年预算安排两园三区征地拆迁资金12.5亿元，经市人大常委会审查批准，将其中剩余10亿元调整用于重点项目征地拆迁支出。

4. 2018年预算支出安排中关村科技创新、购买服务项目财政补贴、收回存量等资金10.6亿元，经市人大常委会审查批准，调整用于金融控股有限公司及绿创林业有限公司注册资本金10.6亿元。

5. 市本级预备费年初预算安排3亿元，除按照法定程序动用1.25亿元用于支持县市区救灾和突发事件处置外，其余结余资金全部调整当年民生重点支出。

二、2018年落实市人大决议和主要财政工作情况

2018年，财政部门认真落实十五届人大第二次会议要求，全面贯彻实施预算法，大力组织收入，保障重点支出，深化财税改革，强化财政监管，有力保障了预算执行，促进了经济社会持续健康发展。

(一)培财源、扩规模，增强财政保障能力。

全面落实国家和自治区各项税费优惠政策和积极的财政政策，大力培育税源，不断壮大经济发展总量，培植多极支撑的现代财源体系。建立健全综合治税协调联动机制，依法加强税费征管，有效杜绝跑冒滴漏，确保税费收入应收尽收，努力提高财政收入质量。牢固树立长期过“紧日子”的思想，厉行勤俭节约，大力压缩一般性支出，强化预算支出主体责任，加快预算执行。积极争取中央自治区专项资金支持，争取专项资金40.65亿元，地方政府债券资金63.6亿元，其中：置换债券资金46.34亿元，新增一般债券6亿元，再融资债券6.17亿元，土地储备专项债券5.09亿元，有效弥补地方可用财力不足的短板。

(二)转动能、促发展，助推经济提质增效。

持续优化积极财政政策目标和调整财政政策中心，实施前瞻、精准、有效的调控。统筹引导各类资金、资源向实体经济、科技创新、新旧动能转化等重点领域聚焦聚力，为促进结构优化、效益提升，增强经济活力和巩固发展基础提供有力支撑和保障。

全面增强服务实体经济能力。统筹各类财政资金5.65亿元，全面落实企业降成本和推进创新驱动战略等扶持政策，着力打造战略新兴产业和高技术创造业聚集区，助推企业创新发展，有效促进十大产业向高端化、智能化、集群化方向发展。重点支持企业技术改造、技术创新和产业结构调整，建立政策奖补机制，鼓励和引导企业增强发展信心，

推动企业发展。支持培育现代服务、现代物流、现代商贸等新兴产业，培育、促进电子竞技、互联网+等新产业、新业态的发展，为银川市经济稳定增长奠定发展基础。

助推农业供给侧结构性改革。支出5.26亿元，按照“实施乡村振兴战略和发展都市现代农业”发展思路，以深入推进农业供给侧结构性改革为主线，以农业增效、农民增收、农村宜居宜业为目标，积极推动传统农业向现代农业转型升级。做精优质粮食产业，做大做响优质蔬菜、花卉园艺、适水产业和都市创意休闲产业，大力发展休闲观光、田园综合体等乡村旅游，切实增加农民收入。继续加大农业综合开发支持力度，完成土地治理1.91万亩，实施国际农发基金贷款优势特色产业发展，推动农业产业化水平不断提升。

推进科技创新驱动发展战略。支出4.81亿元，重点支持葡萄酒、新材料产业研究院建设，融合高校院所科研资源与我市产业发展需求，服务区域经济发展，打造新型产学研用协同创新平台带动社会资金向科技领域投入。继续鼓励和支持科技创新，引导社会资本加大R&D投入，增强企业科技贡献率。进一步探索符合银川实际、具有银川特色的新路径，加强政策引导，拓展政府科技资金使用功能，提高财政资金使用效率。

（三）调结构，抓关键，强力保障重大项目建设。

着力保障重点工程建设项目。支出22.16亿元，全力支持自治区60大庆重大项目，支持水生态治理和修复、河湖整治、人工湿地建设等项目，确保城市道路、景观绿化等项目建设。支出26.62亿元，支持重大项目征地拆迁安置，实施棚户区改造项目18处3893套，切实解决和改善城乡居住条件。围绕“银川都市圈建设”各项战略部署，在政策落实、项目安排、资金使用等各项工作上全力以赴推进银川都市圈建设，大力培育新的经济增长极。

着力支持打好精准脱贫攻坚战。支出2.6亿元，重点推进闽宁镇、月牙湖乡等集中连片贫困地区脱贫攻坚，助力16个贫困村脱贫摘帽、8535名建档立卡贫困人口脱贫销号；设立1亿元银川市农村深度贫困人口脱贫攻坚专项救助基金，将基金收益全部用于农村特困户生活补助。支出4284万元专项风险补偿资金，落实金融扶贫专项信贷4.28亿元，支持建档立卡贫困户发展产业，贷款覆盖率达到80%以上，使财政资金在惠及贫困人口和富民工程中发挥最大效益。

着力支持打好污染防治攻坚战。支出15.08亿元，统筹推进产业绿色转型、水系连通整治、黑臭水体治理、园林绿化、集中供热、面源污染等项目建设。大力支持“东热西送”工程和西北部区域防洪排涝及湖库水系综合整治工程、西线供水工程、黄河宁夏段二期防洪银川滨河新区段岸线提升等工程，实现生态环境的根本改善。

（四）聚财力，重实效，兜紧民生保障底线。

突出公共财政导向，不断提高保障标准，努力构建公平普惠可持续的民生保障体系。2018年教育、社会保障、医疗、环保等民生支出117.93亿元，占一般公共预算支出的80.8%。

大力支持教育优先发展。支出9.35亿元，深入推进“首都带首府”“首府带县乡”“名校带弱校”教育优先发展战略；加大义务教育经费保障，促进义务教育学校均衡发展，支持职业教育和特殊教育发展，推进普及高中教育，落实贫困学生救助政策，减免3933名困难学生学费。兑现资金2476.88万元，支持全市77所民办幼儿园提升办园质量和服务水平，政策惠及2.05万名学龄前儿童。

深入推进医疗卫生服务保障能力建设。支出5.23亿元，稳步推进公立医院综合改革工作。支持产科医院、儿童专科医院、社区医疗服务体系建设，提高社区医疗服务保障标准，促进基层医疗卫生水平再上台阶。稳步推进健康银川建设，推动公办医院、民办医院、互联网医院“三医”并行发展；推进医疗三级联诊制度改革，加大优势专科建设投入力度，扩大医疗服务供给，促进医疗服务质量不断提高。

全面提升社会保障能力和保障水平。支出10.67亿元，全力保障城乡居民医疗保险，城乡居民养老保险，被征地农民养老保险；落实各项就业扶持政策，继续实施公益性岗位援助政策，支持就业创业、城乡劳动力技能鉴定、职业培训，着力促进就业困难人员、高校毕业生、农民工等特殊群体就业，稳步提高社会保障水平。全面落实社会保障政策，足额保障特困人员供养、城乡低保、退伍士兵安置、居家养老、困难残疾人补贴资金，全面落实民生保障政策。

稳步推进文体事业发展。支出3.53亿元，推进我市公共文化服务体系构建和传媒事业发展。保障第二届“丝绸之路”银川国际马拉松赛、环青海湖国际公路自行车赛等赛事活动，培育和促进休闲旅游城市建设和群众体育活动健康发展。推动文化体制机制改革，促进新闻传媒集团融合发展。支持举办文化艺术创意节、银川互联网电影节等活动，支持文艺作品创作创新，推进文化产业发展，展现银川特色文化魅力。

积极保障社会和谐稳定。支出8.38亿元，加强和创新社会治理，建设平安银川，加强防灾救灾能力建设，完善应急体系、物资储备管理机制，提高防灾减灾救灾和应急管理水平。以稳控物价为突破口，将稳物价、控物价作为保障民生的重要任务之一，支出4200万元，用于投放限价菜、储备菜及限价肉、储备肉、居民燃气价格补贴等，有效平抑物价，确保我市蔬菜、肉类等价格基本稳定，切实保障民生生活需求。

（五）强管控，防风险，规范政府债务管理。

坚决贯彻落实中央决策部署，切实履行职责，采取有效措施，严格控制政府性债务规模，坚决打好防范化解重大风险攻坚战。

强化制度建设。制定出台了《银川市地方政府性债务风险应急处置预案》《银川市政府债务风险化解方案》《银川市本级隐性债务化解风险实施方案》等方案，实施政府债务动态监控，切实做到事前严管、事中监督、事后控制风险，有效防范财政金融风险。

严控债务规模。从严控制政府投资项目建设，强化预算约束，对无资金来源、资金不落实的项目，不立项、不审批。全面清理地方政府举债融资事项，纠正违规举债行为，全面评估和清理政府与社会资本合作（PPP）项目，集中清理退库28个非PPP项目，促进政府与社会资本合作项目规范运作。

全面化解存量。积极申请地方政府置换债券，置换地方政府存量债务52.51亿元，有效延长政府债务偿还周期，降低融资成本，缓解政府偿债压力。采取措施清理政府工程欠款，清偿工程款7.75亿元，清理违规债务14.15亿元，解除政府购买服务协议30个，解除协议金额40.6亿元。切实降低隐性债务规模，化解社会矛盾。

（六）推改革，抓管理，提升依法理财水平。

强化预算约束。强化预算编制和执行的法律性、严肃性。财政支出严格按预算执行。实施预算资金动态监控机制，加强银行账户管理，防范资金安全风险和廉政风险。制定了《银川市预算绩效管理工作实施方案》、《银川市预算绩效管理实施暂行办法》，规范财政预算约束，推动预算绩效管理。

严格财政监督。强化财政扶贫资金监管，从资金分配、拨付、使用和公告公示情况进行全过程监督，实行资金动态监控，推动涉农惠农项目资金合规使用，安全运行。并对全市12个乡镇27个村使用扶贫资金进行绩效评价。进一步规范政府投资项目结算审核，制订《政府投资项目评审会议流程及管理制度》《政府投资项目评审现场勘察制度》《政府投资项目委托评审分配制度》《政府投资项目审核费用核算管理制度》等制度，规范项目投资，促进政府投资项目效益最大化。全年完成项目评审239个，审减资金10.06亿元，审减率达到16.6%。健全完善银川市公务用车管理制度，出台《银川市党政机关公务用车管理办法》；加强事业单位改革等有关国有资产管理，扎实推进行政事业单位国有资产核实处置工作，处置资产7269.33万元，收回盘亏资产赔偿资金4.67万元。落实国家和自治区全面清理规范收费的政策措施，实行《收费项目目录清单》管理，确保取消、减征、免征的各项收费政策落到实处，促进实体经济发展。深化财税体制机制改革。制定《银川市与辖区财政事权和支出责任划分改革实施方案》，理顺市与辖区事权责任，促进区域经济协调发展。健全政府会计准则体系，全力推进新政府会计制度，提升财政预算管理水平。

各位代表，一年来财政工作取得的成绩，是自治区党委、政府和市委坚强领导的结果，是市人大、政协及代表委员们监督指导的结果，也是各县（市）区、各部门共同努力的结果。在看到成绩的同时，我们也清醒地看到，财政工作中存在的问题和不足。一是财政保障能力不足，财政收支矛盾突出；二是财政支出结构不尽合理，资金使用碎片化问题突出；三是预算执行进度慢、不均衡，专项资金闲置周期长，结余结转规模较大；四是财政资金使用效率不高，使用效果较低，部分资金闲置浪费严重；五是偿债压力较大，存在风险隐患。我们高度重视这些问题，加快推进财政改革，创新财政体制管理机制，切实加以解决。

三、2019年财政预算草案

2019年是新中国成立70周年，是决胜全面建成小康社会第一百年奋斗目标的关键之年，做好各项财政工作意义重大。纵观当前经济形势，国际政治经济形势不稳定、不确定因素依然较多，国内经济运行仍面临一定的下行压力。在大环境的影响下，我市也面临着新旧动能转换、传统产业升级改造、产业园区整合、新兴产业培育发展等重大挑战和战略机遇。

有利因素：国家更大规模的减税降费政策，将会进一步增强中小微企业的发展活力，促进经济高质量发展。银和集成电路大硅片、宁夏汉尧石墨烯储能材料等一批具有影响力的产业集群落户银川，苏银产业园、中关村双创园、丝路经济产业园、军民融合产业园全面启动建设，将成为我市未来经济发展的重要支撑。银川都市圈建设加快推进，西线供水、生态绿化工程、棚户区改造等一批重大项目投资建设，都将成为我市经济发展新的增长极。

不利因素：国家结构性减税力度加大，继续清理规范行政事业性收费和基金，部分企业生产经营依然困难等因素将对财政增收产生较大影响。与此同时，国家继续实施积极的财政政策，加大教育、卫生、社会保障等重点领域改革，调整产业结构，打赢三大攻坚战等刚性需求增大，收支矛盾更加突出。

综合判断，2019年财政增收放缓，支出需求增加较大，预算安排依然是紧平衡。我们将继续坚持过紧日子的思想，勤俭节约、艰苦奋斗、精打细算，切实把财政资金用在增强发展后劲和改善人民生活上，确保财政收支平衡和财政可持续发展。

（一）指导思想。

以习近平新时代中国特色社会主义思想为指导，全面贯彻落实党的十九大精神，认真贯彻落实自治区第十二次党代会、十二届六次全会及市委十四届六次、七次全会精神，坚持“绿色、高端、和谐、宜居”的城市发展理念，坚持稳中求进工作总基调，坚持深化市场化改革，坚持推进高质量发展，落实积极的财政政策和更大规模减税降费政策，着力激发微观主体活力；优化财政支出结构，继续打好三大攻坚战；深化财政体制机制改革，加快建立权责清晰、财力协调、区域均衡的市与辖区财政关系；树立过紧日子的思想，严格压缩一般性支出；加快推进预算绩效管理体系建设，全面实施绩效管理；积极防范化解地方政府债务风险，促进经济持续健康发展和社会大局稳定。

（二）2019年预算安排的原则及收入目标。

2019年财政预算支出，按照“保基本、保运转、保民生、保重点、保改革、压缩一般支出”“积极稳妥，统筹兼顾，尽力而为，量力而行”和“守红线、控风险”的原则，综合考虑各种不利因素和有利因素，全市一般公共预算收入拟按同口径增长7%左右进行安排。

（三）一般公共预算收支草案。

1．全市一般公共预算安排草案。全市一般公共预算总收入279.91亿元。其中：全市一般公共预算收入安排186.28亿元，同口径增长7%；自治区转移支付补助收入83.58亿元；上年结余4.64亿元；调入预算稳定调节基金5.41亿元。据此，全市一般公共预算总支出279.91亿元。其中：全市一般公共预算支出267.12亿元；上解自治区支出8.71亿元；债务还本支出1.40亿元。年终结余2.68亿元。

2．市本级一般公共预算安排草案。市本级一般公共预算总收入136.23亿元。其中：一般公共预算收入安排89.38亿元；自治区转移性补助收入43.74亿元；上年结余2.11亿元；调入预算稳定调节基金1亿元。据此，一般公共预算总支出136.23亿元。其中：市本级一般公共预算支出128.98亿元；转移辖区支付6.55亿元；上解自治区支出0.7亿元。

3．银川经济技术开发区一般公共预算安排草案。银川经济技术开发区一般公共预算总收入17.99亿元。其中：一般公共预算收入安排15.4亿元，同比增长10.0%。据此，一般公共预算总支出17.99亿元。其中：一般公共预算支出17.34亿元，同比增长17.2%。

（四）政府性基金预算安排草案。

1．全市政府性基金预算。全市政府性基金预算总收入99.9亿元。根据收支平衡原则，安排全市政府性基金预算总支出99.9亿元。

2．市本级政府性基金预算草案。市本级政府性基金预算总收入56.79亿元。据此，安排市本级政府性基金预算支出56.79亿元。

3．银川经济技术开发区政府性基金预算草案。银川经济技术开发区政府性基金预算收入23.7亿元。根据收支平衡原则，安排政府性基金预算支出23.7亿元。

（五）国有资本经营预算安排草案。

按照有关规定，2019年市本级国有资本经营预算收入安排0.67亿元。国有资本经营预算支出0.67亿元。

（六）社会保险基金预算安排草案。

全市社会保险基金收入预算安排115.36亿元。全市社会保险基金支出预算安排115.27亿元。滚存结余68.73亿元。

以上“四本预算”收支安排的具体情况，请各位代表参阅相关表格。

（七）市本级重大支出政策及预算安排。

1．全力推进产业振兴战略，着力打造高质量项目“集聚地”。安排28.87亿元，重点支持制造业优化升级，大力推动苏银产业园、军民融合产业园、中关村双创园、轴承小镇等园区建设，加快建立产业基金投入机制，有效放大资金投入，重点支持现代高端制造业、葡萄酒产业、石墨烯、新能源汽车等“十大产业”发展，提升产业发展水平，带动企业发展，培植高质量税源。全力支持大项目带动产业大发展新型发展模式，推动政策集成、资金聚集、资源整合，大力推动园区改造提升，重塑布局合理、特色鲜明的产业生态圈，引领带动“银川都市圈”全面发展，促进全市产业协同、设施联通、服务共享，带动产业发挥更大效益。加快发展现代农业。大力推进高标准农田建设，支持农业科技创新，推动重点品种良种培育，积极推动传统农业向现代农业转型升级。支持发展地方特色优势主导产业，促进农村一二三产业融合发展。支持传统服务业转型升级和现代服务业加快发展，培育新增长点。

2．全力推进创新驱动战略，着力激发高质量经济“新动力”。安排4.18亿元，重点支持新材料研究院建设，支持高端人才引进、人才培育和人才奖励，促进科技与金融有机结合，大力发展互联网数字经济，推动信息化平台建设，提升科技创新能力，加大对基础研究和应用基础研究的投入力度。推动建立以企业为主体、市场为导向、产学研深度融合的技术创新体系，吸引更多社会资金、金融资本支持科技成果转化。实施“互联网+教育”“互联网+医疗”和“互联网+服务升级”行动，促进新动能成长壮大。

3．全力推进项目带动战略，着力促进高质量发展“新成效”。安排23.64亿元，全力保障重点项目建设，大力支持道路工程、市政设施等项目建设。支持打好污染防治攻坚战，重点支持绿色交通，推广秸秆综合利用，继续支持燃煤锅炉拆除，“东热西送”二期等项目实施。支持生态绿化工程、清污分流、黄河生态水系、第八污水处理厂等一批重大项目投资建设，打造天更蓝、山更绿、水更清的优美生态环境。全力打好精准脱贫攻坚战，多渠道筹措资金，重点支持产业扶贫、残疾人就业扶贫、教育扶贫、职业培训和易地扶贫搬迁等工作，进一步聚焦特定贫困群众精准帮扶，助推20个贫困村脱贫出列。

4．全力推进民生事业发展，着力增进人民群众“幸福感”。统筹安排18.46亿元，大力支持教育优先发展。实施京银教育合作交流项目，继续支持北师大银川学校建设，推进优质教育资源提标扩面。改扩建一批普惠性幼儿园和中小学校，支持农村教育发展，促进教育资源均衡配置、均衡发展。深入实施现代职业教育质量提升计划，促进产教融合、校企合作。加快推进健康银川建设。推动现代医疗卫生服务发展，巩固破除以药补医成果，持续深化公立医院综合改革，深入推进“医疗在银川”，以“首都带首府”医疗卫生合作为引领，提高现代医院管理水平，全方位提升银川区域医疗服务水平。大力发展“互联网+医疗”健康服务，创新医疗服务新模式。落实国家积极的社会保障救助政策，增加城乡居民收入，完善特困人员救助供养政策，支持残疾人事业和社会养老服务体系建设。完善就业创业援助制度，实施就业扶助计划，促进创业创新发展。推动文化繁荣兴盛。深化文化体制改革，支持优秀文艺创作、文化品牌创建。全面推进文化惠民工程，完善公共文化标准化、均等化服务体系。以银川成功创建“中国旅游休闲示范城市”为契机，不断加快银川都市圈建设步伐，全力推进宁夏“全域旅游”核心区建设，着力将银川打造成为“丝绸之路”国际著名旅游目的地。

5．全力推进平安银川建设，着力提升大众百姓“安全感”。安排3.35亿元，健全社会治安防控体系，深化“平安银川”建设，大力支持“疏堵提畅”、“雪亮工程”等项目建设，有效维护公共安全。继续支持“扫黑除恶”专项斗争，保障公安消防设施建设，强化食品药品监督和安全生产监管，推进应急体系建设，做好应急物资储备和突发事件应急处置，切实维护民族团结宗教和顺，社会和谐稳定，确保人民安居乐业。

6. 全力控制政府债务规模，打赢防范化解风险“攻坚战”。建立中长期支出责任事项监测机制，重点安排17.36亿元用于安排棚户区改造、城乡基础设施等重点项目建设政府补贴。严格落实偿还责任，优先偿还2019年到期债务还本付息资金22.51亿元，重点用于清偿工程欠款、偿还限额内政府债务等支出，积极稳妥化解累积的债务风险，促进经济社会健康稳定发展。

7. 全力严控一般性财政支出，勤俭节约干事业过好“紧日子”。安排33.28亿元。其中，安排24.47亿元足额保障机关事业人员（含离休人员）工资支出。按照压缩50%的标准安排机关事业单位基本运行费4.38亿元，压缩资金全部用于保障民生支出。坚持量财办事思想，按照压缩20%的标准安排机关单位公用经费0.43亿元。重点安排改革预留资金4亿元，全力保障人员工资调整、机构改革等；安排预备费3亿元，用于应对自然灾害、突发事件等不可预见事项。

四、戮力同心，依法理财，努力完成2019年财政各项工作任务

2019年，我们将全面贯彻党的十九大精神，坚定不移地落实好中央、自治区各项战略部署，在市委的坚强领导下，坚持稳中求进的工作总基调，聚力增效实施积极的财政政策，不断深化财税体制改革，加快建立现代财政制度，深入推进依法科学理财，努力完成全年预算任务。

（一）在“稳增长”上下功夫，不断提高财政收入质量。

深入推进产业结构调整，进一步加大财政投入，支持传统产业提档升级，培育发展新材料、新能源等十大产业；加强财源建设，千方百计构筑大项目、支持企业、发展产业，继续培育多元发展、多级支撑的财源体系。进一步加大综合治税工作力度，加强重点税源动态监控。全面规范非税收入管理，提高非税收入征管效率。突破难点，主攻“争取资金”关，加大专项资金和产业基金类资金的争取力度，进一步拓宽资金来源渠道。

（二）在“促改革”上求发展，深化供给侧结构性改革。

坚持以供给侧结构性改革为主线，落实“四大战略”措施，发挥财政、金融和市场主体作用，激发科技、人才创新活力，不断增强对经济社会发展和财政收入的支撑作用。落实积极的财政政策及产业发展税收优惠和减免政策，着力推进园区融合发展。加快财税体制改革，建立财权与事权相统一财政管理体制，继续深化市与辖区公共领域财政事权和支出责任划分改革。加快推进经济结构战略性调整，促进经济转型升级，推动经济持续健康发展。

（三）在“高质量”上求突破，建立现代财政管理制度。

严格执行《预算法》，推进法治财政建设，建立现代财政管理制度。进一步加强预算绩效管理，开展项目支出绩效目标执行监控，逐步建立“预算编制有目标、预算执行有监控、预算完成有评价、评价结果有反馈、反馈结果有应用”的全过程预算绩效管理机制。硬化预算约束，严格控制预算调整事项。加大资金统筹，重点向贫困地区、困难地区倾斜，不断提升资金使用效益。

（四）在“控风险”上求实效，强化地方政府债务管理。

认真落实“谁举借、谁负责、谁担责”的总体要求，建立健全政府债务管理机制和责任追究倒查机制。强化债务监管，重点关注融资平台公司、政府购买服务和PPP等政府隐性债务。完善政府性债务风险机制，多渠道积极稳妥化解存量债务，坚决遏制隐性债务增长，确保债务总量只减不增；严格规范政府投资项目和政府购买服务行为，严禁违法违规融资担保，确保不发生区域性系统性风险。

（五）在“强监督”上求提升，不断提高财政运行效率。

坚持厉行节约，勤俭办一切事业，严禁铺张浪费、大手大脚花钱。强化对财政资金事前、事中、事后全过程监督，推进财政监督制度化、规范化、常态化。主动对接人大预算联网监督平台，不断扩大财政信息公开的范围和内容，广泛接受社会监督。建立健全财政资金管理、政府采购、资产管理、财政监督等制度体系，严格执行专项资金使用规定，加强对政府采购、政府投资、民生项目资金的投资评审，不断提高财政运行效率。

各位代表！2019年，我们的任务更艰巨、挑战更严峻。我们在市委的坚强领导下，在市人大和政协的监督支持下，不忘初心、牢记使命，砥砺前行，奋力拼搏，咬定目标不放松，风雨无阻照前行，鼓苦干之劲，行务实之措，为“建设美丽新宁夏，共圆伟大中国梦”作出更大贡献，以优异成绩庆祝中华人民共和国成立70周年！

财政名词解释

全市：是指银川市本级、银川经济技术开发区、兴庆区、金凤区、西夏区、永宁县、贺兰县、灵武市和宁东管委会。

市级：是指银川市本级、银川经济技术开发区、兴庆区、金凤区、西夏区。

市本级：是指银川市政府本级。

政府预算（四本预算）：根据《预算法》规定，预算包括一般公共预算、政府性基金预算、国有资本经营预算、社会保险基金预算，统称“四本预算”。

政府性基金预算：是指政府通过向社会征收基金、收费，以及出让土地、发行彩票等方式取得收入，专项用于支持特定基础设施建设和社会事业发展等方面的收支预算。政府性基金预算应当根据基金项目收入情况和实际支出需要，按基金项目编制，做到以收定支。

国有资本经营预算：是指国家以所有者身份依法取得国有资本收益，并对所得收益进行分配而发生的收支预算。国有资本经营预算应当按照收支平衡的原则编制，不列赤字，并安排资金调入一般公共预算。

社会保险基金预算：是指对社会保险缴款、一般公共预算安排和其他方式筹集的资金，专项用于社会保险的收支预算。社会保险基金预算应当按照统筹层次和社会保险项目分别编制，做到收支平衡。

一般公共预算收入：指政府凭借国家政治权力，以社会管理者身份筹集以税收为主体的财政收入，主要包括税收收入和非税收入。

税收收入：是指政府为履行其职能，凭借政治权力，按照特定标准，强制、无偿地取得公共收入的一种形式。包括：增值税、企业所得税、个人所得税、资源税、城市维护建设税、房产税、印花税、城镇土地使用税、土地增值税、车船税、契税、耕地占用税等税收收入。

非税收入：是指一般公共预算收入中除税收以外的其他各项收入，包括：专项收入（包括排污费收入、水资源收入、教育费附加收入、广告收入等）、行政性事业性收费收入、罚没收入、国有资本经营收入、国有资源（资产）有偿使用收入、其他收入等。

一般公共预算支出：指国家对集中的预算收入有计划地分配和使用而安排用于保障和改善民生、推动经济社会发展、维护国家安全、维持国家机构正常运转等方面的支出。

全口径预算：是指中央或地方政府对全部收支实行统一、完整、全面、规范的预算管理。按照预算级次即指在本地区产生的各县（市）区级的总和。

财政总收入：是指地方财政预算内安排的总财力（不含基金预算收入、国有资本经营预算收入），包括地方政府本级一般公共预算收入、税收返还收入、上级补助收入、上年结余、上解收入和调入资金等。地方财政总收入再加上政府性基金收入（含缴库社会保险基金），即为同口径财政总收入。

财政总支出：是指地方财政预算内安排的各项支出总和（不含基金预算支出、国有资本经营预算支出），包括地方政府本级一般公共预算支出、专项上解支出、补助支出等。

上级转移支付：是指上级对下级的一种补助，目的是弥补财政实力薄弱地区的财力缺口，均衡地区间财力差距，以实现各地公共服务均等化为目标，而实行的一种财政资金转移或财政平衡制度。目前转移支付主要由一般性转移支付和专项转移支付构成。

上年结余：是指在各级总预算年终决算时，总收入大于总支出而出现的收支差额。其内容包括：

(1)本年度支出中因上级下达专项指标较晚等原因,需结转下年度按专项资金的管理办法继续使用的部分;(2)根据建设规划和施工进度需要跨年度进行安排的建设项目资金;(3)该年度由于增收节支而形成的净结余或因特定原因形成收不抵支产生的赤字。

上解收入:是指按体制由国库在本级预算收入中直线划解给上级财政的款项,以及按体制结算补解给上级财政款项和各种专项上解款项。

返还性收入:是指税收返还收入,具体包括两税返还、所得税基数返还和其他税收返还等。

同比增长:是指和上一时期、上一年度或历史相比的增长。同比增长率=(本期数-同期数)/同期数*100%。

同口径增长:是指在本次的统计方法与上一次完全相同情况下的增长比率。

预算调整:是指根据预算法规定,对于年度财政体制调整等因素给预算收入带来的变化,对收入预算进行调整,并将调整情况上报人大批准。与调整预算的区别在于预算总量保持不变。

调整预算:是指经人大批准的地方本级预算,在执行中因特殊情况需要增加支出或者减少收入,使原批准的收支平衡预算的总支出超过总收入。与预算调整的区别在于预算总量发生变化。

财政短收:是指年度预算执行结果低于年初预算安排的部分。

财政超收:是指预算执行结果超过年初预算安排的收入部分。

变动预算数:是指在年初预算数的基础上,增加转移支付、本年超短收安排、债券转贷收入安排、预算稳定调节基金、调入资金以及科目调剂安排之后的预算数。

预算稳定调节基金:是指财政通过超收收入和支出预算结余安排的具有储备性质的基金,视预算平衡情况,在安排下年度预算时调入并安排使用,或用于弥补短收年份预算执行的收支缺口,基金的安排使用接受同级人大及其常委会的监督。

调入资金:是指地方政府为平衡年度预算而规定从财政专户管理资金以及其他渠道调入的资金。随着预算外资金逐年纳入预算内管理项目的增多,取消财政周转金以及费改税工作的推进,调入资金呈越来越少的趋势。

政府债务:是指各级政府机关、事业单位或其他组织,以政府的名义向国内外或境内外承借或担保的,负有直接或间接偿还责任的债务。

地方政府债券:是指经国务院批准同意,以省、自治区、直辖市和计划单列市政府为发行和偿还主体发行的地方政府债券。具体分为置换债券和新增债券,置换债券是指由地方政府发行的债券用于偿还即将到期的地方政府存量债务;新增债券是指由地方政府发行用于新增建设项目的债券。

部门预算:是指政府各部门依据国家有关政策的规定及其行使职能的需要,由基层预算单位编制,逐级上报、审核、汇总,经财政部门审核后提交人大批准的涵盖部门各项收支的综合财政计划。

预算草案:是指未经法定程序审查和批准的政府、机关、团体、事业单位的年度收支计划,通常指未经人大批准的某一年度政府财政预算收支计划。地方各级财政部门根据同级人民政府的指示和上级政府及财政部门的部署,具体布置本级各部门和下级财政部门编制预算草案,并负责审核、汇总编制本行政区域的预算草案,报同级人民政府和上一级财政部门审核。

决算:是指各级政府、各部门、各单位编制的经法定程序审查和批准的预算收支的年度执行结果。它反映和总结预算执行情况和结果,是社会经济活动在财政上的综合反映,是预算管理中不可缺少的环节。决算草案由各级政府、各部门、各单位在每一预算年度终了后按照国务院规定的时间编制。

国有资本经营收益:是指国家以所有者身份依法从国家出资企业取得国有资本收益,包括应缴利润、股利股息收入、产权转让收入、清算收入、其它国有资本收益等。

财政贴息：是指财政用于帮助用款单位归还贷款利息支出，或者财政性贷款只要求收回本金，少收或不收利息所形成的补贴，又称“利息补贴”。

政府和社会资本合作模式（即PPP模式）：PPP模式即Public-Private-Partnership的字母缩写，是指政府与社会资本之间，为了合作建设城市基础设施项目，或是为了提供某种公共物品和服务，以特许权协议为基础，彼此之间形成一种伙伴式的合作关系，并通过签署合同来明确双方的权利和义务，以确保合作的顺利完成，最终使合作各方达到比预期单独行动更为有利的结果。

财政预算绩效管理：是指一级政府财政预算（包括收入和支出）为对象，以政府财政预算在一定时期内所达到的总体产出和结果为内容，根据设定的绩效目标，运用科学、合理的绩效评价指标、评价标准和评价方法进行客观、公正的评价，以促进政府透明、责任、高效履职为目的所开展的绩效管理活动。

政府采购：是指各级政府为从事日常的政务活动或为了满足公共服务的目的，利用国家财政性资金和政府借款购买货物、工程和服务的行为。政府采购不仅是指具体的采购过程，而且是采购政策、采购程序、采购过程及采购管理的总称，是一种对公共采购管理的制度。

政府购买服务：是指政府通过公开招标、定向委托、邀标等形式将原来由自身承担的公共服务转交给社会组织、企事业单位履行，以提高公共服务供给的质量和财政资金的使用效率，改善社会治理结构，满足公众的多元化、个性化需求。

供给侧结构性改革：是指从提高供给质量出发，用改革的办法推进结构调整，矫正要素配置扭曲，扩大有效供给，提高供给结构对需求变化的适应性和灵活性，提高全要素生产率，更好满足广大人民群众的需要，促进经济社会持续健康发展。

财政事权和支出责任划分：是处理好政府间财政关系最重要的制度安排。建立政府间财政事权和支出责任相适应的制度，就是要根据各级政府“谁该干什么事”决定“谁掏钱”，再通过收入划分、转移支付，让“钱”与“事”相匹配，让办事与花钱、权利与责任相统一。

中华人民共和国
2018年国民经济和社会发展统计公报[1]

国家统计局

2019年2月28日

2018年，面对复杂严峻的国际环境和艰巨繁重的改革发展稳定任务，在以习近平同志为核心的党中央坚强领导下，各地区各部门以习近平新时代中国特色社会主义思想为指导，全面贯彻党的十九大和十九届二中、三中全会精神，按照党中央、国务院决策部署，统筹推进“五位一体”总体布局，协调推进“四个全面”战略布局，坚持稳中求进工作总基调，深入贯彻新发展理念，落实高质量发展要求，以供给侧结构性改革为主线，着力深化改革扩大开放，坚决打好防范化解重大风险、精准脱贫、污染防治三大攻坚战，有效应对外部环境深刻变化，统筹稳增长、促改革、调结构、惠民生、防风险，做好稳就业、稳金融、稳外贸、稳外资、稳投资、稳预期工作，经济运行总体平稳、稳中有进，质量效益稳步提升，人民生活持续改善，保持了经济持续健康发展和社会大局稳定，朝着实现全面建成小康社会的目标迈出了新的步伐。

一、综合

初步核算，全年国内生产总值[2]900309亿元，比上年增长6.6%。其中，第一产业增加值64734亿元，增长3.5%；第二产业增加值366001亿元，增长5.8%；第三产业增加值469575亿元，增长7.6%。第一产业增加值占国内生产总值的比重为7.2%，第二产业增加值比重为40.7%，第三产业增加值比重为52.2%。全年最终消费支出对国内生产总值增长的贡献率为76.2%，资本形成总额的贡献率为32.4%，货物和服务净出口的贡献率为-8.6%。人均国内生产总值64644元，比上年增长6.1%。国民总收入[3]896915亿元，比上年增长6.5%。全国万元国内生产总值能耗[4]比上年下降3.1%。全员劳动生产率[5]为107327元/人，比上年提高6.6%。

图1　2014—2018年国内生产总值及其增长速度

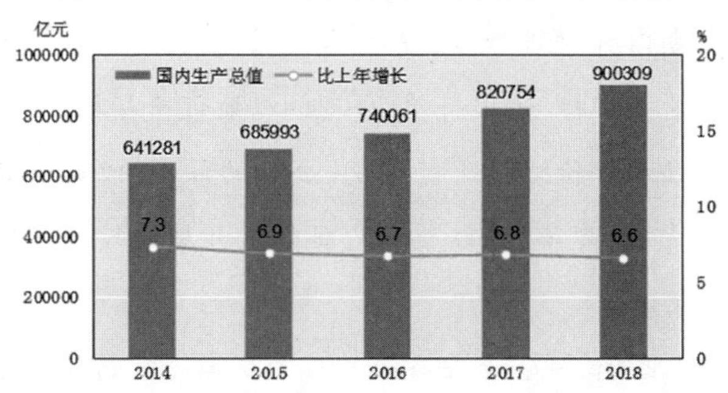

图2　2014—2018年三次产业增加值占国内生产总值比重

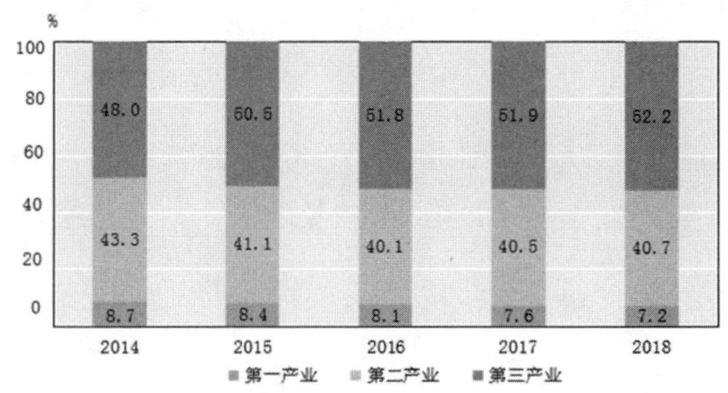

图3　2014—2018年万元国内生产总值能耗降低率

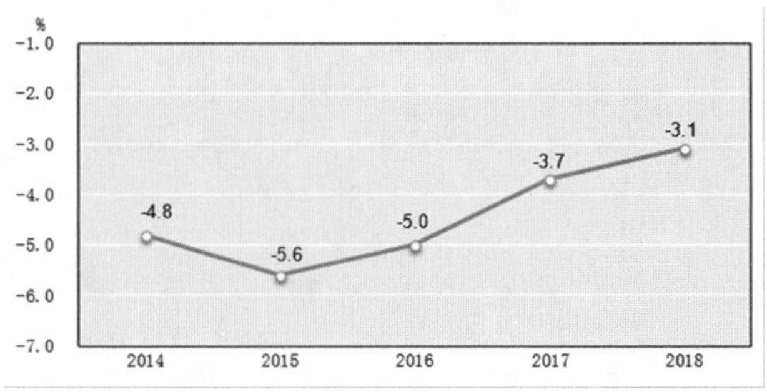

图4　2014—2018年全员劳动生产率

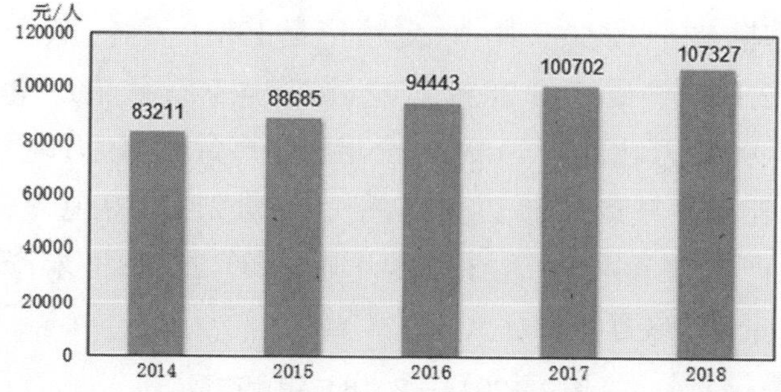

年末全国大陆总人口139538万人，比上年末增加530万人，其中城镇常住人口83137万人，占总人口比重（常住人口城镇化率）为59.58%，比上年末提高1.06个百分点。户籍人口城镇化率为43.37%，比上年末提高1.02个百分点。全年出生人口1523万人，出生率为10.94‰；死亡人口993万人，死亡率为7.13‰；自然增长率为3.81‰。全国人户分离的人口[6]2.86亿人，其中流动人口[7]2.41亿人。

表1　2018年年末人口数及其构成

指标	年末数（万人）	比重（%）
全国总人口	139538	100.0
其中：城镇	83137	59.58
乡村	56401	40.42
其中：男性	71351	51.1
女性	68187	48.9
其中：0-15岁（含不满16周岁）[8]	24860	17.8
16-59岁（含不满60周岁）	89729	64.3
60周岁及以上	24949	17.9
其中：65周岁及以上	16658	11.9

年末全国就业人员77586万人，其中城镇就业人员43419万人。全年城镇新增就业1361万人，比上年增加10万人。年末全国城镇调查失业率为4.9%，比上年末下降0.1个百分点；城镇登记失业率为3.8%，下降0.1个百分点。全国农民工[9]总量28836万人，比上年增长0.6%。其中，外出农民工17266万人，增长0.5%；本地农民工11570万人，增长0.9%。

图5　2014—2018年城镇新增就业人数

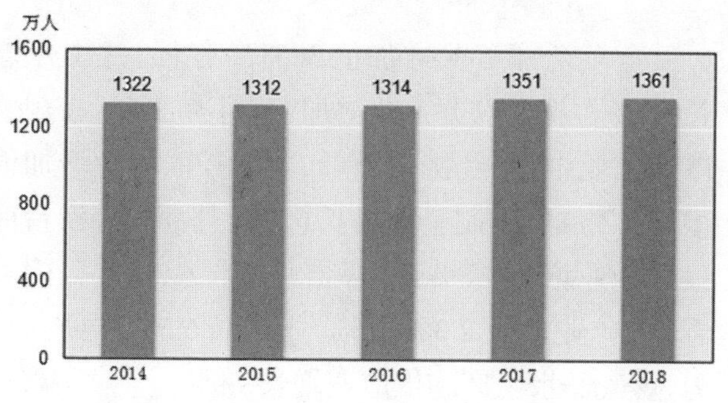

全年居民消费价格比上年上涨2.1%。工业生产者出厂价格上涨3.5%。工业生产者购进价格上涨4.1%。固定资产投资价格上涨5.4%。农产品生产者价格[10]下降0.9%。12月份70个大中城市新建商品住宅销售价格月同比上涨的城市个数为69个，下降的为1个。

图6　2018年居民消费价格月度涨跌幅度

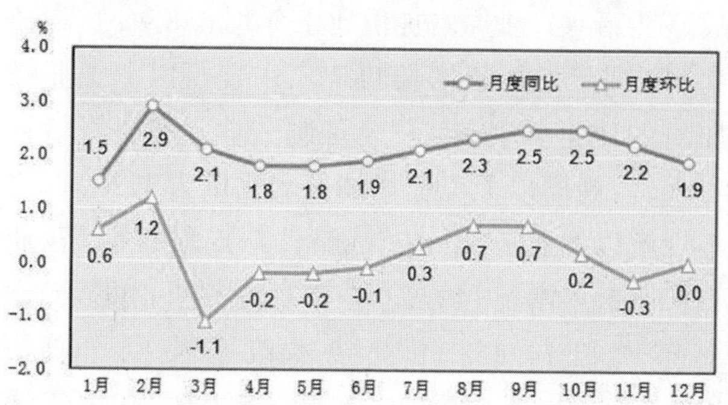

表2　2018年居民消费价格比上年涨跌幅度

单位：%

指标	全国	城市	农村
居民消费价格	2.1	2.1	2.1
其中：食品烟酒	1.9	2.1	1.1
衣　着	1.2	1.1	1.5
居　住[11]	2.4	2.1	3.3
生活用品及服务	1.6	1.6	1.6
交通和通信	1.7	1.6	1.8
教育文化和娱乐	2.2	2.3	2.2
医疗保健	4.3	4.6	3.7
其他用品和服务	1.2	1.2	1.2

年末国家外汇储备30727亿美元，比上年末减少672亿美元。全年人民币平均汇率为1美元兑6.6174元人民币，比上年升值2.0%。

图7　2014—2018年年末国家外汇储备

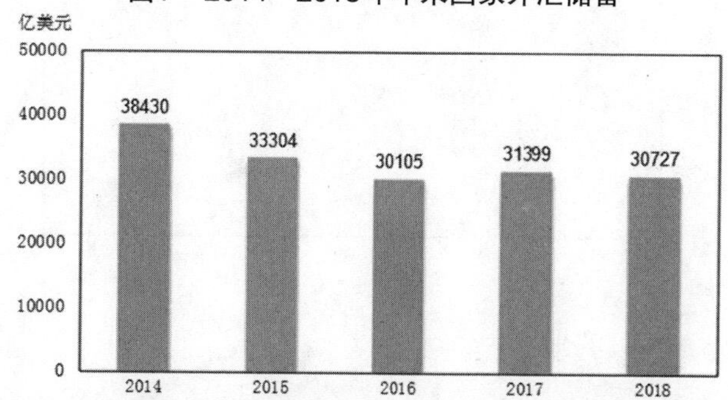

供给侧结构性改革深入推进。全年全国工业产能利用率[12]为76.5%。其中，煤炭开采和洗选业产能利用率为70.6%，比上年提高2.4个百分点；黑色金属冶炼和压延加工业产能利用率为78.0%，提高2.2个百分点。年末商品房待售面积52414万平方米，比上年末减少6510万平方米。其中，商品住宅待售面积25091万平方米，减少5072万平方米。

年末规模以上工业企业资产负债率为56.5%，比上年末下降0.5个百分点[13]。全年规模以上工业企业每百元主营业务收入中的成本为83.88元，比上年下降0.20元。全年生态保护和环境治理业、农业固定资产投资（不含农户）分别比上年增长43.0%和15.4%。

新动能持续发展壮大。全年规模以上工业中，战略性新兴产业[14]增加值比上年增长8.9%。高技术制造业[15]增加值增长11.7%，占规模以上工业增加值的比重为13.9%。装备制造业[16]增加值增长8.1%，占规模以上工业增加值的比重为32.9%。全年规模以上服务业[17]中，战略性新兴服务业[18]营业收入比上年增长14.6%。全年高技术产业投资[19]比上年增长14.9%，工业技术改造投资[20]增长12.8%。全年新能源汽车产量115万辆，比上年增长66.2%；智能电视产量11376万台，增长17.7%。全年网上零售额[21]90065亿元，比上年增长23.9%。

脱贫攻坚成效显著。按照每人每年2300元（2010年不变价）的农村贫困标准计算，年末农村贫困人口1660万人，比上年末减少1386万人[22]；贫困发生率[23]1.7%，比上年下降1.4个百分点。全年贫困地区[24]农村居民人均可支配收入10371元，比上年增长10.6%，扣除价格因素，实际增长8.3%。

图8　2014—2018年年末全国农村贫困人口和贫困发生率

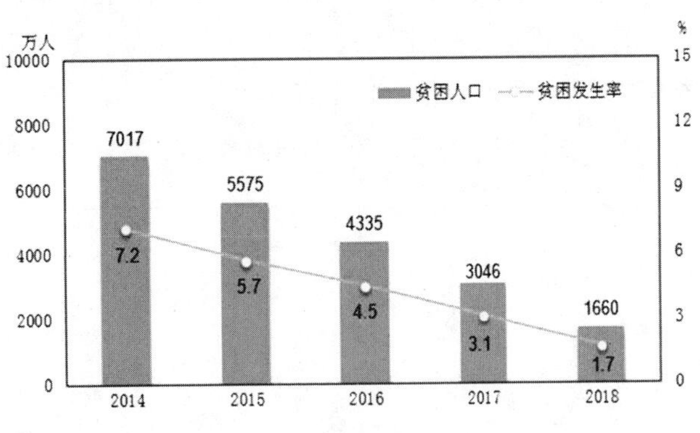

二、农业[25]

全年粮食种植面积11704万公顷，比上年减少95万公顷。其中，小麦种植面积2427万公顷，减少24万公顷；稻谷种植面积3019万公顷，减少56万公顷；玉米种植面积4213万公顷，减少27万公顷。棉花种植面积335万公顷，增加16万公顷。油料种植面积1289万公顷，减少33万公顷。糖料种植面积163万公顷，增加9万公顷。

全年粮食产量65789万吨，比上年减少371万吨，减产0.6%。其中，夏粮产量13878万吨，减产2.1%；早稻产量2859万吨，减产4.3%；秋粮产量49052万吨，增产0.1%。全年谷物产量61019万吨，比上年减产0.8%。其中，稻谷产量21213万吨，减产0.3%；小麦产量13143万吨，减产2.2%；玉米产量25733万吨，减产0.7%。

图9　2014—2018年粮食产量

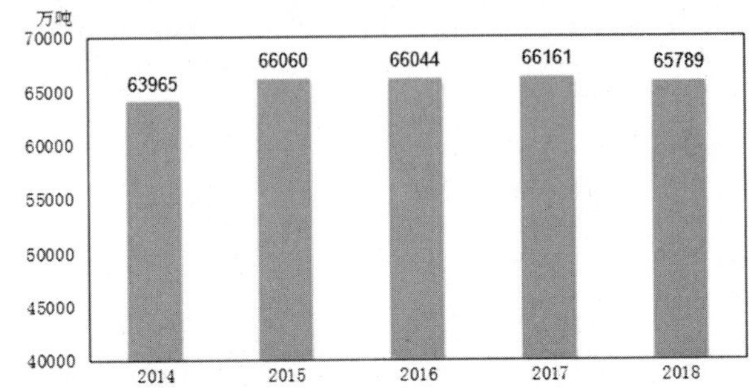

全年棉花产量610万吨，比上年增产7.8%。油料产量3439万吨，减产1.0%。糖料产量11976万吨，增产5.3%。茶叶产量261万吨，增产5.9%。

全年猪牛羊禽肉产量8517万吨，比上年下降0.3%。其中，猪肉产量5404万吨，下降0.9%；牛肉产量644万吨，增长1.5%；羊肉产量475万吨，增长0.8%；禽肉产量1994万吨，增长0.6%。禽蛋产量3128万吨，增长1.0%。牛奶产量3075万吨，增长1.2%。年末生猪存栏42817万头，下降3.0%；生猪出栏69382万头，下降1.2%。

全年水产品产量6469万吨，比上年增长0.4%。其中，养殖水产品产量5018万吨，增长2.3%；捕捞水产品产量1451万吨，下降5.7%。

全年木材产量8432万立方米，比上年增长0.4%。

全年新增耕地灌溉面积72万公顷，新增高效节水灌溉面积144万公顷。

三、工业和建筑业

全年全部工业增加值305160亿元，比上年增长6.1%。规模以上工业增加值增长6.2%。在规模以上工业中，分经济类型看，国有控股企业增加值增长6.2%；股份制企业增长6.6%，外商及港澳台商投资企业增长4.8%；私营企业增长6.2%。分门类看，采矿业增长2.3%，制造业增长6.5%，电力、热力、燃气及水生产和供应业增长9.9%。

图10　2014—2018年全部工业增加值及其增长速度

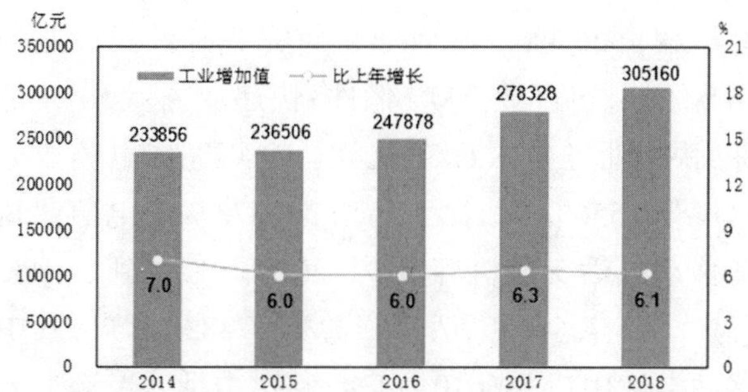

全年规模以上工业中，农副食品加工业增加值比上年增长5.9%，纺织业增长1.0%，化学原料和化学制品制造业增长3.6%，非金属矿物制品业增长4.6%，黑色金属冶炼和压延加工业增长7.0%，通用设备制造业增长7.2%，专用设备制造业增长10.9%，汽车制造业增长4.9%，电气机械和器材制造业增长7.3%，计算机、通信和其他电子设备制造业增长13.1%，电力、热力生产和供应业增长9.6%。

表3　2018年主要工业产品产量及其增长速度[26]

产品名称	单位	产量	比上年增长(%)
纱	万吨	2958.9	-7.3
布	亿米	657.3	-4.9
化学纤维	万吨	5011.1	2.7
成品糖	万吨	1524.1	3.5
卷　烟	亿支	23358.7	-0.4
彩色电视机	万台	18834.8	18.2
其中：液晶电视机	万台	18825.2	19.5
家用电冰箱	万台	7993.2	-3.9
房间空气调节器	万台	20486.0	14.7
一次能源生产总量	亿吨标准煤	37.7	5.0
原　煤	亿吨	36.8	4.5
原　油	万吨	18910.6	-1.3
天然气	亿立方米	1602.7	8.3
发电量	亿千瓦小时	71117.7	7.7
其中：火电[27]	亿千瓦小时	50738.6	6.7
水电	亿千瓦小时	12342.3	3.0
核电	亿千瓦小时	2943.6	18.7
粗　钢	万吨	92800.9	6.6
钢　材[28]	万吨	110551.7	5.6
十种有色金属	万吨	5702.7	3.7
其中：精炼铜(电解铜)	万吨	902.9	0.7
原铝(电解铝)	万吨	3580.2	7.5
水　泥	亿吨	22.1	-5.3
硫　酸(折100%)	万吨	9129.8	-0.9
烧　碱(折100%)	万吨	3420.2	2.7
乙　烯	万吨	1841.0	1.1
化　肥(折100%)	万吨	5424.4	-7.9
发电机组(发电设备)	万千瓦	10600.5	-10.3
汽　车	万辆	2781.9	-4.1
其中：基本型乘用车(轿车)	万辆	1160.1	-2.9
运动型多用途乘用车(SUV)	万辆	927.4	-7.7
大中型拖拉机	万台	24.3	-29.3
集成电路	亿块	1739.5	11.2
程控交换机	万线	1006.6	7.3
移动通信手持机	万台	179846.4	-4.8
微型计算机设备	万台	30700.2	0.1
工业机器人	万台(套)	14.8	6.4

年末全国发电装机容量189967万千瓦，比上年末增长6.5%[29]。其中[30]，火电装机容量114367万千瓦，增长3.0%；水电装机容量35226万千瓦，增长2.5%；核电装机容量4466万千瓦，增长24.7%；并网风电装机容量18426万千瓦，增长12.4%；并网太阳能发电装机容量17463万千瓦，增长33.9%。

全年规模以上工业企业利润66351亿元，比上年增长10.3%[31]。分经济类型看，国有控股企业利润18583亿元，比上年增长12.6%；股份制企业46975亿元，增长14.4%，外商及港澳台商投资企业16776亿元，增长1.9%；私营企业17137亿元，增长11.9%。分门类看，采矿业利润5246亿元，比上年增长40.1%；制造业56964亿元，增长8.7%；电力、热力、燃气及水生产和供应业4141亿元，增长4.3%。全年规模以上工业企业主营业务收入利润率为6.49%，比上年提高0.11个百分点。

全年全社会建筑业增加值61808亿元，比上年增长4.5%。全国具有资质等级的总承包和专业承包建筑业企业利润8104亿元，比上年增长8.2%，其中国有控股企业2470亿元，增长8.5%。

图11　2014—2018全建筑业增加值及其增长速度

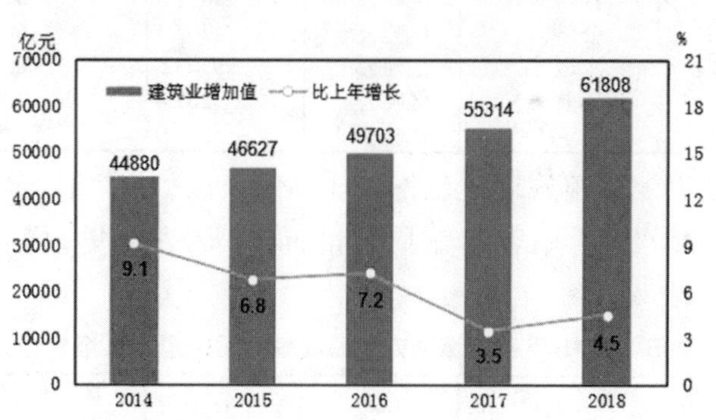

四、服务业

全年批发和零售业增加值84201亿元，比上年增长6.2%；交通运输、仓储和邮政业增加值40550亿元，增长8.1%；住宿和餐饮业增加值16023亿元，增长6.5%；金融业增加值69100亿元，增长4.4%；房地产业增加值59846亿元，增长3.8%；信息传输、软件和信息技术服务业增加值32431亿元，增长30.7%；租赁和商务服务业增加值24427亿元，增长8.9%。全年规模以上服务业企业营业收入比上年增长11.4%，营业利润增长6.5%。

图12　2014—2018年服务业增加值及其增长速度

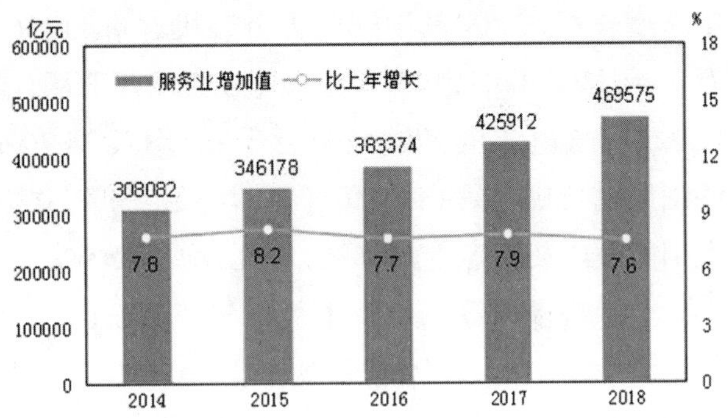

全年货物运输总量515亿吨，比上年增长7.1%。货物运输周转量205452亿吨公里，增长4.1%。全年规模以上港口完成货物吞吐量133亿吨，比上年增长2.7%[32]，其中外贸货物吞吐量42亿吨，增长2.0%。规模以上港口集装箱吞吐量24955万标准箱，增长5.2%。

表4　2018年各种运输方式完成货物运输量及其增长速度

指　标	单位	绝对数	比上年增长(%)
货物运输总量	亿吨	514.6	7.1
铁路	亿吨	40.3	9.2
公路	亿吨	395.9	7.4
水运	亿吨	69.9	4.7
民航	万吨	738.5	4.6
管道	亿吨	8.5	5.4
货物运输周转量	亿吨公里	205451.6	4.1
铁路	亿吨公里	28821.0	6.9
公路	亿吨公里	71202.5	6.6
水运	亿吨公里	99303.6	0.7
民航	亿吨公里	262.4	7.7
管道	亿吨公里	5862.0	22.5

全年旅客运输总量179亿人次，比上年下降3.1%[33]。旅客运输周转量34213亿人公里，增长4.3%。

表5　2018年各种运输方式完成旅客运输量及其增长速度

指　标	单位	绝对数	比上年增长(%)
旅客运输总量	亿人次	179.2	-3.1
铁路	亿人次	33.7	9.4
公路	亿人次	136.5	-6.3
水运	亿人次	2.8	-0.5
民航	亿人次	6.1	10.9
旅客运输周转量	亿人公里	34213.5	4.3
铁路	亿人公里	14146.6	5.1
公路	亿人公里	9275.5	-5.0
水运	亿人公里	79.8	2.7
民航	亿人公里	10711.6	12.6

年末全国民用汽车保有量24028万辆（包括三轮汽车和低速货车906万辆），比上年末增长10.5%，其中私人汽车保有量20730万辆，增长10.9%。民用轿车保有量13451万辆，增长10.4%，其中私人轿车12589万辆，增长10.3%。

全年完成邮政行业业务总量[34]12345亿元，比上年增长26.4%。邮政业全年完成邮政函件业务26.8亿件，包裹业务0.2亿件，快递业务量507.1亿件，快递业务收入6038亿元。全年完成电信业务总量[35]65556亿元，比上年增长137.9%。电信业新增移动电话交换机容量[36]17267万户，达到259453万户。年末全国电话用户总数174835万户，其中移动电话用户156610万户。移动电话普及率上升至112.2部/百人。固定互联网宽带接入用户[37]40738万户，比上年末增加5884万户，其中固定互联网光纤宽带接入用户[38]36833万户，增加7440万户；移动宽带用户[39]130565万户，增加17413万户。全年移动互联网用户接入流量711亿GB，比上年增长189.1%。全年软件和信息技术服务业[40]完成软件业务收入63061亿元，按可比口径计算，比上年增长14.2%。

图13　2014—2018年快递业务量及其增长速度

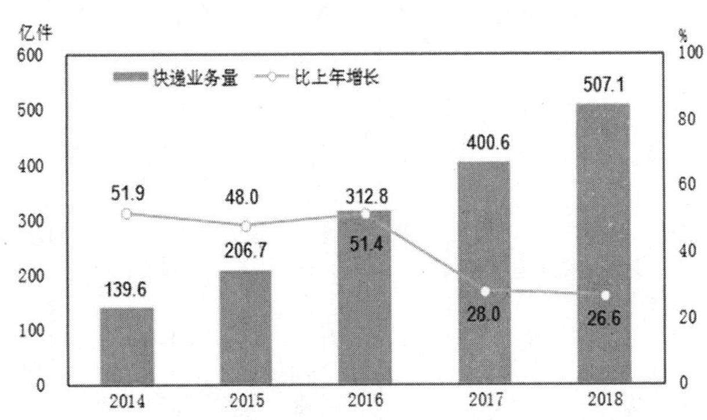

图14　2014—2018年年末固定互联网宽带接入用户数和移动宽带用户数

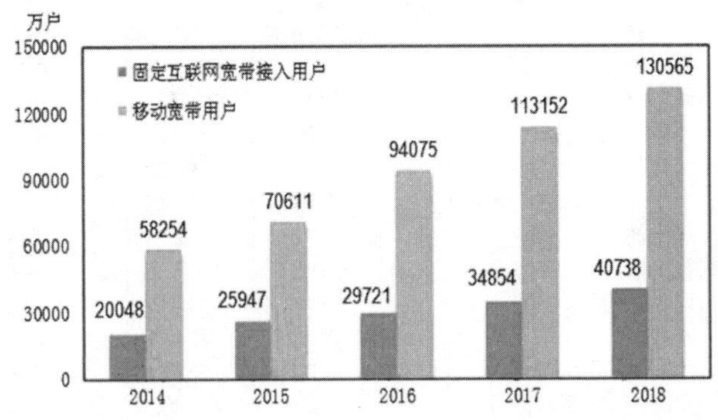

五、国内贸易[41]

全年社会消费品零售总额380987亿元，比上年增长9.0%。按经营地统计，城镇消费品零售额325637亿元，增长8.8%；乡村消费品零售额55350

亿元，增长10.1%。按消费类型统计，商品零售额338271亿元，增长8.9%；餐饮收入额42716亿元，增长9.5%。

在限额以上单位商品零售额中，粮油、食品类零售额比上年增长10.2%，饮料类增长9.0%，烟酒类增长7.4%，服装、鞋帽、针纺织品类增长8.0%，化妆品类增长9.6%，金银珠宝类增长7.4%，日用品类增长13.7%，家用电器和音像器材类增长8.9%，中西药品类增长9.4%，文化办公用品类增长3.0%，家具类增长10.1%，通讯器材类增长7.1%，建筑及装潢材料类增长8.1%，石油及制品类增长13.3%，汽车类下降2.4%。

全年实物商品网上零售额70198亿元，比上年增长25.4%，占社会消费品零售总额的比重为18.4%，比上年提高3.4个百分点。

六、固定资产投资[42]

全年全社会固定资产投资645675亿元，比上年增长5.9%。其中固定资产投资（不含农户）635636亿元，增长5.9%。分区域看[43]，东部地区投资比上年增长5.7%，中部地区投资增长10.0%，西部地区投资增长4.7%，东北地区投资增长1.0%。

在固定资产投资（不含农户）中，第一产业投资22413亿元，比上年增长12.9%；第二产业投资237899亿元，增长6.2%；第三产业投资375324亿元，增长5.5%。民间固定资产投资[44]394051亿元，增长8.7%，占固定资产投资（不含农户）的比重为62.0%。基础设施投资[45]增长3.8%。六大高耗能行业投资增长1.4%。

图15 2014—2018年三次产业投资占固定资产投资（不含农户）比重

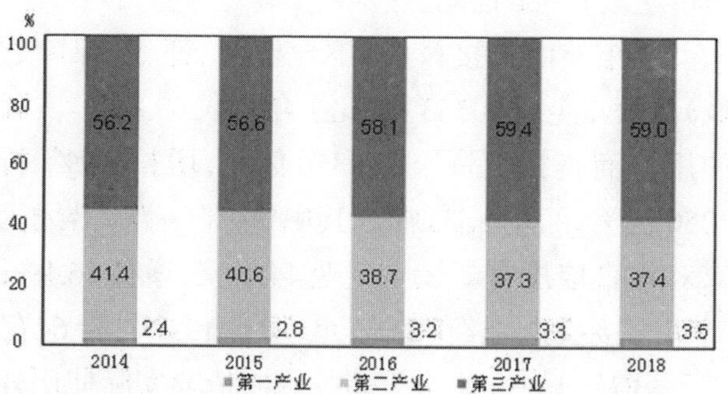

表6 2018年分行业固定资产投资（不含农户）增长速度

行 业	比上年增长(%)	行 业	比上年增长(%)
总计	5.9	金融业	-13.1
农、林、牧、渔业	12.3	房地产业[46]	8.3
采矿业	4.1	租赁和商务服务业	14.2
制造业	9.5	科学研究和技术服务业	13.6
电力、热力、燃气及水生产和供应业	-6.7	水利、环境和公共设施管理业	3.3
建筑业	-13.9	居民服务、修理和其他服务业	-14.4
批发和零售业	-21.5	教育	7.2
交通运输、仓储和邮政业	3.9	卫生和社会工作	8.4
住宿和餐饮业	-3.4	文化、体育和娱乐业	21.2
信息传输、软件和信息技术服务业	4.0	公共管理、社会保障和社会组织	-18.0

表7 2018年固定资产投资新增主要生产与运营能力

指 标	单位	绝对数
新增220千伏及以上变电设备	万千伏安	22082
新建铁路投产里程	公里	4683
其中：高速铁路[47]	公里	4100
增、新建铁路复线投产里程	公里	4711
电气化铁路投产里程	公里	6474
新改建公路里程	公里	356045
其中：高速公路	公里	6063
港口万吨级码头泊位新增通过能力	万吨/年	26428
新增民用运输机场	个	6
新增光缆线路长度	万公里	578

全年房地产开发投资120264亿元，比上年增长9.5%。其中住宅投资85192亿元，增长13.4%；办公楼投资5996亿元，下降11.3%；商业营业用房投资14177亿元，下降9.4%。

全年全国棚户区住房改造开工626万套，基本建成511万套。全国农村地区建档立卡贫困户危房改造157万户[48]。

表8 2018年房地产开发和销售主要指标及其增长速度

指 标	单位	绝对数	比上年增长(%)
投资额	亿元	120264	9.5
其中：住宅	亿元	85192	13.4
房屋施工面积	万平方米	822300	5.2
其中：住宅	万平方米	569987	6.3
房屋新开工面积	万平方米	209342	17.2
其中：住宅	万平方米	153353	19.7
房屋竣工面积	万平方米	93550	-7.8
其中：住宅	万平方米	66016	-8.1
商品房销售面积	万平方米	171654	1.3
其中：住宅	万平方米	147929	2.2
本年到位资金	亿元	165963	6.4
其中：国内贷款	亿元	24005	-4.9
个人按揭贷款	亿元	23706	-0.8

七、对外经济

全年货物进出口总额305050亿元，比上年增长9.7%。其中，出口164177亿元，增长7.1%；进口140874亿元，增长12.9%。货物进出口顺差23303亿元，比上年减少5217亿元。对“一带一路”[49]沿线国家进出口总额83657亿元，比上年增长13.3%。其中，出口46478亿元，增长7.9%；进口37179亿元，增长20.9%。

图16　2014—2018年货物进口总额

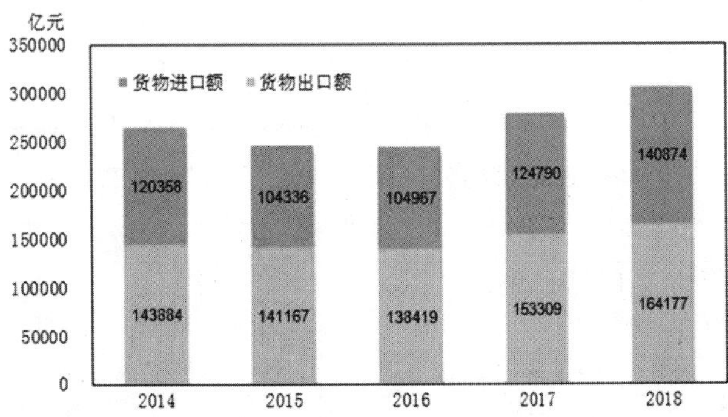

表9　2018年货物进出口总额及其增长速度

指　标	金额(亿元)	比上年增长(%)
货物进出口总额	305050	9.7
货物出口额	164177	7.1
其中：一般贸易	92405	10.9
加工贸易	52676	2.5
其中：机电产品	96457	7.9
高新技术产品	49374	9.3
货物进口额	140874	12.9
其中：一般贸易	83947	14.3
加工贸易	31097	6.6
其中：机电产品	63727	10.3
高新技术产品	44340	12.2
货物进出口顺差	23303	—

表10　2018年主要商品出口数量、金额及其增长速度

商品名称	单位	数量	比上年增长(%)	金额(亿元)	比上年增长(%)
钢材	万吨	6934	-8.1	3984	7.7
纺织纱线、织物及制品	—	—	—	7851	5.1
服装及衣着附件	—	—	—	10413	-2.3
鞋类	万吨	448	-0.4	3095	-5.4
家具及其零件	—	—	—	3544	4.8
箱包及类似容器	万吨	316	2.0	1787	-1.0
玩具	—	—	—	1662	2.3
塑料制品	万吨	1312	12.3	2870	9.3
集成电路	亿个	2171	6.2	5591	23.5
自动数据处理设备及其部件	万台	147296	-4.4	11355	6.0
手持或车载无线电话机	万台	111918	-7.8	9343	9.8
集装箱	万个	340	13.5	685	20.9
液晶显示板	万个	175810	-9.3	1527	-12.5
汽车	万辆	115	11.3	972	8.3

表11　2018年主要商品进口数量、金额及其增长速度

商品名称	单位	数量	比上年增长(%)	金额(亿元)	比上年增长(%)
谷物及谷物粉	万吨	2047	-20.0	385	-12.4
大豆	万吨	8803	-7.9	2502	-6.9
食用植物油	万吨	629	9.0	313	2.0
铁矿砂及其精矿	万吨	106447	-1.0	4984	-4.0
煤及褐煤	万吨	28123	3.9	1613	4.9
原油	万吨	46190	10.1	15882	43.1
成品油	万吨	3348	13.0	1333	35.6
天然气	万吨	9039	31.9	2552	62.1
初级形状的塑料	万吨	3284	14.5	3718	13.2
纸浆	万吨	2479	4.5	1300	25.1
钢材	万吨	1317	-1.0	1083	5.5
未锻轧铜及铜材	万吨	530	12.9	2469	16.5
集成电路	亿个	4176	10.8	20584	16.9
汽车	万辆	113	-8.5	3331	-2.7

表12　2018年对主要国家和地区货物进出口金额、增长速度及其比重

国家和地区	出口额(亿元)	比上年增长(%)	占全部出口比重(%)	进口额(亿元)	比上年增长(%)	占全部进口比重(%)
欧盟	26974	7.0	16.4	18067	9.2	12.8
美国	31603	8.6	19.2	10195	-2.3	7.2
东盟	21066	11.3	12.8	17722	11.0	12.6
日本	9709	4.4	5.9	11906	6.2	8.5
韩国	7174	3.1	4.4	13495	12.3	9.6
中国香港	19966	5.7	12.2	564	13.8	0.4
中国台湾	3212	7.9	2.0	11714	11.0	8.3
巴西	2214	12.9	1.3	5119	28.2	3.6
俄罗斯	3167	9.1	1.9	3909	39.4	2.8
印度	5054	9.5	3.1	1242	12.2	0.9
南非	1072	6.9	0.7	1799	8.9	1.3

全年服务进出口[50]总额52402亿元，比上年增长11.5%。其中，服务出口17658亿元，增长14.6%；服务进口34744亿元，增长10.0%。服务进出口逆差17086亿元。

全年外商直接投资(不含银行、证券、保险领域)新设立企业60533家，比上年增长69.8%。实际使用外商直接投资金额8856亿元，增长0.9%，折1350亿美元，增长3.0%。其中“一带一路”沿线国家对华直接投资新设立企业4479家，增长16.1%；对华直接投资金额424亿元，增长13.2%，折64亿美元，增长16.0%。全年高技术制造业实际使用外资898亿元，增长35.1%，折137亿美元，增长38.1%。

表13　2018年外商直接投资（不含银行、证券、保险领域）及其增长速度

行　业	企业数(家)	比上年增长(%)	实际使用金额(亿元)	比上年增长(%)
总计	60533	69.8	8856	0.9
其中：农、林、牧、渔业	741	5.0	53	−26.4
制造业	6152	23.4	2713	20.1
电力、热力、燃气及水生产和供应业	284	−23.7	291	23.6
交通运输、仓储和邮政业	754	45.8	314	−16.0
信息传输、软件和信息技术服务业	7222	127.9	773	−44.4
批发和零售业	22853	86.1	643	−16.5
房地产业	1053	42.9	1489	31.4
租赁和商务服务业	9099	78.9	1196	6.4
居民服务、修理和其他服务业	485	39.0	37	−2.6

全年对外非金融类直接投资额7974亿元，比上年下降1.6%，折1205亿美元，增长0.3%。其中，对“一带一路”沿线国家非金融类直接投资额156亿美元，增长8.9%。

表14　2018年对外非金融类直接投资额及其增长速度

行　业	金额(亿美元)	比上年增长(%)
总计	1205	0.3
其中：农、林、牧、渔业	18	−20.3
采矿业	92	11.3
制造业	188	−1.6
电力、热力、燃气及水生产和供应业	32	−0.9
建筑业	74	0.8
批发和零售业	106	−57.5
交通运输、仓储和邮政业	58	92.7
信息传输、软件和信息技术服务业	68	−33.7
房地产业	40	82.0
租赁和商务服务业	446	27.6

全年对外承包工程完成营业额11186亿元，比上年下降1.7%，折1690亿美元，增长0.3%。其中，对“一带一路”沿线国家完成营业额893亿美元，增长4.4%，占对外承包工程完成营业额比重为52.8%。对外劳务合作派出各类劳务人员49万人。

八、财政金融

全年全国一般公共预算收入183352亿元，比上年增长6.2%。其中税收收入156401亿元，比上年增加12031亿元，增长8.3%。全年各地共发行地方政府置换债券13130亿元，平均发行利率约3.89%。2015-2018年，置换债券累计发行12.2万亿元，基本完成既定的存量政府债务置换目标。经过置换，年末地方政府债务平均利率比2014年末降低约6.5个百分点，累计节约利息约1.7万亿元。

图17　2014—2018年全国一般公共预算收入

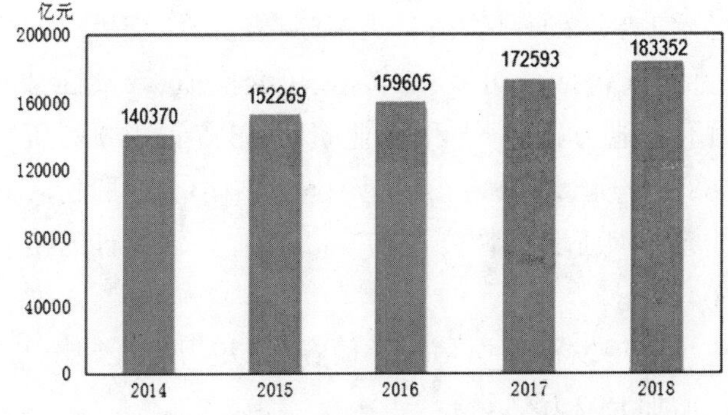

注：图中2014年至2017年数据为全国一般公共预算收入决算数，2018年为执行数。

年末广义货币供应量（M2）余额182.7万亿元，比上年末增长8.1%；狭义货币供应量（M1）余额55.2万亿元，增长1.5%；流通中货币（M0）余额7.3万亿元，增长3.6%。

全年社会融资规模增量[51]19.3万亿元，按可比口径计算，比上年少3.1万亿元；年末社会融资规模存量[52]200.7万亿元，比上年末增长9.8%。年末全部金融机构本外币各项存款余额182.5万亿元，比年初增加13.2万亿元，其中人民币各项存款余额177.5万亿元，增加13.4万亿元。全部金融机构本外币各项贷款余额141.8万亿元，增加16.2万亿元，其中人民币各项贷款余额136.3万亿元，增加16.2万亿元。

表15　2018年年末全部金融机构本外币存贷款余额及其增长速度

指标	年末数(亿元)	比上年末增长(%)
各项存款	1825158	7.8
其中：境内住户存款	724439	11.1
其中：人民币	716038	11.2
境内非金融企业存款	589105	3.1
各项贷款	1417516	12.9
其中：境内短期贷款	443200	7.8
境内中长期贷款	854571	13.8

年末主要农村金融机构（农村信用社、农村合作银行、农村商业银行）人民币贷款余额169822亿元，比年初增加20002亿元。全部金融机构人民币消费贷款余额377903亿元，增加62709亿元。其中，个人短期消费贷款余额87994亿元，增加19989亿元；个人中长期消费贷款余额289909亿元，增加42720亿元。

全年境内交易场所累计筹资[53]64365亿元，比上年增加13572亿元。其中，首次公开发行A股105只，筹资1378亿元，减少923亿元；A股现金再融资(包括公开增发、定向增发、配股、优先股)5505亿元,减少2504亿元;各类主体通过沪深交易所发行债券(包括公司债、可转债、可交换债、政策性金融债、地方政府债和企业资产支持证券)筹资56878亿元,增加17731亿元;全国中小企业股份转让系统[54]新增挂牌公司577家,挂牌公司累计筹资604亿元。

全年发行公司信用类债券[55]7.79万亿元,比上年增加1.92万亿元。

全年保险公司原保险保费收入[56]38017亿元,比上年增长3.9%。其中,寿险业务原保险保费收入20723亿元,健康险和意外伤害险业务原保险保费收入6524亿元,财产险业务原保险保费收入10770亿元。支付各类赔款及给付12298亿元。其中,寿险业务给付4389亿元,健康险和意外伤害险业务赔款及给付2012亿元,财产险业务赔款5897亿元。

九、居民收入消费和社会保障

全年全国居民人均可支配收入28228元,比上年增长8.7%,扣除价格因素,实际增长6.5%。全国居民人均可支配收入中位数[57]24336元,增长8.6%。按常住地分,城镇居民人均可支配收入39251元,比上年增长7.8%,扣除价格因素,实际增长5.6%。城镇居民人均可支配收入中位数36413元,增长7.6%。农村居民人均可支配收入14617元,比上年增长8.8%,扣除价格因素,实际增长6.6%。农村居民人均可支配收入中位数13066元,增长9.2%。按全国居民五等份收入分组[58],低收入组人均可支配收入6440元,中间偏下收入组人均可支配收入14361元,中间收入组人均可支配收入23189元,中间偏上收入组人均可支配收入36471元,高收入组人均可支配收入70640元。全国农民工人均月收入3721元,比上年增长6.8%。

全年全国居民人均消费支出19853元,比上年增长8.4%,扣除价格因素,实际增长6.2%。按常住地分,城镇居民人均消费支出26112元,增长6.8%,扣除价格因素,实际增长4.6%;农村居民人均消费支出12124元,增长10.7%,扣除价格因素,实际增长8.4%。全国居民恩格尔系数为28.4%,比上年下降0.9个百分点,其中城镇为27.7%,农村为30.1%。

图18　2014—2018年全国居民人均可支配收入及其增长速度

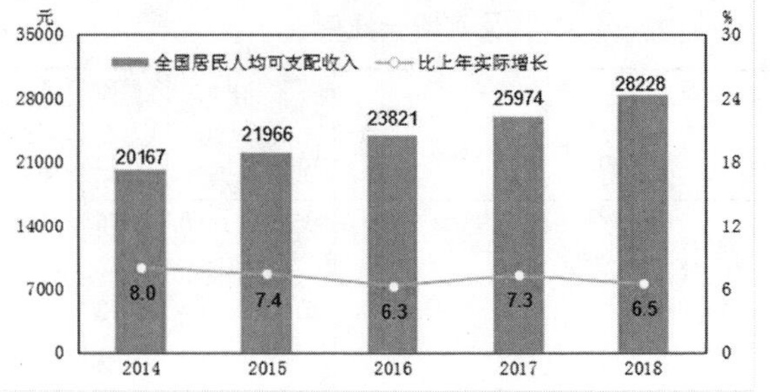

图19　2018年全国居民人均消费支出及其构成

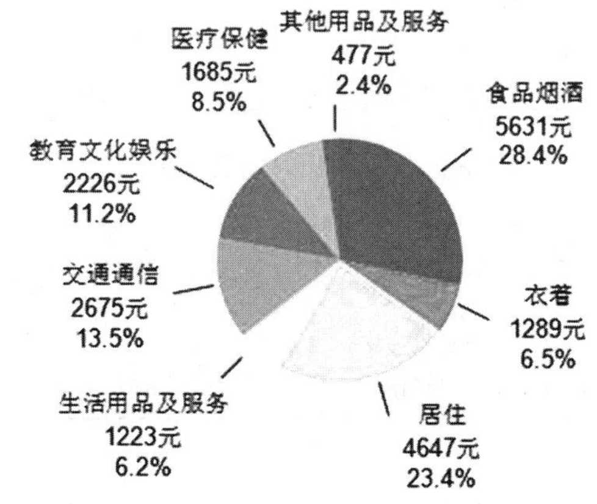

年末全国参加城镇职工基本养老保险人数41848万人,比上年末增加1555万人。参加城乡居民基本养老保险人数52392万人,增加1137万人。参加基本医疗保险人数134452万人,增加16771万人。其中,参加职工基本医疗保险人数31673万人,增加1351万人;参加城乡居民基本医疗保险人数89741万人,增加2382万人。参加失业保险人数19643万人,增加859万人。年末全国领取失业保险金人数223万人。参加工伤保险人数23868万人,增加1145万人,其中参加工伤保险的农民工8085万人,增加278万人。参加生育保险人数20435万人,增加1135万人。年末全国共有1008万人享受城市居民最低生活保障,3520万人享受农村居民最低生活保障,455万人享受农村特困人员[59]救助供养,全年临时救助[60]1075万人次。全年资助4972万人参加基本医疗保险,医疗救助3825万人次。国家抚恤、补助退役军人和其他优抚对象861万人。

年末全国共有各类提供住宿的社会服务机构3.3万个,其中养老服务机构3.0万个,儿童服务机构664个。社会服务床位[61]782.4万张,其中养老服务床位746.3万张,儿童服务床位10.4万张。年末共有社区服务中心2.7万个,社区服务站14.5万个。

十、科学技术和教育

全年研究与试验发展（R&D）经费支出19657亿元，比上年增长11.6%，与国内生产总值之比为2.18%，其中基础研究经费1118亿元。全年国家重点研发计划共安排1052个项目，国家科技重大专项共安排563个课题，国家自然科学基金共资助44504个项目。截至年底，正在运行的国家重点实验室501个，累计建设国家工程研究中心132个，国家工程实验室217个，国家企业技术中心1480家。国家科技成果转化引导基金累计设立21支子基金，资金总规模313亿元。全年境内外专利申请432.3万件，比上年增长16.9%；授予专利权244.7万件，增长33.3%；PCT专利申请受理量[62]为5.5万件。截至年底，有效专利838.1万件，其中境内有效发明专利160.2万件，每万人口发明专利拥有量11.5件。全年共签订技术合同41.2万项，技术合同成交金额17697亿元，比上年增长31.8%。

图20　2014-2018年研究与试验发展（R&D）经费支出及其增长速度

表16　2018年专利申请、授权和有效专利情况

指标	专利数（万件）	比上年增长（%）
专利申请数	432.3	16.9
其中：境内专利申请	412.1	17.3
其中：发明专利申请	154.2	11.6
其中：境内发明专利	138.1	11.9
专利授权数	244.7	33.3
其中：境内专利授权	231.9	36.0
其中：发明专利授权	43.2	2.9
其中：境内发明专利	34.0	6.0
年末有效专利数	838.1	17.3
其中：境内有效专利	739.9	19.3
其中：有效发明专利	236.6	13.5
其中：境内有效发明专利	160.2	18.1

全年成功完成38次宇航发射。嫦娥四号探测器成功着陆月球背面并通过中继星将数据传回地球，标志着人类首次月球背面巡视探测任务正式开启；北斗三号基本系统完成建设，开始提供全球服务；我国地震立体观测体系首个天基平台中意电磁监测试验卫星、中法航天合作的首颗卫星中法海洋卫星成功发射。第二艘航母出海试航，国产大型水陆两栖飞机水上首飞，港珠澳大桥正式通车运营。

年末全国共有国家质检中心791家。全国现有产品质量、体系和服务认证机构484个，累计完成对63万家企业的认证。全国共有法定计量技术机构5030个，全年强制检定计量器具10406万台（件）。全年制定、修订国家标准2668项，其中新制定1935项。全年制造业产品质量合格率[63]为93.93%。

全年研究生教育招生85.8万人，在学研究生273.1万人，毕业生60.4万人。普通本专科招生791.0万人，在校生2831.0万人，毕业生753.3万人。中等职业教育[64]招生557.0万人，在校生1555.2万人，毕业生487.3万人。普通高中招生792.7万人，在校生2375.4万人，毕业生779.2万人。初中招生1602.6万人，在校生4652.6万人，毕业生1367.8万人。普通小学招生1867.3万人，在校生10339.3万人，毕业生1616.5万人。特殊教育招生12.4万人，在校生66.6万人，毕业生8.1万人。学前教育在园幼儿4656.4万人。九年义务教育巩固率为94.2%，高中阶段毛入学率为88.8%。

图21　2014-2018年普通本专科、中等职业教育及普通高中招生人数

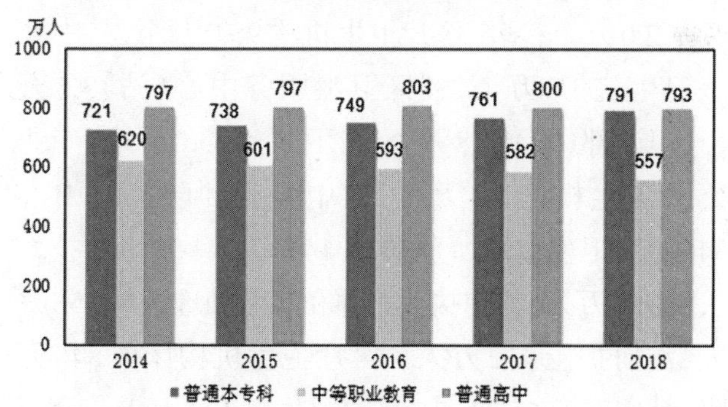

十一、文化旅游、卫生健康和体育

年末全国文化系统共有艺术表演团体2075个，博物馆3331个。全国共有公共图书馆3173个，总流通[65]84529万人次；文化馆3326个。有线电视实际用户2.14亿户，其中有线数字电视实际用户2.02亿户。年末广播节目综合人口覆盖率为98.9%，电视节目综合人口覆盖率为99.3%。全年生产电视剧323部13726集，电视动画片86257分钟。全年生产故事影片902部，科教、纪录、动画和

特种影片[66]180部。出版各类报纸340亿份，各类期刊24亿册，图书95亿册(张)，人均图书拥有量[67]6.85册(张)。年末全国共有档案馆4210个，已开放各类档案14016万卷(件)。

全年国内游客55.4亿人次，比上年增长10.8%；国内旅游收入51278亿元，增长12.3%。入境游客14120万人次，增长1.2%。其中，外国人3054万人次，增长4.7%；香港、澳门和台湾同胞11066万人次，增长0.3%。在入境游客中，过夜游客6290万人次，增长3.6%。国际旅游收入1271亿美元，增长3.0%。国内居民出境16199万人次，增长13.5%。其中因私出境15502万人次，增长14.1%；赴港澳台出境9919万人次，增长14.0%。

图22 2014-2018年国内游客人次及其增长速度

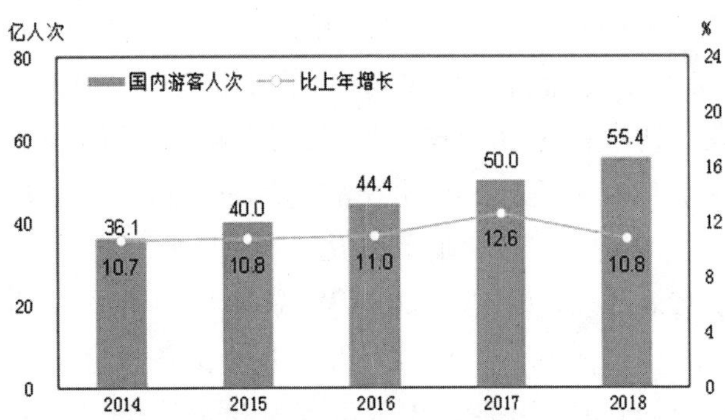

年末全国共有医疗卫生机构100.4万个，其中医院3.2万个，在医院中有公立医院1.2万个，民营医院2.0万个；基层医疗卫生机构95.0万个，其中乡镇卫生院3.6万个，社区卫生服务中心(站)3.5万个，门诊部(所)24.8万个，村卫生室63.0万个；专业公共卫生机构1.9万个，其中疾病预防控制中心3469个，卫生监督所(中心)3141个。年末卫生技术人员950万人，其中执业医师和执业助理医师358万人，注册护士412万人。医疗卫生机构床位845万张，其中医院656万张，乡镇卫生院134万张。全年总诊疗人次[68]84.2亿人次，出院人数[69]2.6亿人。

图23 2014-2018年年末卫生技术人员人数

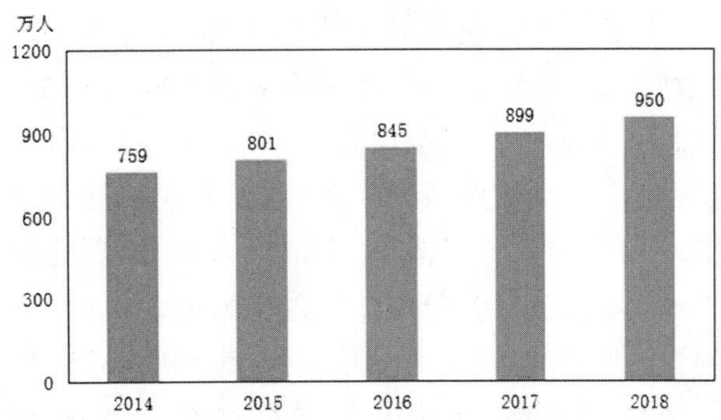

全年我国运动员在24个运动大项中获得118个世界冠军，共创15项世界纪录。全年我国残疾人运动员在20项国际赛事中获得50个世界冠军。

十二、资源、环境和应急管理

全年全国国有建设用地供应总量[70]64.3万公顷，比上年增长6.6%。其中，工矿仓储用地13.2万公顷，增长7.2%；房地产用地[71]14.4万公顷，增长24.6%；基础设施等用地36.8万公顷，增长0.7%。

全年水资源总量27960亿立方米。全年总用水量6110亿立方米，比上年增长1.1%。其中，生活用水增长1.4%，工业用水增长0.6%，农业用水增长1.1%，生态补水增长3.8%。万元国内生产总值用水量[72]73立方米，比上年下降5.1%。万元工业增加值用水量45立方米，下降5.2%。人均用水量439立方米，比上年增长0.6%。

全年完成造林面积707万公顷，其中人工造林面积360万公顷，占全部造林面积的50.9%。森林抚育面积852万公顷。截至年底，国家级自然保护区474个。新增水土流失治理面积5.4万平方公里。

初步核算，全年能源消费总量46.4亿吨标准煤，比上年增长3.3%。煤炭消费量增长1.0%，原油消费量增长6.5%，天然气消费量增长17.7%，电力消费量增长8.5%。煤炭消费量占能源消费总量的59.0%，比上年下降1.4个百分点；天然气、水电、核电、风电等清洁能源消费量占能源消费总量的22.1%，上升1.3个百分点。重点耗能工业企业单位烧碱综合能耗下降0.5%，单位合成氨综合能耗下降0.7%，吨钢综合能耗下降3.3%，单位铜冶炼综合能耗下降4.7%，每千瓦时火力发电标准煤耗下降0.7%。全国万元国内生产总值二氧化碳排放下降4.0%。

图24 2014-2018年清洁能源消费量占能源消费总量的比重

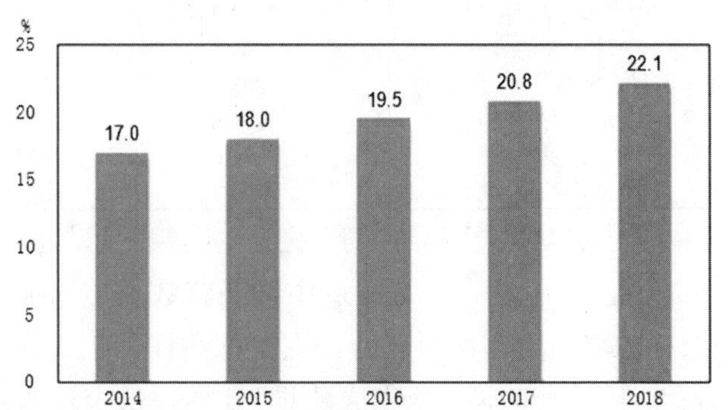

近岸海域417个海水水质监测点中，达到国家一、二类海水水质标准的监测点占74.6%，三类海水占6.7%，四类、劣四类海水占18.7%。

在监测的338个地级及以上城市中，城市空气质量达标的城市占35.8%，未达标的城市占64.2%。细颗粒物（PM2.5）未达标城市（基于2015年PM2.5年平均浓度未达标的262个城市）年平均浓度43微克/立方米，比上年下降10.4%。

在开展城市区域声环境监测的323个城市中，声环境质量好的城市占4.0%，较好的占63.5%，一般的占30.7%，较差的占1.2%，差的占0.6%。

全年平均气温为10.09℃，比上年下降0.30℃。共有10个台风登陆。

全年农作物受灾面积2081万公顷，其中绝收259万公顷。全年因洪涝和地质灾害造成直接经济损失1061亿元，因旱灾造成直接经济损失255亿元，因低温冷冻和雪灾造成直接经济损失434亿元，因海洋灾害造成直接经济损失48亿元。全年大陆地区共发生5.0级以上地震16次，成灾11次，造成直接经济损失约30亿元。全年共发生森林火灾2478起，受害森林面积1.6万公顷。

全年各类生产安全事故共死亡34046人。工矿商贸企业就业人员10万人生产安全事故死亡人数1.547人，比上年下降5.6%；煤矿百万吨死亡人数0.093人，下降12.3%。道路交通事故万车死亡人数1.93人，下降6.3%。

注释：

[1]本公报中数据均为初步统计数。各项统计数据均未包括香港特别行政区、澳门特别行政区和台湾省。部分数据因四舍五入的原因，存在总计与分项合计不等的情况。

[2]国内生产总值、各产业增加值、人均国内生产总值和国民总收入绝对数按现价计算，增长速度按不变价格计算。根据第三次全国农业普查结果，对国内生产总值、三次产业增加值比重、全员劳动生产率等历史数据进行了修订。

[3]国民总收入，原称国民生产总值，是指一个国家或地区所有常住单位在一定时期内所获得的初次分配收入总额，等于国内生产总值加上来自国外的初次分配收入净额。

[4]万元国内生产总值能耗按2015年价格计算。

[5]全员劳动生产率为国内生产总值（按2015年价格计算）与全部就业人员的比率。

[6]人户分离的人口是指居住地与户口登记地所在的乡镇街道不一致且离开户口登记地半年及以上的人口。

[7]流动人口是指人户分离人口中扣除市辖区内人户分离的人口。市辖区内人户分离的人口是指一个直辖市或地级市所辖区内和区与区之间，居住地和户口登记地不在同一乡镇街道的人口。

[8]2018年年末，0-14岁（含不满15周岁）人口为23523万人，15-59岁（含不满60周岁）人口为91066万人。

[9]年度农民工数量包括年内在本乡镇以外从业6个月及以上的外出农民工和在本乡镇内从事非农产业6个月及以上的本地农民工两部分。

[10]农产品生产者价格是指农产品生产者直接出售其产品时的价格。

[11]居住类价格包括租赁房房租、住房保养维修及管理、水电燃料等价格。

[12]产能利用率是指实际产出与生产能力（均以价值量计量）的比率。企业的实际产出是指企业报告期内的工业总产值；企业的生产能力是指报告期内，在劳动力、原材料、燃料、运输等保证供给的情况下，生产设备（机械）保持正常运行，企业可实现的、并能长期维持的产品产出。

[13]由于统计制度规定的口径调整、统计执法、剔除重复数据、企业改革剥离等因素，2018年规模以上工业企业财务指标增速及变化按可比口径计算。

[14]工业战略性新兴产业包括节能环保产业，新一代信息技术产业，生物产业，高端装备制造产业，新能源产业，新材料产业，新能源汽车产业等七大产业中的工业相关行业。

[15]高技术制造业包括医药制造业，航空、航天器及设备制造业，电子及通信设备制造业，计算机及办公设备制造业，医疗仪器设备及仪器仪表制造业，信息化学品制造业。

[16]装备制造业包括金属制品业，通用设备制造业，专用设备制造业，汽车制造业，铁路、船舶、航空航天和其他运输设备制造业，电气机械和器材制造业，计算机、通信和其他电子设备制造业，仪器仪表制造业。

[17]规模以上服务业统计范围包括年营业收入1000万元及以上，或年末从业人员50人及以上的交通运输、仓储和邮政业，信息传输、软件和信息技术服务业，房地产业（不含房地产开发经营），租赁和商务服务业，科学研究和技术服务业，水利、环境和公共设施管理业，教育，卫生和社会工作；年营业收入500万元及以上，或年末从业人员50人及以上的居民服务、修理和其他服务业，文化、体育和娱乐业法人单位。

[18]战略性新兴服务业包括节能环保产业，新一代信息技术产业，生物产业，高端装备制造产业，新能源产业，新材料产业，新能源汽车产业等七大产业中的服务业相关行业。

[19]高技术产业投资包括医药制造、航空航天器及设备制造等六大类高技术制造业投资和信息服务、电子商务服务等九大类高技术服务业投资。

[20]工业技术改造投资是指工业企业利用新技术、新工艺、新设备、新材料对现有设施、工艺条件及生产服务等进行改造提升，实现内涵式发展的投资活动。

[21]网上零售额是指通过公共网络交易平台（主要从事实物商品交易的网上平台，包括自建网站和第三方平台）实现的商品和服务零售额。2018年网上零售额增速按可比口径计算。

[22]减贫人口等于当年贫困人口减去上年贫困人口，也相当于当年脱贫人口减去当年返贫人口。

[23]贫困发生率是指贫困人口占目标调查人口的比重。

[24]贫困地区包括集中连片特困地区和片区外的国家扶贫开发工作重点县，原共有832个县。2017年开始将新疆阿克苏地区纳入贫困监测范围。

[25]农、牧、渔业等历史数据根据第三次全国农业普查结果进行了修订。

[26]2017年部分产品产量数据进行了核实调整，2018年产量增速按调整后的可比口径计算。

[27]火电包括燃煤发电量，燃油发电量，燃气发电量，余热、余压、余气发电量，垃圾焚烧发电量，生物质发电量。

[28]钢材产量数据中含企业之间重复加工钢材约21800万吨。

[29]2018年，中国电力企业联合会对发电装机容量统计范围进行了调整，增速按可比口径计算。

[30]少量发电装机容量（如地热等）公报中未列出。

[31]见注释[13]。

[32]2018年部分规模以上港口货物吞吐量统计范围进行调整，扩大至全港企业，相关指标增速按可比口径计算。

[33]旅客运输总量包括铁路、公路、水运、民航营业性旅客运输量，其中公路旅客运输量占70%以上。近年来，随着人们出行方式的变化，居民自驾出行、网络约车及拼车人数增长较快，分流了公路客运量，导致旅客运输总量下降。

[34]邮政行业业务总量按2010年价格计算。

[35]电信业务总量按2015年价格计算。

[36]移动电话交换机容量是指移动电话交换机根据一定话务模型和交换机处理能力计算出来的最大同时服务用户的数量。

[37]固定互联网宽带接入用户是指报告期末在电信企业登记注册，通过xDSL、FTTx+LAN、FTTH/O以及其他宽带接入方式和普通专线接入公众互联网的用户。

[38]固定互联网光纤宽带接入用户是指报告期末在电信企业登记注册，通过FTTH或FTTO方式接入公众互联网的用户。

[39]移动宽带用户是指报告期末在计费系统拥有使用信息，占用3G或4G网络资源的在网用户。

[40]软件和信息技术服务业包括软件开发，集成电路设计，信息系统集成和物联网技术服务，运行维护服务，信息处理和存储支持服务，信息技术咨询服务，数字内容服务和其他信息技术服务等行业。

[41]根据第三次全国农业普查结果及有关制度规定，对2017年社会消费品零售总额及分项基数进行修订，2018年增速按可比口径计算。

[42]根据统计执法检查和第四次全国经济普查单位清查结果，对2017年固定资产投资基数进行一些修订，2018年增速按可比口径计算。

[43]东部地区是指北京、天津、河北、上海、江苏、浙江、福建、山东、广东和海南10省（市）；中部地区是指山西、安徽、江西、河南、湖北和湖南6省；西部地区是指内蒙古、广西、重庆、四川、贵

州、云南、西藏、陕西、甘肃、青海、宁夏和新疆12省(区、市);东北地区是指辽宁、吉林和黑龙江3省。

[44]民间固定资产投资是指具有集体、私营、个人性质的内资企事业单位以及由其控股(包括绝对控股和相对控股)的企业单位建造或购置固定资产的投资。

[45]基础设施投资包括交通运输、邮政业,电信、广播电视和卫星传输服务业,互联网和相关服务业,水利、环境和公共设施管理业投资。

[46]房地产业投资除房地产开发投资外,还包括建设单位自建房屋以及物业管理、中介服务和其他房地产投资。

[47]高速铁路是指线路最大速度200公里/小时及以上的铁路和200公里/小时以下仅运行动车组列车的铁路。

[48]各省(自治区、直辖市)汇总上报截至2018年12月底建档立卡贫困户农村危房改造实际竣工数。

[49]"一带一路"是指"丝绸之路经济带"和"21世纪海上丝绸之路"。

[50]服务进出口按照《国际收支手册(第六版)》标准统计,增速按可比口径计算。

[51]社会融资规模增量是指一定时期内实体经济从金融体系获得的资金总额。

[52]社会融资规模存量是指一定时期末(月末、季末或年末)实体经济从金融体系获得的资金余额。

[53]境内股票市场筹资额按上市日统计。

[54]全国中小企业股份转让系统又称"新三板",是2012年经国务院批准设立的全国性证券交易场所。全年全国中小企业股份转让系统挂牌公司累计筹资不含优先股。

[55]公司信用类债券包括非金融企业债务融资工具、企业债券以及公司债、可转债等。

[56]原保险保费收入是指保险企业确认的原保险合同保费收入。

[57]人均收入中位数是指将所有调查户按人均收入水平从低到高(或从高到低)顺序排列,处于最中间位置调查户的人均收入。

[58]全国居民五等份收入分组是指将所有调查户按人均收入水平从高到低顺序排列,平均分为五个等份,处于最高20%的收入群体为高收入组,依此类推依次为中间偏上收入组、中间收入组、中间偏下收入组、低收入组。

[59]农村特困人员是指无劳动能力,无生活来源,无法定赡养、抚养、扶养义务人或者其法定义务人无履行义务能力的农村老年人、残疾人以及未满16周岁的未成年人。

[60]临时救助是国家对遭遇突发事件、意外伤害、重大疾病或其他特殊原因导致基本生活陷入困境,其他社会救助制度暂时无法覆盖或救助之后基本生活暂时仍有严重困难的家庭或个人给予的应急性、过渡性的救助。

[61]社会服务床位数除收养性机构外,还包括救助类机构、社区类机构以及军休所、军供站等机构的床位。

[62]PCT专利申请受理量是指国家知识产权局作为PCT专利申请受理局受理的PCT专利申请数量。PCT(PatentCooperationTreaty)即专利合作条约,是专利领域的一项国际合作条约。

[63]制造业产品质量合格率是指以产品质量检验为手段,按照规定的方法、程序和标准实施质量抽样检测,判定为质量合格的样品数占全部抽样样品数的百分比,统计调查样本覆盖制造业的29个行业。

[64]中等职业教育包括普通中专、成人中专、职业高中和技工学校。

[65]总流通人次是指本年度内到图书馆场馆接受图书馆服务的总人次,包括借阅书刊、咨询问题以及参加各类读者活动等。

[66]特种影片是指那些采用与常规影院放映在技术、设备、节目方面不同的电影展示方式,如巨幕电影、立体电影、立体特效(4D)电影、动感电影、球幕电影等。

[67]人均图书拥有量是指在一年内全国平均每人能拥有的当年出版图书册数。

[68]总诊疗人次指所有诊疗工作的总人次数,包括门诊、急诊、出诊、预约诊疗、单项健康检查、健康咨询指导(不含健康讲座)人次。

[69]出院人数指报告期内所有住院后出院的人数,包括医嘱离院、医嘱转其他医疗机构、非医嘱离院、死亡及其他人数,不含家庭病床撤床人数。

[70]国有建设用地供应总量是指报告期内市、县人民政府根据年度土地供应计划依法以出让、划

拨、租赁等方式将土地使用权提供给单位或个人使用的国有建设用地总量。

[71]房地产用地是指商服用地和住宅用地的总和。

[72]万元国内生产总值用水量、万元工业增加值用水量按2015年价格计算。

资料来源：

本公报中户籍人口城镇化率、民用汽车、道路交通事故数据来自公安部；城镇新增就业、登记失业率、社会保障、技工学校数据来自人力资源和社会保障部；外汇储备、汇率数据来自国家外汇管理局；水产品产量数据来自农业农村部；木材产量、造林面积、森林抚育面积、国家级自然保护区数据来自国家林业和草原局；灌溉面积、水资源、水土流失治理面积数据来自水利部；发电装机容量、新增220千伏及以上变电设备数据来自中国电力企业联合会；港口货物吞吐量、港口集装箱吞吐量、公路运输、水运、新改建公路里程、港口万吨级码头泊位新增通过能力数据来自交通运输部；铁路运输、新建铁路投产里程、增新建铁路复线投产里程、电气化铁路投产里程数据来自中国铁路总公司；民航、新增民用运输机场数据来自中国民用航空局；管道数据来自中国石油天然气集团有限公司、中国石油化工集团有限公司、中国海洋石油集团有限公司；邮政业务数据来自国家邮政局；通信业、软件业务收入、新增光缆线路长度等数据来自工业和信息化部；棚户区改造、农村地区建档立卡贫困户危房改造数据来自住房和城乡建设部；货物进出口数据来自海关总署；服务进出口、外商直接投资、对外直接投资、对外承包工程、对外劳务合作等数据来自商务部；财政数据来自财政部；货币金融、公司信用类债券数据来自中国人民银行；境内交易场所筹资数据来自中国证券监督管理委员会；保险业数据来自中国银行保险监督管理委员会；医疗保险、资助参加基本医疗保险、医疗救助数据来自国家医疗保障局；城乡低保、农村特困人员救助供养、临时救助、社会服务数据来自民政部；优抚对象数据来自退役军人事务部；国家重点研发计划、国家科技重大专项、国家重点实验室、科技成果转化引导基金、技术合同等数据来自科学技术部；国家自然科学基金项目数据来自国家自然科学基金委员会；国家工程研究中心、国家工程实验室、国家企业技术中心等数据来自国家发展和改革委员会；专利数据来自国家知识产权局；宇航发射数据来自国家国防科技工业局；质量检验、国家标准制定修订、制造业产品质量合格率数据来自国家市场监督管理总局；教育数据来自教育部；艺术表演团体、博物馆、公共图书馆、文化馆、图书、旅游数据来自文化和旅游部；电视、广播数据来自国家广播电视总局；电影数据来自国家电影局；报纸、期刊数据来自国家新闻出版署；档案数据来自国家档案局；居民出境数据来自国家移民管理局；医疗卫生数据来自国家卫生健康委员会；体育数据来自国家体育总局；残疾人运动员数据来自中国残疾人联合会；国有建设用地供应、海洋灾害造成直接经济损失数据来自自然资源部；万元国内生产总值二氧化碳排放、环境监测等数据来自生态环境部；平均气温、登陆台风数据来自中国气象局；农作物受灾面积、洪涝和地质灾害造成直接经济损失、旱灾造成直接经济损失、低温冷冻和雪灾造成直接经济损失、森林火灾、受害森林面积、安全生产数据来自应急管理部；地震次数、地震灾害造成直接经济损失数据来自中国地震局；其他数据均来自国家统计局。

宁夏回族自治区2018年国民经济和社会发展统计公报[1]

宁夏回族自治区统计局　国家统计局宁夏调查总队

2019年4月30日

2018年，在自治区党委、政府的坚强领导下，全区上下以习近平新时代中国特色社会主义思想为指导，坚决落实党中央、国务院的各项决策部署，坚持稳中求进工作总基调，坚定践行新发展理念，以供给侧结构性改革为主线，坚决打好“三大攻坚战”，大力实施“三大战略”，着力推动经济高质量发展，科学统筹稳增长、促改革、调结构、惠民生、防风险各项工作，全区经济运行保持了总体平稳、稳中有进的发展态势，产业结构优化升级，新兴动能加快成长，质量效益持续提升，民生福祉不断增进，生态环境质量稳步提高，高质量发展起步良好，全面建成小康社会迈出新的步伐。

一、综合

初步核算，全年全区实现生产总值[2]3705.18亿元，按可比价格计算，比上年增长7.0%。其中，第一产业增加值279.85亿元，增长4.0%；第二产业增加值1650.26亿元，增长6.8%；第三产业增加值1775.07亿元，增长7.7%。第一产业增加值占地区生产总值的比重为7.6%，第二产业增加值比重为44.5%，第三产业增加值比重为47.9%，比上年提高1.1个百分点。按常住人口计算，全区人均生产总值54094元，增长6.0%。

图1　2014-2018年全区生产总值及其增长速度

图2　2014-2018年全区三次产业增加值占地区生产总值比重

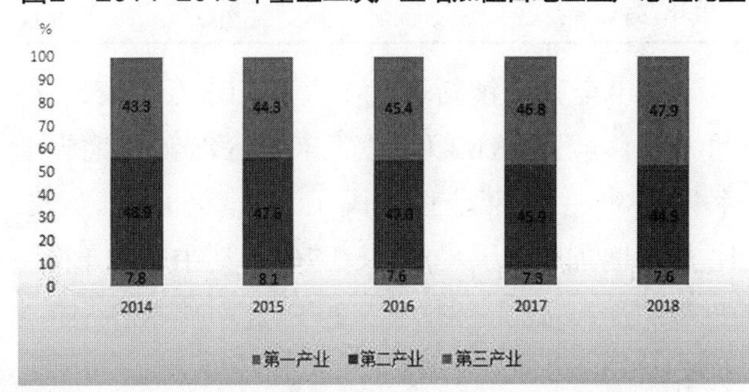

表1　2018年全区生产总值以及增长速度

指　　标	绝对值(亿元)	比上年增长(%)
全区生产总值	3705.18	7.0
农林牧渔业	296.56	4.0
工业	1124.50	8.1
建筑业	525.87	3.7
批发和零售业	171.01	3.3
交通运输、仓储和邮政业	181.81	-8.3
住宿和餐饮业	62.85	6.2
金融业	333.24	2.9
房地产业	130.08	2.2
其他服务业	879.26	16.2
第一产业	279.85	4.0
第二产业	1650.26	6.8
第三产业	1775.07	7.7

年末全区常住人口688.11万人，比上年末增加6.32万人。其中，城镇常住人口405.16万人，占常

住人口比重(常住人口城镇化率)为58.88%,比上年末提高0.90个百分点。全年全区出生人口9.12万人,出生率为13.32‰;死亡人口3.79万人,死亡率为5.54‰;自然增长率为7.78‰。

表2 2018年全区末人口数及构成

指 标	年末数(万人)	比重%
年末总人口	688.11	100.00
其中:城镇	405.16	58.88
乡村	282.95	41.12
其中:回民	251.49	36.55
其中:男性	346.95	50.42
女性	341.16	49.58
其中:0-15周岁(含不满16周岁)[3]	152.00	22.09
16-59周岁(含不满60周岁)	441.56	64.17
60周岁及以上	94.55	13.74
其中:65周岁及以上	62.69	9.11

全年全区城镇新增就业人员8.03万人,农村劳动力转移就业78.08万人,年末全区城镇登记失业率为3.89%。全年全区农民工[4]总量为100.5万人,比上年增加3.6万人,增长3.7%。其中,外出农民工77.3万人,比上年增加2.2万人,增长2.9%;本地农民工23.2万人,增加1.4万人,增长6.4%。

图3 2014-2018年全区城镇新增就业人数

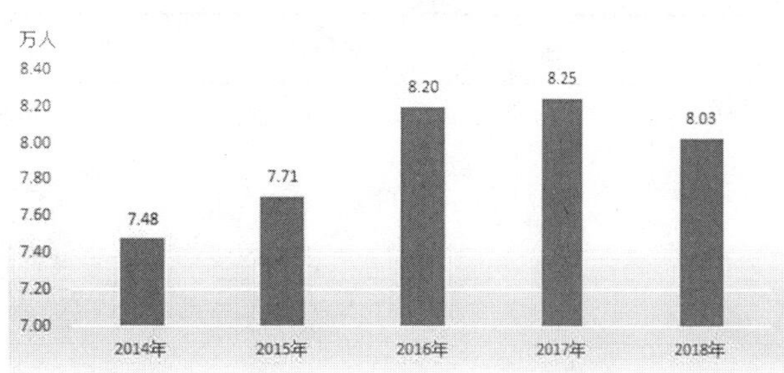

全年全区居民消费价格比上年上涨2.3%;工业生产者出厂价格上涨7.3%;工业生产者购进价格上涨6.5%;固定资产投资价格上涨3.5%;农产品生产者价格[5]上涨5.0%。

图4 2018年全区居民消费价格月度涨跌幅度

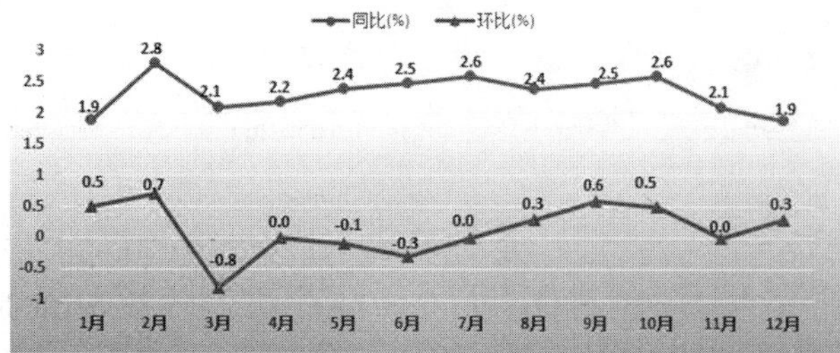

图5 2018年全区工业生产者出厂价格和购进价格月度同比涨跌幅度

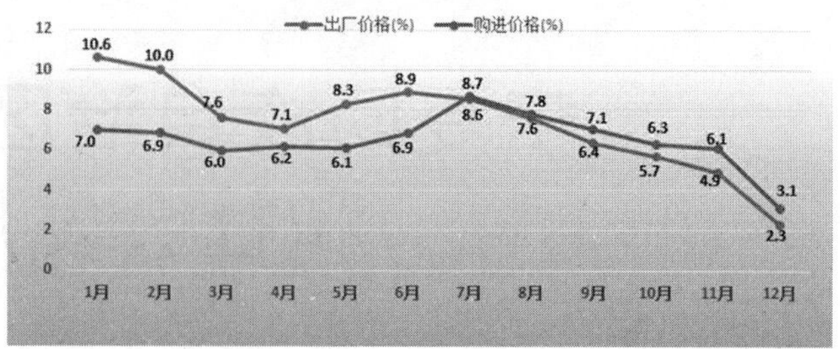

表3 2018年12月份全区居民消费价格指数

指 标	环比	同比	1-12月累计比
居民消费价格总指数	100.3	101.9	102.3
其中:食品烟酒	101.1	102.8	102.5
衣着	100.6	101.7	102.2
居住	100.0	102.9	102.6
生活用品及服务	100.0	101.4	102.3
交通和同心	98.3	99.8	102.7
教育文化和娱乐	99.7	100.1	101.8
医疗保健	101.7	103.1	101.9
其他用品和服务	100.0	101.6	101.2

供给侧结构性改革扎实推进。全年全区规模以上工业企业每百元主营业务收入中的成本为83.43元,比全国低0.45元;每百元主营业务收入中的费用为10.04元,比上年下降0.12元。年末规模以上工业企业资产负债率为66.4%,比上年末下降2.4个百分点。年末,全区商品房待售面积939.15万平方米,比上年末减少97.53万平方米,下降9.4%。其中,住宅待售面积384.65万平方米,比上年末减少97.60万平方米,下降20.2%。

新动能新产业新业态加快成长。全年全区煤化工行业增加值比上年增长32.2%,对规模以上工业增加值增长的贡献率达到28.3%,专用设备制造业增长22.5%,仪器仪表制造业增长13.1%。全年水电、风电、太阳能等可再生能源发电量294.0亿千瓦时,增长23.1%;煤制柴油产量增长87.3%,变压器增长52.9%,电工仪器仪表增长46.6%,数控金属切削机床增长18.2%。全年全区工业技术改造投资[6]增长15.6%。全年全区网上零售额[7]按卖家所在地分,实现零售额85.4亿元,比上年增长40.5%,其中,实物商品零售额38.4亿元,增长47.7%;按买家所在地分,实现零售额322.0亿元,增长27.3%。

二、农业

全年全区粮食种植面积1103.51万亩，比上年增加19.74万亩。其中，小麦种植面积192.89万亩，增加8.19万亩；水稻种植面积117.02万亩，减少4.61万亩；玉米种植面积466.19万亩，增加6.69万亩；薯类种植面积164.89万亩，减少13.11万亩。油料种植面积50.59万亩，增加0.69万亩。蔬菜种植面积182.66万亩，增长4.81万亩。瓜果种植面积93.38万亩，增加4.72万亩。园林水果种植面积138.54万亩，增加19.15万亩。

全年全区粮食总产量392.58万吨，比上年增产22.53万吨，增长6.1%，实现连续十五年丰收。其中，夏粮产量43.35万吨，增长11.7%；秋粮产量349.23万吨，增长5.4%。全年全区小麦产量41.58万吨，增长9.9%；水稻产量66.55万吨，下降3.3%；玉米产量234.62万吨，增长9.2%；马铃薯产量(折粮)36.38万吨，增长3.4%。

全年全区蔬菜产量550.81万吨，比上年增长2.0%；红枣产量5.74万吨，增长2.0%；枸杞产量9.77万吨，增长6.3%；葡萄产量19.91万吨，增长44.9%；油料产量7.29万吨，增长5.0%。

全年全区肉类总产量34.14万吨，比上年增长2.0%。其中，猪肉产量8.84万吨，下降0.8%；牛肉产量11.52万吨，增长5.5%；羊肉产量9.9万吨，下降0.01%；禽肉产量3.57万吨，增长4.3%。禽蛋产量14.38万吨，下降5.9%。牛奶产量168.29万吨，增长5.1%。水产品产量17.69万吨，下降2.2%。年末全区生猪存栏73.75万头，下降9.0%；生猪出栏112.45万头，下降1.1%；肉牛存栏84.49万头，增长9.0%；牛出栏74.80万头，增长5.4%；羊存栏534.28万只，增长5.5%；羊出栏558.83万只，下降0.2%；奶牛存栏40.15万头，下降1.6%；活家禽存栏1143.13万只，下降0.7%；活家禽出栏1848.65万只，增长2.9%。

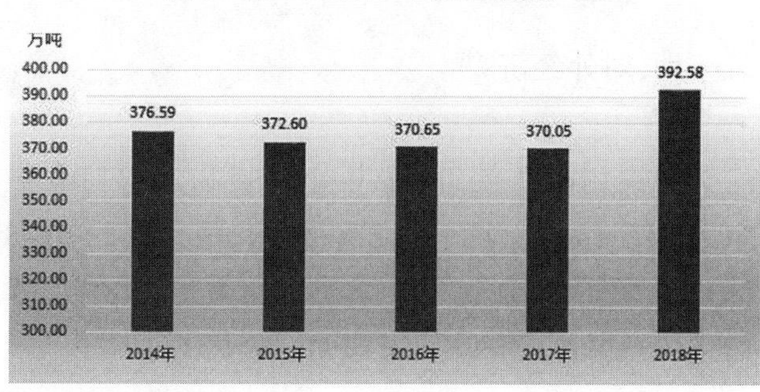

图6　2014-2018年全区粮食产量

表4　2018年全区主要农林牧渔业产品产量及其增长速度

单位:万吨

指　标	产量	比上年增长(%)
粮食	392.58	6.7
小麦	41.58	9.9
水稻	66.55	-3.3
玉米	234.62	9.2
油料	7.29	5.0
蔬菜	550.81	2.0
瓜果	149.64	5.0
枸杞	9.77	6.3
葡萄	19.91	44.9
肉类总产量	34.14	2.0
其中:猪、牛、羊肉产量	30.26	1.8
禽蛋	14.38	-5.9
牛奶	168.29	5.1
水产品	17.69	-2.2

三、工业和建筑业

全年全区全部工业增加值1124.50亿元,比上年增长8.1%。规模以上工业增加值增长8.3%。在规模以上工业中,分轻重工业看，轻工业下降12.0%，重工业增长11.4%。分经济类型看，国有控股企业增长11.1%，股份制企业增长7.3%，国有企业增长21.4%，外商及港澳台商投资企业下降3.8%，私营企业增长4.6%，非公有制工业增长5.5%。分门类看，采矿业增长7.1%，制造业增长5.6%，电力、热力、燃气及水的生产和供应业增长15.7%。

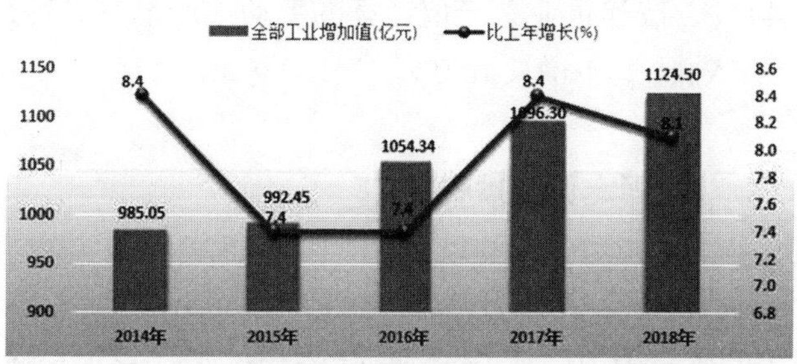

图7　2014-2018年全区全部工业增加值及其增长速度

全年全区规模以上工业中，电力行业增加值增长17.2%、化工行业增长18.1%、冶金行业增长19.6%、有色行业增长1.5%、轻纺行业下降8.7%、机械行业增长2.7%、建材行业下降15.8%、医药行业下降38.5%、其他行业增长1.1%。工业产品销售率为97.6%。

年末全区发电装机容量4714.8万千瓦，比上年末增长12.6%。其中，火电装机容量2844.7万千瓦，增长10.1%；水电装机容量42.6万千瓦，与上年持平；风电装机容量1011.1万千瓦，增长7.4%；太阳能发电装机容量816.4万千瓦，增长31.6%。

全年全区规模以上工业企业实现利润174.2亿元，比上年增长16.0%。分经济类型看，国有控股企业实现利润63.2亿元，增长2.2倍；股份制企业111.7亿元，增长11.2%，外商及港澳台商投资企业56.2亿元，增长23.3%。分门类看，采矿业实现利润31.8亿元，下降26.7%；制造业83.9亿元，增长8.8%；电力、热力、燃气及水生产和供应业58.5亿元，增长97.4%。

表5 2018年全区主要工业产品产量及其增长速度

指　标	单位	产比	比上年增长(%)
原煤	万吨	7840.1	2.6
发电量	亿千瓦时	1610.2	14.5
焦炭	万吨	736.5	-0.7
发电量	万吨	127.8	11.1
原铝(电解铝)	万吨	39.0	-8.0
农用化肥(折纯)	万吨	648.9	0.1
精甲醇	万吨	369.2	2.1
水泥	万吨	1726.3	-20.3
铁合金	万吨	380.6	16.2
乳制品	万吨	117.4	22.4
金属切削机床	台	2348.0	16.4

全区具有资质的总承包和专业承包建筑业企业775家，全年完成建筑业总产值565.04亿元，比上年增长2.9%。建筑业企业房屋建筑施工面积2334.49万平方米，下降9.1%；房屋竣工面积801.53万平方米，增长1.2%；竣工产值322.27亿元，下降4.8%。按建筑业总产值计算的劳动生产率26.73万元/人，比上年增长10.0%。

四、固定资产投资

全年全区全社会固定资产投资比上年下降18.2%。其中，固定资产投资（不含农户）下降18.9%。

在固定资产投资（不含农户）中，第一产业投资比上年下降35.6%；第二产业投资下降7.3%；第三产业投资下降23.7%。工业投资下降7.3%，占固定资产投资（不含农户）的比重为37.1%。基础设施投资[8]下降23.5%，占固定资产投资（不含农户）的比重为23.7%。民间固定资产投资[9]下降18.5%，占固定资产投资（不含农户）的比重为55.4%。

全年全区房地产开发投资449.57亿元，比上年下降31.1%。其中，住宅投资300.41亿元，下降22.5%；办公楼投资12.86亿元，下降65.3%；商业营业用房投资90.37亿元，下降40.7%。

表6 2018年全区房地产开发和销售主要指标完成情况及其增长速度

指　标	单位	绝对数	比上年增长(%)
房地产开发投资	亿元	449.57	-31.1
房屋施工面积	平方米	6047.78	-11.5
其中:住宅	平方米	3821.19	-12.1
其中:本年新开工面积	平方米	994.55	-16.3
房屋竣工面积	平方米	1213.98	-8.6
其中:住宅	平方米	843.82	-4.5
商品房销售面积	平方米	1026.50	0.5
其中:住宅	平方米	887.97	2.0
商品房待售面积	平方米	939.15	-9.4
其中:住宅	平方米	384.65	-20.2
商品房销售额	亿元	517.73	11.5
其中:住宅	亿元	420.63	13.9
本年实际到位资金	亿元	582.16	-14.2
其中:国内贷款	亿元	58.69	-16.3
自筹资金	亿元	162.12	-32.9
其他资金来源	亿元	361.36	-1.5

五、国内贸易

全年全区社会消费品零售总额比上年增长4.8%。按经营地统计，城镇消费品零售额增长4.4%；乡村消费品零售额增长8.4%。按消费类型统计，商品零售额增长3.8%；餐饮收入额增长9.4%。

在限额以上企业商品零售额中，粮油、食品类零售额比上年增长2.4%，饮料类下降2.7%，烟酒类增长15.5%，服装、鞋帽、针纺织品类下降5.0%，化妆品类增长2.3%，金银珠宝类下降4.0%，日用品类下降4.5%，家用电器和音像器材类增长9.8%，中西药品类增长6.4%，文化办公用品类下降15.7%，通讯器材类下降10.6%，石油及制品类增长15.9%，汽车类下降13.2%。

六、对外经济[10]

据银川海关统计，全年全区货物进出口总额249.16亿元，比上年下降27.0%。其中，出口180.48亿元，下降27.2%；进口68.68亿元，下降26.8%。货物进出口差额（出口减进口）111.8亿元。对“一带一路”沿线国家进出口总额73.39亿元，下降11.4%。其中，出口65.1亿元，下降2.2%；进口8.28亿元，下降49.1%。

图8 2014—2018年全区货物进出口总额

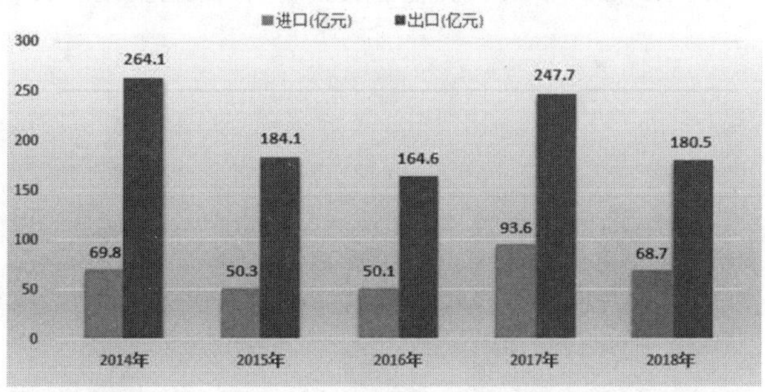

表7 2018年全区主要商品出口金额及其增长速度

商品名称	出口值(亿元)	比上年增长(%)
金首饰及零件	11.83	-38.10
金属锰	8.82	-10.00
新的充气橡胶轮胎	8.39	24.50
铁合金	8.18	88.10
双氰胺	8.03	46.10
钽铌铍制品	5.62	32.30
泰乐菌素	5.26	-32.20
机床及铸件	4.15	-14.60

全年全区实际使用外商直接投资2.14亿美元，比上年下降31.1%。全区新批准外商直接投资项目32个，合同外资金额1.59亿美元，下降93.7%。其中，信息传输、软件和信息技术服务业签订利用外商直接投资合同额0.5亿美元，增长7.3%。

七、交通和邮电

全年全区货物运输总量4.01亿吨，比上年增长2.2%。货物运输周转量692.76亿吨公里，下降14.6%。全年全区旅客运输总量0.65亿人，下降15.0%；旅客运输周转量151.43亿人公里，下降3.5%。

表8 2018年全区各种运输方式完成运输量及其增长速度

运输方式	货物				旅客			
	运输总量		运输周转量		运输总量		运输周转量	
	绝对值(万吨)	比上年增长(%)	绝对值(亿吨公里)	比上年增长(%)	绝对值(万人)	比上年增长(%)	绝对值(亿人公里)	比上年增长(%)
总计	40133.84	2.15	692.76	-14.62	6453.76	-15.02	151.43	-3.54
铁路	7158.93	9.66	229.49	-9.49	653	0.4	40.78	-5.74
公路	31757.00	0.31	398.19	-20.39	5342	-18.04	47.46	-15
航空	2.53	33.69	0.33	15.11	458.76	7.71	63.2	9.16
管道	1215.38	10.46	64.75	12.8	—	—	—	—

年末全区民用汽车保有量145.68万辆，比上年末增长10.2%。其中，私人汽车保有量132.52万辆，增长10.5%。民用轿车保有量70.29万辆，增长10.3%，其中，私人轿车67.16万辆，增长10.4%。

全年全区完成邮政业务总量[11]17.79亿元，比上年增长16.2%。邮政业完成邮政函件业务297.42万件；包裹业务10.53万件；快递业务量6771.33万件；快递业务收入8.13亿元。全年全区完成电信业务总量[12]462.63亿元，增长1.3倍。年末全区电话用户总数936.4万户，其中移动电话用户881.03万户。互联网宽带接入用户217万户，比上年增加57.8万户。移动互联网用户710.2万户，比上年增加27.7万户；移动互联网接入流量52413.6万G，增长1.5倍。

图9 2014—2018年全区快递业务量及其增长速度

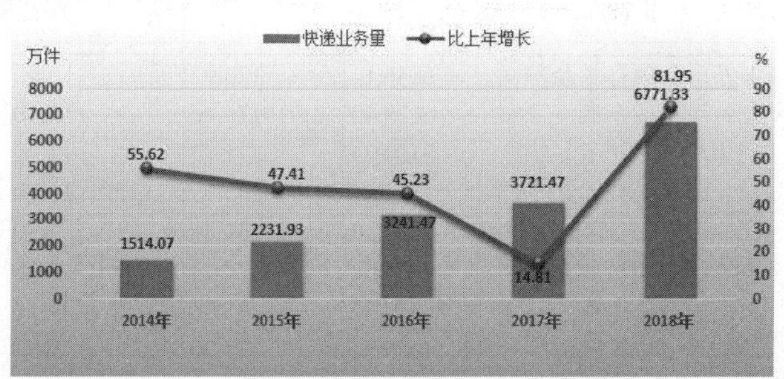

图10 2014—2018年年末全区互联网宽带接入用户数和移动互联网用户

八、财政金融

全年全区一般公共预算总收入751.41亿元，同口径增长6.0%。其中，地方一般公共预算收入444.43亿元，同口径增长8.2%。在地方一般公共预算收入中，税收收入298.29亿元，同口径增长10.4%，占地方一般公共预算收入的比重由上年的64.7%提高到67.1%。

图11 2014-2018年全区地方一般公共预算收入及增长速度[13]

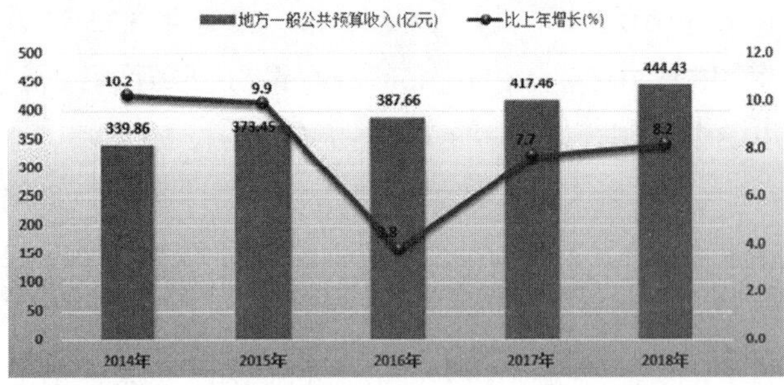

年末全区全部金融机构本外币各项存款余额6046.14亿元,比年初增加178.92亿元。其中,人民币各项存款余额6028.40亿元,增加179.96亿元。全部金融机构本外币各项贷款余额7038.52亿元,比年初增加577.14亿元。其中,人民币各项贷款余额6807.52亿元,增加475.00亿元。

表9 2018年年末全区金融机构存贷款余额及其增长速度

指标	年末数(亿元)	当年新增(亿元)	比上年末增长(%)
本外币各项存款余额	6046.14	178.92	3.00
人民币存款余额	6028.40	179.96	3.10
其中:住户存款	3104.24	311.72	11.20
非金融企业村矿	1341.84	-243.99	-15.70
广义政府存款	1449.14	101.86	7.90
本外币各项贷款余额	7038.52	577.14	8.90
人民币贷款余额	6807.52	475.00	7.50
其中:短期贷款	1919.81	-131.20	-6.30
中长期带框	4228.59	363.69	9.30
票据融资	653.12	240.26	58.20

年末全区上市公司13家,总股本103.00亿股,总市值466.20亿元,比上年下降49.1%。其中,流通市值320.13亿元,下降44.1%。全年证券交易额6125.62亿元,增长3.1%。全年全区在全国中小企业股份转让系统[14]挂牌公司58家,较年初下降12.1%。

年末全区省级营业性保险分公司22家,全年实现保费收入182.83亿元,比上年增长10.7%。其中,财产险收入63.90亿元,增长14.0%;寿险收入83.10亿元,增长2.3%;健康险收入30.61亿元,增长30.1%;意外伤害险收入5.23亿元,增长18.9%。支付各类赔款和给付60.49亿元,增长22.1%。其中,财产险赔款32.29亿元,增长19.7%;寿险业务给付17.99亿元,增长18.6%;健康险给付8.67亿元,增长40.2%;意外伤害险赔款1.54亿元,增长24.0%。

九、居民收入消费和社会保障

全年全区全体居民人均可支配收入22400元,比上年增长8.9%。按常住地分,城镇居民人均可支配收入31895元,增长8.2%;农村居民人均可支配收入11708元,增长9.0%。

图12 2014-2018年全区城镇居民人均可支配收入及其增长速度

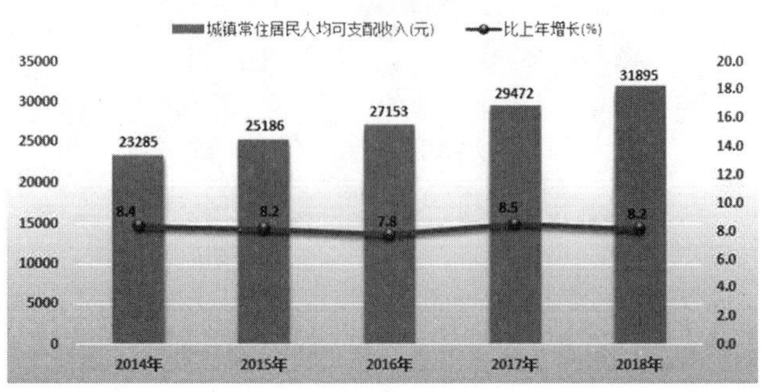

图13 2014-2018年全区农村居民人均可支配收入及其增长速度

全年全区居民人均消费支出16715元,比上年增长8.9%。按常住地分,城镇居民人均消费支出21977元,增长8.7%;农村居民人均消费支出10790元,增长8.1%。

图14 2018年全区城镇居民人均消费支出及其构成

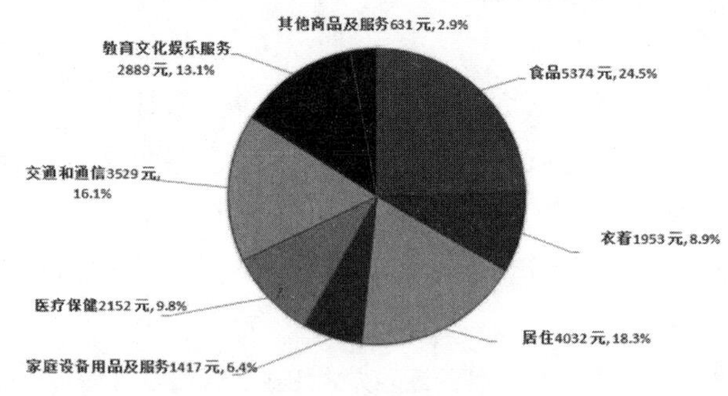

图15 2018年全农村居民人均消费支出及其构成

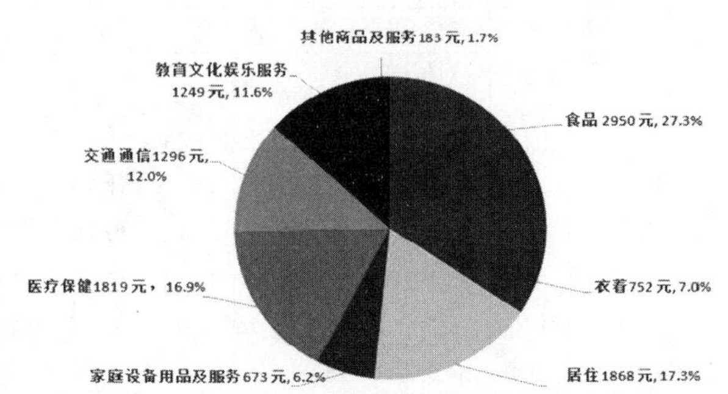

脱贫攻坚成效显著。按照每人每年2300元(2010年不变价)的农村贫困标准计算,年末全区农村贫困人口12万人,比上年末减少11.5万人;贫困发生率为3.0%,比上年下降3.0个百分点。全年全区生态移民人均可支配收入7602元,比上年增长10.9%。

年末全区参加城镇职工基本养老保险人数216.32万人,比上年末增加10.41万人。参加城乡居民基本养老保险人数181.37万人,比上年末减少4.11万人。参加基本医疗保险人数626.25万人,增加8.03万人,其中,参加城镇职工基本医疗保险131.93万人,增加8.47万人;参加城乡居民基本医疗保险494.32万人,减少0.44万人。参加失业保险人数91.97万人,增加3.42万人。参加工伤保险人数93.32万人,增加2.97万人。参加生育保险人数88.07万人,增加6.34万人。

十、教育、科学技术和文化体育

年末全区各级各类学校3456所(含小学教学点614所),教职工106891人。全年全区学前教育毛入园率83.3%,小学学龄人口入学率99.99%,初中阶段毛入学率110.74%,高中阶段毛入学率89.71%,高等教育毛入学率49.50%,小学六年巩固率为99.86%,初中三年巩固率为97.72%。

表10 2018年全区各级教育招生、在校、毕业生人数

类别	校数(所)	招生数(人)	在校生数(人)	毕业学生数(人)
普通高等学校	19	40222	131682	32389
#研究生	—	2344	5560	1404
成人高等学校	1	14843	30083	10616
中等职业教育学校	19	27156	72820	24527
普通中学	309	151476	438050	141118
#高中(含完全中学)	65	50880	147599	52262
初中(含完全中学)	244	100596	290451	88856
普通小学(含教学点)	1864	99979	581495	101825
幼儿园	1221	108967	241595	105798
特殊教育学校	13	964	6004	697

全年全区登记自治区级科技成果229项,比上年下降14.2%。其中,基础理论成果47项,应用技术成果167项,软科学成果15项。全年申请专利量9839件,增长14.8%,其中,发明专利2986件,增长16.6%。专利授权量5656件,增长33.3 %,其中,发明专利授权量744件,增长13.2%。全年共签订技术合同618项,技术合同成交金额12.11亿元。年末全区拥有国家级工程技术研究中心3个,自治区级工程技术研究中心49个;国家重点实验室3个,自治区级重点实验室33个,国家级企业(集团)技术中心(含分中心)13个,自治区级企业(集团)技术中心68个;自治区级产业技术协同创新中心5个,临床医学研究中心20个,自治区技术创新中心174个。

年末全区文化系统共有艺术表演团体14个,博物馆75个。全区共有公共图书馆27个,文化馆27个,档案馆27个。有线广播电视在册用户数105.7万户,其中,有线数字电视在册用户104.58万户。全区广播节目综合人口覆盖率为98.98%;电视节目综合人口覆盖率为99.79%。全区出版各类报纸14种,出版期刊37种,出版图书3303种。2017年,全区文化及相关产业增加值81.45亿元,比上年增长9.5%(未扣除价格因素);占全区地区生产总值的比重为2.37%,比上年提高0.02个百分点。

全年我区运动员参加国际国内比赛共取得金牌28枚、银牌29枚、铜牌40枚。全年有158人达国家一级运动员等级标准,390人达国家二级运动员等级标准,19人获得国家一级裁判员等级称号。

十一、卫生和社会服务

年末全区共有医疗卫生机构4451个,其中医院231个;基层医疗卫生机构4121个,其中卫生院217个,城市社区卫生服务机构184个,村卫生室2300个;专业公共卫生机构89个,其中疾病预防控制中心25个,卫生监督机构25个。年末全区卫生技术人员53029人,其中执业医师和执业助理医师19415人,注册护士23281人。全区医疗卫生机构实有床位41005张,其中医院35698张,基层医疗卫生机构3955张。全年全区总诊疗人次[15]4147.3万人次,入院人数[16]120.81万人次。

图16 2014-2018年年末全区卫生技术人员人数

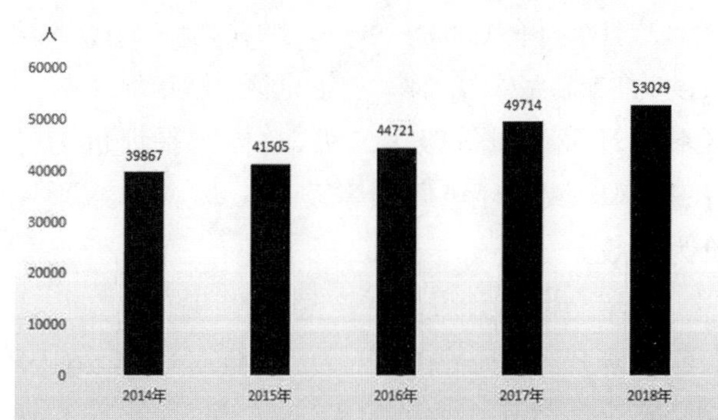

年末全区共有各类提供住宿的社会服务机构103个，其中养老服务机构77个，儿童收养救助服务机构8个。社会服务床位[17]15301张(不包括社区床位数)，其中养老床位11997张(不包括社会日间照料床位3671张、社会留宿床位3992张)，儿童服务床位970张。年末全区共有社区服务机构和设施2555个，其中社区服务中心59个，社区服务站2043个。

十二、资源、环境和应急管理

全年全区水资源总量14.54亿立方米。全年全区平均降水量389毫米，比上年增长17.17%。全年全区总用水量66.17亿立方米，增长0.17%。其中，生活用水3.31亿立方米，增长10.31%；工业用水4.34亿立方米，下降3.81%；农业用水56.30亿立方米，下降0.13%。万元地区生产总值用水量[18]181立方米，下降6.38%；万元工业增加值用水量35立方米，下降11.01%。人均用水量966立方米，下降0.8%。

全年全区完成营造林面积150.08万亩，其中人工营造林面积67.24万亩。森林抚育面积40.0万亩。年末全区自然保护区14个，其中国家级自然保护区9个，自治区级自然保护区5个。

预计[19]全年全区供水普及率为96.55%，比上年提高0.8个百分点；燃气普及率89.87%，比上年提高3.24个百分点；建成区绿地率为36.93%，比上年提高0.23个百分点；生活垃圾处理率为98.82%，比上年提高0.47个百分点。

全年黄河干流宁夏段入境至出境均为Ⅱ类优水质，所占比例达100%。地表水达到或好于Ⅲ类水体比例为73.3%。全年全区五个地级城市环境空气质量平均优良天数为277天，优良天数比例为75.9%。细微颗粒(PM2.5)平均浓度为35微克/立方米，同比下降10.3%。可吸入颗粒物(PM10)平均浓度为82微克/立方米。全年全区5地市城市昼间区域声环境质量等级为二级，总体水平评价为较好；夜间区域声环境质量等级为三级，总体水平评价为一般。

全年全区累计发生生产经营性事故242起，比上年下降8.3%；死亡188人，下降4.6%。亿元GDP生产安全事故死亡人数为0.049人/亿元；道路交通万车死亡率为2.15，上升4.9%；煤矿百万吨死亡人数为0.115。

注释：

[1]本公报中数据均为初步统计数，正式数据以《宁夏统计年鉴-2019》为准。部分数据因四舍五入的原因，存在着与分项合计不等的情况。

[2]地区生产总值、各产业增加值和人均地区生产总值绝对数按现价计算，增长速度按不变价格计算。

[3]2018年年末，0-14岁(含不满15周岁)人口为142.02万人，15-59岁(含不满60周岁)人口为451.54万人。

[4]年度农民工数量包括年内在本乡镇以外从业6个月及以上的外出农民工和在本乡镇内从事非农产业6个月及以上的本地农民工两部分。

[5]农产品生产者价格是指农产品生产者直接出售其产品时的价格。

[6]工业技术改造投资是指工业企业利用新技术、新工艺、新设备、新材料对现有设施、工艺条件及生产服务等进行改造提升，实现内涵式发展的投资活动。

[7]网上零售额是指通过公共网络交易平台(主要从事实物商品交易的网上平台，包括自建网站和第三方平台)实现的商品和服务零售额。其中，网上零售额包括的服务，以及少部分用于生产经营用或被转卖的商品不统计在社会消费品零售总额中。

[8]基础设施投资是指建造或购置为社会生产和生活提供基础性、大众性服务的工程和设施的支出。公报中的基础设施投资包括交通运输、邮政业，电信、广播电视和卫星传输服务业，互联网和相关服务业，水利、环境和公共设施管理业投资。

[9]民间固定资产投资是指具有集体、私营、个人性质的内资企事业单位以及由其控股(包括绝对控股和相对控股)的企业单位建造或购置固定资产的投资。

[10]货物进出口采用人民币计价。实际使用外商直接投资由于技术原因仍主要沿用美元计价。

[11]邮政行业业务总量按2010年价格计算。

[12]电信业务总量按2015年价格计算。

[13]2018年地方一般公共预算收入增长速度为同口径增幅。

[14]全国中小企业股份转让系统又称“新三板”，是2012年经国务院批准设立的全国性证券交易场所。

[15]总诊疗人次指所有诊疗工作的总人次数，包括门诊、急诊、出诊、预约诊疗、单项健康检查、健康咨询指导（不含健康讲座）人次。

[16]入院人数：指报告期内经门诊或急诊医生签发住院证并办理入院手续的住院病人。

[17]社会服务床位数除收养性机构外，还包括救助类机构、社区类机构以及军休所、军供站等机构的床位。

[18]万元地区生产总值用水量、万元工业增加值用水量和万元地区生产总值能耗按2015年价格计算。

[19]此数据为住建部门预计数，具体数据5月底前公布；城市指标为五个地级市和两个县级市数据。

资料来源：

本公报中城镇新增就业、登记失业率、社会保障数据来自自治区人力资源社会保障厅；财政数据来自自治区财政厅；水资源数据来自自治区水利厅；林业数据来自自治区林草局；发电装机容量数据来自国网宁夏电力公司；铁路运输数据来自中国铁路兰州局集团有限公司；公路运输数据来自自治区交通运输厅；民航数据来自西部机场集团宁夏机场有限公司；电信业务总量、电话用户、宽带用户、移动互联网接入流量、互联网普及率等数据来自宁夏通信管理局；建成区绿地面积、污水处理率、燃气普及率等数据来自自治区住房城乡建设厅；货物进出口数据来自银川海关；外商直接投资等数据来自自治区商务厅；民用汽车数据来自自治区公安厅；管道数据来自中石油管道长庆输油气分公司和中石油东部管道有限公司银川管理处；邮政业务数据来自宁夏邮政管理局；货币金融数据来自人民银行银川中心支行；上市公司数据来自宁夏证监局；保险业数据来自宁夏银保监局；社会服务数据来自自治区民政厅；教育数据来自自治区教育厅；国家工程研究中心、国家工程实验室、企业技术中心等数据来自自治区科技厅；专利数据来自自治区市场监管厅（自治区知识产权局）；艺术表演团体、博物馆、公共图书馆、文化馆数据来自自治区文化和旅游厅；广播电视、报纸、期刊、图书数据来自自治区广电局；体育数据来自自治区体育局；卫生数据来自自治区卫生健康委；环境监测数据来自自治区生态环境厅；安全生产数据来自自治区应急厅；其他数据均来自自治区统计局和国家统计局宁夏调查总队。

银川市2018年国民经济和社会发展统计公报

银川市统计局　国家统计局银川调查队

2018年，在市委、政府的坚强领导下，全市上下以习近平新时代中国特色社会主义思想为指导，坚决落实自治区第十二次党代会精神和市委、政府决策部署，坚持稳中求进工作总基调，坚持“绿色、高端、和谐、宜居”城市发展理念，以推进供给侧结构性改革为主线，全力做好稳增长、促改革、调结构、惠民生、防风险各项工作，全市经济保持了总体平稳、持续健康的发展态势，全面建成小康社会迈出新的步伐。

一、综合

初步核算，全年全市实现地区生产总值1901.48亿元，按可比价格计算，比上年增长7.2%[2]。其中，第一产业增加值67.31亿元，增长3.6%；第二产业增加值867.33亿元，增长5.5%；第三产业增加值966.84亿元，增长9.2%。三次产业结构为3.6:45.6:50.8，对经济增长的贡献率分别为1.9%、37.8%、60.3%。按常住人口计算，全市人均地区生产总值84964元，比上年增长5.8%。

图1　2014—2018年银川市地区生产总值及增速

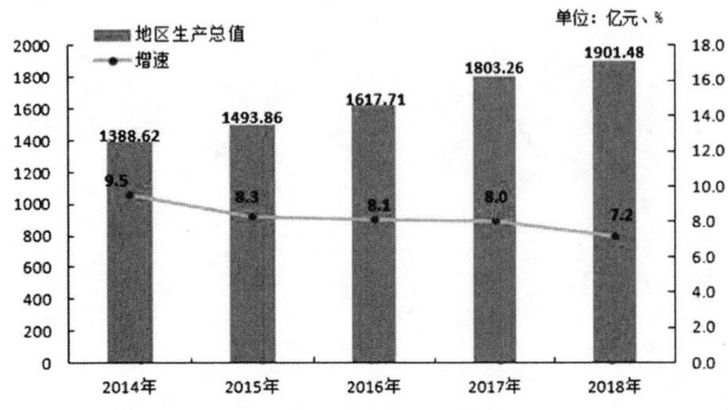

年末全市总人口225.06万人，比上年末增加2.5万人。其中回族人口58.26万人，占总人口的比重为25.9%。城镇人口174.59万人，乡村人口50.46万人；男性111.05万人，女性114.00万人。人口出生率为11.51‰，死亡率为5.24‰，人口自然增长率为6.27‰。

表1　2018年银川市年末人口数及其构成

指　标	年末数(人)	增速(%)	比重(%)
年末总人口	2250560	1.13	100
#市区人口	1450171	1.47	64.4
#城镇人口	1745945	1.77	77.6
乡村人口	504615	-1.01	22.4
#汉族人口	1627622	0.97	72.3
回族人口	582622	1.61	25.9
其他少数民族	40316	0.69	1.8
#男性	1110522	0.87	49.3
女性	1140038	1.39	50.7

全年居民消费价格比上年上涨2.2%，其中，衣着类上涨2.0%，医疗保健上涨1.6%，教育文化和娱乐类上涨2.2%，居住类上涨3.5%，生活用品及服务类上涨2.6%，交通和通信类上涨2.2%,其他用品和服务上涨0.2%。工业生产者出厂价格指数上涨7.9%，工业生产者购进价格指数上涨10.5%，商品零售价格指数上涨2.7%。

表2　2018年银川市居民消费价格比上年涨跌幅度

指标名称	2018年
居民消费价格总指数	2.2
食品烟酒	1.8
#粮食	0.2
鲜菜	6.6
畜肉	0.6
水产品	2.0
蛋	12.7
鲜果	1.7
衣着	2.0
居住	3.5
生活用品及服务	2.6
交通和通信	2.2
教育文化和娱乐	2.2
医疗保健	1.6

图2　2018年银川市居民消费价格指数月度涨幅

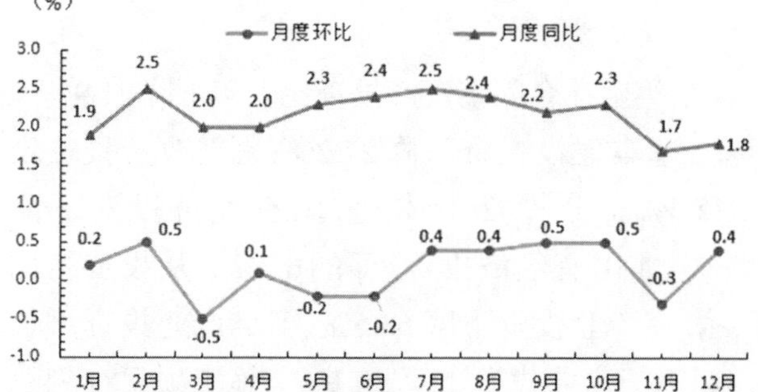

全年完成地方财政收入243.52亿元，比上年增长8.5%。一般公共预算收入181.17亿元，同口径增长8.0%，其中，税收收入118.23亿元，比上年增长12.1%，税收占一般公共预算收入的比重为65.3%。全年完成地方财政支出450.60亿元，增长14.8%。一般公共预算支出370.80亿元，增长8.5%；公共安全支出下降9.7%；教育支出增长7.4%；科学技术支出增长19.7%；社会保障和就业支出增长5.4%；医疗卫生与计划生育支出下降19.2%；节能环保支出增长21.4%；城乡社区支出增长16.5%。

图3　2014—2018年银川市一般公共预算收入及增速

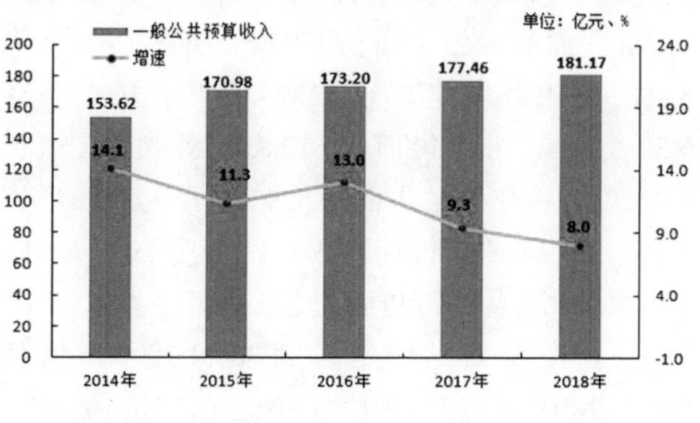

二、农业

全年完成农林牧渔业总产值135.63亿元，按可比价格计算，比上年增长3.9%[3]。其中，农业产值81.72亿元，增长2.9%；林业产值1.27亿元，增长55.4%；牧业产值36.89亿元，增长9.2%；渔业产值7.66亿元，下降5.0%；农林牧渔服务业产值8.09亿元，增长4.1%。

全年粮食作物播种面积9.68万公顷，比上年下降1.9%；其中，小麦播种面积1.63万公顷，下降0.6%。蔬菜播种面积3.20万公顷，园林水果播种面积2.35万公顷。全年粮食产量81.89万吨，下降1.7%；其中，小麦产量9.23万吨，增长1.9%。蔬菜产量152.07万吨，下降3.0%。园林水果产量20.65万吨，下降0.3%。肉类产量6.34万吨，下降1.1%，其中，猪肉产量1.93万吨，下降11.5%；牛肉产量1.90万吨，增长2.2%；羊肉产量1.51万吨，增长4.1%。年末大牲畜总头数21.49万头，生猪存栏17.90万头，羊只存栏数64.31万只，家禽数305.93万只。禽蛋产量3.83万吨，增速与去年同期持平。牛奶产量53.95万吨，增长7.0%。水产品产量7.16万吨，下降2.8%。

图4　2014—2018年银川市粮食产量及增速

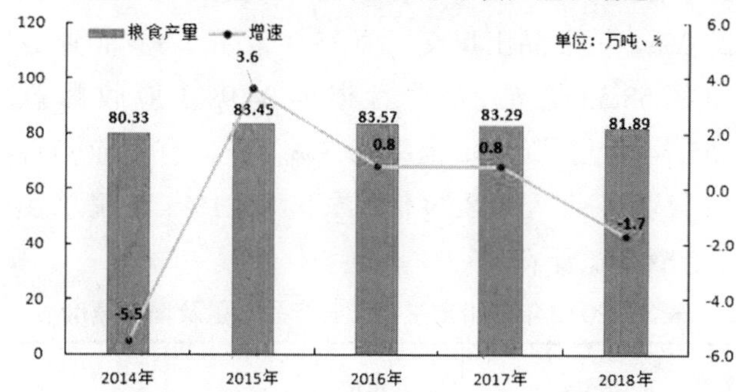

全年农村用电量3.18亿千瓦时，下降8.9%。农用化肥施用量（按实物量计算）20.11万吨，下降14.7%。

三、工业和建筑业

全年全部工业增加值比上年增长7.7%。其中，规模以上工业增加值增长7.5%[2]。在规模以上工业增加值中，轻工业增加值下降33.7%；重工业增加值增长13.2%。分经济类型看，国有企业增加值增长33.0%；股份制企业增加值增长5.5%；外商及港澳台商投资企业增加值增长9.4%。全市规模以上非公有制工业企业增加值下降6.1%。

图5　2014—2018年银川市规模以上工业增加值增速

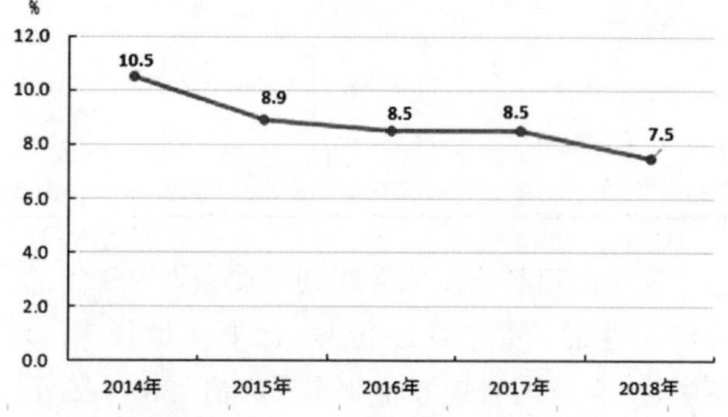

全年规模以上工业中，电力、热力的生产和供应业增加值比上年增长32.9%；石油、煤炭及其他燃料加工业增加值增长16.4%；煤炭采选业下降8.9%；化学原料及化学制品制造业增长22.3%；纺

织业下降31.7%。六大高耗能行业[4]增加值增长21.1%,占规模以上工业增加值比重为66.9%;高技术产业增加值下降20.8%,占规模以上工业增加值比重为5.4%。

全年规模以上工业企业实现销售产值1898.27亿元,比上年增长15.1%,工业产品销售率为97.5%。规模以上工业企业主营业务收入1873.45亿元,比上年增长7.1%;主营业务成本1452.03亿元,增长6.3%。实现利润总额88.89亿元,增长27.2%。工业品出口交货值35.09亿元,亏损企业亏损额58.53亿元,企业亏损面34.9%,应收账款255.74亿元,资产负债率69.3%。非公有工业实现主营业务收入908.79亿元,下降4.1%;利润总额54.76亿元,下降16.3%。

表3 2018年银川市主要工业产品产量及增长速度

产品名称	计量单位	产量	比上年增长(%)
水泥	万吨	506.93	−18.7
液体乳	万吨	28.07	17.5
农用化肥(折纯)	万吨	30.37	−9.1
橡胶轮胎外胎	万条	102.77	−42.5
金属切削机床	台	2438.00	16.4
滚动轴承	万套	2589.58	43.1
汽油	万吨	192.08	16.4
柴油	万吨	248.09	27.7
合成氨	万吨	12.47	−47.5
机制纸	万吨	1.50	−39.6
发电量	亿千瓦时	779.80	26.3
白酒	千升	189.00	−91.1
葡萄酒	千升	8869.14	−44.3
服装	万件	94.82	−86.4
家具	万件	4.60	−38.5
焦炭	万吨	437.41	−2.0
自来水生产量	万立方米	29538.40	−2.7
变压器	万千伏安	1016.49	52.9
原铝	万吨	56.29	21.5

全年全市具有资质等级建筑业企业509个,实现建筑业总产值385.28亿元,比上年增长3.1%。其中,国有及国有控股企业实现产值138.14亿元,增长11.6%;建筑装修装饰业实现产值6.96亿元,下降11.0%。房屋建筑施工面积1484.59万平方米,下降0.9%;房屋建筑竣工面积757.6万平方米,增长113.7%。

四、固定资产投资

全年全社会固定资产投资比上年下降21.9%[5]。其中,基本建设投资下降27.2%;更新改造投资增长45.4%。分投资主体看,国有经济投资下降29.3%;非国有经济投资下降16.7%。从投资结构看,第一产业投资下降63.5%;第二产业投资增长0.1%;第三产业投资下降30.1%。施工项目计划总投资下降6.8%。

图6 2014—2018年银川市全社会固定资产投资及增速

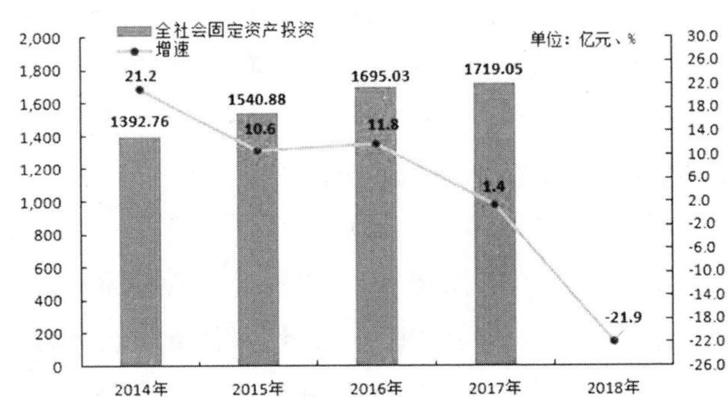

全年完成房地产开发投资295.25亿元,比上年下降26.7%,其中,住宅开发投资198.20亿元,下降17.5%。商品房施工面积3795.57万平方米,下降8.4%,其中,住宅施工面积2398.91万平方米,下降6.3%。商品房销售面积612.83万平方米,增长3.0%,其中,住宅销售面积529.20万平方米,增长1.8%。商品房待售面积586.13万平方米,下降10.6%,其中,住宅待售面积225.18万平方米,下降23.4%。全年商品房销售额360.03亿元,增长16.8%,其中,住宅销售额295.80亿元,增长16.3%。

五、国内贸易

全年实现社会消费品零售总额552.73亿元,比上年增长4.8%[6]。分城乡看,城镇消费品零售额534.19亿元,增长4.2%;乡村消费品零售额18.54亿元,增长22.7%。分行业看,批发零售业零售额497.31亿元,增长5.4%;住宿餐饮业零售额55.42亿元,下降0.3%。分经济类型看,国有经济实现零售额3.84亿元,下降2.6%;集体经济实现零售额1.75亿元,下降4.2%;股份制经济实现零售额174.82亿元,增长0.2%;私营经济实现零售额159.87亿元,下降2.9%;个体经济实现零售额195.79亿元,增长17.2%;其他各种经济实现零售额16.67亿元,增长7.9%。

图7　2014—2018年银川市社会消费品零售总额及增速

在限额以上批发和零售业零售额中，粮油、食品、饮料及烟酒类增长3.7%；服装鞋帽针纺织品类下降5.3%；家用电器和音像器材类增长10.6%；金银珠宝类下降2.7%；石油及制品类增长13.1%；通讯器材类下降9.1%；体育娱乐用品类下降18.8%；汽车类下降12.5%。

重点商品交易市场成交额218.91亿元，下降2.7%，其中，亿元以上商品交易市场成交额214.27亿元，下降2.8%。

六、对外经济

全年实现进出口总额168.83亿元，比上年下降37.6%。其中，出口总额127.79亿元，下降34.8%；进口总额41.01亿元，下降45.1%。

图8　2014—2018年银川市进出口贸易总额

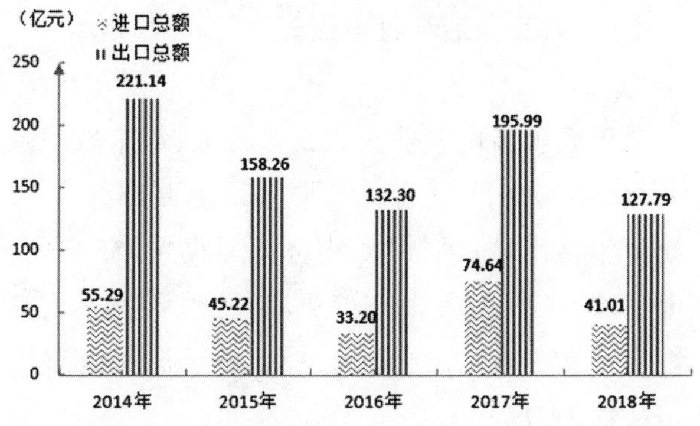

全年签订利用外资项目24个；合同外资金额0.96亿美元，比上年下降96.1%；实际利用外资0.72亿美元，增长135.6%。

七、交通、邮电和旅游

全年铁路客运量409.49万人次，比上年增长2.0%，铁路货运量355.07万吨，增长2.2%。公路客运量2378万人次，下降16.9%，公路客运周转量21.77亿人公里，下降21.5%，公路货运量0.70亿吨，下降10.1%，公路货运周转量69.50亿吨公里，下降32.7%。民航客运量443.1万人次，增长8.0%，民航客运周转量62.16亿人公里，增长22.7%，民航货运量2.51万吨，增长33.5%，民航货运周转量3273.92万吨公里，增长32.7%[7]。

表4　2018年银川市铁路、公路及航空完成运输量及增长速度

指标	单位	绝对数	比上年增长(%)
客运量			
铁路	万人次	409.49	2.0
公路	万人次	2378	–16.9
民航	万人次	443.1	8.0
客运周转量			
铁路	亿人公里	–	–
公路	亿人公里	21.77	–21.5
民航	亿人公里	62.16	22.7
货运量			
铁路	万吨	355.07	2.2
公路	万吨	7006	–10.1
民航	万吨	2.51	33.5
货运周转量			
铁路	亿吨公里	–	–
公路	亿吨公里	69.50	–32.7
民航	万吨公里	3273.92	32.7

年末全市各种民用汽车保有量85.02万辆，增长12.0%，私人汽车保有量78.11万辆，增长12.1%。

全年完成邮电业营业收入总量33.42亿元。其中，邮政业营业收入2.23亿元，电信业营业收入31.19亿元。快递业务营业收入5.98亿元，增长15.9%。全年订销报刊3075.39万份，增长11.7%；完成邮政函件业务235万件，下降13.9%。年末本地固定电话用户24.4万户，下降17.0%；移动电话用户384.8万户，增长13.3%；计算机互联网用户98.8万户，增长40.3%。

全年接待国内游客1658.21万人次，比上年增长16.4%；接待入境游客5.38万人次，增长21.7%。国内旅游总收入148.8亿元，增长15.8%；旅游外汇

收入2958.5万美元，增长15.6%。

全市共有旅行社130家，其中，国际社25家，国内社105家。全市共有旅游星级饭店37家，四星级14家，三星级23家。

八、金融和保险

年末全市金融机构人民币各项存款余额3704.56亿元，比上年末增长3.3%，其中，住户存款1664.79亿元，增长11.2%。人民币各项贷款余额4797.87亿元，比上年末增长7.6%，其中，中长期贷款3371.59亿元，增长11.4%，短期贷款965.98亿元，下降17.6%。

全年实现保费收入104.82亿元，比上年增长10.9%。其中，财产险保费收入34.65亿元，增长10.1%；人身险保费收入70.17亿元，增长11.3%。全年支付各项赔款及给付额32.89亿元，增长23.6%。其中，财产险赔付16.74亿元，人身险赔付16.14亿元，分别增长18.4%和29.6%。

九、教育和科学技术

年末全市有研究生培养单位3个，招生2614人，比上年增长16.3%；在学研究生6347人，增长20.3%；毕业生1559人，增长1.3%。普通高等院校17所，招生3.07万人，比上年下降0.6%；在校生10.40万人，增长2.3%，毕业生2.62万人，下降2.8%。成人高校1所，招生287人，下降69.8%；在校生2962人，下降11.2%；毕业生1358人，下降1.0%。中等职业学校14所，招生1.17万人，增长0.2%；在校生3.44万人，下降10.1%；毕业生1.38万人，增长10.6%。普通高中院校26所，招生1.77万人，下降3.7%；在校生5.40万人，下降1.6%；毕业生1.85万人，增长0.9%。初中学校53所，招生2.79万人，增长5.0%；在校生7.98万人，增长5.7%；毕业生2.34万人，下降4.8%。普通小学200所，招生3.39万人，增长9.9%；在校生18.18万人，增长4.7%；毕业生2.75万人，增长4.8%。特殊教育学校3所，招生132人，在校生591人。幼儿园347所，在园幼儿8.31万人，增长10.1%。学前三年毛入园率达到111.3%，小学六年巩固率达到105.2%，初中三年巩固率达到98.6%。资助困难学生38328人次。

全年申请专利5765件，比上年增长31.9%。

十、文化、卫生和体育

年末全市拥有艺术表演团体6个，文化艺术馆、文化馆8个，公共图书馆8个，博物馆9个，全国重点文物保护单位11处。广播电台5座，电视台6座，广播综合人口覆盖率、电视综合人口覆盖率均达到100%，有线广播电视用户58.59万户。

年末全市有卫生机构1105个，其中，医院和卫生院121个（医院86个）。卫生机构床位17348张，其中，医院、卫生院床位16361张。卫生技术人员25449人，其中，执业医师及执业助理医师9684人，注册护士11675人。疾病预防控制中心8个，卫生技术人员372人；妇幼保健机构5个，卫生技术人员1296人；乡镇卫生院35个，床位数652张，卫生技术人员835人。卫生监督检验机构8个，卫生技术人员149人。全市已认定医疗保险定点医疗机构565个，定点零售药店1334个。全市儿童免疫规划接种率达到99.7%。

全年获得全国冠军4个，获得金牌4块，银牌6块，铜牌4块。

十一、人民生活和社会保障

全年城镇新增就业人数5.53万人，年末城镇登记失业率3.58%，比上年末下降0.03个百分点。

全年全市城镇居民人均可支配收入35586元，比上年增加2606元，增长7.9%。城镇居民人均消费性支出25506元，增长10.3%。城镇居民家庭恩格尔系数29.0%。

图9　2014—2018年银川市城镇居民人均可支配收入及增速

表5　城镇居民每百户主要消费品拥有量

指　标	单位	2018年	2017年	比上年增长(%)
空调器	台	33.9	23.2	46.2
淋浴热水器	台	98.3	95.7	2.8
彩电	台	101.6	100.8	0.8
电冰箱	台	99.1	98.6	0.5
移动电话	部	245.3	244.5	0.3
家用电脑	台	80.0	81.3	-1.6
微波炉	台	68.1	67.8	0.4
家用汽车	辆	56.8	37.9	50.0
摩托车	辆	6.4	8.4	-24.1
洗衣机	台	99.3	99.0	0.3
照相机	架	23.6	29.6	-20.3
健身器材	套	7.5	5.0	49.1

全年全市农村居民人均可支配收入14160元，比上年增加1073元，增长8.2%。农村居民人均生活消费支出12332元，增长7.2%。农村居民家庭恩格尔系数30.7%。

生态移民地区农村居民人均可支配收入8062元，比上年增长10.0%。

图10　2014—2018年银川市农村居民人均可支配收入及增速

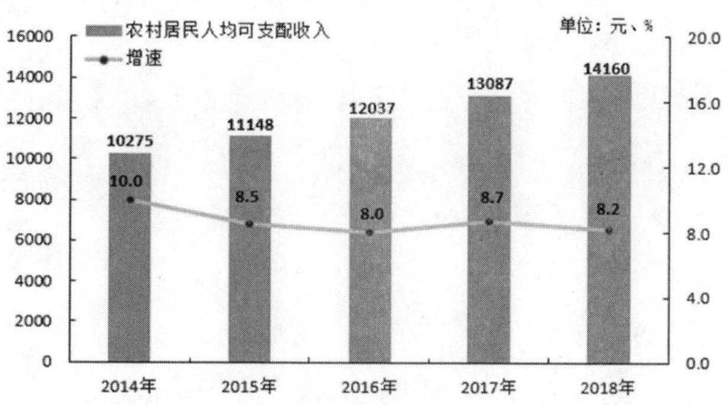

年末全市参加基本养老保险117.03万人，比上年增长4.4%，其中，参加城镇职工基本养老保险88.69万人，参加城乡居民社会养老保险28.34万人。参加失业保险52.69万人。参加基本医疗保险183.85万人，其中，参加城乡居民基本医疗保险106.43万人，参加城镇职工基本医疗保险77.42万人。

年末全市拥有中心敬老院、敬老院、老年公寓34个，共有床位7353张。全市居民享受政府最低生活保障人数为1.21万人，全年发放城镇居民最低生活保障金0.77亿元；农村享受最低保障人数2.10万人，发放农村最低生活保障金1.01亿元。发放城乡医疗救助金3690.71万元，接受城乡医疗救助6.26万人次。城镇建立各种社区服务设施1035个，其中，市民服务中心25个。全年销售社会福利彩票6987万元，筹集社会公益资金1397万元，直接接受社会捐赠486万元。

十二、城市建设

年末建成区绿化覆盖面积7722.43公顷；年末建成区园林绿地面积7659.18公顷，其中，建成区公园绿地面积2471.03公顷。

年末全市公共汽车线路达到137条，公共汽车运营车辆2074辆；公交标准运营车辆2612.7标台；每万人拥有公交车辆17.84标台。

十三、环境与安全生产

全年城市空气质量优良天数258天，占总天数的70.7%。区域噪声平均值53.0分贝，交通干线噪声平均值66.7分贝。城市饮用水源水质达标率100%，黄河银川段水质达到二类。全年完成工业企业环境污染治理项目127个，投入资金38.81亿元。

全年发生各类生产安全事故88起，死亡46人。亿元GDP生产安全事故死亡人数为0.024人。道路交通生产安全事故死亡人数16人。

注：

[1]本公报中数据均为初步统计数。

[2]地区生产总值、各产业增加值和人均地区生产总值绝对数按现行价格计算，增长速度按不变价格计算。

[3]2017年农业相关数据为第三次农业普查修正数据。

[4]六大高耗能行业分别为：化学原料和化学制品制造业、非金属矿物制品业、黑色金属冶炼和压延加工业、有色金属冶炼和压延加工业、石油加工炼焦和核燃料加工业、电力热力生产和供应业。

[5]自2018年起，不再公布全社会固定资产投资总量。

[6]自2018年起，社会消费品零售总额统计口径发生变化，医药公司销往医院的药品金额由零售额统计调整到批发额统计。

[7]自2018年起，取消铁路货物周转量和旅客周转量两项指标。

综　合

General Survey

1—1 行政区划及区划面积

Administrative Divisions and Area of Zoning

（2018）

县(市)区 County, Municipalities and District	镇（个）Towns（unit）	乡（个）Townships（unit）	街道办事处（个）Street Communities（unit）	居民委员会（个）Neighbour-hood Committees（unit）	村民委员会（个）Village Committees（unit）	区划面积（平方公里）Area of Zoning（sq.km）
总 计 Total	**20**	**6**	**25**	**252**	**286**	**9025.38**
市区 City	6	2	6	201	85	2305.86
兴庆区 Xingqing	2	2	11	94	42	828.26
金凤区 Jinfeng	2		5	46	24	353.00
西夏区 Xixia	2		7	61	19	1124.60
永宁县 Yongning	5	1	1	23	66	1178.68
贺兰县 Helan	4	1		13	64	1531.87
灵武市 Lingwu	5	2	1	14	70	4008.97

1—1 续表 continued

县(市)区 County, Municipalities and District	年末总人口（万人）Population at Year-end（10 000 persons）	人口密度（人/平方公里）Population Density（person/sq.km）	乡、镇、街道办事处名称 Townships,Towns and Street Communities
总 计 Total	**225.06**	**249**	
市 区 City	145.02	629	
兴庆区 Xingqing	75.15	907	大新镇 掌政镇 通贵乡 月牙湖乡 凤凰北街 富宁街 中山南街 胜利街 文化街 解放西街 新华街 玉皇阁北街 丽景街 前进街 银古路等街道办事处
金凤区 Jinfeng	33.88	960	良田镇 丰登镇 黄河东路 满城北街 长城中路 北京中路 上海西路等街道办事处
西夏区 Xixia	35.99	320	兴泾镇 镇北堡镇 西花园路 朔方路 北京西路 文昌路 宁华路 贺兰山西路 怀远路等街道办事处
永宁县 Yongning	24.36	207	李俊镇 闽宁镇 杨和镇 望洪镇 望远镇 胜利乡 团结西路街道办事处
贺兰县 Helan	26.17	171	习岗镇 金贵镇 立岗镇 洪广镇 常信乡
灵武市 Lingwu	29.51	74	临河镇 东塔镇 崇兴镇 马家滩镇 郝家桥镇 白土岗乡 梧桐树乡 城区街道办事处

注：滨河新区居民委员会1个，村民委员会1个。

1—2 气象情况

(2018)

月 份	Month	平均气温(℃) Average Temperature(℃)				降水量(毫米) Precipitation(mm)			
		银川 Yinchuan	永宁 Yongning	贺兰 Helan	灵武 Lingwu	银川 Yinchuan	永宁 Yongning	贺兰 Helan	灵武 Lingwu
一 月	January	-6.9	-6.4	-7.8	-6.8	4.9	4.0	4.5	3.4
二 月	February	-3.1	-2.3	-4.1	-4.1		0.0		
三 月	March	9.8	10.3	8.8	8.8	3.7	2.5		1.2
四 月	April	14.5	14.9	16.1	14.0	12.0	29.1	11	22.5
五 月	May	19.7	20.1	18.7	19.3	16.9	20.5	14.4	20.9
六 月	June	23.7	24	22.6	23.0	2.4	2.9	9.4	1.8
七 月	July	25.4	25.7	24.9	24.9	116.2	73.7	23.8	73.0
八 月	August	23.8	24.3	23.4	23.3	87.9	79.1	59.8	33.1
九 月	September	15.8	16.2	15.3	14.9	24.0	34.1	20.3	26.0
十 月	October	9.1	9.7	8.4	8.1	8.2	6.8	6.4	8.7
十一月	November	2.2	2.9	1.5	1.8	3.9	1.7	4.3	0.2
十二月	December	-7.3	-6.7	-7.8	-7.8	0.1	1.9		2.9

1-2 续表

(2018)

月 份	Month	平均风速(米/秒) Average Wind Speed(m/second)				平均相对湿度(%) Mean Relative Humidity(%)			
		银川 Yinchuan	永宁 Yongning	贺兰 Helan	灵武 Lingwu	银川 Yinchuan	永宁 Yongning	贺兰 Helan	灵武 Lingwu
一 月	January	1.9	1.8	1.1	3.0	52	53	56	52
二 月	February	1.6	1.7	1.0	2.8	32	32	36	35
三 月	March	1.9	1.8	1.0	2.6	33	35	40	39
四 月	April	1.9	2.2	0.9	2.8	33	34	39	38
五 月	May	1.8	1.9	0.8	2.6	35	37	45	42
六 月	June	1.7	1.7	0.7	2.2	43	44	51	51
七 月	July	1.6	1.7	0.7	2.4	61	62	68	67
八 月	August	1.7	1.6	0.6	2.0	68	68	75	75
九 月	September	1.4	1.4	0.6	1.9	57	59	64	69
十 月	October	1.4	1.4	0.5	2.2	49	50	58	58
十一月	November	1.3	1.4	0.6	2.1	53	55	63	58
十二月	December	1.6	1.4	0.9	2.4	40	45	49	49

注:2014 年以后永宁、贺兰、灵武三站已停止观测蒸发量记录

Meteorology

蒸发量(毫米) Evaporation(mm)				日照时数(小时) Hours of Sunshine(hour)			
银川 Yinchuan	永宁 Yongning	贺兰 Helan	灵武 Lingwu	银川 Yinchuan	永宁 Yongning	贺兰 Helan	灵武 Lingwu
32.8				152.1	170.1	174.4	187.8
63.9				199.5	218.3	211.2	240.9
164.9				263.3	265.1	262.6	277.3
142.6				273.7	277	254	283.9
178.2				308.0	310.4	301	319.0
179.5				273.6	280.6	271.8	291.4
145.2				270.8	282.4	273.5	264.6
131.2				244.0	243.1	237.1	243.4
104.9				215.6	209.5	213.9	198.2
88.8				246.7	260.6	256.6	260.4
53.7				185.5	192	174.8	211.0
35.6				184.2	173.3	186.6	202.6

continued

大风日数(日) Days of Wind(day)				雨日数(日) Days of Rain(day)			
银川 Yinchuan	永宁 Yongning	贺兰 Helan	灵武 Lingwu	银川 Yinchuan	永宁 Yongning	贺兰 Helan	灵武 Lingwu
				4		6	
			1				
				2	2	3	1
2			2	4	5	6	5
1			1	5	7	5	4
			1	6	7	3	6
				10	9	10	12
				12	9	9	8
				6	6	7	7
			1	2	3	4	4
				1	1	3	1
			2	1		1	

a)Yongning, Helan and Lingwu has stopped observation evaporation since 2014.

1—3 主要年份地区生产总值

Gross Domestic Product in Main Years

单位:万元　　（按当年价格计算 caculated at current prices）　　（10 000 yuan）

年份 Year	地区生产总值 Gross Domestic Product	第一产业 Primary Industry	第二产业 Secondary Industry	工业 Industry	建筑业 Construction	第三产业 Tertiary Industry	交通运输、仓储和邮政业 Transport, Storageand PostService	批发和零售业、住宿和餐饮业 Wholesale, Retail Trade, Hoteling andCatering Services	人均地区生产总值(元/人) Per Capita Gross Domestic Produc (yuan/person)
1949	2025	1484	130	118	12	411	74	63	86
1950	2498	1885	149	131	18	464	84	125	103
1951	3486	2725	227	191	36	534	112	168	137
1952	3374	2343	396	278	118	635	146	186	126
1953	3833	2587	490	348	142	756	218	220	133
1954	4152	2715	560	384	176	877	278	260	134
1955	5064	3317	729	509	220	1018	346	278	154
1956	5443	3192	949	688	261	1302	486	337	159
1957	5716	2986	1143	963	180	1587	572	404	162
1958	8370	3380	2022	1359	663	2968	1189	746	221
1959	11758	3415	4481	3240	1241	3862	1214	1286	276
1960	13424	2691	6059	4612	1447	4674	1345	1463	288
1961	11225	3103	3632	3052	580	4490	1067	1483	240
1962	9188	3181	2664	2296	368	3343	786	980	211
1963	10284	3970	2772	2354	418	3542	827	1097	241
1964	10696	3739	3121	2532	589	3836	920	1124	240
1965	13338	5137	4222	3059	1163	3979	1078	1156	284
1966	17623	5516	7267	5947	1320	4840	1348	1369	363
1967	16109	4547	7650	6573	1077	3912	1089	1081	322
1968	16347	4374	7929	5491	2438	4044	1017	1149	309
1969	20202	5205	10172	8025	2147	4825	1311	1226	360
1970	24481	6111	12335	10855	1480	6035	1457	1478	415
1971	26132	7584	11418	10445	973	7130	1789	1851	427
1972	27538	7756	12016	10711	1305	7766	1930	1997	433
1973	28904	9152	11993	10605	1388	7759	2040	2069	437
1974	30101	7711	14523	13134	1389	7867	2093	2157	439
1975	34183	8139	17494	16129	1365	8550	2328	2287	483
1976	30851	6777	16035	14556	1479	8039	2161	2125	423
1977	33148	7078	17356	15462	1894	8714	2648	2271	441
1978	38222	7902	20245	18352	1893	10075	3202	2535	494
1979	41938	8639	22247	19444	2803	11052	3084	2820	527
1980	44412	10750	21982	18514	3468	11680	3529	3194	546
1981	46487	13019	21089	16140	4949	12379	3559	3655	559

注:1993-2010 年数据为经济普查年度调整数。2008-2018 年人均地区生产总值为常住人口计算。

1-3 续表 continued

单位:万元　　　　（按当年价格计算 caculated at current prices）　　　　（10 000 yuan）

年份 Year	地区生产总值 Gross Domestic Product	第一产业 Primary Industry	第二产业 SecondaryI ndustry	工业 Industry	建筑业 Construction	第三产业 Tertiary Industry	交通运输、仓储和邮政业 Transport, Storageand PostService	批发和零售业、住宿和餐饮业 Wholesale, Retail Trade, Hoteling andCatering Services	人均地区生产总值(元/人) Per Capita Gross Domestic Produc (yuan/person)
1982	54549	16983	22778	17496	5282	14788	4862	4013	641
1983	64259	20044	27625	21848	5777	16590	5311	4590	740
1984	76756	24199	32715	24739	7976	19842	6685	4797	869
1985	94160	26286	42656	31326	11330	25218	8202	6837	1045
1986	111227	29980	49522	35973	13549	31725	9453	7813	1210
1987	132621	35567	55887	42430	13457	41167	11107	9072	1398
1988	168776	41278	67884	56327	11557	59614	11914	13203	1730
1989	207904	47293	87458	76787	10671	73153	14607	14841	2081
1990	231978	54868	92126	79482	12644	84984	11931	18579	2269
1991	270931	56593	112312	95973	16339	102026	15862	24997	2596
1992	320781	62329	138547	111057	27490	119905	18397	33689	3021
1993	432948	67372	202716	169764	32952	162860	26548	48531	4007
1994	571199	94993	268989	208527	60462	207217	32032	57667	5180
1995	717130	120037	310488	250658	59830	286605	44982	65922	6374
1996	827908	132842	367624	277398	90226	327442	61481	70838	7228
1997	951001	150519	406055	300693	105362	394427	7645	78802	8152
1998	1040857	155596	431705	303314	128391	453556	92422	96850	8769
1999	1145303	148970	473950	331604	142346	522383	107746	111132	9518
2000	1287473	143520	541292	383712	157580	602661	124901	124067	10404
2001	1440965	149840	595773	429809	165964	695352	143696	135795	11244
2002	1670921	155463	677801	493294	184507	837657	162583	157863	12716
2003	2015881	147152	858178	601247	256931	1010551	184020	187805	15159
2004	2508483	174756	1107760	866935	240825	1225967	184020	223081	18526
2005	2935714	194508	1325490	1040196	285294	1415716	209520	269605	21091
2006	3499164	210308	1632668	1275043	357625	1656188	225133	319793	24532
2007	4477383	248997	2129367	1684279	445088	2099019	298101	341911	30513
2008	5637874	300661	2674577	2085960	588617	2662636	390421	470510	34473
2009	6442421	328471	3142263	2366427	775836	2971687	429077	488431	38392
2010	7926140	402858	4002448	2987022	1015426	3520834	503756	583014	42771
2011	9866761	470509	5252471	3964581	1287890	4143781	634854	687791	48964
2012	11509344	509518	6190501	4719172	1471330	4809324	646693	708359	56528
2013	12890199	554241	6885962	5232998	1652964	5449996	685282	741874	62437
2014	13886244	527990	7501071	5552683	1950528	5857185	612246	708364	65942
2015	14938590	586225	7808359	5645261	2164550	6544006	653629	768213	69594
2016	16177071	586145	8256113	6037435	2219337	7334812	644993	834225	74288
2017	18032581	613745	9042897	6633460	2411101	8375939	718719	914122	81660
2018	19014824	673147	8673326	6220183	2454719	9668351	702941	963872	84964

a)Date in the table from 1993 to 2010 for the econmiccensus year adjustment. From 2008 to 2018 per capita GDP calculated by resident population.

1—4 主要年份地区生产总值构成

Composition of Gross Domestic Product in Main Years

单位:%　　（按当年价格计算 caculated at current prices）　　（%）

年份 Year	地区生产总值 Gross Domestic Product	第一产业 Primary Industry	第二产业 Secondary Industry			第三产业 Tertiary Industry		
				工业 Industry	建筑业 Construction		交通运输、仓储和邮政业 Transport, Storageand PostService	批发和零售业、住宿和餐饮业 Wholesale, Retail Trade, Hoteling andCatering Services
1949	100	73.3	6.4	5.8	0.6	20.3	3.7	3.1
1950	100	75.5	6.0	5.2	0.8	18.5	3.4	5.0
1951	100	78.2	6.5	5.5	1.0	15.3	3.2	4.8
1952	100	69.4	11.8	8.2	3.6	18.8	4.3	5.5
1953	100	67.5	12.8	9.1	3.7	19.7	5.7	5.7
1954	100	65.4	13.5	9.3	4.2	21.1	6.7	6.3
1955	100	65.5	14.4	10.1	4.3	20.1	6.8	5.5
1956	100	58.6	17.5	12.6	4.9	23.9	8.9	6.2
1957	100	52.2	20.0	16.9	3.1	27.8	10.0	7.1
1958	100	40.4	24.2	16.2	8.0	35.4	14.2	8.9
1959	100	29.1	38.1	27.6	10.5	32.8	10.3	10.9
1960	100	20.0	45.2	34.4	10.8	34.8	10.0	10.9
1961	100	27.6	32.4	27.2	5.2	40.0	9.5	13.2
1962	100	34.6	29.0	25.0	4.0	36.4	8.6	10.7
1963	100	38.6	27.0	22.9	4.1	34.4	8.0	10.7
1964	100	35.0	29.2	23.7	5.5	35.8	8.6	10.5
1965	100	38.5	31.7	22.9	8.8	29.8	8.1	8.7
1966	100	31.3	41.2	33.7	7.5	27.5	7.6	7.8
1967	100	28.2	47.5	40.8	6.7	24.3	6.8	6.7
1968	100	26.8	48.5	33.6	14.9	24.7	6.2	7.0
1969	100	25.8	50.4	39.7	10.7	23.8	6.5	6.1
1970	100	25.0	50.4	44.3	6.1	24.6	6.0	6.0
1971	100	29.0	43.7	40.0	3.7	27.3	6.8	7.1
1972	100	28.2	43.6	38.9	4.7	28.2	7.0	7.3
1973	100	31.7	41.5	36.7	4.8	26.8	7.1	7.2
1974	100	25.6	48.2	43.6	4.6	26.2	7.0	7.2
1975	100	23.8	51.2	47.2	4.0	25.0	6.8	6.7
1976	100	22.0	52.0	47.2	4.8	26.0	7.0	6.9
1977	100	21.4	52.4	46.6	5.8	26.2	8.0	6.9
1978	100	20.7	53.0	48.0	5.0	26.3	8.4	6.6
1979	100	20.6	53.0	46.4	6.6	26.4	7.4	6.7
1980	100	24.2	49.5	41.7	7.8	26.3	7.9	7.2
1981	100	28.0	45.4	34.7	10.7	26.6	7.7	7.9

注:1993-2010 年数据为经济普查年度调整数。2008-2018 年人均地区生产总值为常住人口计算。

1-4 续表 continued

单位:% （按当年价格计算 caculated at current prices） (%)

年份 Year	地区生产总值 Gross Domestic Product	第一产业 Primary Industry	第二产业 Secondary Industry	工业 Industry	建筑业 Construction	第三产业 Tertiary Industry	交通运输、仓储和邮政业 Transport, Storageand PostService	批发和零售业、住宿和餐饮业 Wholesale, Retail Trade, Hoteling and Catering Services
1982	100	31.1	41.8	32.1	9.7	27.1	8.9	7.4
1983	100	31.2	43.0	34.0	9.0	25.8	8.3	7.1
1984	100	31.5	42.6	32.2	10.4	25.9	8.7	6.2
1985	100	27.9	45.3	33.3	12.0	26.8	8.7	7.3
1986	100	27.0	44.5	32.3	12.2	28.5	8.5	7.0
1987	100	26.8	42.1	32.0	10.1	31.1	8.4	6.8
1988	100	24.5	40.2	33.4	6.8	35.3	7.1	7.8
1989	100	22.7	42.1	36.9	5.2	35.2	7.0	7.1
1990	100	23.7	39.7	34.3	5.4	36.6	5.1	8.0
1991	100	20.8	41.5	35.4	6.1	37.7	5.9	9.2
1992	100	19.4	43.2	34.6	8.6	37.4	5.7	10.5
1993	100	15.6	46.8	39.2	7.6	37.6	6.1	11.2
1994	100	16.6	47.1	36.5	10.6	36.3	5.6	10.1
1995	100	16.7	43.3	35.0	8.3	40.0	6.3	9.2
1996	100	16.0	44.4	33.5	10.9	39.6	7.4	8.6
1997	100	15.8	42.7	31.6	11.1	41.5	8.0	8.3
1998	100	14.9	41.5	29.1	12.4	43.6	8.9	9.3
1999	100	13.0	41.4	29.0	12.4	45.6	9.4	9.7
2000	100	11.1	42.1	29.8	12.3	46.8	9.7	9.6
2001	100	10.4	41.3	29.8	11.5	48.3	10.0	9.4
2002	100	9.3	40.6	29.5	11.1	50.1	9.7	9.4
2003	100	7.3	42.6	29.8	12.8	50.1	9.1	9.3
2004	100	7.0	44.1	34.6	9.5	48.9	7.7	8.9
2005	100	6.6	45.2	35.4	9.8	48.2	7.1	9.2
2006	100	6.0	46.7	36.4	10.3	47.3	6.4	9.1
2007	100	5.6	47.5	37.6	9.9	46.9	6.7	7.6
2008	100	5.3	47.5	37.0	10.5	47.2	6.9	8.3
2009	100	5.1	48.8	36.7	12.1	46.1	6.7	7.6
2010	100	5.1	50.5	37.7	12.8	44.4	6.4	7.4
2011	100	4.8	53.2	40.2	13.0	42.0	6.4	7.0
2012	100	4.4	53.8	41.0	12.8	41.8	5.6	6.2
2013	100	4.3	53.4	40.6	12.8	42.3	5.3	5.8
2014	100	3.8	54.0	40.0	14.0	42.2	4.4	5.1
2015	100	3.9	52.3	37.8	14.5	43.8	4.4	5.1
2016	100	3.6	51.0	37.3	13.7	45.4	4.0	5.2
2017	100	3.4	50.2	36.8	13.4	46.4	4.0	5.1
2018	100	3.6	45.6	32.7	12.9	50.8	3.7	5.1

a)Date in the table from 1993 to 2010 for the econmiccensus year adjustment. From 2008 to 2018 per capita GDP calculated by resident population.

1—5 主要年份地区生产总值指数

Indices of Gross Domestic Product in Main Years

单位:% （上年=100） (%)

年份 Year	地区生产总值 Gross Domestic Product	第一产业 Primary Industry	第二产业 Secondary Industry	工业 Industry	建筑业 Construction	第三产业 Tertiary Industry	交通运输、仓储和邮政业 Transport, Storageand PostService	批发和零售业、住宿和餐饮业 Wholesale, Retail Trade, Hoteling and Catering Services
1950	106.0	104.6	114.1	111.1	147.4	113.5	111.5	169.4
1951	131.9	133.5	154.3	146.3	185.7	115.9	132.7	129.1
1952	113.9	110.5	181.6	149.8	325.0	116.2	131.0	112.4
1953	112.4	111.6	120.5	120.9	117.2	113.7	148.9	111.3
1954	114.5	113.9	123.4	123.1	128.8	113.1	128.2	111.4
1955	114.1	113.2	120.6	118.8	133.2	115.8	124.5	106.8
1956	107.9	103.3	129.1	134.6	115.3	125.1	141.4	115.1
1957	96.1	89.2	116.8	136.6	68.6	120.6	116.8	123.5
1958	130.8	117.6	192.6	155.9	378.4	145.7	208.1	190.3
1959	128.4	100.3	215.4	228.9	192.7	148.2	102.1	172.4
1960	99.6	79.8	130.2	135.6	115.5	106.3	111.5	111.1
1961	77.7	89.1	54.2	59.4	42.3	94.0	79.7	88.5
1962	103.0	124.3	81.8	86.1	62.3	87.4	73.2	67.8
1963	127.2	142.7	102.1	99.9	104.4	112.7	105.4	122.8
1964	101.5	95.2	113.1	107.6	147.7	110.9	111.5	104.2
1965	126.3	129.6	144.2	130.5	207.4	104.7	116.4	105.7
1966	128.2	112.6	180.6	207.4	113.5	121.4	125.8	122.1
1967	88.3	90.3	89.8	91.6	81.3	80.3	80.4	72.9
1968	100.3	95.9	113.7	91.9	229.1	91.2	92.6	106.8
1969	115.3	104.1	131.7	152.5	87.3	117.3	128.2	104.6
1970	114.5	101.8	125.8	138.3	62.4	125.3	110.6	122.9
1971	98.6	95.8	93.0	98.5	56.3	118.7	124.1	125.6
1972	104.7	100.1	107.3	104.9	153.8	108.6	108.4	106.6
1973	104.5	103.9	103.9	103.4	109.9	106.6	105.1	102.4
1974	107.6	102.6	112.1	113.5	95.5	108.0	103.2	102.9
1975	111.2	102.5	120.5	122.8	90.9	108.2	110.8	104.2
1976	88.7	75.5	95.3	94.1	100.7	95.8	93.3	87.9
1977	106.9	110.0	103.5	102.4	93.5	110.2	113.6	98.3
1978	111.1	108.8	114.7	112.0	158.4	106.3	122.1	113.7
1979	107.1	100.3	111.0	106.9	150.0	107.8	100.7	110.5
1980	105.3	114.7	98.6	93.7	146.2	108.7	114.6	109.2
1981	101.5	110.1	92.9	86.2	102.3	107.4	99.6	107.9

1-5 续表 continued

单位:% （上年=100） (%)

年份 Year	地区生产总值 Gross Domestic Product	第一产业 Primary Industry	第二产业 Secondary Industry	工业 Industry	建筑业 Construction	第三产业 Tertiary Industry	交通运输、仓储和邮政业 Transport, Storageand PostService	批发和零售业、住宿和餐饮业 Wholesale, Retail Trade, Hoteling and Catering Services
1982	114.8	123.8	108.0	108.7	106.1	114.7	126.9	117.1
1983	118.6	117.8	120.9	124.9	115.2	116.2	109.4	116.9
1984	116.7	118.9	116.9	112.1	140.7	113.3	121.1	101.7
1985	121.5	104.6	132.8	129.4	155.8	127.4	124.2	144.5
1986	111.7	113.7	108.5	106.3	109.8	115.1	108.3	110.2
1987	107.4	95.9	107.1	114.6	97.8	121.5	118.0	105.3
1988	110.5	103.0	110.7	118.8	84.9	117.2	103.4	122.8
1989	109.5	106.6	105.0	110.6	59.7	118.2	104.6	105.2
1990	106.5	102.0	104.4	104.0	111.2	112.5	89.1	129.2
1991	112.7	104.1	116.2	113.8	137.2	114.4	128.7	130.3
1992	111.8	101.7	117.5	113.0	131.4	111.3	110.2	122.0
1993	114.6	98.9	122.6	126.3	101.0	113.5	124.9	128.1
1994	109.5	106.9	113.0	109.8	148.4	106.1	113.1	101.1
1995	109.3	105.7	106.7	109.4	90.4	114.8	117.9	95.9
1996	110.2	106.4	115.0	110.2	150.7	105.6	123.5	103.4
1997	110.3	109.5	107.5	105.5	120.9	114.5	121.7	104.2
1998	109.2	106.8	108.0	105.4	122.5	111.8	120.3	123.4
1999	109.2	101.9	108.3	108.0	121.6	113.4	120.1	110.8
2000	109.6	102.8	109.4	110.0	103.4	112.5	117.1	111.4
2001	109.4	103.7	108.8	109.0	104.8	112.0	119.0	108.4
2002	111.4	102.8	113.8	112.6	114.5	111.4	111.1	115.8
2003	114.2	101.2	120.8	114.0	125.6	111.1	105.6	118.1
2004	114.9	103.6	121.0	129.5	97.8	111.2	108.5	113.9
2005	113.0	104.2	116.9	120.5	104.4	110.8	105.7	112.7
2006	113.4	107.3	116.4	118.2	108.9	111.6	106.0	110.5
2007	114.0	103.7	117.6	119.3	109.8	111.9	107.0	106.0
2008	113.3	108.0	115.1	116.3	109.3	112.0	110.6	106.9
2009	113.0	106.9	115.1	114.2	119.2	111.7	103.5	107.3
2010	114.8	106.3	119.0	119.1	118.6	111.1	108.8	113.3
2011	112.0	105.0	116.8	117.7	114.0	107.2	115.0	105.2
2012	112.5	105.5	115.1	115.2	114.8	110.1	107.4	95.0
2013	110.0	103.8	111.8	111.9	111.4	108.4	103.6	101.1
2014	109.5	105.0	111.7	109.4	118.6	107.1	95.1	99.9
2015	108.3	104.8	109.1	107.8	112.5	107.6	97.2	102.8
2016	108.1	104.4	106.6	108.0	103.0	110.3	114.0	106.9
2017	108.0	104.2	106.4	108.5	100.9	110.1	93.7	111.5
2018	107.2	103.6	105.5	107.7	99.8	109.2	99.6	103.1

1-6 主要年份地区生产总值指数

Indices of Gross Domestic Product in Main Years

单位:% (1952 年=100) (%)

年份 Year	地区生产总值 Gross Domestic Product	第一产业 Primary Industry	第二产业 Secondary Industry	工业 Industry	建筑业 Construction	第三产业 Tertiary Industry	交通运输、仓储和邮政业 Transport, Storageand PostService	批发和零售业、住宿和餐饮业 Wholesale, Retail Trade, Hoteling and Catering Services
1949	62.8	64.8	31.3	76.2	23.3	65.4	51.1	122.4
1950	66.6	67.8	35.7	84.4	33.1	74.2	57.6	237.3
1951	87.8	90.5	55.1	37.7	23.5	86.0	75.1	83.6
1952	100.0	100.0	100.0	100.0	100.0	100.0	100.0	100.0
1953	112.4	111.6	120.5	120.9	117.2	113.7	148.9	111.3
1954	128.7	127.1	148.6	148.8	151.0	128.6	190.9	124.0
1955	146.8	144.0	179.2	176.8	201.1	149.0	237.7	132.4
1956	158.4	148.8	231.4	238.0	231.8	186.3	336.0	152.4
1957	152.2	132.7	270.4	325.1	159.0	224.8	392.5	188.2
1958	199.1	156.0	520.7	506.8	601.8	327.6	816.8	358.2
1959	255.7	156.5	1121.6	1160.1	1159.7	485.5	834.0	617.5
1960	254.5	124.8	1459.9	1573.1	1339.4	516.2	929.9	686.1
1961	197.8	111.2	791.5	934.4	566.6	485.3	741.1	607.2
1962	203.8	138.2	647.3	804.5	353.0	424.3	542.5	411.7
1963	259.2	197.1	660.6	803.7	368.5	478.0	571.8	505.5
1964	263.1	187.6	747.3	864.8	544.3	530.4	637.5	526.8
1965	332.3	243.2	1078.0	1128.6	1128.8	555.3	742.1	556.8
1966	425.8	273.8	1947.1	2340.6	1281.2	674.3	933.5	679.9
1967	376.1	247.4	1748.2	2144.0	1041.6	541.5	750.6	495.6
1968	377.2	237.3	1987.9	1970.4	2386.4	493.9	695.0	529.3
1969	434.8	247.1	2618.3	3004.8	2083.3	579.3	891.0	553.7
1970	497.9	251.5	3292.6	4155.6	1300.0	725.6	985.5	680.4
1971	490.8	241.1	3060.7	4093.3	731.9	861.4	1223.0	854.6
1972	513.7	241.2	3284.5	4293.9	1125.7	935.8	1325.7	911.1
1973	536.8	250.7	3412.7	4439.9	1237.1	997.7	1393.3	932.9
1974	577.5	257.3	3825.3	5039.2	1181.4	1077.9	1437.9	960.0
1975	642.3	263.7	4611.1	6188.2	1073.9	1165.8	1593.2	1000.3
1976	570.0	199.2	4393.2	5823.1	1081.4	1116.9	1486.5	879.3
1977	609.5	219.2	4547.6	5962.8	1011.1	1230.9	1688.6	864.3
1978	668.6	238.6	5101.4	6678.4	1601.7	1303.3	2061.8	982.7
1979	716.4	239.3	5662.2	7139.2	2402.5	1405.6	2076.2	1085.9
1980	754.7	274.5	5583.6	6689.4	3512.4	1527.2	2379.4	1185.8
1981	766.0	302.3	5188.0	5766.3	3593.2	1640.7	2369.8	1279.5

1-6 续表 continued

单位:% （1952 年=100） (%)

年份 Year	地区生产总值 Gross Domestic Product	第一产业 Primary Industry	第二产业 Secondary Industry	工业 Industry	建筑业 Construction	第三产业 Tertiary Industry	交通运输、仓储和邮政业 Transport, Storageand PostService	批发和零售业、住宿和餐饮业 Wholesale, Retail Trade, Hoteling and Catering Services
1982	879.3	374.0	5604.9	6268.0	3812.4	1881.2	3007.3	1498.3
1983	1043.2	440.6	6776.7	7828.7	4391.9	2186.5	3290.0	1751.5
1984	1217.3	523.8	7920.5	8775.9	6179.4	2478.2	3984.2	1781.3
1985	1479.6	547.7	10518.8	11356.1	9627.5	3156.3	4948.4	2573.9
1986	1653.2	623.0	11409.0	12071.5	10571.0	3633.4	5359.1	2836.5
1987	1774.8	597.3	12214.4	13833.9	10338.4	4415.4	6323.7	2986.8
1988	1960.5	615.0	13518.5	16434.7	8777.3	5175.3	6538.7	3667.8
1989	2147.5	655.6	14198.8	18176.8	5240.1	6118.8	6839.5	3858.5
1990	2287.5	668.8	14819.0	18903.9	5827.0	6885.9	6094.0	4985.2
1991	2576.9	696.3	17215.5	21512.6	7994.6	7877.4	7843.0	6495.7
1992	2880.1	708.4	20219.9	24309.3	10504.9	8768.6	8643.0	7924.8
1993	3299.8	700.7	24790.4	30702.6	10609.9	9954.8	10795.1	10151.6
1994	3612.5	748.8	28014.3	33711.5	15745.2	10560.1	12209.2	10263.3
1995	3947.8	791.1	29881.2	36880.3	14233.6	12119.3	14394.7	9842.5
1996	4350.4	841.5	34371.7	40642.1	21450.1	12798.3	17777.4	10177.1
1997	4796.4	921.1	36953.3	42877.4	25933.1	14658.1	21635.1	10604.6
1998	5236.5	983.9	39893.9	45192.8	31768.1	16394.0	26027.1	13086.0
1999	5719.2	1003.1	43216.9	48808.2	38630.0	18591.8	31258.5	14499.3
2000	6268.2	1031.2	47279.3	53689.1	39943.4	20915.8	36603.7	16152.3
2001	6857.4	1069.3	51439.9	58521.1	41860.7	23425.7	43558.4	17509.1
2002	7639.2	1099.3	58538.6	65894.7	47930.5	26096.2	48393.4	20275.5
2003	8724.0	1112.5	70714.6	75120.0	60200.7	28992.9	51103.4	23945.4
2004	10023.8	1152.5	85564.7	97280.4	58876.3	32240.1	55447.2	27273.8
2005	11326.9	1200.9	100025.1	117222.9	61466.8	35722.0	58607.7	30737.5
2006	12844.7	1288.6	116429.2	138557.5	66937.4	39856.6	62124.2	33965.0
2007	14643.0	1336.3	136920.7	165299.1	73497.2	44609.8	66472.9	36002.9
2008	16590.5	1443.2	157595.7	192242.8	80332.5	49963.0	73519.0	38487.1
2009	18747.3	1542.8	181392.7	219541.3	95756.3	55808.6	76092.2	41296.6
2010	21521.9	1640.0	215857.3	261473.7	113567.0	62003.4	82788.3	46789.0
2011	24104.5	1722.0	252121.3	307754.5	129466.4	66467.6	95206.5	49222.0
2012	27117.7	1816.8	290191.8	354533.3	148627.6	73180.9	102251.9	46760.9
2013	29829.5	1885.8	324434.4	396722.8	165571.1	79328.1	105933.0	47275.3
2014	32663.3	1980.1	350064.7	434014.7	196367.3	84960.4	100742.3	47228.0
2015	35374.4	2075.1	381920.6	467867.8	220913.2	94149.9	97921.5	48550.4
2016	38239.7	2166.4	407127.4	516058.2	238586.3	516058.2	111630.5	51900.4
2017	41298.9	2257.4	433183.6	559923.1	240733.6	568180.1	104597.8	57868.9
2018	44272.4	2338.7	457008.7	603037.2	235918.9	620452.7	100413.9	59662.8

1—7 分行业增加值及构成

Value-added by Sector and Composition

2018 年(按当年价格计算 Caculated at Current Prices)

指 标	Item	增加值(万元) Added Valve(10 000 yuan)		构成(%) Composition(%)	
		地区 Region	市区 City	地区 Region	市区 City
地区生产总值	**Gross Domestic Product**	**19014824**	**12558288**	**100.0**	**100.0**
第一产业	Primary Industry	673147	197940	3.6	1.6
第二产业	Secondary Industry	8673326	4198821	45.6	33.4
工业	Industry	6220183	2513388	32.7	20.0
建筑业	Construction	2454719	1686194	12.9	13.4
第三产业	Tertiary Industry	9668351	8161526	50.8	65.0
交通运输仓储和邮政业	Transport, Storage and Post Service	702941	452999	3.7	3.6
批发和零售业	Wholesale and Re-tail Trade	773612	587561	4.1	4.7
住宿和餐饮业	Hoteling and Catering Services	190260	139667	1.0	1.1
金融业	Finance and Insurance	2211628	1976829	11.6	15.7
房地产业	Real Estate	686785	515951	3.6	4.1
其他服务业	Other Services	5049794	4458311	26.6	35.5
营利性服务业	Other for-profit Services	3071477	2825507	16.2	22.5
非营利性服务业	Non-profit Services	1978317	1632804	10.4	13.0

1—8 主要年份人均社会经济发展主要指标

Key Indicators of Per Capita Socio-economic Development in Main Years

指 标	Item	单位	Unit	1958年	1978年	1985年	1990年
地区生产总值(当年价格)	Gross Domestic Produc(t aurrent prices)	元	yuan	221	494	1045	2269
农业总产值	Total Agricultural Products	元	yuan	111	167	383	774
农业产量	Output of Agricultural						
粮食	Grain	公斤	kg		402	476	577
牛奶	Cow Milk	公斤	kg		3	9	24
肉类	Meat	公斤	kg		3	7	13
水产品总产量	Total Aquatic Products	公斤	kg		0.13	1	7
主要工业产品产量	Output of Major Industrial Products						
原煤	Raw Coal	吨	ton	0.17	0.62	0.77	1.03
轮胎外胎	Tires	条	article		0.39	0.38	0.62
水泥	Cement	吨	ton		0.04	0.10	0.30
农用化肥	Chemical Fertilizers	吨	ton		0.20	0.05	0.23
地方财政收入	Local Financial Revenue	元	yuan	20	97	162	225
地方财政支出	Local Financial Expenditure	元	yuan	27	88	136	219
全社会固定资产投资	Total Investment in Fixed Assets	元	yuan	61	111	610	641
社会消费品零售总额	Total Retail Sales of Consumer Goods	元	yuan	134	292	714	1329
在岗职工年平均工资	Average Wages of Fully Employed Staff and Workers	元	yuan	404	723	1123	2030
城镇居民人均可支配收入	Per Capita Annual Disposable Income of Urban Households	元	yuan	222	346	815	1581
城镇居民人均消费支出	Per Capital Consumption Expenditure of Urban Households	元	yuan	210	306	703	1433
农村居民人均可支配收入	Per Capital Net Income of Rural Households	元	yuan		131	488	934
农村居民人均生活消费支出	Per Capital Consumption Expenditure of Rural Households	元	yuan		103	380	765
城镇居民住宅面积	Area of Urban Residential	平方米	sq.m		4.20	6.46	7.24
农民生活用房面积	Area of Rural Living Space	平方米	sq.m		10.19	15.88	18.28
普通高等学校在校生数	Number of Student Enrollmentin Regular Institutions of Higher Education	人/万人	person/10 000persons		32	64	71

注:2008-2018年人均地区生产总值为常住人口计算。

a)From 2008 to 2018 per capita GDP calculated by resident population.

1-8 续表1 continued

指 标	Item	单位	Unit	1995年	2000年	2005年
地区生产总值(当年价格)	Gross Domestic Produc(t aurrent prices)	元	yuan	6374	10404	21091
农业总产值	Total Agricultural Products	元	yuan	1641	1904	2522
农业产量	Output of Agricultural					
粮食	Grain	公斤	kg	609	669	599
牛奶	Cow Milk	公斤	kg	56	64	153
肉类	Meat	公斤	kg	27	38	37
水产品总产量	Total Aquatic Products	公斤	kg	12	20	28
主要工业产品产量	Output of Major Industrial Products					
原煤	Raw Coal	吨	ton	1.80	3.01	6.07
轮胎外胎	Tires	条	article	1.47	1.57	2.19
水泥	Cement	吨	ton	0.46	0.67	1.28
农用化肥	Chemical Fertilizers	吨	ton	0.31	0.41	0.42
地方财政收入	Local Financial Revenue	元	yuan	235	771	1791
地方财政支出	Local Financial Expenditure	元	yuan	382	1005	2468
全社会固定资产投资	Total Investment in Fixed Assets	元	yuan	2022	4234	14487
社会消费品零售总额	Total Retail Sales of Consumer Goods	元	yuan	2725	4202	6791
在岗职工年平均工资	Average Wages of Fully Employed Staff and Workers	元	yuan	4872	8956	18424
城镇居民人均可支配收入	Per Capita Annual Disposable Income of Urban Households	元	yuan	3932	5622	8852
城镇居民人均消费支出	Per Capital Consumption Expenditure of Urban Households	元	yuan	3541	5369	7311
农村居民人均可支配收入	Per Capital Net Income of Rural Households	元	yuan	1683	2712	3493
农村居民人均生活消费支出	Per Capital Consumption Expenditure of Rural Households	元	yuan	1449	1886	2836
城镇居民住宅面积	Area of Urban Residential	平方米	sq.m	8.60	14.22	18.90
农民生活用房面积	Area of Rural Living Space	平方米	sq.m	19.75	27.26	31.17
普通高等学校在校生数	Number of Student Enrollmentin Regular Institutions of Higher Education	人/万人	person/10 000persons	88	129	294

注:2012–2018年度“在岗职工平均工资”这一指标纳入了劳务派遣人员,数据有所变动。

1-8 续表2 continued

2013年	2014年	2015年	2016年	2017年	2018年
62437	65942	69594	74288	81660	84964
5026	5053	5355	5323	5557	6134
413	381	386	381	374	368
202	254	228	215	226	241
26	24	23	24	29	28
32	33	33	34	33	32
28.69					
0.80	0.73	0.64	0.92	0.80	0.46
3.15	2.76	2.42	2.44	2.75	2.27
0.26	0.13	0.30	0.20	0.15	0.14
10816	11954	11267	10389	10088	10527
14908	17502	17181	18121	17637	19721
55655	66139	71202	78651	77247	
16859	18163	22071	23467	25268	24698
57112	59086	65643	70840	77206	87291
24169	26118	28261	30478	32981	35586
16844	20401	21694	22898	23125	25506
8830	10275	11148	12037	13087	14160
8631	9334	10119	11061	11507	12322
31.08	–	31.00	31.00	31.50	36.47
37.14	36.96	37.00	36.00	36.50	34.20
425	463	453	451	460	465

a)Between 2012–2018, The index"Average Wages of staff and Workes"included the laber dispatching personnel ,So the data has changed

1—9 主要年份国民经济和社会发展主要指标

指 标	Item	单位	Unit	1958年	1978年	1985年
年末总人口	**Population at Year-end**	**万人**	**10 000 persons**	**40.10**	**78.67**	**91.06**
# 回族人口	Hui Ethnic	万人	10 000 persons	11.40	19.12	22.44
人口自然增长率	**Natural Growth Rate of Population**	‰	‰			
国民经济核算	**National Accounting**					
地区生产总值	Gross Domestic Product	亿元	100 million yuan	0.84	3.82	9.42
第一产业	Primary Industry	亿元	100 million yuan	0.34	0.79	2.63
第二产业	Secondary Industry	亿元	100 million yuan	0.20	2.02	4.27
第三产业	Tertiary Industry	亿元	100 million yuan	0.30	1.01	2.52
农业	**Agricultural**					
农林牧渔业总产值	Gross Output Value ofAgriculture, Forestry,AnimalHusbandry andFishery	亿元	100 million yuan	0.42	1.29	3.45
粮食总产量	Grain	万吨	10 000 tons		31.09	42.91
肉类总产量	Meat	万吨	10 000 tons		0.27	0.62
水产品产量	Aquatic Products	万吨	10 000 tons		0.01	0.12
固定资产投资	**Investment in Fixed Assets**					
全社会固定资产投资额	Total Investment in Fixed Assets in the Whole Country	亿元	100 million yuan	0.23	0.86	5.50
# 基本建设	Infrastructure	亿元	100 million yuan	0.23	0.84	3.49
更新改造	Renovation and Reformation Investment	亿元	100 million yuan			1.32
房地产开发	Development of Real Estate	亿元	100 million yuan			
各类房屋施工面积	Floor Space under Construction	万平方米	10 000 sq.m	38.35	50.29	225.55
各类房屋竣工面积	Floor Space Completed	万平方米	10 000 sq.m	27.28	22.70	124.12
运输邮电	**Transport,Postal and Telecommunication Services**					
公路货运周转量	Freight Turnover Volume of Highways	亿吨公里	100 million ton-km	0.49	1.75	3.03
公路客运周转量	Passenger Turnover Volume of Highways	亿吨公里	100 million ton-km	0.01	1.24	3.06
邮电业务总量	Business Volumeof Postal andTelecommunication Services	亿元	100 million yuan		0.02	0.05

Principal Indicators on National Economic and Social Development in Main Years

1990 年	1995 年	2000 年	2005 年	2013 年	2014 年	2015 年	2016 年	2017 年	2018 年
103.45	**113.53**	**126.46**	**142.43**	**208.27**	**212.89**	**216.41**	**219.11**	**222.54**	**225.06**
25.40	28.01	33.17	36.95	50.11	53.38	55.71	56.37	57.34	58.26
	8.34	9.00	6.31	6.73	6.71	6.35	8.11	8.49	6.27
23.20	71.71	128.75	293.57	1289.02	1388.62	1493.86	1617.71	1803.26	1901.48
5.49	12.00	14.35	19.45	55.42	52.80	58.62	58.61	61.37	67.31
9.21	31.05	54.13	132.55	688.60	750.21	780.84	825.61	904.29	867.33
8.50	28.66	60.27	141.57	545.00	585.72	654.40	733.48	837.59	966.84
7.91	18.47	23.46	35.10	103.76	106.41	115.88	116.64	123.65	137.28
58.99	68.55	82.40	83.43	85.30	80.33	83.45	83.57	83.29	82.42
1.29	3.04	4.65	5.16	5.28	5.09	4.99	5.15	6.41	6.35
0.73	1.28	2.58	3.94	6.55	6.86	7.11	7.37	7.37	7.16
6.55	22.75	52.39	201.65	1149.00	1392.76	1540.88	1723.31	1719.05	
3.64	10.51	20.49	90.54	725.58	885.15	922.13	1150.81	1102.50	
1.73	4.33	10.44	23.98	71.04	87.17	185.48	38.14	140.21	
0.21	3.84	12.66	56.61	330.81	388.90	409.17	474.94	402.82	295.25
139.81	241.10	455.27	1129.75	6087.01	5370.03	5093.87	5355.61	5140.87	3999.98
93.95	153.04	311.58	618.89	725.82	915.98	896.61	1009.88	1069.58	797.66
3.68	5.96	17.09	23.21	160.44	164.34	137.08	113.30	103.25	69.50
4.96	7.46	13.40	16.04	25.14	30.32	31.84	31.15	27.73	21.77
0.23	1.30	7.30	21.82	36.61	36.54	37.49	34.83	34.71	33.42

1-9 续表

指标	Item	单位	Unit	1958年
国内商业	**Domestic Commercial**			
社会消费品零售总额	Total Retail Sales of Consumer Goods	亿元	100 million yuan	0.51
#国有经济	State-owned	亿元	100 million yuan	0.23
股份制经济	Share-holding	亿元	100 million yuan	
财政、金融	**Government Finance and Financial Intermediation**			
地方财政收入	Local Financial Revenue	亿元	100 million yuan	0.08
地方财政支出	Local Financial Expenditure	亿元	100 million yuan	0.10
金融机构存款余额	Total Deposits of Financial Institutions	亿元	100 million yuan	0.59
金融机构贷款余额	Total Loans of Financial Institutions	亿元	100 million yuan	0.61
人民生活与物价	**People's Living Condition and Price Indices**			
在岗职工年平均工资	Average Wages of Fully Employed Staff and Workers	元	yuan	404
城镇居民人均可支配收入	Per Capita Annual Disposable Income of Urban Households	元	yuan	222
城镇居民人均消费性支出	Per Capital Consumption Expenditure of Urban Households	元	yuan	210
农村居民人均可支配收入	Per Capital Net Income of Rural Households	元	yuan	
农民人均生活消费支出	Per Capital Consumption Expenditure of Rural Households	元	yuan	
城乡居民储蓄存款余额	Urban and Rural Household Saving Deposits	亿元	100 million yuan	0.04
居民消费价格指数(以上年价格为100)	Consumer Price Index(preceding year=100)	%	%	102.4
商品零售价格指数(以上年价格为100)	Retail Price Index(preceding year=100)	%	%	101.7
教育、卫生	**Education and Public Health**			
高等学校在校学生数	Number of Student Enrollment in Institutions of Higher Education	万人	10 000 persons	0.03
#普通高等学校	Regular Institutions of Higher Education	万人	10 000 persons	0.03
中等专业学校在校学生数	Number of Student Enrollment in Specialized Secondary Schools	万人	10 000 persons	0.23
普通中学在校学生数	Number of Student Enrollment in Regular Secondary Education Schools	万人	10 000 persons	0.53
小学在校学生数	Number of Student Enrollment in Primary Schools	万人	10 000 persons	0.23
卫生机构数	Number of Health Care Institutions	个	unit	96
医院个数	Number of Hospital	个	unit	14
卫生机构床位数	Number of Beds	张	bed	501
卫生技术人员	Medical Technical Personnel in Health Care Institutions	人	person	992
#医生	Doctors	人	person	487

注:2012-2018年度“在岗职工平均工资”这一指标纳入了劳务派遣人员,数据有所变动。

continued

1978年	1985年	1990年	1995年	2000年	2005年	2013年	2014年	2015年	2016年	2017年	2018年
2.26	6.44	13.59	30.66	51.99	95.41	405.18	445.42	477.63	514.19	562.31	552.73
1.43	3.60	6.52	14.32	11.11	7.69	7.08	7.08	4.76	4.54	5.16	3.84
			0.27	9.90	28.66	211.76	216.41	178.08	176.59	177.78	174.82
0.73	1.32	2.30	2.64	9.50	24.93	223.29	251.73	243.83	227.62	224.50	235.60
0.68	1.22	2.24	4.30	12.38	34.36	307.78	368.56	371.81	397.04	392.49	441.34
4.97	9.51	22.54	86.38	223.23	612.69	2340.93	2608.97	3017.77	3343.4	3587.23	3704.56
5.03	9.86	31.18	90.01	205.31	551.71	2660.62	3185.93	3653.98	4076.57	4460.31	4797.87
723	1123	2030	4872	8956	18424	57112	59086	65643	70840	77206	87291
346	815	1581	3932	5622	8852	23776	26118	28261	30478	32981	35586
306	703	1433	3541	5369	7311	16844	20401	21694	22898	23125	25506
131	488	934	1683	2712	3493	8830	10275	11148	12037	13087	14160
103	380	765	1449	1886	2836	8631	9334	10119	11061	11507	12322
0.39	3.04	12.26	49.34	99.82	264.95	1015.22	1089.89				
100.60	108.90	106.30	117.30	99.20	101.70	103.50	102.10	101.60	101.70	101.70	102.2
100.70	108.60	102.90	114.70	97.70	100.60	102.30	100.80	100.20	100.80	101.50	102.7
0.27	1.11	1.23	1.46	2.89	6.00	11.72	12.07	12.35	12.76	10.69	11.03
0.25	0.58	0.73	0.99	1.59	4.09	8.85	9.35	9.80	9.89	10.16	10.40
0.19	0.44	0.65	1.26	2.30	3.07						
6.68	7.25	6.96	6.52	7.70	10.73	12.86	13.06	13.02	12.94	13.04	13.46
12.65	12.80	12.33	12.36	13.60	14.25	15.19	15.69	16.21	16.76	17.36	18.41
312	433	510	134	137	158	931	939	964	967	1027	1105
60	59	54	76	39	59	54	53	53	65	70	86
2859	3495	4491	5759	6166	8058	12898	13688	14079	15494	16675	17348
4280	6252	7876	7552	7932	8619	17562	19288	20408	22077	23603	25449
2000	2758	4082	3845	4033	3660	6429	7059	7578	8306	8990	9684

a)Between 2012—2018, The index"Average Wages of staff and Workes"included the laber dispatching personnel ,So the data has changed

1—10 主要年份国民经济和社会发展结构指标

单位:%

指标	Item	1958年	1978年	1985年
人口	**Population**			
农业与非农业结构	Structural of Agricultural and Non-agricultural			
农业	Agricultural	73.4	68.4	63.0
非农业	Non-agricultural	26.6	31.6	37.0
性别结构	Gender Structural			
男性	Male	54.2	51.8	50.8
女性	Female	45.8	48.2	49.2
地域结构	Geographical structure			
市区	Urban	37.0	41.3	43.6
县	County	44.4	38.0	35.4
市	City	18.6	20.7	21.0
单位从业人员结构	**Structural of Empolyed Persons**			
第一产业	Primary Industry	7.4	9.2	13.1
第二产业	Secondary Industry	21.5	54.6	45.7
第三产业	Tertiary Industry	71.1	36.2	41.2
国民经济核算	**National Econonmic Accounting**			
地区生产总值	Gross Domestic Product			
第一产业	Primary Industry	40.4	20.7	27.9
第二产业	Secondary Industry	24.2	53.0	45.3
第三产业	Tertiary Industry	35.5	26.3	26.8
农业	**Agricultural**			
农林牧渔业总产值结构	Structural of Agriculture, Forestry,Animal Husbandry and Fishery			
农业	Agriculture	89.2	86.2	75.6
林业	Forestry	1.8	2.2	4.7
牧业	Animal Husbandry	8.7	11.6	18.7
渔业	Fishery	0.3	0.1	1.0
工业	**Industrial**			
经济类型结构	Structural of Economic Types			
国有经济	State-owned Enterprises	74.4	81.5	75.7
集体经济	Collective-owned Enterprises	25.5	18.3	17.6
其他	Other Enterprises	0.1	0.2	6.7
轻重工业结构	Structural of Light & Heavy Industries			
轻工业	Light Industry	61.4	39.4	46.3
重工业	Heavy Industry	38.6	60.6	53.7

注:1. 2008-2018 年人口为常住人口结构数据。
2. 从 2009 年起,工业结构数据为规模以上口径。
3. 从 2014 年起,农业与非农业人口结构比是乡村与城镇人口结构比。

Structural Indicators on National Economic and Social Development in Main Years

%

1990年	1995年	2000年	2005年	2013年	2014年	2015年	2016年	2017年	2018年
56.2	51.8	48.5	38.4	34.7	24.6	24.2	24.3	22.9	22.4
43.8	48.2	51.5	61.6	65.3	75.4	75.8	75.7	77.1	77.6
51.1	50.9	50.8	50.5	50.9	51.2	51.0	50.4	49.5	49.3
48.9	49.1	49.2	49.5	49.1	48.8	49.0	49.6	50.5	50.7
46.4	48.0	50.7	56.2	64.5	64.5	64.2	64.1	64.2	64.4
32.4	30.7	29.1	27.3	22.4	22.5	22.5	22.6	22.6	22.5
21.2	21.3	20.2	16.5	13.1	13.0	13.3	13.3	13.2	13.1
10.7	8.4	8.6	6.1	3.0	2.2	1.9	1.7	1.4	0.9
45.3	49.2	42.0	50.3	41.4	42.8	41.5	39.4	39.1	39.8
44.0	42.4	49.4	43.6	55.6	55.0	56.6	58.9	59.5	59.3
23.7	16.7	11.1	6.6	4.3	3.8	3.9	3.6	3.4	3.8
39.7	43.3	42.1	45.2	53.4	54.0	52.3	51.1	50.2	43.7
36.6	40.0	46.8	48.2	42.3	42.2	43.8	45.3	46.4	52.5
70.6	68.3	63.2	59.4	61.6	60.2	65.1	63.8	60.9	60.8
5.4	0.7	1.9	1.5	2.0	1.2	1.1	0.9	0.8	0.8
19.8	26.6	29.6	28.9	25.4	26.9	22.2	22.9	25.8	26.5
4.2	4.4	5.3	7.7	5.9	6.1	5.8	6.3	6.4	6.0
84.8	64.7	23.8	23.8	18.8	7.2	4.8	4.8	4.9	5.8
13.6	10.6	5.1	0.5						
1.6	24.7	71.1	75.7	81.2	92.8	95.2	95.2	95.1	94.2
35.3	22.9	24.2	25.9	16.2	20.0	22.2	23.0	14.2	8.8
64.7	77.1	75.8	74.1	83.8	80.0	77.8	77.0	85.8	91.2

a)From 2008 to 2018 the population structure data for the resident Population.
b)The industrial structural data caliber change to industrial above designated size since 2009.
c)The structural of agriculture and non-agricultural population ration changed to the structure rural and urban population ration since 2014.

1-10 续表

单位:%

指 标	Item	1958 年	1978 年	1985 年
企业规模结构	Structural of Size of Enterprises			
大中型企业	Large and medium-sized enterprises	10.1	34.0	30.8
小型企业	Small Enterprises	89.9	66.0	69.2
固定资产投资	**Investment in Fixed Assets**			
投资经济类型结构	Structural of Investment Economic Types			
第一产业	Primary Industry		11.2	5.0
第二产业	Secondary Industry		44.4	50.7
第三产业	Tertiary Industry		44.4	44.3
社会消费品零售总额	**Total Retail Sales of Consumer Goods**			
经济类型结构	Structural of Economic Types			
国有经济	State-owned Enterprises	45.1	63.2	56.0
集体经济	Collective-owned Enterprises	37.8	26.4	23.4
其他经济	Other Enterprises	17.1	10.4	20.6
行业结构	Sector Structural			
批发零售贸易业	Wholesale and Retail Trade	83.8	79.9	79.2
餐饮业	Catering Services	3.8	4.0	3.6
其他	Others	12.4	2.0	17.2
居民生活消费	**Residents' living consumption**			
城镇居民人均生活消费结构	Structural of Per Capital Annual Living Expenditure of Urban Households			
食品类	Food	60.0	58.8	47.9
衣着类	Clothing	16.2	14.6	18.6
居住	Residence	12.3	2.2	4.0
交通通讯	Transport and Communications	0.5	1.2	2.6
医疗保健类	Health Care and Medical Services	0.4	0.5	0.8
农村居民人均生活消费结构	Structural of Per Capital Annual Living Expenditure of Rural Households			
食品类	Food		72.5	64.2
衣着类	Clothing		22.9	14.7
居住	Residence		4.6	7.4
交通通讯	Transport and Communications			
医疗保健类	Health Care and Medical Services			
财政收入占地区生产总值的比例	**The Proportion of Fiscal Revenue in GDP**	**9.2**	**19**	**14**
固定资产投资占地区生产总值比例	**The Proportion of Investment in Fixed Assets in GDP**	**27.6**	**22.4**	**58.4**

continued

%

1990年	1995年	2000年	2005年	2013年	2014年	2015年	2016年	2017年	2018年
47.2	66.0	69.5	70.3	80.3	73.1	71.3	71.1	77.0	76.5
52.8	34.0	30.5	29.7	19.7	26.9	28.7	28.9	23.0	23.5
2.4	2.3	1.9	0.1	0.8	1.3	2.0	1.6	3.7	1.2
63.5	48.9	34.9	48.0	40.3	34.6	40.3	41.7	35.4	38.5
34.1	48.8	63.2	51.9	58.9	64.1	57.7	56.7	60.9	60.3
48.0	50.7	28.1	14.1	1.7	1.6	1.0	0.9	0.9	0.7
26.8	16.7	6.0	1.2	0.4	0.4	0.1	0.1	0.7	0.3
25.2	32.6	65.9	84.7	97.9	98	98.9	99.0	98.4	99.0
93.3	87.4	86.2	84.8	90.2	90.5	86.5	89.2	90.1	90.0
4.7	10.3	12.1	14.4	8.5	8.5	12.5	9.9	9.0	9.1
2.0	2.3	1.7	0.8	1.3	1.0	1.0	0.9	0.9	0.9
52.9	44.1	34.1	35.8	32.3	27.0	27.0	25.9	25.7	25.4
15.3	17.4	12.9	12.0	11.8	9.8	9.7	8.6	8.7	9.0
4.4	3.7	5.5	9.3	7.9	18.1	18.9	17.8	18.4	19.0
2.0	6.8	9.1	11.2	15.9	13.9	13.6	16.2	14.6	14.8
2.5	2.6	7.5	8.5	7.9	8.4	8.0	9.3	9.5	9.2
47.5	28.3	42.4	37.1	32.1	28.3	29.4	28.0	28.0	28.3
11.6	9.3	8.4	7.3	8.5	8.7	8.6	8.5	8.5	8.1
9.5	14.7	17.6	22.4	22.4	20.6	20.5	18.7	19.0	16.9
	2.9	4.9	8.2	12.2	12.2	13.5	15.9	16.0	17.5
	3.6	8.6	9.0	9.6	11.1	11.1	9.3	9.9	11.2
9.9	**3.7**	**7.4**	**8.5**	**17.3**	**18.1**	**16.3**	**14.1**	**12.4**	**12.4**
28.2	**31.7**	**40.7**	**68.7**	**89.1**	**100.3**	**103.1**	**106.5**	**95.3**	

1—11 平均每天主要社会经济活动

指标	Item	单位	Unit	1958 年
地区生产总值(当年价格)	Gross Domestic Produc(t aurrent prices)	万元	10 000 yuan	23
农业总产值	Total Agricultural Products	万元	10 000 yuan	11
地方财政收入	Local Financial Revenue	万元	10 000 yuan	2
地方财政支出	Local Financial Expenditure	万元	10 000 yuan	3
主要工业产品产量	Output of Major Industrial Products			
原煤	Raw Coal	万吨	10 000 tons	
金属切削机床	Metal-cutting Machine Tools	台	unit	
轮胎外胎	Tires	条	article	
水泥	Cement	吨	ton	
饮料酒	Alcoholic Drink	千升	kiloliter	3
乳制品	Dairy Products	吨	ton	
农用化肥	Chemical Fertilizers	吨	ton	
社会消费品零售总额	Total Retail Sales of Consumer Goods	万元	10 000 yuan	14
进出口总额	Total Value of Imports and Exports	万美元	USD 10 000	
全社会固定资产投资额	Total Investment in Fixed Assets	万元	10 000 yuan	6
邮电业务总量	Business Volume of Postal and Telecommunication Services	万元	10 000 yuan	
公路货运周转量	Freight Turnover Volume of Highways	万吨公里	10 000 ton-km	13
公路客运周转量	Passenger Turnover Volume of Highways	万吨公里	10 000 ton-km	
金融机构存款余额	Total Deposits of Financial Institutions	万元	10 000 yuan	16
金融机构贷款余额	Total Loans of Financial Institutions	万元	10 000 yuan	17
城市供水总量	Total Volume Water Supply of City Districts	万立方米	10 000 cu.m	
城市公交客运总量	Total Volume Bus and Trplley Bus of City Districts	万人次	10 000 person-times	

Major Indicators on Average Daily Social and Economic Activities

1978年	1985年	1990年	1995年	2000年	2005年	2013年	2014年	2015年	2016年	2017年	2018年
105	258	636	1965	3527	8043	35316	38045	40928	44321	49404	52095
35	95	217	506	643	962	2843	2915	3175	3196	3388	3761
21	40	63	72	260	683	6117	6897	6680	6236	6151	6455
19	33	61	118	339	941	8432	10097	10186	10878	10753	12092
0.1	0.2	0.3	0.6	1.0	3.2	16.2					
1	1	1	3	2	4	6	6	5	4	6	7
825	940	1740	4519	5288	8344	4545	4213	3802	5532	4894	2816
86	236	835	1411	2253	4883	17811	15952	14323	14640	16757	13888
1	21	43	77	111	234	746	791	785	738	708	594
	2	9	12	19	136	601	721	671	654	750	910
413	119	644	941	1370	1585	1490	777	1785	1178	915	832
62	176	372	840	1424	2590	9536	10479	13086	14087	15406	15143
8	15	23	74	70	144	660	1233	895			
23	151	179	623	1435	5525	31479	38158	42216	47214	47097	
1	1	6	36	200	598	1003	1001	1027	954	951	916
48	83	101	163	468	636	5423	4503	3756	3104	2829	1904
34	84	136	204	367	440	833	831	872	853	760	596
131	241	563	2367	6116	16786	64135	71479	82679	91600	98280	101495
133	250	792	2466	5625	15115	72894	87286	100109	111687	122200	131448
0.9	3.8	20.3	31.7	33.4	27.5	32.4	26.6	29.7	31.4	37.7	39.0
5.0	16.0	16.0	13.0	18.3	24.6	82.3	82.9	84.0	85.0	80.3	76.3

1—12　银川市主要经济指标与全国、全区对比

指　标	Item	单位	Unit
年末总人口	Population at Year-end	万人	10 000 persons
地区生产总值	Gross Domestic Product	亿元	100 million yuan
第一产业	Primary Industry	亿元	100 million yuan
第二产业	Secondary Industry	亿元	100 million yuan
工业	Industrial	亿元	100 million yuan
第三产业	Tertiary Industry	亿元	100 million yuan
全社会固定资产投资	Total Investment in Fixed Assets in the Whole Country	亿元	100 million yuan
房地产开发投资	Investment in Real Estate Development	亿元	100 million yuan
社会消费品零售总额	Total Retail Sales of Consumer Goods	亿元	100 million yuan
进出口总额	Total Value of Imports and Exports	亿元	100 million yuan
出口额	Total Export	亿元	100 million yuan
实际利用外资	Foreign Capital Actually Utilized	亿美元	USD 100 million
金融机构存款余额	Total Deposits of Financial Institutions	亿元	100 million yuan
金融机构贷款余额	Total Loans of Financial Institutions	亿元	100 million yuan
城镇非私营单位在岗职工年平均工资	Average Wages of Private Enstitutions Employed in cities and tawns	元	yuan
城镇居民人均可支配收入	Per Capita Annual Disposable Income of Urban Households	元	yuan
农村居民人均可支配收入	Per Capital Net Income of Rural Households	元	yuan
居民消费价格指数	Consumer Price Index	%	%
工业生产者出厂价格指数	Producer Price Index for Manufactured Goods	%	%

The Main Economic Indicators of Yinchuan Compared to Country and Region

全国 Country	全区 Region	银川市 Yinchuan	银川市占全区比重% Yinchuan Accounted for Region
139538	688.11	225.06	32.7
900309	3705.18	1901.48	51.3
64734	279.85	67.31	24.1
366001	1650.26	867.33	52.6
305160	1124.50	622.02	55.3
469575	1775.07	966.84	54.5
645675			
120264	449.57	295.25	65.7
380987	935.76	552.73	59.1
305050	249.16	168.83	67.8
164177	180.48	127.79	70.8
1350	2.14	0.72	33.6
1775000	6028.40	3704.56	61.5
1363000	6807.52	4797.87	70.5
84744	81945	87291	+5346
39251	31895	35586	+3691
14617	11708	14160	+2452
102.1	102.3	102.2	–
103.5	107.3	107.9	–

1—13 主要年份银川市分县(市)区国民经济和社会发展主要指标

指 标	Item	单位	Unit
总人口	Total Population	万人	10 000 persons
#回族人口	Hui Ethnic	万人	10 000 persons
人口自然增长率	Natural Growth Rate of Population	‰	‰
单位从业人员	Employed Persons	万人	10 000 persons
第一产业	Primary Industry	万人	10 000 persons
第二产业	Secondary Industry	万人	10 000 persons
第三产业	Tertiary Industry	万人	10 000 persons
地区生产总值	Gross Domestic Product	亿元	100 million yuan
第一产业	Primary Industry	亿元	100 million yuan
第二产业	Secondary Industry	亿元	100 million yuan
#工业增加值	Value-added of Industry	亿元	100 million yuan
第三产业	Tertiary Industry	亿元	100 million yuan
农、林、牧、渔业总产值	Gross Output Value of Agriculture, Forestry,Animal Husbandry and Fishery	亿元	100 million yuan
#畜牧业产值	Gross Output Value of Livestock	亿元	100 million yuan
粮食产量	Grain	万吨	10 000 tons
蔬菜产量	Vegetables	万吨	10 000 tons
水产品产量	Aquatic Products	万吨	10 000 tons
肉类总产量	Meat	万吨	10 000 tons
#猪牛羊肉产量	Products of Pork, Beef and Mutton	万吨	10 000 tons
全社会固定资产投资	Investment in Fixed Assets	亿元	100 million yuan
#房地产开发投资	Investment in Real Estate Development	亿元	100 million yuan
社会消费品零售额	Total Retail Sales of Consumer Goods	亿元	100 million yuan
#批发和零售业	Wholesale and Retail Trade	亿元	100 million yuan
住宿和餐饮业	Hotels and Catering Services	亿元	100 million yuan
地方财政收入	Local Financial Revenue	亿元	100 million yuan
#地方公共财政预算收入	Local Public Finance Budget Revenue	亿元	100 million yuan
地方财政支出	Local Financial Expenditure	亿元	100 million yuan
在岗职工年平均工资	Average Wages of Fully Employed Staff and Workers	元	yuan
城镇居民人均可支配收入	Per Capita Annual Disposable Income of Urban Households	元	yuan
城镇居民人均消费性支出	Per Capital Consumption Expenditure of Urban Households	元	yuan
农村居民人均可支配收入	Per Capital Net Income of Rural Households	元	yuan
农民人均生活消费性支出	Per Capital Consumption Expenditure of Rural Households	元	yuan
普通中学在校生	Number of Student Enrollment in Regular Secondary Education Schools	万人	10 000 persons
小学在校生	Number of Student Enrollment in Primary Schools	万人	10 000 persons
卫生技术人员	Medical Technical Personnel in Health Care Institutions	万人	10 000 persons
#医生	Doctors	万人	10 000 persons

注:1.2008-2018 年人口为常住人口结构数据。
2.2012-2018 年度"在岗职工平均工资"这一指标纳入了劳务派遣人员,数据有所变动。
3.2017 年 2018 年地方财政收入和地方公共财政预算收入数据为同口径。
4.自 2018 年 9 月起,不再公布规模以上工业增加值总量。

Major Indicators on National Economic and Social Development in Main Years byCity and Country

地区 Region							市区 City						
2013年	2014年	2015年	2016年	2017年	2018年	2018年比2017年增长%	2013年	2014年	2015年	2016年	2017年	2018年	2018年比2017年增长%
208.27	212.89	216.41	219.11	222.54	225.06	1.1	134.40	137.34	138.86	140.41	142.91	145.02	1.5
50.11	53.38	55.71	56.37	57.34	58.26	1.6	26.99	28.74	29.54	29.71	30.22	30.86	2.1
6.73	6.71	6.35	8.11	8.49	6.27	−2.2	6.46	6.84	5.83	7.69	8.38	6.70	−1.7
35.04	36.53	37.25	35.46	35.43	35.27	−0.5	28.46	27.72	28.56	27.14	27.27	27.88	2.2
1.06	0.80	0.72	0.60	0.50	0.31	−38.0	0.45	0.41	0.22	0.19	0.19	0.17	−10.5
14.52	15.64	15.45	13.98	13.84	14.04	1.4	11.90	10.70	10.74	9.69	9.52	10.53	10.6
19.46	20.08	21.08	20.89	21.09	20.92	−0.8	16.11	16.61	17.60	17.26	17.56	17.18	−2.2
1289.02	1388.62	1493.86	1617.71	1803.26	1901.48	7.2	793.90	841.65	893.32	973.37	1103.92	1255.83	9.3
55.42	52.80	58.62	58.61	61.37	67.31	3.6	17.92	16.19	17.60	17.31	18.01	19.79	3.6
688.60	750.11	780.78	825.61	904.29	867.33	5.5	331.03	345.60	341.81	352.01	395.77	419.88	6.8
523.30	555.27	564.53	603.74	663.35	622.02	7.7	218.70	209.48	193.64	197.77	227.64	251.34	11.1
545.00	585.72	654.46	733.48	837.59	966.84	9.2	444.95	479.85	533.92	604.04	690.14	816.15	10.9
103.76	106.41	115.88	116.64	123.65	137.28	3.7	32.46	33.38	35.57	35.47	37.93	41.20	2.6
26.31	28.58	25.76	26.69	31.95	36.35	6.2	9.57	10.33	9.29	9.49	11.71	12.07	−3.3
85.30	80.33	83.45	83.57	83.29	82.42	−1.7	20.90	20.06	20.12	20.60	19.09	19.70	3.2
142.81	144.62	160.56	167.33	156.74	152.07	−3.0	38.68	32.02	30.08	29.09	26.87	27.29	1.6
6.55	6.86	7.11	7.37	7.37	7.16	−2.8	1.68	1.80	1.82	1.78	0.71	1.20	69.0
5.28	5.09	4.99	5.15	6.41	6.35	−0.9	1.07	0.91	0.92	0.92	1.47	1.43	−2.7
4.63	4.55	4.44	4.61	5.49	5.34	−2.7	0.89	0.83	0.86	0.86	1.33	1.20	−9.8
1149.00	1392.76	1540.88	1723.31	1719.05			470.54	602.02	669.88	770.04	851.71		
330.81	388.90	409.17	474.94	402.82	295.25	−26.7	229.40	306.99	335.93	385.14	307.25		
405.18	445.42	477.63	514.19	562.31	552.73	4.8	277.96	300.12	322.63	346.85	380.83	365.96	5.8
365.54	403.16	413.2	458.77	506.47	497.31	5.4	248.77	264.36	267.29	300.93	336.61	323.23	7.1
39.64	42.26	64.43	55.42	55.84	55.42	−0.3	30.19	35.76	55.34	45.92	44.22	42.73	−3.7
223.29	251.73	243.83	227.62	224.50	235.50	4.9	162.35	178.57	162.29	162.29	149.48	168.31	12.6
134.60	153.62	170.98	173.20	177.46	173.25	−2.4	94.91	108.25	122.24	121.40	123.43	120.95	−2.0
307.78	368.56	371.81	397.04	392.49	441.34	12.4	194.31	237.93	233.07	266.87	247.97	286.92	15.7
57112	59086	65643	70840	77206	87291	13.1	54354	60247	66793	72860	79775	90042	12.9
23776	26118	28261	30478	32981	35586	7.9	24169						
16844	20401	21694	22898	23125	25506	10.3	17393						
8830	10275	11148	12037	13087	14160	8.2							
8631	9334	10119	11061	11507	12322	7.1							
12.86	13.06	13.02	12.94	13.04	13.46	3.2	8.54	8.68	8.67	8.59	8.60	8.77	2.0
15.19	15.69	16.21	16.76	17.36	18.41	6.0	9.14	9.41	9.79	10.26	10.78	11.56	7.2
1.76	1.93	2.04	2.20	2.40	2.54	5.8	1.52	1.69	1.79	1.90	2.35	2.15	−8.5
0.64	0.71	0.76	0.83	0.90	0.97	7.8	0.56	0.61	0.67	0.72	0.73	0.82	12.3

a)From 2008 to 2018 the population structure data for the resident Population.
b)Between 2012–2018,The index"Average Wages of staff and Workes"included the laber dispatching personnel ,So the data has changed.
c)The date of local financial revenue and local public finance budget revenue is the same diameter in 2017 and 2018.
d)From September 2018,the total value added by industries above sscale will not be published.

1-13 续表1

指 标	Item	单位	Unit
总人口	Total Population	万人	10 000 persons
#回族人口	Hui Ethnic	万人	10 000 persons
人口自然增长率	Natural Growth Rate of Population	‰	‰
单位从业人员	Employed Persons	万人	10 000 persons
第一产业	Primary Industry	万人	10 000 persons
第二产业	Secondary Industry	万人	10 000 persons
第三产业	Tertiary Industry	万人	10 000 persons
地区生产总值	Gross Domestic Product	亿元	100 million yuan
第一产业	Primary Industry	亿元	100 million yuan
第二产业	Secondary Industry	亿元	100 million yuan
#工业增加值	Value-added of Industry	亿元	100 million yuan
第三产业	Tertiary Industry	亿元	100 million yuan
农、林、牧、渔业总产值	Gross Output Value of Agriculture, Forestry,Animal Husbandry and Fishery	亿元	100 million yuan
#畜牧业产值	Gross Output Value of Livestock	亿元	100 million yuan
粮食产量	Grain	万吨	10 000 tons
蔬菜产量	Vegetables	万吨	10 000 tons
水产品产量	Aquatic Products	万吨	10 000 tons
肉类总产量	Meat	万吨	10 000 tons
#猪牛羊肉产量	Products of Pork, Beef and Mutton	万吨	10 000 tons
全社会固定资产投资	Investment in Fixed Assets	亿元	100 million yuan
#房地产开发投资	Investment in Real Estate Development	亿元	100 million yuan
社会消费品零售额	Total Retail Sales of Consumer Goods	亿元	100 million yuan
#批发和零售业	Wholesale and Retail Trade	亿元	100 million yuan
住宿和餐饮业	Hotels and Catering Services	亿元	100 million yuan
地方财政收入	Local Financial Revenue	亿元	100 million yuan
#地方公共财政预算收入	Local Public Finance Budget Revenue	亿元	101 million yuan
地方财政支出	Local Financial Expenditure	亿元	100 million yuan
在岗职工年平均工资	Average Wages of Fully Employed Staff and Workers	元	yuan
城镇居民人均可支配收入	Per Capita Annual Disposable Income of Urban Households	元	yuan
城镇居民人均消费性支出	Per Capital Consumption Expenditure of Urban Households	元	yuan
农村居民人均可支配收入	Per Capital Net Income of Rural Households	元	yuan
农民人均生活消费性支出	Per Capital Consumption Expenditure of Rural Households	元	yuan
普通中学在校生	Number of Student Enrollment in Regular Secondary Education Schools	万人	10 000 persons
小学在校生	Number of Student Enrollment in Primary Schools	万人	10 000 persons
卫生技术人员	Medical Technical Personnel in Health Care Institutions	万人	10 000 persons
#医生	Doctors	万人	10 000 persons

continued

兴庆区 Xingqing							金凤区 Jinfeng						
2013年	2014年	2015年	2016年	2017年	2018年	2018年比2017年增长%	2013年	2014年	2015年	2016年	2017年	2018年	2018年比2017年增长%
70.72	72.52	73.44	74.12	74.76	75.15	0.5	29.54	29.92	30.20	30.79	32.31	33.88	4.9
13.65	14.26	14.60	14.73	14.92	15.27	2.3	7.42	8.35	8.62	8.62	8.83	9.09	2.9
6.87	7.06	5.23	6.11	7.43	5.11	-2.3	6.12	7.06	7.79	12.02	12.53	13.04	0.5
15.66	14.09	14.61	15.97	14.86	15.51	4.4	7.02	8.02	8.49	7.82	7.15	7.21	0.8
0.09	0.05	0.07	0.05	0.05	0.04		0.02	0.01	0.01	0.01	0.01	0.01	
6.76	5.85	5.49	7.07	5.63	6.83		2.01	2.02	2.58	1.97	1.32	1.37	
8.80	8.19	9.05	8.84	9.18	8.65		4.98	5.98	5.90	5.84	5.82	5.83	
395.63	418.43	444.38	475.50	546.49	633.79	10.6	143.19	161.59	176.15	195.43	218.42	243.00	7.4
6.36	5.75	6.34	6.23	7.71	8.42	3.6	4.41	3.98	3.37	3.29	4.23	4.73	3.6
116.83	113.70	107.37	94.98	109.95	118.32	9.0	73.06	83.47	88.24	95.77	105.62	106.45	1.8
90.62	80.23	70.22	55.89	67.61	78.13	15.8	24.53	29.03	30.04	35.30	39.97	39.90	持平
272.44	298.98	330.67	374.29	428.83	507.06	11.2	65.72	74.14	84.54	96.37	108.56	131.82	12.8
13.81	14.10	14.37	14.67	15.67	17.02	2.6	8.51	8.92	10.15	9.67	10.17	11.05	2.6
4.50	4.36	3.30	3.41	4.21	4.58	-3.3	1.93	2.35	2.93	3.03	3.74	4.06	-3.3
6.24	5.76	6.31	7.05	7.45	5.70	-23.5	2.79	2.58	2.61	2.40	2.06	1.86	-9.7
15.75	14.77	13.76	14.40	14.16	15.53	9.7	15.45	14.43	12.66	11.38	9.00	7.72	-14.2
0.57	0.62	0.64	0.63	0.65	0.64	-1.5	0.84	0.98	0.88	0.84	0.39	0.35	-10.3
0.25	0.21	0.38					0.39	0.32	0.27				
0.19	0.19	0.36					0.33	0.28	0.26				
135.17	178.93	210.80	279.49	313.46			197.75	260.57	301.89	322.09	351.79		
73.29	83.21	93.94	91.58	84.21	78.10	-7.3	135.34	191.93	212.3	261.02	199.40	146.00	-26.8
202.98	215.35	231.49	248.57	272.76	261.70	5.2	59.84	63.75	68.50	73.97	81.35	75.73	7.3
181.76	193.38	187.24	215.82	242.93	230.16	4.6	52.49	55.32	61.80	63.79	70.34	67.80	17.0
21.22	21.97	44.25	32.75	29.84	31.54	9.8	4.35	8.43	6.70	10.18	11.01	7.93	-37.0
10.04	11.51	12.96	14.10	13.22	11.44	-13.5	7.13	4.71	5.31	5.85	6.42	7.08	10.3
10.04	11.51	12.96	14.10	13.22	11.44	-13.5	3.96	4.68	5.31	5.85	6.42	7.08	10.3
18.10	30.56	31.05	30.41	36.27	36.72	1.2	8.67	23.07	20.19	23.86	22.53	25.43	12.9
63692	64484	70714	77159	84007	97722	16.3	48134	62313	66218	73069	79287	82676	4.3
25971	28246	30514	32781	35452	38307	8.1	22922	27957	30361	32734	35560	38348	7.8
18892	22352	24089	24367	24885	29379	18.1	16483	23411	24057	24291	24724	26394	6.8
9318	11677	12625	13600	14788	15904	7.5	8759	9187	9941	10746	11629	12669	8.9
9383	9148	10184	11523	12469	13430	7.7	8825	10613	9873	10472	10983	12155	10.7
3.89	3.93	3.83	3.76	3.79	3.96	4.5	2.11	2.21	2.31	2.33	2.32	2.40	3.4
5.10	5.22	5.37	5.57	5.78	6.10	5.5	1.84	1.99	2.17	2.35	2.66	3.04	14.3
0.96	1.04	1.12	1.20	1.30	1.33	2.3	0.39	0.45	0.47	0.49	0.51	0.57	11.8
0.35	0.38	0.41	0.46	0.48	0.51	6.3	0.14	0.17	0.18	0.17	0.17	0.22	29.4

1-13 续表2

指 标	Item	单位	Unit
总人口	Total Population	万人	10 000 persons
#回族人口	Hui Ethnic	万人	10 000 persons
人口自然增长率	Natural Growth Rate of Population	‰	‰
单位从业人员	Employed Persons	万人	10 000 persons
第一产业	Primary Industry	万人	10 000 persons
第二产业	Secondary Industry	万人	10 000 persons
第三产业	Tertiary Industry	万人	10 000 persons
地区生产总值	Gross Domestic Product	亿元	100 million yuan
第一产业	Primary Industry	亿元	100 million yuan
第二产业	Secondary Industry	亿元	100 million yuan
#工业增加值	Value-added of Industry	亿元	100 million yuan
第三产业	Tertiary Industry	亿元	100 million yuan
农、林、牧、渔业总产值	Gross Output Value of Agriculture, Forestry,Animal Husbandry and Fishery	亿元	100 million yuan
#畜牧业产值	Gross Output Value of Livestock	亿元	100 million yuan
粮食产量	Grain	万吨	10 000 tons
蔬菜产量	Vegetables	万吨	10 000 tons
水产品产量	Aquatic Products	万吨	10 000 tons
肉类总产量	Meat	万吨	10 000 tons
#猪牛羊肉产量	Products of Pork, Beef and Mutton	万吨	10 000 tons
全社会固定资产投资	Investment in Fixed Assets	亿元	100 million yuan
#房地产开发投资	Investment in Real Estate Development	亿元	100 million yuan
社会消费品零售额	Total Retail Sales of Consumer Goods	亿元	100 million yuan
#批发和零售业	Wholesale and Retail Trade	亿元	100 million yuan
住宿和餐饮业	Hotels and Catering Services	亿元	100 million yuan
地方财政收入	Local Financial Revenue	亿元	100 million yuan
#地方公共财政预算收入	Local Public Finance Budget Revenue	亿元	101 million yuan
地方财政支出	Local Financial Expenditure	亿元	100 million yuan
在岗职工年平均工资	Average Wages of Fully Employed Staff and Workers	元	yuan
城镇居民人均可支配收入	Per Capita Annual Disposable Income of Urban Households	元	yuan
城镇居民人均消费性支出	Per Capital Consumption Expenditure of Urban Households	元	yuan
农民居民人均可支配收入	Per Capital Net Income of Rural Households	元	yuan
农民人均生活消费性支出	Per Capital Consumption Expenditure of Rural Households	元	yuan
普通中学在校生	Number of Student Enrollment in Regular Secondary Education Schools	万人	10 000 persons
小学在校生	Number of Student Enrollment in Primary Schools	万人	10 000 persons
卫生技术人员	Medical Technical Personnel in Health Care Institutions	万人	10 000 persons
#医生	Doctors	万人	10 000 persons

continued

西夏区 Xixia							永宁县 Yongning						
2013年	2014年	2015年	2016年	2017年	2018年	2018年比2017年增长%	2013年	2014年	2015年	2016年	2017年	2018年	2018年比2017年增长%
34.14	34.91	35.22	35.60	35.84	35.99	0.4	23.10	23.26	23.44	23.99	24.19	24.36	0.7
5.92	6.12	6.32	6.35	6.47	6.50	0.5	4.73	4.84	4.87	5.02	5.11	5.24	2.5
5.89	6.19	5.29	7.06	6.71	4.20	−2.5	6.32	5.28	6.15	7.49	8.00	7.14	−0.9
5.79	5.61	5.46	5.04	5.26	5.16	−1.9	2.06	2.02	2.12	2.18	2.20	1.93	−12.3
0.33	0.04	0.14	0.13	0.13	0.12	−7.7	0.11	0.10	0.15	0.10	0.04	0.02	−50.0
3.13	2.83	2.67	2.32	2.58	2.34	−9.3	0.92	0.88	0.84	0.89	0.95	0.71	−25.3
2.33	2.75	2.65	2.59	2.55	2.70	5.9	1.03	1.05	1.13	1.19	1.21	1.20	−0.8
255.07	261.63	272.80	302.44	339.01	379.03	8.3	105.57	115.64	121.28	125.49	135.94	121.80	−9.2
7.15	6.47	7.88	7.79	6.06	6.65	3.6	13.49	13.39	15.07	14.98	15.55	17.14	4.4
141.14	148.43	146.20	161.27	180.20	195.11	8.2	56.70	64.80	66.70	68.70	70.15	55.22	−18.9
103.55	100.22	93.38	106.57	120.06	133.32	11.2	36.07	39.77	39.10	41.25	39.13	25.91	−29.4
106.78	106.74	118.71	133.38	152.74	177.27	8.7	35.38	37.46	39.49	41.79	50.24	49.44	0.4
10.13	10.36	11.05	11.13	12.09	13.13	2.6	24.66	25.57	28.35	28.12	29.04	32.82	4.1
3.14	3.62	3.07	3.05	3.76	3.43	−3.3	4.96	5.28	4.66	4.67	5.21	5.80	1.0
11.87	11.73	11.20	11.14	9.58	12.14	26.7	26.17	25.63	26.20	26.69	26.38	26.03	−1.3
7.47	2.82	3.67	3.30	3.71	4.04	8.9	30.76	37.82	46.12	50.33	50.64	50.26	−0.8
0.27	0.20	0.31	0.31	0.32	0.22	−31.3	0.88	0.80	0.80	0.80	0.79	0.75	−5.1
0.43	0.38	0.27					1.41	1.46	1.48	1.51	1.04	1.07	2.9
0.37	0.36	0.23					1.16	1.21	1.17	1.21	0.78	0.80	2.6
137.62	162.51	157.2	168.45	186.47			143.20	179.21	209.33	172.65	134.77		
20.77	31.85	29.69	32.54	23.64	8.71	−63.2	40.46	27.67	19.22	36.58	33.81	15.82	−53.2
19.14	21.02	22.64	24.32	26.72	28.53	6.7	14.53	16.21	17.19	18.56	20.22	20.98	3.8
14.52	15.66	18.25	21.32	23.35	25.27	6.8	12.35	13.97	14.82	16.55	18.11	19.22	3.4
4.62	5.36	4.39	3.00	3.37	3.25	6.2	2.18	2.23	2.37	2.00	2.11	1.76	8.2
2.66	3.09	3.51	4.14	5.67	6.11	7.8	17.03	26.78	39.10	15.59	15.20	9.86	−35.1
2.66	3.09	3.51	4.14	5.67	6.11	7.8	10.89	12.55	14.46	13.28	12.66	6.54	−48.3
8.25	19.94	15.76	17.65	19.23	32.94	71.3	31.50	42.81	56.84	32.60	32.47	34.60	6.6
44524	48735	57258	60810	68050	75521	11.0	41473	45838	51589	55738	58699	67459	14.9
20543	21347	23126	24976	26985	29191	8.2	21483	23017	25091	26948	29211	30730	5.2
14239	17549	19269	20957	21023	22447	6.8	13029	17014	18737	19874	21052	22033	4.7
6829	8618	9334	10112	10975	11820	7.7	8706	10130	10995	11865	12855	13871	7.9
8792	8362	9142	10069	10938	11876	8.6	7229	7773	8554	9085	10094	10988	8.9
2.54	2.53	2.53	2.49	2.49	2.41	−3.2	1.49	1.55	1.58	1.63	1.70	1.78	4.7
2.21	2.20	2.25	2.30	2.34	2.42	3.4	2.20	2.25	2.30	2.35	2.36	2.33	−1.3
0.18	0.20	0.21	0.21	0.23	0.24	4.3	0.08	0.08	0.08	0.08	0.09	0.11	22.2
0.07	0.07	0.08	0.09	0.08	0.09	12.5	0.03	0.02	0.02	0.03	0.02	0.04	100.0

1-13 续表3

指 标	Item	单位	Unit
总人口	Total Population	万人	10 000 persons
#回族人口	Hui Ethnic	万人	10 000 persons
人口自然增长率	Natural Growth Rate of Population	‰	‰
单位从业人员	Employed Persons	万人	10 000 persons
第一产业	Primary Industry	万人	10 000 persons
第二产业	Secondary Industry	万人	10 000 persons
第三产业	Tertiary Industry	万人	10 000 persons
地区生产总值	Gross Domestic Product	亿元	100 million yuan
第一产业	Primary Industry	亿元	100 million yuan
第二产业	Secondary Industry	亿元	100 million yuan
#工业增加值	Value-added of Industry	亿元	100 million yuan
第三产业	Tertiary Industry	亿元	100 million yuan
农、林、牧、渔业总产值	Gross Output Value of Agriculture, Forestry,Animal Husbandry and Fishery	亿元	100 million yuan
#畜牧业产值	Gross Output Value of Livestock	亿元	100 million yuan
粮食产量	Grain	万吨	10 000 tons
蔬菜产量	Vegetables	万吨	10 000 tons
水产品产量	Aquatic Products	万吨	10 000 tons
肉类总产量	Meat	万吨	10 000 tons
#猪牛羊肉产量	Products of Pork, Beef and Mutton	万吨	10 000 tons
全社会固定资产投资	Investment in Fixed Assets	亿元	100 million yuan
#房地产开发投资	Investment in Real Estate Development	亿元	100 million yuan
社会消费品零售额	Total Retail Sales of Consumer Goods	亿元	100 million yuan
#批发和零售业	Wholesale and Retail Trade	亿元	100 million yuan
住宿和餐饮业	Hotels and Catering Services	亿元	100 million yuan
地方财政收入	Local Financial Revenue	亿元	100 million yuan
#地方公共财政预算收入	Local Public Finance Budget Revenue	亿元	101 million yuan
地方财政支出	Local Financial Expenditure	亿元	100 million yuan
在岗职工年平均工资	Average Wages of Fully Employed Staff and Workers	元	yuan
城镇居民人均可支配收入	Per Capita Annual Disposable Income of Urban Households	元	yuan
城镇居民人均消费性支出	Per Capital Consumption Expenditure of Urban Households	元	yuan
农村居民人均可支配收入	Per Capital Net Income of Rural Households	元	yuan
农民人均生活消费性支出	Per Capital Consumption Expenditure of Rural Households	元	yuan
普通中学在校生	Number of Student Enrollment in Regular Secondary Education Schools	万人	10 000 persons
小学在校生	Number of Student Enrollment in Primary Schools	万人	10 000 persons
卫生技术人员	Medical Technical Personnel in Health Care Institutions	万人	10 000 persons
#医生	Doctors	万人	10 000 persons

continued

贺兰县 Helan							灵武市 Lingwu						
2013年	2014年	2015年	2016年	2017年	2018年	2018年比2017年增长%	2013年	2014年	2015年	2016年	2017年	2018年	2018年比2017年增长%
23.56	24.66	25.33	25.60	26.09	26.17	0.3	27.22	27.63	28.78	29.11	29.34	29.51	0.6
5.45	5.95	6.07	6.21	6.40	6.42	0.3	12.94	13.85	15.22	15.44	15.60	15.74	0.9
5.41	6.05	6.33	8.38	8.63	3.05	−5.58	10.12	8.44	9.24	8.43	8.02	5.49	−2.5
2.31	2.97	2.84	2.59	2.32	1.96	−15.5	2.21	3.81	3.73	3.55	3.64	3.51	−3.6
0.15	0.04	0.13	0.12	0.11	0.0	−100.0	0.35	0.26	0.22	0.19	0.16	0.12	−25.0
1.03	1.63	1.61	1.32	1.14	0.74	−35.1	0.67	2.43	2.26	2.08	2.22	2.06	−7.2
1.13	1.31	1.10	1.15	1.07	1.22	14.0	1.19	1.12	1.24	1.28	1.26	1.32	4.8
101.36	106.08	121.8	134.23	127.73	127.99	0.3	288.19	325.26	357.45	384.62	435.67	395.87	9.0
14.36	14.02	16.01	16.36	17.50	19.11	3.3	9.65	9.20	9.95	9.96	10.31	11.27	3.0
53.60	55.82	67.96	75.66	62.95	59.63	−1.5	247.26	283.90	304.29	329.21	375.43	332.60	10.3
37.43	41.61	52.08	59.63	43.33	32.28	−9.1	231.10	264.40	279.70	305.10	353.24	312.49	12.2
33.40	36.25	37.83	42.21	47.28	49.25	1.4	31.28	32.16	43.21	45.45	49.93	51.99	1.8
27.65	28.34	31.64	32.59	35.09	39.08	4.1	18.99	19.11	20.41	20.47	21.60	24.19	4.7
4.55	5.29	4.66	5.23	6.61	7.94	13.3	7.23	7.68	7.15	7.30	8.42	10.54	17.2
21.21	18.07	20.39	20.43	21.21	19.39	−8.6	17.02	16.57	16.74	15.86	16.62	17.31	4.2
66.22	68.71	78.46	80.25	71.04	68.66	−3.4	7.15	6.08	5.89	7.67	8.20	5.87	−28.4
3.50	3.74	3.95	4.23	4.66	4.65	−0.2	0.50	0.52	0.54	0.55	0.56	0.57	1.8
0.76	0.78	0.73	0.83	1.01	1.02	1.0	2.03	1.94	1.86	1.90	2.89	2.83	−2.1
0.66	0.70	0.65	0.73	0.78	0.78	0.0	1.92	1.81	1.75	1.81	2.60	2.56	−1.5
141.61	145.57	173.26	207.10	215.14			393.66	465.96	488.41	573.52	517.42		
45.15	43.27	37.96	37.41	46.25	40.81	−11.8	15.80	10.96	16.05	15.81	15.52	5.80	−62.6
99.08	115.28	122.89	133.01	143.93	147.26	2.3	12.61	13.82	14.93	15.77	17.33	18.53	6.9
96.90	112.96	118.15	127.95	136.90	139.72	1.6	10.96	11.92	12.94	13.34	14.85	15.13	7.1
2.18	2.31	4.73	5.07	7.03	7.54	18.6	1.64	1.90	1.99	2.43	2.48	3.39	5.9
18.74	17.66	18.08	18.47	19.91	17.35	−9.6	25.17	28.71	24.36	30.31	39.91	39.98	0.2
13.02	14.54	15.62	15.08	11.06	11.60	4.9	15.78	18.16	18.66	23.43	30.31	34.18	12.8
31.23	31.90	31.11	36.56	42.07	38.91	−7.5	50.75	55.92	50.79	61.01	69.98	80.90	15.6
44525	49817	52288	56569	59593	66067	10.9	53962	62568	72754	73845	79324	87525	10.3
21401	22791	24548	26468	28641	31051	8.4	21974	24310	26255	28330	30624	32860	7.3
15418	16328	16702	17043	18376	19784	7.7	13876	14283	16309	18478	19415	21515	10.8
9147	10667	11628	12560	13668	14780	8.1	9652	10756	11650	12547	13659	14848	8.7
9710	10727	11866	13007	13278	13948	5.0	8544	9165	10475	10751	11338	11824	4.3
1.32	1.35	1.35	1.32	1.35	1.40	3.7	1.51	1.48	1.43	1.39	1.39	1.42	2.2
1.92	2.02	2.06	2.09	2.17	2.26	4.1	1.93	2.02	2.05	2.07	2.06	2.02	−1.9
0.05	0.05	0.06	0.10	0.11	0.14	27.3	0.11	0.11	0.12	0.13	0.18	0.15	−16.7
0.02	0.02	0.02	0.04	0.03	0.05	66.7	0.04	0.05	0.05	0.05	0.04	0.06	50.0

主要统计指标解释

【地区生产总值】 是按市场价格计算的地区生产总值的简称。它是一个国家(地区)所有常住单位在一定时期内生产活动的最终成果。地区生产总值有三种表现形态,即价值形态、收入形态和产品形态。从价值形态看,它是所有常住单位在一定时期内所生产的全部货物和服务价值超过同期投入的全部非固定资产货物和服务价值的差额,即所有常住单位的增加值之和;从收入形态看,它是所有常住单位在一定时期内所创造并分配给常住单位和非常住单位的初次分配收入之和;从产品形态看,它是最终使用的货物和服务减去进口货物和服务。在实际核算中,地区生产总值的三种表现形态表现为三种计算方法,即生产法、收入法和支出法。三种方法分别从不同的方面反映地区生产总值及其构成。

地区生产总值同社会总产值、国民收入的区别。从核算范围看,社会总产值和国民收入都只计算物质生产部门的劳动成果,而地区生产总值除计算物质生产部门劳动成果外,还计算非物质生产部门的劳动成果。从这三个指标的价值构成看,社会总产值计算了社会产品的全部价值;地区生产总值计算了生产产品和提供劳务过程中增加的价值,即增加值,不计算中间产品和中间劳务投入的价值;而国民收入除了不计算中间产品价值外,还不包括固定资产折旧价值,即只计算净产值。

【三次产业】 是根据社会生产活动历史发展的顺序对产业结构的划分,产品直接取自自然界的部门称为第一产业,对初级产品进行再加工的部门称为第二产业,为生产和消费提供各种服务的部门称为第三产业。

第一产业:农业(包括种植业、林业、牧业、渔业等)。

第二产业:工业(包括采掘业、制造业、自来水、电力、蒸气、热水、煤气)和建筑业。

第三产业:除第一、第二产业以外的其他各业。

【当年价格】 指报告期的实际价格,如工厂的出厂价格,农产品的收购价格,商业的零售价格等。按当年价格计算,是指一些以货币表现的物量指标如工农业总产值、地区生产总值等,按照当年的实际价格来计算总量。使用当年价格是为了使国民经济各项指标互相衔接,便于考察当年经济效益,便于对生产和流通、生产和分配、生产和消费进行经济核算的综合平衡。按当年价格计算的价值指标,在不同年份之间进行对比时,因为包含有各年间价格变动因素,不能确切地反映实物量的增减变动。必须消除价格变动因素后,才能真实反映经济发展动态。因此,在计算增长速度时都使用按可比价格计算。

【可比价格】 指计算各种总量指标所采用的扣除了价格变动因素的价格,可进行不同时期总量指标的对比。按可比价格计算总量指标有两种方法:一种是直接用产品产量乘某一年的不变价格计算;另一种是用价格指数进行缩减。

【不变价格】 指以同类产品某年的平均价格作为固定价格,用于计算各年的产品价值。按不变价格计算的产品价值消除了价格变动因素,不同时期对比可以反映生产的发展速度。新中国成立后,随着工农业产品价格水平的变化,国家统计局先后五次制定了全国统一的工业产品不变价格和农业产品不变价格,从1952年到1957年使用1952年工(农)业产品不变价格,从1957年到1970年使用1957年不变价格,从1971年到1980年使用1970年不变价格,从1981年到1990年使用1980年不变价格,从1991年开始使用1990年不变价格。

【平均增长速度】 我国计算平均增长速度有两种方法:一种是习惯上经常使用的"水平法",又称几何平均法,是以间隔期最后一年的水平同基期水平对比来计算平均每年增长(或下降)速度;另一种是"累计法",又称代数平均法或方程法,是以间隔期内各年水平的总和同基期水平对比来计算平均每年增长(或下降)速度。在一般正常情况下,两种方法计算的平均每年增长速度比较接近,但在经济发展不平衡、出现大起大落时,两种方法计算的结果差别较大。

人口及劳动力

Population and Labor Resources

2—1 主要年份人口发展情况

Basic Statistics of Population Development in Main Years

单位:户、人 (household, person)

年份 Year	总户数 Households Numberof Population	总人口 Number of Population	市区 City	回族人口 Huzu Population	女性人口 Female	非农业人口 Non-Agriculture Population	城镇人口 Urban Population Population	人口自然增长率(‰) Natural GrowthRate (‰)	平均人口 Average Population	市区 City
1949	45256	236299	72485	72493	111211	39837			236299	72485
1950	49246	247749	77801	71380	113462	42900			242024	75143
1951	50672	260142	85270	74829	121187	48630			253946	81536
1952	56193	276639	89700	83045	126166	48748			268391	87485
1953	62679	300198	99841	88772	136787	56860			288419	94771
1954	68074	321563	113068	92594	147450	68597			310881	106455
1955	65000	336403	111411	99457	156189	67433			328983	112240
1956	70772	346777	112376	107249	157998	66609			341590	111894
1957	74573	357851	116554	109418	165002	78666			352314	114465
1958	73535	401035	148237	114052	183730	106548			379443	132396
1959	90677	451634	190649	110086	202026	144519			426335	169443
1960	97208	480697	224877	110131	217807	166649			466166	207763
1961	90646	453310	206414	103033	207847	154700			467004	215646
1962	89712	416967	178642	105447	196263	131349			435139	192528
1963	90863	435057	187218	109824	203553	141243			426012	182930
1964	91694	455163	203072	112522	213643	139169			445110	195145
1965	95562	485038	212627	118699	227103	152417			470101	207850
1966	99688	486125	207166	121888	228312	153574			485582	209897
1967	100959	515165	220804	124951	242186	168739			500645	213985
1968	107182	543598	231651	132374	259388	171832			529382	226227
1969	111049	579658	243705	140373	274716	180569			561628	237680
1970	116810	600701	259469	150395	287255	180451			590180	251589
1971	119482	623017	267693	148212	297348	190391			611859	263581
1972	123994	649755	279211	156770	311783	202290			636386	273452
1973	127707	674103	287667	163954	324245	210007			661929	283439
1974	134538	696414	292901	169429	335601	214666			685259	290284
1975	141395	718620	299393	174374	347737	220925			707517	296147
1976	148458	741390	308446	179583	358800	230423			730005	303920
1977	154491	761706	313951	184679	368776	235181			751548	311199
1978	160534	786743	325177	191204	378907	248658			774225	319573
1979	171646	804081	335217	195687	390468	263385			795412	330198
1980	168447	822542	344540	200710	399608	278972			813312	339879
1981	174855	841060	353829	206777	409152	289869			831801	349184
1982	181967	862170	363880	211348	419974	300037			851615	358854

2—1 续表 continued

单位:户、人

年份 Year	总户数 Households Numberof Population	总人口 Number of Population	市区 City	回族人口 Huzu Population	女性人口 Female	非农业人口 Non-Agriculture Population	城镇人口 Urban Population Population	人口自然增长率(‰) Natural GrowthRate (‰)	平均人口 Average Population	市区 City
1983	187053	873994	371250	213679	425942	307414			868082	367565
1984	195337	891919	383299	220370	435484	318887			882957	377275
1985	202165	910561	396869	224365	448275	336723			901641	390084
1986	210372	933457	411827	230500	455453	373402			919009	404348
1987	223047	963326	433621	235950	467579	401117			948392	422724
1988	235297	987611	449907	242379	479741	421244			975469	441764
1989	244344	1010032	465096	247685	493369	438407			998822	457502
1990	257452	1034520	480184	253987	506191	453383			1022276	472640
1991	265654	1052684	490958	257580	514954	464682			1043602	485571
1992	273089	1070819	501332	262073	524145	476965			1061752	496145
1993	281340	1090204	513365	267994	535042	491087			1080512	507349
1994	296351	1115048	531311	273809	547009	531863			1102627	522338
1995	294670	1135274	544851	280070	556910	547034		8.34	1125162	538081
1996	309954	1155530	558596	285208	567825	561294		9.13	1145402	551724
1997	318000	1177693	573431	289890	578263	592096		8.95	1166512	566014
1998	334241	1196300	586022	293681	589103	616288		9.06	1186997	579727
1999	344758	1210342	593759	298484	596917	632274		8.84	1203321	589891
2000	381110	1264588	641723	331708	622676	650745		9.00	1237465	617741
2001	384942	1298407	654860	347309	640025	677134		8.25	1281498	648292
2002	397781	1329575	692845	357560	655968	700566		9.81	1313991	673853
2003	407714	1330128	718157	343834	655563	792032		7.23	1329852	705501
2004	437498	1377924	758219	360446	678596	840631		7.54	1354026	738188
2005	454690	1405971	790338	364337	695505	866730		6.31	1391947	774278
2006	476191	1446816	829696	372656	716392	916144		6.29	1426393	810017
2007	495822	1487934	860821	386131	738028	949098		6.81	1467375	845258
2008	526860	1654282	1024922	433347	822834	1095210	1156674	6.08	1635438	1020647
2009	558103	1701839	1058205	448080	847227	1137133	1210008	6.49	1678061	1041563
2010	636737	2004456	1299129	462089	966845	1301787	1453231	7.23	1853149	1178667
2011	698216	2025741	1313371	481653	986012	1319610	1506674	5.77	2015099	1306250
2012	698828	2046341	1326667	484276	1004636	1336039	1535549	7.11	2036041	1320019
2013	710858	2082695	1343955	501142	1021608	1360774	1557600	6.73	2064518	1335311
2014	740181	2128937	1373425	533840	1038272		1606188	6.71	2105817	1358691
2015	746411	2164119	1388572	557113	1060124		1640418	6.35	2146528	1380999
2016	754169	2191098	1404070	563746	1087778		1658570	8.11	2177609	1396321
2017	772992	2225391	1429147	573371	1124425		1715605	8.49	2208245	1416609
2018	776174	2250560	1450171	582622	1140038		1745945	6.27	2237976	1439659

注:从 1995 年起以每年的人口变动抽样调查为人口自然增长率统计数据依据;从 2008 年起总人口为常住人口,是按年度人口变动情况抽样 调查数据推算。

a) Natural growth rate in aecordance with every year rational sample survey on population changes since 1995; From 2008, data in this table refers toresident population, which is estimated on the base of annual natinal sample survey on population changes.

2—2 户数、人口及变动情况

Household, Population and Change Conditions

单位:户、人　　　　(2018)　　　　(household, person)

指　标	Item	总计 Total	市区 City	兴庆区 Xingqing	西夏区 Xixia	金凤区 Jinfeng	永宁县 Yongning	贺兰县 Helan	灵武市 Lingwu
年末总户数、总人口	Number of Households and Population at Year-end								
总户数	Households	776174	520052	275267	121594	123191	74492	92487	89143
总人口	Usual Resident Population	2250560	1450171	751478	359919	338774	243589	261738	295062
#男	Male	1110522	705567	362814	177872	164881	122720	131340	150895
女	Female	1140038	744604	388664	182047	173893	120869	130398	144167
平均人口	Average Population	2237976	1439659	749563	359165	330931	242723	261340	294255
平均每户人数	Average Family Size	2.90	2.79	2.73	2.96	2.75	3.27	2.83	3.31
性别比(以女性为100)	Sex Ratio(female=100)	97	95	93	98	95	102	101	105
人口变动	Population Change at Year-end								
出生率	Birth Population	11.51	11.23	9.02	10.20	17.38	12.60	11.98	9.74
死亡率	Death Population	5.24	4.53	3.91	6.00	4.34	5.46	8.93	4.25
自然增长率	Natural Growth Population	6.27	6.70	5.11	4.20	13.04	7.14	3.05	5.49
分民族人口	Population by Ethnicity								
#汉族	Han	1627622	1105231	579314	286675	239242	189683	196094	136614
回族	Hui	582622	308630	152700	65037	90893	52372	64204	157416
其他少数民族	Other Ethnic Minorities	40316	36310	19464	8207	8639	1534	1440	1032

2—3 主要年份全市人口自然变动情况

Natural Change of City Population in Main Years

年份 Year	出生率(‰) Birth Rate(‰)	死亡率(‰) Death Rate(‰)	人口自然增长率(‰) Natural Growth Rate(‰)
1996	13.10	3.97	9.13
1997	13.62	4.67	8.95
1998	13.66	4.60	9.06
1999	14.05	5.21	8.84
2000	13.60	4.60	9.00
2001	12.66	4.41	8.25
2002	14.33	4.52	9.81
2003	11.64	4.41	7.23
2004	11.68	4.14	8.54
2005	11.10	4.79	6.31
2006	10.84	4.55	6.29
2007	10.78	3.98	6.80
2008	9.77	3.69	6.08
2009	10.42	3.93	6.49
2010	11.47	4.23	7.24
2011	9.69	3.92	5.77
2012	10.52	3.41	7.11
2013	10.32	3.59	6.73
2014	10.38	3.67	6.71
2015	10.75	4.40	6.35
2016	12.90	4.79	8.11
2017	12.60	4.11	8.49
2018	11.51	5.24	6.27

2—4 常住人口计划生育情况
The Resident Population of Family Planning

单位:人　　　　(2018)　　　　(person)

指标	Item	已婚育龄妇女人数 Number of Married Womenof Cchild-Bearing Age	领取独生子女证人数 Number of Married Couples with One-child Certificate
合计	**Total**	**439957**	**51745**
市区	City	278730	40191
兴庆区	Xingqing	124976	20355
西夏区	Xixia	65758	10943
金凤区	Jinfeng	87996	8893
永宁县	Yongning	52837	3375
贺兰县	Helan	49208	6842
灵武市	Lingwu	59182	1337

2—5 常住人口节育情况
The Resident Population of Family Birth Control

单位:人　　　　(2018)　　　　(person)

指 标	Item	期末选用各种 避孕方法人数 Number of Contraceptive Methods	男性绝育 Male Sterilization	女性绝育 Female Sterilization	放置宫内节育器 Intrauterine Contraceptive Device	女性绝育 Female Sterilization	放置宫内节育器 Intrauterine Contracep- tive Device
合 计	**Total**	**409695**	**123**	**33565**	**168881**	**45**	**690**
市区	City	259178	112	15508	85083	26	165
兴庆区	Xingqing	116549	25	5902	40390	7	51
西夏区	Xixia	60798	87	6089	18391	11	5
金凤区	Jinfeng	81831	0	3517	26302	8	109
永宁县	Yongning	47988	9	4442	32139	5	238
贺兰县	Helan	46395	1	3373	19357	11	46
灵武市	Lingwu	56134	1	10242	23302	3	241

2—6 婚姻状况
Marital Status

指 标	Item	单位	Unit	2017年	2018年
登记结婚	Marriage Registration	对	Pair	**16978**	**17625**
协议离婚	Divorced by Agreement	对	Pair	7054	7261
涉外婚姻	Marriage with Foreign Elements	对	Pair	65	45
#结婚	Married	对	Pair	57	43
离婚	Divorced	对	Pair	8	2
法院调离、判离	To Transfer and Betray by Court	对	Pair	1528	1528
#调离	Transfer	对	Pair	1140	1078
判离	Betray	对	Pair	388	450

2—7 全社会就业人员情况

Total Number of Employed Persons in the Whole Country

单位:人　　　　(2018)　　　　(person)

指　标	Item	就业人数合计 Total of Employees Number	城镇就业人数合计 Total of Urban	城镇非私营 Non-Private	城镇私营 Private	城镇个体 Self-employed	乡村就业者 Rural
就业人员	Employees	1245092	878850	360647	197953	320250	366242
按国民经济行业分组	Grouped by Sector						
农、林、牧、渔业	Agriculture,Forestry,Animal Husbandry and Fishery	206935	12529	3060	7184	2285	194406
采矿业	Mining	56096	52228	50998	1224	6	3868
制造业	Manufacturing	114535	102681	56631	37002	9048	11854
电力、热力、燃气及水生产和供应业	Production and Distribution of Electricity,Gas and Water	26373	22469	20733	1719	17	3904
建筑业	Construction	82106	48679	20027	28219	433	33427
批发和零售业	Wholesale and Retail Trades	210933	176185	17389	6529	152267	34748
交通运输、仓储和邮政业	Transport,Storage and Post	88217	66923	12238	52530	2155	21294
住宿和餐饮业	Hotels and Catering Services	111377	91669	3216	4220	84233	19708
信息传输、软件和信息技术服务业	Information Transmission,Computer Services and Software	11902	9743	4035	4183	1525	2159
金融业	Financial Intermediation	29738	29569	27692	1825	52	169
房地产业	Real Estate	30052	27139	10361	15112	1666	2913
租赁和商务服务业	Leasing and Business Services	37032	36445	9019	18671	8755	587
科学研究、技术服务业	Scientific Research,Technical Serviceand Geologic Prospecting	15032	14854	8671	5883	300	178
水利、环境和公共设施管理业	ManagementofWaterConservancy,EnvironmentandPublicFacilities	10538	9633	7639	1972	22	905
居民服务、修理和其他服务业	Services to Households and Other Services	76696	54478	237	4265	49976	22218
教育	Education	36950	35707	33379	2139	189	1243
卫生和社会工作	Health,Social Security and Social Welfare	29984	26636	22740	1884	2012	3348
文化、体育和娱乐业	Culture,Sports and Entertainment	18780	14134	5498	3392	5244	4646
公共管理、社会保障和社会组织	Public Management and Social Organization	51816	47149	47084		65	4667

注:2015年以前为部门数据,2016年以后为自治区统计局反馈数据。
a)Data from Departments before 2015,Date From Ningxia Provincial Bureau of Statistics in 2016.

2—8 主要年份城镇非私营单位就业人员和劳动报酬情况

Basic Statistics of Employees and Earning in Main Years

年份 year	全部就业人员(人) Total Employees	按经济类型分 Grouped by Economic Type			按三次产业分 Grouped by Three Strate of Industry			全部单位从业人员劳动报酬(万元) Employed Person's Earning in Whole Units(10000yuan)			在岗职工平均工资(元) Average Wages of staff and Workers (yuan)
		国有 Stateowned	集体 Collective owned	其他 Others	一产 Primary Industry	二产 Secondary Industry	三产 Tertiary Industry	国有 Stateowned	集体 Collective o wned	其他 Others	
1949	2093	2093			85	470	1538	61			291
1950	2625	2625			118	546	1961	78			297
1951	3645	3645			364	667	2614	116			318
1952	6422	6422			587	1688	4147	170			265
1953	7547	7547			883	1755	4909	281			372
1954	10823	10823			1076	3764	5983	309			286
1955	14253	14253			1561	4738	7954	380			267
1956	19438	19438			1818	7999	9621	481			247
1957	24365	24365			2712	7324	14329	1125			462
1958	55830	48722	7108		4110	12016	39704	1973	283		404
1959	75111	67958	7153		9884	17891	47336	4106	463		608
1960	102037	95039	6998		24956	16714	60367	5455	458		579
1961	80752	73717	7035		19144	15489	46119	4810	497		657
1962	61922	54284	7638		14467	8665	38790	3721	564		692
1963	61617	53891	7726		13698	8065	39854	3584	546		670
1964	61719	53719	8000		9132	7907	44680	3968	606		741
1965	76401	68613	7788		14354	10321	51726	4179	481		610
1966	81640	73748	7892		16834	12832	51974	5041	536		683
1967	85143	77265	7878		14621	14549	55973	5087	535		660
1968	87991	79956	8035		17786	18028	52177	5344	562		671
1969	92262	84100	8162		18051	21064	53147	4960	517		594
1970	98280	89753	8527		18455	26082	53743	6436	621		718
1971	90098	81728	8370		7366	28751	53981	5106	527		625
1972	99599	86739	12860		8889	29262	61448	5764	852		664
1973	99575	86690	12885		9278	27078	63219	6116	908		705
1974	104789	90583	14206		4844	28747	71198	6304	1004		697
1975	110702	96334	14368		5453	31900	73349	6575	733		660
1976	121335	103194	18141		5910	34171	81254	6975	967		655
1977	131687	106757	24930		6155	35171	90361	7362	1298		658
1978	140432	119913	20519		12987	76690	50755	8758	1240		723
1979	172876	147906	24970		28757	87308	56811	11040	1208		725
1980	179562	155695	23867		27932	89417	62213	12873	1945		845

注:2012年后(含2012年)"在岗职工平均工资"这一指标纳入了劳务派遣人员,数据有所变动。

2—8 续表 continued

年份 year	全部就业人员(人) Total Employees	按经济类型分 Grouped by Economic Type			按三次产业分 Grouped by Three Strate of Industry			全部单位从业人员劳动报酬(万元) Employed Person's Earning in Whole Units(10000yuan)			在岗职工平均工资(元) Average Wages of staff and Workers (yuan)
		国有 Stateowned	集体 Collective owned	其他 Others	一产 Primary Industry	二产 Secondary Industry	三产 Tertiary Industry	国有 Stateowned	集体 Collective o wned	其他 Others	
1981	184320	160582	23738		19772	84092	80456	13568	1634		844
1982	195580	167623	27957		29545	97124	68911	14331	1980		854
1983	205000	173416	31584		30534	99140	75326	15744	2330		893
1984	213989	177679	36310	509	30506	103021	80462	18465	3220	70	1031
1985	227504	188042	39462	463	29724	103918	93862	21243	3703	75	1123
1986	239109	198900	40209	531	29882	106677	102550	26484	4275	89	1316
1987	245636	206741	38386	509	29084	109716	106836	29355	4256	70	1400
1988	258697	219259	38975	463	29459	117262	111976	36172	5090	75	1621
1989	263150	224812	37807	531	29150	117440	116560	41681	5114	89	1804
1990	273130	232506	40013	611	29109	123701	120320	48167	6187	125	2030
1991	285992	242130	43147	715	29535	132204	124253	53653	7190	133	2168
1992	294964	250421	43044	1499	30487	126229	138248	63671	8631	284	2497
1993	286423	246224	35827	4372	25338	112844	148240	73796	9962	1187	2973
1994	298067	247197	38468	12402	27376	143979	126712	102737	12232	5729	4049
1995	300455	245332	39729	15394	25275	147718	127462	121134	15976	9960	4872
1996	292323	242851	33327	16145	24267	138476	129580	129480	15975	10935	5311
1997	302497	240231	35450	26816	24984	144183	133330	134443	21163	20730	5814
1998	270154	205418	23513	41223	24021	122597	123536	138258	15032	31538	6665
1999	262622	201497	21249	39876	23326	112295	127001	153426	15392	32685	7475
2000	256896	196906	19932	40058	22064	108001	126831	175568	17601	37367	8956
2001	242774	186461	16176	40137	21183	97812	123779	205138	16151	40684	10802
2002	238082	178375	15881	43826	19790	98553	119739	230735	16001	47760	11930
2003	288100	150722	8747	128631	21717	140882	125501	214125	8679	179234	13496
2004	288168	144760	6226	137182	18812	144160	125196	225972	9201	210971	15243
2005	291110	155832	5254	130024	17847	146241	127022	295553	9374	250918	18424
2006	295087	149499	4680	140908	12245	149952	132890	338458	9065	349326	23226
2007	292187	147703	4211	140273	14068	140914	137205	421883	10680	425923	28600
2008	289750	148292	2790	138668	13538	137391	138821	482799	9826	490599	33247
2009	296622	148135	2673	145814	12718	140974	142930	516595	10846	571061	36799
2010	300705	150687	2823	147195	12170	139485	149050	577227	12153	695780	43195
2011	313032	165037	2411	145584	11974	141976	159082	734679	12822	766228	49937
2012	335100	178408	2278	154414	11196	139294	184610	1014411	14902	878445	54270
2013	350361	160862	2663	186836	10546	145183	194632	968844	19339	1049976	57112
2014	365267	156625	1828	206814	8006	156437	200824	1007343	11354	1228439	59086
2015	372450	148438	2104	221908	7198	154536	210716	1029750	16885	1324595	65643
2016	354587	146882	1917	205788	5985	139750	208852	1118421	13873	1302974	70840
2017	354341	144824	1957	207560	5031	138406	210904	1222423	17230	1484158	77206
2018	352674	143819	1212	207643	3060	140416	209198	1310834	10896	1710592	87291

a)Since 2012(Containing 2012),The index"Average Wages of staff and Workes"included the laber dispatching personnel, So the data has changed.

2—9 全市城镇非私营单位就业人员人数

Basic Statistics of Employees Number in Yinchuan

单位:人　　　　(2018)　　　　(person)

指　标	Item	单位就业人员年末人数 Number of Engaged Persons at Year-end	#女性 Female	在岗职工 Staff and Workers	单位就业人员平均人数 Average Number of Engaged Persons	在岗职工 Staff sand Workers
总　计	**Total**	**352674**	**140540**	**328605**	**363794**	**338825**
按地区分组	Grouped by Region					
市区	City	278777	114300	258990	289684	269565
兴庆区	Xingqing	155142	60600	146714	164847	156028
金凤区	Jinfeng	72051	33626	61674	73266	62926
西夏区	Xixia	51584	20074	50602	51571	50611
永宁县	Yongning	19255	8389	17067	20597	17998
贺兰县	Helan	19554	7888	18724	19529	18478
灵武市	Lingwu	35088	9963	33824	33984	32784
按企业、事业、机关分组	**Grouped by Enterprises,Institutions and Agencies**					
企业	Enterprises	231749	73660	217158	244498	229053
事业	Institutions	84228	51459	77114	82878	75947
机关	Agencies & Organizations	36046	15045	33724	35763	33206
按国民经济行业分组	**Grouped by Sector**					
农、林、牧、渔业	Agriculture,Forestry,AnimalHusbandryandFishery	3060	878	3056	3200	3196
采矿业	Mining and Quarrying	43025	7905	43025	50871	50871
制造业	Manufacturing	56631	12539	56265	56560	56168
电力、燃气及水的生产和供应业	ProductionandDistributionofElectricity,GasandWater	20733	5675	20664	20824	20721
建筑业	Construction	20027	2986	17498	24976	21549
批发和零售业	Wholesale and Retail Trades	17389	10726	17162	17345	17125
交通运输、仓储和邮政业	Transport,Storage and Post	12238	4322	11750	12011	11594
住宿和餐饮业	Hotels and Catering Services	3216	1903	3206	3216	3206
信息传输、计算机服务和软件业	Information Transmission,Computer Services and Software	4035	2005	4002	3988	3954
金融业	Financial Intermediation	27692	15782	17970	27621	17943
房地产业	Real Estate	10361	4948	10097	10284	10024
租赁和商务服务业	Leasing and Business Services	9019	2661	7672	8957	7658
科学研究、技术服务和地质勘查业	ScientificResearch,TechnicalServiceandGeologicProspecting	8671	2868	8404	8702	8445
水利、环境和公共设施管理业	ManagementofWaterConservancy,EnvironmentandPublicFacilities	7639	3218	7427	7839	7525
居民服务和其他服务业	Services to Households and Other Services	237	101	180	240	177
教育	Education	33379	21541	32295	33021	31950
卫生、社会保障和社会福利业	Health,Social Security and Social Welfare	22740	16714	22255	22479	22001
文化、体育和娱乐业	Culture,Sports and Entertainment	5498	2726	5307	5514	5323
公共管理、社会保障和社会组织	Public Management and Social Organization	47084	21042	40370	46146	39395

2—9 续表 1 continued

单位:人 (2018) (person)

指 标	Item	单位就业人员年末人数 Number of Engaged Persons at Year-end	#女性 Female	在岗职工 Staff and Workers	单位就业人员平均人数 Average Number of Engaged Persons	在岗职工 Staff sand Workers
国有单位合计	**Total State-owned Units**	**143819**	**74004**	**134054**	**142965**	**133133**
按地区分组	**Grouped by Region**					
市区	City	114846	58283	107749	114478	107456
永宁县	Yongning	9430	5135	7963	9243	7799
贺兰县	Helan	9068	5247	8729	8807	8243
灵武市	Lingwu	10475	5339	9613	10437	9635
按企业、事业、机关分组	**Grouped by Enterprises,Institutions and Agencies**					
企业	Enterprises	26634	9269	26193	27349	26893
事业	Institutions	81491	49815	74490	80207	73389
机关	Agencies & Organizations	35644	14907	33322	35355	32798
按国民经济行业分组	**Grouped by Sector**					
农、林、牧、渔业	Agriculture,Forestry,Animal Husbandry and Fishery	2746	798	2742	2882	2878
采矿业	Mining and Quarrying	134	26	134	141	141
制造业	Manufacturing	438	170	407	438	407
电力、燃气及水的生 产和供应业	ProductionandDistributionofElectricity,GasandWater	12812	3497	12775	12952	12880
建筑业	Construction	1570	265	1517	1957	1855
批发和零售业	Wholesale and Retail Trades	923	406	903	925	902
交通运输、仓储和邮政业	Transport,Storage and Post	2571	1077	2345	2501	2347
住宿和餐饮业	Hotels and Catering Services	557	412	557	579	579
信息传输、计算机服务和软件业	Information Transmission,Computer Services and Software	52	21	52	46	46
金融业	Financial Intermediation	4433	2323	4365	4475	4407
房地产业	Real Estate	197	97	197	196	196
租赁和商务服务业	Leasing and Business Services	1798	1139	1057	1722	1044
科学研究、技术服务和地质勘查业	Scientific Research,Technical Service and Geologic Prospecting	5303	1888	5164	5260	5132
水利、环境和公共设施管理业	Management of Water Conservancy,Environment and Public Facilities	6566	2830	6354	6741	6427
居民服务和其他服务业	Services to Households and Other Services	57	24	41	57	41
教育	Education	31438	20402	30482	31050	30099
卫生、社会保障和社会福利业	Health,Social Security and Social Welfare	21403	15702	20951	21159	20714
文化、体育和娱乐业	Culture,Sports and Entertainment	3882	1969	3779	3885	3782
公共管理、社会保障和社会组织	Public Management and Social Organization	46939	20958	40232	45999	39256

2—9 续表 2 continued

单位:人 (2018) (person)

指 标	Item	单位就业人员年末人数 Number of Engaged Persons at Year-end	#女性 Female	在岗职工 Staff and Workers	单位就业人员平均人数 Average Number of Engaged Persons	在岗职工 Staff sand Worker
城镇集体单位合计	**Total Urban Collective-owned**	1212	612	1062	1353	1204
按地区分组	**Grouped by Region**					
市区	City	635	406	537	637	539
永宁县	Yongning	66	20	14	70	19
贺兰县	Helan	24	3	24	24	24
灵武市	Lingwu	487	183	487	622	622
按企业、事业、机关分组	**Grouped by Enterprises,Institutions and Agencies**					
企业	Enterprises	923	400	773	1062	913
事业	Institutions	289	212	289	291	291
按国民经济行业分组	**Grouped by Sector**					
制造业	Manufacturing	32	9	32	32	32
建筑业	Construction	280	39	280	413	413
批发和零售业	Wholesale and Retail Trades	27	12	27	27	27
金融业	Financial Intermediation	503	315	405	505	407
房地产业	Real Estate	15	5	15	15	15
租赁和商务服务业	Leasing and Business Services	66	20	14	70	19
教育	Education	70	60	70	70	70
卫生、社会保障和社会福利业	Health,Social Security and Social Welfare	219	152	219	221	221

2—9 续表3 continued

单位:人 (2018) (person)

指 标	Item	单位就业人员年末人数 Number of Engaged Persons at Year-end	#女性 Female	在岗职工 Staff and Workers	单位就业人员平均人数 Average Number of Engaged Persons	在岗职工 Staff sand Workers
其他单位合计	**Total Other Units**	**207643**	**65924**	**193489**	**219476**	**204488**
按地区分组	**Grouped by Region**					
市区	City	163296	55611	150704	174569	161570
永宁县	Yongning	9759	3234	9090	11284	10180
贺兰县	Helan	10462	2638	9971	10698	10211
灵武市	Lingwu	24126	4441	23724	22925	22527
按企业、事业、机关分组	**Grouped by Enterprises,Institutions and Agencies**					
企业	Enterprises	204192	63991	190192	216087	201247
事业	Institutions	2448	1432	2335	2380	2267
机关	Agencies & Organizations	402	138	402	408	408
按国民经济行业分组	**Grouped by Sector**					
农、林、牧、渔业	Agriculture,Forestry,AnimalHusbandryandFishery	314	80	314	318	318
采矿业	Mining and Quarrying	42891	7879	42891	50730	50730
制造业	Manufacturing	56161	12360	55826	56090	55729
电力、燃气及水的生产和供应业	ProductionandDistributionofElectricity,GasandWater	7921	2178	7889	7872	7841
建筑业	Construction	18177	2682	15701	22606	19281
批发和零售业	Wholesale and Retail Trades	16439	10308	16232	16393	16196
交通运输、仓储和邮政业	Transport,Storage and Post	9667	3245	9405	9510	9247
住宿和餐饮业	Hotels and Catering Services	2659	1491	2649	2637	2627
信息传输、计算机服务和软件业	Information Transmission,Computer Services and Software	3983	1984	3950	3942	3908
金融业	Financial Intermediation	22756	13144	13200	22641	13129
房地产业	Real Estate	10149	4846	9885	10073	9813
租赁和商务服务业	Leasing and Business Services	7155	1502	6601	7165	6595
科学研究、技术服务和地质勘查业	ScientificResearch,TechnicalServiceandGeologicProspecting	3368	980	3240	3442	3313
水利、环境和公共设施管理业	ManagementofWaterConservancy,EnvironmentandPublicFacilities	1073	388	1073	1098	1098
居民服务和其他服务业	Services to Households and Other Services	180	77	139	183	136
教育	Education	1871	1079	1743	1901	1781
卫生、社会保障和社会福利业	Health,Social Security and Social Welfare	1118	860	1085	1099	1066
文化、体育和娱乐业	Culture,Sports and Entertainment	1616	757	1528	1629	1541
公共管理、社会保障和社会组织	Public Management and Social Organization	145	84	138	147	139

2—10 全市城镇非私营单位就业人员劳动报酬

Earning of Employed Persons in the Private Institutions of City Units

（2018）

指 标	Item	单位就业人员工资总额（万元）Total Wages of Engaged Persons (10 000yuan)	在岗职工工资总额 Total Wages of Staff and Workers	单位就业人员平均工资（元）Average Wages of Engaged Persons (yuan)	在岗职工平均工资 Average Wages of Staff and Workers
总 计	**Total**	**3032322**	**2957646**	**83353**	**87291**
按地区分组	**Grouped by Region**				
市区	City	2484727	2427213	85774	90042
兴庆区	Xingqing	1554462	1524743	94297	97722
金凤区	Jinfeng	544655	520250	74339	82676
西夏区	Xixia	385610	382220	74773	75521
永宁县	Yongning	130173	121413	63200	67459
贺兰县	Helan	125875	122079	64456	66067
灵武市	Lingwu	291546	286940	85789	87525
按企业、事业、机关分组	**Grouped by Enterprises,Institutions and Agencies**				
企业	Enterprises	1990421	1945943	81408	84956
事业	Institutions	723534	702969	87301	92560
机关	Agencies & Organizations	314262	304659	87873	91748
按国民经济行业分组	**Grouped by Sector**				
农、林、牧、渔业	Agriculture,Forestry,AnimalHusbandryandFishery	15352	15341	47974	48000
采矿业	Mining and Quarrying	588314	588314	115648	115648
制造业	Manufacturing	357953	356581	63287	63485
电力、燃气及水的生产和供应业	ProductionandDistributionofElectricity,GasandWater	253294	253028	121636	122112
建筑业	Construction	149627	135492	59908	62876
批发和零售业	Wholesale and Retail Trades	97941	97363	56467	56854
交通运输、仓储和邮政业	Transport,Storage and Post	86460	84075	71984	72516
住宿和餐饮业	Hotels and Catering Services	14822	14801	46088	46165
信息传输、计算机服务和软件业	Information Transmission,Computer Services and Software	43639	43503	109426	110021
金融业	Financial Intermediation	236814	214529	85737	119561
房地产业	Real Estate	66781	65690	64937	65532
租赁和商务服务业	Leasing and Business Services	44321	40496	49482	52881
科学研究、技术服务和地质勘查业	ScientificResearch,TechnicalServiceandGeologicProspecting	84532	83635	97141	99035
水利、环境和公共设施管理业	ManagementofWaterConservancy,EnvironmentandPublicFacilities	46412	45512	59207	60482
居民服务和其他服务业	Services to Households and Other Services	1274	1015	53083	57333
教育	Education	288622	285535	87406	89369
卫生、社会保障和社会福利业	Health,Social Security and Social Welfare	239494	237378	106541	107894
文化、体育和娱乐业	Culture,Sports and Entertainment	45146	44729	81876	84030
公共管理、社会保障和社会组织	Public Management and Social Organization	371522	350630	80510	89004

2—10 续表 1 continued

(2018)

指 标	Item	单位就业人员工资总额（万元）Total Wages of Engaged Persons (10 000yuan)	在岗职工工资总额 Total Wages of Staff and Workers	单位就业人员平均工资（元）Average Wages of Engaged Persons (yuan)	在岗职工平均工资 Average Wages of Staff and Workers
国有单位合计	**Total**	**1310834**	**1278752**	**91689**	**96051**
按地区分组	**Grouped by Region**				
市区	City	1094686	1072467	95624	99805
永宁县	Yongning	66426	62107	71866	79634
贺兰县	Helan	65098	62445	73917	75756
灵武市	Lingwu	84623	81733	81080	84830
按企业、事业、机关分组	**Grouped by Enterprises,Institutions and Agencies**				
企业	Enterprises	295016	292844	107871	108892
事业	Institutions	703694	683388	87735	93119
机关	Agencies & Organizations	311589	301987	88132	92075
按国民经济行业分组	**Grouped by Sector**				
农、林、牧、渔业	Agriculture,Forestry,AnimalHusbandryandFishery	14123	14112	49005	49035
采矿业	Mining and Quarrying	1227	1227	87000	87000
制造业	Manufacturing	2824	2736	64484	67231
电力、燃气及水的生产和供应业	ProductionandDistributionofElectricity,GasandWater	172073	171900	132854	133463
建筑业	Construction	15437	15096	78882	81381
批发和零售业	Wholesale and Retail Trades	9111	9049	98502	100325
交通运输、仓储和邮政业	Transport,Storage and Post	19749	18834	78963	80245
住宿和餐饮业	Hotels and Catering Services	2552	2552	44081	44081
信息传输、计算机服务和软件业	Information Transmission,Computer Services and Software	263	263	57261	57261
金融业	Financial Intermediation	58318	57749	130319	131038
房地产业	Real Estate	1676	1676	85520	85520
租赁和商务服务业	Leasing and Business Services	9680	7182	56215	68794
科学研究、技术服务和地质勘查业	ScientificResearch,TechnicalServiceandGeologicProspecting	51396	50973	97711	99324
水利、环境和公共设施管理业	ManagementofWaterConservancy,EnvironmentandPublicFacilities	39762	38863	58986	60468
居民服务和其他服务业	Services to Households and Other Services	379	283	66404	69122
教育	Education	275506	272664	88730	90589
卫生、社会保障和社会福利业	Health,Social Security and Social Welfare	230088	228009	108742	110075
文化、体育和娱乐业	Culture,Sports and Entertainment	36319	36118	93485	95501
公共管理、社会保障和社会组织	Public Management and Social Organization	370349	349465	80512	89022

2—10 续表 2 continued

(2018)

指 标	Item	单位就业人员工资总额（万元）Total Wages of Engaged Persons (10 000yuan)	在岗职工工资总额 Total Wages of Staff and Workers	单位就业人员平均工资（元）Average Wages of Engaged Persons (yuan)	在岗职工平均工资 Average Wages of Staff and Workers
城镇集体单位合计	**Total Urban Collective-owned**	**10896**	**10291**	**80533**	**85470**
按地区分组	**Grouped by Region**				
市区	City	6404	5904	100532	109538
永宁县	Yongning	700	594	100000	312789
贺兰县	Helan	112	112	46792	46792
灵武市	Lingwu	3680	3680	59162	59162
按企业、事业、机关分组	**Grouped by Enterprises,Institutions and Agencies**				
企业	Enterprises	7918	7313	74560	80096
事业	Institutions	2978	2978	102330	102330
按国民经济行业分组	**Grouped by Sector**				
制造业	Manufacturing	129	129	40281	40281
建筑业	Construction	1574	1574	38116	38116
批发和零售业	Wholesale and Retail Trades	187	187	69296	69296
金融业	Financial Intermediation	5280	4780	104547	117440
房地产业	Real Estate	49	49	32333	32333
租赁和商务服务业	Leasing and Business Services	700	594	100000	312789
教育	Education	785	785	112200	112200
卫生、社会保障和社会福利业	Health,Social Security and Social Welfare	2192	2192	99204	99204

2—10 续表 3 continued

(2018)

指 标	Item	单位就业人员工资总额（万元）Total Wages of Engaged Persons (10 000yuan)	在岗职工工资总额 Total Wages of Staff and Workers	单位就业人员平均工资（元）Average Wages of Engaged Persons (yuan)	在岗职工平均工资 Average Wages of Staff and Workers
其他单位合计	**Total**	**1710592**	**1668603**	**77940**	**81599**
按地区分组	**Grouped by Region**				
市区	City	1383637	1348842	79260	83483
永宁县	Yongning	63048	58712	55873	57674
贺兰县	Helan	60665	59521	56706	58291
灵武市	Lingwu	203243	201527	88656	89460
按企业、事业、机关分组	**Grouped by Enterprises,Institutions and Agencies**				
企业	Enterprises	1687487	1645787	78093	81779
事业	Institutions	16862	16603	70850	73236
机关	Agencies & Organizations	2673	2673	65507	65507
按国民经济行业分组	**Grouped by Sector**				
农、林、牧、渔业	Agriculture,Forestry,AnimalHusbandryandFishery	1229	1229	38635	38635
采矿业	Mining and Quarrying	587088	587088	115728	115728
制造业	Manufacturing	355000	353716	63291	63471
电力、燃气及水的生产和供应业	ProductionandDistributionofElectricity,GasandWater	81221	81128	103177	103466
建筑业	Construction	132615	118822	58664	61626
批发和零售业	Wholesale and Retail Trades	88643	88127	54074	54413
交通运输、仓储和邮政业	Transport,Storage and Post	66712	65241	70149	70554
住宿和餐饮业	Hotels and Catering Services	12270	12248	46529	46625
信息传输、计算机服务和软件业	Information Transmission,Computer Services and Software	43376	43239	110035	110643
金融业	Financial Intermediation	173216	152001	76506	115775
房地产业	Real Estate	65057	63965	64585	65184
租赁和商务服务业	Leasing and Business Services	33941	32720	47371	49613
科学研究、技术服务和地质勘查业	ScientificResearch,TechnicalServiceandGeologicProspecting	33136	32662	96270	98586
水利、环境和公共设施管理业	ManagementofWaterConservancy,EnvironmentandPublicFacilities	6650	6650	60563	60563
居民服务和其他服务业	Services to Households and Other Services	896	731	48934	53779
教育	Education	12331	12085	64864	67857
卫生、社会保障和社会福利业	Health,Social Security and Social Welfare	7214	7177	65639	67323
文化、体育和娱乐业	Culture,Sports and Entertainment	8827	8611	54188	55880
公共管理、社会保障和社会组织	Public Management and Social Organization	1172	1165	79755	83777

2—11 市区城镇非私营单位就业人员人数

Number of Engaged Persons in the Private Institutions of City Urban Units

(2018)

指 标	Item	单位就业人员年末人数 Number of Engaged Persons at Year-end	#女性 Female	在岗职工 Staff and Workers	单位就业人员平均人数 Average Number of Engaged Persons	在岗职工 Staff sand Worker
总 计	**Total**	**278777**	**114300**	**258990**	**289684**	**269565**
按企业、事业、机关分组	**Grouped by Enterprises,Institutions and Agencies**					
企业	Enterprises	184697	62567	171803	196574	183251
事业	Institutions	65646	39716	60535	64786	59792
机关	Agencies & Organizations	27933	11702	26192	27814	26047
按国民经济行业分组	**Grouped by Sector**					
农、林、牧、渔业	Agriculture,Forestry,Animal Husbandry and Fishery	1658	537	1658	1705	1705
采矿业	Mining and Quarrying	43025	7905	43025	50871	50871
制造业	Manufacturing	31488	7882	31206	32255	31941
电力、燃气及水的生产和供应业	Production and Distribution of Electricity,Gas and Water	16730	4793	16693	16924	16854
建筑业	Construction	14094	2610	11665	17291	14371
批发和零售业	Wholesale and Retail Trades	15963	10098	15752	15904	15703
交通运输、仓储和邮政业	Transport, Storage and Post	8599	3152	8180	8477	8129
住宿和餐饮业	Hotels and Catering Services	3168	1882	3158	3168	3158
信息传输、计算机服务和软件业	Information Transmission,Computer Services and Software	4035	2005	4002	3988	3954
金融业	Financial Intermediation	24272	13710	15853	24201	15850
房地产业	Real Estate	9010	4362	8779	8980	8751
租赁和商务服务业	Leasing and Business Services	7651	1719	7092	7659	7085
科学研究、技术服务和地质勘查业	Scientific Research,Technical Service and Geologic Prospecting	7993	2631	7731	8037	7785
水利、环境和公共设施管理业	Management of Water Conservancy,Environment and Public Facilities	7216	3063	7004	7410	7096
居民服务和其他服务业	Services to Households and Other Services	223	100	166	225	162
教育	Education	24543	15384	23476	24429	23377
卫生、社会保障和社会福利业	Health,Social Security and Social Welfare	19390	14225	19147	19208	18963
文化、体育和娱乐业	Culture,Sports and Entertainment	5227	2575	5064	5244	5081
公共管理、社会保障和社会组织	Public Management and Social Organization	34492	15667	29339	33708	28729

2—11 续表 1 continued

（2018）

指 标	Item	单位就业人员年末人数 Number of Engaged Persons at Year-end	#女性 Female	在岗职工 Staff and Workers	单位就业人员平均人数 Average Number of Engaged Persons	在岗职工 Staff sand Workers
国有单位合计	**Total State-owned Units**	**114846**	**58283**	**107749**	**114478**	**107456**
按企业、事业、机关分组	**Grouped by Enterprises,Institutions and Agencies**					
企业	Enterprises	23328	8077	22983	23924	23567
事业	Institutions	63705	38537	58694	62860	57962
机关	Agencies & Organizations	27813	11669	26072	27694	25927
按国民经济行业分组	**Grouped by Sector**					
农、林、牧、渔业	Agriculture,Forestry,AnimalHusbandryandFishery	1345	457	1345	1388	1388
采矿业	Mining and Quarrying	134	26	134	141	141
制造业	Manufacturing	438	170	407	438	407
电力、燃气及水的生产和供应业	ProductionandDistributionofElectricity,GasandWater	12486	3376	12470	12643	12592
建筑业	Construction	1570	265	1517	1957	1855
批发和零售业	Wholesale and Retail Trades	738	305	722	739	723
交通运输、仓储和邮政业	Transport,Storage and Post	2124	955	1899	2054	1901
住宿和餐饮业	Hotels and Catering Services	557	412	557	579	579
信息传输、计算机服务和软件业	Information Transmission,Computer Services and Software	52	21	52	46	46
金融业	Financial Intermediation	3734	1973	3734	3774	3774
房地产业	Real Estate	197	97	197	196	196
租赁和商务服务业	Leasing and Business Services	621	275	615	619	614
科学研究、技术服务和地质勘查业	ScientificResearch,TechnicalServiceandGeologicProspecting	4832	1738	4698	4782	4659
水利、环境和公共设施管理业	ManagementofWaterConservancy,EnvironmentandPublicFacilities	6512	2819	6300	6687	6373
居民服务和其他服务业	Services to Households and Other Services	57	24	41	57	41
教育	Education	22866	14359	21918	22745	21801
卫生、社会保障和社会福利业	Health,Social Security and Social Welfare	18513	13549	18302	18345	18132
文化、体育和娱乐业	Culture,Sports and Entertainment	3666	1844	3583	3670	3587
公共管理、社会保障和社会组织	Public Management and Social Organization	34404	15618	29258	33618	28647

2—11 续表 2 continued

(2018)

指 标	Item	单位就业人员年末人数 Number of Engaged Persons at Year-end	#女性 Female	在岗职工 Staff and Workers	单位就业人员平均人数 Average Number of Engaged Persons	在岗职工 Staff sand Workers
城镇集体单位合计	**Total Urban Collective-owned**	635	406	537	637	539
按企业、事业、机关分组	**Grouped by Enterprises,Institutions and Agencies**					
企业	Enterprises	553	338	455	555	457
事业	Institutions	82	68	82	82	82
按国民经济行业分组	**Grouped by Sector**					
制造业	Manufacturing	8	6	8	8	8
批发和零售业	Wholesale and Retail Trades	27	12	27	27	27
金融业	Financial Intermediation	503	315	405	505	407
房地产业	Real Estate	15	5	15	15	15
教育	Education	70	60	70	70	70
卫生、社会保障和社会福利业	Health,Social Security and Social Welfare	12	8	12	12	12

2—11 续表 3 continued

（2018）

指 标	Item	单位就业人员年末人数 Number of Engaged Persons at Year-end	#女性 Female	在岗职工 Staff and Workers	单位就业人员平均人数 Average Number of Engaged Persons	在岗职工 Staff sand Workers
其他单位合计	**Total Other Units**	163296	55611	150704	174569	161570
按企业、事业、机关分组	**Grouped by Enterprises,Institutions and Agencies**					
企业	Enterprises	160816	54152	148365	172095	159227
事业	Institutions	1859	1111	1759	1844	1748
机关	Agencies & Organizations	120	33	120	120	120
按国民经济行业分组	**Grouped by Sector**					
农、林、牧、渔业	Agriculture,Forestry,AnimalHusbandryandFishery	313	80	313	317	317
采矿业	Mining and Quarrying	42891	7879	42891	50730	50730
制造业	Manufacturing	31042	7706	30791	31809	31526
电力、燃气及水的生产和供应业	ProductionandDistributionofElectricity,GasandWater	4244	1417	4223	4281	4262
建筑业	Construction	12524	2345	10148	15334	12516
批发和零售业	Wholesale and Retail Trades	15198	9781	15003	15138	14953
交通运输、仓储和邮政业	Transport，Storage and Post	6475	2197	6281	6423	6228
住宿和餐饮业	Hotels and Catering Services	2611	1470	2601	2589	2579
信息传输、计算机服务和软件业	Information Transmission,Computer Services and Software	3983	1984	3950	3942	3908
金融业	Financial Intermediation	20035	11422	11714	19922	11669
房地产业	Real Estate	8798	4260	8567	8769	8540
租赁和商务服务业	Leasing and Business Services	7030	1444	6477	7040	6471
科学研究、技术服务和地质勘查业	ScientificResearch,TechnicalServiceandGeologicProspecting	3161	893	3033	3255	3126
水利、环境和公共设施管理业	ManagementofWaterConservancy,EnvironmentandPublicFacilities	704	244	704	723	723
居民服务和其他服务业	Services to Households and Other Services	166	76	125	168	121
教育	Education	1607	965	1488	1614	1506
卫生、社会保障和社会福利业	Health,Social Security and Social Welfare	865	668	833	851	819
文化、体育和娱乐业	Culture,Sports and Entertainment	1561	731	1481	1574	1494
公共管理、社会保障和社会组织	Public Management and Social Organization	88	49	81	90	82

2—12 市区城镇非私营单位就业人员劳动报酬

Revenue of Engaged Persons in the Private Institutions of City Urban Units

(2018)

指 标	Item	单位就业人员工资总额(万元) Total Wages of Engaged Persons (10 000yuan)	在岗职工工资总额 Total Wages of Staff and Workers	单位就业人员平均工资(元) Average Wages of Engaged Persons (yuan)	在岗职工平均工资 Average Wages of Staff and Workers
总 计	**Total**	**2484727**	**2427213**	**85774**	**90042**
按企业、事业、机关分组	**Grouped by Enterprises,Institutions and Agencies**				
企业	Enterprises	1647510	1610863	83811	87905
事业	Institutions	584144	569556	90165	95256
机关	Agencies & Organizations	249910	243660	89850	93546
按国民经济行业分组	**Grouped by Sector**				
农、林、牧、渔业	Agriculture,Forestry,AnimalHusbandryandFishery	9363	9363	54915	54915
采矿业	Mining and Quarrying	588314	588314	115648	115648
制造业	Manufacturing	176964	175762	54864	55027
电力、燃气及水的生产和供应业	ProductionandDistributionofElectricity,GasandWater	212046	211852	125293	125698
建筑业	Construction	112560	100770	65097	70120
批发和零售业	Wholesale and Retail Trades	88806	88275	55839	56216
交通运输、仓储和邮政业	Transport,Storage and Post	55916	54007	65962	66437
住宿和餐饮业	Hotels and Catering Services	14637	14616	46204	46282
信息传输、计算机服务和软件业	Information Transmission,Computer Services and Software	43639	43503	109426	110021
金融业	Financial Intermediation	212247	194421	87702	122663
房地产业	Real Estate	55598	54648	61913	62447
租赁和商务服务业	Leasing and Business Services	38432	37194	50178	52497
科学研究、技术服务和地质勘查业	ScientificResearch,TechnicalServiceandGeologicProspecting	77899	77014	96925	98926
水利、环境和公共设施管理业	ManagementofWaterConservancy,EnvironmentandPublicFacilities	43401	42501	58570	59894
居民服务和其他服务业	Services to Households and Other Services	1204	945	53498	58302
教育	Education	216116	213115	88467	91164
卫生、社会保障和社会福利业	Health,Social Security and Social Welfare	213522	212006	111163	111800
文化、体育和娱乐业	Culture,Sports and Entertainment	43117	42734	82221	84105
公共管理、社会保障和社会组织	Public Management and Social Organization	280948	266176	83348	92651

2—12 续表 1 continued

(2018)

指 标	Item	单位就业人员工资总额(万元) Total Wages of Engaged Persons (10 000yuan)	在岗职工工资总额 Total Wages of Staff and Workers	单位就业人员平均工资(元) Average Wages of Engaged Persons (yuan)	在岗职工平均工资 Average Wages of Staff and Workers
国有单位合计	**Total Other Units**	1094686	1072467	95624	99805
按企业、事业、机关分组	**Grouped by Enterprises,Institutions and Agencies**				
企业	Enterprises	275456	273905	115138	116224
事业	Institutions	570093	555674	90693	95869
机关	Agencies & Organizations	249138	242888	89961	93681
按国民经济行业分组	**Grouped by Sector**				
农、林、牧、渔业	Agriculture,Forestry,AnimalHusbandryandFishery	8137	8137	58622	58622
采矿业	Mining and Quarrying	1227	1227	87000	87000
制造业	Manufacturing	2824	2736	64484	67231
电力、燃气及水的生产和供应业	ProductionandDistributionofElectricity,GasandWater	169749	169604	134263	134692
建筑业	Construction	15437	15096	78882	81381
批发和零售业	Wholesale and Retail Trades	7490	7437	101348	102858
交通运输、仓储和邮政业	Transport,Storage and Post	15536	14624	75640	76925
住宿和餐饮业	Hotels and Catering Services	2552	2552	44081	44081
信息传输、计算机服务和软件业	Information Transmission,Computer Services and Software	263	263	57261	57261
金融业	Financial Intermediation	51537	51537	136558	136558
房地产业	Real Estate	1676	1676	85520	85520
租赁和商务服务业	Leasing and Business Services	5092	5075	82262	82648
科学研究、技术服务和地质勘查业	ScientificResearch,TechnicalServiceandGeologicProspecting	46444	46034	97122	98807
水利、环境和公共设施管理业	ManagementofWaterConservancy,EnvironmentandPublicFacilities	39208	38308	58632	60110
居民服务和其他服务业	Services to Households and Other Services	379	283	66404	69122
教育	Education	204324	201490	89833	92422
卫生、社会保障和社会福利业	Health,Social Security and Social Welfare	207951	206470	113355	113870
文化、体育和娱乐业	Culture,Sports and Entertainment	34607	34429	94298	95982
公共管理、社会保障和社会组织	Public Management and Social Organization	280253	265489	83364	92676

2—12 续表 2 continued

(2018)

指 标	Item	单位就业人员工资总额(万元) Total Wages of Engaged Persons (10 000yuan)	在岗职工工资总额 Total Wages of Staff and Workers	单位就业人员平均工资(元) Average Wages of Engaged Persons (yuan)	在岗职工平均工资 Average Wages of Staff and Workers
城镇集体单位合计	**Total Urban Collective-owned**	**6404**	**5904**	**100532**	**109538**
按企业、事业、机关分组	**Grouped by Enterprises, Institutions and Agencies**				
企业	Enterprises	5532	5032	99672	110109
事业	Institutions	872	872	106354	106354
按国民经济行业分组	**Grouped by Sector**				
制造业	Manufacturing	17	17	20750	20750
批发和零售业	Wholesale and Retail Trades	187	187	69296	69296
金融业	Financial Intermediation	5280	4780	104547	117440
房地产业	Real Estate	49	49	32333	32333
教育	Education	785	785	112200	112200
卫生、社会保障和社会福利业	Health, Social Security and Social Welfare	87	87	72250	72250

2—12 续表 3 continued

(2018)

指　标	Item	单位就业人员工资总额（万元）Total Wages of Engaged Persons (10 000yuan)	在岗职工工资总额 Total Wages of Staff and Workers	单位就业人员平均工资（元）Average Wages of Engaged Persons (yuan)	在岗职工平均工资 Average Wages of Staff and Workers
其他单位合计	**Total Other Units**	1383637	1348842	79260	83483
按企业、事业、机关分组	**Grouped by Enterprises,Institutions and Agencies**				
企业	Enterprises	1366523	1331926	79405	83650
事业	Institutions	13178	13009	71465	74424
机关	Agencies & Organizations	772	772	64350	64350
按国民经济行业分组	**Grouped by Sector**				
农、林、牧、渔业	Agriculture,Forestry,AnimalHusbandryandFishery	1226	1226	38685	38685
采矿业	Mining and Quarrying	587088	587088	115728	115728
制造业	Manufacturing	174123	173009	54740	54878
电力、燃气及水的生产和供应业	ProductionandDistributionofElectricity,GasandWater	42297	42247	98802	99125
建筑业	Construction	97122	85673	63338	68451
批发和零售业	Wholesale and Retail Trades	81129	80652	53593	53937
交通运输、仓储和邮政业	Transport, Storage and Post	40379	39383	62867	63236
住宿和餐饮业	Hotels and Catering Services	12085	12064	46678	46776
信息传输、计算机服务和软件业	Information Transmission,Computer Services and Software	43376	43239	110035	110643
金融业	Financial Intermediation	155431	138104	78020	118351
房地产业	Real Estate	53873	52923	61436	61971
租赁和商务服务业	Leasing and Business Services	33340	32120	47358	49636
科学研究、技术服务和地质勘查业	ScientificResearch,TechnicalServiceandGeologicProspecting	31455	30980	96635	99105
水利、环境和公共设施管理业	ManagementofWaterConservancy,EnvironmentandPublicFacilities	4193	4193	57997	57997
居民服务和其他服务业	Services to Households and Other Services	825	661	49119	54636
教育	Education	11006	10839	68192	71974
卫生、社会保障和社会福利业	Health,Social Security and Social Welfare	5485	5449	64449	66532
文化、体育和娱乐业	Culture,Sports and Entertainment	8509	8305	54062	55588
公共管理、社会保障和社会组织	Public Management and Social Organization	694	687	77156	83720

主要统计指标解释

【总人口】包括有常住户口和未落常住户口的人,以及被注销户口的押犯、劳改、劳教人员,但不包括现役军人及人民武装警察。

【总户数】包括家庭户和集体户。

【农业人口和非农业人口】(1)凡在农村从事农、林、牧、渔业的劳动者,以及乡和乡以下所办企业中不直接从事农业的人口。(2)国营的农、林、牧、渔、园艺场,拖拉机站在编的行政管理人员,文教卫生、财贸、邮电等人员,以及附属的独立核算的工业企业中常年不从事农业生产的国家职工,统计为非农业人口;这些单位的其他人员,都统计为农业人口。(3)住在农村由职工、军人抚养的家属、退休职工等国家定量粮的统计为农业人口。

(4)农业与非农业之间不好区分的,一般统计为农业人口。

【性别比】男性人数与女性人数之比(女=100)。

性别比=[男性人数 ÷ 女性人数] × 100%

【年平均人口数】指一年之中各个时点的平均生存人数。

年平均人口数=[年初人口数+年末人口数] ÷ 2

【出生人数】指在一定时期内(通常为一年内)出生有生命现象(即有心跳和呼吸)婴儿数的总和。

【出生率】指某个地区一定时期内的出生人数与同期平均人数之比。

出生率=[年出生人数 ÷ 年平均人数] × 1000‰

【死亡率】指某个地区一定时期内的死亡人数与同期平均人数之比。

死亡率=[年死亡人数 ÷ 年平均人数] × 1000‰

【人口自然增长率】在一定时期内(通常为一年)人口自然增加数(出生人数减死亡人数)占该时期内平均人数之比,一般用千分率表示。

人口自然增长率=[本年出生人数-本年死亡人数] ÷ 年平均人数 × 1000‰

【就业人员期末数】指期末最后一日24时在本单位中工作,并取得工资或其他形式劳动报酬的人员数。该指标为时点指标,不包括最后一日当天及以前已经与单位解除劳动合同关系的人员,是在岗职工、劳务派遣人员及其他从业人员之和。不包括:(1)离开本单位仍保留劳动关系,并定期领取生活费的人员;(2)利用课余时间打工的学生及在本单位实习的各类在校学生;(3)本单位因劳务外包而使用的人员。

【在岗职工】指在本单位工作且与本单位签订劳动合同,并由单位支付各项工资和社会保险、住房公积金的人员,以及上述人员中由于学习、病伤、产假等原因暂未工作仍由单位支付工资的人员。在岗职工还包括:(1)应订立劳动合同而未订立劳动合同人员(如使用的农村户籍人员);(2)处于试用期人员;(3)编制外招用的人员;(4)派往外单位工作,但工资仍由本单位发放的人员(如挂职锻炼、外派工作等情况)。不包括:(1)本单位使用的且由本单位直接支付工资的劳务派遣人员,应统计在本单位"劳务派遣人员"指标中;(2)本单位因劳务外包而使用的人员,由承包劳务的单位统计为在岗职工。

【就业人员工资总额】本单位在报告期内

(季度或年度)直接支付给本单位全部从业人员的劳动报酬总额。包括计时工资、计件工作、资金、津贴和补贴、加班加点工资、特殊情况下支付的工资,是在岗职工工资总额、劳务派遣人员工资总额和其他从业人员工资总额之和。工资总额是税前工资,包括单位从个人工资中直接为其代扣或代缴的房费、水费、电费、住房公积金和社会保险基金个人缴纳部分等。工资总额不论是计入成本的还是不计入成本的,不论是以货币形式支付的还是以实物形式支付的,均应列入工资总额。

【在岗职工工资总额】指本单位在报告期内直接支付给本单位全部在岗职工的劳动报酬总额。在岗职工工资总额由基本工资、绩效工资、工资性津贴和补贴、其他工资四部分组成。工资总额不包括病假、事假等情况的扣款。

【在岗职工平均工资】指本单位在报告期内在岗职工的平均工资水平。

在岗职工平均工资=[报告期在岗职工工资总额 ÷ 报告期在岗职工平均人数]

农　业

Agriculture

3—1 主要年份农林牧渔业总产值

Gross Output Value of Agriculture, Forestry, Animal Husbandry and Fishery in Main Years

单位:万元　　（按当年价格计算 caculated at current prices）　　（10 000 yuan）

年 份 Year	农、林、牧渔业总产值 Gross Output of Agriculture, Forestry,Animal Husbandry and Fishery	农业 Agriculture	#种植业 Farming	林业 Forestry	牧业 Animal Husbandry	渔业 Fishery
1949	1878	1594	1513	9	265	11
1950	2422	2022	1939	11	378	11
1951	3570	3065	2962	17	475	13
1952	3044	2616	2517	19	397	12
1953	3342	2901	2784	27	402	12
1954	3435	3029	2886	23	371	13
1955	4154	3711	3549	29	401	13
1956	4107	3701	3487	48	345	13
1957	3658	3220	3049	49	376	13
1958	4197	3742	3570	76	366	13
1959	4196	3678	3487	83	419	17
1960	3329	2784	2586	115	412	18
1961	3780	3160	2946	108	492	20
1962	3667	3035	2874	108	513	12
1963	5087	4171	3962	239	661	16
1964	4952	3961	3766	246	728	17
1965	6347	5075	4803	404	850	21
1966	7293	5853	5550	506	915	19
1967	6338	5122	4831	352	846	18
1968	6043	4757	4476	409	860	17
1969	7061	5761	5436	412	873	16
1970	8167	6240	5898	840	1068	18
1971	10117	7651	7232	183	2262	20
1972	10390	7159	6695	195	2897	16
1973	12292	8987	8716	245	2917	4
1974	10957	9527	9253	126	1146	4
1975	11579	9802	9529	178	1433	7
1976	9872	7946	7686	170	1593	9
1977	10979	9240	8773	190	1376	5
1978	12931	11149	10382	272	1504	6
1979	14735	12464	11102	430	1835	6
1980	17428	15446	15041	435	1532	15

3—1 续表 continued

单位:万元　　(按当年价格计算 caculated at current prices)　　(10 000 yuan)

年份 Year	农、林、牧渔业总产值 Gross Output of Agriculture,Forestry, Animal Husbandry and Fishery	农业 Agriculture	#种植业 Farming	林业 Forestry	牧业 Animal Husbandry	渔业 Fishery
1981	22347	19655	18098	446	2214	32
1982	27746	24721	23168	544	2428	53
1983	29844	26291	24529	855	2589	109
1984	32730	27116	26868	1598	3816	200
1985	34486	26068	25379	1606	6458	354
1986	40376	31413	30729	1104	7238	621
1987	47899	37709	36749	955	8095	1140
1988	62901	45291	44079	1290	14344	1976
1989	70137	53103	51638	1581	12840	2613
1990	79146	55864	55471	4245	15706	3331
1991	84975	61169	60275	5104	15315	3387
1992	88628	62770	61559	3995	17458	4405
1993	95826	68064	66106	1003	21342	5417
1994	136904	96774	93243	974	32398	6758
1995	184665	126159	123673	1167	49168	8171
1996	207459	144688	141700	1088	53255	8428
1997	229701	157343	154171	1166	61927	9265
1998	240193	166193	162779	1149	62415	10436
1999	232177	153460	150435	4182	64212	10323
2000	234643	148279	147025	4450	69435	12479
2001	248946	149497	147110	4271	80762	14416
2002	253094	149833	148000	4351	83030	15880
2003	251400	141388	141250	7087	85826	17099
2004	310885	184096	184096	4596	97939	24254
2005	350995	208512	208512	5148	101516	27063
2006	388734	238321	238321	4984	104641	29005
2007	449199	278391	278391	6941	115735	22794
2008	553292	332569	332569	8935	151560	32474
2009	603492	385219	385219	11320	138263	36747
2010	747284	474072	474072	12531	183407	42010
2011	876404	552911	552911	13492	218674	50521
2012	951769	591855	591855	14732	235317	62908
2013	1037642	639207	639207	20262	263083	61063
2014	1064148	640167	640167	13123	285783	64936
2015	1158803	754021	754021	13177	257637	67490
2016	1166414	744467	744467	10576	266881	73862
2017	1236546	752550	752550	9684	319487	78870
2018	1372820	834896	834896	10944	363548	82490

3—2 主要年份农林牧渔业总产值指数

Agriculture, Forestry, Animal Husbandry and Fishery Related Indices in Main Years

单位:% （按可比价格计算,以上年为 100 caculated at constant prices,preceding year=100） (%)

年 份 Year	农、林、牧渔业总产值 Gross Output of Agriculture,Forestry, Animal Husbandry and Fishery	农业 Agriculture	林业 Forestry	牧业 Animal Husbandry	渔业 Fishery
1950	106.0	103.5	80.0	119.9	100.0
1951	136.0	138.9	214.0	122.8	267.5
1952	110.4	110.9	165.2	106.5	77.2
1953	110.8	112.2	174.7	101.3	105.8
1954	109.3	111.0	100.7	100.0	57.7
1955	114.3	116.2	124.1	101.5	123.2
1956	104.8	104.3	298.5	89.2	240.5
1957	86.0	83.4	93.5	104.6	31.3
1958	118.3	118.9	166.8	100.5	178.4
1959	100.8	97.4	128.3	113.5	76.9
1960	80.8	74.5	127.7	97.3	99.5
1961	92.8	95.8	59.3	101.4	46.5
1962	119.5	117.5	130.6	127.6	220.1
1963	143.6	137.8	236.5	129.4	181.1
1964	98.3	94.9	104.7	110.0	44.3
1965	134.3	131.2	171.8	118.6	164.1
1966	109.7	110.1	114.1	103.2	66.4
1967	92.3	94.5	79.1	97.7	69.4
1968	95.7	90.9	113.9	101.2	143.9
1969	105.7	112.6	88.0	95.6	77.3
1970	103.9	93.9	153.6	103.7	174.5
1971	97.3	105.1	21.1	178.4	13.8
1972	101.0	93.3	108.0	121.4	511.2
1973	106.4	115.0	105.1	88.9	97.3
1974	784.5	125.8	63.9	51.8	60.8
1975	13.8	100.5	137.7	119.4	215.5
1976	78.9	74.3	87.9	102.0	63.8
1977	116.2	122.6	116.9	90.6	133.1
1978	110.6	111.5	138.3	100.2	100.0
1979	99.3	97.5	111.4	103.9	104.8
1980	112.9	118.4	87.3	95.0	118.2

3—2 续表 continued

单位:%　　（按可比价格计算,以上年为 100 caculated at constant prices,preceding year=100）　　(%)

年 份 Year	农、林、牧渔业总产值 Gross Output of Agriculture, Forestry, Animal Husbandry and Fishery	农业 Agriculture	林业 Forestry	牧业 Animal Husbandry	渔业 Fishery
1981	107.9	108.4	102.0	106.0	106.0
1982	118.5	117.9	143.5	109.1	109.1
1983	106.4	104.2	125.6	111.5	111.5
1984	114.6	108.7	158.4	125.1	125.1
1985	103.8	99.6	91.1	140.8	140.8
1986	105.9	108.5	73.7	111.0	111.0
1987	101.2	101.7	80.8	103.0	103.0
1988	108.9	109.8	85.3	107.1	107.1
1989	105.3	106.1	98.6	97.8	97.8
1990	106.3	96.2	223.1	125.0	125.0
1991	104.6	103.0	130.6	98.7	98.7
1992	96.8	97.4	69.0	106.9	106.9
1993	100.9	104.7	16.4	116.3	116.3
1994	106.6	104.6	80.6	113.2	113.2
1995	109.3	103.4	105.7	127.5	127.5
1996	110.0	109.5	96.9	112.4	112.4
1997	108.7	108.3	114.7	109.3	109.3
1998	107.1	104.8	109.8	110.8	110.8
1999	104.4	100.6	203.2	105.6	105.6
2000	106.3	103.5	115.1	110.6	110.6
2001	105.0	102.3	92.2	110.3	110.3
2002	102.7	99.3	109.0	106.0	106.0
2003	96.8	93.8	171.7	95.8	95.8
2004	109.6	112.9	79.1	103.6	103.6
2005	105.5	107.2	112.0	102.7	102.7
2006	108.4	110.2	207.7	102.9	102.9
2007	107.5	114.3	96.8	103.1	103.1
2008	108.7	109.7	118.1	102.6	102.6
2009	108.1	108.2	126.7	104.4	104.4
2010	107.2	103.5	179.5	114.3	114.3
2011	105.3	104.7	107.7	105.1	105.1
2012	106.0	104.4	109.2	107.5	107.5
2013	104.3	102.3	137.5	102.7	102.7
2014	105.6	103.9	64.8	112.0	112.0
2015	104.0	108.0	85.7	94.8	94.8
2016	104.3	104.3	77.3	104.1	104.1
2017	104.4	103.8	88.9	106.7	106.7
2018	103.7	103.1	112.4	106.2	98.5

3—3 主要年份农林牧渔业总产值指数

Agriculture, Forestry, Animal Husbandry and Fishery Related Indices in Main Years

单位:%　　（按可比价格计算,以 1952 为 100 caculated at constant prices,1952=100）　　（%）

年　份 Year	农、林、牧渔业总产值 Gross Output of Agriculture, Forestry, Animal Husbandry and Fishery	农业 Agriculture	林业 Forestry	牧业 Animal Husbandry	渔业 Fishery
1953	110.8	112.2	174.4	101.4	87.7
1954	121.1	124.6	175.6	101.3	100.0
1955	138.4	144.7	218.0	102.9	103.7
1956	145.1	150.9	650.6	91.8	108.6
1957	124.7	125.9	608.3	95.9	108.6
1958	147.6	149.8	1014.8	96.4	108.6
1959	148.7	145.8	1302.0	109.4	136.3
1960	120.2	108.6	1662.6	106.5	140.0
1961	111.5	104.1	986.4	107.9	131.3
1962	133.3	122.3	1288.1	137.8	88.6
1963	191.4	168.5	3045.9	178.3	127.6
1964	188.2	159.9	3188.8	196.1	127.6
1965	252.6	209.7	5476.7	232.6	164.7
1966	277.1	230.9	6248.6	240.1	161.7
1967	255.9	218.2	4944.5	234.7	149.4
1968	244.9	198.3	5629.1	237.4	137.0
1969	258.9	223.4	4955.4	226.9	137.0
1970	268.9	209.7	7613.2	235.4	128.4
1971	261.6	220.5	1608.6	419.7	108.6
1972	264.2	205.6	1737.5	509.7	75.3
1973	281.0	236.4	1826.5	453.3	16.3
1974	2204.8	297.3	1167.3	234.6	16.9
1975	303.8	298.8	1607.6	280.2	34.5
1976	239.7	221.9	1412.5	285.7	46.3
1977	278.5	272.0	1651.3	258.8	25.9
1978	320.5	307.9	2851.8	276.9	25.9
1979	318.1	300.3	3177.7	287.7	27.2
1980	359.2	355.4	2775.3	273.4	32.1

3—3 续表 continued

单位:%　　(按可比价格计算,以 1952 为 100 caculated at constant prices,1952=100)　　(%)

年　份 Year	农、林、牧渔业总产值 Gross Output of Agriculture,Forestry, Animal Husbandry and Fishery	农业 Agriculture	林业 Forestry	牧业 Animal Husbandry	渔业 Fishery
1981	387.5	385.4	2831.8	289.8	66.7
1982	459.1	454.5	4063.5	316.2	153.1
1983	488.4	473.3	5103.5	352.5	197.5
1984	559.8	514.5	8082.4	441.0	396.3
1985	580.8	512.6	7361.2	621.1	611.1
1986	615.0	556.1	5425.9	689.5	912.4
1987	622.1	565.7	4384.7	710.1	1459.3
1988	677.4	621.3	3741.2	760.2	2312.4
1989	713.0	659.4	3687.1	743.3	3237.0
1990	757.8	634.0	8227.1	928.9	3864.2
1991	792.9	652.7	10748.2	916.4	4180.3
1992	767.5	635.7	7411.8	979.8	4834.6
1993	774.2	665.5	1214.1	1139.7	5497.5
1994	824.9	696.1	978.8	1290.0	6156.8
1995	902.0	719.9	1034.1	1644.2	6842.0
1996	991.8	788.5	1002.4	1847.7	7156.8
1997	1077.8	854.1	1149.4	2018.9	7802.5
1998	1154.5	895.4	1262.4	2236.1	9081.5
1999	1205.3	900.8	2564.7	2361.7	11597.5
2000	1280.6	932.5	2952.9	2612.5	12837.0
2001	1344.9	953.5	2723.5	2880.2	14086.4
2002	1380.6	947.1	2969.4	3054.0	15977.8
2003	1336.8	888.0	5097.7	2925.0	17181.5
2004	1465.7	1002.1	4032.9	3029.0	20791.4
2005	1546.2	1074.3	4517.0	3110.2	21799.7
2006	1676.0	1184.0	9381.4	3199.2	23729.0
2007	1802.1	1353.4	9082.1	3297.7	25432.8
2008	1958.3	1484.2	10725.0	3383.4	30529.5
2009	2116.9	1605.9	13588.6	3532.3	33002.4
2010	2277.8	1662.2	24391.6	4037.4	36731.6
2011	2398.6	1740.3	26269.7	5692.8	40074.2
2012	2542.5	1816.8	28686.6	6119.7	44442.3
2013	2651.8	1858.6	39444.0	6284.9	51242.0
2014	2800.3	1931.1	25559.7	7039.1	54572.7
2015	2912.3	2085.6	21904.7	6673.1	56701.0
2016	3037.5	1612.2	22802.8	7353.8	59422.6
2017	3171.2	1673.5	20271.7	7846.5	61145.9
2018	3288.5	1725.4	22785.4	8333.0	60228.7

3—4 主要年份农民生活情况及主要农产品产量

Farmers Living Conditions and Output of Major Farm Products in Main Years

（按可比价格计算，以 1952 为 100 caculated at constant prices,1952=100）

年 份 Year	农民人均 纯收入 （元） Per Capital Net Income of Rural Households （yuan）	农村居民人均 生活消费支出 （元） Per Capital Consumptionxpend iture of Rural Households （yuan）	农民人均 生活用房 （平方米） Per Capita Living Space of Rural Households （sq.m）	粮食 产量 （吨） Grain Yield （ton）	肉类 产量 （吨） Mea Yield （ton）	牛奶 产量 （吨） Cow Milk Yield （ton）	禽蛋 产量 （吨） Poultry Eggs Yield （ton）	蔬菜 产量 （吨） Vegetables Yield（ton）	水果 产量 （吨） Fruits Yield （ton）	水产品 产量 （吨） Aquatic Products Yield （ton）
1978	131	103	10.19	310876	2678	2216			8516	97
1979	157	116	11.00	284150	2916	984			10174	101
1980	201	155	11.81	342624	3724	2739			8070	113
1981	298	191	12.61	397025	4281	2838			10110	188
1982	442	273	13.43	442365	4097	3500			9413	296
1983	447	276	14.24	462195	5473	4157			9339	466
1984	478	304	15.05	484005	4666	5651			12925	747
1985	488	380	15.88	429065	6203	8081			15551	1214
1986	573	457	16.36	480097	11070	11255	5741		1596	1824
1987	658	536	16.85	472011	10794	13432	5512		19031	2898
1988	727	576	17.34	514213	12560	15917	5769		19761	4647
1989	859	727	18.22	540498	13133	18947	6361		25382	6525
1990	934	765	18.28	589904	12926	24057	6516	282312	22273	7280
1991	971	765	19.02	612797	17014	29269	6215	273444	9417	7955
1992	977	785	19.27	578382	19108	35835	6755	249556	27050	9166
1993	1016	914	20.13	602581	20654	38438	7118	269711	31900	10419
1994	1336	1109	20.11	659909	23188	48050	9030	270407	28262	11738
1995	1683	1449	19.75	685534	30364	62858	11407	336380	41670	12813
1996	2212	1849	22.03	779537	34242	74558	13148	370634	46293	13602
1997	2578	2147	24.09	815924	35986	77501	14880	390504	46293	15195
1998	2811	1945	25.27	885305	41338	71216	17667	431349	46115	17182
1999	2657	1948	26.41	914116	45645	73415	17761	430633	62880	22044
2000	2712	1886	27.26	823967	46516	78903	19975	572113	62312	25823
2001	2858	2009	27.19	847511	52763	104822	21059	510440	76658	33337
2002	2932	1902	27.27	844114	54777	113842	21303	520652	64343	31326
2003	2984	2224	28.40	684527	58795	140134	20674	562710	86525	32833
2004	3324	2510	28.56	801508	52597	165329	11203	526949	92303	37615
2005	3493	2836	31.17	834345	51623	213294	11340	573445	113285	39405
2006	3800	2902	33.94	879841	50202	222775	9347	685197	111457	42961
2007	4303	3576	35.48	827505	39295	275678	14759	778551	123543	33734
2008	4917	4119	35.76	886219	42973	335385	14454	994344	165343	44163
2009	5389	4817	38.33	913417	46614	318801	15049	1113214	188695	45926
2010	6161	5394	38.90	879142	49633	354098	16512	1269280	187640	49510
2011	7070	6707	39.92	861547	49772	387525	15589	1378422	202848	53313
2012	8068	7089	44.69	861547	49744	401076	21094	1411762	233491	60323
2013	8830	8631	37.14	852983	52785	416489	15492	1428116	252379	65522
2014	10275	9334	36.96	803311	50916	534254	20334	1446217	270736	68597
2015	11148	10119	36.78	834490	49868	493392	22287	1605566	287716	71098
2016	12037	11061	36.48	835718	51510	471819	21946	1673320	300467	73669
2017	13087	11507	37.28	832900	64063	504037	38293	1567391	207188	73739
2018	14160	12322	34.20	824241	63492	539463	38322	1520669	206480	71627

注：2014 年由于城乡一体化指标变更农民人均纯收入改为农村居民人均可支配收入。

a）Farmers' Per capita net income of rural residents was changed to the capita disposable of rural residents in 2014.

3—5 农林牧渔业增加值

单位:万元 (2018)

指 标	Item	银川市 Yinchuan
总产值	**Gross Output Value**	**1372820**
农业	Agriculture	834896
林业	Forestry	10944
牧业	Animal Husbandry	363548
渔业	Fishery	82490
农林牧渔服务业	Output Value of Services for Agriculture,Forestry, Animal Husbandry and Fishery	80942
增加值	**Added Value**	**734596**
农业	Agriculture	503361
林业	Forestry	3819
牧业	Animal Husbandry	144937
渔业	Fishery	30722
农林牧渔服务业	Output Value of Services for Agriculture,Forestry, Animal Husbandry and Fishery	51757

Value-added of Agriculture, Forestry, Animal Husbandry and Fishery

(10 000yuan)

兴庆区 Xingqing	金凤区 Jinfeng	西夏区 Xixia	永宁县 Yongning	贺兰县 Helan	灵武市 Lingwu
170228	**110452**	**131301**	**328226**	**390753**	**241860**
97017	44936	85584	248249	246627	112483
1617	1209	249	2410	1663	3797
45763	40608	34293	58033	79437	105414
8162	4827	1771	8720	51526	7484
17669	18872	9405	10814	11500	12682
96491	**60002**	**73863**	**181379**	**200068**	**122792**
62979	29170	54051	148031	142195	66935
580	433	78	807	586	1335
18478	16397	13350	22282	31013	43416
3012	1781	598	3354	18962	3017
11443	12222	5787	6905	7312	8089

3—6 农业基本情况及从业人员

单位:万元 (2018)

指 标	Item	单位	Unit	银川市 Yinchuan
农村社会基础设施	Infrastructure of Rural Area	个	unit	
自来水受益村数	Number of Villages Benefit from Using Tap Water	个	unit	283
通有限电视村数	Number of Villages with Limited Television	个	unit	235
通宽带村数	Number of all Village Broadband			279
乡村人口与从业人员	Rural Population and Employees			
乡村户数	Number of Countryside	户	household	196299
乡村人口数	Number of Rural Population	人	person	696676
男	Male	人	person	362542
女	Female	人	person	334134
乡村劳动力资源数	Number of Rural Labor Resources	人	person	428815
男	Male	人	person	227839
女	Female	人	person	200976
乡村从业人员数合计	Total Number of Rural Labor Force	人	person	366242
男	Male	人	person	193043
从事农业人员数	Number of People Engaged in Agriculture	人	person	103522
女	Female	人	person	173199
从事农业人员数	Number of People Engaged in Agriculture	人	person	99370

Basic Statistics on Rural Areas and Employed Persons

(10 000yuan)

兴庆区 Xingqing	金凤区 Jinfeng	西夏区 Xixia	永宁县 Yongning	贺兰县 Helan	灵武市 Lingwu
35	22	17	67	63	79
19	22	17	67	63	47
35	22	17	67	63	75
28420	17892	13735	46242	44978	45032
101782	54991	52316	165119	146258	176210
52782	29501	29361	84480	74475	91943
49000	25490	22955	80639	71783	84267
63155	26588	31013	97169	98035	112855
35257	15067	16737	50638	51781	58359
27898	11521	14276	46531	46254	54496
47959	26005	27539	89498	76804	98437
25370	14951	14939	47693	39312	50778
11612	9705	6070	30213	23312	22610
22589	11054	12600	41805	37492	47659
11168	6726	7089	27225	23141	24021

3—7 农业主要能源物资消耗及农用水利建设情况

(2018)

指 标	Item	单位	Unit	银川市 Yinchuan
农用化肥施用量(实物量)	Consumption of Chemical Fertilizer	吨	ton	201139
氮肥	Nitrogenous Fertilizer	吨	ton	108924
磷肥	Phosphate Fertilizer	吨	ton	37034
钾肥	Potash Fertilizer	吨	ton	15474
复合肥	Compound Fertilizer	吨	ton	39707
农用塑料薄膜使用量	Used Volume of Agricalture Plastics Film	公斤	kg	1936929
地膜使用量	Used Volume of Plastic Film	公斤	kg	830705
地膜覆盖面积	Mulching Arra of Plastic Film	公顷	hectare	12653
农用柴油使用量	Agricultural Diesel Oil Amount	吨	ton	32183
农药使用量	Farm Chemical Amount	公斤	kg	661333
农村用电量	Electricity Consumed in Rural Areas	万千瓦小时	10 000kwh	31793
#农业生产用电量	Agricultural Electricity Consumption	万千瓦小时	10 000kwh	10462
农用机油使用量	Agricultural Machine Oil Amount	公斤	kg	246592
农业生产用煤	Agricultural Produces with Coal	吨	ton	9533

Major Energy Material Consumption and Water Conservancy Contruction on Agriculture

兴庆区 Xingqing	金凤区 Jinfeng	西夏区 Xixia	永宁县 Yongning	贺兰县 Helan	灵武市 Lingwu
18575	8621	33670	49297	59150	31826
10291	4708	17052	24963	35995	15916
4596	1235	5995	6175	13940	5093
886	2267	4004	4877	2085	1355
2768	540	6525	13282	7130	9462
353784	38170	73829	527319	614543	329285
149022	8421	22612	116782	378848	155020
1433	551	623	1996	6740	1310
4076	1148	6093	8467	9132	3266
55929	9189	143572	139419	230848	82376
7800	1631	2237	8580	4721	6824
3977	458	1083	2514	1635	795
23148	3420	21024	58001	33187	107812
815	110	5795	2635	94	85

3—8 主要农产品生产情况

(2018)

指 标	Item	银川市 Yinchuan		兴庆区 Xingqing	
		播种面积(公顷) Sown Area (hectare)	产量(吨) Yield (ton)	播种面积(公顷) Sown Area (hectare)	产量(吨) Yield (ton)
农作物总播种面积	**Total Sown Area of Crops**	**152863**		**12987**	
#复种面积	Multiple Cropping Area	7221		269	
粮食作物	Grain Crops	97815	824241	7296	56923
谷物	Cereal	95923	822733	7296	56923
夏收谷物	Summer Harvest of Cereal	16712	93982	1100	5620
小麦	Wheat	16712	93982	1100	5620
冬小麦	Winter Wheat				
春小麦	Spring Wheat	16712	93982	1100	5620
秋收谷物	Autumn Harvest of Cereal	79211	728751	6196	51303
稻谷	Rice	38931	333868	5303	43723
#有机稻	Organic Rice	1107	8039		
玉米	Corn	40280	394883	893	7580
#套种玉米	Tnterplant Corn	534	14760		
燕麦	Oats				
豆类	Peas and Beans	1892	1508		
#大豆	Soja	1892	1508		
油料合计	Total Oil-bearing Crops	649	1992	27	74
胡麻籽	Benne				
葵花籽	Helianthus	633	1942	27	74
中草药材	Medicinal Materials	7125	11291	2600	2968
人参	Ginseng				
枸杞	Wolfberrys	1780	5971	26	38
麻黄	Ephedra	260	760		
蔬菜(含菜用瓜)	Vegetables	32004	1520669	2463	155270
瓜果类	Melon and Fruit	2648	122381	221	2436
西瓜	Watermelon	2193	110830	11	560
香瓜(甜瓜)	Melon	175	6846	15	506
草莓	Strawberry	280	4705	195	1370
其他作物	Other Crops	12622	380150	380	10009
#青饲料	Succulence	6291	233392	380	10009
牧草	Pasture	5968	144930		
饲料用青贮玉米面积	Area of silage corn for feed	1841			

Production of Major Farm Products

金凤区 Jinfeng		西夏区 Xixia		永宁县 Yongning		贺兰县 Helan		灵武市 Lingwu	
播种面积（公顷）Sown Area (hectare)	产量（吨）Yield (ton)	播种面积（公顷）Sown Area (hectare)	产量（吨）Yield (ton)	播种面积（公顷）Sown Area (hectare)	产量（吨）Yield (ton)	播种面积（公顷）Sown Area (hectare)	产量（吨）Yield (ton)	播种面积（公顷）Sown Area (hectare)	产量（吨）Yield (ton)
5604		**16576**		**43818**		**47293**		**26585**	
1038		338		95		5028		453	
2124	18603	12466	121424	31275	260301	24040	193883	20614	173107
2124	18603	12466	121424	30408	259701	24017	193779	19612	172303
103	522	979	4945	7216	40392	6312	36889	1002	5614
103	522	979	4945	7216	40392	6312	36889	1002	5614
103	522	979	4945	7216	40392	6312	36889	1002	5614
2021	18081	11487	116479	23192	219309	17705	156890	18610	166689
275	2321	4108	35825	6780	60800	13132	113010	9333	78189
				969	7246			138	793
1746	15760	7379	80654	16412	158509	4573	43880	9277	88500
				333	13364			201	1396
				867	600	23	104	1002	804
				867	600	23	104	1002	804
47	210	154	315	24	41	298	988	99	364
47	210	154	315	21	37	285	942	99	364
103	413	1233	3963	629	1796	387	1152	2183	999
103	413	1193	3963	227	960	194	493	37	104
				260	760				
2063	77242	551	40358	10363	502576	15092	686555	1472	58668
668	32000	39	2905	425	16758	795	34971	500	33311
668	32000	15	1876	382	15318	619	27848	498	33228
		24	1029	13	383	121	4845	2	83
				30	1057	55	2278		
599	7431	2143	55138	1102	51850	6681	176193	1717	79529
356	7400	871	34645	897	47420	2768	81906	1019	52012
2	31	1272	20492	205	4430	3913	94287	576	25690
26		394		281		1087		53	

3—9 蔬菜及特种作物生产情况

(2018)

指 标	Item	银川市 Yinchuan 合计 Total 播种面积(公顷) Sown Area (hectare)	产量(吨) Yield (ton)
蔬菜合计	**Total Vegetables**	**32004**	**1520669**
叶菜类	Leafy	19176	618751
芹菜	Celery	1312	100884
油菜	Rape	902	31614
菠菜	Spinach	458	16794
其他	Others	16504	469459
白菜类	Cabbage Kinds	676	33603
大白菜	Chinese Cabbage	511	26717
其他	Others	165	6886
甘蓝类	Brassica	1126	59546
卷心菜	Cabbages	513	27991
其他	Others	613	31555
块根、块茎类	Root Tuber and Stem Tuber	1416	68452
白萝卜	White Radish	223	10297
胡萝卜	Carrots	250	23340
生姜	Ginger	2	78
马铃薯	Potatoes	207	5231
山药	Yam	67	2000
其他	Others	667	27506
瓜菜类	Melons and Vegetables	1247	100405
黄瓜	Cucumbers	1015	81951
南瓜	Pumpkins	7	274
冬瓜	Melons	49	6431
西葫芦	Squashes	70	3863
其他	Others	106	7886
菜用豆类	Dish with Beans	816	46135
豇豆	Cowpea Beans	95	5148
四季豆	String Beans	636	39258
其他	Others	85	1729
茄果类	Eggplants Fruits and Vegetables	6039	518721
茄子	Eggplants	946	74874
辣椒	Chili	927	51658
西红柿	Tomatoes	4132	390687
其他	Others	34	1502
葱蒜类	Onions and Garlices	863	40439
大葱	Onions	91	3214
蒜头	Garlic	2	8
韭菜	Chives	750	36057
其他	Others	20	1160
水生菜类	Aquatic Dish		
莲藕	Lotus Root		
茭白	Zizania White		
其他	Others		
其他蔬菜	Other Vegetables	645	26308
食用菌	Edible Fungus(dry and fresh)		8309
干品	Dry Goods		50
香菇	Mushrooms		50
黑木耳	Black Fungus		
鲜品	Fresh Products		8259
蘑菇	Mushrooms		7758
特种作物	Specialty Crops	379	
花卉种植面积(公顷)	Sown Area of Flowers(hectare)		
鲜切花(枝)	Fresh Cut-folwe(r branch)		81376467
盆栽观赏植物(盆)	Potted Plants Ornamental Plan(t pot)		2334000

Production of Vegetables and Specialty Crops

兴庆区 Xingqing		金凤区 Jinfeng		西夏区 Xixia	
合计 Total		合计 Total		合计 Total	
播种面积(公顷) Sown Area (hectare)	产量(吨) Yield (ton)	播种面积(公顷) Sown Area (hectare)	产量(吨) Yield (ton)	播种面积(公顷) Sown Area (hectare)	产量(吨) Yield (ton)
2463	**155270**	**2063**	**77242**	**551**	**40358**
783	31256	360	13500	145	9064
392	19150	175	6562	39	2316
211	7220	150	5625	5	96
5	120	35	1313	1	35
175	4766			100	6617
18	862	78	2924	6	288
8	390	78	2924	5	262
10	472			1	26
6	261	55	2063	10	2340
5	233	55	2063	10	2340
1	28				
28	1032	348	13053	76	2598
11	408	5	193	23	1026
		150	5625	10	403
17	624			23	664
		193	7235	20	505
132	14090	159	5950	149	14741
122	13280	159	5950	103	8463
1	5			41	6069
				5	209
9	805				
145	5493	90	3375	4	145
9	321				15
135	5138	90	3375	4	130
1	34				
965	83629	858	32064	159	11112
10	384	291	10937	7	354
69	3945	223	8239	14	428
886	79300	344	12888	137	10302
				1	28
18	720	115	4313	1	39
9	370				
9	350	115	4313	1	39
368	16947			1	31
	980				
	980				
	980				
242				15	
	72896200		267		8340000
	2235000				49000

3—9 续表1

(2018)

指 标	Item	永宁县 Yongning 合计 Total 播种面积(公顷) Sown Area (hectare)	产量(吨) Yield (ton)
蔬菜合计	**Total Vegetables**	**10363**	**502576**
叶菜类	Leafy	7146	227297
芹菜	Celery	240	35116
油菜	Rape	39	999
菠菜	Spinach	16	427
其他	Others	6851	190755
白菜类	Cabbage Kinds	391	19129
大白菜	Chinese Cabbage	276	14549
其他	Others	115	4580
甘蓝类	Brassica	210	19750
卷心菜	Cabbages	158	7858
其他	Others	52	11892
块根、块茎类	Root Tuber and Stem Tuber	373	28029
白萝卜	White Radish	110	4733
胡萝卜	Carrots	86	17211
生姜	Ginger	2	78
马铃薯	Potatoes	64	2205
山药	Yam	67	2000
其他	Others	44	1802
瓜菜类	Melons and Vegetables	193	22466
黄瓜	Cucumbers	166	20137
南瓜	Pumpkins	1	99
冬瓜	Melons		
西葫芦	Squashes	21	1994
其他	Others	5	236
菜用豆类	Dish with Beans	223	26927
豇豆	Cowpea Beans	60	4301
四季豆	String Beans	100	21330
其他	Others	63	1296
茄果类	Eggplants Fruits and Vegetables	1461	131675
茄子	Eggplants	350	34637
辣椒	Chili	266	25317
西红柿	Tomatoes	812	70247
其他	Others	33	1474
葱蒜类	Onions and Garlices	180	15131
大葱	Onions	58	2055
蒜头	Garlic		
韭菜	Chives	116	12996
其他	Others	6	80
水生菜类	Aquatic Dish		
莲藕	Lotus Root		
茭白	Zizania White		
其他	Others		
其他蔬菜	Other Vegetables	186	5458
食用菌	Edible Fungus(dry and fresh)		6714
干品	Dry Goods		50
香菇	Mushrooms		50
黑木耳	Black Fungus		
鲜品	Fresh Products		6664
蘑菇	Mushrooms		6664
特种作物	Specialty Crops	101	
花卉种植面积(公顷)	Sown Area of Flowers(hectare)		
鲜切花(枝)	Fresh Cut-folwe(r branch)		140000
盆栽观赏植物(盆)	Potted Plants Ornamental Plan(t pot)		50000

continued

贺兰县 Helan		灵武市 Lingwu	
合计 Total		合计 Total	
播种面积(公顷) Sown Area (hectare)	产量(吨) Yield (ton)	播种面积(公顷) Sown Area (hectare)	产量(吨) Yield (ton)
15092	**686555**	**1472**	**58668**
10605	334883	137	2751
461	37392	5	348
497	17670		4
394	14549	7	350
9253	265272	125	2049
154	8947	29	1453
115	7139	29	1453
39	1808		
814	34016	31	1116
254	14381	31	1116
560	19635		
467	21157	124	2583
44	2436	30	1501
4	101		
23	918	80	820
396	17702	14	262
604	42695	10	463
455	33664	10	457
6	175		
7	357		
44	1660		
92	6839		6
275	7497	79	2698
17	405	9	106
239	6745	68	2540
19	347	2	52
2031	229354	565	30887
231	25353	57	3209
255	9432	100	4297
1545	194569	408	23381
90	4331	459	15905
24	789		
2	8		
50	2454	459	15905
14	1080		
52	3070	38	802
	605		10
	605		10
	104		10
21			

3—10 水果、枸杞生产情况

(2018)

指 标	Item	银川市 Yinchuan			
		合计 Total		设施农业 Agricultural Facilities	
		播种面积（公顷）Sown Area（hectare）	产量（吨）Yield（ton）	播种面积公顷）Sown Area（hectare）	产量（吨） Yield（ton）
园林水果	**Garden Fruits**	**23458**	**206480**	**572**	**11246**
#本年新增面积	Added Area This Year	380		65	
苹果	Apples	3401	42638	121	1457
本年新增苹果面积	Added Area of Apple This Year	81			
红富士苹果	Fuji Apple	1813	26544	100	1209
国光苹果	Guo Guang Apple	20	607		
梨	Pears	387	7007	3	40
雪花梨	Snowflake Pears	70	786		
鸭梨	Pears	73	2630		
葡萄	Grapes	13357	125389	307	8515
酿造用葡萄	Brewing Grapes	10397	93876		
枣	Jujubes	5114	20402	77	374
桃	Peaches	341	6473	32	582
杏	Apricots	147	1039	18	141
其它园林水果	Other Fruits	711	3532	14	137
食用坚果	**Eat Nut**				
核桃	Juglans Regia L				
枸杞	**Wolfberrys**	**1780**	**5971**	**110**	**24**
本年新增枸杞面积	Added Area of Wolfberrys This Year	64			
枸杞结果面积	Area of Wolfbeery Results	1518			

Production of Fruits and Wolf berrys

兴庆区 Xingqing				金凤区 Jinfeng				西夏区 Xixia			
合计 Total		设施农业 Agricultural Facilities		合计 Total		设施农业 Agricultural Facilities		合计 Total		设施农业 Agricultural Facilities	
播种面积（公顷） Sown Area (hectare)	产量（吨） Yield (ton)	播种面积（公顷） Sown Area (hectare)	产量（吨） Yield (ton)	播种面积（公顷） Sown Area (hectare)	产量（吨） Yield (ton)	播种面积（公顷） Sown Area (hectare)	产量（吨） Yield (ton)	播种面积（公顷） Sown Area (hectare)	产量（吨） Yield (ton)	播种面积（公顷） Sown Area (hectare)	产量（吨） Yield (ton)
998	**4856**	**7**	**110**	**463**	**3767**	**80**	**2995**	**2291**	**32028**	**3**	**93**
53				80		65		55			
251	1371			72	66			642	11679		
34				45							
34	456							299	8414		
								17	494		
2	15			13	42			71	1299		
								1	15		
2	15							3	30		
489	2064	5	105	349	3498	80	2995	1396	18410	3	93
143	203			164	402			1286	17384		
39	1			9	24			91	489		
4				20	137			9	4		
5								8	10		
208	1405	2	5					74	137		
26	**38**			**103**	**363**			**1193**	**4013**		
				2							
20				36				1165			

（2018）

指 标	Item	永宁县 Yongning 合计 Total 播种面积（公顷）Sown Area (hectare)	永宁县 Yongning 合计 Total 产量（吨）Yield (ton)	永宁县 Yongning 设施农业 Agricultural Facilities 播种面积（公顷）Sown Area (hectare)	永宁县 Yongning 设施农业 Agricultural Facilities 产量（吨）Yield (ton)
园林水果	**Garden Fruits**	**10313**	**103350**	**195**	**3965**
#本年新增面积	Added Area This Year	167			
苹果	Apples	438	8835		
本年新增苹果面积	Added Area of Apple This Year				
红富士苹果	Fuji Apple	103	2001		
国光苹果	Guo Guang Apple	3	70		
梨	Pears	38	1066		
雪花梨	Snowflake Pears	1	15		
鸭梨	Pears	3	76		
葡萄	Grapes	9200	87630	135	3188
酿造用葡萄	Brewing Grapes	7200	68580		
枣	Jujubes	168	780		
桃	Peaches	147	3725	30	506
杏	Apricots	45	327	18	141
其它园林水果	Other Fruits	277	987	12	130
食用坚果	**Eat Nut**				
核桃	Juglans Regia L				
枸杞	**Wolfberrys**	**227**	**960**	**109**	**24**
本年新增枸杞面积	Added Area of Wolfberrys This Year	34			
枸杞结果面积	Area of Wolfbeery Results	193			

continued

贺兰县 Helan				灵武市 Lingwu			
合计 Total		设施农业 Agricultural Facilities		合计 Total		设施农业 Agricultural Facilities	
播种面积 （公顷） Sown Area （hectare）	产量 （吨） Yield （ton）	播种面积 （公顷） Sown Area （hectare）	产量 （吨） Yield （ton）	播种面积 （公顷） Sown Area （hectare）	产量 （吨） Yield （ton）	播种面积 （公顷） Sown Area （hectare）	产量 （吨） Yield （ton）
2562	**24987**	**83**	**2176**	**6831**	**37492**	**204**	**1907**
20				5			
251	6868			1747	13819	121	1457
				2			
128	5565			1249	10108	100	1209
	43						
73	2607			190	1978	3	40
				68	756		
65	2509						
1839	12471	81	2098	84	1316	3	36
1604	7307						
234	1164			4573	17944	77	374
59	1504	2	76	102	1103		
29	182			60	520		
77	191		2	75	812		
194	**493**	**1**		**37**	**104**		
28							
69				35			

3—11 林业生产情况

(2018)

指 标	Item	单位	Unit	银川市 Yinchuan
造林面积	Area of Afforestation			6772
按造林方式分	**Grouped by Afforestation Methods**			
人工造林面积	Manual planting	公顷	hectare	3877
其中:新造混交林面积	New Mixed Forest	公顷	hectare	1434
其中:非林业用地造林面积	Non-Forestry Land	公顷	hectare	
其中:新造灌木林面积	New Bushes	公顷	hectare	1147
其中:新造竹木面积	New bamboo Forest	公顷	hectare	
飞播造林面积	Airplane Planting	公顷	hectare	
荒山飞播造林面积	Airplane Planting of The Barren Mountain	公顷	hectare	
飞播营林面积	Airplane Planting and Forest Management	公顷	hectare	
当年新封山(沙)育林面积	New Closing hillsides(sands)for Afforestation this year	公顷	hectare	1000
无林地和疏林地新封山育林面积	Non-Woodlands and Spares Forest Land	公顷	hectare	1000
有林地和灌木林地新封山育林面积	Woodlands and Shrub forest	公顷	hectare	
按经济成份分	**Grouped by Structural of Economic Types**			
公有经济造林	Public Economy Afforestation	公顷	hectare	
国有经济造林	State-owned Economy	公顷	hectare	
集体经济造林	Collective-owned Economy	公顷	hectare	
非公有经济造林	Non-public Economy Afforestation	公顷	hectare	
按林种用途分	**Grouped by Different Use of Forest**			
经济林	Economic Forest	公顷	hectare	
防护林	Shelter-forest	公顷	hectare	
森林抚育面积	Area of Forest tending	公顷	hectare	9731
四旁(零星)植树	Plant Scatteredly	株	plant	668150
年末实有封山(沙)育林面积	Area of closedoff the Mountains for Forest at Year-end	公顷	hectare	107128
林木种苗	Foest Seeds			
林木种子采集量	The Pucking Quantity of Timber Seed	吨	ton	26
当年苗木产量	Seedling Qutput This Year	万株	10000trank	20672
育苗面积	Area of Grawing Seedings	公顷	hectare	4303
国有育苗面积	Area of State Grawing seedings	公顷	hectare	175
木材采伐	Cutting of Timber	公顷	hectare	1373
村及村以下采伐	Villages and Other Cooperative Organizations Under Villages	公顷	hectare	1373

Production of Forestry

兴庆区 Xingqing	金凤区 Jinfeng	西夏区 Xixia	永宁县 Yongning	贺兰县 Helan	灵武市 Lingwu
1015	251	501	463	809	3733
983	227	467	463	671	1066
293	56	18	274		793
350	121	250	53	100	273
					1000
					1000
925		4739	1600	467	2000
	4797	1203	360000	302150	
		56662	333		50133
					26
2023	1455	8066	4517	3005	1606
151	97	488	1360	1169	1038
		17	44	41	73
			1373		
			1373		

3—12 渔业生产情况

Production of Fishery

（2018）

指 标	Item	单位	Unit	银川市 Yinchuan	兴庆区 Xingqing	金凤区 Jinfeng	西夏区 Xixia	永宁县 Yongning	贺兰县 Helan	灵武市 Lingwu
水产品总产量	Total Output of Aquatic Products	吨	ton	71647	6355	3500	2170	7498	46465	5659
淡水捕捞	Fresh water Fishing	吨	ton	167	15	20		5	127	
鱼类	Fishes	吨	ton	154	15	20		5	114	
# 黄河鲤鱼	Yellow River's Carps	吨	ton	51	11				40	
虾蟹类	Shrimps and Crabs	吨	ton	13					13	
淡水养殖	Fresh water Aquaculture	吨	ton	71480	6340	3480	2170	7493	46338	5659
鱼类	Fish	吨	ton	71217	6313	3478	2169	7448	46164	5645
# 鲤鱼	Carp	吨	ton	29406	3268	1415	651	4531	17458	2083
鲢鱼	Silver Carp	吨	ton	5789	595	335	325	528	3615	391
鲫鱼	Crucian Carp	吨	ton	5217	510	78	214	911	3273	231
草鱼	Grass Carp	吨	ton	24752	1507	1500	868	1178	17078	2621
罗非鱼	Tilapia	吨	ton							
团头鲂	Group Head Triangular Bream	吨	ton	115					113	2
其他	Others	吨	ton	5938	433	150	111	300	4627	317
虾蟹类	Shrimps,Prawns and Crabs	吨	ton	243	27	2	1	25	174	14
# 罗氏沼虾	Macrobrachium Rosenbergii	吨	ton							
螃蟹	Crabs	吨	ton	86			1	25	50	10
淡水养殖面积	Area for Breeding Aquatics in Inland Waters	公顷	hectare	11973	1891	1733	235	1130	5651	1333
池塘养殖	Pond Breeding	公顷	hectare	7171	927	147	180	310	4917	690
湖泊养殖	Lake Breeding	公顷	hectare	4524	964	1586	8	820	734	412
水库养殖	Reservoir Breeding	公顷	hectare	278			47			231
稻田养蟹面积	Area of Grab Breeding in Rice Paddy	公顷	hectare	1020				97	722	201

3—13 畜牧业生产情况

Production of Animal Husbandry

(2018)

指 标	Item	单位	Unit	银川市 Yinchuan	市区 City	兴庆区 Xingqing	金凤区 Jinfeng	西夏区 Xixia	永宁县 Yongning	贺兰县 Helan	灵武市 Lingwu
年末牲畜存栏	Number of Large Animals at Year-end										
大牲畜	Large Animals	头	head	214932	79436				33649	62165	39682
牛	Cows	头	head	212618	79294				32558	61096	39670
肉牛	Mutton Cows	头	head	85981	27944				21543	14874	21620
奶牛	Dairy Cows	头	head	126637	51350				11015	46222	18050
马	Horses	头	head	95					30	53	12
驴	Donkeys	头	head	2105	65				1035	1005	
骡	Mules	头	head	33	2				26	5	
骆驼	Camels	头	head	81	75					6	
猪	Hogs	头	head	178954	43033				15220	20101	100600
能繁殖的母猪	Breeding Sows	头	head	21459	3979				1925	2495	13060
羊	Sheep and Goats	只	head	643091	84363				95165	97763	365800
山羊	Goats	只	head	121714	13159				10646	29329	68580
绵羊	Sheeps	只	head	521377	71204				84519	68434	297220
滩羊	Beach Sheeps	只	head	13130	8974					4156	
活家禽	Number of Poultry on Hand	百只	100head	30592	7116				11696	6225	5555
活鸡	Chicken	百只	100head	30052	6993				11696	5808	5555
肉鸡	Chicken	百只	100head	10305	1413				2909	1451	4532
蛋鸡	Hens	百只	100head	19747	5580				8787	4357	1023
家兔	Rabbits	只	head	25314	18400				2452	3932	530
当年出栏数	Numberof Animals Slaughtered Current Year										
大牲畜	Large Animals	头	head	125286	38950				28445	26318	31573
牛	Cattle and Buffaloes	头	head	123354	38856				27223	26146	31129
马	Horses	头	head	162	30					8	124
驴	Donkeys	头	head	1649	41				1182	162	264
骡	Mules	头	head	38	3						35
猪	Hogs	头	head	242675	54456				25826	31260	131133
羊	Sheep and Goats	只	head	862627	103884				95036	70497	593210
山羊	Goats	只	head	122285	26130				15685	21149	59321

注:2016 年起调查队畜牧业数据不分兴庆、金凤、西夏。

a)Animal husbandry data from the investigation team is not divided into Xingqing,Jinfeng,Xixia since 2016.

3—13 续表 continued

单位:% （按可比价格计算，以上年为 100 caculated at constant prices,preceding year=100） （%）

指 标	Item	单位	Unit	银川市 Yinchuan	市区 City	兴庆区 Xingqing	金凤区 Jinfeng	西夏区 Xixia	永宁县 Yongning	贺兰县 Helan	灵武市 Lingwu
绵羊	Sheeps	只	head	740342	77754				79351	49348	533889
宰杀羊羔(供宰杀二毛的羊羔)	SlaughterLamb	只	head	118951	7507				6732	4247	100465
活家禽	Number of Poultry Slaughtered	百只	100head	50775	11207				13615	12239	13714
活鸡	Chicken	百只	100head	49786	11066				12793	12213	13714
活鸭	Ducks	百只	100head	989	141				822	26	
家兔	Rabbits Slaughtered	只	head	21193	11100				3706	6177	210
肉类总产量	**Total Output of Meat**	**吨**	**ton**	**63512**	**14277**				**10718**	**10180**	**28337**
猪肉	Pork	吨	ton	19338	4325				2067	2519	10427
牛肉	Beef	吨	ton	18993	5870				4308	4032	4783
羊肉	Mutton	吨	ton	15112	1807				1674	1233	10398
山羊	Goats	吨	ton	1974	477				87	370	1040
绵羊	Sheeps	吨	ton	13138	1330				1587	863	9358
禽肉	Poultry Meat	吨	ton	9825	2245				2534	2370	2676
鸡肉	Chicken	吨	ton	8514	1937				2381	1520	2676
马肉	Horse Meat	吨	ton	24	5					1	18
驴肉	Donkey Meat	吨	ton	162	2				118	15	27
骡肉	Mule Meat	吨	ton	3							3
兔肉	Rabbit Meat	吨	ton	35	18				7	10	
奶类产量	**Output of Milke**	**吨**	**ton**	**539463**	**214584**				**41149**	**214977**	**68753**
牛奶	Cow Milk	吨	ton	539463	214584				41149	214977	68753
绵羊毛产量	**Sheep Wool**	**吨**	**ton**	**1411**	**115**				**135**	**80**	**1081**
细羊毛产量	Fine Wool	吨	ton	1027	12				57	7	951
半细羊毛产量	Semi-fine	吨	ton	322	83				78	31	130
山羊毛产量	**Output of Goat Wool**	**吨**	**ton**	**267**	**11**				**1**	**5**	**250**
山羊粗毛	Goat Wool	吨	ton	133	8				1	4	120
山羊绒	Pashm	吨	ton	134	3					1	130
滩羊皮产量	**Tibet Lamb Skin**	**张**	**unit**	**867**	**500**				**342**		**25**
兔毛	**Cony Hair**	**公斤**	**kg**	**825**						**825**	
鹿茸产量	**Antler**	**公斤**	**kg**	**4961**	**3060**					**1901**	
天然蜂蜜产量	**Honey**	**吨**	**ton**	**12**					**6**	**6**	
禽蛋产量	**Output of Poultry Eggs**	**吨**	**ton**	**38322**	**13190**				**12808**	**10269**	**2055**
鸡蛋产量	Eggs	吨	ton	38187	13055				12808	10269	2055

主要统计指标解释

【乡村户数】指长期(一年以上)居住在乡镇(不包括城关镇)行政管理区域内的住户,还包括居住在城关镇所辖行政村范围内的农村住户。户口不在本地而在本地居住一年及以上的住户也包括在本地农村住户内;有本地户口,但举家外出谋生一年以上的住户,无论是否保留承包耕地都不包括在本地农村住户范围内。不包括乡村地区内的国有经济的机关、团体、学校、企业、事业单位的集体户。

【乡村人口数】指乡村地区常住居民户数中的常住人口数,即经常在家或在家居住6个月以上,而且经济和生活与本户连成一体的人口。外出从业人员在外居住时间虽然在6个月以上,但收入主要带回家中,经济与本户连为一体,仍视为家庭常住人口;在家居住,生活和本户连成一体的国家职工、退休人员也为家庭常住人口。但是现役军人、中专及以上(走读生除外)的在校学生、以及常年在外(不包括探亲、看病等)且已有稳定的职业与居住场所的外出从业人员,不应当作家庭常住人口。

【乡村劳动力资源数】指乡村人口中劳动年龄以上(16周岁)能够参加生产经营活动的人员。

【乡村从业人员】指乡村人口中16岁以上实际参加生产经营活动并取得实物或货币收入的人员,既包括劳动年龄内经常参加劳动的人员,也包括超过劳动年龄但经常参加劳动的人员。但不包括户口在家的在外学生、现役军人和丧失劳动能力的人,也不包括待业人员和家务劳动者。从业人员年龄为16岁以上。从业人员按从事主业时间最长(时间相同按收入)分为农业从业人员、工业从业人员、建筑业从业人员、交运仓储及邮电通讯业从业人员、信息传输、计算机服务和软件业、批零贸易及餐饮业从业人员、住宿和餐饮业从业人员、其他从业人员。

【谷物】是指禾本科和蓼科粮食作物。这类作物具体包括稻谷、小麦、玉米、谷子、高粱和其他谷物;其他谷物包括大麦、燕麦、荞麦等。

【中草药材】指人工种植、以获取药材为目的、主要用于中药配伍以及中成药加工的药材作物面积。包括药用真菌的面积。

【猪、牛、羊肉产量】值本调查期内出栏猪、牛、羊折算出的鲜、冷鲜冷冻猪牛羊肉的总量,按胴体重计算。

【水产品产量】指渔业(捕捞和养殖)生产活动的最终有效成果,包括全部海水和淡水鱼类、甲壳类(虾、蟹)、贝类、头足类、藻类和其它类渔业产品的最终产量。不包括渔业生产过程中的中间成果,如鱼苗、鱼种、亲鱼、转塘鱼、存塘鱼和自用作饵料的产品等。水产品在上岸前已经腐烂变质, 不能供人食用或加工成其它制品的,不统计在水产品产量中。

【淡水水域养殖产量】指在淡水水域中人工投放苗种(不包括灌江纳苗)并进行人工饲养管理的、并已捕捞起水的水产品产量。稻田养殖起水产品产量也计人淡水水域养殖产量中。淡水养殖产品包括鱼类、甲壳类(虾、蟹)、贝类、藻类和其他类产品。

【农林牧渔业总产值】农林牧渔业总产值是以货币表现的农林牧渔业的全部产品产量和对农林牧渔业生产活动进行的各种支持性服务活动的价值。它反应一定时期内农林牧渔业生产总规模和总成果,是观察农林牧渔业生产水平和发展速度,研究农林牧渔业内部比例关系、农林牧渔业与工业、农林牧渔业与国家建设、人民生活比例关系的重要指标,同时也是计算农林牧渔业劳动生产率和农林牧渔业增加值的基础资料。

【农林牧渔业增加值】指农、林、牧、渔及农林牧渔服务业生产货物或提供服务活动而增加的价值,为农林牧渔业现价总产值扣除农林牧渔业现价中间投入后的余额。

工　业
Industry

4—1 主要年份工业产品产量

Output of Major Industrial Products in Main Years

年份 Year	轮胎外胎（万条）Tires（10 000 tires）	水泥（万吨）Cement（10 000 tons）	金属切削机床（台）Metal-cutting Machine Tools（unit）	电力变压器（万千伏安）Power Transformers（10 000 kva）	味精（吨）Monosodium Glutamate（ton）	乳制品（吨）DairyProducts（ton）
1978	30.1	3.13	439	3.5	35	
1979	32	2.82	437	4		
1980	29.3	2.96	385	7.33		
1981	8.5	1.84	239	3	24	205
1982	16.2	3.35	245	2.66	53	258
1983	25.6	5.47	356	4.31	55	308
1984	29.5	5.77	406	6.49	48	527
1985	34.3	8.6	400	12.15	55	759
1986	38.45	10.09	392	13.88	87	1068
1987	57.01	14.7	417	18.65	151	1355
1988	67.08	28.34	480	19.61	250	1779
1989	69.1	35.11	403	24.73	423	3292
1990	63.51	30.46	289	24.54	433	3128
1991	75.62	32.26	228	23.9	393	4033
1992	103.59	36.96	337	26.54	420	7404
1993	123.56	38.11	386	33.9	500	4811
1994	144.2	47.19	1649	25	567	4643
1995	164.95	51.51	994	25	800	4329
1996	192.24	59.9	829	30.06	1000	5991
1997	186.74	60.95	983	36.82	1235	5079
1998	191.24	74.77	455	40.81	880	6531
1999	167.98	85.2	659	46.73	1567	7742
2000	193	82.22	909	67	2419	6760
2001	182	87.7	1298	124	3592	7814
2002	224.31	123.06	1816	116.02	3032	6099
2003	241.53	208.52	1953	105	14979	5621
2004	293.6	196.48	1095	73.25	24236	6876
2005	304.56	178.23	1418	67.66	24159	49656
2006	389.59	219.52	1892	159.41	32018	64688
2007	395.54	261.55	2494	224.85	62151	73347
2008	337.16	277.93	2458	178.9	66660	50159
2009	225.62	332.27	1620	685.27	75635	46553
2010	210.44	458.53	3110	43.55	84711	37433
2011	188.38	475.89	3762	705.43		24115
2012	141.91	509.22	2570	174.75		196140
2013	165.89	650.06	2370	713.63		219417
2014	153.76	582.24	2146	1141.1	201917	263074
2015	138.77	522.8	1669	1424.5	217920	244975
2016	201.9	534.36	1545	1156.09	222390	237777
2017	178.63	623.8	2094	664.68	186410	274262
2018	102.77	506.93	2438	1016.49	156702	332165

4—1 续表1 continued

年份 Year	饮料酒（千升） Alcoholic Drink(ton)	农用化肥（万吨） Chemical Fertilizers (10 000 tons)	服装（万件） Clothing (10 000 units)	中成药（吨） Chinese Patent Modicines(ton)
1978	424	15.07		
1979	743	3.64		
1980	855	3.62		200
1981	2889	3.08	94.8	188
1982	3658	3.84		191
1983	4867	3.96	77.78	222
1984	5830	4.84	100.76	230
1985	7600	4.36		172
1986	13345	4.83		222
1987	14553	5.31	107.26	243
1988	16800	5.73		340
1989	16300	18.68	192.46	277
1990	15800	23.5	171.34	255
1991	16200	26.96	158.55	322
1992	14103	28.79	139.36	281
1993	21970	25.22	74.02	402
1994	21848	27.96	119.31	317
1995	28063	34.34	193.75	354
1996	31270	32.07	72	392
1997	28068	32.97	129.2	385
1998	28468	36.35		300
1999	43712	43.02	37.72	349
2000	40390	50	51	461
2001	43934	57	120	453
2002	77449	66.68	132.34	459
2003	66167	63.67	120.85	512
2004	95015	69.2	96.62	481
2005	85439	57.84	57.57	802
2006	76888	55.8	41.35	1013
2007	103363	57.9	169.54	762
2008	120124	74.91	243.74	671
2009	146343	72.61	319.97	869
2010	159947	69.02	362.44	926
2011	181920	80.56	411.7	943
2012	172088	66.02	493.7	400
2013	272200	54.38	631.01	665
2014	288878	28.35	836.83	564
2015	286681	65.16	1236	730
2016	265853	43.01	1269.86	843
2017	253122	33.41	696.52	428
2018	216929	30.37	94.82	567

4—1 续表2 continued

年份 Year	合成氨（万吨）Synthetic Ammonia（10 000 tons）	铁合金（万吨）Ferroalloy（10 000 tons）	轴承（万套）Bearing（10 000 sets）	配混合饲料（万吨）Feed（10 000 tons）
1978	4.84		12	
1979	5.98		6.4	
1980	5.49	0.14	3.09	
1981	4.71	0.06		
1982	5.55	0.07		
1983	5.51	0.11		
1984	6.8	0.11		
1985	6.27	0.13		
1986	11	0.44	20.1	
1987	6.73			
1988	7.59	1.16		
1989	23.25			
1990	29.9	1.73	195.06	
1991	33.62	0.76	200	
1992	34.84	1.26	171.4	
1993	25.99	2.32	197	
1994	35.14	3.54	203.55	
1995	40.66	3.21	349.69	
1996	39.76	4.53	309.37	
1997	4.59	3.68	283.46	
1998	45.52	3.04	622.67	
1999	52.95	4.09	655	
2000	63	5.38	735	2.02
2001	72	5.8	459	3.11
2002	82.93	7.38	354.3	4.58
2003	79.69	10.83	254.45	4.57
2004	85.89	12.49	215.45	9.42
2005	75.16	11.46	199.72	12.33
2006	74.02	15.75	176.28	12.27
2007	78.38	11.8	205.9	11.2
2008	89.66	10.35	161.97	15.91
2009	84.26	7.04	114.32	22.7
2010	79.75	6.39	133.59	19.46
2011	92.31	11.75	96.4	23.14
2012	84.15	11.23	80.7	24.73
2013	69.32	17.57	94.61	25.83
2014	36.87	16.16	183.48	29.32
2015	30.61	7.24	594.09	27.1
2016	33.27	3.58	681.79	28.35
2017	23.73	2.62	1809.1	31.21
2018	12.47	3.63	2589.58	29.63

4—2 规模以上工业企业主要产品产量

产 品	Product	单位	Unit
小麦粉	Wheat Flour	万吨	10 000tons
大米	Rice	万吨	10 000tons
配混合饲料	Feed	万吨	10 000tons
乳制品	Dairy Products	万吨	10 000tons
白酒	Liquor	千升	kiloliter
啤酒	Beer	万千升	million liters
葡萄酒	Wine	万千升	million liters
服装	Clothing	万件	10 000units
家具	Furniture	万件	10 000units
机制纸	Machine-made Paper	万吨	10 000tons
农用化肥	Chemical Fertilizers	万吨	10 000tons
单晶硅	Moncnystauine silicon	万千克	100 00kg
多晶硅	polysilicon	万千克	100 00kg
中成药	Medicine	吨	ton
橡胶轮胎外胎	Tires	万条	10 000tires
塑料制品	Plastic Products	万吨	10 000tons
水泥	Cement	万吨	10 000tons
钢材	Rolled Steel	万吨	10 000tons
铁合金	Ferroalloy	万吨	10 000tons
铸铁件	CastIron	万吨	10 000tons
金属切削机床	Metal-cutting Machine Tools	台	unit
起重机	Lifting Appliances	吨	ton
滚动轴承	Bearing	万套	10 000sets
变压器	Transformer	万千伏安	10 000kva
工业机器人	Industrial robot	套	set
电工仪器仪表	Electrical Instruments	万台	10 000unit
自来水生产量	Tap water production	万立方米	10 000cubicmentres

Output Volume of Major Industrial Products in Enterprises above Designated Size

2018年	2017年
10.92	11.87
24.54	30.80
29.63	31.21
33.22	27.43
189	2129
20.79	23.44
0.89	1.59
94.82	696.52
4.60	7.48
1.50	2.48
30.37	33.41
3238.07	2662.90
252.05	392.90
566.83	427.93
102.77	178.63
5.75	10.07
506.93	623.80
7.73	5.70
3.63	2.62
4.41	3.99
2438	2094
6675	5984
2589.58	1809.10
1016.49	664.68
208	224
434.46	296.28
29538.40	30345.44

4—3 全市规模以上工业企业主要经济指标

单位:万元 （2018）

指标	Item	企业单位数(个) Number of Enterprises(unit)
总计	**Total**	**375**
按地区分	**Gorped by Region**	
兴庆区	Xingqing	21
金凤区	Jinfeng	34
西夏区	Xixia	78
永宁县	Yongning	57
贺兰县	Helan	82
灵武市	Lingwu	103
按轻重工分	**Grouped by Light & Heavy Industries**	
轻工业	Light Industry	128
重工业	Heavy Industry	247
按企业规模分	**Grouped by Size of Enterprises**	
大型企业	Large Enterprises	12
中型企业	Medium-sized Enterprises	40
小型企业	Small Enterprises	323
纯小型企业	Pure small business	278
微型企业	Micro-enterprises	45
按登记注册类型分	**Grouped by Status of Registration**	
内资企业	Domestic Funded	351
国有企业	State-owned Enterprises	3
中央企业	Central	1
地方企业	Local	2
有限责任公司	Limited Liability Corporations	99
国有独资公司	State Sole Funded Corporations	19
其他有限责任公司	Other Limited Liability Corporations	80
股份有限公司	Share-holding Corporations Limited	12
私营企业	Private Enterprises	237
私营独资企业	Private Sole Funded Corporations	1
私营合伙企业	private partnership	1
私营有限责任公司	Private Limited Liability Corporations	222
私营股份有限公司	Private Share-holding Corporations Limited	13
港、澳、台商投资企业	Enterprises with Funds fromHong Kong,Macaoand Taiwan	8
合资经营企业(港或澳、台资)	Joint-venturesEnterprises(Hongkong, Macao or Taiwan)	4
港澳台商独资经营企业	Enterprises with Fundsfrom Hong Kong,Macao andTaiwan	4
外商投资企业	Foreign Funded Enterprises	16
中外合资经营企业	Joint-venture Enterprises	5
外资企业	Foreign Enterprises	8
其他外商投资企业	Other enterprises with foreign investment	3
在总计中:亏损企业	**In total:** loss making enterprises	128
在总计中:国有控股企业	**In total:** state holding enterprises	57

注:兴庆区含国网宁夏电力有限公司数据;灵武市含神华宁夏煤业集团有限公司数据。

Main Economic Indicators of Industrial Enterprises above Designated Size

(10 000yuan)

亏损企业 Loss-suffering Enterprises	年初存货 Early inventory	产成品 Finished product	资产总计 Total Assets	流动资产总计 Total Working Capitas	应收账款 Accounts receivable	存货 Stock	产成品 Finished Products
128	**2376140**	**849594**	**48559880**	**14004652**	**2834857**	**2434551**	**823698**
5	70677	51261	5269423	1059196	532674	50463	28217
12	102880	35816	1063763	614752	178359	121250	45759
26	514689	121094	6539025	2674668	793614	539136	144434
15	161041	60134	1922725	937313	166232	147949	38054
27	182037	63263	2069107	1154460	264683	242371	87589
43	1344816	518026	31695836	7564264	899296	1333383	479645
41	591011	277583	5940826	2675823	484947	642945	256945
87	1785129	572010	42619054	11328829	2349909	1791606	566753
3	1027452	410604	27753145	5509653	1042294	1005602	352330
19	540056	92398	9735409	3880547	566288	590656	157690
106	808632	346592	11071326	4614453	1226275	838293	313679
94	756116	322029	10107673	4235943	1056869	799330	305204
12	52516	24563	963653	378509	169407	38963	8475
120	2173569	804456	43287096	12253662	2595146	2216023	783964
2	1139		3369792	285177	202482	1128	
	973		3321000	270483	201444	982	
2	166		48791	14695	1037	146	
29	975952	419912	25818854	5019142	1274569	932751	358152
5	702119	306571	18176101	2958185	472793	624775	226530
24	273833	113341	7642753	2060957	801776	307977	131622
2	200561	47191	3946624	1186262	237794	216059	77949
87	995917	337354	10151827	5763080	880302	1066084	347863
	657	607	4449	2702		1920	1765
	1588	1350	13320	11178	1842	765	655
84	907804	283879	8927855	5416262	796304	979451	301845
3	85868	51518	1206203	332938	82156	83949	43598
2	45755	10425	4443096	1379116	152418	71938	9717
2	44570	10325	4115504	1233924	35039	70188	9293
	1185	101	327591	145192	117378	1750	424
6	156816	34712	829688	371874	87293	146590	30018
	40942	4851	200052	103297	27126	39886	6651
4	108352	29033	500191	227380	48287	95517	21490
2	7521	827	129445	41198	11879	11188	1877
128	924237	296833	13904102	5522287	598501	948307	306770
18	920917	362519	28960576	4574189	1018804	902497	348567

a)Xingqing District China National Grid Ningxia Electric Power Co. , Ltd. Data; Lingwu China Ningxia Coal Industry Group Co. , Ltd. Data.

4—3 续表1 continued

单位:万元 (2018)

指 标	Item	企业单位数（个）Number of Enterprises（unit）
按工业行业大类分	**Grouped by Sector**	
煤炭开采和洗选业	Mining and Washing of Coal	6
农副食品加工业	Processing of Food from Agricultural Products	39
食品制造业	Manufacture of Foods	19
酒、饮料和精制茶制造业	Manufacture of Wine, Beverage and Tea	11
纺织业	Manufacture of Textile	18
纺织服装、服饰业	Manufacture of Textile Wearing Apparel and Apparel Industry	2
皮革、毛皮、羽毛及其制品和制鞋业	Manufacture ofleather, Fur,Feather, Footwearand Related Products	3
木材加工及木、竹、藤、棕、草制品业	ProcessingofTimber,ManufactureofWood,Bamboo,Rattan,PalmandStrawProducts	1
家具制造业	Manufacture of Furniture	1
造纸及纸制品业	Manufacture of Paper and Paper Products	4
印刷和记录媒介复制业	Printing,Reproduction of Recording Media	3
文教、工美、体育和娱乐用品制造业	Manufacture of Articles for Culture,Education,Arts and Crafts,Sport and Entertainment Activities	1
石油、煤炭及其他燃料加工业	Petroleum,coal and other fuel processing industries	10
化学原料及化学制品制造业	Manufacture of Raw Chemical Materials and Chemical Products	34
医药制造业	Manufacture of Medicines	13
化学纤维制造业	Chemical Fiber Manufacturing	1
橡胶和塑料制品业	Manufacture of Rubber and Plastics	13
非金属矿物制品业	Manufacture of Non-metallic Mineral Products	43
黑色金属冶炼及压延加工业	Smelting and Pressing of Ferrous Metals	4
有色金属冶炼及压延加工业	Smelting and Pressing of Non-ferrous Metals	8
金属制品业	Manufacture of Metal Products	15
通用设备制造业	Manufacture of General Purpose Machinery	24
专用设备制造业	Manufacture of Special Purpose Machinery	10
汽车制造业	Manufature of Automotive Industry	2
铁路、船舶、航空航天和其他运输设备制造业	ManufatureofRailways,Shipbailding,AerospaceandOtherTransporationEquipment	1
电气机械及器材制造业	Manufacture of Electrical Machinery andEquipment	24
计算机、通信和其他电子设备制造业	Manufacturing of computer, communication and other electronic equipment	3
仪器仪表制造业	Manufacture of Measuring Instruments	3
废弃资源综合利用业	Vtilization Waste Resources	7
电力、热力的生产和供应业	Production and Supply of Electric Power,Gasand Water	35
燃气生产和供应业	Production and Supply of Gas	11
水的生产和供应业	Production and Supply of Water	6

continued

(10 000yuan)

亏损企业 Loss-suffering Enterprises	年初存货 Early inventory	产成品 Finished product	资产总计 Total Assets	流动资产总计 Total Working Capitas	应收账款 Accounts receivable	存货 Stock	产成品 Finished Products
2	640975	299345	13846422	2183462	242253	558816	223083
5	88526	22252	392723	230011	42523	103111	26903
5	70982	22089	973475	491254	59848	59074	19567
1	73989	15492	309171	150717	10610	82526	9970
14	213010	140085	2463405	921889	249472	224935	115038
2	10836	7449	121938	42409	5705	15258	8545
1	15892	9259	57984	46019	12911	22137	10454
	165	115	1976	1772	291	134	54
1	2103	397	10606	2512	−28	2167	516
1	14785	6213	149725	60394	18457	16284	6036
1	4313	788	32562	16740	8591	5515	931
1	245	2	13449	8011	747	611	
6	473048	41763	8353657	3770990	54809	562128	135211
15	153658	63157	3026898	590278	66212	147402	52798
4	71626	32651	1131805	537449	35812	65310	23573
1			120948	41458	1792	17986	14428
5	56895	33560	203062	128921	38019	37313	22797
19	41985	20982	659722	368094	213638	45474	22479
3	5340	3685	56032	17803	1138	7459	5448
3	21408	13084	123597	66428	28278	19982	13708
4	52353	13795	433021	194045	57667	53483	14680
7	112614	31678	732512	378690	123243	118219	29983
2	23982	5724	169869	82812	13374	21319	6353
1	379		57031	34733	25576	1262	741
	56		4194	4005	2552	93	
6	53858	15872	548918	359641	197232	61971	24157
1	52356	18406	919188	511426	334287	55258	11725
	7816	972	62392	50929	23689	8623	3156
2	21725	17908	138025	76234	31473	17845	5412
12	69988	867	11711275	1930364	859068	77278	3228
3	19984	11976	1187364	578754	64802	24047	12664
	1251	30	546938	126410	10816	1530	64

4—3 续表2 continued

单位:万元 (2018)

指 标	Item	固定资产原价 Original Value of Fixed Assets
总 计	**Total**	38793662
按地区分	**Gorped by Region**	
兴庆区	Xingqing	6179130
金凤区	Jinfeng	423170
西夏区	Xixia	4741866
永宁县	Yongning	1100826
贺兰县	Helan	963877
灵武市	Lingwu	25384793
按轻重工分	**Grouped by Light & Heavy Industries**	
轻工业	Light Industry	2467824
重工业	Heavy Industry	36325837
按企业规模分	**Grouped by Size of Enterprises**	
大型企业	Large Enterprises	27501907
中型企业	Medium-sized Enterprises	6123604
小型企业	Small Enterprises	5168150
纯小型企业	Pure small business	4494137
微型企业	Micro-enterprises	674013
按登记注册类型分	**Grouped by Status of Registration**	
内资企业	Domestic Funded	36071284
国有企业	State-owned Enterprises	5673890
中央企业	Central	5647233
地方企业	Local	26658
有限责任公司	Limited Liability Corporations	24569719
国有独资公司	State Sole Funded Corporations	18382781
其他有限责任公司	Other Limited Liability Corporations	6186938
股份有限公司	Share-holding Corporations Limited	3115915
私营企业	Private Enterprises	2711760
私营独资企业	Private Sole Funded Corporations	2241
私营合伙企业	private partnership	4604
私营有限责任公司	Private Limited Liability Corporations	2597665
私营股份有限公司	Private Share-holding Corporations Limited	107250
港、澳、台商投资企业	Enterprises with Funds fromHong Kong,Macaoand Taiwan	2081076
合资经营企业(港或澳、台资)	Joint-venturesEnterprises(Hongkong, Macao or Taiwan)	1993281
港澳台商独资经营企业	Enterprises with Fundsfrom Hong Kong,Macao andTaiwan	87796
外商投资企业	Foreign Funded Enterprises	641302
中外合资经营企业	Joint-venture Enterprises	130851
外资企业	Foreign Enterprises	440861
其他外商投资企业	Other enterprises with foreign investment	69590
在总计中:亏损企业	**In total:** loss making enterprises	8062956
在总计中:国有控股企业	**In total:** state holding enterprises	31509082

continued

（10 000yuan）

累计折旧 Accumulated Depreciation	本年折旧 Depreciation this year	负债合计 Total Liabilities	流动负债合计 Total Working Liabilities	应付账款 Accounts Payable
13616475	1919701	33828329	21243045	4406070
3230683	420429	3291990	2215114	860858
212653	27314	597022	430420	162245
2017708	248814	3908770	2387673	674018
515287	60470	1152144	925431	198142
268610	75353	1394343	1127914	308951
7371535	1087322	23484059	14156493	2201857
849389	156668	3673864	2868763	716475
12767086	1763033	30154465	18374282	3689596
10231759	1337243	18699086	12048302	2455505
2036065	313803	7469346	4919850	887628
1348651	268655	7659897	4274893	1062938
1214177	224029	7044439	4072828	1029988
134474	44626	615458	202065	32950
12863413	1792181	30926089	19559762	3946553
3121467	401027	2143958	1612855	763465
3114851	400975	2131390	1602561	758429
6616	53	12569	10294	5035
7507042	1074602	18792578	10922980	1987382
5951228	743498	12880642	7174344	1270239
1555814	331105	5911936	3748636	717143
1476173	159901	2160575	1193036	188979
758731	156650	7828977	5830891	1006728
663	137	2995	2995	693
4309	33	5426	5426	1498
713623	149821	6888020	5231570	880870
40137	6658	932536	590900	123667
465815	86299	2403204	1302335	256901
441053	81844	2266567	1238047	205256
24762	4455	136637	64288	51645
287247	41222	499037	380947	202617
47978	6853	89098	87672	12671
216726	28634	316012	227745	152881
22542	5735	93927	65530	37065
2556798	433623	11932868	8046065	1360312
11324773	1518214	20822151	12191241	2594905

4—3 续表3 continued

单位:万元 (2018)

指 标	Item	固定资产原价 Original Value of Fixed Assets
按工业行业大类分	**Grouped by Sector**	
煤炭开采和洗选业	Mining and Washing of Coal	14148403
农副食品加工业	Processing of Food from Agricultural Products	173051
食品制造业	Manufacture of Foods	550245
酒、饮料和精制茶制造业	Manufacture of Wine, Beverage and Tea	197073
纺织业	Manufacture of Textile	600425
纺织服装、服饰业	Manufacture of Textile Wearing Apparel and Apparel Industry	31013
皮革、毛皮、羽毛及其制品和制鞋业	Manufacture ofleather, Fur,Feather, Footwearand Related Products	13806
木材加工及木、竹、藤、棕、草制品业	ProcessingofTimber,ManufactureofWood,Bamboo,Rattan,PalmandStrawProducts	372
家具制造业	Manufacture of Furniture	6884
造纸及纸制品业	Manufacture of Paper and Paper Products	85751
印刷和记录媒介复制业	Printing,Reproduction of Recording Media	23162
文教、工美、体育和娱乐用品制造业	Manufacture of Articles for Culture,Education,Arts and Crafts,Sport and Entertainment Activities	5193
石油、煤炭及其他燃料加工业	Petroleum,coal and other fuel processing industries	3486372
化学原料及化学制品制造业	Manufacture of Raw Chemical Materials and Chemical Products	2888643
医药制造业	Manufacture of Medicines	655455
化学纤维制造业	Chemical Fiber Manufacturing	79172
橡胶和塑料制品业	Manufacture of Rubber and Plastics	202243
非金属矿物制品业	Manufacture of Non-metallic Mineral Products	461666
黑色金属冶炼及压延加工业	Smelting and Pressing of Ferrous Metals	48244
有色金属冶炼及压延加工业	Smelting and Pressing of Non-ferrous Metals	45236
金属制品业	Manufacture of Metal Products	167882
通用设备制造业	Manufacture of General Purpose Machinery	403339
专用设备制造业	Manufacture of Special Purpose Machinery	51836
汽车制造业	Manufature of Automotive Industry	6372
铁路、船舶、航空航天和其他运输设备制造业	ManufatureofRailways,Shipbailding,AerospaceandOtherTransporationEquipment	385
电气机械及器材制造业	Manufacture of Electrical Machinery andEquipment	168769
计算机、通信和其他电子设备制造业	Manufacturing of computer, communication and other electronic quipment	418873
仪器仪表制造业	Manufacture of Measuring Instruments	13186
废弃资源综合利用业	Vtilization Waste Resources	46866
电力、热力的生产和供应业	Production and Supply of Electric Power,Gasand Water	13015657
燃气生产和供应业	Production and Supply of Gas	408347
水的生产和供应业	Production and Supply of Water	389742

continued

（10 000yuan）

累计折旧 Accumulated Depreciation	本年折旧 Depreciation this year	负债合计 Total Liabilities	流动负债合计 Total Working Liabilities	应付账款 Accounts Payable
4563414	590067	10015773	6152143	964296
54666	9630	199974	176796	34715
251435	28060	532222	459269	101714
64550	15940	142985	136733	65824
78438	25007	1626603	1128817	313365
7966	1366	23252	22294	13933
2717	380	38493	38493	12197
169	20	1586	1586	
3514	302	6179	6179	462
33559	5115	85754	72484	7971
10245	1128	16206	12638	2376
435	435	9223	9223	149
1342787	144052	5816533	4129938	428713
594621	143046	2937126	1981632	250112
311323	62128	818700	645493	78403
4560	4560	85584	85584	74051
137828	9344	166590	165419	109571
221868	25653	417350	407233	210893
14916	2440	33983	33983	6450
7464	1252	84740	84690	24797
47549	5032	273762	179575	37529
170429	22058	387710	275577	107923
14164	1690	92501	88544	13965
110	21	52172	49144	8191
248	50	1761	1761	816
35447	8822	298053	245197	90137
96974	34987	298539	200859	56941
5563	750	40273	32544	15749
10622	3878	92894	81751	24774
5319263	746451	8066926	3703754	1297131
114019	13221	863710	570800	39463
95613	12817	301174	62914	13460

4—3 续表4 continued

单位:万元 (2018)

指 标	Item	所有者 权益合计 Owners' Equities
总 计	**Total**	14731866
按地区分	**Grouped by Region**	
兴庆区	Xingqing	1977433
金凤区	Jinfeng	466741
西夏区	Xixia	2630572
永宁县	Yongning	770580
贺兰县	Helan	674764
灵武市	Lingwu	8211777
按轻重工分	**Grouped by Light & Heavy Industries**	
轻工业	Light Industry	2267279
重工业	Heavy Industry	12464587
按企业规模分	**Grouped by Size of Enterprises**	
大型企业	Large Enterprises	9054058
中型企业	Medium-sized Enterprises	2266063
小型企业	Small Enterprises	3411745
纯小型企业	Pure small business	3063549
微型企业	Micro-enterprises	348195
按登记注册类型分	**Grouped by Status of Registration**	
内资企业	Domestic Funded	12361323
国有企业	State-owned Enterprises	1225833
中央企业	Central	1189611
地方企业	Local	36223
有限责任公司	Limited Liability Corporations	7026593
国有独资公司	State Sole Funded Corporations	5295459
其他有限责任公司	Other Limited Liability Corporations	1731134
股份有限公司	Share-holding Corporations Limited	1786049
私营企业	Private Enterprises	2322847
私营独资企业	Private Sole Funded Corporations	1454
私营合伙企业	Private Partnership	7894
私营有限责任公司	Private Limited Liability Corporations	2039833
私营股份有限公司	Private Share-holding Corporations Limited	273667
港、澳、台商投资企业	Enterprises with Funds fromHong Kong,Macaoand Taiwan	2039891
合资经营企业(港或澳、台资)	Joint-venturesEnterprises(Hongkong, Macao or Taiwan)	1848938
港澳台商独资经营企业	Enterprises with Fundsfrom Hong Kong,Macao andTaiwan	190954
外商投资企业	Foreign Funded Enterprises	330652
中外合资经营企业	Joint-venture Enterprises	110955
外资企业	Foreign Enterprises	184179
其他外商投资企业	Other enterprises with foreign investment	35518
在总计中:亏损企业	**In total:** loss making enterprises	1971552
在总计中:国有控股企业	**In total:** state holding enterprises	8138425

continued

(10 000yuan)

实收资本 Paid-up Capital	国家资本 State-owned Capital	集体资本 Collective-owned Capital	法人资本 Corporate Capital	个人资本 Personal Capital	港澳台资本 Capital frome Hong Kong, Macao and Taiwan	外商资本 Foreign Capital
11214476	4022504	150339	5887281	675282	329800	149269
840693	382282		399390	19021	40000	
206727	38178	1794	131567	17967	600	16621
2134850	878397		992784	96436	48020	119213
303995	17343		107053	179600		
617117	117627	13045	426150	46859		13435
7111095	2588678	135500	3830338	315400	241179	
1705518	146880	4545	1222286	309253	4506	18048
9508957	3875624	145794	4664995	366029	325294	131221
5833026	2851006		2649402	97968	200000	34650
2281192	683696	104	1335027	152109		110256
3100258	487802	150235	1902852	425205	129800	4363
2849089	424781	150235	1751080	388829	129800	4363
251169	63021		151771	36376		
9705261	4006211	6839	5074531	613245	600	3834
348820	348820					
315373	315373					
33446	33446					
5387056	2790311	2294	2522267	71334	600	250
3296784	1625935		1662950	7899		
2090273	1164376	2294	859317	63435	600	250
1205146	737953		394387	69222		3584
2764239	129127	4545	2157877	472689		
2122				2122		
1458				1458		
2489848	129127	1104	2044661	314955		
270812		3441	113216	154155		
1200113		135500	674333	61080	329200	
1114517		135500	674333	61080	243604	
85595					85595	
309102	16293	8000	138417	957		145436
63450	6000		39967	457		17026
183702	10293	8000	37000			128410
61950			61450	500		
3814334	1278192	135500	2027854	291630	20837	60322
6075964	3884967	500	2131253	58994		250

4—3 续表5 continued

单位:万元 (2018)

指 标	Item	所有者权益合计 Owners' Equities
按工业行业大类分	**Grouped by Sector**	
煤炭开采和洗选业	Mining and Washing of Coal	3830650
农副食品加工业	Processing of Food from Agricultural Products	193066
食品制造业	Manufacture of Foods	441253
酒、饮料和精制茶制造业	Manufacture of Wine, Beverage and Tea	166186
纺织业	Manufacture of Textile	836802
纺织服装、服饰业	Manufacture of Textile Wearing Apparel and Apparel Industry	98686
皮革、毛皮、羽毛及其制品和制鞋业	Manufacture ofleather, Fur,Feather, Footwearand Related Products	19491
木材加工及木、竹、藤、棕、草制品业	ProcessingofTimber,ManufactureofWood,Bamboo,Rattan,PalmandStrawProducts	389
家具制造业	Manufacture of Furniture	4427
造纸及纸制品业	Manufacture of Paper and Paper Products	63972
印刷和记录媒介复制业	Printing,Reproduction of Recording Media	16356
文教、工美、体育和娱乐用品制造业	Manufacture of Articles for Culture,Education,Arts and Crafts,Sport and Entertainment Activities	4226
石油、煤炭及其他燃料加工业	Petroleum,coal and other fuel processing industries	2537124
化学原料及化学制品制造业	Manufacture of Raw Chemical Materials and Chemical Products	89772
医药制造业	Manufacture of Medicines	313105
化学纤维制造业	Chemical Fiber Manufacturing	35364
橡胶和塑料制品业	Manufacture of Rubber and Plastics	36472
非金属矿物制品业	Manufacture of Non-metallic Mineral Products	242371
黑色金属冶炼及压延加工业	Smelting and Pressing of Ferrous Metals	22049
有色金属冶炼及压延加工业	Smelting and Pressing of Non-ferrous Metals	38857
金属制品业	Manufacture of Metal Products	159259
通用设备制造业	Manufacture of General Purpose Machinery	344802
专用设备制造业	Manufacture of Special Purpose Machinery	77368
汽车制造业	Manufature of Automotive Industry	4859
铁路、船舶、航空航天和其他运输设备制造业	ManufatureofRailways,Shipbailding,AerospaceandOtherTransporationEquipment	2432
电气机械及器材制造业	Manufacture of Electrical Machinery andEquipment	250864
计算机、通信和其他电子设备制造业	Manufacturing of computer, communication and other electronic quipment	620650
仪器仪表制造业	Manufacture of Measuring Instruments	22119
废弃资源综合利用业	Vtilization Waste Resources	45130
电力、热力的生产和供应业	Production and Supply of Electric Power,Gasand Water	3644349
燃气生产和供应业	Production and Supply of Gas	323654
水的生产和供应业	Production and Supply of Water	245763

continued

(10 000yuan)

实收资本 Paid-up Capital	国家资本 State-owned Capital	集体资本 Collective-owned Capital	法人资本 Corporate Capital	个人资本 Personal Capital	港澳台资本 Capital frome Hong Kong, Macao and Taiwan	外商资本 Foreign Capital
2124367	1034462		1078685	11220		
103493		104	82129	18069	600	2591
112490			88452	23039		1000
54269	16293	1000	11640	10421	1481	13435
985735	111177		763684	110875		
101000			100750			250
9834			466	9368		
300				300		
5000				5000		
26450	7050		7417	11983		
11776	7361			4415		
5000	5000					
2451631	709293		1420358	121980	200000	
1093814	680700	144000	230231	20471	18412	
186690			95443	91248		
40000			40000			
99639			32306	4836	2425	60072
178975	54490	1794	81475	41216		
9018			5586	3432		
46042	35000		1200	9842		
98066			68371	26112		3584
229244	11000		127971	21935		68338
69938			53823	16115		
5000			5000			
825			825			
140024	48500	3441	56005	32078		
219400			219400			
11206			10776	430		
49713	6875		32139	10699		
2258175	1207300		928614	59495	62767	
299953	47719		246529	5705		
187408	40285		98008	5000	44115	

4—3 续表6 continued

单位:万元 (2018)

指 标	Item	营业收入 Business income
总 计	**Total**	22494497
按地区分	Gorped by Region	
兴庆区	Xingqing	5306796
金凤区	Jinfeng	553972
西夏区	Xixia	5314688
永宁县	Yongning	948836
贺兰县	Helan	1159813
灵武市	Lingwu	9210392
按轻重工分	Grouped by Light & Heavy Industries	
轻工业	Light Industry	2500084
重工业	Heavy Industry	19994413
按企业规模分	Grouped by Size of Enterprises	
大型企业	Large Enterprises	14441197
中型企业	Medium-sized Enterprises	3198215
小型企业	Small Enterprises	4855085
纯小型企业	Micro enterprise	4582743
微型企业	Micro-enterprises	272342
按登记注册类型分	Grouped by Status of Registration	
内资企业	Domestic Funded	19921915
国有企业	State-owned Enterprises	4643175
中央企业	Central	4631011
地方企业	Local	12164
有限责任公司	Limited Liability Corporations	8020980
国有独资公司	State Sole Funded Corporations	4478437
其他有限责任公司	Other Limited Liability Corporations	3542543
股份有限公司	Share-holding Corporations Limited	3494197
私营企业	Private Enterprises	3763562
私营独资企业	Private Sole Funded Corporations	9862
私营合伙企业	private partnership	10366
私营有限责任公司	Private Limited Liability Corporations	3608539
私营股份有限公司	Private Share-holding Corporations Limited	134795
港、澳、台商投资企业	Enterprises with Funds fromHong Kong,Macaoand Taiwan	1931756
合资经营企业(港或澳、台资)	Joint-venturesEnterprises(Hongkong, Macao or Taiwan)	1803905
港澳台商独资经营企业	Enterprises with Fundsfrom Hong Kong,Macao andTaiwan	127851
外商投资企业	Foreign Funded Enterprises	640827
中外合资经营企业	Joint-venture Enterprises	188613
外资企业	Foreign Enterprises	406438
其他外商投资企业	Other enterprises with foreign investment	45776
在总计中:亏损企业	In total: loss making enterprises	3870197
在总计中:国有控股企业	In total: state holding enterprises	13944889

continued

(10 000yuan)

主营业务收入 Revenue from Principal Business	营业成本 Operating cost	主营业务成本 Cost of Principal Business	其他业务收入 Revenus from Other Business	其他业务利润 Other Profits	销售费用 Selling Costs	管理费用 Management Costs
21966328	17987954	17503022	528169	34022	396803	1166147
5294090	4952876	4945087	12706	2619	16130	62251
548508	425404	422999	5464	2467	44187	35177
5182994	3947512	3822953	131694	4187	77313	167379
889710	778431	734099	59126	3997	43091	95391
1021713	980238	852591	138100	1190	52237	64964
9029313	6903493	6725294	181080	19561	163845	740985
2208123	2113908	1844870	291961	3728	131547	168549
19758205	15874045	15658152	236209	30293	265257	997599
14160068	11020616	10773868	281129	17868	172304	801863
3053329	2769605	2642291	144886	6330	90294	158985
4752931	4197733	4086863	102154	9824	134205	205300
4502210	3985560	3893176	80533	9823	129508	194263
250721	212173	193687	21621	1	4697	11038
19533553	16211048	15879753	388361	23526	324904	1072584
4637016	4474924	4471803	6159	2612	16	44251
4625422	4462416	4459439	5589	2612		43665
11594	12507	12364	570		16	586
7879635	5992534	5879664	141345	14864	175376	739678
4457647	2971041	2964957	20790	8850	90968	532177
3421989	3021493	2914707	120554	6014	84408	207501
3431527	2338505	2290962	62670	1895	50200	120290
3585375	3405085	3237325	178187	4154	99311	168365
9862	9612	9612				129
10366	7912	7912			765	1338
3430760	3296192	3128445	177779	3827	86586	148393
134387	91369	91357	408	326	11960	18506
1849528	1245877	1147030	82229	7605	41039	52270
1721676	1184033	1085186	82229	7605	40797	46860
127851	61844	61844			242	5410
583247	531029	476238	57580	2891	30861	41293
146763	142111	100996	41851	316	11778	10914
392598	338975	327632	13839	2561	18449	26745
43886	49943	47610	1890	14	634	3635
3710075	3718507	3542180	160123	2572	53207	259203
13860418	11016997	10958770	84471	12782	134809	769219

4—3 续表7 continued

单位:万元 (2018)

指　标	Item	营业收入 Business income
按工业行业大类分	**Grouped by Sector**	
煤炭开采和洗选业	Mining and Washing of Coal	3449013
农副食品加工业	Processing of Food from Agricultural Products	416441
食品制造业	Manufacture of Foods	811410
酒、饮料和精制茶制造业	Manufacture of Wine, Beverage and Tea	139983
纺织业	Manufacture of Textile	431034
纺织服装、服饰业	Manufacture of Textile Wearing Apparel and Apparel Industry	13627
皮革、毛皮、羽毛及其制品和制鞋业	Manufacture ofleather, Fur,Feather, Footwearand Related Products	22057
木材加工及木、竹、藤、棕、草制品业	ProcessingofTimber,ManufactureofWood,Bamboo,Rattan,PalmandStrawProducts	2239
家具制造业	Manufacture of Furniture	6223
造纸及纸制品业	Manufacture of Paper and Paper Products	64744
印刷和记录媒介复制业	Printing,Reproduction of Recording Media	21810
文教、工美、体育和娱乐用品制造业	Manufacture of Articles for Culture,Education,Arts and Crafts,Sport and Entertainment Activities	13637
石油、煤炭及其他燃料加工业	Petroleum,coal and other fuel processing industries	4958680
化学原料及化学制品制造业	Manufacture of Raw Chemical Materials and Chemical Products	1046679
医药制造业	Manufacture of Medicines	429968
化学纤维制造业	Chemical Fiber Manufacturing	35569
橡胶和塑料制品业	Manufacture of Rubber and Plastics	195903
非金属矿物制品业	Manufacture of Non-metallic Mineral Products	374250
黑色金属冶炼及压延加工业	Smelting and Pressing of Ferrous Metals	81062
有色金属冶炼及压延加工业	Smelting and Pressing of Non-ferrous Metals	484154
金属制品业	Manufacture of Metal Products	174803
通用设备制造业	Manufacture of General Purpose Machinery	370775
专用设备制造业	Manufacture of Special Purpose Machinery	53749
汽车制造业	Manufature of Automotive Industry	19855
铁路、船舶、航空航天和其他运输设备制造业	ManufatureofRailways,Shipbailding,AerospaceandOtherTransporationEquipment	3961
电气机械及器材制造业	Manufacture of Electrical Machinery andEquipment	412498
计算机、通信和其他电子设备制造业	Manufacturing of computer, communication and other electronic quipment	673479
仪器仪表制造业	Manufacture of Measuring Instruments	51498
废弃资源综合利用业	Vtilization Waste Resources	150454
电力、热力的生产和供应业	Production and Supply of Electric Power,Gasand Water	6761436
燃气生产和供应业	Production and Supply of Gas	710424
水的生产和供应业	Production and Supply of Water	113086

continued

（10 000yuan）

主营业务收入 Revenue from Principal Business	营业成本 Operating cost	主营业务成本 Cost of Principal Business	其他业务收入 Revenus from Other Business	其他业务利润 Other Profits	销售费用 Selling Costs	管理费用 Management Costs
3440277	2076167	2076125	8736	8695	86535	500997
413916	360138	359481	2525	1804	17225	15913
712720	679339	585972	98691	1376	56795	46430
133610	89308	83716	6373	131	12515	8588
322149	418308	316516	108884	-275	6903	13168
13433	14231	14065	194	18	1656	1382
21964	19384	19384	93	93	368	1485
2239	2098	2098			67	18
6141	4928	4928	83		363	1179
63167	57456	57394	1577	27	1945	3508
20858	18020	17233	952	71	747	2999
13063	13384	13379	574		51	400
4870947	3357544	3276677	87733	6269	49396	120134
1004803	940682	874570	41876	1877	19867	119541
359475	321004	255493	70492	483	26154	66774
35308	38565	38488	261		1280	2418
184601	179125	168643	11302	705	7976	12114
368839	298635	294235	5411	439	39791	24039
80696	80975	80312	366		935	697
483826	465544	465364	328	110	12056	2802
165435	145680	138731	9368	2286	5011	14449
365473	288634	286031	5301	2161	17953	35844
49360	47367	41789	4388	-0.3	1371	7722
19767	18723	18635	88	0.3	2	1394
3847	2205	1785	114	9	169	1064
398113	347856	339344	14385	276	11385	17917
672960	546140	546140	519	14	2638	8154
50795	38245	37620	703	31	4926	6423
135137	145464	130674	15317		1962	5411
6738644	6288614	6276467	22791	3134	607	101221
703971	630351	628634	6453	4289	2782	11204
110796	53843	53099	2290		5375	10760

4—3 续表8 continued

单位:万元 (2018)

指 标	Item	财务费用 Financial Costs
总 计	**Total**	**869760**
按地区分	**Gorped by Region**	
兴庆区	xingqing	80289
金凤区	jinfeng	7908
西夏区	xixia	92139
永宁县	Yongning	30108
贺兰县	Helan	34044
灵武市	Lingwu	625272
按轻重工分	Grouped by Light & Heavy Industries	
轻工业	Light Industry	109752
重工业	Heavy Industry	760008
按企业规模分	Grouped by Size of Enterprises	
大型企业	Large Enterprises	402981
中型企业	Medium-sized Enterprises	234004
小型企业	Small Enterprises	232774
纯小型企业	Pure small business	201804
微型企业	Micro-enterprises	30971
按登记注册类型分	Grouped by Status of Registration	
内资企业	Domestic Funded	800858
国有企业	State-owned Enterprises	51219
中央企业	Central	51275
地方企业	Local	-56
有限责任公司	Limited Liability Corporations	444176
国有独资公司	State Sole Funded Corporations	291981
其他有限责任公司	Other Limited Liability Corporations	152195
股份有限公司	Share-holding Corporations Limited	57846
私营企业	Private Enterprises	247617
私营独资企业	Private Sole Funded Corporations	58
私营合伙企业	private partnership	26
私营有限责任公司	Private Limited Liability Corporations	203022
私营股份有限公司	Private Share-holding Corporations Limited	44511
港、澳、台商投资企业	Enterprises with Funds fromHong Kong,Macaoand Taiwan	58738
合资经营企业(港或澳、台资)	Joint-venturesEnterprises(Hongkong, Macao or Taiwan)	53773
港澳台商独资经营企业	Enterprises with Fundsfrom Hong Kong,Macao andTaiwan	4965
外商投资企业	Foreign Funded Enterprises	10163
中外合资经营企业	Joint-venture Enterprises	1631
外资企业	Foreign Enterprises	7151
其他外商投资企业	Other enterprises with foreign investment	1382
在总计中:亏损企业	**In total:** loss making enterprises	372519
在总计中:国有控股企业	**In total:** state holding enterprises	510804

continued

(10 000yuan)

利息支出 Interest Expense	营业利润 Operating Profits	利润总额 Total Profits	亏损企业亏损总额 Total Loss ofLoss-suffering Enterprises	本年应付职工薪酬 Wages Payable This Year	从业人员平均人数(人) Annual AverageEmployed Persons(person)
839058	**999597**	**926520**	**593865**	**1836539**	**146577**
80723	195735	193642	5590	160323	15322
6827	40461	46734	5810	49528	6352
92851	324223	305395	71596	247242	24792
31272	-4111	-2071	28517	65644	9643
27754	14592	23025	18475	67695	12105
599631	428697	359795	463877	1246108	78363
101396	-46541	-28666	117238	155945	26031
737662	1046137	955186	476627	1680593	120546
383442	998440	904111	167386	1420411	93221
232662	-68748	-71759	233321	213851	23186
222953	69905	94168	193157	202276	30170
192492	60775	84332	175298	196503	29216
30462	9129	9836	17859	5773	954
785894	464489	414455	571839	1641410	128663
51636	74504	71750	1107	133611	11760
51636	75380	72857		132762	11563
	-876	-1107	1107	849	197
437426	349343	303191	265178	1212717	78052
282963	327507	278488	33115	1008554	56143
154463	21836	24703	232063	204163	21909
60739	221866	200408	26381	146261	11305
236093	-181223	-160893	279173	148821	27546
38	30	37		246	55
26	263	240		873	
195115	-145652	-125210	225426	135351	25474
40914	-35864	-35959	53747	12351	2017
44710	513141	488133	2177	132713	11592
39346	453647	428617	2177	129463	11211
5365	59494	59517		3250	381
8454	21967	23931	19849	62415	6322
2020	18571	18660		13162	1503
6088	13241	13621	11156	45648	4209
346	-9845	-8350	8693	3606	610
357649	-606423	-593865	593865	233649	27618
502544	493318	415216	254972	1341075	80598

4—3 续表9 continued

单位:万元 (2018)

指 标	Item	财务费用 Financial Costs
按工业行业大类分	**Grouped by Sector**	
煤炭开采和洗选业	Mining and Washing of Coal	180448
农副食品加工业	Processing of Food from Agricultural Products	6756
食品制造业	Manufacture of Foods	10188
酒、饮料和精制茶制造业	Manufacture of Wine, Beverage and Tea	2283
纺织业	Manufacture of Textile	56520
纺织服装、服饰业	Manufacture of Textile Wearing Apparel and Apparel Industry	166
皮革、毛皮、羽毛及其制品和制鞋业	Manufacture ofleather, Fur,Feather, Footwearand Related Products	769
木材加工及木、竹、藤、棕、草制品业	ProcessingofTimber,ManufactureofWood,Bamboo,Rattan,PalmandStrawProducts	15
家具制造业	Manufacture of Furniture	47
造纸及纸制品业	Manufacture of Paper and Paper Products	2823
印刷和记录媒介复制业	Printing,Reproduction of Recording Media	570
文教、工美、体育和娱乐用品制造业	Manufacture of Articles for Culture,Education,Arts and Crafts,Sport and Entertainment Activities	522
石油、煤炭及其他燃料加工业	Petroleum,coal and other fuel processing industries	177832
化学原料及化学制品制造业	Manufacture of Raw Chemical Materials and Chemical Products	61554
医药制造业	Manufacture of Medicines	27078
化学纤维制造业	Chemical Fiber Manufacturing	-11
橡胶和塑料制品业	Manufacture of Rubber and Plastics	-60
非金属矿物制品业	Manufacture of Non-metallic Mineral Products	5157
黑色金属冶炼及压延加工业	Smelting and Pressing of Ferrous Metals	524
有色金属冶炼及压延加工业	Smelting and Pressing of Non-ferrous Metals	3071
金属制品业	Manufacture of Metal Products	5805
通用设备制造业	Manufacture of General Purpose Machinery	7728
专用设备制造业	Manufacture of Special Purpose Machinery	820
汽车制造业	Manufature of Automotive Industry	-109
铁路、船舶、航空航天和其他运输设备制造业	ManufatureofRailways,Shipbailding,AerospaceandOtherTransporationEquipment	-2
电气机械及器材制造业	Manufacture of Electrical Machinery andEquipment	4662
计算机、通信和其他电子设备制造业	Manufacturing of computer, communication and other electronic quipment	1291
仪器仪表制造业	Manufacture of Measuring Instruments	238
废弃资源综合利用业	Vtilization Waste Resources	2427
电力、热力的生产和供应业	Production and Supply of Electric Power,Gasand Water	279074
燃气生产和供应业	Production and Supply of Gas	22264
水的生产和供应业	Production and Supply of Water	9310

continued

(10 000yuan)

利息支出 Interest Expense	营业利润 Operating Profits	利润总额 Total Profits	亏损企业亏损总额 Total Loss of Loss-suffering Enterprises	本年应付职工薪酬 Wages Payable This Year	从业人员平均人数(人) Annual Average Employed Persons (person)
171444	312070	257658	1098	936613	51386
5309	15618	20335	5010	18219	2919
13503	14787	20688	3410	47030	5850
2727	16566	16931	327	8388	1460
50511	-70190	-67193	68535	20828	4850
450	-4029	-3878	3878	7992	1786
732	-43	1202	34	794	319
15	38	38		101	23
47	-324	-308	308	1536	288
3024	-730	-873	2619	7168	1304
520	-622	355	63	3061	474
444	-725	-714	714	153	22
164870	500633	455346	159808	218734	17217
61529	-134638	-137467	179382	65966	5846
22388	-11728	-10331	24475	32933	5371
12	-6261	-6261	6261	3310	439
416	-4597	-4415	7242	18461	2681
4825	1684	1072	5960	28197	4216
506	-2327	-2017	2054	2008	413
3060	-174	885	192	4617	688
7374	12899	12566	1687	19981	2522
6964	20505	23835	7566	52047	5841
927	-2205	-1821	3183	7520	1097
	-160	-271	277	1979	319
	446	655		1036	99
4432	30570	31570	2398	17579	3538
2745	110624	111590	3541	37261	4516
440	2609	3285		4822	617
1969	-4425	-4512	13831	4631	376
280208	124395	129887	85629	238493	17683
17811	42019	41810	4384	9988	1165
9853	37313	36873		15095	1252

主要统计指标解释

【工业总产值】是指工业企业在本年内生产的以货币形式表现的工业最终产品和提供工业劳务活动的总价值量。

工业总产值计算应遵循的三个原则:工业生产的原则、最终产品的原则、“工厂法”原则。

工业总产值的内容包括三部分:生产的成品价值、对外加工费收入、自制半成品在制品期末期初差额价值。

【工业增加值】是指工业企业在报告期内以货币表现的工业生产活动的最终成果。工业增加值有两种计算方法:一是生产法,即工业总产值减去工业中间投入;二是收入法(又称要素分配法),即从收入的角度出发,根据生产要素在生产过程中应得到的收入份额计算,具体构成项目有固定资产折旧、劳动者报酬、生产税净值、营业盈余。

生产法计算公式为:工业增加值=工业总产值-工业中间投入+本年应交增值税

收入法(分配法)计算公式为:工业增加值=固定资产折旧+劳动者报酬+生产税净额+营业盈余

【实收资本】指企业投资者实际投入的资本(或股本),包括货币、实物、无形资产等各种形式的投入。实收资本按投资主体可分为国家资本、集体资本、法人资本、个人资本、港澳台资本和外商资本。

【资产总计】指企业拥有或控制的能以货币计量的经济资源,包括各种财产、债权和其他权利。资产按其流动性(即资产的变现能力和支付能力)划分为:流动资产、长期投资、固定资产、无形资产、递延资产和其他资产。

固定资产指企业使用期限超过一年的房屋、建筑物、机器、机械、运输工具以及其他与生产、经营有关的设备、器具、工具等。不属于生产经营主要设备的物品,单位价值在2000元以上,并且使用年限超过2年的,也应当作为固定资产。流动资产指企业可以在一年内或者超过一年的一个生产周期内变现或者耗用的资产,包括现金及各种存款、短期投资、应收及预付款项、存货等。

【负债合计】指企业所承担的能以货币计量,将以资产或劳务偿付的债务。偿还形式包括货币、资产或提供劳务。负债一般按偿还期长短分为流动负债和长期负债。

流动负债指企业在一年内或超过一年的一个营业周期内需要偿还的债务,包括短期借款、应付票据、应付帐款、预收帐款、应付工资、应交税金、应付利润、预提费用等。

长期负债指企业偿还期在一年以上或者超过一年的一个营业周期以上的债务,包括长期借款、长期应付款、应付债券等。

【所有者权益合计】指企业投资人对企业净资产的所有权。企业净资产等于企业全部资产减去全部负债后的余额,包括实收资本、资本公积金、盈余公积金和未分配利润等。

能 源

Energy

5—1 银川市全社会能源消费量

单位:万吨标准煤

年 份	Year	2014
全社会能源消费量	**Comprehensive Energy Consumption**	1870.13
第一产业	Primary Industry	10.81
第二产业	Secondary Industry	1679.76
工业	Industry	1658.49
规模以上工业	Industrial Enterprises above Designated Size	1601.30
规模以下工业	Industrial Enterprises below Designated Size	49.59
损失量	Amount at Stake	7.59
建筑业	Construction	21.27
第三产业	Tertiary Industry	115.64
交通运输、仓储邮电	Transport,Storang and Post	52.63
批发、零售和住宿餐饮	Wholesale,Retail Trades,Hotels and Gatering Services	30.55
其他	Others	32.46
生活消费	living Consumption	63.93
城镇	Urban	49.70
农村	Rural	14.23

注:该表2018年规上工业能源消费数据为四经普年报数据。

5—2 银川市能源加工转换情况

(2018)

指 标	Item	单位	Unit	合计 Total
投入量	Input	万吨标准煤	10 000 Tons of SCE	5176.69
产出量	Output	万吨标准煤	10 000 Tons of SCE	3205.11
转换损失量	Losses During The Process of Energy Conversion	万吨标准煤	10 000 Tons of SCE	1971.58
转换效率	Efficience of Energy Conversion	%	%	61.91

5—3 规上工业能源消费量及单位工业增加值能耗下降率

(2018)

地 区	Region	规模以上工业能源消费量(万吨标准煤) Energy Consumption of Industrial Enterprises above Designated Size(10 000 Tons of SCE)
银川市	Yinchuan	3416.37
兴庆区	Xinqing	12.64
金凤区	Jinfeng	10.04
西夏区	Xixia	218.06
永宁县	Yongning	99.32
贺兰县	Helan	37.28
灵武市	Lingwu	3039.03
宁 东	Ningdong	3016.49

Comprehensive Energy Consumption of the Whole Country in Yinchuan

(10 000 tons of SCE)

2015	2016	2017	2018
2309.96	2398.23	3158.03	3714.61
12.46	11.55	12.08	11.04
2117.29	2202.91	2954.26	3516.97
2095.17	2180.14	2931.03	3494.52
2056.38	2141.20	2890.85	3452.02
31.20	35.60	36.73	39.53
7.59	3.34	3.45	2.97
22.11	22.77	23.24	22.45
115.39	116.07	121.69	116.64
48.21	48.69	50.30	46.96
33.60	33.88	35.49	34.56
33.58	33.50	35.91	35.12
64.79	67.70	70.00	69.96
49.66	51.20	53.00	54.96
15.17	16.50	17.00	15.00

a) the data of industrial energy consumption in 2018 is the data of general annual report.

Energy Processing and Conversion

火电 Thermal Power	供热 Heating	洗煤 Washing Coal	炼焦 Coking	炼油 Petroleum Refineries	天然气液化 Liguefied Nature Gas
2279.55	243.02	367.15	505.54	1704.27	77.15
960.51	192.07	352.28	475.04	1150.23	74.98
1319.04	50.95	14.88	30.50	554.04	2.17
42.14	79.04	95.95	93.97	67.49	97.18

Comprehensive Energy Consumption of the Whole Country in Yinchuan

单位工业增加值能耗下降率(%) Drop Rate of Energy Consumption of Per Unit Industrial Added-value(%)
10.6
0.6
-23.3
-18.8
17.7
-19.2
11.3
8.6

5—4 全市规模以上工业企业能源生产、销售与库存

产品	Product	单位	Unit	年初存货 Invertory At Beginning of Year	产品产量 Production	
					2018年	2017年
原煤	Coal	吨	ton	470642.58	66142707.03	66142707.03
无烟煤	Anthracite Coal	吨	ton		2168000	2168000
炼焦烟煤	Coking Coal	吨	ton	106659	3899918	3899918
一般烟煤	General Coal	吨	ton	363983.58	60074789.03	60074789.03
褐煤	Lignite	吨	ton			
洗精煤(用于炼焦)	Clean Coal	吨	ton	150954.77	3191008.66	3191008.66
其他洗煤	Other Washing Coal	吨	ton	776752.88	4715382.29	4715382.29
煤制品	Coal Products	万立方米	10 000 su.m			
原油	Natural Grede Oil	吨	ton			
天然气	Natural Gas	万立方米	10 000 su.m			
液化天然气	Liquefied Natural Gas	吨	ton	8716.80	432843.06	432843.06
原油加工量	Crude Oil Processing Capacity	吨	ton		4433750.96	4433750.96
汽油	Gasoline	吨	ton	122647.34	1920758.54	1920758.54
煤油	Kerosene	吨	ton	5689.00	241089	241089
柴油	Diesel Oil	吨	ton	184487.56	2480945.7	2480945.7
润滑油	Lubricating Oil	吨	ton			
燃料油	Fuel Oil	吨	ton	5985	47443	47443
石脑油	Naphtha	吨	ton	8220	988075	988075
溶剂油	Solvent Oil	吨	ton			
液化石油气	Liquefied Oil Gas	吨	ton	18559.17	641674.61	641674.61
石油焦	Petroleum Coke	吨	ton			
石油沥青	Asphalt	吨	ton			
炼厂干气	Refinery Dry Gas	吨	ton			
其他石油制品	Other Oil Products	万千瓦小时	10 000 kwh	83683.50	1459519.00	1459519.00
焦炭	Coke	万千瓦小时	10 000 kwh	169593.38	4374089.42	4374089.42
发电量	Energy Output	万千瓦小时	10 000 kwh		7797975.62	7797975.62
火力发电量	Thermal Power	万千瓦小时	10 000 kwh		7298371.33	7298371.33
水力发电量	Hydropower	万千瓦小时	10 000 kwh			
核能发电量	Nuclear Power	万千瓦小时	10 000 kwh			
风力发电量	Wind Power	万千瓦小时	10 000 kwh		294848.73	294848.73
太阳能发电量	Solar Power	万千瓦小时	10 000 kwh		223956.41	223956.41
潮汐能发电量	Tidal Power	万千瓦小时	10 000 kwh			
地热能发电量	Geothermal Power	万千瓦小时	10 000 kwh			
其他发电量	Other Power	万千瓦小时	10 000 kwh			
煤气	Coal Gas	万立方米	10 000 su.m		119851.53	119851.53

EnergyPurchase,ConsumptionandInventoryofIndustrialEnterprisesaboveDesignatedSize

销售量 Sales volume				企业自用及其他 Enterprise for Own Use and Others		年末存货 Invertory At Year-end	
2018 年	2017 年	销往省外 Sales to Other Provinces		2018 年	2017 年	2018 年	2017 年
		2018 年	2017 年				
61117756.87	65005553.24	3270090.74	5181289.64	6273203.45	7912410.00	1412806.82	470642.58
15277	30132			2152723.00	3756509.00		
4017214	3274641	1216462			113461	463020	106659
57085265.87	61700780.24	2053628.74	5181289.64	4120480.45	4042440.00	949786.82	363983.58
				3191008.66	3217086.98	329331.78	150954.77
3959765.75	6464482.30	2408417.43	4381293.54	686180.00	24019305.47	865745.13	743477.88
1695270.28	1531927.33	1068152.06	1099548.33			19197.58	8716.80
1886598.92	1697328.25	11675.76	18020.96	194.00	216.15	179171.35	123380.34
243181	182728					3597	5689
2467442.03	1920032.41	512189.30	295265.00	4552.00	27067.00	193439.23	185359.56
43398	44087	43398	44087	2528	5315	7502	5985
108078	286453	105111	236005	859628	128060	28589	8220
536427.12	394254.43	207604.76	177799.00	110494.00	9455.00	13217.66	18559.17
1487890.00	591888.7	513466.00	108654.00	6369.00	277.00	48943.50	83683.50
4482824.00	4402813.54	3137976.80	2993913.21			60858.80	169593.38
6218492.79	4921318.53			838657.23	814427.38		
5733691.50	4517824.60			822204.50	800278.35		
284044.73	235962.38			12062.26	10626.55		
219642.46	185666.86			4705.64	3804.69		
				119851.53	116515.31		

5—5 全市规模以上工业企业能源购进、消费与库存情况

（2018）

指　标	Item	年初库存量 Inventory at the Beginning of the Year	购进量 Physical Quantity Purchased
原煤(吨)	Raw Coa(l ton)	2519873.41	76801122.15
无烟煤(吨)	Anthracite Coa(l ton)	56067.76	2923451.53
炼焦烟煤(吨)	Coking Coa(l ton)	100877.86	1724310.91
一般烟煤(吨)	General Coa(l ton)	2358057.79	72134812.97
褐煤(吨)	Lignite(ton)	4870.00	19113.44
洗精煤(吨)	Clean Coa(l ton)	211866.27	2917462.54
其它洗煤(吨)	Other Washing Coa(l ton)	1522.43	1756.03
煤制品(吨)	Coal Products(ton)	1248.61	42311.16
焦炭(吨)	Coke(ton)	42838.80	369292.80
其它焦化产品(吨)	Other Coking Products(ton)	385.00	7436.16
焦炉煤气(万立方米)	Coking Gas(10 000 cu.m)		3532.90
天然气(气态)(万立方米)	Natural Gas(gaseous state)(10 000 cu.m)		153105.76
液化天然气(液态)(吨)	Liquefied Natura(l liquid state)Gas(ton)		1273747.99
煤层气	Coalbed Methane		
原油(吨)	Crude O(i l ton)	105534.00	4417369.96
汽油(吨)	Gasoline(ton)	37.57	26123.67
煤油(吨)	Kerosene(ton)	8.85	86.29
柴油(吨)	Diesel O(i l ton)	573.50	28434.30
燃料油(吨)	Fuel O(i l ton)	4795.99	53052.10
液化石油气(吨)	Liquefied Petroleum Gas(ton)	11064.05	143274.55
润滑油(吨)	Lubricating O(i l ton)	107.99	1055.62
溶剂油	Solvent Oil		
石油焦(吨)	Petroleum coke(ton)	9216.26	61875.10
其它石油制品(吨)	Other Petroleum Products(ton)	12.97	1875.10
热力(百万千焦)	Hea(t million kilo-joule)		1296585.22
电力(万千瓦时)	Electricity(10 000 kwh)		1770049.87
煤矸石用于燃料(吨)	Coal Gangue as Fue(l ton)		255700.00
城市生活垃圾(用于燃料)	Municipal Solid Waste(For fuel)		515433.98
余热余压(百万千焦)	Waste Heat and Excess Pressure(million kilo-joule)		68937.75
其他燃料(吨标准煤)	Other Feu(l tons of sce)		113.57
能源合计(吨标准煤)	Total Energy(tons of sce)		

Energy Purchase, Consumption and Inventory of Industrial Enterprises above Designated Size

消费量 Consumption	工业生产消费 Industrial Production	#用于原材料 Used for Raw Materials	非工业生产消费 Non-industrial	合计中运输工具消费 Total:Trans port consumption	年末库存量 Inventory at Year-end
80533227.90	80507154.02	11095214.96	26073.88		2685487.25
2871477.52	2871300.43	2336479.93	177.09		82227.29
1703356.54	1703356.54				54070.45
75934980.40	75909083.61	8758735.03	25896.79		2548619.51
23413.44	23413.44				570.00
5898283.60	5898283.60				243676.86
691893.33	691893.33				75.00
42404.69	42404.69				1155.08
372771.61	372771.61	323674.12			39359.99
7798.16	7798.16	7798.16			23.00
120181.20	120146.52	97053.37	34.68		
153068.46	152737.20	15784.00	331.25	58.22	1.00
838.92	831.84		7.08	187.00	1.08
4433750.96	4433750.96				89153.00
2740.30	1587.77		1152.53	2115.48	1048.55
85.60	85.60				9.60
29354.45	27474.81	9784.80	1879.63	5104.22	539.23
51176.38	51176.38				9199.72
292935.95	292934.84	152423.40	1.11		13826.05
1151.17	1151.13		0.04		15.22
61963	61963.00				9128.36
1879.73.00	1831.69		48.04		8.05
28349019.42	28181808.16		167211.26		
3064101.96	3029879.89		34222.06		
405302.64	405302.64				
513297.98	513297.98				
13275834.91	13275834.91				
113.57	99.00		14.57		
73826527.39	73752916.23		73611.16		

5—6 全市规模以上工业企业能源购进、消费与库存附表情况

(2018)

指 标	Item	单 位	Unit	工业生产消费量 Industry Consumption	加工转换投入合计 Total Convert Input	火力发电 Thermal Power
原煤	Coal	吨	ton	78672662.95	59645845.88	34347209.30
无烟煤	Anthracite Coal	吨	ton	2841108.53	534127.90	
炼焦烟煤	Coking Coal	吨	ton	1703356.54	605223.04	
一般烟煤	General Coal	吨	ton	74128197.88	58506494.94	34347209.30
褐煤	Lignite	吨	ton			
洗精煤	Clean Coal	吨	ton	5898283.60	5898283.60	
其它洗煤	Other Washing Coal	吨	ton	690137.30		
煤制品	Coal Products	吨	ton	42404.69	42404.69	
焦炭	Coke	吨	ton	323674.12		
其它焦化产品	Other Coking Products	吨	ton			
焦炉煤气	Coking Gas	万立方米	10 000 su.m	116613.62		
天然气(气态)	Natural Gas(gaseous state)	万立方米	10 000 su.m	143259.27	105297.17	33162.54
液化天然气(液态)	Liquefied Natura(l liquid state)Gas	吨	ton	137.69		
原油	Crude Oil	吨	ton	4433750.96	4433750.96	
汽油	Gasoline	吨	ton	696.92		
煤油	Kerosene	吨	ton	1.50		
柴油	Diesel Oil	吨	ton	17467.93	10354.15	672.98
燃料油	Fuel Oil	吨	ton	51176.38	48428.38	433.62
液化石油气	Liquefied Petroleum Gas	吨	ton	292833.40	292833.40	
炼厂干气	Net Gas of Plant	吨	ton			
石脑油	Naphtha	吨	ton	822643.00	822643.00	
润滑油	Lubricating Oil	吨	ton	1141.55		
其它石油制品	Other Petroleum Products	吨	ton	1696.20		
热力	Heat	百万千焦	million kilo-joule	27434831.58		
电力	Electricity	万千瓦时	10 000 kwh	1842636.31		
煤矸石用于燃料	Coal Gangue as Fuel	吨	ton	405302.64	255700.00	250360.00
城市生活垃圾(用于燃料)	Municipal Solid Waste(For fuel)	吨	ton	513297.98	513297.98	513297.98
余热余压	Waste Heat and Excess Pressure	百万千焦	million kilo-joule	13275834.91	770760.82	770760.82
其他燃料	Other Fuel	吨标准煤	tons of SCE			
能源合计	Total Energy	吨标准煤	tons of SCE	70791218.31	52472750.19	21325210.53

Energy Purchase, Consumption and Inventory of Industrial Enterprises above Designated Size

供热 Heating Supply	原煤入洗 Washing -dressing Coal	炼焦 Coking	炼油及煤制油 PetroleumRefining and Coal Product	天然气液化 Natural Gas iquefying	能源加工转换产出 Output in Processing	回收利用 Recycling
3578158.16	7145514.43		14574963.99			
	534127.90					
	605223.04					
3578158.16	6006163.49		14574963.99			
		5898283.60			3191008.66	
					2493844.29	
42404.69						
					4374089.42	
					304261.65	
					119851.53	
10186.09				61948.54		
					432843.06	
			4433750.96			
					1920758.54	
					241089.00	
			9681.17		2480945.70	
13.54			47981.22		47443.00	
			292833.40		641579.61	
			822643.00		988075.00	
					1459519.00	
					56143767.30	
					7298371.33	
5340.00					941173.46	
						13275834.91
2426755.09	4629073.34	5055418.87	18264787.84	771504.52	32347474.00	452705.97

5—7 全市规模以上工业分品种分行业能源消费

(2018)

指 标	Item	原煤(吨) Coa(ton)
合 计	**Total**	**80533228**
采矿业	**Mining**	**31656669**
煤炭开采和洗选业	Mining and Washing of Coal	31656669
制造业	**Manufacturing**	**16490862**
农副食品加工业	Mining and Washing of Coal	4411
食品制造业	Manufacture of Foods	876123
酒、饮料和精制茶制造业	Manufacture of Wine,Beverages and Tea	279
纺织业	Manufacture of Textile	499
纺织服装、服饰业	Manufacture of Textile and Apparel	13
皮革、毛皮、羽毛及其制品和制鞋业	Manufacture of Leather,Fur,Feather,Related Produsts and Shoe	242
木材加工及木、竹、藤、棕、草制品业	Processing of Timber,Manufacture of Wood,Bamboo,Rattan,Palm,and Straw Products	
家具制造业	Manufacture of Furniture	
造纸及纸制品业	Manufacture of Paper and Paper Products	23132
印刷和记录媒介复制业	Printing and Reproduction of Recording Media	
文教、工美、体育和娱乐用品制造业	Manufacture of Cultureand Edueation,Arts and crafts,Sports and Entertainment Prdcucts	
石油、煤炭及其他燃料加工业	Petroleum,coal and other fuel processing industries	9383994
化学原料及化学制品制造业	Manufacture of Raw Chemical Materials and Chemical Products	4998683
医药制造业	Manufacture of Medicines	587685
橡胶和塑料制品业	Manufacture of Rubber and Plastics	40291
非金属矿物制品业	Manufacture of Non-metallic Mineral Products	570046
黑色金属冶炼和压延加工业	Smelting and Pressing of Ferrous Metals	4395
有色金属冶炼和压延加工业	Smelting and Pressing of Non-ferrous Metals	8
金属制品业	Manufacture of Metal Products	747
通用设备制造业	Manufacture of General Purpose Machinery	239
专用设备制造业	Manufacture of Special purpose Machinery	75
汽车制造业	Manufacture of Car	
铁路、船舶、航空航天和其他运输设备制造业	Manufacture of Railway,Ship,Aviation and Transport Equipment	
电气机械及器材制造业	Manufacture of Electrical Machinery and Equipment	
仪器仪表制造业	Manufacture of Measuring Instruments	
废弃资源综合利用业	Recycling and Disposal of Waste	
电力、燃气及水的生产和供应业	**Electric Power,Gas and Water Production and Supply**	**32365384**
电力、热力的生产和供应	Production and Supply of Electric Power and Heat Power	32365184
燃气生产和供应业	Production and Supply of Gas	
水的生产和供应业	Production and Supply of Water	200

Energy Consumption of Industrial Enterprises above Designated Size by Variety by Industries

无烟煤(吨) Anthracite Coa(ton)	炼焦烟煤(吨) Coking Coa(ton)	一般烟煤(吨) General Coa(ton)	褐煤(吨) Lignite(ton)	洗精煤(吨) Clean Coa(ton)
2871478	**1703357**	**75934980**	**23413**	**5898284**
534128	**605223**	**30517318**		
534128	605223	30517318		
2337350	**1098134**	**13031965**	**23413**	**5898284**
356		3941	113	
17		876106		
		279		
2		497		
		13		
		242		
		23132		
2306981	1098134	5978880		5898284
		4975383	23300	
		587685		
		40291		
29751		540295		
		4395		
		8		
4		743		
239				
		75		
		32365384		
		32365184		
		200		

5—7 续表1

(2018)

指 标	Item	其它洗煤(吨) Other Washing Coa(ton)
合 计	**Total**	**691893**
采矿业	**Mining**	
煤炭开采和洗选业	Mining and Washing of Coal	
制造业	**Manufacturing**	**687941**
农副食品加工业	Mining and Washing of Coal	
食品制造业	Manufacture of Foods	
酒、饮料和精制茶制造业	Manufacture of Wine,Beverages and Tea	
纺织业	Manufacture of Textile	
纺织服装、服饰业	Manufacture of Textile and Apparel	
皮革、毛皮、羽毛及其制品和制鞋业	Manufacture of Leather,Fur,Feather,Related Produsts and Shoe	
木材加工及木、竹、藤、棕、草制品业	Processing of Timber,Manufacture of Wood,Bamboo,Rattan,Palm,and Straw Products	
家具制造业	Manufacture of Furniture	
造纸及纸制品业	Manufacture of Paper and Paper Products	
印刷和记录媒介复制业	Printing and Reproduction of Recording Media	
文教、工美、体育和娱乐用品制造业	Manufacture of Cultureand Edueation,Arts and crafts,Sports and Entertainment Prdcucts	
石油、煤炭及其他燃料加工业	Petroleum,coal and other fuel processing industries	686185
化学原料及化学制品制造业	Manufacture of Raw Chemical Materials and Chemical Products	
医药制造业	Manufacture of Medicines	1756
橡胶和塑料制品业	Manufacture of Rubber and Plastics	
非金属矿物制品业	Manufacture of Non-metallic Mineral Products	
黑色金属冶炼和压延加工业	Smelting and Pressing of Ferrous Metals	
有色金属冶炼和压延加工业	Smelting and Pressing of Non-ferrous Metals	
金属制品业	Manufacture of Metal Products	
通用设备制造业	Manufacture of General Purpose Machinery	
专用设备制造业	Manufacture of Special purpose Machinery	
汽车制造业	Manufacture of Car	
铁路、船舶、航空航天和其他运输设备制造业	Manufacture of Railway,Ship,Aviation and Transport Equipment	
电气机械及器材制造业	Manufacture of Electrical Machinery and Equipment	
仪器仪表制造业	Manufacture of Measuring Instruments	
废弃资源综合利用业	Recycling and Disposal of Waste	
电力、燃气及水的生产和供应业	**Electric Power,Gas and Water Production and Supply**	**3953**
电力、热力的生产和供应	Production and Supply of Electric Power and Heat Power	3953
燃气生产和供应业	Production and Supply of Gas	
水的生产和供应业	Production and Supply of Water	

continued

煤制品(吨) Coal Products (ton)	焦炭(吨) Coke (ton)	其它焦化产品(吨) Other Coking Products (ton)	焦炉煤气(万立方米) Coking Gas (10 000 cu.m)	天然气(气态)(万立方米) Natural Gas (Gaseous State) (10 000 cu.m)	液化天然气(液态)(吨) Liquefied Natrual Gas (Liquid State)(ton)
42405	**372772**	**7798**	**120181**	**153068**	**839**
				15570	
				15570	
	372771	**7798**	**120181**	**32105**	**839**
				781	22
				801	
				964	
				738	
				49	
				73	
				1	
				4	
				178	
				139	
			116648	21795	138
	323674		3533	2175	
				42	
				44	
	1794	7798		370	679
	37814				
	8550			1941	
				1126	
				475	
				25	
				370	
	939			14	
42405				**105363**	
42405				43272	
				61955	
				136	

5—7 续表2

(2018)

指　标	Item	原油(吨) Crude Oil (ton)
合　计	**Total**	**4433751**
采矿业	**Mining**	
煤炭开采和洗选业	Mining and Washing of Coal	
制造业	**Manufacturing**	**4433751**
农副食品加工业	Mining and Washing of Coal	
食品制造业	Manufacture of Foods	
酒、饮料和精制茶制造业	Manufacture of Wine,Beverages and Tea	
纺织业	Manufacture of Textile	
纺织服装、服饰业	Manufacture of Textile and Apparel	
皮革、毛皮、羽毛及其制品和制鞋业	Manufacture of Leather,Fur,Feather,Related Produsts and Shoe	
木材加工及木、竹、藤、棕、草制品业	Processing of Timber,Manufacture of Wood,Bamboo,Rattan,Palm,and Straw Prod-ucts	
家具制造业	Manufacture of Furniture	
造纸及纸制品业	Manufacture of Paper and Paper Products	
印刷和记录媒介复制业	Printing and Reproduction of Recording Media	
文教、工美、体育和娱乐用品制造业	Manufacture of Cultureand Edueation,Arts and crafts,Sports and Entertainment Prdcucts	
石油、煤炭及其他燃料加工业	Petroleum, Coal and Other Fuel Processing Industries	4433751
化学原料及化学制品制造业	Manufacture of Raw Chemical Materials and Chemical Products	
医药制造业	Manufacture of Medicines	
橡胶和塑料制品业	Manufacture of Rubber and Plastics	
非金属矿物制品业	Manufacture of Non-metallic Mineral Products	
黑色金属冶炼和压延加工业	Smelting and Pressing of Ferrous Metals	
有色金属冶炼和压延加工业	Smelting and Pressing of Non-ferrous Metals	
金属制品业	Manufacture of Metal Products	
通用设备制造业	Manufacture of General Purpose Machinery	
专用设备制造业	Manufacture of Special purpose Machinery	
汽车制造业	Manufacture of Car	
铁路、船舶、航空航天和其他运输设备制造业	Manufacture of Railway,Ship,Aviation and Transport Equipment	
电气机械及器材制造业	Manufacture of Electrical Machinery and Equipment	
仪器仪表制造业	Manufacture of Measuring Instruments	
废弃资源综合利用业	Recycling and Disposal of Waste	
电力、燃气及水的生产和供应业	**Electric Power,Gas and Water Production and Supply**	
电力、热力的生产和供应	Production and Supply of Electric Power and Heat Power	
燃气生产和供应业	Production and Supply of Gas	
水的生产和供应业	Production and Supply of Water	

continued

汽油(吨) Gasoline (ton)	煤油(吨) Kerosene (ton)	柴油(吨) Diesel Oil (ton)	燃料油(吨) Fuel Oi (ton)	液化石油气(吨) Liquefied Petroleum Gas (ton)	润滑油(吨) Lubricating Oil (ton)
2740	**86**	**29354**	**51176**	**292936**	**1151**
232	2	14123		152423	1142
232	2	14123		152423	1142
1920	**84**	**14036**	**50509**	**140417**	**10**
186		183			
77		81			
7		7			
207		270			
34		3			
2					
7					
38		32			
24		17			
		1			
480		2799	50509		
146		649		140410	
10		85			
21		37			
133		8982			
15		77			
3		423			
28		145			
216	84	102			9
52		42		1	
13					
108		60		6	1
98					
15		41			
580		**1196**	**667**	**95**	
325		1027	667		
115		1		95	
140		168			

5—7 续表3

（2018）

指 标	Item	石油焦（吨） Petroleum Coke （ton）
合 计	**Total**	**61963**
采矿业	**Mining**	
煤炭开采和洗选业	Mining and Washing of Coal	
制造业	**Manufacturing**	**61963**
农副食品加工业	Mining and Washing of Coal	
食品制造业	Manufacture of Foods	
酒、饮料和精制茶制造业	Manufacture of Wine,Beverages and Tea	
纺织业	Manufacture of Textile	
纺织服装、服饰业	Manufacture of Textile and Apparel	
皮革、毛皮、羽毛及其制品和制鞋业	Manufacture of Leather,Fur,Feather,Related Produsts and Shoe	
木材加工及木、竹、藤、棕、草制品业	Processing of Timber,Manufacture of Wood,Bamboo,Rattan,Palm,and Straw Products	
家具制造业	Manufacture of Furniture	
造纸及纸制品业	Manufacture of Paper and Paper Products	
印刷和记录媒介复制业	Printing and Reproduction of Recording Media	
文教、工美、体育和娱乐用品制造业	Manufacture of Cultureand Edueation,Arts and crafts,Sports and Entertainment Prdcucts	
石油、煤炭及其他燃料加工业	Petroleum,coal and other fuel processing industries	
化学原料及化学制品制造业	Manufacture of Raw Chemical Materials and Chemical Products	
医药制造业	Manufacture of Medicines	
橡胶和塑料制品业	Manufacture of Rubber and Plastics	
非金属矿物制品业	Manufacture of Non-metallic Mineral Products	
黑色金属冶炼和压延加工业	Smelting and Pressing of Ferrous Metals	
有色金属冶炼和压延加工业	Smelting and Pressing of Non-ferrous Metals	61963
金属制品业	Manufacture of Metal Products	
通用设备制造业	Manufacture of General Purpose Machinery	
专用设备制造业	Manufacture of Special purpose Machinery	
汽车制造业	Manufacture of Car	
铁路、船舶、航空航天和其他运输设备制造业	Manufacture of Railway,Ship,Aviation and Transport Equipment	
电气机械及器材制造业	Manufacture of Electrical Machinery and Equipment	
仪器仪表制造业	Manufacture of Measuring Instruments	
废弃资源综合利用业	Recycling and Disposal of Waste	
电力、燃气及水的生产和供应业	**Electric Power,Gas and Water Production and Supply**	
电力、热力的生产和供应	Production and Supply of Electric Power and Heat Power	
燃气生产和供应业	Production and Supply of Gas	
水的生产和供应业	Production and Supply of Water	

continued

其它石油制品（吨）Other Petroleum Products(ton)	热力（百万千焦）Heat (million kilo-joule)	电力（万千瓦时）Electricity (10 000kwh)	煤矸石用于燃料（吨）Coal Gangue asFue(ton)	城市垃圾用于燃料（吨）City Garbage asFue(ton)	生物质废料用于燃料（吨）Material Wasteas Fue(ton)	余热余压（百万千焦）Waste Heat and Excess Pressure (million kilo-joule)	其他燃料（吨标准煤）Other Feul (tons of SCE)
1880	**28349019**	**3064102**	**405303**	**513298**		**13275835**	**114**
1744	549609	774902				12436136	
1744	549609	774902				12436136	
135	**27799365**	**1695430**	**149603**			**770761**	**114**
	144295	6629					99
	8364943	69224					
		4406					
		33184					
		273					
		231					
		19					
		291					
	357748	3008					
		472					
		82					
		165125	149603				
	15234642	442600					
	3673539	48249					
		10677					
		52196				770761	
		30630					
		795962					
		14444					
135	24198	9169					
		1316					
		12					
		16					
		2627					15
		315					
		4273					
	47	**574342**	**255700**	**513298**		**68938**	
		518064	255700	513298		68938	
	47	29804					
		26474					

5—8 全市规模以上工业企业水消费

Water Consumption of Industrial Enterprises above Designated Size

(2018)

指 标	Item	取水总量（万立方米）Amount（10 000cu.m）	外供水量（万立方米）Amount（10 000cu.m）
地表淡水	Land Surface Water	20549.13	
陆地苦咸水	Land Lake Water	1.54	
地下淡水	Groundwater	17203.97	
自来水	Tap	15345.79	32669.86
其他水	Others	0.09	25.39
再生水（中水）	Reclaimed Water	1864.56	

补充指标 Additional Index

指 标	Item	2018年（万立方米）This Year（10 000cu.m）	2017年（万立方米）Last Year（10 000cu.m）
外排水量	Disposable Water	17709.15	18196.92
重复用水量	Repeated Water Consumption	643392.14	508505.63
污水处理企业污水处理量	Sewage Treatment Capacity of Sewage Treatment Enterprises	12467.73	12743.60

主要统计指标解释

【能源消费量】 指能源使用企业（单位）在报告期内实际消费的各种能源的数量。能源消费量分实物量和标准量两种。能源消费实物量是按照报表规定的、体现物质形态属性的计量单位（如：吨、立方米）计算的能源消费量；能源消费标准量是按照能源标准计量单位（如：吨标准煤）计算的能源消费量。

【综合能源消费量】 指企业（单位）在报告期内工业生产实际消费的各种能源（扣除能源加工转换和能源回收利用等重复因素）的总和。计算综合能源消费量时，需要将各种能源品种的消费量换算成按照标准计量单位（如：吨标准煤）计量的消费量。

【能源加工转换投入】 能源加工转换，指为了特定的用途，将一种能源（一般为一次能源），经过一定的工艺，加工或转换成另外一种能源（二次能源）。

【取水量】 指企业从各种水源直接提取或者从市场购买的用于厂区、办公区内工业生产活动的水量，以实际获得的新水量为准。

用于工业生产活动的水量，包括主要生产用水、辅助生产用水（如机修、运输、空压站等）和附属生产用水（如绿化、办公室、浴室、食堂、厕所、保健站等），不包括非工业生产单位的用水量（如基建用水、厂内居民家庭用水和企业附属幼儿园、学校、对外营业的浴室、游泳池等的用水量）和居民生活用水量。

取水量包括企业取自地表、地下、城镇供水工程的水，外购的再生水(中水)、其他水或水的产品，以及企业为生产外供水或水产品而取用的水。不包括重复用水量、直流冷却水量、未利用直接排放的矿井水和雨水量、污水处理企业处理的污（废）水量、水力发电动力用水量。

【外供水量】 指企业外供给其他单位的水或水产品的量，以离厂水量为准。包括外供给其他企业或市场的原水、自来水、海水淡化水、矿泉水、纯净水等。不包括直流冷却水量、再生水（中水）、未利用直接排放的矿井水和雨水量、北方地区供暖企业供给城镇热力网内循环的热水量、进入城镇污水管网和直接排到自然环境中的水量。

【重复用水量】 指在确定的用水单元或系统内，所有未经处理和处理后又重复使用的水量总和。重复用水量不包括北方地区城镇热力网内循环的热水、火力发电设备内进行汽水循环的除盐水。

【非工业企业能源消费量】 指不是工业企业的法人单位所消费的各种能源，具体指建筑业和第三产业的企事业法人单位。其能源消费主要包括：(1)用于生产经营活动的能源；(2)用于技术更新改造措施、新技术研究以及科学试验等方面的能源；(3)用于经营维修、建筑及设备大修理、机电设备和交通运输工具等方面的能源；(4)用于劳动保护的能源；(5)其他非生产消费的能源。

固定资产投资
Investment in Fixed Assets

6—1 主要年份全社会固定资产投资

Total Investment in Fixed Assets of the Whole Country in Main Years

单位:万元、平方米 （10 000 yuan, sq.m）

年份 Year	全社会固定资产投资 Total Investment in Fixed Assets	基本建设投资 Infrastructure	更新改造投资 Renovation and Reformation Investment	房地产开发投资 Real Estate	住宅 Residence	新增固定资产 Newly Increased Fixed Assets	各类房屋施工面积 Floor Space under Construction	住宅面积 Floor Space of Residence	各类房屋竣工面积 Floor Space Completed	住宅面积 Floor Space of Residence
1950	53	53				31	1467	1143	1100	800
1951	108	108				48	8000	5571	6000	3900
1952	445	445				224	6133	2857	4600	2000
1953	524	524				256	15600	5000	11700	3500
1954	715	715				387	26133	11231	19600	7300
1955	641	641				314	37733	18000	28300	11700
1956	667	667				363	70286	26462	49200	17200
1957	447	447				218	33857	13538	23700	8800
1958	2313	2313				750	383541	201987	272755	131987
1959	4840	4840				1048	441690	215213	318090	133746
1960	6397	6397				4188	463863	271040	332120	167240
1961	2400	2400				497	237231	130333	154200	78200
1962	666	666				464	29846	3833	19400	2300
1963	1066	1066				830	68462	18667	44500	11200
1964	2403	2403				2006	160923	75273	104600	41400
1965	4927	4927				3498	224061	100913	147599	56322
1966	5727	5727				3809	525333	248545	315200	136700
1967	3313	3313				349	58828	3091	37095	1700
1968	3776	3776				688	864784	43285	523517	26349
1969	3261	3261				1872	828898	143303	502565	72603
1970	4623	4623				2113	609499	29600	370699	14800
1971	5050	5050				2110	271931	162000	186198	81000
1972	4957	4957				2985	272935	126620	171547	66720
1973	5294	5294				3077	316289	124406	195381	64606
1974	5599	5599				3477	345613	129454	138739	46787
1975	6065	6065				4091	367316	126226	175353	56230
1976	5950	5950				3002	404323	130909	157000	57854
1977	6047	6047				4564	402883	131114	179555	60785
1978	8560	8376				5243	502900	148000	227020	72000
1979	11905	10919	862			8008	837493	388562	311284	134805
1980	16265	13699	2362			12648	1070119	524200	610119	284000
1981	15339	10653	3726			12949	1031995	542744	637528	315157

注:1.自2003年起全社会固定资产投资包括区统计局反馈不分地区项目投资。2008年分组指标不含农户投资。

2.自2011年始,固定资产投资计划总投资起点由50万元调整为500万元,故,依据自治区统计局反馈数据对2010年数据进行修订。

3.根据国家规定,2018年投资数据不公布绝对量。

6—1 续表2 continued

单位:万元、平方米 （10 000 yuan,sq.m）

年份 Year	全社会固定资产投资 Total Investment in Fixed Assets	基本建设投资 Infrastructure	更新改造投资 Renovation and Reformation Investment	房地产开发投资 Real Estate	住宅 Residence	新增固定资产 Newly Increased Fixed Assets	各类房屋施工面积 Floor Space under Construction	住宅面积 Floor Space of Residence	各类房屋竣工面积 Floor Space Completed	住宅面积 Floor Space of Residence
1982	18258	12208	4566			14997	1587654	997424	1186744	766054
1983	21385	11012	8241			15461	1093897	618285	498977	320511
1984	29330	15407	9384			19559	1887950	995322	1142746	686193
1985	55005	34872	13160			30347	2255500	1109428	1241225	701528
1986	66084	43894	17423			39289	2037959	943686	1346280	744614
1987	75101	51668	18597			55585	1532013	582122	965840	395009
1988	56292	33375	13822			33629	1409844	674239	982568	495398
1989	56419	29761	16852			38038	1158405	591582	781511	413010
1990	65500	36431	17340	2149	1764	48913	1398073	802355	939523	600655
1991	87636	44318	21405	8965	8372	60555	1899668	1195878	1303969	906242
1992	146519	78744	37615	13663	10400	151708	2410361	1324909	1578398	974386
1993	194002	84407	52851	22540	12104	173246	2969490	1811726	1987984	1384739
1994	246885	126134	66092	24037	19790	219909	2311284	1283794	1610092	990857
1995	227456	105098	43262	38376	28000	189329	2410970	1532772	1530400	1167180
1996	315463	154291	83632	41086	28111	252909	2600454	1442603	1761583	1178097
1997	380733	191802	60937	48590	31059	314142	4038255	2892013	3014031	2307205
1998	511270	277336	75541	88455	58856	359110	3931877	2559940	2611550	1799054
1999	516344	256873	70575	104919	59640	378007	4396176	2519022	3274393	1995085
2000	523923	204858	104399	126616	74690	525341	4552693	2652779	3115842	2087221
2001	560558	201025	106508	177941	98121	516897	4569637	2653177	3061367	1947532
2002	729627	326252	91328	240498	164659	479996	5766251	3485057	3093144	1992760
2003	1433939	620045	186981	393550	279647	1015596	9967477	6478985	6115154	4313808
2004	1717373	616663	257489	488078	295523	1007747	10510923	5643948	5390303	3441758
2005	2016507	905404	239750	566134	346375	1113990	11297484	6752154	6188935	4246691
2006	2328456	1284219	257813	576808	405861	1429210	11564933	6798205	5792179	3747578
2007	2926906	1689254	368149	627154	443118	1337848	12610230	7419524	6053179	4212773
2008	3656897	2280467	355143	786051	569594	2322089	13430521	8285362	5673344	3672797
2009	4921031	3307601	388898	995984	743543	2944037	17293716	10113633	6291230	4380586
2010	6486862	3927344	396627	1608188	1160756	2026383	25667621	14592765	6505184	4534215
2011	7338479	4194479	860018	2076719	1436173	6861875	34052766	18774469	8943919	4939024
2012	9187292	5226518	991762	2757023	1755066	3850184	39484833	22688905	8143678	6131097
2013	11490012	7255830	710424	3308094	1956800	5474655	60870147	27188302	7258174	5159194
2014	13927640	8851536	871698	3888952	2390099	8033073	53700347	29097660	9159764	5658438
2015	15408842	9221349	1854836	4091711	2541048	12193828	50938672	26997768	8966054	4812046
2016	17233117	11508090	381420	4749414	2781617	8134934	53556127	27069704	10098795	5634651
2017	17190497	11024960	1402146	4028246	2402498	10076165	51408742	26183709	10695805	5343113
2018	–	–	–	–	–	–	39999763	24091164	7976648	5554774

a)Since 2003,the total social investment in fixed assets including District Statistics Bureau feedback data that not classified region Project invest- ment. The group index exchuding farmer investment in 2008.
b)Since 2011, the total Planned investment in fixed assets investment starting point adjustment from 50 million to 500 million, 2010 data rivised in- accordance with the Regional Bareau of feed back data.
c)Investment data for 2018 are not published in absolute terms, according to state regulations.

6—2 按国民经济行业分的固定资产投资增长情况

单位:% （2018）

指 标	Item	总 计 Total
按国民经济行业分	**Grouped by Sector**	**-22.6**
第一产业	Primary Industry	-65.3
农、林、牧、渔业	Agriculture,Forestry,Animal Husbandary and Fishery	-63.5
第二产业	Secondary Industry	0.2
工业	Industry	0.2
采矿业	Mining	185.0
制造业	Manufacturing	1.2
电力、燃气及水的生产和供应业	Production and Supply of Electricity,Gas and Water	-31.1
建筑业	Construction	
第三产业	Tertiary Industry	-31.4
批发和零售业	Wholesale and Retail Trades	-14.9
交通运输、仓储和邮政业	Transport,Storage and Post	-66.3
住宿和餐饮业	Hotels and Catering Services	-60.3
信息传输、计算机服务和软件业	Information Transmission,Computer Services and Software	-43.5
金融业	Financial Intermediation	-91.7
房地产业	Real Estate	-22.6
租赁和商务服务业	Leasing and Business Services	-40.3
科学研究、技术服务和地质勘查业	Scientific Research,Technical Service and Geologic Prospecting	9.0
水利、环境和公共设施管理业	Management of Water Conservancy,Environment and Public Facilities	-37.1
居民服务和其他服务业	Services to Households and Other Services	-66.3
教育	Education	-8.9
卫生、社会保障和社会福利业	Health,Social Security and Social Welfare	18.5
文化、体育和娱乐业	Culture,Sports and Entertainment	-29.7
公共管理和社会组织	Public Management and Social Organizations	-66.9

注:1. 该表不含农户投资。

2. 按照国家统计局 2013 年三次产业划分规定,农、林、牧、渔业中的农、林、牧、渔服务业,采矿业中的开采辅助活动,制造业中的金属制品、机械和设备修理业三个大类调入第三产业。

Growth of fixed asset investment by sector of national economy

(%)

市　区 City	永宁县 Yongning	贺兰县 Helan	灵武市 Lingwu
-26.8	**-40.9**	**-28.3**	**-3.9**
-67.6	-76.7	-52.6	-97.5
-69.4	-72.7	-50.7	-83.6
-27.3	47.0	-17.4	13.9
-27.3	47.0	-17.4	13.9
2343.7			184.1
-3.3	-58.8	-34.7	23.5
-53.7	1137.6	138.4	-44.5
-26.2	-57.0	-28.9	-44.1
291.7	-84.0	-78.2	-69.5
-62.7	-85.5	-87.1	-53.1
		-46.5	
-37.0		32.4	-93.3
-19.2	-50.4	-11.7	-65.2
-94.6		884.5	194.6
131.0	-98.4	-91.1	
-41.0	-13.7	-12.1	-47.3
-9.8		-63.1	69.6
27.0	-20.0	-78.8	443.4
-23.2	-70.9	-71.1	-40.4
-74.8	-16.5	-22.2	

a) The data in above table does not include the farmers investment.

b) According to provisions of the three divisions of industry by National Bureau of Statistics in 2013, the services of agriculture, forestry, machinery and equipment repair of maunfacture industrywhich transferred to the tertiary industry.

6—3 各种分组的固定资产投资增长情况

单位:%　　　　(2018)

指　标	Item	总　计 Total
全社会固定资产投资	**Total Investment in Fixed Assets**	**-22.6**
新建	New Construction	-26.5
扩建	Expansion	41.1
改建和技术改造	Reconstruction and Renovation	-65.0
迁建	Relocation	-30.5
单纯购置	Simply Purchase	105.4
房地产开发投资	Real Estate Investment	-26.7
按构成分	**Grouped by Structure**	
建筑工程	Construction	-32.2
安装工程	Installation	-39.0
设备工器具购置	Purchase of Equipment and Instruments	-5.2
其他费用	Others	18.2
按隶属关系分	**Grouped by Jurisdiction of Management**	
中央	Central Investment	-61.8
地方	Local Investment	-18.9
自治区	Autonomous Regions	-14.9
地市县属	Cities of County	-22.9
其他	Others	-19.0
按经济类型分	**Grouped by Economic Types**	
内资	Domestic Funds	-47.5
国有	State-owned Enterprises	-64.6
有限责任公司	Limited Liability Corporations	-2.0
国有独资公司	State Sole Funded Corporations	85.1
其他有限责任公司	Other Limited Liability Corporations	-39.1
股份有限公司	Share-holding Corporations Ltd.	-63.2
私营	Private Enterprises	-8.4
其他内资	Other Domestic Funds	81.6
港、澳、台商投资	Enterprises with Sole Investment from Hongkong,Macao and Taiwan	-20.1
外商投资	Foreign Share-holding Corporations Ltd.	-38.5

注:该表不含农户投资。

Total Investment in Fixed Assets By Sector

(%)

市　区 City	永宁县 Yongning	贺兰县 Helan	灵武市 Lingwu
-26.8	**-40.9**	**-28.3**	**-3.9**
-20.5	4.9	-27.4	-39.6
-82.5	1.1	-63.7	174.5
-56.8	-94.2	-76.6	33.8
-30.5			
182.3		-57.7	
-24.2	-53.2	-11.7	-62.6
-36.8	-44.4	-24.7	-11.4
-21.5	-72.6	-57.3	-50.7
-22.1	47.0	-14.2	11.0
24.6	-23.6	-30.0	34.5
103.7	-80.1	127.8	-95.1
-29.6	-40.4	-32.3	34.5
-71.1	-95.3	8.8	58.6
-12.5	-47.8	-48.0	-40.8
-24.7	-23.2	-29.6	43.1
-61.8	-57.0	-60.7	2.1
-55.9	-78.9	-40.1	-75.1
-35.1	-1.5	-43.0	104.1
-48.0	4594.4		666.9
-26.4	-40.1	-58.8	-59.6
-61.5	-57.2		
-12.9	-44.4	-16.3	59.4
557.0	52.0	-76.1	-66.0
102.6	-15.7		-46.6
-43.4			

a) The data in above table does not include the farmers investment.

6—4 全社会固定资产投资资金及房屋建筑面积

单位:万元、平方米 （2018）

指 标	Item	总 计 Total
本年资金来源合计	**Total of Sources of Funds This Year**	**9317343**
上年末结余资金	**Non-balance Funds Last Year**	**960956**
本年资金来源小计	**Subtotal of Sources of Funds This Year**	**8356387**
按资金来源分	**Grouped by Fund Sources**	
国家预算内资金	State Budget	259259
国内贷款	Demestic Loans	1590102
债券	Bonds	18280
利用外资	Foreign Investment	7471
自筹资金	Self-raising Funds	3343255
其他资金	Others	2286864
各类房屋施工面积	**Floor Space under Construction**	**39999763**
#住宅	Residence	24091164
新建	New Construction	1982134
扩建	Expansion	32867
改建和技术改造	Reconstruction and Renovation	23690
迁建	Relocation	5400
房地产开发	Real Estate	37955672
各类房屋竣工面积	**Floor Space Completed**	**7976648**
#住宅	Residence	5554774
新建	New Construction	346594
扩建	Expansion	0
改建和技术改造	Reconstruction and Renovation	7757
迁建	Relocation	0
房地产开发	Real Estate	7622297

注：该表不含农户投资。

Fixed assets investment funds and housing Gross leasable area

(10 000 yuan, sq.m

市　区 City	永宁县 Yongning	贺兰县 Helan	灵武市 Lingwu
6454223	**405181**	**621641**	**1836298**
773773	**19789**	**111952**	**55442**
5680450	**385392**	**509689**	**1780856**
165457	7900	21957	63945
841383	56848	5638	686233
9000			9280
6659			812
2044803	159247	256794	882411
1908377	96469	153632	128386
28722361	**4846228**	**4992994**	**1438180**
16550332	3371324	3552232	617276
1127596	219265	86654	548619
19597		5050	8220
1457	9543	5000	7690
5400			
27568311	4617420	4896290	873651
5576996	**1194514**	**900124**	**305014**
3670259	1082199	655114	147202
200716		49479	96399
1457		5000	1300
5374823	1194514	845645	207315

a) The data in above table does not include the farmers investment.

6-5 按行业分的项目建设规模变化情况

单位：%　　　　　　　　　　　　　　　　　　　　　　　　　　　　　　　　　　（2018）

指 标	Item	在建总规模 Total scale under construction
按国民经济行业分	**Grouped by Sector**	**-13.5**
第一产业	Primary Industry	-18.3
农林牧渔业	Agriculture,Forestry,Animal Husbandary and Fishery	-18.3
第二产业	Secondary Industry	-7.0
工业	Industry	-7.0
采矿业	Mining	21.1
制造业	Manufacturing	3.6
电力、燃气及水的生产和供应业	Production and Supply of Electricity,Gas and Water	-52.7
建筑业	Construction	
第三产业	Tertiary Industry	-17.9
批发和零售业	Wholesale and Retail Trades	-14.8
交通运输、仓储和邮电业	Transport,Storang and Post	-63.3
住宿和餐饮业	Hotels and Catering Services	-97.3
信息传输、软件和信息技术服务业	Information Transmission,Computer Services and Software	-31.8
金融业	Financial Intermediation	0.0
房地产业	Real Estate	-4.0
租赁和商务服务业	Leasing and Business Sewices	6.5
科学研究和技术服务业	Scientific Research and Technical Service	-65.1
水利、环境和公共设施管理业	Management of Water Conservancy,Environment and Public Facilities	-24.4
居民服务、修理和其他服务业	Services to Households and Other Services	-93.5
教育	Education	-11.3
卫生和社会工作	Health and Social Work	-11.2
文化、体育和娱乐业	Culture,Sports and Entertainment	-8.2
公共管理、社会保障和社会组织	Public Management,Social Security and Social Organizations	-73.9
国际组织	International Organizations	

注：1. 该表不含农户投资。

2. 按照国家统计局2013年三次产业划分规定，农、林、牧、渔业中的农、林、牧、渔服务业，采矿业中的开采辅助活动，制造业中的金属制品、机械和设备修理业三个大类调入第三产业。

Changes in Project Construction Scale By industry

(%)

其中:新开工项目 Among them: New Projects	施工项目个数 No. Of construction projects	其中:新开工 Among them: New Construction
-38.5	**-25.5**	**-40.6**
-66.6	-43.4	-57.3
-66.6	-43.4	-57.3
-46.0	-23.1	-46.5
-46.0	-23.1	-46.5
-85.0	0.0	0.0
-46.7	-24.0	-47.6
-42.0	-22.5	-42.5
-31.7	-23.5	-32.2
-61.8	16.7	14.3
-36.7	-10.9	29.2
-89.6	-50.0	-50.0
-83.4	-50.0	-66.7
-100.0	0.0	-100.0
37.3	-8.6	8.7
40.0	-50.0	-40.0
-98.1	-55.6	-83.3
-66.8	-36.2	-43.8
102.1	-80.0	0.0
-15.2	-18.3	-20.0
-93.7	-36.4	-57.6
-98.0	-46.3	-80.0
-72.8	-8.7	-42.1

a) The data in above table does not include the farmers investment.

b) According to provisions of the three divisions of industry by National Bureau of Statistics in 2013, the services of agriculture, forestry, machinery and equipment repair of maunfacture industry which trans-ferred to the tertiary industry.

6—6　按行业分的项目建设、投产情况

单位：个，%　　　　　　　　　　　　　　　　　　　　　　　　　　　　　　（2018）

指　标	Item
按国民经济行业分	**Grouped by Sector**
第一产业	Primary Industry
农林牧渔业	Agriculture,Forestry,Animal Husbandary and Fishery
第二产业	Secondary Industry
工业	Industry
采矿业	Mining
制造业	Manufacturing
电力、燃气及水的生产和供应业	Production and Supply of Electricity,Gas and Water
建筑业	Construction
第三产业	Tertiary Industry
批发和零售业	Wholesale and Retail Trades
交通运输、仓储和邮电业	Transport,Storang and Post
住宿和餐饮业	Hotels and Catering Services
信息传输、软件和信息技术服务业	Information Transmission,Computer Services and Software
金融业	Financial Intermediation
房地产业	Real Estate
租赁和商务服务业	Leasing and Business Sewices
科学研究和技术服务业	Scientific Research and Technical Service
水利、环境和公共设施管理业	Management of Water Conservancy,Environment and Public Facilities
居民服务、修理和其他服务业	Services to Households and Other Services
教育	Education
卫生和社会工作	Health and Social Work
文化、体育和娱乐业	Culture,Sports and Entertainment
公共管理、社会保障和社会组织	Public Management,Social Security and Social Organizations
国际组织	International Organizations

注：1. 该表不含农户投资。
2. 按照国家统计局 2013 年三次产业划分规定，农、林、牧、渔业中的农、林、牧、渔服务业，采矿业中的开采辅助活动，制造业中的金属制品、机械和设备修理业三个大类调入第三产业

Total Investment in Fixed Assets By Sector in Main Years

(unit,%)

在建项目数 Number of projects under construction	建成投产项目 Completed and put into production	项目投产率 Project commissioning rate
1104	**280**	**25.4**
86	46	53.5
86	46	53.5
289	78	27.0
289	78	27.0
9		0.0
225	65	28.9
55	13	23.6
729	156	21.4
14	8	57.1
57	17	29.8
2	1	50.0
12	5	41.7
1	1	100.0
318	50	15.7
10		0.0
8	1	12.5
162	41	25.3
1	1	100.0
49	14	28.6
35	6	17.1
22	4	18.2
21	3	14.3

a) The data in above table does not include the farmers investment.

b) According to provisions of the three divisions of industry by National Bureau of Statistics in 2013, the services of agriculture, forestry, machinery and equipment repair of maunfacture industry which trans-ferred to the tertiary industry.

6—7 房地产开发企业投资情况

单位:个、万元、平方米 (2018)

指 标	Item	总 计 Total
企业个数	**Number of Enterprises**	**305**
计划总投资	Total Planned Investment	29893925
自开始建设累计完成投资	Accumulative InvestmentActually Completed Since Starting of Construction up to the End of This Year	22319082
本年完成投资	Investment Completed This Year	2952457
按构成分:	**Grouped by Structure**	
建筑工程	Construction	1765607
安装工程	Installation	384871
设备工器具购置	Purchase of Equipment and Instruments	45726
其他费用	Others	756253
#旧建筑物购置费	Purchased Costs of Older Buildings	300
土地购置费	Toatal Value of Land Purchased	691767
按工程用途分:	**Grouped by Use of Project**	
住宅	Residence	1982009
#90平方米及以下	90 Square Meters Below	187272
90-144平方米	90-144 Square Meters	1337730
144平方米以上	144 Square Meters Above	457007
别墅、高档公寓	Villas, High-grade Apartments	83576
办公楼	Office Buildings	93615
商业营业用房	Houses for Business Use	505849
其他	Others	370984
本年新增固定资产	Newly Increased Fixed Assets This Year	2549292
上年末结余资金	Non-balance Funds Last Year	801638
本年实际到位资金	The Actual Investment This Year	4247423
国内贷款	Demestic Loans	451327
#银行贷款	Bank loans	370618
非银行金融机构贷款	Loans of Non-bank Financial Institutions	80709
自筹资金	Self-raising Funds	1066177
定金及预收款	Deposits and advances	1878763
个人按揭贷款	Personal mortgage loan	669216
其他到位资金	Other funds in place	181940
本年各项应付款合计	Total Payable of All	1026733
#工程款	Projects Receivable	766362
待开发土地面积	Land Space Pending Development	1487253
本年土地购置面积	Land Space Purchased This Year	956923
本年土地成交价款	Land Transaction Price This Year	84711
#拆迁补偿费	Relocation Compensation Fee	23

Investment Statistics on Enterprises for Real Estate Development

(unit, 10 000yuan, sq.m)

国有经济 State-owned Enterprises	私营经济 Private Enterprises	其他有限责任公司 Other Limited Liability Corporations	外商投资 Foreign Funded Enterprises
17	**196**	**87**	**5**
4329044	14313546	9206540	2044795
3177535	11662213	6064420	1414914
181030	1405423	1044305	321699
101778	943577	578363	141889
26334	162320	129684	66533
16137	11435	11442	6712
36781	288091	324816	106565
300			
29042	254652	303783	104290
114639	882781	675031	309558
20237	115030	50005	2000
63486	601020	464737	208487
30916	166731	160289	99071
	16560	52951	14065
	49866	43749	
22780	262437	208891	11741
43611	210339	116634	400
634318	1419412	455149	40413
56832	432018	280188	32600
219936	1878501	1793438	355548
17414	138213	284500	11200
10414	134404	225800	
7000	3809	58700	11200
24007	555638	428184	58348
121629	823219	686731	247184
11498	251025	367877	38816
45388	110406	26146	
122861	596641	288359	18872
82608	446481	218469	18804
205708	588201	250949	442395
164001	346983	445939	
9474	10463	64774	
		23	

6—7 续表1

单位:个、万元、平方米 (2018)

指 标	Item	银川市 Yinchuan
企业个数	**Number of Enterprises**	**305**
计划总投资	Total Planned Investment	29893925
自开始建设累计完成投资	Accumulative InvestmentActually Completed Since Starting of Construction up to the End of This Year	22319082
本年完成投资	Investment Completed This Year	2952457
按构成分:	**Grouped by Structure**	
建筑工程	Construction	1765607
安装工程	Installation	384871
设备工器具购置	Purchase of Equipment and Instruments	45726
其他费用	Others	756253
#旧建筑物购置费	Purchased Costs of Older Buildings	300
土地购置费	Toatal Value of Land Purchased	691767
按工程用途分:	**Grouped by Use of Project**	
住宅	Residence	1982009
#90平方米及以下	90 Square Meters Below	187272
90-144平方米	90-144 Square Meters	1337730
144平方米以上	144 Square Meters Above	457007
别墅、高档公寓	Villas, High-grade Apartments	83576
办公楼	Office Buildings	93615
商业营业用房	Houses for Business Use	505849
其他	Others	370984
本年新增固定资产	Newly Increased Fixed Assets This Year	2549292
上年末结余资金	Non-balance Funds Last Year	801638
本年实际到位资金	The Actual Investment This Year	4247423
国内贷款	Demestic Loans	451327
#银行贷款	Bank loans	370618
非银行金融机构贷款	Loans of Non-bank Financial Institutions	80709
自筹资金	Self-raising Funds	1066177
定金及预收款	Deposits and advances	1878763
个人按揭贷款	Personal mortgage loan	669216
其他到位资金	Other funds in place	181940
本年各项应付款合计	Total Payable of All	1026733
#工程款	Projects Receivable	766362
待开发土地面积	Land Space Pending Development	1487253
本年土地购置面积	Land Space Purchased This Year	956923
本年土地成交价款	Land Transaction Price This Year	84711
#拆迁补偿费	Relocation Compensation Fee	23

continued

（unit, 10 000yuan, sq.m）

市 区 City				永宁县 Yongning	贺兰县 Helan	灵武市 Lingwu
	兴庆区 Xingqing	金凤区 Jinfeng	西夏区 Xixia			
233	**118**	**106**	**9**	**24**	**28**	**20**
22136069	7137642	13722470	1275957	2988673	4065342	703841
17212793	4381402	11689087	1142304	1676899	2876459	552931
2328033	780974	1459982	87077	158246	408149	58029
1287728	435171	784749	67808	117901	312813	47165
331623	98554	226291	6778	10255	37768	5225
44092	17714	25177	1201	510	1124	
664590	229535	423765	11290	29580	56444	5639
300		300				
621034	208379	403542	9113	27652	37853	5228
1538093	487561	990436	60096	105937	304832	33147
146493	82548	60071	3874	2338	37629	812
1093113	344853	693848	54412	71330	149670	23617
298487	60160	236517	1810	32269	117533	8718
50305	3659	46646		24925	8346	
91112	15484	74590	1038	157	1976	370
397038	182835	203004	11199	41352	46801	20658
301790	95094	191952	14744	10800	54540	3854
1840404	392519	1336513	111372	321628	334479	52781
668716	348396	303123	17197	10559	113897	8466
3678604	1092263	2438125	148216	182355	294885	91579
435213	91379	308834	35000		10514	5600
354504	80570	238934	35000		10514	5600
80709	10809	69900				
895212	340926	550903	3383	54203	68836	47926
1641988	447829	1134166	59993	63378	145133	28264
596993	179870	380470	36653	31110	31324	9789
109198	32259	63752	13187	33664	39078	
723110	304798	384615	33697	124664	131699	47260
625958	256974	337494	31490	53142	42173	45089
947712	355709	592003		106021	425622	7898
131617		131617		10035	815271	
49371		49371		1000	34340	
23		23				

6—7 续表2

单位:个、万元、平方米 (2018)

指 标	Item	一 级 First Grade
企业个数	**Number of Enterprises**	**12**
计划总投资	Total Planned Investment	5062666
自开始建设累计完成投资	Accumulative InvestmentActually Completed Since Starting of Construction up to the End of This Year	4347815
本年完成投资	Investment Completed This Year	456272
按构成分:	**Grouped by Structure**	
建筑工程	Construction	329150
安装工程	Installation	33158
设备工器具购置	Purchase of Equipment and Instruments	3193
其他费用	Others	90771
#旧建筑物购置费	Purchased Costs of Older Buildings	
土地购置费	Toatal Value of Land Purchased	73461
按工程用途分:	**Grouped by Use of Project**	
住宅	Residence	279155
#90平方米及以下	Housing of 90 Square Meters Below	26337
90-144平方米	Housing of 90-144 Square Meters	187798
144平方米以上	Housing of 144 Square Meters Above	65020
别墅、高档公寓	Villas, High-grade Apartments	
办公楼	Office Buildings	13440
商业营业用房	Houses for Business Use	62912
其他	Others	100765
本年新增固定资产	Newly Increased Fixed Assets This Year	769223
上年末结余资金	Non-balance Funds Last Year	102282
本年实际到位资金	The Actual Investment This Year	666938
国内贷款	Demestic Loans	84050
#银行贷款	Bank loans	80650
非银行金融机构贷款	Loans of Non-bank Financial Institutions	3400
自筹资金	Self-raising Funds	81748
定金及预收款	Deposits and advances	395805
个人按揭贷款	Personal mortgage loan	63847
其他到位资金	Other funds in place	41488
本年各项应付款合计	Total Payable of All	110902
#工程款	Projects Receivable	98968
待开发土地面积	Land Space Pending Development	
本年土地购置面积	Land Space Purchased This Year	
本年土地成交价款	Land Transaction Price This Year	
#拆迁补偿费	Relocation Compensation Fee	

continued

(unit, 10 000yuan, sq.m)

资质等级 Qualification Criteria				
二 级 Second Grade	三 级 Third Grade	四 级 Forth Grade	暂 定 Tentative	其 他 Others
69	**73**	**55**	**95**	**1**
9047681	3162612	5961350	6439128	220488
6952377	2483808	4163957	4212909	158216
757763	198003	397951	1135993	6475
473448	127126	255109	574299	6475
62765	17044	80978	190926	
13243	105	3627	25558	
208307	53728	58237	345210	
300				
185706	45043	55762	331795	
552172	117949	212299	817369	3065
57500	1645	46796	51929	3065
402892	85694	123937	537409	
91780	30610	41566	228031	
3829	18393	12734	48620	
16232	8669	37459	17815	
103724	30103	101565	206420	1125
85635	41282	46628	94389	2285
736508	158124	573313	236982	75142
281968	54017	209602	148611	5158
1078674	434199	637729	1417674	12209
33550	26123	194200	102990	10414
26550	20014	140000	92990	10414
7000	6109	54200	10000	
222431	103718	45885	610600	1795
516182	224098	295289	447389	
260184	44797	96752	203636	
46327	35463	5603	53059	
225350	192423	160994	337064	
186574	95606	107805	277409	
570771	106724	82906	726852	
	174036		782887	
	10474		74237	
			23	

6—8 房地产开发企业财务状况

单位:万元　　　　(2018)

指　标	Item	总计 Total
年初存货	**Stock in Early**	**12179034**
年末资产负债	**Assets and Liabilities at Year-end**	
流动资产合计	Total Circulating Funds	20584274
#货币资金	Monetary capital	704420
应收账款	Projects Receivable	373030
存货	Stock	13390039
可供出售金融资产	Available for sale financial assets	
持有至到期投资	Hold to maturity investment	72
长期股权投资	Long-term equity investment	387826
固定资产原价	Original Value of Fixed Assets	817214
#房屋和构筑物	Buildings and structures	518643
机器设备	Machine equipment	38130
运输工具	Means of transport	41461
电子设备	Electronic equipment	8152
累计折旧	Accumulated Depreciation	245360
#本年折旧	Depreciation This Year	38209
固定资产净值	Net value of fixed assets	573173
在建工程	Construction in Process	427686
无形资产	Intangible Asset	134568
#土地使用权	Land tenure	77530
软件使用权	Software Rights	1481
商誉	Goodwill	
资产总计	Total Assets	23062796
流动负债合计	Total Liquid Liabilities	17740664
#应付账款	Projects Payment	2664169
非流动负债合计	Total Non-Liquid Liabilities	2146626
负债合计	Total Liabilities	19887290
所有者权益合计	Total Equity	3175507
#实收资本	Paid-in Capitals	2493122
国家资本	State capital	346400
集体资本	Collective capital	7530
法人资本	Corporate capital	918488
个人资本	Personal capital	1150015
港澳台资本	Hong Kong, Macao and Taiwan capital	60800
外商资本	Foreign capital	9890

Investment Statistics on Enterprises for Real Estate Development

(10 000 yuan)

国有经济 State-owned Enterprises	私营经济 Private Enterprises	其他有限责任公司 Other Limited Liability Corporations	外商投资 Foreign Funded Enterprises
1234655	**7250088**	**3069499**	**624792**
1871235	11722725	6209032	781281
117645	261951	237069	87755
29032	189159	145361	9479
1162500	8120258	3554423	552859
	72		
18365	306062	57815	5584
101259	455025	256680	4250
79333	291292	146559	1459
7103	4283	26569	175
947	24362	14753	1400
605	4871	2491	186
19703	155107	68183	2366
4596	22193	11129	291
81566	301144	188578	1884
319379	20562	87745	
15753	83693	35122	
13917	60072	3541	
14	1083	384	
2489012	12854633	6926046	793105
1628031	10404623	5094436	613574
267285	1454467	867728	74689
339814	1045622	717863	43327
1967845	11450245	5812299	656901
521168	1404388	1113747	136204
267605	1107979	1013938	103600
218042		128358	
1350	1400	4780	
48214	111200	726165	32910
	995379	154636	
			60800
			9890

6—8 续表1

单位:万元 （2018）

指 标	Item	总计 Total
损益及分配	**Profit, loss and Distribution**	
营业收入	Total Revenue	2508860
#主营业务收入	Revenue from Principal Business	2454312
土地转让收入	Land Transferred	48618
商品房销售收入	Sales Income of Commercial Flat	2324215
自持物业收入	Income From Self-owned Property	39051
#房屋出租收入	Income of Renting House	35614
其他收入	Others	42429
营业成本	Business Costs	1982103
#主营业务成本	Cost of Principal Business	1951747
税金及附加	Taxes and Other Charges on Principal Business	107460
#主营业务税金及附加	Taxes and Other Charges on Principal Business	106084
其他业务利润	Profits from Other Businesses	33005
销售费用	Saling Costs	109103
管理费用	Management Costs	163218
财务费用	Finance Costs	72707
#利息收入	Interest Income	8089
利息支出	Interest Expense	58250
资产减值损失	Impairment of Awwets	2950
公允价值变动收益	Fair Value Gain	-253
投资收益	Investment Income	23105
资产处置收益	Income from disposal of assets	50
其他收益	Other Income	9392
营业利润	Business Profits	103665
营业外收入	Income of Extra-business	41278
营业外支出	Expenditure of Extra-business	27146
利润总额	Total Profits	117704
所得税费用	Income Tax Expense	49121
人工成本及增值税	**Labour Cost and Value Added Tax**	
应付职工薪酬	Employee Pay Payable	85192
应交增值税	Value Added Tax Payable	108457

continued

(10 000 yuan)

国有经济 State-owned Enterprises	私营经济 Private Enterprises	其他有限责任公司 Other Limited Liability Corporations	外商投资 Foreign Funded Enterprises
331175	1258215	764803	154668
329134	1206515	763995	154668
	11235	37383	
321277	1151622	696823	154493
3028	29132	6891	
2545	27104	5964	
4828	14527	22899	175
290323	971998	599592	120190
288757	943632	599168	120190
8794	61125	32001	5540
8766	60143	31734	5441
14	30909	1909	173
7357	51742	42356	7649
17734	94752	44986	5746
4653	40540	28280	-765
4929	1193	1175	791
9537	26142	22571	1
2308	37	606	
	-253		
2109	17597	2630	770
		50	
7483	709	1200	
9598	56127	20863	17078
688	8181	32253	156
1673	10520	14649	304
8613	53695	38467	16930
2969	23886	20473	1793
9323	40065	29834	5970
10235	56363	38109	3751

6—8 续表2

单位:万元 （2018）

指 标	Item	银川市 Yinchuan
年初存货	**Stock in Early**	**12179034**
年末资产负债	**Assets and Liabilities at Year-end**	
流动资产合计	Total Circulating Funds	20584274
#货币资金	Monetary capital	704420
应收账款	Projects Receivable	373030
存货	Stock	13390039
可供出售金融资产	Available for sale financial assets	
持有至到期投资	Hold to maturity investment	72
长期股权投资	Long-term equity investment	387826
固定资产原价	Original Value of Fixed Assets	817214
#房屋和构筑物	Buildings and structures	518643
机器设备	Machine equipment	38130
运输工具	Means of transport	41461
电子设备	Electronic equipment	8152
累计折旧	Accumulated Depreciation	245360
#本年折旧	Depreciation This Year	38209
固定资产净值	Net value of fixed assets	573173
在建工程	Construction in Process	427686
无形资产	Intangible Asset	134568
#土地使用权	Land tenure	77530
软件使用权	Software Rights	1481
商誉	Goodwill	
资产总计	Total Assets	23062796
流动负债合计	Total Liquid Liabilities	17740664
#应付账款	Projects Payment	2664169
非流动负债合计	Total Non-Liquid Liabilities	2146626
负债合计	Total Liabilities	19887290
所有者权益合计	Total Equity	3175507
#实收资本	Paid-in Capitals	2493122
国家资本	State capital	346400
集体资本	Collective capital	7530
法人资本	Corporate capital	918488
个人资本	Personal capital	1150015
港澳台资本	Hong Kong, Macao and Taiwan capital	60800
外商资本	Foreign capital	9890

continued

(10 000 yuan)

市 区 City	兴庆区 Xingqing	金凤区 Jinfeng	西夏区 Xixia	永宁县 Yongning	贺兰县 Helan	灵武市 Lingwu
9678946	**4279396**	**4980805**	**418745**	**814457**	**1342379**	**343252**
16891158	7481684	8762559	646915	1359570	1690213	643332
602108	259233	306401	36474	22057	57947	22308
253903	123019	126142	4742	71659	18894	28575
10890458	4799237	5742632	348589	904945	1125721	468914
72		72				
344412	187512	124685	32215	11915	16215	15283
645843	335154	273063	37626	29732	126297	15342
407581	247742	144345	15494	9236	94388	7437
30664	3181	27268	215	96	6849	521
31577	12565	16915	2097	2539	6077	1268
6280	3207	2919	154	758	635	480
202646	105293	83337	14016	11347	26293	5074
29179	15593	11806	1780	1705	6686	639
444507	229983	190913	23611	18387	100008	10271
221402	153326	67184	892	24653	177435	4195
100409	67769	10780	21860	25622	1625	6912
74952	55931	6787	12234	874	1518	187
1274	249	1022	3	73	33	103
18914861	8511405	9658413	745043	1448046	2016427	683463
14205062	6189437	7489261	526364	1279308	1692869	563426
2141136	933299	1082662	125175	331144	173292	18598
1984148	1138050	803610	42488	87613	68753	6112
16189210	7327487	8292871	568852	1366921	1761621	569538
2725650	1183918	1365541	176191	81125	254806	113925
2113891	911802	1057270	144819	143804	173371	62056
308230	134844	102230	71156		38170	
4690	2500	2190			1440	1400
770718	206524	505131	59063	30121	80209	37440
962064	567935	379529	14600	111183	53552	23216
58800		58800		2000		
9390		9390		500		

6—8 续表3

单位:万元 （2018）

指 标	Item	银川市 Yinchuan
损益及分配	**Profit, loss and Distribution**	
营业收入	Total Revenue	2508860
#主营业务收入	Revenue from Principal Business	2454312
土地转让收入	Land Transferred	48618
商品房销售收入	Sales Income of Commercial Flat	2324215
自持物业收入	Income From Self-owned Property	39051
#房屋出租收入	Income of Renting House	35614
其他收入	Others	42429
营业成本	Business Costs	1982103
#主营业务成本	Cost of Principal Business	1951747
税金及附加	Taxes and Other Charges on Principal Business	107460
#主营业务税金及附加	Taxes and Other Charges on Principal Business	106084
其他业务利润	Profits from Other Businesses	33005
销售费用	Saling Costs	109103
管理费用	Management Costs	163218
财务费用	Finance Costs	72707
#利息收入	Interest Income	8089
利息支出	Interest Expense	58250
资产减值损失	Impairment of Awwets	2950
公允价值变动收益	Fair Value Gain	-253
投资收益	Investment Income	23105
资产处置收益	Income from disposal of assets	50
其他收益	Other Income	9392
营业利润	Business Profits	103665
营业外收入	Income of Extra-business	41278
营业外支出	Expenditure of Extra-business	27146
利润总额	Total Profits	117704
所得税费用	Income Tax Expense	49121
人工成本及增值税	**Labour Cost and Value Added Tax**	
应付职工薪酬	Employee Pay Payable	85192
应交增值税	Value Added Tax Payable	108457

continued

（10 000 yuan）

市区 City	兴庆区 Xingqing	金凤区 Jinfeng	西夏区 Xixia	永宁县 Yongning	贺兰县 Helan	灵武市 Lingwu
1931733	727090	1061325	143318	121314	353220	102594
1878916	703304	1035468	140144	120694	352173	102530
48617	11234	37383		1		
1764944	661246	964967	138731	109715	347450	102107
36218	18986	16322	910	1251	1480	102
33707	18986	13811	910	1158	647	102
29138	11838	16796	504	9727	3243	321
1529540	584054	810836	134650	116067	246684	89812
1499999	561831	804031	134137	115949	246067	89733
77956	27080	46717	4159	3600	23374	2530
77177	26961	46429	3787	3503	22909	2495
32127	1417	28229	2481	309	526	43
83811	30955	48990	3866	10027	12286	2981
123307	54884	62153	6270	12272	22278	5361
60149	30139	28697	1313	2740	9740	80
3213	1408	1709	96	31	4781	64
47469	24944	22122	403	992	9688	101
437	511	–218	144		2363	150
–253	–11	–242				
20421	15459	2852	2110	19	2664	
50	50					
8201	7708	487	6		1191	
85006	22631	67342	–4967	–23372	40350	1681
37894	4406	15311	18177	2629	454	301
24532	5897	17452	1183	467	1737	410
98316	21182	65108	12026	–21211	39027	1572
37397	10802	27421	–826	92	10365	1267
67408	23779	38373	5256	6408	9154	2222
94359	36449	52926	4984	3828	7336	2933

6—8 续表4

单位:万元 (2018)

指 标	Item	一级 First Grade
年初存货	**Stock in Early**	**2385838**
年末资产负债	**Assets and Liabilities at Year-end**	
流动资产合计	Total Circulating Funds	3249341
#货币资金	Monetary capital	145673
应收账款	Projects Receivable	30325
存货	Stock	2633355
可供出售金融资产	Available for sale financial assets	
持有至到期投资	Hold to maturity investment	
长期股权投资	Long-term equity investment	82751
固定资产原价	Original Value of Fixed Assets	119637
#房屋和构筑物	Buildings and structures	74998
机器设备	Machine equipment	6408
运输工具	Means of transport	4018
电子设备	Electronic equipment	545
累计折旧	Accumulated Depreciation	34810
#本年折旧	Depreciation This Year	5824
固定资产净值	Net value of fixed assets	85832
在建工程	Construction in Process	180959
无形资产	Intangible Asset	2231
#土地使用权	Land tenure	1915
软件使用权	Software Rights	86
商誉	Goodwill	
资产总计	Total Assets	3797956
流动负债合计	Total Liquid Liabilities	2976020
#应付账款	Projects Payment	240364
非流动负债合计	Total Non-Liquid Liabilities	227264
负债合计	Total Liabilities	3203284
所有者权益合计	Total Equity	594673
#实收资本	Paid-in Capitals	185538
国家资本	State capital	50990
集体资本	Collective capital	
法人资本	Corporate capital	45074
个人资本	Personal capital	89474
港澳台资本	Hong Kong, Macao and Taiwan capital	
外商资本	Foreign capital	

continued

(10 000 yuan)

资质等级 Qualification Criteria				
二级 Second Grade	三级 Third Grade	四级 Forth Grade	暂定 Tentative	其他 Others
4095973	**2180153**	**1479461**	**1964206**	**73403**
6387650	3265797	3142052	4159449	379985
234556	88244	131419	102285	2244
157348	65323	37764	82270	
4444286	2276457	1486698	2474500	74743
72				
107669	79493	17398	100514	
381292	197683	85510	32954	138
257405	109279	59671	17290	
3893	26586	593	650	
15496	13505	1855	6588	
2660	1910	832	2205	
121431	62521	14758	11709	131
18138	8396	3646	2202	3
259964	135268	70807	21296	7
27316	21860	50895	146656	
43803	27537	12959	48037	
18987	7652	12824	36151	
254	245	49	847	
6872481	3640340	3609260	4762266	380492
5558088	2889607	2488649	3474210	354090
893840	555747	465449	501161	7608
533709	187110	483759	696373	18410
6091798	3076717	2972408	4170583	372500
780684	563624	636852	591683	7992
596131	593622	494022	615816	7992
26153	5550	142173	113541	7992
	4690		2840	
176824	366486	235867	94238	
328354	213407	115982	402798	
58800	2000			
6000	1490		2400	

6—8 续表5

单位:万元 (2018)

指 标	Item	一级 First Grade
损益及分配	**Profit, loss and Distribution**	
营业收入	Total Revenue	496244
#主营业务收入	Revenue from Principal Business	472197
土地转让收入	Land Transferred	
商品房销售收入	Sales Income of Commercial Flat	463550
自持物业收入	Income From Self-owned Property	4521
#房屋出租收入	Income of Renting House	4521
其他收入	Others	4126
营业成本	Business Costs	347240
#主营业务成本	Cost of Principal Business	341127
税金及附加	Taxes and Other Charges on Principal Business	25899
#主营业务税金及附加	Taxes and Other Charges on Principal Business	25899
其他业务利润	Profits from Other Businesses	19187
销售费用	Saling Costs	18675
管理费用	Management Costs	33999
财务费用	Finance Costs	23246
#利息收入	Interest Income	5034
利息支出	Interest Expense	22672
资产减值损失	Impairment of Awwets	2321
公允价值变动收益	Fair Value Gain	
投资收益	Investment Income	19616
资产处置收益	Income from disposal of assets	
其他收益	Other Income	204
营业利润	Business Profits	64644
营业外收入	Income of Extra-business	3734
营业外支出	Expenditure of Extra-business	3317
利润总额	Total Profits	65104
所得税费用	Income Tax Expense	8083
人工成本及增值税	**Labour Cost and Value Added Tax**	
应付职工薪酬	Employee Pay Payable	12470
应交增值税	Value Added Tax Payable	21340

continued

(10 000 yuan)

资质等级 Qualification Criteria				
二级 Second Grade	三级 Third Grade	四级 Forth Grade	暂定 Tentative	其他 Others
858002	292893	438692	422587	442
852632	288279	419938	420826	442
48338		279	1	
774233	269264	411704	405435	30
22732	6900	3336	1150	412
22710	4534	2287	1150	412
7329	12115	4619	14240	
706763	238694	325155	364239	12
704507	236367	305587	364148	12
27987	11759	25633	16182	
27987	11194	25572	15432	
8437	4494	855	31	
27359	16493	16767	29808	1
52838	28110	21023	27201	49
9400	11305	20716	7952	89
1430	428	711	486	
8292	2163	17972	7062	89
187	-73	488	27	
		-11	-242	
823		2648	18	
27			23	
106	1597	1	7483	
34424	-11704	31547	-15539	292
6453	1955	23417	5719	
9197	4113	4348	6039	132
31681	-13956	50575	-15859	160
11543	5402	13878	10216	
22858	11101	13287	24980	496
37901	10899	20754	17542	21

6—9 房地产开发施工、竣工房屋面积

单位:平方米、万元、套 (2018)

指 标	Item	总 计 Total
房屋施工面积	**Floor Space of Buildings under Construction**	**37937294**
住宅	Residence	23972272
#90平方米及以下	90 Square Meters Below	4962379
144平方米以上	144 Square Meters Above	3459051
别墅、高档公寓	Villas and High-grade Apartments	756082
办公楼	Office Buildings	2445164
商业营业用房	Houses for Business Use	5251251
其他	Others	6268607
本年新开工面积	Started This Year	6285999
住宅	Residence	4466533
#90平方米及以下	90 Square Meters Below	147820
144平方米以上	144 Square Meters Above	937033
别墅、高档公寓	Villas and High-grade Apartments	206451
办公楼	Office Buildings	50590
商业营业用房	Houses for Business Use	711931
其他	Others	1056945
房屋竣工面积	**Floor Space of Buildings Completed**	**7834606**
住宅	Residence	5648128
#90平方米及以下	90 Square Meters Below	2122345
144平方米以上	144 Square Meters Above	563844
别墅、高档公寓	Villas and High-grade Apartments	55845
办公楼	Office Buildings	354823
商业营业用房	Houses for Business Use	801175
其他	Others	1030480
不可销售面积	Non-sales Floor Space of Buildings	2506427
住宅	Residence	1752353
#90平方米及以下	90 Square Meters Below	1262956
144平方米以上	144 Square Meters Above	74139
别墅、高档公寓	Villas and High-grade Apartments	
办公楼	Office Buildings	55551
商业营业用房	Houses for Business Use	166347
其他	Others	532176
住宅竣工套数	**The Number of Completed Apartments**	**57442**
#90平方米及以下	90 Square Meters Below	27995
144平方米以上	144 Square Meters Above	3466
别墅、高档公寓	Villas and High-grade Apartments	730
房屋竣工价值	**Value of Buildings Completed**	**2190087**
住宅	Residence	1577470
#90平方米及以下	90 Square Meters Below	542980
144平方米以上	144 Square Meters Above	175530
别墅、高档公寓	Villas and High-grade Apartments	20251
办公楼	Office Buildings	108897
商业营业用房	Houses for Business Use	222489
其他	Others	281231

Floor Space of Buildings under Construction and Completed for Real Estate Development

(sq.m, 10 000yuan, set)

国有经济 State-owned Enterprises	私营经济 Private Enterprises	其他有限责任公司 Other Limited Liability Corporations	外商投资 Foreign Funded Enterprises
4398905	**22987537**	**9584154**	**966698**
3111780	13981663	6000474	878355
1671410	2626258	643394	21317
320859	1574337	1277466	286389
17393	338192	367394	33103
55516	1746544	643104	
380395	3380421	1428964	61471
851214	3878909	1511612	26872
322511	3188450	2371794	403244
205798	2072056	1786970	401709
	83214	64606	
81796	381702	451661	21874
17393	68046	121012	
	49894	696	
11358	528385	170653	1535
105355	538115	413475	
2264481	**3886686**	**1521789**	**161650**
1811034	2660372	1015072	161650
1262610	596207	242211	21317
130339	297683	135822	
	35525	20320	
1577	279861	73385	
153234	381974	265967	
298636	564479	167365	
2158632	278592	69203	
1734539	17814		
1262610	346		
65867	8272		
1577	53974		
153234	13113		
269282	193691	69203	
20726	**25645**	**9510**	**1561**
15989	8417	3336	253
869	1784	813	
	622	108	
600232	**1139986**	**409456**	**40413**
472438	784892	279727	40413
317329	169586	50736	5329
32522	99649	43359	
	16171	4080	
456	76368	32073	
42418	116612	63459	
84920	162114	34197	

6—9 续表1

单位:平方米、万元、套 (2018)

指 标	Item	银川市 Yinchuan
房屋施工面积	**Floor Space of Buildings under Construction**	**37937294**
住宅	Residence	23972272
#90平方米及以下	90 Square Meters Below	4962379
144平方米以上	144 Square Meters Above	3459051
别墅、高档公寓	Villas and High-grade Apartments	756082
办公楼	Office Buildings	2445164
商业营业用房	Houses for Business Use	5251251
其他	Others	6268607
本年新开工面积	Started This Year	6285999
住宅	Residence	4466533
#90平方米及以下	90 Square Meters Below	147820
144平方米以上	144 Square Meters Above	937033
别墅、高档公寓	Villas and High-grade Apartments	206451
办公楼	Office Buildings	50590
商业营业用房	Houses for Business Use	711931
其他	Others	1056945
房屋竣工面积	**Floor Space of Buildings Completed**	**7834606**
住宅	Residence	5648128
#90平方米及以下	90 Square Meters Below	2122345
144平方米以上	144 Square Meters Above	563844
别墅、高档公寓	Villas and High-grade Apartments	55845
办公楼	Office Buildings	354823
商业营业用房	Houses for Business Use	801175
其他	Others	1030480
不可销售面积	Non-sales Floor Space of Buildings	2506427
住宅	Residence	1752353
#90平方米及以下	90 Square Meters Below	1262956
144平方米以上	144 Square Meters Above	74139
别墅、高档公寓	Villas and High-grade Apartments	
办公楼	Office Buildings	55551
商业营业用房	Houses for Business Use	166347
其他	Others	532176
住宅竣工套数	**The Number of Completed Apartments**	**57442**
#90平方米及以下	90 Square Meters Below	27995
144平方米以上	144 Square Meters Above	3466
别墅、高档公寓	Villas and High-grade Apartments	730
房屋竣工价值	**Value of Buildings Completed**	**2190087**
住宅	Residence	1577470
#90平方米及以下	90 Square Meters Below	542980
144平方米以上	144 Square Meters Above	175530
别墅、高档公寓	Villas and High-grade Apartments	20251
办公楼	Office Buildings	108897
商业营业用房	Houses for Business Use	222489
其他	Others	281231

continued

(sq.m, 10 000yuan, set)

市 区 City	兴庆区 Xingqing	金凤区 Jinfeng	西夏区 Xixia	永宁县 Yongning	贺兰县 Helan	灵武市 Lingwu
27568311	**8573645**	**17062000**	**1932666**	**4617420**	**4877912**	**873651**
16456090	4734652	10394432	1327006	3371324	3527822	617036
3536839	1059950	2141500	335389	713005	621194	91341
2435348	518020	1887642	29686	245188	747908	30607
490458	82475	407983		178575	87049	
2143244	770284	1362238	10722	59543	238377	4000
3847708	1636946	1913948	296814	725922	523931	153690
5121269	1431763	3391382	298124	460631	587782	98925
4543781	1319801	2832356	391624	655092	1010690	76436
3141930	816874	2043239	281817	511317	772819	40467
132786	67869	64917		10102	4843	89
534051	76167	447081	10803	64068	338914	
137031		137031		34101	35319	
47544	20547	26997		356	2690	
519242	253232	235320	30690	75696	81968	35025
835065	229148	526800	79117	67723	153213	944
5438923	**1113107**	**3847096**	**478720**	**1194514**	**993854**	**207315**
3655649	635642	2638941	381066	1082199	763318	146962
1208312	140890	862343	205079	583558	253370	77105
457408	97893	351802	7713	64192	42244	
32129	32129			20320	3396	
346053	223181	122872			8770	
605276	116407	445042	43827	44240	124589	27070
831945	137877	640241	53827	68075	97177	33283
1917178	28561	1778871	109746	501193	54773	33283
1282140	812	1218405	62923	469671	542	
793285	216	737019	56050	469671		
74139		74139				
55551		55551				
165991	200	165335	456	356		
413496	27549	339580	46367	31166	54231	33283
35044	**6044**	**24827**	**4173**	**12130**	**7930**	**2338**
15376	2178	10521	2677	7812	2851	1956
2847	616	2178	53	371	248	
584	584			108	38	
1551208	**305103**	**1161947**	**84158**	**297880**	**288479**	**52520**
1049165	187673	796363	65129	273431	216262	38612
322550	49505	235453	37592	139855	59390	21185
145134	31983	112001	1150	15524	14872	
15221	15221			4080	950	
103692	40002	63690			5205	
170715	40576	118854	11285	11543	32978	7253
227636	36852	183040	7744	12906	34034	6655

6—9 续表2

单位:平方米、万元、套 (2018)

指 标	Item	一级 First Grade
房屋施工面积	**Floor Space of Buildings under Construction**	**4739006**
住宅	Residence	3038507
#90平方米及以下	90 Square Meters Below	684213
144平方米以上	144 Square Meters Above	550967
别墅、高档公寓	Villas and High-grade Apartments	29499
办公楼	Office Buildings	206857
商业营业用房	Houses for Business Use	596409
其他	Others	897233
本年新开工面积	Started This Year	1469259
住宅	Residence	960725
#90平方米及以下	90 Square Meters Below	61960
144平方米以上	144 Square Meters Above	245763
别墅、高档公寓	Villas and High-grade Apartments	17393
办公楼	Office Buildings	16685
商业营业用房	Houses for Business Use	171289
其他	Others	320560
房屋竣工面积	**Floor Space of Buildings Completed**	**1982633**
住宅	Residence	1439712
#90平方米及以下	90 Square Meters Below	538322
144平方米以上	144 Square Meters Above	204540
别墅、高档公寓	Villas and High-grade Apartments	12106
办公楼	Office Buildings	94568
商业营业用房	Houses for Business Use	139812
其他	Others	308541
不可销售面积	Non-sales Floor Space of Buildings	627749
住宅	Residence	470162
#90平方米及以下	90 Square Meters Below	469671
144平方米以上	144 Square Meters Above	
别墅、高档公寓	Villas and High-grade Apartments	
办公楼	Office Buildings	53974
商业营业用房	Houses for Business Use	12101
其他	Others	91512
住宅竣工套数	**The Number of Completed Apartments**	**13968**
#90平方米及以下	90 Square Meters Below	7022
144平方米以上	144 Square Meters Above	1231
别墅、高档公寓	Villas and High-grade Apartments	210
房屋竣工价值	**Value of Buildings Completed**	**611872**
住宅	Residence	421537
#90平方米及以下	90 Square Meters Below	125767
144平方米以上	144 Square Meters Above	69395
别墅、高档公寓	Villas and High-grade Apartments	3632
办公楼	Office Buildings	46226
商业营业用房	Houses for Business Use	48887
其他	Others	95222

continued

(sq.m, 10 000yuan, set)

资质等级 Qualification Criteria				
二级 Second Grade	三级 Third Grade	四级 Forth Grade	暂定 Tentative	其他 Others
11242612	**4628223**	**6680530**	**10225407**	**421516**
7539201	2731423	4259213	6024153	379775
1678222	233542	1190026	796601	379775
763788	343347	551497	1249452	
144495	159102	82697	340289	
651916	348849	498484	739058	
1304579	712924	969831	1645302	22206
1746916	835027	953002	1816894	19535
1383573	446154	957229	2029784	
1099487	223036	691834	1491451	
31295		38279	16286	
109804	36684	213491	331291	
	23900	46498	118660	
696	30519		2690	
134795	89076	74887	241884	
148595	103523	190508	293759	
2650103	**490248**	**1720454**	**656511**	**334657**
1875698	350307	1163819	525676	292916
616559	55421	520976	98151	292916
190666	1321	117372	49945	
23716			20023	
231684	26994	1577		
260491	42388	287602	48676	22206
282230	70559	267456	82159	19535
124964	47410	1356892	14755	334657
7415		972764	9096	292916
		500239	130	292916
		65867	8272	
		1577		
812		131228		22206
116737	47410	251323	5659	19535
19834	**3386**	**11542**	**4526**	**4186**
8642	825	6052	1268	4186
1196	9	738	292	
146			374	
650997	**149084**	**510302**	**195998**	**71834**
474148	90344	360980	165831	64630
150263	14246	153589	34485	64630
47948	346	43783	14058	
5030			11589	
43827	18388	456		
70667	12236	70882	16385	3432
62355	28116	77984	13782	3772

6—10 房地产开发商品房销售与出租情况

单位:平方米、万元、套 （2018）

指 标	Item	总 计 Total
房屋出租面积	**Floor Space of Buildings Rented**	**249568**
住宅	Residence	18097
#90平方米及以下	90 Square Meters Below	16937
144平方米以上	144 Square Meters Above	938
别墅、高档公寓	Villas and High-grade Apartments	
办公楼	Office Buildings	20650
商业营业用房	Houses for Business Use	209267
其他	Others	1554
商品房销售面积	**Floor Space of Commercialized Buildings Sold**	**6128287**
住宅	Residence	5291999
#90平方米及以下	90 Square Meters Below	366727
144平方米以上	144 Square Meters Above	1209070
别墅、高档公寓	Villas and High-grade Apartments	134992
办公楼	Office Buildings	175982
商业营业用房	Houses for Business Use	432402
其他	Others	227904
现房销售面积	Floor Space of Existing Buildings Sold	2018691
住宅	Residence	1547654
#90平方米及以下	90 Square Meters Below	220478
144平方米以上	144 Square Meters Above	450077
别墅、高档公寓	Villas and High-grade Apartments	65791
办公楼	Office Buildings	136829
商业营业用房	Houses for Business Use	232649
其他	Others	101559
期房销售面积	Floor Space of Forward Buildings Sold	4109596
住宅	Residence	3744345
#90平方米及以下	90 Square Meters Below	146249
144平方米以上	144 Square Meters Above	758993
别墅、高档公寓	Villas and High-grade Apartments	69201
办公楼	Office Buildings	39153
商业营业用房	Houses for Business Use	199753
其他	Others	126345
商品房销售额	**Sales of Commercial Building**	**3600261**
住宅	Residence	2957959
#90平方米及以下	90 Square Meters Below	192991
144平方米以上	144 Square Meters Above	781770
别墅、高档公寓	Villas and High-grade Apartments	102249
办公楼	Office Buildings	148412
商业营业用房	Houses for Business Use	410059
其他	Others	83831
现房销售额	Total Sale of Existing Buildings	1084828
住宅	Residence	725176
#90平方米及以下	90 Square Meters Below	107173
144平方米以上	144 Square Meters Above	229026
别墅、高档公寓	Villas and High-grade Apartments	40779

Saled and Rented of Real Estate Commercialized Buildings

(sq.m, 10 000yuan, set)

国有经济 State-owned Enterprises	私营经济 Private Enterprises	其他有限责任公司 Other Limited Liability Corporations	外商投资 Foreign Funded Enterprises
17621	**224247**	**7700**	
540	17557		
	16937		
540	398		
13037	7613		
4044	199077	6146	
		1554	
512684	**2989026**	**2105530**	**521047**
455049	2452442	1882214	502294
41381	224073	85779	15494
192250	415372	409126	192322
15377	49480	68258	1877
585	119506	55891	
45033	284356	92050	10963
12017	132722	75375	7790
416696	907670	569732	124593
359061	609716	470458	108419
39494	138220	31620	11144
155428	109432	153573	31644
15377	38526	11888	
585	96221	40023	
45033	143244	35988	8384
12017	58489	23263	7790
95988	2081356	1535798	396454
95988	1842726	1411756	393875
1887	85853	54159	4350
36822	305940	255553	160678
	10954	56370	1877
	23285	15868	
	141112	56062	2579
	74233	52112	
214127	**1757901**	**1284422**	**343811**
175267	1350955	1105975	325762
16934	124292	43870	7895
75827	286297	271778	147868
8412	36051	56678	1108
390	103575	44447	
36052	250471	110267	13269
2418	52900	23733	4780
173959	540913	294670	75286
135099	310871	217763	61443
16006	68993	16398	5776
63304	66423	80717	18582
8412	23197	9170	

6—10 续表1

单位:平方米、万元、套 （2018）

指 标	Item	总 计 Total
办公楼	Office Buildings	113842
商业营业用房	Houses for Business Use	207408
其他	Others	38402
期房销售额	Future Sales	2515433
住宅	Residence	2232783
#90平方米及以下	90 Square Meters Below	85818
144平方米以上	144 Square Meters Above	552744
别墅、高档公寓	Villas and High-grade Apartments	61470
办公楼	Office Buildings	34570
商业营业用房	Houses for Business Use	202651
其他	Others	45429
商品住宅销售套数	**Total Number of Flats of Commercialized Residential Buildings Sold**	**43321**
#90平方米及以下	90 Square Meters Below	5112
144平方米以上	144 Square Meters Above	6992
别墅、高档公寓	Villas and High-grade Apartments	1214
现房销售套数	Total Number of Flats of Existing Residential Buildings Sold	13179
#90平方米及以下	90 Square Meters Below	3059
144平方米以上	144 Square Meters Above	2488
别墅、高档公寓	Villas and High-grade Apartments	737
期房销售套数	Total Number of Flats of Forward Residential Buildings Sold	30142
#90平方米及以下	90 Square Meters Below	2053
144平方米以上	144 Square Meters Above	4504
别墅、高档公寓	Villas and High-grade Apartments	477
待售面积	**Unsold Area**	**5912871**
住宅	Residence	2271272
#90平方米及以下	90 Square Meters Below	572058
144平方米以上	144 Square Meters Above	489546
别墅、高档公寓	Villas and High-grade Apartments	179625
办公楼	Office Buildings	603672
商业营业用房	Houses for Business Use	1987098
其他	Others	1050829
待售1-3年(含1年)	For Sale for 1-3 Years (including 1 year)	2453062
住宅	Residence	837401
#90平方米及以下	90 Square Meters Below	213406
144平方米以上	144 Square Meters Above	131952
别墅、高档公寓	Villas and High-grade Apartments	95634
办公楼	Office Buildings	333565
商业营业用房	Houses for Business Use	818870
其他	Others	463226
待售3年以上(含3年)	For Sale for More Than 3 Years (including 3 years)	1800042
住宅	Residence	779867
#90平方米及以下	90 Square Meters Below	207602
144平方米以上	144 Square Meters Above	199760
别墅、高档公寓	Villas and High-grade Apartments	50072
办公楼	Office Buildings	72115
商业营业用房	Houses for Business Use	629131
其他	Others	318929

continued

(sq.m，10 000yuan，set)

国有经济 State-owned Enterprises	私营经济 Private Enterprises	其他有限责任公司 Other Limited Liability Corporations	外商投资 Foreign Funded Enterprises
390	83026	30426	
36052	123682	38611	9063
2418	23334	7870	4780
40168	1216988	989752	268525
40168	1040084	888212	264319
928	55299	27472	2119
12523	219874	191061	129286
	12854	47508	1108
	20549	14021	
	126789	71656	4206
	29566	15863	
3523	**20979**	**14863**	**3956**
545	3208	1172	187
1194	2441	2154	1203
71	688	448	7
2813	5734	3756	876
523	1965	438	133
946	588	837	117
71	549	117	
710	15245	11107	3080
22	1243	734	54
248	1853	1317	1086
	139	331	7
537339	**3809826**	**1471955**	**93751**
259619	1357686	610357	43610
34333	374063	162840	822
67762	242973	151846	26965
28704	104647	46274	
50278	395055	158339	
88151	1386747	501519	10681
139291	670338	201740	39460
127483	1733123	546142	46314
27240	571531	220994	17636
4441	143379	65586	
1866	96439	23869	9778
15848	71590	8196	
17357	196945	119263	
20222	675564	112491	10593
62664	289083	93394	18085
366942	982040	403623	47437
230066	316460	207367	25974
27587	100981	78212	822
65896	66579	50098	17187
12856	4347	32869	
18795	48328	4992	
41489	432396	155158	88
76592	184856	36106	21375

6—10 续表2

单位:平方米、万元、套 (2018)

指　标	Item	银川市 Yinchuan
房屋出租面积	**Floor Space of Buildings Rented**	**249568**
住宅	Residence	18097
#90平方米及以下	90 Square Meters Below	16937
144平方米以上	144 Square Meters Above	938
别墅、高档公寓	Villas and High-grade Apartments	
办公楼	Office Buildings	20650
商业营业用房	Houses for Business Use	209267
其他	Others	1554
商品房销售面积	**Floor Space of Commercialized Buildings Sold**	**6128287**
住宅	Residence	5291999
#90平方米及以下	90 Square Meters Below	366727
144平方米以上	144 Square Meters Above	1209070
别墅、高档公寓	Villas and High-grade Apartments	134992
办公楼	Office Buildings	175982
商业营业用房	Houses for Business Use	432402
其他	Others	227904
现房销售面积	Floor Space of Existing Buildings Sold	2018691
住宅	Residence	1547654
#90平方米及以下	90 Square Meters Below	220478
144平方米以上	144 Square Meters Above	450077
别墅、高档公寓	Villas and High-grade Apartments	65791
办公楼	Office Buildings	136829
商业营业用房	Houses for Business Use	232649
其他	Others	101559
期房销售面积	Floor Space of Forward Buildings Sold	4109596
住宅	Residence	3744345
#90平方米及以下	90 Square Meters Below	146249
144平方米以上	144 Square Meters Above	758993
别墅、高档公寓	Villas and High-grade Apartments	69201
办公楼	Office Buildings	39153
商业营业用房	Houses for Business Use	199753
其他	Others	126345
商品房销售额	**Sales of Commercial Building**	**3600261**
住宅	Residence	2957959
#90平方米及以下	90 Square Meters Below	192991
144平方米以上	144 Square Meters Above	781770
别墅、高档公寓	Villas and High-grade Apartments	102249
办公楼	Office Buildings	148412
商业营业用房	Houses for Business Use	410059
其他	Others	83831
现房销售额	Total Sale of Existing Buildings	1084828
住宅	Residence	725176
#90平方米及以下	90 Square Meters Below	107173
144平方米以上	144 Square Meters Above	229026
别墅、高档公寓	Villas and High-grade Apartments	40779

continued

(sq.m, 10 000yuan, set)

市 区 City	兴庆区 Xingqing	金凤区 Jinfeng	西夏区 Xixia	永宁县 Yongning	贺兰县 Helan	灵武市 Lingwu
246616	**166136**	**80480**		**559**		**2393**
18097	17557	540				
16937	16937					
938	398	540				
20650	20650					
206315	126375	79940		559		2393
1554	1554					
4198975	**1017336**	**2650633**	**531006**	**414280**	**1274776**	**240256**
3592790	796021	2316434	480335	381598	1130699	186912
263137	63091	141653	58393	15812	51521	36257
822702	219099	547663	55940	12465	307945	65958
108445	19255	89190		9623	12834	4090
143120	77745	64790	585		31620	1242
301754	93300	166766	41688	21722	57505	51421
161311	50270	102643	8398	10960	54952	681
1385726	316952	869185	199589	136949	392541	103475
1007663	150350	689855	167458	128773	343954	67264
172378	22984	119877	29517	5199	11894	31007
326409	71461	204408	50540	3900	98929	20839
51664	13797	37867		1857	8180	4090
116894	74207	42102	585		18693	1242
166872	55831	85059	25982	7911	22897	34969
94297	36564	52169	5564	265	6997	
2813249	700384	1781448	331417	277331	882235	136781
2585127	645671	1626579	312877	252825	786745	119648
90759	40107	21776	28876	10613	39627	5250
496293	147638	343255	5400	8565	209016	45119
56781	5458	51323		7766	4654	
26226	3538	22688			12927	
134882	37469	81707	15706	13811	34608	16452
67014	13706	50474	2834	10695	47955	681
2625390	**727144**	**1670619**	**227627**	**152054**	**722897**	**99920**
2125592	530173	1398749	196670	132269	636521	63577
148165	44928	78194	25043	5712	29418	9696
544542	157380	368071	19091	6078	207554	23596
85314	15664	69650		5551	8533	2851
127723	69576	57757	390		20259	430
308004	108559	170422	29023	18492	50654	32909
64071	18836	43691	1544	1293	15463	3004
818058	233693	503251	81114	46382	176567	43821
513665	92048	361932	59685	40475	151375	19661
92951	13374	64842	14735	2167	4018	8037
177579	48362	112716	16501	1411	43318	6718
33766	10568	23198		758	3404	2851

6—10 续表3

单位:平方米、万元、套 （2018）

指 标	Item	银川市 Yinchuan
办公楼	Office Buildings	113842
商业营业用房	Houses for Business Use	207408
其他	Others	38402
期房销售额	Future Sales	2515433
住宅	Residence	2232783
#90平方米及以下	90 Square Meters Below	85818
144平方米以上	144 Square Meters Above	552744
别墅、高档公寓	Villas and High-grade Apartments	61470
办公楼	Office Buildings	34570
商业营业用房	Houses for Business Use	202651
其他	Others	45429
商品住宅销售套数	**Total Number of Flats of Commercialized Residential Buildings Sold**	**43321**
#90平方米及以下	90 Square Meters Below	5112
144平方米以上	144 Square Meters Above	6992
别墅、高档公寓	Villas and High-grade Apartments	1214
现房销售套数	Total Number of Flats of Existing Residential Buildings Sold	13179
#90平方米及以下	90 Square Meters Below	3059
144平方米以上	144 Square Meters Above	2488
别墅、高档公寓	Villas and High-grade Apartments	737
期房销售套数	Total Number of Flats of Forward Residential Buildings Sold	30142
#90平方米及以下	90 Square Meters Below	2053
144平方米以上	144 Square Meters Above	4504
别墅、高档公寓	Villas and High-grade Apartments	477
待售面积	**Unsold Area**	**5912871**
住宅	Residence	2271272
#90平方米及以下	90 Square Meters Below	572058
144平方米以上	144 Square Meters Above	489546
别墅、高档公寓	Villas and High-grade Apartments	179625
办公楼	Office Buildings	603672
商业营业用房	Houses for Business Use	1987098
其他	Others	1050829
待售1-3年(含1年)	For Sale for 1-3 Years (including 1 year)	2453062
住宅	Residence	837401
#90平方米及以下	90 Square Meters Below	213406
144平方米以上	144 Square Meters Above	131952
别墅、高档公寓	Villas and High-grade Apartments	95634
办公楼	Office Buildings	333565
商业营业用房	Houses for Business Use	818870
其他	Others	463226
待售3年以上(含3年)	For Sale for More Than 3 Years (including 3 years)	1800042
住宅	Residence	779867
#90平方米及以下	90 Square Meters Below	207602
144平方米以上	144 Square Meters Above	199760
别墅、高档公寓	Villas and High-grade Apartments	50072
办公楼	Office Buildings	72115
商业营业用房	Houses for Business Use	629131
其他	Others	318929

continued

（sq.m，10 000yuan，set）

市 区 City	兴庆区 Xingqing	金凤区 Jinfeng	西夏区 Xixia	永宁县 Yongning	贺兰县 Helan	灵武市 Lingwu
103738	66607	36741	390		9674	430
164165	61802	82432	19931	5818	13695	23730
36490	13236	22146	1108	89	1823	
1807332	493451	1167368	146513	105672	546330	56099
1611927	438125	1036817	136985	91794	485146	43916
55214	31554	13352	10308	3545	25400	1659
366963	109018	255355	2590	4667	164236	16878
51548	5096	46452		4793	5129	
23985	2969	21016			10585	
143839	46757	87990	9092	12674	36959	9179
27581	5600	21545	436	1204	13640	3004
29728	**6691**	**18657**	**4380**	**3170**	**8868**	**1555**
3770	966	1984	820	212	714	416
4848	1360	3131	357	56	1669	419
1058	227	831		71	66	19
8674	1185	5926	1563	1071	2822	612
2420	330	1628	462	86	201	352
1835	365	1147	323	19	511	123
642	118	524		44	32	19
21054	5506	12731	2817	2099	6046	943
1350	636	356	358	126	513	64
3013	995	1984	34	37	1158	296
416	109	307		27	34	
3867306	**1336357**	**2095538**	**435411**	**581935**	**1134526**	**329104**
1294017	362219	677878	253920	302459	558192	116604
337007	134525	118950	83532	78338	76436	80277
294986	51369	205326	38291	32577	147430	14553
69964	26707	43257		9564	87717	12380
463619	188575	244170	30874		137023	3030
1218978	540832	595027	83119	248456	318544	201120
890692	244731	578463	67498	31020	120767	8350
1359949	645705	589346	124898	385691	666470	40952
342256	178990	132051	31215	190762	286071	18312
95094	60525	16027	18542	66532	35811	15969
81975	28637	53338		20642	27995	1340
29627	10668	18959		9564	55515	928
207638	108649	81632	17357		122897	3030
423516	281484	107738	34294	176136	199608	19610
386539	76582	267925	42032	18793	57894	
1300764	393140	614262	293362	147557	187351	164370
571459	90359	260873	220227	63010	102896	42502
179135	48409	67969	62757	1860	15406	11201
145228	14526	92411	38291	1078	40241	13213
7595	759	6836			31025	11452
72115	48214	10384	13517			
368904	190237	144515	34152	72320	74389	113518
288286	64330	198490	25466	12227	10066	8350

6—10 续表4

单位:平方米、万元、套 (2018)

指 标	Item	一级 First Grade
房屋出租面积	**Floor Space of Buildings Rented**	**56811**
住宅	Residence	
#90平方米及以下	90 Square Meters Below	
144平方米以上	144 Square Meters Above	
别墅、高档公寓	Villas and High-grade Apartments	
办公楼	Office Buildings	
商业营业用房	Houses for Business Use	56811
其他	Others	
商品房销售面积	**Floor Space of Commercialized Buildings Sold**	**1157375**
住宅	Residence	1009051
#90平方米及以下	90 Square Meters Below	77752
144平方米以上	144 Square Meters Above	241893
别墅、高档公寓	Villas and High-grade Apartments	42075
办公楼	Office Buildings	16970
商业营业用房	Houses for Business Use	53994
其他	Others	77360
现房销售面积	Floor Space of Existing Buildings Sold	528354
住宅	Residence	413747
#90平方米及以下	90 Square Meters Below	66895
144平方米以上	144 Square Meters Above	135425
别墅、高档公寓	Villas and High-grade Apartments	41817
办公楼	Office Buildings	16203
商业营业用房	Houses for Business Use	44725
其他	Others	53679
期房销售面积	Floor Space of Forward Buildings Sold	629021
住宅	Residence	595304
#90平方米及以下	90 Square Meters Below	10857
144平方米以上	144 Square Meters Above	106468
别墅、高档公寓	Villas and High-grade Apartments	258
办公楼	Office Buildings	767
商业营业用房	Houses for Business Use	9269
其他	Others	23681
商品房销售额	**Sales of Commercial Building**	**643868**
住宅	Residence	545139
#90平方米及以下	90 Square Meters Below	41099
144平方米以上	144 Square Meters Above	151792
别墅、高档公寓	Villas and High-grade Apartments	24350
办公楼	Office Buildings	11961
商业营业用房	Houses for Business Use	55319
其他	Others	31449
现房销售额	Total Sale of Existing Buildings	270832
住宅	Residence	194224
#90平方米及以下	90 Square Meters Below	31189
144平方米以上	144 Square Meters Above	73404
别墅、高档公寓	Villas and High-grade Apartments	24194

continued

(sq.m, 10 000yuan, set)

资质等级 Qualification Criteria				
二级 Second Grade	三级 Third Grade	四级 Forth Grade	暂定 Tentative	其他 Others
159795	**3429**	**29533**		
17557	540			
16937				
398	540			
5702		14948		
136536	2889	13031		
		1554		
2218237	**552041**	**715524**	**1485110**	
1887770	411199	638943	1345036	
187454	28749	52732	20040	
414967	107257	101892	343061	
10419	13933	22699	45866	
99746	57025	999	1242	
181321	60854	44434	91799	
49400	22963	31148	47033	
923201	289877	218909	58350	
708889	197604	184327	43087	
117459	21120	14391	613	
214800	70196	27762	1894	
10419	6167	7388		
79423	39961		1242	
110947	43942	20744	12291	
23942	8370	13838	1730	
1295036	262164	496615	1426760	
1178881	213595	454616	1301949	
69995	7629	38341	19427	
200167	37061	74130	341167	
	7766	15311	45866	
20323	17064	999		
70374	16912	23690	79508	
25458	14593	17310	45303	
1240336	**279739**	**477457**	**958861**	
975883	174033	407509	855395	
88829	10812	39574	12677	
232581	48865	73678	274854	
7369	8803	16045	45682	
88961	46371	689	430	
157400	53296	55479	88565	
18092	6039	13780	14471	
536710	137119	109875	30292	
359179	69172	82648	19953	
60528	7281	7862	313	
110828	25578	17898	1318	
7369	4010	5206		

6—10 续表5

单位:平方米、万元、套 (2018)

指 标	Item	一级 First Grade
办公楼	Office Buildings	11363
商业营业用房	Houses for Business Use	43633
其他	Others	21612
期房销售额	Future Sales	373036
住宅	Residence	350915
#90平方米及以下	90 Square Meters Below	9910
144平方米以上	144 Square Meters Above	78388
别墅、高档公寓	Villas and High-grade Apartments	156
办公楼	Office Buildings	598
商业营业用房	Houses for Business Use	11686
其他	Others	9837
商品住宅销售套数	**Total Number of Flats of Commercialized Residential Buildings Sold**	**8285**
#90平方米及以下	90 Square Meters Below	1168
144平方米以上	144 Square Meters Above	1414
别墅、高档公寓	Villas and High-grade Apartments	541
现房销售套数	Total Number of Flats of Existing Residential Buildings Sold	3469
#90平方米及以下	90 Square Meters Below	942
144平方米以上	144 Square Meters Above	759
别墅、高档公寓	Villas and High-grade Apartments	532
期房销售套数	Total Number of Flats of Forward Residential Buildings Sold	4816
#90平方米及以下	90 Square Meters Below	226
144平方米以上	144 Square Meters Above	655
别墅、高档公寓	Villas and High-grade Apartments	9
待售面积	**Unsold Area**	**1232832**
住宅	Residence	448861
#90平方米及以下	90 Square Meters Below	105187
144平方米以上	144 Square Meters Above	59350
别墅、高档公寓	Villas and High-grade Apartments	47476
办公楼	Office Buildings	175531
商业营业用房	Houses for Business Use	259128
其他	Others	349312
待售1-3年(含1年)	For Sale for 1-3 Years (including 1 year)	275782
住宅	Residence	29197
#90平方米及以下	90 Square Meters Below	10462
144平方米以上	144 Square Meters Above	1694
别墅、高档公寓	Villas and High-grade Apartments	24596
办公楼	Office Buildings	73813
商业营业用房	Houses for Business Use	57634
其他	Others	115138
待售3年以上(含3年)	For Sale for More Than 3 Years (including 3 years)	371323
住宅	Residence	149500
#90平方米及以下	90 Square Meters Below	56113
144平方米以上	144 Square Meters Above	19474
别墅、高档公寓	Villas and High-grade Apartments	5751
办公楼	Office Buildings	730
商业营业用房	Houses for Business Use	111637
其他	Others	109456

continued

（sq.m，10 000yuan，set）

资质等级 Qualification Criteria				
二级 Second Grade	三级 Third Grade	四级 Forth Grade	暂定 Tentative	其他 Others
71684	30365		430	
97131	35120	22197	9327	
8716	2462	5030	582	
703626	142620	367582	928569	
616704	104861	324861	835442	
28301	3531	31712	12364	
121753	23287	55780	273536	
	4793	10839	45682	
17277	16006	689		
60269	18176	33282	79238	
9376	3577	8750	13889	
15992	**3371**	**5332**	**10341**	
2504	391	745	304	
2374	630	504	2070	
104	52	242	275	
6099	1709	1535	367	
1615	292	201	9	
1165	432	120	12	
104	25	76		
9893	1662	3797	9974	
889	99	544	295	
1209	198	384	2058	
	27	166	275	
2576492	**1154847**	**705789**	**242911**	
931817	493732	300415	96447	
271339	111506	62737	21289	
266004	82027	55498	26667	
37229	23163	71039	718	
194901	165385	60529	7326	
987396	432120	216458	91996	
462378	63610	128387	47142	
1228674	440445	401725	106436	
411059	151995	221260	23890	
125264	47196	30484		
73295	13826	37000	6137	
10723	2011	58304		
122260	117910	16552	3030	
514189	159973	46923	40151	
181166	10567	116990	39365	
716836	512512	139276	60095	
264942	281633	56554	27238	
72272	47436	24311	7470	
106776	52354	12773	8383	
11942	19975	12404		
22016	1096	43977	4296	
276903	190209	27348	23034	
152975	39574	11397	5527	

6—11 房地产开发企业资质等级一、二级企业名单

The List of Real Estate Development Enterprise by Qualthication Clriteria of Frist and Second Grade

(2018)

单位名称 Unit Name	资质等级 Qualification Criteria	经济类型 Economic Types
宁夏新材房地产开发有限公司	一级	私营有限责任公司
宁夏住宅建设发展(集团)有限公司	一级	私营有限责任公司
宁夏正丰房地产开发有限公司	一级	私营有限责任公司
宁夏中房实业集团股份有限公司	一级	私营股份有限公司
银川建发集团股份有限公司	一级	私营股份有限公司
银川众一集团房地产开发有限公司	一级	私营有限责任公司
宁夏民生房地产开发有限公司	一级	私营有限责任公司
宁夏北方温和房地产开发有限公司	一级	私营有限责任公司
宁夏银帝房地产开发有限公司	一级	私营有限责任公司
宁夏亘元房地产开发有限公司	一级	国有独资公司
宁夏铁路多元发展集团地产置业有限公司	一级	国有独资公司
宁夏长城集团房地产开发有限公司	一级	其他有限责任公司
宁夏绿地房地产有限责任公司	二级	私营有限责任公司
宁夏荣恒房地产集团有限公司	二级	私营有限责任公司
宁夏银基房地产开发有限责任公司	二级	私营有限责任公司
宁夏兴泰隆房地产开发有限公司	二级	其他有限责任公司
宁夏房地产综合开发有限公司	二级	私营有限责任公司
银川大地房地产开发有限责任公司	二级	私营有限责任公司
银川市白云房地产开发有限公司	二级	其他有限责任公司
宁夏昆仑房地产开发有限公司	二级	私营有限责任公司
银川三建房地产开发有限公司	二级	私营有限责任公司
宁夏华尊立达房地产开发集团有限公司	二级	私营有限责任公司
宁夏金宇房地产投资集团有限公司	二级	私营股份有限公司
宁夏灵隆房地产开发有限责任公司	二级	私营有限责任公司
宁夏正基房地产开发有限公司	二级	私营有限责任公司
宁夏鹏晨明珠房地产开发有限公司	二级	私营有限责任公司
宁夏瑞信房地产开发有限公司	二级	私营有限责任公司
宁夏鸿丰投资置业有限公司	二级	私营有限责任公司
宁夏檀溪房地产开发有限公司	二级	私营有限责任公司
中海宏洋地产(银川)有限公司	二级	与港澳台商合资经营
宁夏隆安房地产开发有限公司	二级	私营有限责任公司
宁夏房地产开发集团有限公司	二级	国有独资公司
宁夏云天房地产开发集团有限公司	二级	私营有限责任公司
宁夏荣昌众汇房地产开发有限公司	二级	私营股份有限公司
宁夏大众房地产开发有限公司	二级	私营有限责任公司
宁夏富地房地产开发有限公司	二级	私营有限责任公司
宁夏宝丰地产开发有限公司	二级	其他有限责任公司
宁夏银川龙马房地产开发有限公司	二级	私营有限责任公司
宁夏吉泰房地产开发有限公司	二级	私营有限责任公司
宁夏富兴达房地产开发集团有限公司	二级	私营有限责任公司
宁夏吉运开发建设集团有限公司	二级	私营有限责任公司
银川开发区宏建房地产开发有限公司	二级	私营有限责任公司

6—11 续表1

单位名称 Unit Name	资质等级 Qualification Criteria	经济类型 Economic Types
宁夏英力特房地产开发有限公司	二级	其他有限责任公司
宁夏富龙房地产开发有限公司	二级	私营有限责任公司
宁夏中恒房地产开发有限公司	二级	私营有限责任公司
宁夏派胜房地产开发有限公司	二级	其他有限责任公司
宁夏新思路房地产开发有限公司	二级	私营有限责任公司
宁夏舜天房地产开发有限公司	二级	其他有限责任公司
宁夏建设投资集团房地产开发有限公司	二级	国有独资公司
银川市规划建筑设计院房地产开发有限公司	二级	其他有限责任公司
拉普斯置业有限公司	二级	外资企业
宁夏瑞兴房地产开发有限公司	二级	私营有限责任公司
宁夏浩海房地产开发集团有限公司	二级	私营有限责任公司
宁夏友厦房地产开发有限公司	二级	私营有限责任公司
宁夏鼎城房地产开发有限公司	二级	私营有限责任公司
宁夏建元房地产开发有限公司	二级	私营有限责任公司
银川市通城置业集团房地产有限公司	二级	私营有限责任公司
宁夏鑫业房地产开发有限公司	二级	私营有限责任公司
宁夏共享地产有限公司	二级	其他有限责任公司
宁夏恒诺房地产开发有限公司	二级	私营有限责任公司
宁夏汇融房地产开发有限公司	二级	其他有限责任公司
宁夏光耀房地产开发有限公司	二级	私营有限责任公司
银川隆光置业有限公司	二级	私营有限责任公司
宁夏海利达房地产开发有限公司	二级	私营有限责任公司
宁夏鑫祥房地产开发有限公司	二级	私营有限责任公司
宁夏上陵房地产开发有限公司	二级	其他有限责任公司
宁夏燕葆房地产开发有限公司	二级	私营有限责任公司
宁夏凯尔星房地产开发有限公司	二级	其他有限责任公司
宁夏金色阳光房地产开发有限公司	二级	其他有限责任公司
银川市望远庆丰房地产开发有限公司	二级	私营有限责任公司
银川先泽房地产开发有限公司	二级	其他有限责任公司
宁夏银大房地产开发有限公司	二级	私营有限责任公司
宁夏地德人和房地产开发有限公司	二级	私营有限责任公司
银川旺元投资实业(集团)有限公司	二级	其他有限责任公司
宁夏恒昱源房地产开发有限公司	二级	私营有限责任公司
银川鲁银投资有限公司	二级	私营有限责任公司
宁夏北方明珠房地产开发有限公司	二级	其他有限责任公司
宁夏金盛房地产开发有限公司	二级	私营有限责任公司
宁夏巨力房地产开发有限公司	二级	私营有限责任公司
宁夏天地德科房地产开发有限公司	二级	其他有限责任公司
宁夏众一发展集团有限公司	二级	私营有限责任公司

主要统计指标解释

【全社会固定资产投资】 固定资产投资额是以货币表现的建造和购置固定资产活动的工作量，它是反映固定资产投资规模、速度、比例关系和使用方向的综合性指标。全社会固定资产投资按经济类型分，包括国有经济单位投资、城乡集体经济单位投资、其他各种经济类型的单位投资和城乡居民个人投资。全社会固定资产投资总额分为基本建设、更新改造、其他固定资产投资和房地产开发投资四个部分；城乡集体经济单位投资包括城镇集体所有制单位投资和农村集体所有制单位投资；其他各种经济类型单位投资包括联营经济、股份制经济、中外合资经营、中外合作经营、外资、与大陆合资经营、与大陆合作经营、港澳台独资及其他经济的单位投资。城乡居民个人投资包括城市、县城、镇、工矿区所辖范围内的个人建房和农村个人建房及购买生产性固定资产的投资。

【基本建设投资】 基本建设是企业、事业、行政单位以扩大生产能力或工程效益为主要目的的新建、扩建工程及有关工作。包括(1)列入中央和各级地方本年基本建设计划的建设项目，以及虽未列入本年基本建设计划，但使用以前年度基建计划内结转投资(包括利用基建设备材料)在本年继续施工的建设项目；(2)本年基本建设计划内投资与更新改造计划内投资结合安排的新建项目和新增生产能力(或工程效益)达到大中型项目标准的扩建项目，以及为改变生产力布局而进行的全厂性迁建项目；

(3)国有单位既未列入基建计划，也未列入更新改造计划的总投资在50万元以上的新、扩建、恢复项目和为改变生产力布局而进行的全厂性迁建项目，以及行政、事业单位增建业务用房和行政单位增建生活福利设施的项目。

【更新改造投资】 更新改造指企业、事业单位对原有设施进行固定资产更新和技术改造，以及相应配套的工程和有关工作(不包括大修理和维护工程)。包括：(1)列入中央和各级地方本年更新改造计划的项目和虽未列入本年更新改造计划，但使用上年更新改造计划内结转的投产在本年继续施工的项目；(2)本年更新改造计划内投资与基本建设计划内投资结合安排的对企、事业单位原有设施进行技术改造或更新的项目和增建主要生产车间、分厂等其新增生产能力(或工程效益)未达到大中型项目标准的项目，以及由于城市环境保护和安全生产的需要而进行的迁建工作；(3)国有企、事业既未列入基建计划也未列入更新改造计划，总投资在50万元以上的属于改建式更新改造性质的项目，以及由于城市环境保护和安全生产的需要而进行的迁建工程。

【房地产开发投资】 指各种登记注册类型的房地产开发法人单位统一开发的住宅、厂房、仓库、饭店、宾馆、度假村、写字楼、办公楼等房屋建筑物，配套的服务设施，土地开发工程(如道路、给水、排水、供电、供热、通讯、平整场地等基础设施工程)和土地购置的投资；不包括单纯的土地开发和交易活动。

【其他固定资产投资】 全社会固定资产投资中未列入基本建设、更新改造和房地产开发投资的建造和购置固定资产的活动。包括：(1)国有单位按规定不纳入基本建设计划和更新改造计划管理，计划总投资或实际需要总投资在50万元以上的工程。(2)城镇集体经济单位固定投资。(3)除国有、城镇集体以外的联营经济、股份制经济、外商投资经济、港澳台投资经济及其他经济类型的企、事业单位建造和购置固定资产其计划总投资在50万元以上的、未列入基本建设计划和更新改造计划的项目。

【新增固定资产】 指在报告期已经完成建造和开发过程并交付使用的房屋和土地开发面积的价值。指房地产开发公司进行开发经营活动的最终成果，即为社会提供的固定资产，而且是在报告期内新增加的。不是反映房地产开发企业本身固定资产的增加。

【建设项目投产率】 指一定时期内全部建成投入生产项目个数占同期正式施工项目个数的比率。它是从项目建设速度的角度反映投资效果的指标。

【固定资产交付使用率】 指一定时期新增固定资产与同期完成投资额的比率。它是反映各个时期固定资产动用速度，衡量建设过程中宏观投资效果的一个综合性指标。

【商品房销售面积】 指报告期内出售商品房屋的合同总面积(即双方签署的正式买卖合同中所确定的建筑面积)。商品房销售面积由现房销售面积和期房销售面积两部分组成。

【商品房销售额】 指报告期内出售商品房屋的合同总价款(即双方签署的正式买卖合同中所确定的合同总价)。该指标与商品房销售面积同口径，由现房销售额和期房销售额两部分组成。

【项目规划占地面积】 指房地产开发项目规划书载明的相关部门规划的该项目占地面积。

【本年土地购置面积】 指在本年内通过各种方式获得土地使用权的土地面积。

【本年土地成交价款】 指进行土地使用权交易活动的最终金额。在土地一级市场，是指土地最后的划拨款、“招拍挂”价格和出让价；在土地二级市场是指土地转让、出租、抵押等最后确定的合同价格。土地成交价款与土地购置面积同口径，可以计算土地的平均购置价格。

建筑业
Construction

7—1　主要年份建筑业主要指标

指　标	Item	单 位	Unit
企业个数	**Number of Enterprises**	**个**	**unit**
建筑业总产值	**Gross Output Value of Construction**	**万元**	**10 000yuan**
#一、二级企业	First and Second Grade	万元	10 000yuan
按构成分	**Grouped by Composition**		
建筑工程产值	Output Value of Construction	万元	10 000yuan
安装工程产值	Output Value of Installation	万元	10 000yuan
其他产值	Other Output Value	万元	10 000yuan
按登记注册类型分	**Grouped by Status of Registration**		
国有企业	State-owned Enterprises	万元	10 000yuan
集体企业	Collective-owned Enterprises	万元	10 000yuan
有限责任公司	Limited Liabilities Corporations	万元	10 000yuan
股份有限公司	Share-holding Corporations Limited	万元	10 000yuan
私营企业	Private Enterprises	万元	10 000yuan
港澳台投资企业	Funds from Hong Kong, Macao and Taiwan	万元	10 000yuan
外商投资企业	Foreign Funded	万元	10 000yuan
按建筑行业分(2011)	**Grouped by Construction Sector(2011)**		
房屋建筑业	House Building	万元	10 000yuan
土木工程建筑业	Civil Engineering	万元	10 000yuan
建筑安装业	Construction Installation	万元	10 000yuan
建筑装饰和其他建筑业	Construction Decoration and Other Construction	万元	10 000yuan
竣工产值	Output Value of Construction Completed	万元	10 000yuan
房屋施工面积	Floor Space of Buildings under Construction	万平方米	10 000sq.m
房屋竣工面积	Floor Space of Buildings Completed	万平方米	10 000sq.m
期末从业人员	Number of Employed Persons	人	person
工程结算收入	Revenue of Project Settlement Accounts	万元	10 000yuan
工程结算利润	Profits of Project Settlement Accounts	万元	10 000yuan
利税总额	Total Taxes and Profits	万元	10 000yuan

注:本年度汇总资料均为有工作量的总、专包建筑企业数据。

Main Indicators on Construction Enterprises in Main Years

2012 年	2013 年	2014 年	2015 年	2016 年	2017 年	2018 年
331	**344**	**352**	**344**	**362**	**509**	**509**
2829250	**3750575**	**4404625**	**3717353**	**3525490**	**3735159**	**3859174**
2277545	3219796	3947704	3404735	3246890	3486065	3564260
2685345	3603530	4188711	3515093	3287718	3419064	3506390
136283	128625	195664	180788	211836	299890	317165
7622	18421	20250	21473	25936	16205	35619
771179	1092670	793211	662742	698510	557183	94194
10080	18531	29905	7637	11434	5678	16181
652699	727406	1021153	898011	1020058	1037727	1678248
102399	241553	372578	2716209	38617	114591	167855
1274610	1638921	2048260	1731402	1686343	1958159	1890196
18283	31494	139518	145941	70530	61821	12500
1967393					2126586	2351060
757592					1536009	1432914
42069					34618	35455
62196					37947	39745
2344996	3067652	3129988	2922459	2723148	2264803	2342588
2385	3327	3045	2263	1847	1498	1527
948	1330	923	787	661	354	502
53864	70894	69295	88766	63199	76363	65101
2799130	3803254	4406224	3944772	4121375	3467181	
176711	174260	257409	238367	238927	202448	
165473	177330	263319	224349	162658	109765	

a) The summary Data of this year are the data of total and special contract construction enterprises with workload.

7—2 建筑业总产值

单位:万元 （2018）

指　标	Item	企业数(个) Number of Enterprises (unit)	#有工作量的企业数 Number of Workload Enterprises
总　计	**Total**	**509**	**447**
#一、二级企业	First and Second Grade	306	279
按地区分	**Grouped by County**		
市　区	City	453	399
兴庆区	Xingqing	222	199
西夏区	Xixia	22	18
金凤区	Jinfeng	209	182
永宁县	Yongning	5	4
贺兰县	Helan	31	28
灵武市	Lingwu	20	16
按登记注册类型分	**Grouped by Status of Registration**		
内资企业	Domestic Funded	508	446
国有企业	State-owned Enterprises	11	7
集体企业	Collective-owned Enterprises	1	1
有限责任公司	Limited Liabilities Corporations	72	65
国有独资公司	State Sole Funded Corporations	23	23
其他有限责任公司	Other Limited Liabilities Corporations	49	42
股份有限公司	Share-holding Corporations Limited	2	2
私营企业	Private Enterprises	422	371
私营有限责任公司	Private Limited Liabilities Corporations	419	368
私营股份有限公司	Private Share-holding Corporations Ltd.	3	3
外商投资企业	Foreign Funded	1	1
中外合资经营企业	Domestic and Foreign Joint Funded Enterprises	1	1
按国民经济行业分(2017)	**Grouped by Sector(2017)**		
房屋建筑业	House Building	245	211
住宅房屋建筑	Residential Building	229	198
其他房屋建筑业	Other Housing construction	16	13
土木工程建筑业	Civil Engineering	171	156
铁路、道路、隧道和桥梁工程建筑	Railway, Road, Tunnel and Bridge	45	41
公路工程建筑	Road	8	7
市政道路工程建筑	Municipal Works	37	34
水利和水运工程建筑	Water Conservancy and Water Transportation Projects	33	29
水源及供水设施工程建筑	Construction of Water Source and Supply Water Facility	33	29
工矿工程建筑	Mining	4	4
架线和管道工程建筑	Frame Line and Pipeline	55	49
架线及设备工程建筑	Frame Line Equipment Engineering	55	49
节能环保工程施工	Energy-saving and Environmental Engineering	3	3
环保工程施工	Environmental Engineering Construction	3	3
其他土木工程建筑	Other Civil Engineering Buildings	31	30
园林绿化工程施工	Landscaping Project Construction	20	19
其他土木工程建筑施工	Other Civil Engineering Construction	11	11

Total Output Value of Construction

(10 000 yuan)

建筑业总产值 Total Output Valueof Construction	#装饰装修产值 Output Value of Decoration	#在外省完成的产值 Output Value of Completed Outside the Province	建筑工程产值 Output Value of Construction	安装工程产值 Output Value of Installation	其他产值 Others	竣工产值 Output Value of onstruction Completed
3859174	**69618**	**419241**	**3506390**	**317165**	**35619**	**2342588**
3564260	64555	411241	3260193	270639	33428	2124084
3330876	69236	282409	2998858	303242	28777	2183289
1849691	32201	214667	1657408	180234	12049	1042288
285819	4868	9398	275019	3632	7168	182357
1195365	32167	58344	1066430	119376	9560	958645
46832	293	293	46539	293		22779
420507		135464	409859	3806	6843	75255
60959	89	1074	51135	9824		61265
3846674	69618	406741	3493890	317165	35619	2330088
94194		7528	46386	47808		77610
16181			16181			13144
1678248	11366	357307	1469868	194541	13839	745594
1314047	860	327304	1190259	109949	13839	494552
364201	10506	30003	279610	84591		251042
167855			167855			37555
1890196	58252	41906	1793599	74816	21781	1456185
1617877	58252	28930	1522412	73684	21781	1127513
272319		12976	271187	1131		328672
12500		12500	12500			12500
12500		12500	12500			12500
2351060	23423	231388	2312967	17519	20574	1312918
2283099	23423	188835	2245006	17519	20574	1252913
67961		42553	67961			60004
1432914	6096	184616	1138134	279737	15044	972172
735114	1375	13348	733964	1150		579962
458180		12976	458180			377209
276934	1375	372	275784	1150		202753
209258		44887	191699	17559		93565
209258		44887	191699	17559		93565
32962		18958	25547	246	7168	27119
391281	2903	107130	125785	259805	5691	239274
391281	2903	107130	125785	259805	5691	239274
1122			1122			922
1122			1122			922
63178	1817	294	60017	977	2184	31329
57236	1524		54369	683	2184	26953
5941	293	294	5648	294		4375

7—2 续表1

单位:万元 (2018)

指 标	Item	企业数(个) Number of Enterprises (unit)	# 有工作量的企业数 Number of Workload Enterprises
建筑安装业	Construction Installation	45	39
电气安装	Electric Installation	35	29
其他建筑安装业	Other Construction Installation	10	10
其他建筑安装	Other Building Installation	10	10
建筑装饰、装修和其他建筑业	Construction, Decoration and Other Construction	48	41
建筑装饰和装修业	Construction and Decoration	48	41
公共建筑装饰和装修	Decoration and Decoration of Public Buildings	29	25
建筑幕墙装饰和装修	Decoration and Decoration of Building Curtain Walls	19	16
按控股情况分	**Grouped by Controlling Stake**		
国有控股	State-owned	40	36
集体控股	Collective-owned	7	7
私人控股	Private	461	403
外商控股	Foreign	1	1
按企业规模分	**Grouped by Enterprises Scale**		
大型	Large-Scale	9	9
中型	Medium-Scale	84	82
小型	Small-Scale	283	274
微型	Miniatrue	133	82
按营业状况分	**Grouped by Operating Status**		
营业	Operating	492	443
停业(歇业)	Turn O(f out of business)	13	3
当年注销	The Cancellation	4	1
按隶属关系分	**By affiliation**		
中央	The center	6	6
地方	This place	41	37
其他	In the news	462	404
按会计准则分	**Grouped by Accounting Standards**		
企业会计准则	Accounting Standards for Business Enterprises	228	206
小企业会计准则	Accounting Standards for Small Business Enterprises	148	127
其他企业会计制度	Others	133	114
按企业资质等级分	**Grouped by Qualification Criteria**		
施工总承包	General Contractors	363	320
特 级	Special Grade	1	1
一 级	First Grade	20	20
二 级	Second Grade	176	162
三级及以下	Third Grade and Below	166	137
专业承包	Professional Contractors	146	127
一 级	First Grade	17	16
二 级	Second Grade	92	80
三级及以下	Third Grade and Below	37	31

continued

(10 000 yuan)

建筑业总产值 Total Output Valueof Construction	#装饰装修产值 Output Value of Decoration	#在外省完成的产值 Output Value of Completed Outside the Province	建筑工程产值 Output Value of Construction	安装工程产值 Output Value of Installation	其他产值 Others	竣工产值 Output Value of Construction Completed
35455	355	400	15633	19820	2	26244
20293		400	4443	15848	2	13678
15162	355		11190	3972		12565
15162	355		11190	3972		12565
39745	39745	2837	39656	89		31255
39745	39745	2837	39656	89		31255
9940	9940	298	9851	89		8892
29805	29805	2539	29805			22364
1417750	5388	335368	1246154	157758	13839	578776
93753	1993	201	20007	73746		88212
2335171	62237	71172	2227729	85661	21781	1663099
12500		12500	12500			12500
1599137		299054	1483963	109080	6094	748334
1492498	27198	97632	1350757	128703	13038	1056036
728170	38655	21157	633456	78234	16481	508515
39369	3765	1398	38214	1148	7	29703
3857265	69604	419241	3504949	316697	35619	2340679
514	15		47	468		514
1394			1394			1394
589202		231020	439491	136448	13262	130663
922301	7381	104549	826669	95055	577	536325
2347671	62237	83672	2240229	85661	21781	1675600
2753085	41103	361613	2463656	267972	21457	1537617
623454	9371	47077	606322	15612	1520	466930
482636	19143	10551	436412	33581	12642	338041
3618249	27232	365020	3360200	222438	35611	2142523
95698		6608	95698			60431
1943894	4883	309852	1828720	109080	6094	996755
1328305	17641	41705	1211133	89839	27333	902324
250352	4709	6856	224649	23519	2184	183012
240925	42386	54221	146189	94727	8	200065
120361	14638	47769	66207	54152	2	109261
76002	27393	5308	58435	17568		55313
44562	355	1144	21548	23007	7	35492

7—3 建筑业合同签订及承包工程完成情况

单位:万元 （2018）

指 标	Item	签订的合同额 Total Value of Contracts	上年结转合同额 Value from Contracts Signed in Last Year
总 计	**Total**	**6362478**	**2610107**
#一、二级企业	First and Second Grade	5932117	2515531
按地区分	**Grouped by County**		
市 区	City	5629743	2406766
兴庆区	Xingqing	2958191	1154483
西夏区	Xixia	432928	208800
金凤区	Jinfeng	2238625	1043483
永宁县	Yongning	69700	24485
贺兰县	Helan	562856	151000
灵武市	Lingwu	100179	27856
按登记注册类型分	**Grouped by Status of Registration**		
内资企业	Domestic Funded	6292183	2605840
国有企业	State-owned Enterprises	143408	105927
集体企业	Collective-owned Enterprises	19726	27
有限责任公司	Limited Liabilities Corporations	2922238	1085265
国有独资公司	State Sole Funded Corporations	2215304	815461
其他有限责任公司	Other Limited Liabilities Corporations	706934	269804
股份有限公司	Share-holding Corporations Limited	159526	94088
私营企业	Private Enterprises	3047286	1320533
私营有限责任公司	Private Limited Liabilities Corporations	2388708	704499
私营股份有限公司	Private Share-holding Corporations Ltd.	658578	616035
外商投资企业	Foreign Funded	70295	4267
中外合资经营企业	Domestic and Foreign Joint Funded Enterprises	70295	4267
按国民经济行业分(2017)	**Grouped by Sector(2017)**		
房屋建筑业	House Building	3563302	1167049
住宅房屋建筑	Residential Building	3478493	1160619
其他房屋建筑业	Other Housing construction	84809	6430
土木工程建筑业	Civil Engineering	2696764	1419743
铁路、道路、隧道和桥梁工程建筑	Railway, Road, Tunnel and Bridge	1326104	895381
公路工程建筑	Road	845118	721431
市政道路工程建筑	Municipal Works	480986	173949
水利和水运工程建筑	Water Conservancy and Water Transportation Projects	311982	122470
水源及供水设施工程建筑	Construction of Water Source and Supply Water Facility	311982	122470
工矿工程建筑	Mining	99193	6327
架线和管道工程建筑	Frame Line and Pipeline	876831	387370
架线及设备工程建筑	Frame Line Equipment Engineering	876831	387370
节能环保工程施工	Energy-saving and Environmental Engineering	1122	
环保工程施工	Environmental Engineering Construction	1122	
其他土木工程建筑	Other Civil Engineering Buildings	81532	8196
园林绿化工程施工	Landscaping Project Construction	72306	5957
其他土木工程建筑施工	Other Civil Engineering Construction	9226	2239

Contracts Signed and Completion of Contracted Projects by Construction Enterprises

(10 000 yuan)

本年新签合同额 Value from New Contracts Signed in This Year	直接从建设单位承揽工程完成的产值 Completed Output Value of Projects Contracted Directly from Investors	自行完成施工产值 Own-completed Output Value	分包出去工程的产值 Output Value of Out-sourced Projects	从建设单位以外承揽工程完成的产值 Completed Output Value of Projects Contracted from Non-investors
3752371	**3948981**	**3796549**	**152433**	**62625**
3416586	3656664	3507918	148746	56341
3222978	3415912	3270523	145389	60352
1803708	1828453	1826789	1664	22902
224127	285634	285634		185
1195142	1301825	1158100	143725	37265
45215	46832	46832		
411856	419007	419007		1500
72323	67230	60186	7044	773
3686343	3878687	3784048	94638	62625
37481	94492	93605	887	589
19699	16181	16181		
1836973	1692243	1678029	14214	219
1399843	1314729	1314047	682	
437130	377515	363982	13532	219
65438	167855	167855		
1726753	1907915	1828379	79537	61817
1684210	1589881	1556060	33821	61817
42543	318034	272319	45716	
66028	70295	12500	57795	
66028	70295	12500	57795	
2396253	2327880	2296794	31087	54266
2317874	2259555	2229422	30133	53677
78379	68326	67372	954	589
1277021	1544352	1424797	119556	8118
430724	780194	734478	45716	636
123687	503896	458180	45716	
307037	276298	276298		636
189512	209073	209073		185
189512	209073	209073		185
92866	90756	32962	57795	
489461	400243	386013	14230	5268
489461	400243	386013	14230	5268
1122	1122	1122		
1122	1122	1122		
73336	62964	61149	1815	2029
66349	57142	55327	1815	1909
6987	5822	5822		

单位:万元 (2018)

指 标	Item	签订的合同额 Total Value of Contracts	上年结转合同额 Value from Contracts Signed in Last Year
建筑安装业	Construction Installation	52759	10400
电气安装	Electric Installation	32989	6908
其他建筑安装业	Other Construction Installation	19770	3492
其他建筑安装	Other Building Installation	19770	3492
建筑装饰、装修和其他建筑业	Construction, Decoration and Other Construction	49653	12915
建筑装饰和装修业	Construction and Decoration	49653	12915
公共建筑装饰和装修	Decoration and Decoration of Public Buildings	10432	1447
建筑幕墙装饰和装修	Decoration and Decoration of Building Curtain Walls	39222	11468
按控股情况分	**Grouped by Controlling Stake**		
国有控股	State-owned	2371845	925970
集体控股	Collective-owned	134745	28739
私人控股	Private	3785593	1651131
外商控股	Foreign	70295	4267
按企业规模分	**Grouped by Enterprises Scale**		
大型	Large-Scale	2815659	1466090
中型	Medium-Scale	2423951	824261
小型	Small-Scale	1063609	304432
微型	Miniatrue	59260	15323
按营业状况分	**Grouped by Operating Status**		
营业	Operating	6360569	2610107
停业(歇业)	Turn O(f out of business)	514	
当年注销	The Cancellation	1394	
按隶属关系分	**By affiliation**		
中央	The center	1101212	439097
地方	This place	1405378	515612
其他	In the news	3855888	1655398
按会计准则分	**Grouped by Accounting Standards**		
企业会计准则	Accounting Standards for Business Enterprises	4673554	2139169
小企业会计准则	Accounting Standards for Small Business Enterprises	880993	203421
其他企业会计制度	Others	807930	267517
按企业资质等级分	**Grouped by Qualification Criteria**		
施工总承包	General Contractors	6032073	2484387
特 级	Special Grade	216092	89294
一 级	First Grade	3393880	1697268
二 级	Second Grade	2043707	614905
三级及以下	Third Grade and Below	378395	82919
专业承包	Professional Contractors	330405	125720
一 级	First Grade	173317	97926
二 级	Second Grade	105121	16138
三级及以下	Third Grade and Below	51966	11656

continued

(10 000 yuan)

本年新签合同额 Value from New Contracts Signed in This Year	直接从建设单位承揽工程完成的产值 Completed Output Value of Projects Contracted Directly from Investors	自行完成施工产值 Own-completed Output Value	分包出去工程的产值 Output Value of Out-sourced Projects	从建设单位以外承揽工程完成的产值 Completed Output Value of Projects Contracted from Non-investors
42359	37003	35213	1789	242
26081	20052	20052		242
16278	16951	15162	1789	
16278	16951	15162	1789	
36738	39746	39745	1	
36738	39746	39745	1	
8985	9941	9940	1	
27753	29805	29805		
1445875	1418545	1416976	1569	774
106006	107251	93719	13532	34
2134462	2352891	2273354	79537	61817
66028	70295	12500	57795	
1349568	1644853	1599137	45716	
1599690	1550493	1479167	71327	13331
759176	714382	679075	35307	49095
43937	39253	39170	83	199
3750463	3947073	3794640	152433	62625
514	514	514		
1394	1394	1394		
662114	589202	589202		
889767	936594	921493	15101	808
2200490	2423185	2285854	137331	61817
2534386	2859717	2742591	117126	10494
677572	611636	580590	31046	42864
540414	477629	473368	4261	9268
3547686	3706263	3556574	149688	61675
126798	95698	95698		
1696612	1983806	1938090	45716	5804
1428802	1380674	1278599	102075	49707
295475	246085	244188	1897	6164
204685	242719	239974	2744	950
75391	120222	120222		139
88983	76265	75310	955	692
40310	46232	44442	1789	120

7—4 房屋建筑施工面积及竣工面积

单位:平方米 （2018）

指 标	Item	房屋建筑施工面积 Floor Space of Buildings Under Construction
总 计	**Total**	**15266290**
#一、二级企业	First and Second Grade	14720360
按地区分	**Grouped by County**	
市 区	City	14293874
兴庆区	Xingqing	6939060
西夏区	Xixia	2678354
金凤区	Jinfeng	4676460
永宁县	Yongning	89779
贺兰县	Helan	637578
灵武市	Lingwu	245059
按登记注册类型分	**Grouped by Status of Registration**	
内资企业	Domestic Funded	15266290
国有企业	State-owned Enterprises	259375
集体企业	Collective-owned Enterprises	125336
有限责任公司	Limited Liabilities Corporations	8520471
国有独资公司	State Sole Funded Corporations	5817576
其他有限责任公司	Other Limited Liabilities Corporations	2702895
私营企业	Share-holding Corporations Limited	6361108
私营有限责任公司	Private Limited Liabilities Corporations	6361108
按国民经济行业分(2017)	**Grouped by Sector(2017)**	
房屋建筑业	House Building	14629661
住宅房屋建筑	Residential Building	14626743
其他房屋建筑业	Other Housing Construction	2918
土木工程建筑业	Civil Engineering	636629
铁路、道路、隧道和桥梁工程建筑	Railway, Road, Tunnel and Bridge	146003
市政道路工程建筑	Municipal Works	146003
水利和水运工程建筑	Water Conservancy and Water Transportation Projects	12054
水源及供水设施工程建筑	Construction of Water Source and Supply Water Facility	12054
架线和管道工程建筑	Frame Line and Pipeline	266179
架线及设备工程建筑	Frame Line Equipment Engineering	266179
其他土木工程建筑	Other Civil Engineering Buildings	212393
园林绿化工程施工	Landscaping Project Construction	212393

Floor Space of Buildings Constructed and Completed

(sq.m)

本年新开工面积 Floor Space of New Buildings in This Year	房屋建筑竣工面积 Floor Space of Buildings Completed	住宅房屋 Residence	商业及服务用房屋 Business and Service
6814726	**5019512**	**2378047**	**501379**
6494885	4874951	2293307	456001
6433167	4635722	2173865	469683
3250548	1988972	1045153	156530
1043958	1012278	507296	3778
2138661	1634472	621416	309375
84361	44437		
126518	230376	98005	31696
170680	108977	106177	
6814726	5019512	2378047	501379
185625	166723		
125336	77580	77580	
3724925	2494585	1216877	259127
2207753	1993096	917771	231612
1517172	501489	299106	27515
2778840	2280624	1083590	242252
2778840	2280624	1083590	242252
6480564	4709784	2241097	486542
6480224	4708248	2241097	486542
340	1536		
334162	309728	136950	14837
45822	87421	58770	14837
45822	87421	58770	14837
2380	9674		
2380	9674		
253735	212633	78180	
253735	212633	78180	
32225			
32225			

7—4 续表1

单位:平方米 (2018)

指 标	Item	商厦房屋（批发和零售用房） Commercial (wholesale and retail trade)
总 计	**Total**	**359789**
#一、二级企业	First and Second Grade	338689
按地区分	**Grouped by County**	
市 区	City	356872
兴庆区	Xingqing	61151
西夏区	Xixia	3628
金凤区	Jinfeng	292093
永宁县	Yongning	
贺兰县	Helan	2917
灵武市	Lingwu	
按登记注册类型分	**Grouped by Status of Registration**	
内资企业	Domestic Funded	359789
国有企业	State-owned Enterprises	
集体企业	Collective-owned Enterprises	
有限责任公司	Limited Liabilities Corporations	238222
国有独资公司	State Sole Funded Corporations	229970
其他有限责任公司	Other Limited Liabilities Corporations	8252
私营企业	Share-holding Corporations Limited	121567
私营有限责任公司	Private Limited Liabilities Corporations	121567
按国民经济行业分(2017)	**Grouped by Sector(2017)**	
房屋建筑业	House Building	345606
住宅房屋建筑	Residential Building	345606
其他房屋建筑业	Other Housing Construction	
土木工程建筑业	Civil Engineering	14183
铁路、道路、隧道和桥梁工程建筑	Railway, Road, Tunnel and Bridge	14183
市政道路工程建筑	Municipal Works	14183
水利和水运工程建筑	Water Conservancy and Water Transportation Projects	
水源及供水设施工程建筑	Construction of Water Source and Supply Water Facility	
架线和管道工程建筑	Frame Line and Pipeline	
架线及设备工程建筑	Frame Line Equipment Engineering	
其他土木工程建筑	Other Civil Engineering Buildings	
园林绿化工程施工	Landscaping Project Construction	

continued

(sq.m)

宾馆用房屋(住宿用房) Hotel (hoteling)	餐饮用房屋(餐饮用房) Catering (catering services)	商务会展 用房屋 Commercial Exhibition	其他商业及服务用房屋 (居民服务业用房) Other Business and Service (other services)
1677	**4408**	**12269**	**123236**
1677	4150	12269	99216
1677	4408	12269	94457
1023	727	12269	81360
			150
654	3681		12947
			28779
1677	4408	12269	123236
1023	469		19413
1023	469		150
			19263
654	3939	12269	103823
654	3939	12269	103823
1023	4408	12269	123236
1023	4408	12269	123236
654			
654			
654			

7—4 续表2

单位:平方米 （2018）

指 标	Item	房屋建筑施工面积 Floor Space of Buildings Under Construction
按控股情况分	**Grouped by Controlling Stake**	
国有控股	State-owned	6076951
集体控股	Collective-owned	127636
私人控股	Private	9061703
按企业规模分	**Grouped by Enterprises Scale**	
大型	Large-Scale	4738763
中型	Medium-Scale	7700721
小型	Small-Scale	2500645
微型	Miniatrue	326161
按营业状况分	**Grouped by Operating Status**	
营业	Operating	15266290
按隶属关系分	**By affiliation**	
中央	The center	980200
地方	This place	5224387
其他	In the news	9061703
按会计准则分	**Grouped by Accounting Standards**	
企业会计准则	Accounting Standards for Business Enterprises	10235405
小企业会计准则	Accounting Standards for Small Business Enterprises	2099877
其他企业会计制度	Others	2931008
按企业资质等级分	**Grouped by Qualification Criteria**	
施工总承包	General Contractors	15253228
特 级	Special Grade	1061777
一 级	First Grade	6726332
二 级	Second Grade	6922107
三级及以下	Third Grade and Below	543012
专业承包	Professional Contractors	13062
一 级	First Grade	10144
三级及以下	Third Grade and Below	2918

continued

(sq.m)

本年新开工面积 Floor Space of New Buildings in This Year	房屋建筑竣工面积 Floor Space of Buildings Completed	住宅房屋 Residence	商业及服务用房屋 Businessand Service
2393378	2159819	917771	231612
125336	77580	77580	
4296012	2782113	1382696	269767
1930855	1874871	824793	225741
4068675	1962086	1115275	149700
655631	1104339	386079	101958
159565	78216	51900	23980
6814726	5019512	2378047	501379
252935	299984	82680	5871
2265779	1937415	912671	225741
4296012	2782113	1382696	269767
4648947	3397367	1740377	385540
939239	976383	336859	67715
1226540	645762	300811	48124
6814386	5013886	2378047	501379
372827	373667	70410	221963
3502820	2034087	996024	76317
2619238	2463107	1226873	157721
319501	143025	84740	45378
340	5626		
	4090		
340	1536		

7—4 续表3

单位:平方米 (2018)

指 标	Item	商厦房屋（批发和零售用房）Commercial（wholesale and retail trade）
按控股情况分	**Grouped by Controlling Stake**	
国有控股	State-owned	
集体控股	Collective-owned	129819
私人控股	Private	
按企业规模分	**Grouped by Enterprises Scale**	225591
大型	Large-Scale	69978
中型	Medium-Scale	64220
小型	Small-Scale	
微型	Miniatrue	
按营业状况分	**Grouped by Operating Status**	359789
营业	Operating	
按隶属关系分	**By affiliation**	4379
中央	The center	225591
地方	This place	129819
其他	In the news	
按会计准则分	**Grouped by Accounting Standards**	318386
企业会计准则	Accounting Standards for Business Enterprises	40203
小企业会计准则	Accounting Standards for Small Business Enterprises	1200
其他企业会计制度	Others	
按企业资质等级分	**Grouped by Qualification Criteria**	359789
施工总承包	General Contractors	221963
特 级	Special Grade	44635
一 级	First Grade	72091
二 级	Second Grade	21100
三级及以下	Third Grade and Below	
专业承包	Professional Contractors	
一 级	First Grade	
三级及以下	Third Grade and Below	

continued

(sq.m)

宾馆用房屋(住宿用房) Hotel (hoteling)	餐饮用房屋(餐饮用房) Catering (catering services)	商务会展用房屋 Commercial Exhibition	其他商业及服务用房屋(居民服务业用房) Other Business and Service (other services)
654	3939	12269	123086
			150
1023	4150	12269	62280
654	258		36826
			23980
1677	4408	12269	123236
1023	469		
			150
654	3939	12269	123086
1023	469	12269	53393
654	258		26600
	3681		43243
1677	4408	12269	123236
		12269	19413
1677	4150		79803
	258		24020

7—4 续表4

单位：平方米 （2018）

指 标	Item	办公用房屋 Offices	科研、教育、医疗用房屋 Scientific Research, Education and Medical
总计	**Total**	**148508**	**695426**
#一、二级企业	First and Second Grade	142650	695166
按地区分	**Grouped by County**		
市 区	City	109577	636424
兴庆区	Xingqing	44213	311891
西夏区	Xixia	28020	180750
金凤区	Jinfeng	37344	143783
永宁县	Yongning	1930	42507
贺兰县	Helan	37001	16495
灵武市	Lingwu		
按登记注册类型分	**Grouped by Status of Registration**		
内资企业	Domestic Funded	148508	695426
国有企业	State-owned Enterprises		
集体企业	Collective-owned Enterprises		
有限责任公司	Limited Liabilities Corporations	90989	407183
国有独资公司	State Sole Funded Corporations	77169	348631
其他有限责任公司	Other Limited Liabilities Corporations	13820	58552
私营企业	Share-holding Corporations Limited	57519	288243
私营有限责任公司	Private Limited Liabilities Corporations	57519	288243
按国民经济行业分（2017）	**Grouped by Sector（2017）**		
房屋建筑业	House Building	148508	681612
住宅房屋建筑	Residential Building	148508	681612
其他房屋建筑业	Other Housing Construction		
土木工程建筑业	Civil Engineering		13814
铁路、道路、隧道和桥梁工程建筑	Railway, Road, Tunnel and Bridge		13814
市政道路工程建筑	Municipal Works		13814
水利和水运工程建筑	Water Conservancy and Water Transportation Projects		
水源及供水设施工程建筑	Construction of Water Source and Supply Water Facility		
架线和管道工程建筑	Frame Line and Pipeline		
架线及设备工程建筑	Frame Line Equipment Engineering		
其他土木工程建筑	Other Civil Engineering Buildings		
园林绿化工程施工	Landscaping Project Construction		

continued

(sq.m)

科学研究用房屋 Scientific Research	教育用房屋 Education	医疗用房屋（卫生医疗用房） Medical (health and medical)	文化、体育、娱乐用房屋 Culture,Sports and Entertainment	厂房及建筑物 Workshop and Buildings	# 厂房 Workshop	仓库 Warehouse	其他未列明的房屋建筑物 Other Buildings
26765	**542958**	**125703**	**5455**	**667845**	**399651**	**7273**	**615579**
26765	542958	125443	5455	662910	396252	5083	614379
26765	483956	125703	5455	620666	372623	7273	612779
1369	231223	79299	3475	340686	264409	2190	84834
25396	109210	46144		101355	51428	5083	185996
	143523	260	1980	178625	56786		341949
	42507						
	16495			47179	27028		
							2800
26765	542958	125703	5455	667845	399651	7273	615579
				4090			162633
25396	296601	85186		435747	310207	5083	79579
25396	238049	85186		386667	261127	5083	26163
	58552			49080	49080		53416
1369	246357	40517	5455	228008	89444	2190	373367
1369	246357	40517	5455	228008	89444	2190	373367
26765	529144	125703	5455	523718	259614	7273	615579
26765	529144	125703	5455	522182	259614	7273	615579
				1536			
	13814			144127	140037		
	13814						
	13814						
				9674	9674		
				9674	9674		
				134453	130363		
				134453	130363		

7—4 续表5

单位:平方米 (2018)

指　标	Item	办公用房屋 Offices	科研、教育、医疗用房屋 Scientific Research, Education and Medical
按控股情况分	**Grouped by Controlling Stake**		
国有控股	State-owned	77169	348631
集体控股	Collective-owned		
私人控股	Private	71339	346795
按企业规模分	**Grouped by Enterprises Scale**		
大型	Large-Scale	62829	348631
中型	Medium-Scale	77326	243821
小型	Small-Scale	8353	102974
微型	Miniatrue		
按营业状况分	**Grouped by Operating Status**		
营业	Operating	148508	695426
按隶属关系分	**By affiliation**		
中央	The center	29801	
地方	This place	47368	348631
其他	In the news	71339	346795
按会计准则分	**Grouped by Accounting Standards**		
企业会计准则	Accounting Standards for Business Enterprises	114165	508663
小企业会计准则	Accounting Standards for Small Business Enterprises	2788	107649
其他企业会计制度	Others	31555	79114
按企业资质等级分	**Grouped by Qualification Criteria**		
施工总承包	General Contractors	148508	695426
特　级	Special Grade	1285	37375
一　级	First Grade	82133	380990
二　级	Second Grade	59232	276801
三级及以下	Third Grade and Below	5858	260
专业承包	Professional Contractors		
一　级	First Grade		
三级及以下	Third Grade and Below		

continued

(sq.m)

科学研究用房屋 Scientific Research	教育用房屋 Education	医疗用房屋（卫生医疗用房） Medical (health and medical)	文化、体育、娱乐用房屋 Culture,Sports and Entertainment	厂房及建筑物 Workshop and Buildings	# 厂房 Workshop	仓库 Warehouse	其他未列明的房屋建筑物 Other Buildings
25396	238049	85186		390757	261127	5083	188796
1369	304909	40517	5455	277088	138524	2190	426783
25396	238049	85186		384431	261127	5083	23363
	216742	27079	5455	102251	95551		268258
1369	88167	13438		179627	42973	2190	323158
				1536			800
26765	542958	125703	5455	667845	399651	7273	615579
				181632	157391		
25396	238049	85186		209125	103736	5083	188796
1369	304909	40517	5455	277088	138524	2190	426783
25396	370742	112525	3475	422895	293265	5083	217169
1369	95280	11000		164112	42973	2190	295070
	76936	2178	1980	80838	63413		103340
26765	542958	125703	5455	662219	399651	7273	615579
	37375			42634	42634		
25396	243329	112265	2675	421560	298256	5083	69305
1369	262254	13178	2780	194626	55362		545074
		260		3399	3399	2190	1200
				5626			
				4090			
				1536			

7—5 房屋建筑竣工价值

单位:万元 （2018）

指 标	Item	竣工房屋价值 Output Value of Buildings Completed	住宅房屋 Residence
总 计	**Total**	**802827**	**351140**
#一、二级企业	First and Second Grade	780892	336752
按地区分	**Grouped by County**		
市 区	City	744218	325756
兴庆区	Xingqing	373089	178390
西夏区	Xixia	157201	53363
金凤区	Jinfeng	213928	94003
永宁县	Yongning	12245	
贺兰县	Helan	31792	11363
灵武市	Lingwu	14572	14020
按登记注册类型分	**Grouped by Status of Registration**		
内资企业	Domestic Funded	802827	351140
国有企业	State-owned Enterprises	10881	
集体企业	Collective-owned Enterprises	12050	12050
有限责任公司	Limited Liabilities Corporations	451836	171009
国有独资公司	State Sole Funded Corporations	352708	118351
其他有限责任公司	Other Limited Liabilities Corporations	99129	52658
私营企业	Private Enterprises	328060	168081
私营有限责任公司	Private Limited Liabilities Corporations	328060	168081
按国民经济行业分(2017)	**Grouped by Sector(2017)**		
房屋建筑业	House Building	741174	325316
住宅房屋建筑	Residential Building	740931	325316
其他房屋建筑业	Other Housing Construction	243	
土木工程建筑业	Civil Engineering	61653	25823
铁路、道路、隧道和桥梁工程建筑	Railway, Road, Tunnel and Bridge	20860	13223
市政道路工程建筑	Municipal Works	20860	13223
水利和水运工程建筑	Water Conservancy and Water Transportation Projects	2280	
水源及供水设施工程建筑	Construction of Water Source and Supply Water Facility	2280	
架线和管道工程建筑	Frame Line and Pipeline	38512	12600
架线及设备工程建筑	Frame Line Equipment Engineering	38512	12600
其他土木工程建筑	Other Civil Engineering Buildings		
园林绿化工程施工	Landscaping Project Construction		

Output Value of Floor Space of Buildings Completed

(10 000 yuan)

商业及服务用房屋 Business and Service	商厦房屋（批发和零售用房） Commercial (wholesale and retail trade)	宾馆用房屋（住宿用房） Hotel (hoteling)	餐饮用房屋（餐饮用房） Catering (catering services)	商务会展用房屋 Commercial Exhibition	其他商业及服务用房屋（居民服务业用房） Other Business and Service (other services)	办公用房屋 Offices
87878	**55670**	**518**	**1376**	**2724**	**27591**	**31902**
83360	54232	518	1327	2724	24560	30810
83938	55314	518	1376	2724	24007	24571
32723	10699	300	199	2724	18801	11430
493	444				49	5891
50722	44171	218	1177		5156	7251
						293
3940	356				3584	7038
87878	55670	518	1376	2724	27591	31902
36187	27982	300	150		7754	20018
27579	27080	300	150		49	16277
8608	903				7705	3741
51691	27687	218	1226	2724	19837	11884
51691	27687	218	1226	2724	19837	11884
84104	52114	300	1376	2724	27591	31902
84104	52114	300	1376	2724	27591	31902
3774	3556	218				
3774	3556	218				
3774	3556	218				

7—5 续表1

单位:万元 (2018)

指 标	Item	竣工房屋价值 Output Value of Buildings Completed	住宅房屋 Residence
按控股情况分	**Grouped by Controlling Stake**		
国有控股	State-owned	363588	118351
集体控股	Collective-owned	12050	12050
私人控股	Private	427189	220739
按企业规模分	**Grouped by Enterprises Scale**		
大型	Large-Scale	337069	108086
中型	Medium-Scale	344292	186341
小型	Small-Scale	109399	48120
微型	Miniatrue	12066	8593
按营业状况分	**Grouped by Operating Status**		
营业	Operating	802827	351140
按隶属关系分	**By affiliation**		
中央	The center	53917	13800
地方	This place	321721	116600
其他	In the news	427189	220739
按会计准则分	**Grouped by Accounting Standards**		
企业会计准则	Accounting Standards for Business Enterprises	590146	252436
小企业会计准则	Accounting Standards for Small Business Enterprises	91466	43113
其他企业会计制度	Others	121215	55590
按企业资质等级分	**Grouped by Qualification Criteria**		
施工总承包	General Contractors	801693	351140
特 级	Special Grade	60431	12393
一 级	First Grade	398404	155584
二 级	Second Grade	321167	168775
三级及以下	Third Grade and Below	21691	14388
专业承包	Professional Contractors	1133	
一 级	First Grade	890	
三级及以下	Third Grade and Below	243	

continued

(10 000 yuan)

商业及服务用房屋 Business and Service	商厦房屋（批发和零售用房）Commercial (wholesale and retail trade)	宾馆用房屋（住宿用房）Hotel (hoteling)	餐饮用房屋（餐饮用房）Catering (catering services)	商务会展用房屋 Commercial Exhibition	其他商业及服务用房屋（居民服务业用房）Other Business and Service (other services)	办公用房屋 Offices
27579	27080	300	150		49	16277
60299	28590	218	1226	2724	27542	15626
25779	25730				49	13491
39399	18787	300	1327	2724	16261	16944
19680	11153	218	49		8260	1467
3020					3020	
87878	55670	518	1376	2724	27591	31902
1800	1350	300	150			6276
25779	25730				49	10001
60299	28590	218	1226	2724	27542	15626
62126	45953	300	150	2724	12999	23993
13492	9359	218	49		3866	570
12260	358		1177		10725	7340
87878	55670	518	1376	2724	27591	31902
25286	25286					200
19379	8901			2724	7754	18074
38695	20044	518	1327		16806	12536
4518	1438		49		3031	1093

7—5 续表2

单位:万元 (2018)

指 标	Item	科研、教育、医疗用房屋 Scientific Research, Education and Medical	科学研究用房屋 Scientific Research
总 计	**Total**	**163737**	**5356**
#一、二级企业	First and Second Grade	163665	5356
按地区分	**Grouped by County**		
市 区	City	148464	5356
兴庆区	Xingqing	78720	273
西夏区	Xixia	50322	5083
金凤区	Jinfeng	19421	
永宁县	Yongning	11952	
贺兰县	Helan	3322	
灵武市	Lingwu		
按登记注册类型分	**Grouped by Status of Registration**		
内资企业	Domestic Funded	163737	5356
国有企业	State-owned Enterprises		
集体企业	Collective-owned Enterprises		
有限责任公司	Limited Liabilities Corporations	109911	5083
国有独资公司	State Sole Funded Corporations	95010	5083
其他有限责任公司	Other Limited Liabilities Corporations	14902	
私营企业	Private Enterprises	53826	273
私营有限责任公司	Private Limited Liabilities Corporations	53826	273
按国民经济行业分(2017)	**Grouped by Sector(2017)**		
房屋建筑业	House Building	159874	5356
住宅房屋建筑	Residential Building	159874	5356
其他房屋建筑业	Other Housing Construction		
土木工程建筑业	Civil Engineering	3863	
铁路、道路、隧道和桥梁工程建筑	Railway,Road,Tunnel and Bridge	3863	
市政道路工程建筑	Municipal Works	3863	
水利和水运工程建筑	Water Conservancy and Water Transportation Projects		
水源及供水设施工程建筑	Construction of Water Source and Supply Water Facility		
架线和管道工程建筑	Frame Line and Pipeline		
架线及设备工程建筑	Frame Line Equipment Engineering		
其他土木工程建筑	Other Civil Engineering Buildings		
园林绿化工程施工	Landscaping Project Construction		

continued

(10 000 yuan)

教育用房屋 Education	医疗用房屋（卫生医疗用房） Medical (health and medical)	文化、体育、娱乐用房屋 Culture,Sports and Entertainment	厂房及建筑物 Workshop and Buildings	#厂房 Workshop	仓库 Warehouse	其他未列明的房屋建筑物 Other Buildings
126125	**32256**	**1106**	**112712**	**74668**	**1561**	**52791**
126125	32184	1106	111580	73779	1155	52466
110852	32256	1106	106583	71160	1561	52240
58395	20052	631	55588	41010	407	15201
33108	12132		29067	13395	1155	16911
19349	72	475	21928	16755		20128
11952						
3322			6129	3508		
						552
126125	32256	1106	112712	74668	1561	52791
			890			9990
84214	20614		95218	66807	1155	18339
69312	20614		86875	58464	1155	7462
14902			8344	8344		10876
41911	11642	1106	16603	7861	407	24462
41911	11642	1106	16603	7861	407	24462
122262	32256	1106	84520	47366	1561	52791
122262	32256	1106	84277	47366	1561	52791
			243			
3863			28192	27302		
3863						
3863						
			2280	2280		
			2280	2280		
			25912	25022		
			25912	25022		

7—5 续表3

单位:万元 （2018）

指 标	Item	科研、教育、医疗用房屋 Scientific Research, Education and Medical	科学研究用房屋 Scientific Research
按控股情况分	**Grouped by Controlling Stake**		
国有控股	State-owned	95010	5083
集体控股	Collective-owned		
私人控股	Private	68727	273
按企业规模分	**Grouped by Enterprises Scale**		
大型	Large-Scale	95010	5083
中型	Medium-Scale	56215	
小型	Small-Scale	12513	273
微型	Miniatrue		
按营业状况分	**Grouped by Operating Status**		
营业	Operating	163737	5356
按隶属关系分	**By affiliation**		
中央	The center		
地方	This place	95010	5083
其他	In the news	68727	273
按会计准则分	**Grouped by Accounting Standards**		
企业会计准则	Accounting Standards for Business Enterprises	136700	5083
小企业会计准则	Accounting Standards for Small Business Enterprises	14017	273
其他企业会计制度	Others	13021	
按企业资质等级分	**Grouped by Qualification Criteria**		
施工总承包	General Contractors	163737	5356
特 级	Special Grade	8293	
一 级	First Grade	104897	5083
二 级	Second Grade	50475	273
三级及以下	Third Grade and Below	72	
专业承包	Professional Contractors		
一 级	First Grade		
三级及以下	Third Grade and Below		

continued

(10 000 yuan)

教育用房屋 Education	医疗用房屋（卫生医疗用房） Medical (health and medical)	文化、体育、娱乐用房屋 Culture,Sports and Entertainment	厂房及建筑物 Workshop and Buildings	# 厂房 Workshop	仓库 Warehouse	其他未列明的房屋建筑物 Other Buildings
69312	20614		87765	58464	1155	17453
56812	11642	1106	24947	16204	407	35339
69312	20614		86630	58464	1155	6920
48534	7681	1106	13975	12750		30312
8278	3961		11864	3454	407	15349
			243			210
126125	32256	1106	112712	74668	1561	52791
			32041	28530		
69312	20614		55724	29934	1155	17453
56812	11642	1106	24947	16204	407	35339
103250	28367	631	89544	60243	1155	23562
10444	3300		8625	3454	407	11243
12431	589	475	14543	10971		17986
126125	32256	1106	111579	74668	1561	52791
8293			14259	14259		
71519	28295	392	82220	54054	1155	16704
46313	3889	713	14210	5466		35763
	72		889	889	407	325
			1133			
			890			
			243			

7—6 建筑业企业自有施工机械设备及劳动人员情况

(2018)

指标	Item	年末自有施工机械设备净值(万元) Net Value of Machinery and Equipment Owned at Year-end (10 000 yuan)
总 计	**Total**	**41071**
#一、二级企业	First and Second Grade	36208
按地区分	**Grouped by County**	
市 区	City	32767
兴庆区	Xingqing	16101
西夏区	Xixia	827
金凤区	Jinfeng	15839
永宁县	Yongning	43
贺兰县	Helan	5659
灵武市	Lingwu	2602
按登记注册类型分	**Grouped by Status of Registration**	
内资企业	Domestic Funded	41071
国有企业	State-owned Enterprises	3551
集体企业	Collective-owned Enterprises	
有限责任公司	Limited Liabilities Corporations	10665
国有独资公司	State Sole Funded Corporations	4276
其他有限责任公司	Other Limited Liabilities Corporations	6388
股份有限公司	Share-holding Corporations Limited	
私营企业	Private Enterprises	26855
私营有限责任公司	Private Limited Liabilities Corporations	22371
私营股份有限公司	Private Share-holding Corporations Ltd.	4484
外商投资企业	Foreign Funded	
中外合资经营企业	Domestic and Foreign Joint Funded Enterprises	
按国民经济行业分(2017)	**Grouped by Sector(2017)**	
房屋建筑业	House Building	19719
住宅房屋建筑	Residential Building	17900
其他房屋建筑业	Other Housing construction	1820
土木工程建筑业	Civil Engineering	20699
铁路、道路、隧道和桥梁工程建筑	Railway, Road, Tunnel and Bridge	11060
公路工程建筑	Road	5227
市政道路工程建筑	Municipal Works	5833
水利和水运工程建筑	Water Conservancy and Water Transportation Projects	2466
水源及供水设施工程建筑	Construction of Water Source and Supply Water Facility	2466
工矿工程建筑	Mining	1174
架线和管道工程建筑	Frame Line and Pipeline	5122
架线及设备工程建筑	Frame Line Equipment Engineering	5122
节能环保工程施工	Energy-saving and Environmental Engineering	
环保工程施工	Environmental Engineering Construction	
其他土木工程建筑	Other Civil Engineering Buildings	877
园林绿化工程施工	Landscaping Project Construction	849
其他土木工程建筑施工	Other Civil Engineering Construction	28

Machinery and Equipment Owned and Employed Persons by Construction Enterprises

年末自有施工机械设备总台数(台) Number of Machinery and Equipment Owned (set)	年末自有施工机械设备总功率(千瓦) Total Power of Machinery and Equipment Owned (kw)	从事建筑业活动的平均人数(人) Average Number of People Engaged in the Construction Industry (person)	期末从业人员数(人) Number of Employed Persons at Year-end (person)	工程技术人员(人) Engineering Persons (person)	现场施工人员(人) Site Construction Persons (person)
10800	**235784**	**150805**	**65101**	**14221**	**18432**
9818	213313	135124	57891	12256	16990
7226	192379	130619	55016	12563	16816
4524	114293	64379	29638	6559	9493
596	11738	10927	8081	1271	2557
2106	66348	55313	17297	4733	4766
26	90	1383	366	191	115
3140	33756	16118	7529	942	961
408	9559	2685	2190	525	540
10800	235784	150276	64571	14127	18077
284	9426	2637	1695	388	653
		413	280	153	
3607	85017	55438	26236	4900	9038
1785	40804	42540	20816	3162	7744
1822	44213	12898	5420	1738	1294
		1565	1735	186	
6909	141341	90223	34625	8500	8386
6765	131359	80807	33839	8129	8122
144	9982	9416	786	371	264
		529	530	94	355
		529	530	94	355
7535	138690	100757	42040	8453	9389
7342	136025	99008	40514	8046	9314
193	2665	1749	1526	407	75
2824	91373	45714	20827	4993	8428
815	48283	22876	6168	1629	1113
190	14251	12509	2834	585	269
625	34032	10367	3334	1044	844
287	10724	6872	2116	849	376
287	10724	6872	2116	849	376
341	3544	1420	1320	258	848
1182	25621	11395	9630	1638	5722
1182	25621	11395	9630	1638	5722
		96	82	25	46
		96	82	25	46
199	3201	3055	1511	594	323
29	986	2652	1202	522	268
170	2215	403	309	72	55

7—6 续表1

(2018)

指标	Item	年末自有施工机械设备净值(万元) Net Value of Machinery and Equipment Owned at Year-end (10 000 yuan)
建筑安装业	Construction Installation	116
电气安装	Electric Installation	110
其他建筑安装业	Other Construction Installation	6
其他建筑安装	Other Building Installation	6
建筑装饰、装修和其他建筑业	Construction, Decoration and Other Construction	536
建筑装饰和装修业	Construction and Decoration	536
公共建筑装饰和装修	Decoration and Decoration of Public Buildings	304
建筑幕墙装饰和装修	Decoration and Decoration of Building Curtain Walls	232
按控股情况分	**Grouped by Controlling Stake**	
国有控股	State-owned	7973
集体控股	Collective-owned	1709
私人控股	Private	31389
外商控股	Foreign	
按企业规模分	**Grouped by Enterprises Scale**	
大型	Large-Scale	8100
中型	Medium-Scale	15939
小型	Small-Scale	15686
微型	Miniatrue	1347
按营业状况分	**Grouped by Operating Status**	
营业	Operating	40958
停业(歇业)	Turn O(f out of business)	105
当年注销	The Cancellation	8
按隶属关系分	**By affiliation**	
中央	The center	6458
地方	This place	3224
其他	In the news	31389
按会计准则分	**Grouped by Accounting Standards**	
企业会计准则	Accounting Standards for Business Enterprises	24456
小企业会计准则	Accounting Standards for Small Business Enterprises	7463
其他企业会计制度	Others	9152
按企业资质等级分	**Grouped by Qualification Criteria**	
施工总承包	General Contractors	35421
特　级	Special Grade	
一　级	First Grade	10317
二　级	Second Grade	21427
三级及以下	Third Grade and Below	3677
专业承包	Professional Contractors	5650
一　级	First Grade	2450
二　级	Second Grade	2014
三级及以下	Third Grade and Below	1186

continued

年末自有施工机械设备总台数(台) Number of Machinery and Equipment Owned (set)	年末自有施工机械设备总功率(千瓦) Total Power of Machinery and Equipment Owned (kw)	从事建筑业活动的平均人数(人) Average Number of People Engaged in the Construction Industry (person)	期末从业人员数(人) Number of Employed Persons at Year-end (person)	工程技术人员(人) Engineering Persons (person)	现场施工人员(人) Site Construction Persons (person)
98	347	1811	1177	459	150
66	198	1021	759	300	100
32	149	790	418	159	50
32	149	790	418	159	50
343	5374	2523	1057	316	465
343	5374	2523	1057	316	465
85	530	672	368	146	85
258	4844	1851	689	170	380
2098	50450	45738	22717	3611	8452
316	10519	2603	1861	786	700
8386	174815	101935	39993	9730	8925
		529	530	94	355
1469	44900	48693	20478	3076	7453
3763	106123	53245	23836	5920	6215
4918	75602	46156	19443	4758	4576
650	9159	2711	1344	467	188
10794	235460	150683	65036	14202	18432
2	175	66	60	18	
4	149	56	5	1	
1793	46352	17600	11154	1036	5028
621	14617	30741	13424	3361	4124
8386	174815	102464	40523	9824	9280
6804	143352	94229	44039	8739	12821
1074	24310	35832	11999	3111	3379
2922	68122	20744	9063	2371	2232
9757	214297	141846	59059	12470	16817
		3193	564	466	78
3018	75429	61219	25316	4554	9273
5861	117436	63801	27114	5783	6309
878	21432	13633	6065	1667	1157
1043	21487	8959	6042	1751	1615
291	8389	2423	2021	508	964
648	12059	4488	2876	945	366
104	1039	2048	1145	298	285

7—7 建筑业企业财务状况

单位:万元 (2018)

指 标	Item	年初存货 Stock
总计	**Total**	**526896**
#一、二级企业	First and Second Grade	493973
按地区分	**Grouped by County**	
市 区	City	428782
兴庆区	Xingqing	215030
西夏区	Xixia	48358
金凤区	Jinfeng	165395
永宁县	Yongning	647
贺兰县	Helan	64144
灵武市	Lingwu	33322
按登记注册类型分	**Grouped by Status of Registration**	
内资企业	Domestic Funded	526395
国有企业	State-owned Enterprises	6256
集体企业	Collective-owned Enterprises	1506
有限责任公司	Limited Liabilities Corporations	239811
国有独资公司	State Sole Funded Corporations	113908
其他有限责任公司	Other Limited Liabilities Corporations	125903
股份有限公司	Share-holding Corporations Limited	42458
私营企业	Private Enterprises	236366
私营有限责任公司	Private Limited Liabilities Corporations	199220
私营股份有限公司	Private Share-holding Corporations Ltd.	37146
外商投资企业	Foreign Funded	501
中外合资经营企业	Domestic and Foreign Joint Funded Enterprises	501
按国民经济行业分(2017)	**Grouped by Sector(2017)**	
房屋建筑业	House Building	311360
住宅房屋建筑	Residential Building	301614
其他房屋建筑业	Other Housing construction	9746
土木工程建筑业	Civil Engineering	197202
铁路、道路、隧道和桥梁工程建筑	Railway, Road, Tunnel and Bridge	116793
公路工程建筑	Road	77280
市政道路工程建筑	Municipal Works	39514
水利和水运工程建筑	Water Conservancy and Water Transportation Projects	16594
水源及供水设施工程建筑	Construction of Water Source and Supply Water Facility	16594
工矿工程建筑	Mining	620
架线和管道工程建筑	Frame Line and Pipeline	57318
架线及设备工程建筑	Frame Line Equipment Engineering	57318
节能环保工程施工	Energy-saving and Environmental Engineering	1207
环保工程施工	Environmental Engineering Construction	1207
其他土木工程建筑	Other Civil Engineering Buildings	4670
园林绿化工程施工	Landscaping Project Construction	3866
其他土木工程建筑施工	Other Civil Engineering Construction	804

Financial Indicators on Construction Enterprises

(10 000 yuan)

资产总计 Total Funds	流动资产合计 Total Circulating Funds	货币资金 Monetary capital	应收工程款 Projects Receivable	存货 Stock	可供出售金融资产 Available for sale financial assets	持有至到期投资 Hold to maturity investment
5126232	**4563265**	**302181**	**2087250**	**525904**	**4370**	**230**
4752302	4234407	277694	1937111	490048	4370	230
4292379	3792446	285343	1660399	419497	4370	230
2029913	1835981	126737	754685	259885	3759	
474886	458846	17437	250074	11991	210	210
1787580	1497619	141169	655640	147622	400	20
212199	211014	1466	158188	762		
455244	407601	5311	209549	67908		
166411	152204	10060	59114	37738		
4943667	4403251	301707	1961018	520055	4370	230
171099	147016	9452	120496	7354		
26079	20091	315				
2079857	1922968	92797	788844	220357	4159	20
1228198	1124246	54202	392004	128651	4159	20
851659	798721	38595	396839	91706		
164740	147831	28851	51508	49352		
2501892	2165346	170293	1000170	242992	210	210
2116607	1905908	79434	923858	217044	210	210
385285	259438	90858	76312	25948		
182565	160014	474	126232	5850		
182565	160014	474	126232	5850		
3153440	2927952	73108	1332042	304893	710	230
3047540	2857207	67639	1292293	292881	710	230
105900	70745	5469	39749	12012		
1818897	1501979	219491	694238	203594	3659	
950328	782709	137286	319661	125247	28	
582712	439487	121897	156819	73710		
367617	343222	15389	162842	51537	28	
183127	167533	22917	56850	36129		
183127	167533	22917	56850	36129		
197708	172285	2213	131430	7141		
433964	336567	55056	165820	27954	3631	
433964	336567	55056	165820	27954	3631	
8025	3620	209	1296	768		
8025	3620	209	1296	768		
45744	39266	1810	19182	6355		
31443	27218	1623	9620	5582		
14301	12047	187	9562	772		

7—7 续表1

单位:万元 (2018)

指 标	Item	长期股权投资 Long-term equity investment
总计	**Total**	**146928**
#一、二级企业	First and Second Grade	146508
按地区分	**Grouped by County**	
市 区	City	141605
兴庆区	Xingqing	25730
西夏区	Xixia	2734
金凤区	Jinfeng	113142
永宁县	Yongning	219
贺兰县	Helan	2917
灵武市	Lingwu	2187
按登记注册类型分	**Grouped by Status of Registration**	
内资企业	Domestic Funded	145928
国有企业	State-owned Enterprises	120
集体企业	Collective-owned Enterprises	
有限责任公司	Limited Liabilities Corporations	15222
国有独资公司	State Sole Funded Corporations	2938
其他有限责任公司	Other Limited Liabilities Corporations	12284
股份有限公司	Share-holding Corporations Limited	9010
私营企业	Private Enterprises	121576
私营有限责任公司	Private Limited Liabilities Corporations	40071
私营股份有限公司	Private Share-holding Corporations Ltd.	81505
外商投资企业	Foreign Funded	1000
中外合资经营企业	Domestic and Foreign Joint Funded Enterprises	1000
按国民经济行业分(2017)	**Grouped by Sector(2017)**	
房屋建筑业	House Building	37111
住宅房屋建筑	Residential Building	34052
其他房屋建筑业	Other Housing construction	3059
土木工程建筑业	Civil Engineering	109455
铁路、道路、隧道和桥梁工程建筑	Railway,Road,Tunnel and Bridge	98780
公路工程建筑	Road	92732
市政道路工程建筑	Municipal Works	6048
水利和水运工程建筑	Water Conservancy and Water Transportation Projects	420
水源及供水设施工程建筑	Construction of Water Source and Supply Water Facility	420
工矿工程建筑	Mining	1000
架线和管道工程建筑	Frame Line and Pipeline	8346
架线及设备工程建筑	Frame Line Equipment Engineering	8346
节能环保工程施工	Energy-saving and Environmental Engineering	
环保工程施工	Environmental Engineering Construction	
其他土木工程建筑	Other Civil Engineering Buildings	909
园林绿化工程施工	Landscaping Project Construction	710
其他土木工程建筑施工	Other Civil Engineering Construction	199

continued

（10 000 yuan）

固定资产减值准备 Impairment of Fixed Assets	固定资产原价 Original Value of Fixed Assets				电子设备 Electronic equipment
		房屋和购筑物 Houses and Buildings	机器设备 Machinery and Equipment	运输工具 The Means of Transport	
1675	**475912**	**152919**	**142755**	**29806**	**6738**
1674	435082	148044	129918	23890	6114
1675	416848	132856	118624	27009	6128
1617	193803	42856	47560	7204	3070
	15419	4953	6033	1102	295
58	207626	85048	65032	18703	2763
	1546				167
	44578	17525	21858	1630	219
	12941	2538	2273	1166	225
1675	437591	151278	110398	26381	5839
	30560	3493	1656	893	1003
	692				
1674	185563	76135	52697	9343	2433
1674	124531	58282	41863	3515	1496
	61031	17854	10834	5829	937
	759	172	457	54	76
1	220017	71478	55588	16091	2327
1	174668	29561	54360	14197	2164
	45349	41917	1228	1895	163
	38322	1641	32356	3424	900
	38322	1641	32356	3424	900
57	219776	74053	59449	9763	2459
	178343	57095	47293	8092	1644
57	41433	16958	12157	1671	814
1618	235476	73091	80219	18128	3798
0	84989	43618	16053	4868	725
	50988	39554	7319	2596	118
0	34001	4064	8734	2272	607
151	23956	2195	5952	2633	196
151	23956	2195	5952	2633	196
	45476	3037	33697	3440	908
1467	76626	23166	22580	6478	1706
1467	76626	23166	22580	6478	1706
	1066		812	170	39
	1066		812	170	39
	3363	1074	1125	540	223
	1853	327	918	432	43
	1510	747	207	107	180

7—7 续表2

单位:万元 （2018）

指 标	Item	年初存货 Stock
建筑安装业	Construction Installation	10116
电气安装	Electric Installation	5059
其他建筑安装业	Other Construction Installation	5056
其他建筑安装	Other Building Installation	5056
建筑装饰、装修和其他建筑业	Construction, Decoration and Other Construction	8219
建筑装饰和装修业	Construction and Decoration	8219
公共建筑装饰和装修	Decoration and Decoration of Public Buildings	1202
建筑幕墙装饰和装修	Decoration and Decoration of Building Curtain Walls	7017
按控股情况分	**Grouped by Controlling Stake**	
国有控股	State-owned	121613
集体控股	Collective-owned	34283
私人控股	Private	370500
外商控股	Foreign	501
按企业规模分	**Grouped by Enterprises Scale**	
大型	Large-Scale	179479
中型	Medium-Scale	169580
小型	Small-Scale	166485
微型	Miniatrue	11351
按营业状况分	**Grouped by Operating Status**	
营业	Operating	526512
停业(歇业)	Turn O(f out of business)	37
当年注销	The Cancellation	348
按隶属关系分	**By affiliation**	
中央	The center	60621
地方	This place	95275
其他	In the news	371000
按会计准则分	**Grouped by Accounting Standards**	
企业会计准则	Accounting Standards for Business Enterprises	46447
小企业会计准则	Accounting Standards for Small Business Enterprises	389832
其他企业会计制度	Others	90617
按企业资质等级分	**Grouped by Qualification Criteria**	
施工总承包	General Contractors	488318
特 级	Special Grade	7373
一 级	First Grade	212735
二 级	Second Grade	243273
三级及以下	Third Grade and Below	24937
专业承包	Professional Contractors	38578
一 级	First Grade	5812
二 级	Second Grade	24780
三级及以下	Third Grade and Below	7986

continued

(10 000 yuan)

资产总计 Total Funds	流动资产合计 Total Circulating Funds	货币资金 Monetary capital	应收工程款 Projects Receivable	存货 Stock	可供出售金融资产 Available for sale financial assets	持有至到期投资 Hold to maturity investment
64771	55652	7146	31314	7493		
40221	33457	5358	18292	3856		
24549	22195	1788	13022	3638		
24549	22195	1788	13022	3638		
89125	77682	2436	29656	9924		
89125	77682	2436	29656	9924		
20850	17846	745	8597	1883		
68276	59836	1691	21059	8042		
1412652	1283600	65270	518842	138597	4159	20
117700	98329	25917	41241	4289		
3413316	3021323	210521	1400935	377169	210	210
182565	160014	474	126232	5850		
1589172	1381831	163529	460298	184397	4131	20
2269608	2088074	81557	1218618	191995	239	210
1165051	1003600	52298	372789	143573		
102401	89760	4797	35545	5939		
5122465	4559542	301830	2085285	525289	4370	230
2263	2228	161	1370	11		
1505	1494	190	594	605		
517113	440647	20332	223667	65402	3631	
1013239	941281	70854	336415	77484	528	20
3595881	3181337	210995	1527167	383019	210	210
568648	522518	31539	227895	67661		
3490237	3057433	236779	1357472	386411	4159	20
1067348	983314	33863	501882	71832	210	210
4717441	4258547	273947	1924119	490289	4370	230
142533	139167	1869	34576	6417	400	20
2011581	1771028	176017	689968	221036	3731	
2263814	2080777	78757	1084253	232483	239	210
299514	267574	17305	115322	30353		
408792	304718	28234	163130	35615		
148058	116682	9050	66006	6733		
186318	126753	12002	62307	23379		
74416	61284	7182	34816	5503		

7—7 续表3

单位:万元 (2018)

指 标	Item	长期股权投资 Long-term equity investment
建筑安装业	Construction Installation	261
电气安装	Electric Installation	261
其他建筑安装业	Other Construction Installation	
其他建筑安装	Other Building Installation	
建筑装饰、装修和其他建筑业	Construction, Decoration and Other Construction	101
建筑装饰和装修业	Construction and Decoration	101
公共建筑装饰和装修	Decoration and Decoration of Public Buildings	
建筑幕墙装饰和装修	Decoration and Decoration of Building Curtain Walls	101
按控股情况分	**Grouped by Controlling Stake**	
国有控股	State-owned	3078
集体控股	Collective-owned	3788
私人控股	Private	139062
外商控股	Foreign	1000
按企业规模分	**Grouped by Enterprises Scale**	
大型	Large-Scale	89340
中型	Medium-Scale	46670
小型	Small-Scale	9176
微型	Miniatrue	1741
按营业状况分	**Grouped by Operating Status**	
营业	Operating	146928
停业(歇业)	Turn O(f out of business)	
当年注销	The Cancellation	
按隶属关系分	**By affiliation**	
中央	The center	19
地方	This place	6847
其他	In the news	140062
按会计准则分	**Grouped by Accounting Standards**	
企业会计准则	Accounting Standards for Business Enterprises	3079
小企业会计准则	Accounting Standards for Small Business Enterprises	131691
其他企业会计制度	Others	12157
按企业资质等级分	**Grouped by Qualification Criteria**	
施工总承包	General Contractors	143307
特 级	Special Grade	459
一 级	First Grade	100632
二 级	Second Grade	41796
三级及以下	Third Grade and Below	420
专业承包	Professional Contractors	3620
一 级	First Grade	1107
二 级	Second Grade	2513
三级及以下	Third Grade and Below	

continued

(10 000 yuan)

固定资产减值准备 Impairment of Fixed Assets	固定资产原价 Original Value of Fixed Assets	房屋和购筑物 Houses and Buildings	机器设备 Machinery and Equipment	运输工具 The Means of Transport	电子设备 Electronic equipment
	10517	3218	440	961	346
	7505	2795	420	880	274
	3011	423	20	81	72
	3011	423	20	81	72
	10144	2558	2646	954	136
	10144	2558	2646	954	136
	2072	170	668	224	100
	8072	2388	1978	729	37
1674	157515	62339	44003	4823	2538
	16398	8857	3121	3422	263
1	263677	80082	63274	18137	3038
	38322	1641	32356	3424	900
1617	129550	75604	35204	3011	522
	173676	38162	49288	11325	3477
58	160403	37657	54493	14878	2602
0	12284	1496	3769	591	137
1675	475387	152919	142755	29806	6738
	494				
	32				
1466	86229	34061	31628	1331	1243
208	87684	37135	15497	6913	1558
1	301999	81723	95630	21561	3938
1	44193	5926	13089	4646	568
1674	334211	127990	101342	20483	5296
	97508	19003	28324	4677	874
1618	379929	125226	121163	23990	3973
	4601	1085	1868	93	23
1617	165139	90253	39046	4795	1358
	178234	29701	70577	14297	2197
1	31955	4186	9672	4805	395
57	95983	27693	21592	5815	2765
	28611	3468	3007	1648	1092
57	58497	23537	15420	3057	1444
	8875	689	3165	1111	230

7—7 续表4

单位:万元　　　　　　　　　　　　　　　　　　　　　　　　　　　　　　　(2018)

指　标	Item	累计折旧 Accumulated Depreciation
总计	**Total**	**232245**
#一、二级企业	First and Second Grade	210802
按地区分	**Grouped by County**	
市　区	City	204901
兴庆区	Xingqing	109341
西夏区	Xixia	10054
金凤区	Jinfeng	85506
永宁县	Yongning	715
贺兰县	Helan	19321
灵武市	Lingwu	7308
按登记注册类型分	**Grouped by Status of Registration**	
内资企业	Domestic Funded	213124
国有企业	State-owned Enterprises	17498
集体企业	Collective-owned Enterprises	295
有限责任公司	Limited Liabilities Corporations	100380
国有独资公司	State Sole Funded Corporations	63588
其他有限责任公司	Other Limited Liabilities Corporations	36793
股份有限公司	Share-holding Corporations Limited	417
私营企业	Private Enterprises	94534
私营有限责任公司	Private Limited Liabilities Corporations	84538
私营股份有限公司	Private Share-holding Corporations Ltd.	9997
外商投资企业	Foreign Funded	19121
中外合资经营企业	Domestic and Foreign Joint Funded Enterprises	19121
按国民经济行业分(2017)	**Grouped by Sector(2017)**	
房屋建筑业	House Building	106698
住宅房屋建筑	Residential Building	88838
其他房屋建筑业	Other Housing construction	17860
土木工程建筑业	Civil Engineering	114798
铁路、道路、隧道和桥梁工程建筑	Railway,Road,Tunnel and Bridge	30270
公路工程建筑	Road	13699
市政道路工程建筑	Municipal Works	16570
水利和水运工程建筑	Water Conservancy and Water Transportation Projects	15396
水源及供水设施工程建筑	Construction of Water Source and Supply Water Facility	15396
工矿工程建筑	Mining	23755
架线和管道工程建筑	Frame Line and Pipeline	43788
架线及设备工程建筑	Frame Line Equipment Engineering	43788
节能环保工程施工	Energy-saving and Environmental Engineering	742
环保工程施工	Environmental Engineering Construction	742
其他土木工程建筑	Other Civil Engineering Buildings	847
园林绿化工程施工	Landscaping Project Construction	355
其他土木工程建筑施工	Other Civil Engineering Construction	492

continued

(10 000 yuan)

本年折旧 Depreciation This Year	固定资产净值 Net value of fixed assets	在建工程 Construction in Process	无形资产 Intangible Asset			负债合计 Total Liabilities
				土地使用权 Land tenure	软件使用权 Software Rights	
22609	**243556**	**32168**	**25939**	**17899**	**749**	**3672099**
18878	224251	30639	25710	17747	689	3470881
19530	211835	30813	22257	14741	651	3038170
9859	84458	18761	11342	6512	196	1422026
838	5364	2303	2250	2044	205	400873
8832	122013	9749	8665	6186	250	1215272
112	831					195550
2279	25257	1355	3289	3146	64	334045
690	5632		393	11	34	104335
22609	224356	32168	25209	17899	749	3506632
1667	13062	9360	609		0	111897
	398		325			19525
7831	85183	8096	16173	11828	523	1666611
4598	60944	3238	15097	10982	379	1024459
3233	24239	4858	1077	846	144	642152
48	342		17		17	100124
13064	125371	14712	8085	6070	209	1608475
10704	90019	10796	3075	1132	138	1335376
2360	35352	3916	5010	4939	72	273098
	19200		729			165468
	19200		729			165468
10066	113073	11900	8193	6509	354	2399112
7616	89501	6806	5915	4507	321	2339754
2451	23573	5095	2277	2003	34	59358
11098	120596	16831	16408	10204	387	1184545
4538	54637	1630	4356	4007	88	601378
2234	37289	1613	4073	4007	67	400299
2304	17348	17	283		21	201079
789	8560	97	3062	64	2	118049
789	8560	97	3062	64	2	118049
343	21720		729			171347
5019	32838	12250	8015	5901	284	264823
5019	32838	12250	8015	5901	284	264823
42	324	2731	232	232		4540
42	324	2731	232	232		4540
367	2516	123	14	1	12	24408
142	1498		5	1	3	16064
225	1018	123	9		9	8344

7—7 续表5

单位:万元　　　　(2018)

指 标	Item	流动负债合计 Total Liquid Liabilities
总计	**Total**	**3453485**
#一、二级企业	First and Second Grade	3260813
按地区分	**Grouped by County**	
市 区	City	2831202
兴庆区	Xingqing	1251295
西夏区	Xixia	400493
金凤区	Jinfeng	1179414
永宁县	Yongning	187127
贺兰县	Helan	333921
灵武市	Lingwu	101235
按登记注册类型分	**Grouped by Status of Registration**	
内资企业	Domestic Funded	3304683
国有企业	State-owned Enterprises	109684
集体企业	Collective-owned Enterprises	19525
有限责任公司	Limited Liabilities Corporations	1603522
国有独资公司	State Sole Funded Corporations	1011808
其他有限责任公司	Other Limited Liabilities Corporations	591714
股份有限公司	Share-holding Corporations Limited	9701
私营企业	Private Enterprises	1562252
私营有限责任公司	Private Limited Liabilities Corporations	1289464
私营股份有限公司	Private Share-holding Corporations Ltd.	272788
外商投资企业	Foreign Funded	148802
中外合资经营企业	Domestic and Foreign Joint Funded Enterprises	148802
按国民经济行业分(2017)	**Grouped by Sector(2017)**	
房屋建筑业	House Building	2324513
住宅房屋建筑	Residential Building	2265016
其他房屋建筑业	Other Housing construction	59496
土木工程建筑业	Civil Engineering	1043459
铁路、道路、隧道和桥梁工程建筑	Railway,Road,Tunnel and Bridge	502753
公路工程建筑	Road	309875
市政道路工程建筑	Municipal Works	192878
水利和水运工程建筑	Water Conservancy and Water Transportation Projects	114336
水源及供水设施工程建筑	Construction of Water Source and Supply Water Facility	114336
工矿工程建筑	Mining	154681
架线和管道工程建筑	Frame Line and Pipeline	245879
架线及设备工程建筑	Frame Line Equipment Engineering	245879
节能环保工程施工	Energy-saving and Environmental Engineering	1444
环保工程施工	Environmental Engineering Construction	1444
其他土木工程建筑	Other Civil Engineering Buildings	24365
园林绿化工程施工	Landscaping Project Construction	16027
其他土木工程建筑施工	Other Civil Engineering Construction	8338

continued

（10 000 yuan）

		所有者权益合计 Owners' Equity			
应付账款 Accounts Payable	非流动负债合计 Total Non-Liquid Liabilities		实收资本 Paid-in Capitals	国家资本 State-owned Capitals	集体资本 Collective owned Capitals
1454738	**66364**	**1458788**	**1104988**	**136792**	**46422**
1360063	62514	1286076	958466	131381	45322
1293056	63981	1258863	968458	104452	41918
560423	34782	612542	465642	46639	23430
184844	166	74014	47998	12324	2041
547790	29033	572308	454818	45489	16447
1069		16649	16281	620	
121286	123	121199	78734	31033	
39327	2260	62076	41515	687	4503
1395332	49699	1441690	1074988	136792	46422
34514	2213	59202	20406	16938	2041
		6554	2503		2503
599388	22302	413246	307639	119854	18147
413107	12067	203739	142813	118799	
186281	10236	209507	164826	1055	18147
2559		64616	41030		23430
758870	25183	898073	703410		300
635947	24873	785885	668103		300
122923	310	112187	35308		
59406	16665	17098	30000		
59406	16665	17098	30000		
900327	21680	758982	620522	107783	5645
866683	21818	712440	593976	91883	5645
33644	-138	46542	26546	15901	
526211	42802	634352	428678	29009	40777
248516	8201	348950	191868	2200	23430
130637		182413	74543	200	23430
117880	8201	166538	117324	2000	
66150	3204	65079	48095	11462	
66150	3204	65079	48095	11462	
62615	16665	26361	39246	3643	
138099	11598	169141	121981	11703	17247
138099	11598	169141	121981	11703	17247
266	3096	3486	3605		
266	3096	3486	3605		
10564	38	21336	23884		100
5693	38	15379	18103		
4871		5957	5781		100

7—7 续表6

单位:万元 （2018）

指 标	Item	累计折旧 Accumulated Depreciation
建筑安装业	Construction Installation	4973
电气安装	Electric Installation	3528
其他建筑安装业	Other Construction Installation	1445
其他建筑安装	Other Building Installation	1445
建筑装饰、装修和其他建筑业	Construction, Decoration and Other Construction	5776
建筑装饰和装修业	Construction and Decoration	5776
公共建筑装饰和装修	Decoration and Decoration of Public Buildings	1363
建筑幕墙装饰和装修	Decoration and Decoration of Building Curtain Walls	4413
按控股情况分	**Grouped by Controlling Stake**	
国有控股	State-owned	82515
集体控股	Collective-owned	8860
私人控股	Private	121749
外商控股	Foreign	19121
按企业规模分	**Grouped by Enterprises Scale**	
大型	Large-Scale	57215
中型	Medium-Scale	88305
小型	Small-Scale	79320
微型	Miniatrue	7405
按营业状况分	**Grouped by Operating Status**	
营业	Operating	231764
停业(歇业)	Turn O(f out of business)	459
当年注销	The Cancellation	22
按隶属关系分	**By affiliation**	
中央	The center	47004
地方	This place	44371
其他	In the news	140870
按会计准则分	**Grouped by Accounting Standards**	
企业会计准则	Accounting Standards for Business Enterprises	22838
小企业会计准则	Accounting Standards for Small Business Enterprises	153512
其他企业会计制度	Others	55895
按企业资质等级分	**Grouped by Qualification Criteria**	
施工总承包	General Contractors	186823
特 级	Special Grade	2258
一 级	First Grade	75769
二 级	Second Grade	91366
三级及以下	Third Grade and Below	17430
专业承包	Professional Contractors	45422
一 级	First Grade	17977
二 级	Second Grade	23431
三级及以下	Third Grade and Below	4013

continued

(10 000 yuan)

本年折旧 Depreciation This Year	固定资产净值 Net value of fixed assets	在建工程 Construction in Process	无形资产 Intangible Asset	土地使用权 Land tenure	软件使用权 Software Rights	负债合计 Total Liabilities
933	5519	9	96	91	5	37560
546	3953		94	91	3	22271
387	1566	9	1		1	15289
387	1566	9	1		1	15289
512	4368	3428	1243	1094	4	50882
512	4368	3428	1243	1094	4	50882
137	709	38	3		3	8008
376	3660	3391	1240	1094	1	42875
6373	75001	12598	15707	10982	381	1144982
970	7538	731	839	364	120	88505
15266	141817	18839	8664	6553	248	2273145
	19200		729			165468
5245	72335	2295	17115	13563	412	1294588
6585	85371	15614	3620	901	175	1679144
9879	81058	14203	5195	3434	158	644173
900	4792	56	8	1	3	54194
22605	243511	32168	25939	17899	749	3670570
4	35					1394
	10					135
4421	39226	9646	9662	8800	134	410044
2922	43313	3683	6884	2546	367	823443
15266	161017	18839	9393	6553	248	2438612
2540	21272	3893	968	932	16	342837
15831	180671	24438	23688	16030	677	2582124
4239	41613	3837	1282	937	56	747138
16636	193019	9263	21349	14392	666	3452908
168	2343	154	21		21	109906
6439	89370	7805	17176	13563	430	1620477
7661	86863	1271	4058	765	196	1560297
2368	14443	34	94	64	19	162228
5973	50536	22905	4589	3506	83	219191
2027	10634	9313	819	137	5	92012
2583	35041	12096	3636	3283	37	88189
1363	4862	1495	134	87	41	38990

7—7 续表7

单位:万元 （2018）

指 标	Item	流动负债合计 Total Liquid Liabilities
建筑安装业	Construction Installation	35698
电气安装	Electric Installation	22191
其他建筑安装业	Other Construction Installation	13507
其他建筑安装	Other Building Installation	13507
建筑装饰、装修和其他建筑业	Construction, Decoration and Other Construction	49816
建筑装饰和装修业	Construction and Decoration	49816
公共建筑装饰和装修	Decoration and Decoration of Public Buildings	7342
建筑幕墙装饰和装修	Decoration and Decoration of Building Curtain Walls	42475
按控股情况分	**Grouped by Controlling Stake**	
国有控股	State–owned	1130117
集体控股	Collective–owned	88505
私人控股	Private	2086060
外商控股	Foreign	148802
按企业规模分	**Grouped by Enterprises Scale**	
大型	Large–Scale	1192098
中型	Medium–Scale	1590561
小型	Small–Scale	619538
微型	Miniatrue	51287
按营业状况分	**Grouped by Operating Status**	
营业	Operating	3451968
停业(歇业)	Turn O(f out of business)	1382
当年注销	The Cancellation	135
按隶属关系分	**By affiliation**	
中央	The center	398750
地方	This place	819873
其他	In the news	2234862
按会计准则分	**Grouped by Accounting Standards**	
企业会计准则	Accounting Standards for Business Enterprises	338072
小企业会计准则	Accounting Standards for Small Business Enterprises	2408335
其他企业会计制度	Others	707077
按企业资质等级分	**Grouped by Qualification Criteria**	
施工总承包	General Contractors	3245625
特 级	Special Grade	109906
一 级	First Grade	1491767
二 级	Second Grade	1485698
三级及以下	Third Grade and Below	158254
专业承包	Professional Contractors	207860
一 级	First Grade	89581
二 级	Second Grade	83861
三级及以下	Third Grade and Below	34418

continued

(10 000 yuan)

应付账款 Accounts Payable	非流动负债合计 Total Non-Liquid Liabilities	所有者权益合计 Owners' Equity	实收资本 Paid-in Capitals	国家资本 State-owned Capitals	集体资本 Collective owned Capitals
17991	1813	27211	24956		
9504	68	17950	17979		
8487	1745	9261	6977		
8487	1745	9261	6977		
10209	70	38243	30832		
10209	70	38243	30832		
1450	70	12842	11382		
8759		25401	19451		
452962	14280	267670	166332	136792	2041
34387		29194	20751		20551
907983	35419	1144826	887906		23830
59406	16665	17098	30000		
481712	12067	294584	163841	80374	23430
724611	37843	590464	445445	37449	21792
226627	14070	525533	447001	18241	1200
21788	2384	48207	48702	727	
1454442	66364	1456550	1103118	136065	46422
205		869	870	727	
91		1369	1000		
188145	11294	107069	67466	46826	
299203	2986	189796	119616	89966	22592
967390	52084	1161923	917906		23830
155121	2080	225811	203847	7543	
906128	34714	908113	638085	125389	46322
393489	29570	324865	263056	3860	100
1365361	58862	1269188	970057	110488	46322
51515		32627	28218	28218	
677249	30287	391104	240691	52157	23430
558300	26471	708172	580652	24703	21792
78296	2105	137286	120496	5411	1100
89377	7502	189600	134931	26304	100
44436	2431	56046	40266	17706	
28563	3326	98128	68640	8598	100
16379	1745	35426	26025		

7—7 续表8

单位:万元 （2018）

指 标	Item	法人资本 Corporate Capitals	个人资本 Personal Capitals
总计	**Total**	**197293**	**709181**
#一、二级企业	First and Second Grade	171932	594533
按地区分	**Grouped by County**		
市　区	City	173921	632867
兴庆区	Xingqing	101778	293795
西夏区	Xixia	14964	18669
金凤区	Jinfeng	57179	320403
永宁县	Yongning	13618	2043
贺兰县	Helan	4680	43021
灵武市	Lingwu	5075	31250
按登记注册类型分	**Grouped by Status of Registration**		
内资企业	Domestic Funded	182593	709181
国有企业	State-owned Enterprises	1427	
集体企业	Collective-owned Enterprises		
有限责任公司	Limited Liabilities Corporations	114883	54754
国有独资公司	State Sole Funded Corporations	24014	
其他有限责任公司	Other Limited Liabilities Corporations	90870	54754
股份有限公司	Share-holding Corporations Limited	6767	10833
私营企业	Private Enterprises	59517	643594
私营有限责任公司	Private Limited Liabilities Corporations	59517	608286
私营股份有限公司	Private Share-holding Corporations Ltd.		35308
外商投资企业	Foreign Funded	14700	
中外合资经营企业	Domestic and Foreign Joint Funded Enterprises	14700	
按国民经济行业分(2017)	**Grouped by Sector(2017)**		
房屋建筑业	House Building	99470	407624
住宅房屋建筑	Residential Building	95988	400461
其他房屋建筑业	Other Housing construction	3482	7163
土木工程建筑业	Civil Engineering	90600	252992
铁路、道路、隧道和桥梁工程建筑	Railway, Road, Tunnel and Bridge	31700	134538
公路工程建筑	Road	6600	44313
市政道路工程建筑	Municipal Works	25100	90225
水利和水运工程建筑	Water Conservancy and Water Transportation Projects	1968	34664
水源及供水设施工程建筑	Construction of Water Source and Supply Water Facility	1968	34664
工矿工程建筑	Mining	18300	2003
架线和管道工程建筑	Frame Line and Pipeline	32818	60213
架线及设备工程建筑	Frame Line Equipment Engineering	32818	60213
节能环保工程施工	Energy-saving and Environmental Engineering		3605
环保工程施工	Environmental Engineering Construction		3605
其他土木工程建筑	Other Civil Engineering Buildings	5814	17970
园林绿化工程施工	Landscaping Project Construction	4833	13269
其他土木工程建筑施工	Other Civil Engineering Construction	981	4700

continued

(10 000 yuan)

外商资本 Foreign Capitals	营业收入 Business Revenue	主营业务收入 Revenue from Principal Business	营业成本 Business Costs	主营业务成本 Costs of Principal Business	税金及附加 Taxes and surcharges	主营业务税金及附加 Taxes and Other Charges on Principal Business	其他业务利润 Profits from Other Businesses
15300	**4195243**	**4163464**	**3886668**	**3858623**	**22017**	**20349**	**9186**
15300	3859657	3830410	3581529	3558088	19574	18238	9083
15300	3611997	3581961	3349425	3322456	19697	18057	8449
	1978716	1972759	1846956	1843768	11523	10211	1866
	289956	286800	275294	269815	1934	1886	603
15300	1343326	1322401	1227174	1208873	6240	5960	5979
	33540	33517	29460	29460	154	154	23
	450013	448540	418907	418052	1556	1543	689
	99693	99446	88876	88655	610	595	26
	4124948	4093169	3827285	3799240	21611	19943	9186
	92443	92052	79367	79243	1182	1106	193
	9810	9810	9043	9043	30	30	
	1697672	1689852	1597719	1591418	7333	6444	3833
	1284307	1281028	1218177	1213803	5365	4581	1812
	413365	408824	379542	377615	1968	1863	2021
	141446	140466	123106	122490	539	501	
	2183577	2160989	2018050	1997046	12527	11862	5160
	1847867	1830837	1721107	1702540	11231	10630	2087
	335709	330153	296943	294506	1296	1232	3073
15300	70295	70295	59383	59383	406	406	
15300	70295	70295	59383	59383	406	406	
	2396416	2379273	2271117	2255152	12644	12059	3020
	2320101	2306179	2201626	2188321	12082	11543	2310
	76314	73095	69491	66831	562	516	710
15300	1696332	1686402	1530595	1521971	8821	7746	4699
	823571	819991	737929	737308	4026	3989	2592
	504821	501321	447195	446576	1989	1951	2520
	318750	318670	290734	290733	2037	2037	72
	214257	211799	199744	197479	1363	792	102
	214257	211799	199744	197479	1363	792	102
15300	92939	92939	79416	76415	607	607	
	486557	482665	441352	439826	2447	2043	2004
	486557	482665	441352	439826	2447	2043	2004
	2637	2637	2004	2004	10	10	
	2637	2637	2004	2004	10	10	
	76370	76370	70151	68940	367	306	
	67199	67199	62331	61120	293	233	
	9171	9171	7820	7820	74	73	

7—7 续表9

单位:万元 （2018）

指 标	Item	法人资本 Corporate Capitals	个人资本 Personal Capitals
建筑安装业	Construction Installation	2769	22188
电气安装	Electric Installation	577	17403
其他建筑安装业	Other Construction Installation	2192	4785
其他建筑安装	Other Building Installation	2192	4785
建筑装饰、装修和其他建筑业	Construction, Decoration and Other Construction	4455	26377
建筑装饰和装修业	Construction and Decoration	4455	26377
公共建筑装饰和装修	Decoration and Decoration of Public Buildings	1185	10197
建筑幕墙装饰和装修	Decoration and Decoration of Building Curtain Walls	3270	16181
按控股情况分	**Grouped by Controlling Stake**		
国有控股	State-owned	26881	618
集体控股	Collective-owned	180	20
私人控股	Private	155533	708543
外商控股	Foreign	14700	
按企业规模分	**Grouped by Enterprises Scale**		
大型	Large-Scale	30614	29423
中型	Medium-Scale	78038	292865
小型	Small-Scale	74283	353277
微型	Miniatrue	14359	33616
按营业状况分	**Grouped by Operating Status**		
营业	Operating	197293	708038
停业(歇业)	Turn O(f out of business)		143
当年注销	The Cancellation		1000
按隶属关系分	**By affiliation**		
中央	The center	20640	
地方	This place	6421	638
其他	In the news	170233	708543
按会计准则分	**Grouped by Accounting Standards**		
企业会计准则	Accounting Standards for Business Enterprises	31355	164949
小企业会计准则	Accounting Standards for Small Business Enterprises	127532	323542
其他企业会计制度	Others	38407	220689
按企业资质等级分	**Grouped by Qualification Criteria**		
施工总承包	General Contractors	179667	618280
特 级	Special Grade		
一 级	First Grade	59459	105645
二 级	Second Grade	103679	415179
三级及以下	Third Grade and Below	16529	97456
专业承包	Professional Contractors	17626	90901
一 级	First Grade	2600	19960
二 级	Second Grade	6194	53749
三级及以下	Third Grade and Below	8833	17193

continued

(10 000 yuan)

外商资本 Foreign Capitals	营业收入 Business Revenue	主营业务收入 Revenue from Principal Business	营业成本 Business Costs	主营业务成本 Costs of Principal Business	税金及附加 Taxes and surcharges	主营业务税金及附加 Taxes and Other Charges on Principal Business	其他业务利润 Profits from Other Businesses
	58499	55747	48192	46254	279	278	1122
	32876	30249	25983	24140	183	183	1122
	25623	25498	22209	22114	96	95	
	25623	25498	22209	22114	96	95	
	43997	42042	36765	35246	273	266	345
	43997	42042	36765	35246	273	266	345
	11063	11063	9154	9154	65	65	
	32933	30979	27611	26092	209	201	345
	1385718	1381987	1306831	1302324	6625	5765	2030
	104918	103559	93578	93182	793	704	874
	2634312	2607624	2426877	2403735	14192	13474	6283
15300	70295	70295	59383	59383	406	406	
	1599698	1592951	1495588	1493823	6202	5397	4332
15300	1746503	1741088	1627429	1624397	10157	9887	1819
	831392	811835	748659	725552	5552	4959	3035
	17650	17589	14992	14851	106	106	
15300	4192914	4161135	3884636	3856591	21997	20329	9186
	525	525	429	429	3	3	
	1804	1804	1604	1604	17	17	
	595141	591800	555123	550875	2249	1974	1819
	895495	893746	845285	844630	5169	4495	1085
15300	2704607	2677918	2486260	2463118	14599	13880	6283
	661500	658357	624953	621388	3403	3349	506
15300	2921465	2910782	2701491	2694471	14644	13458	6079
	612278	594325	560224	542764	3970	3542	2601
15300	3904570	3880940	3635328	3613527	20124	18611	6987
	89641	89641	87204	87204	350	350	
	1934327	1926091	1812749	1810750	8058	7252	5142
15300	1605574	1592587	1481248	1465954	9519	9144	1742
	275029	272622	254126	249619	2197	1866	103
	290673	282524	251340	245096	1893	1738	2199
	132042	130882	117663	116725	908	832	469
	98074	91211	82665	77455	739	660	1730
	60557	60432	51013	50916	246	245	

7—7 续表10

单位:万元 （2018）

指　标	Item	销售费用 Selling Costs	管理费用 Management Costs
总计	**Total**	**5637**	**143992**
#一、二级企业	First and Second Grade	4269	122151
按地区分	**Grouped by County**		
市　区	City	5064	126230
兴庆区	Xingqing	2187	62247
西夏区	Xixia	41	8846
金凤区	Jinfeng	2837	55137
永宁县	Yongning	33	455
贺兰县	Helan	540	13616
灵武市	Lingwu		3691
按登记注册类型分	**Grouped by Status of Registration**		
内资企业	Domestic Funded	5637	140032
国有企业	State-owned Enterprises	106	6364
集体企业	Collective-owned Enterprises		513
有限责任公司	Limited Liabilities Corporations	520	54215
国有独资公司	State Sole Funded Corporations	381	35661
其他有限责任公司	Other Limited Liabilities Corporations	139	18555
股份有限公司	Share-holding Corporations Limited	13	4400
私营企业	Private Enterprises	4998	74540
私营有限责任公司	Private Limited Liabilities Corporations	4983	65552
私营股份有限公司	Private Share-holding Corporations Ltd.	15	8988
外商投资企业	Foreign Funded		3960
中外合资经营企业	Domestic and Foreign Joint Funded Enterprises		3960
按国民经济行业分(2017)	**Grouped by Sector(2017)**		
房屋建筑业	House Building	1391	64128
住宅房屋建筑	Residential Building	1391	58153
其他房屋建筑业	Other Housing construction	0	5976
土木工程建筑业	Civil Engineering	3208	69307
铁路、道路、隧道和桥梁工程建筑	Railway, Road, Tunnel and Bridge	1187	23809
公路工程建筑	Road	76	12943
市政道路工程建筑	Municipal Works	1111	10866
水利和水运工程建筑	Water Conservancy and Water Transportation Projects	372	9860
水源及供水设施工程建筑	Construction of Water Source and Supply Water Facility	372	9860
工矿工程建筑	Mining	88	5626
架线和管道工程建筑	Frame Line and Pipeline	1170	25833
架线及设备工程建筑	Frame Line Equipment Engineering	1170	25833
节能环保工程施工	Energy-saving and Environmental Engineering	74	242
环保工程施工	Environmental Engineering Construction	74	242
其他土木工程建筑	Other Civil Engineering Buildings	317	3937
园林绿化工程施工	Landscaping Project Construction	82	3087
其他土木工程建筑施工	Other Civil Engineering Construction	235	850

continued

(10 000 yuan)

财务费用 Financial Costs	利息收入 Interest Income	利息支出 Interest Expense	资产减值损失 Empairment of Assets	公允价值变动收益 Income from changes in fair value	投资收益 Investment Income	资产处置收益 Proceeds from asset disposal	其他收益 Other Income
23445	**3213**	**12103**	**5162**	**74**	**1905**	**48**	**1120**
22122	3167	11172	5018	74	1798	48	1077
18671	3122	8734	3708	74	1904	48	1070
7910	1629	5768	1422	74	297	33	143
1030	61	904	454		190		520
9731	1433	2061	1832		1418	16	407
749	0						15
3403	76	3334	1141		1		33
622	14	35	313				2
18651	3213	12103	5070	74	1905	48	1125
292	27	287	34				7
180							
8027	1700	5769	4531		432	16	982
5009	1173	4135	2419		245		948
3018	527	1634	2112		187	16	34
325			434		10	33	
9827	1485	6047	72	74	1463		136
10075	175	5197	72	74	178		136
–248	1311	850			1286		
4794			92				–5
4794			92				–5
12996	587	7046	1852		101		1007
12813	581	7017	1913		30		612
184	6	30	–61		72		395
9660	2556	4596	2979		1776	48	21
2692	1416	3367	450		1438	33	
1067	1338	1910	432		1266	33	
1625	78	1458	18		172		
924	985	68	309		130		
924	985	68	309		130		
4796	13		94				–5
1207	142	1143	2127		208	16	26
1207	142	1143	2127		208	16	26
10	0	7					
10	0	7					
31		11					
24	0	11					
6	0	0					

7—7 续表11

单位:万元 （2018）

指 标	Item	销售费用 Selling Costs	管理费用 Management Costs
建筑安装业	Construction Installation	828	6030
电气安装	Electric Installation	744	4303
其他建筑安装业	Other Construction Installation	84	1727
其他建筑安装	Other Building Installation	84	1727
建筑装饰、装修和其他建筑业	Construction, Decoration and Other Construction	210	4527
建筑装饰和装修业	Construction and Decoration	210	4527
公共建筑装饰和装修	Decoration and Decoration of Public Buildings	162	1450
建筑幕墙装饰和装修	Decoration and Decoration of Building Curtain Walls	48	3077
按控股情况分	**Grouped by Controlling Stake**		
国有控股	State-owned	527	42797
集体控股	Collective-owned		7692
私人控股	Private	5110	89543
外商控股	Foreign		3960
按企业规模分	**Grouped by Enterprises Scale**		
大型	Large-Scale	157	38791
中型	Medium-Scale	2039	47605
小型	Small-Scale	3128	53459
微型	Miniatrue	314	4137
按营业状况分	**Grouped by Operating Status**		
营业	Operating	5628	143772
停业(歇业)	Turn O(f out of business)		99
当年注销	The Cancellation	9	121
按隶属关系分	**By affiliation**		
中央	The center	371	19803
地方	This place	157	30685
其他	In the news	5110	93503
按会计准则分	**Grouped by Accounting Standards**		
企业会计准则	Accounting Standards for Business Enterprises	1201	22330
小企业会计准则	Accounting Standards for Small Business Enterprises	3004	97275
其他企业会计制度	Others	1432	24387
按企业资质等级分	**Grouped by Qualification Criteria**		
施工总承包	General Contractors	3975	117384
特 级	Special Grade		2306
一 级	First Grade	157	44522
二 级	Second Grade	2879	54254
三级及以下	Third Grade and Below	940	16302
专业承包	Professional Contractors	1662	26607
一 级	First Grade	462	9035
二 级	Second Grade	772	12034
三级及以下	Third Grade and Below	428	5539

continued

(10 000 yuan)

财务费用 Financial Costs			资产减值损失 Empairment of Assets	公允价值变动收益 Income from changes in fair value	投资收益 Investment Income	资产处置收益 Proceeds from asset disposal	其他收益 Other Income
	利息收入 Interest Income	利息支出 Interest Expense					
436	8	356	183	74	15		79
221	2	198	72	74	15		79
215	6	157	111				
215	6	157	111				
353	62	105	148		13		13
353	62	105	148		13		13
140	57	78					
213	5	28	148		13		13
5303	1190	4422	2598		245		955
254	45	116	1966		187	16	19
13094	1977	7564	506	74	1473	33	151
4794			92				-5
4933	2464	4841	2619		1272	33	553
13789	630	4899	2081		430	16	36
4550	119	2275	429	74	204		531
173	-1	88	34				
23445	3212	12103	5162	74	1905	48	1120
0	0						
0							
3844	158	3882	1130		21		40
1713	1078	656	3434		411	16	934
17888	1977	7564	598	74	1473	33	146
1710	28	800			178		
16452	3001	6963	4947		1565	48	1041
5283	184	4340	214	74	162		79
22349	3125	11476	4877		1806	48	626
0			62				
8037	2960	7509	2557		1367	33	553
13334	132	3307	2225		331	16	29
977	33	659	33		107		44
1096	87	627	285	74	99		494
97	77	56	220	74	30		86
654	-2	300	-46		69		409
345	12	272	111				

7—7 续表12

单位:万元 (2018)

指 标	Item	营业利润 Business Profits	营业外收入 Income Expect Business
总计	**Total**	**111373**	**9651**
#一、二级企业	First and Second Grade	107883	9091
按地区分	**Grouped by County**		
市　区	City	92191	6886
兴庆区	Xingqing	46919	3067
西夏区	Xixia	3067	1339
金凤区	Jinfeng	42204	2481
永宁县	Yongning	2704	22
贺兰县	Helan	10894	2172
灵武市	Lingwu	5583	571
按登记注册类型分	**Grouped by Status of Registration**		
内资企业	Domestic Funded	109718	9594
国有企业	State-owned Enterprises	5106	1252
集体企业	Collective-owned Enterprises	45	3
有限责任公司	Limited Liabilities Corporations	26747	5198
国有独资公司	State Sole Funded Corporations	18488	3824
其他有限责任公司	Other Limited Liabilities Corporations	8259	1374
股份有限公司	Share-holding Corporations Limited	12673	
私营企业	Private Enterprises	65147	3142
私营有限责任公司	Private Limited Liabilities Corporations	35147	2583
私营股份有限公司	Private Share-holding Corporations Ltd.	30000	559
外商投资企业	Foreign Funded	1655	57
中外合资经营企业	Domestic and Foreign Joint Funded Enterprises	1655	57
按国民经济行业分(2017)	**Grouped by Sector(2017)**		
房屋建筑业	House Building	33395	5679
住宅房屋建筑	Residential Building	32766	5280
其他房屋建筑业	Other Housing construction	630	399
土木工程建筑业	Civil Engineering	73512	3704
铁路、道路、隧道和桥梁工程建筑	Railway, Road, Tunnel and Bridge	54854	1673
公路工程建筑	Road	42419	461
市政道路工程建筑	Municipal Works	12435	1212
水利和水运工程建筑	Water Conservancy and Water Transportation Projects	1815	246
水源及供水设施工程建筑	Construction of Water Source and Supply Water Facility	1815	246
工矿工程建筑	Mining	2308	58
架线和管道工程建筑	Frame Line and Pipeline	12661	1615
架线及设备工程建筑	Frame Line Equipment Engineering	12661	1615
节能环保工程施工	Energy-saving and Environmental Engineering	297	
环保工程施工	Environmental Engineering Construction	297	
其他土木工程建筑	Other Civil Engineering Buildings	1577	111
园林绿化工程施工	Landscaping Project Construction	1391	68
其他土木工程建筑施工	Other Civil Engineering Construction	187	43

continued

（10 000 yuan）

营业外支出 Expenses Expect Business	利润总额 Total Profits	所得税费用 Income Tax Expense	应付职工薪酬(本年贷方累计发生额) Deal with Wages (volume of gredit side)	应交增值税 Value Added Tax Payable	在境外完成的营业收入 Overseas Revenues	亏损企业数(个) Number of loss-making Enterprises (pieces)
5865	**115249**	**34013**	**223528**	**102267**	**24559**	**145**
5465	111599	31468	205295	93575	24559	81
4913	94254	25991	190384	87617	24559	135
2337	47739	12482	109537	43471	24559	65
372	4034	1858	19354	10977		6
2204	42481	11651	61494	33169		64
15	2711	1271	213	170		
732	12335	4731	26450	10677		8
205	5949	2020	6481	3803		2
5557	113844	33889	223289	101242	24559	145
380	5978	1534	18802	3918		1
54	-6		1574	630		1
2042	29902	8036	95403	41088	24559	17
1686	20626	3662	62136	31745	24559	4
356	9276	4375	33268	9343		13
68	12605	1986	7579	2852		1
3014	65365	22333	99930	52752		125
2760	35060	17888	87821	49044		125
254	30305	4445	12109	3708		
308	1404	124	239	1026		
308	1404	124	239	1026		
3265	35809	17231	121660	63970		66
3187	34859	16875	116310	62160		64
79	950	356	5350	1810		2
2454	74851	15490	93018	35584	24559	47
572	56045	10982	28366	12777		9
327	42553	6710	20631	6324		3
246	13491	4272	7735	6452		6
220	1841	1143	7876	2901		10
220	1841	1143	7876	2901		10
352	2013	220	7164	2976		
1259	13018	2448	46525	12301	24559	13
1259	13018	2448	46525	12301	24559	13
	297	3	349	104		1
	297	3	349	104		1
51	1637	695	2737	4524		14
48	1411	647	2002	4343		10
3	226	48	735	181		4

7—7 续表13

单位:万元 (2018)

指 标	Item	营业利润 Business Profits	营业外收入 Income Expect Business
建筑安装业	Construction Installation	2719	231
电气安装	Electric Installation	1538	218
其他建筑安装业	Other Construction Installation	1181	13
其他建筑安装	Other Building Installation	1181	13
建筑装饰、装修和其他建筑业	Construction, Decoration and Other Construction	1747	38
建筑装饰和装修业	Construction and Decoration	1747	38
公共建筑装饰和装修	Decoration and Decoration of Public Buildings	93	17
建筑幕墙装饰和装修	Decoration and Decoration of Building Curtain Walls	1654	21
按控股情况分	**Grouped by Controlling Stake**		
国有控股	State-owned	22236	5243
集体控股	Collective-owned	848	430
私人控股	Private	86634	3922
外商控股	Foreign	1655	57
按企业规模分	**Grouped by Enterprises Scale**		
大型	Large-Scale	53266	3710
中型	Medium-Scale	43779	4709
小型	Small-Scale	16432	1186
微型	Miniatrue	-2105	47
按营业状况分	**Grouped by Operating Status**		
营业	Operating	111324	9651
停业(歇业)	Turn O(f out of business)	-7	
当年注销	The Cancellation	55	
按隶属关系分	**By affiliation**		
中央	The center	12682	2584
地方	This place	10402	3088
其他	In the news	88289	3979
按会计准则分	**Grouped by Accounting Standards**		
企业会计准则	Accounting Standards for Business Enterprises	8091	573
小企业会计准则	Accounting Standards for Small Business Enterprises	86295	8379
其他企业会计制度	Others	16986	699
按企业资质等级分	**Grouped by Qualification Criteria**		
施工总承包	General Contractors	102917	8680
特 级	Special Grade	-282	566
一 级	First Grade	60104	4079
二 级	Second Grade	42480	3689
三级及以下	Third Grade and Below	614	345
专业承包	Professional Contractors	8456	971
一 级	First Grade	3846	418
二 级	Second Grade	1735	338
三级及以下	Third Grade and Below	2875	215

continued

(10 000 yuan)

营业外支出 Expenses Expect Business	利润总额 Total Profits	所得税费用 Income Tax Expense	应付职工薪酬(本年贷方累计发生额) Deal with Wages (volume of gredit side)	应交增值税 Value Added Tax Payable	在境外完成的营业收入 Overseas Revenues	亏损企业数(个) Number of loss-making Enterprises (pieces)
104	2846	628	5264	1384		13
91	1665	418	3373	1244		11
13	1182	210	1891	140		2
13	1182	210	1891	140		2
42	1743	665	3585	1330		19
42	1743	665	3585	1330		19
7	103	144	1046	346		13
35	1640	521	2540	984		6
2119	25360	5499	81453	36000	24559	9
186	1091	1140	15946	4379		2
3252	87394	27251	125889	60862		134
308	1404	124	239	1026		
1873	55103	8565	67881	31747	24559	
2516	46063	16552	99462	42779		15
1332	16285	8812	52689	27191		81
144	-2203	84	3497	551		49
5818	115247	34008	223296	102111	24559	144
3	-9	2	168	30		1
44	11	3	64	127		
1458	13808	2216	50914	12761	24559	1
847	12643	4423	46485	27619		10
3560	88798	27375	126128	61888		134
506	8159	3353	22586	17115		52
4191	90483	22086	168044	66664	24559	60
1168	16607	8574	32898	18489		33
5294	106393	31524	187353	93833	24559	100
68	216	85	6170	5450		
2386	61887	10654	80032	35628	24559	2
2544	43625	18773	86589	45231		44
296	664	2012	14562	7524		54
571	8856	2489	36175	8434		45
385	3880	1103	22585	5002		1
82	1991	853	9920	2263		34
104	2986	533	3671	1169		10

7—8 建筑业总产值(市区)

单位:万元 (2018)

指 标	Item	企业数(个) Number of Enterprises (unit)	#有工作量的企业数 Number of Workload Enterprises
总 计	**Total**	**453**	**399**
#一、二级企业	First and Second Grade	274	251
按地区分	**Grouped by County**		
兴庆区	Xingqing	222	199
西夏区	Xixia	22	18
金凤区	Jinfeng	209	182
按登记注册类型分	**Grouped by Status of Registration**		
内资企业	Domestic Funded	452	398
国有企业	State-owned Enterprises	10	7
有限责任公司	Limited Liabilities Corporations	63	56
国有独资公司	State Sole Funded Corporations	21	21
其他有限责任公司	Other Limited Liabilities Corporations	42	35
股份有限公司	Share-holding Corporations Limited	2	2
私营企业	Private Enterprises	377	333
私营有限责任公司	Private Limited Liabilities Corporations	374	330
私营股份有限公司	Private Share-holding Corporations Ltd.	3	3
外商投资企业	Foreign Funded	1	1
中外合资经营企业	Domestic and Foreign Joint Funded Enterprises	1	1
按国民经济行业分(2017)	**Grouped by Sector(2017)**		
房屋建筑业	House Building	211	182
住宅房屋建筑	Residential Building	197	169
其他房屋建筑业	Other Housing construction	14	13
土木工程建筑业	Civil Engineering	150	138
铁路、道路、隧道和桥梁工程建筑	Railway,Road,Tunnel and Bridge	41	38
公路工程建筑	Road	7	7
市政道路工程建筑	Municipal Works	34	31
水利和水运工程建筑	Water Conservancy and Water Transportation Projects	26	24
水源及供水设施工程建筑	Construction of Water Source and Supply Water Facility	26	24
工矿工程建筑	Mining	4	4
架线和管道工程建筑	Frame Line and Pipeline	50	44
架线及设备工程建筑	Frame Line Equipment Engineering	50	44
节能环保工程施工	Energy-saving and Environmental Engineering	3	3
环保工程施工	Environmental Engineering Construction	3	3
其他土木工程建筑	Other Civil Engineering Buildings	26	25
园林绿化工程施工	Landscaping Project Construction	17	16
其他土木工程建筑施工	Other Civil Engineering Construction	9	9

Total Output Value of Construction(City)

(10 000 yuan)

建筑业总产值 Total Output Value of Construction	#装饰装修产值 Output Value of Decoration	#在外省完成的产值 Output Value of Completed Outside the Province	建筑工程产值 Output Value of Construction	安装工程产值 Output Value of Installation	其他产值 Others	竣工产值 Output Value of Construction Completed
3330876	**69236**	**282409**	**2998858**	**303242**	**28777**	**2183289**
3072984	64172	275509	2783389	261442	28153	2006361
1849691	32201	214667	1657408	180234	12049	1042288
285819	4868	9398	275019	3632	7168	182357
1195365	32167	58344	1066430	119376	9560	958645
3318376	69236	269909	2986358	303242	28777	2170789
94194		7528	46386	47808		77610
1298815	11366	221567	1104426	185825	8564	669681
1002776	860	191843	884786	109426	8564	460368
296039	10506	29724	219640	76400		209313
167855			167855			37555
1757512	57870	40814	1667691	69608	20213	1385943
1485193	57870	27838	1396503	68477	20213	1057272
272319		12976	271187	1131		328672
12500		12500	12500			12500
12500		12500	12500			12500
1860007	23423	95671	1827811	16896	15299	1198101
1792045	23423	53118	1759850	16896	15299	1138096
67961		42553	67961			60004
1395759	5802	183501	1115757	266525	13476	927779
726349	1375	13348	725199	1150		579672
458180		12976	458180			377209
268169	1375	372	267019	1150		202463
199889		44864	182330	17559		71540
199889		44864	182330	17559		71540
32962		18958	25547	246	7168	27119
378051	2903	106332	125473	246887	5691	219249
378051	2903	106332	125473	246887	5691	219249
1122			1122			922
1122			1122			922
57385	1524		56085	684	617	29277
53789	1524		52489	683	617	26953
3596			3596			2323

7—8 续表1

单位:万元　　　　　　　　　　　　　　　　　　　　　　　　　　　　　(2018)

指　标	Item	企业数(个) Number of Enterprises (unit)	#有工作量的企业数 Number of Workload Enterprises
建筑安装业	Construction Installation	45	39
电气安装	Electric Installation	35	29
其他建筑安装业	Other Construction Installation	10	10
其他建筑安装	Other Building Installation	10	10
建筑装饰、装修和其他建筑业	Construction, Decoration and Other Construction	47	40
建筑装饰和装修业	Construction and Decoration	47	40
公共建筑装饰和装修	Decoration and Decoration of Public Buildings	28	24
建筑幕墙装饰和装修	Decoration and Decoration of Building Curtain Walls	19	16
按控股情况分	**Grouped by Controlling Stake**		
国有控股	State-owned	35	32
集体控股	Collective-owned	5	5
私人控股	Private	412	361
外商控股	Foreign	1	1
按企业规模分	**Grouped by Enterprises Scale**		
大型	Large-Scale	8	8
中型	Medium-Scale	73	72
小型	Small-Scale	246	239
微型	Miniatrue	126	80
按营业状况分	**Grouped by Operating Status**		
营业	Operating	437	395
停业(歇业)	Turn O(f out of business)	12	3
当年注销	The Cancellation	4	1
按隶属关系分	**By affiliation**		
中央	The center	5	5
地方	This place	35	32
其他	In the news	413	362
按会计准则分	**Grouped by Accounting Standards**		
企业会计准则	Accounting Standards for Business Enterprises	192	175
小企业会计准则	Accounting Standards for Small Business Enterprises	132	114
其他企业会计制度	Others	129	110
按企业资质等级分	**Grouped by Qualification Criteria**		
施工总承包	General Contractors	315	277
特　级	Special Grade	1	1
一　级	First Grade	19	19
二　级	Second Grade	148	137
三级及以下	Third Grade and Below	147	120
专业承包	Professional Contractors	138	122
一　级	First Grade	17	16
二　级	Second Grade	89	78
三级及以下	Third Grade and Below	32	28

continued

（10 000 yuan）

建筑业总产值 Total Output Value of Construction	# 装饰装修产值 Output Value of Decoration	# 在外省完成的产值 Output Value of Completed Outside the Province	建筑工程产值 Output Value of Construction	安装工程产值 Output Value of Installation	其他产值 Others	竣工产值 Output Value of Construction Completed
35455	355	400	15633	19820	2	26244
20293		400	4443	15848	2	13678
15162	355		11190	3972		12565
15162	355		11190	3972		12565
39656	39656	2837	39656			31166
39656	39656	2837	39656			31166
9851	9851	298	9851			8803
29805	29805	2539	29805			22364
1104434	5388	199907	938637	157234	8564	542546
69380	1993	201	3825	65554		59833
2144562	61855	69801	2043896	80454	20213	1568410
12500		12500	12500			12500
1289817		163616	1180442	108556	819	728554
1361050	27198	97632	1227565	120447	13038	990900
640776	38362	19763	552683	73180	14913	434221
39234	3676	1398	38168	1059	7	29614
3328967	69221	282409	2997417	302774	28777	2181381
514	15		47	468		514
1394			1394			1394
279881		95582	135970	135925	7987	110884
893932	7381	104526	806492	86863	577	491495
2157062	61855	82301	2056396	80454	20213	1580911
2295570	40810	224781	2026721	254235	14614	1424121
556554	9282	47077	539511	15523	1520	422715
478751	19143	10551	432625	33484	12642	336453
3095478	27232	228482	2854720	211989	28768	1988457
95698		6608	95698			60431
1634573	4883	174414	1525198	108556	819	976976
1146733	17641	41705	1037851	81548	27333	804469
218474	4709	5756	195973	21885	617	146582
235398	42004	53927	144137	91252	8	194832
120361	14638	47769	66207	54152	2	109261
75620	27011	5014	58435	17185		55224
39418	355	1144	19496	19915	7	30347

7—9 建筑业合同签订及承包工程完成情况(市区)

单位:万元 (2018)

指 标	Item	签订的合同额 Total Value of Contracts	上年结转合同额 Value from Contracts Signed in Last Year
总 计	**Total**	**5629743**	**2406766**
#一、二级企业	First and Second Grade	5261557	2329229
按地区分	**Grouped by County**		
兴庆区	Xingqing	2958191	1154483
西夏区	Xixia	432928	208800
金凤区	Jinfeng	2238625	1043483
按登记注册类型分	**Grouped by Status of Registration**		
内资企业	Domestic Funded	5559449	2402499
国有企业	State-owned Enterprises	143408	105927
有限责任公司	Limited Liabilities Corporations	2413491	933219
国有独资公司	State Sole Funded Corporations	1842005	730768
其他有限责任公司	Other Limited Liabilities Corporations	571486	202452
股份有限公司	Share-holding Corporations Limited	159526	94088
私营企业	Private Enterprises	2843024	1269265
私营有限责任公司	Private Limited Liabilities Corporations	2184447	653230
私营股份有限公司	Private Share-holding Corporations Ltd.	658578	616035
外商投资企业	Foreign Funded	70295	4267
中外合资经营企业	Domestic and Foreign Joint Funded Enterprises	70295	4267
按国民经济行业分(2017)	**Grouped by Sector(2017)**		
房屋建筑业	House Building	2901974	991590
住宅房屋建筑	Residential Building	2817165	985161
其他房屋建筑业	Other Housing construction	84809	6430
土木工程建筑业	Civil Engineering	2625447	1391883
铁路、道路、隧道和桥梁工程建筑	Railway, Road, Tunnel and Bridge	1309675	889876
公路工程建筑	Road	845118	721431
市政道路工程建筑	Municipal Works	464558	168445
水利和水运工程建筑	Water Conservancy and Water Transportation Projects	293362	110817
水源及供水设施工程建筑	Construction of Water Source and Supply Water Facility	293362	110817
工矿工程建筑	Mining	99193	6327
架线和管道工程建筑	Frame Line and Pipeline	851099	379189
架线及设备工程建筑	Frame Line Equipment Engineering	851099	379189
节能环保工程施工	Energy-saving and Environmental Engineering	1122	
环保工程施工	Environmental Engineering Construction	1122	
其他土木工程建筑	Other Civil Engineering Buildings	70994	5673
园林绿化工程施工	Landscaping Project Construction	64874	3894
其他土木工程建筑施工	Other Civil Engineering Construction	6121	1779

Contracts Signed and Completion of Contracted Projects by Construction Enterprises (City)

(10 000 yuan)

本年新签合同额 Value from New ContractsSigned in This Year	直接从建设单位承揽工程完成的产值 Completed Output Value of Projects Contracted Directly from Investors	自行完成施工产值 Own- completed Output Value	分包出去工程的产值 Output Value of Out-sourced Projects	从建设单位以外承揽工程完成的产值 Completed Output Value of Projects Contracted from Non-investors
3222978	**3415912**	**3270523**	**145389**	**60352**
2932328	3158345	3016643	141702	56341
1803708	1828453	1826789	1664	22902
224127	285634	285634		185
1195142	1301825	1158100	143725	37265
3156950	3345618	3258023	87594	60352
37481	94492	93605	887	589
1480272	1305766	1298596	7170	219
1111237	1003458	1002776	682	
369035	302309	295820	6488	219
65438	167855	167855		
1573759	1777504	1697968	79537	59544
1531217	1459470	1425649	33821	59544
42543	318034	272319	45716	
66028	70295	12500	57795	
66028	70295	12500	57795	
1910383	1838327	1807241	31087	52766
1832004	1770001	1739869	30133	52177
78379	68326	67372	954	589
1233564	1500926	1388414	112512	7345
419799	771429	725713	45716	636
123687	503896	458180	45716	
296112	267533	267533		636
182545	199704	199704		185
182545	199704	199704		185
92866	90756	32962	57795	
471911	380743	373556	7186	4495
471911	380743	373556	7186	4495
1122	1122	1122		
1122	1122	1122		
65321	57171	55356	1815	2029
60980	53695	51880	1815	1909
4341	3476	3476		120

7—9 续表1

单位:万元 （2018）

指标	Item	签订的合同额 Total Value of Contracts	上年结转合同额 Value from Contracts Signed in Last Year
建筑安装业	Construction Installation	52759	10400
电气安装	Electric Installation	32989	6908
其他建筑安装业	Other Construction Installation	19770	3492
其他建筑安装	Other Building Installation	19770	3492
建筑装饰、装修和其他建筑业	Construction, Decoration and Other Construction	49564	12893
建筑装饰和装修业	Construction and Decoration	49564	12893
公共建筑装饰和装修	Decoration and Decoration of Public Buildings	10343	1425
建筑幕墙装饰和装修	Decoration and Decoration of Building Curtain Walls	39222	11468
按控股情况分	**Grouped by Controlling Stake**		
国有控股	State-owned	1996476	840563
集体控股	Collective-owned	94683	22291
私人控股	Private	3468290	1539645
外商控股	Foreign	70295	4267
按企业规模分	**Grouped by Enterprises Scale**		
大型	Large-Scale	2447836	1386515
中型	Medium-Scale	2217244	778652
小型	Small-Scale	905712	226501
微型	Miniatrue	58951	15098
按营业状况分	**Grouped by Operating Status**		
营业	Operating	5627835	2406766
停业(歇业)	Turn O(f out of business)	514	
当年注销	The Cancellation	1394	
按隶属关系分	**By affiliation**		
中央	The center	733389	359523
地方	This place	1357770	503332
其他	In the news	3538584	1543911
按会计准则分	**Grouped by Accounting Standards**		
企业会计准则	Accounting Standards for Business Enterprises	4045469	1957647
小企业会计准则	Accounting Standards for Small Business Enterprises	782462	183558
其他企业会计制度	Others	801812	265561
按企业资质等级分	**Grouped by Qualification Criteria**		
施工总承包	General Contractors	5305625	2282728
特　级	Special Grade	216092	89294
一　级	First Grade	3026057	1617693
二　级	Second Grade	1741351	508199
三级及以下	Third Grade and Below	322125	67541
专业承包	Professional Contractors	324118	124038
一　级	First Grade	173317	97926
二　级	Second Grade	104739	16116
三级及以下	Third Grade and Below	46062	9996

continued

(10 000 yuan)

本年新签合同额 Value from New ContractsSigned in This Year	直接从建设单位承揽工程完成的产值 Completed Output Value of Projects Contracted Directly from Investors	自行完成施工产值 Own- completed Output Value	分包出去工程的产值 Output Value of Out-sourced Projects	从建设单位以外承揽工程完成的产值 Completed Output Value of Projects Contracted from Non-investors
42359	37003	35213	1789	242
26081	20052	20052		242
16278	16951	15162	1789	
16278	16951	15162	1789	
36671	39657	39656	1	
36671	39657	39656	1	
8918	9852	9851	1	
27753	29805	29805		
1155913	1105229	1103660	1569	774
72392	75834	69346	6488	34
1928645	2164555	2085018	79537	59544
66028	70295	12500	57795	
1061321	1335532	1289817	45716	
1438593	1412001	1347718	64283	13331
679211	629261	593954	35307	46822
43853	39118	39035	83	199
3221069	3414004	3268615	145389	60352
514	514	514		
1394	1394	1394		
373867	279881	279881		
854438	901182	893124	8058	808
1994673	2234849	2097518	137331	59544
2087822	2397431	2287350	110082	8221
598904	544736	513690	31046	42864
536251	473745	469484	4261	9268
3022898	3178721	3036076	142645	59402
126798	95698	95698		
1408364	1674485	1628769	45716	5804
1233152	1192057	1097026	95032	49707
254584	216480	214583	1897	3892
200080	237192	234447	2744	950
75391	120222	120222		139
88623	75883	74928	955	692
36066	41087	39298	1789	120

7—10 房屋建筑施工面积及竣工面积(市区)

单位:平方米 (2018)

指 标	Item	房屋建筑施工面积 Floor Space of Buildings under Construction	本年新开工面积 Floor Space of New Buildings in This Year
总 计	**Total**	**14293874**	**6433167**
#一、二级企业	First and Second Grade	13753634	6119016
按地区分	**Grouped by County**		
兴庆区	Xingqing	6939060	3250548
西夏区	Xixia	2678354	1043958
金凤区	Jinfeng	4676460	2138661
按登记注册类型分	**Grouped by Status of Registration**		
内资企业	Domestic Funded	14293874	6433167
国有企业	State-owned Enterprises	259375	185625
有限责任公司	Limited Liabilities Corporations	8057371	3636564
国有独资公司	State Sole Funded Corporations	5596778	2207753
其他有限责任公司	Other Limited Liabilities Corporations	2460593	1428811
私营企业	Private Enterprises	5977128	2610978
私营有限责任公司	Private Limited Liabilities Corporations	5977128	2610978
按国民经济行业分(2017)	**Grouped by Sector(2017)**		
房屋建筑业	House Building	13657245	6099005
住宅房屋建筑	Residential Building	13654327	6098665
其他房屋建筑业	Other Housing Construction	2918	340
土木工程建筑业	Civil Engineering	636629	334162
铁路、道路、隧道和桥梁工程建筑	Railway, Road, Tunnel and Bridge	146003	45822
市政道路工程建筑	Municipal Works	146003	45822
水利和水运工程建筑	Water Conservancy and Water Transportation Projects	12054	2380
水源及供水设施工程建筑	Construction of Water Source and Supply Water Facility	12054	2380
架线和管道工程建筑	Frame Line and Pipeline	266179	253735
架线及设备工程建筑	Frame Line Equipment Engineering	266179	253735
其他土木工程建筑	Other Civil Engineering Buildings	212393	32225
园林绿化工程施工	Landscaping Project Construction	212393	32225

Floor Space of Buildings Constructed and Completed(City)

(sq.m)

房屋建筑竣工面积 Floor Space of Buildings Completed	住宅房屋 Residence	商业及服务用房屋 Business and Service	商厦房屋（批发和零售用房） Commercial (wholesale and retail trade)	宾馆用房屋（住宿用房） Hotel (hoteling)	餐饮用房屋（餐饮用房） Catering (catering services)	商务会展用房屋 Commercial Exhibition	其他商业及服务用房屋(居民服务业用房) Other Business and Service(other services)
4635722	**2173865**	**469683**	**356872**	**1677**	**4408**	**12269**	**94457**
4491161	2089125	424305	335772	1677	4150	12269	70437
1988972	1045153	156530	61151	1023	727	12269	81360
1012278	507296	3778	3628				150
1634472	621416	309375	292093	654	3681		12947
4635722	2173865	469683	356872	1677	4408	12269	94457
166723							
2368546	1216877	256210	235305	1023	469		19413
1916116	917771	231612	229970	1023	469		150
452430	299106	24598	5335				19263
2100453	956988	213473	121567	654	3939	12269	75044
2100453	956988	213473	121567	654	3939	12269	75044
4325994	2036915	454846	342689	1023	4408	12269	94457
4324458	2036915	454846	342689	1023	4408	12269	94457
1536							
309728	136950	14837	14183	654			
87421	58770	14837	14183	654			
87421	58770	14837	14183	654			
9674							
9674							
212633	78180						
212633	78180						

7—10 续表1

单位:平方米 (2018)

指 标	Item	房屋建筑施工面积 Floor Space of Buildings under Construction	本年新开工面积 Floor Space of New Buildings in This Year
按控股情况分	**Grouped by Controlling Stake**		
国有控股	State-owned	5856153	2393378
集体控股	Collective-owned	2300	
私人控股	Private	8435421	4039789
按企业规模分	**Grouped by Enterprises Scale**		
大型	Large-Scale	4517965	1930855
中型	Medium-Scale	7303644	3746026
小型	Small-Scale	2146104	596721
微型	Miniatrue	326161	159565
按营业状况分	**Grouped by Operating Status**		
营业	Operating	14293874	6433167
按隶属关系分	**By affiliation**		
中央	The center	759402	252935
地方	This place	5099051	2140443
其他	In the news	8435421	4039789
按会计准则分	**Grouped by Accounting Standards**		
企业会计准则	Accounting Standards for Business Enterprises	9523647	4364611
小企业会计准则	Accounting Standards for Small Business Enterprises	1857219	846016
其他企业会计制度	Others	2913008	1222540
按企业资质等级分	**Grouped by Qualification Criteria**		
施工总承包	General Contractors	14280812	6432827
特 级	Special Grade	1061777	372827
一 级	First Grade	6505534	3502820
二 级	Second Grade	6176179	2243369
三级及以下	Third Grade and Below	537322	313811
专业承包	Professional Contractors	13062	340
一 级	First Grade	10144	
三级及以下	Third Grade and Below	2918	340

continued

(sq.m)

房屋建筑竣工面积 Floor Space of Buildings Completed	住宅房屋 Residence	商业及服务用房屋 Business and Service	商厦房屋（批发和零售用房） Commercial (wholesale and retail trade)	宾馆用房屋（住宿用房） Hotel (hoteling)	餐饮用房屋（餐饮用房） Catering (catering services)	商务会展用房屋 Commercial Exhibition	其他商业及服务用房屋(居民服务业用房) Other Business and Service(other services)
2082839	917771	231612	229970	1023	469		150
2552883	1256094	238071	126902	654	3939	12269	94307
1797891	824793	225741	225591				150
1784582	1009098	144800	69978	1023	4150	12269	57380
975033	288074	75162	61303	654	258		12947
78216	51900	23980					23980
4635722	2173865	469683	356872	1677	4408	12269	94457
223004	82680	5871	4379	1023	469		
1859835	835091	225741	225591				150
2552883	1256094	238071	126902	654	3939	12269	94307
3156388	1643237	377723	315469	1023	469	12269	48493
833572	229817	43836	40203	654	258		2721
645762	300811	48124	1200		3681		43243
4630096	2173865	469683	356872	1677	4408	12269	94457
373667	70410	221963	221963				
1957107	996024	76317	44635			12269	19413
2156297	1022691	126025	69174	1677	4150		51024
143025	84740	45378	21100		258		24020
5626							
4090							
1536							

7—10 续表2

单位:平方米 (2018)

指 标	Item	办公用房屋 Offices	科研、教育、医疗用房屋 Scientific Research, Education and Medica
总 计	**Total**	**109577**	**636424**
#一、二级企业	First and Second Grade	103719	636164
按地区分	**Grouped by County**		
兴庆区	Xingqing	44213	311891
西夏区	Xixia	28020	180750
金凤区	Jinfeng	37344	143783
按登记注册类型分	**Grouped by Status of Registration**		
内资企业	Domestic Funded	109577	636424
国有企业	State-owned Enterprises		
有限责任公司	Limited Liabilities Corporations	59258	362971
国有独资公司	State Sole Funded Corporations	47368	348631
其他有限责任公司	Other Limited Liabilities Corporations	11890	14340
私营企业	Share-holding Corporations Limited	50319	273453
私营有限责任公司	Private Limited Liabilities Corporations	50319	273453
按国民经济行业分(2017)	**Grouped by Sector(2017)**		
房屋建筑业	House Building	109577	622610
住宅房屋建筑	Residential Building	109577	622610
其他房屋建筑业	Other Housing Construction		
土木工程建筑业	Civil Engineering		13814
铁路、道路、隧道和桥梁工程建筑	Railway, Road, Tunnel and Bridge		13814
市政道路工程建筑	Municipal Works		13814
水利和水运工程建筑	Water Conservancy and Water Transportation Projects		
水源及供水设施工程建筑	Construction of Water Source and Supply Water Facility		
架线和管道工程建筑	Frame Line and Pipeline		
架线及设备工程建筑	Frame Line Equipment Engineering		
其他土木工程建筑	Other Civil Engineering Buildings		
园林绿化工程施工	Landscaping Project Construction		

continued

(sq.m)

科学研究用房屋 Scientific Research	教育用房屋 Education	医疗用房屋（卫生医疗用房） Medical (health and medical)	文化、体育、娱乐用房屋 Culture, Sports and Entertainment	厂房及建筑物 Workshop and Buildings	#厂房 Workshop	仓库 Warehouse	其他未列明的房屋建筑物 Other Buildings
26765	**483956**	**125703**	**5455**	**620666**	**372623**	**7273**	**612779**
26765	483956	125443	5455	615731	369224	5083	611579
1369	231223	79299	3475	340686	264409	2190	84834
25396	109210	46144		101355	51428	5083	185996
	143523	260	1980	178625	56786		341949
26765	483956	125703	5455	620666	372623	7273	612779
				4090			162633
25396	252389	85186		388568	283179	5083	79579
25396	238049	85186		339488	234099	5083	26163
	14340			49080	49080		53416
1369	231567	40517	5455	228008	89444	2190	370567
1369	231567	40517	5455	228008	89444	2190	370567
26765	470142	125703	5455	476539	232586	7273	612779
26765	470142	125703	5455	475003	232586	7273	612779
				1536			
	13814			144127	140037		
	13814						
	13814						
				9674	9674		
				9674	9674		
				134453	130363		
				134453	130363		

7—10 续表3

单位:平方米 （2018）

指　标	Item	办公用房屋 Offices	科研、教育、医疗用房屋 Scientific Research, Education and Medica
按控股情况分	**Grouped by Controlling Stake**		
国有控股	State-owned	47368	348631
集体控股	Collective-owned		
私人控股	Private	62209	287793
按企业规模分	**Grouped by Enterprises Scale**		
大型	Large-Scale	33028	348631
中型	Medium-Scale	68196	186524
小型	Small-Scale	8353	101269
微型	Miniatrue		
按营业状况分	**Grouped by Operating Status**		
营业	Operating	109577	636424
按隶属关系分	**By affiliation**		
中央	The center		
地方	This place	47368	348631
其他	In the news	62209	287793
按会计准则分	**Grouped by Accounting Standards**		
企业会计准则	Accounting Standards for Business Enterprises	75234	461551
小企业会计准则	Accounting Standards for Small Business Enterprises	2788	95759
其他企业会计制度	Others	31555	79114
按企业资质等级分	**Grouped by Qualification Criteria**		
施工总承包	General Contractors	109577	636424
特　级	Special Grade	1285	37375
一　级	First Grade	52332	380990
二　级	Second Grade	50102	217799
三级及以下	Third Grade and Below	5858	260
专业承包	Professional Contractors		
一　级	First Grade		
三级及以下	Third Grade and Below		

continued

(sq.m)

科学研究用房屋 Scientific Research	教育用房屋 Education	医疗用房屋（卫生医疗用房） Medical (health and medical)	文化、体育、娱乐用房屋 Culture, Sports and Entertainment	厂房及建筑物 Workshop and Buildings	#厂房 Workshop	仓库 Warehouse	其他未列明的房屋建筑物 Other Buildings
25396	238049	85186		343578	234099	5083	188796
1369	245907	40517	5455	277088	138524	2190	423983
25396	238049	85186		337252	234099	5083	23363
	159445	27079	5455	102251	95551		268258
1369	86462	13438		179627	42973	2190	320358
				1536			800
26765	483956	125703	5455	620666	372623	7273	612779
				134453	130363		
25396	238049	85186		209125	103736	5083	188796
1369	245907	40517	5455	277088	138524	2190	423983
25396	323630	112525	3475	375716	266237	5083	214369
1369	83390	11000		164112	42973	2190	295070
	76936	2178	1980	80838	63413		103340
26765	483956	125703	5455	615040	372623	7273	612779
	37375			42634	42634		
25396	243329	112265	2675	374381	271228	5083	69305
1369	203252	13178	2780	194626	55362		542274
		260		3399	3399	2190	1200
				5626			
				4090			
				1536			

7—11 房屋建筑竣工价值(市区)

单位:万元 (2018)

指 标	Item	竣工房屋价值 Output Value of Buildings Completed	住宅房屋 Residence
总 计	**Total**	**744218**	**325756**
#一、二级企业	First and Second Grade	722284	311368
按地区分	**Grouped by County**		
兴庆区	Xingqing	373089	178390
西夏区	Xixia	157201	53363
金凤区	Jinfeng	213928	94003
按登记注册类型分	**Grouped by Status of Registration**		
内资企业	Domestic Funded	744218	325756
国有企业	State-owned Enterprises	10881	
有限责任公司	Limited Liabilities Corporations	426640	171009
国有独资公司	State Sole Funded Corporations	340303	118351
其他有限责任公司	Other Limited Liabilities Corporations	86337	52658
私营企业	Private Enterprises	306698	154748
私营有限责任公司	Private Limited Liabilities Corporations	306698	154748
按国民经济行业分(2017)	**Grouped by Sector(2017)**		
房屋建筑业	House Building	682566	299933
住宅房屋建筑	Residential Building	682323	299933
其他房屋建筑业	Other Housing Construction	243	
土木工程建筑业	Civil Engineering	61653	25823
铁路、道路、隧道和桥梁工程建筑	Railway,Road,Tunnel and Bridge	20860	13223
市政道路工程建筑	Municipal Works	20860	13223
水利和水运工程建筑	Water Conservancy and Water Transportation Projects	2280	
水源及供水设施工程建筑	Construction of Water Source and Supply Water Facility	2280	
架线和管道工程建筑	Frame Line and Pipeline	38512	12600
架线及设备工程建筑	Frame Line Equipment Engineering	38512	12600
其他土木工程建筑	Other Civil Engineering Buildings		
园林绿化工程施工	Landscaping Project Construction		

Output Value of Floor Space of Buildings Completed(City)

（10 000 yuan）

商业及服务用房屋 Business and Service						办公用房屋 Offices
	商厦房屋（批发和零售用房）Commercial (wholesale and retail trade)	宾馆用房屋（住宿用房）Hotel (hoteling)	餐饮用房屋（餐饮用房）Catering (catering services)	商务会展用房屋 Commercial Exhibition	其他商业及服务用房屋（居民服务业用房）Other Business and Service (other services)	
83938	**55314**	**518**	**1376**	**2724**	**24007**	**24571**
79420	53876	518	1327	2724	20976	23478
32723	10699	300	199	2724	18801	11430
493	444				49	5891
50722	44171	218	1177		5156	7251
83938	55314	518	1376	2724	24007	24571
35831	27626	300	150		7754	13449
27579	27080	300	150		49	10001
8252	547				7705	3448
48107	27687	218	1226	2724	16252	11122
48107	27687	218	1226	2724	16252	11122
80164	51758	300	1376	2724	24007	24571
80164	51758	300	1376	2724	24007	24571
3774	3556	218				
3774	3556	218				
3774	3556	218				

7—11 续表1

单位:万元 （2018）

指 标	Item	竣工房屋价值 Output Value of Buildings Completed	住宅房屋 Residence
按控股情况分	**Grouped by Controlling Stake**		
国有控股	State-owned	351183	118351
集体控股	Collective-owned		
私人控股	Private	393035	207406
按企业规模分	**Grouped by Enterprises Scale**		
大型	Large-Scale	324665	108086
中型	Medium-Scale	313655	172321
小型	Small-Scale	93833	36757
微型	Miniatrue	12066	8593
按营业状况分	**Grouped by Operating Status**		
营业	Operating	744218	325756
按隶属关系分	**By affiliation**		
中央	The center	41512	13800
地方	This place	309671	104551
其他	In the news	393035	207406
按会计准则分	**Grouped by Accounting Standards**		
企业会计准则	Accounting Standards for Business Enterprises	549758	239221
小企业会计准则	Accounting Standards for Small Business Enterprises	73246	30945
其他企业会计制度	Others	121215	55590
按企业资质等级分	**Grouped by Qualification Criteria**		
施工总承包	General Contractors	743085	325756
特 级	Special Grade	60431	12393
一 级	First Grade	386000	155584
二 级	Second Grade	274963	143391
三级及以下	Third Grade and Below	21691	14388
专业承包	Professional Contractors	1133	
一 级	First Grade	890	
三级及以下	Third Grade and Below	243	

continued

(10 000 yuan)

商业及服务用房屋 Business and Service	商厦房屋（批发和零售用房） Commercial (wholesale and retail trade)	宾馆用房屋（住宿用房） Hotel (hoteling)	餐饮用房屋（餐饮用房） Catering (catering services)	商务会展用房屋 Commercial Exhibition	其他商业及服务用房屋（居民服务业用房） Other Business and Service (other services)	办公用房屋 Offices
27579	27080	300	150		49	10001
56359	28234	218	1226	2724	23957	14570
25779	25730				49	7215
38919	18787	300	1327	2724	15781	15889
16220	10797	218	49		5156	1467
3020					3020	
83938	55314	518	1376	2724	24007	24571
1800	1350	300	150			
25779	25730				49	10001
56359	28234	218	1226	2724	23957	14570
61290	45597	300	150	2724	12519	16661
10388	9359	218	49		762	570
12260	358		1177		10725	7340
83938	55314	518	1376	2724	24007	24571
25286	25286					200
19379	8901			2724	7754	11798
34755	19688	518	1327		13222	11480
4518	1438		49		3031	1093

7—11 续表2

单位:万元 (2018)

指 标	Item	科研、教育、医疗用房屋 Scientific Research, Education and Medical
总 计	**Total**	**148464**
#一、二级企业	First and Second Grade	148392
按地区分	**Grouped by County**	
兴庆区	Xingqing	78720
西夏区	Xixia	50322
金凤区	Jinfeng	19421
按登记注册类型分	**Grouped by Status of Registration**	
内资企业	Domestic Funded	148464
国有企业	State-owned Enterprises	
有限责任公司	Limited Liabilities Corporations	97769
国有独资公司	State Sole Funded Corporations	95010
其他有限责任公司	Other Limited Liabilities Corporations	2759
私营企业	Private Enterprises	50695
私营有限责任公司	Private Limited Liabilities Corporations	50695
按国民经济行业分(2017)	**Grouped by Sector(2017)**	
房屋建筑业	House Building	144601
住宅房屋建筑	Residential Building	144601
其他房屋建筑业	Other Housing Construction	
土木工程建筑业	Civil Engineering	3863
铁路、道路、隧道和桥梁工程建筑	Railway, Road, Tunnel and Bridge	3863
市政道路工程建筑	Municipal Works	3863
水利和水运工程建筑	Water Conservancy and Water Transportation Projects	
水源及供水设施工程建筑	Construction of Water Source and Supply Water Facility	
架线和管道工程建筑	Frame Line and Pipeline	
架线及设备工程建筑	Frame Line Equipment Engineering	
其他土木工程建筑	Other Civil Engineering Buildings	
园林绿化工程施工	Landscaping Project Construction	

continued

(10 000 yuan)

科学研究用房屋 Scientific Research	教育用房屋 Education	医疗用房屋（卫生医疗用房） Medical(health and medical)	文化、体育、娱乐用房屋 Culture, Sports and Entertainment	厂房及建筑物 Workshop and Buildings	#厂房 Workshop	仓库 Warehouse	其他未列明的房屋建筑物 Other Buildings
5356	**110852**	**32256**	**1106**	**106583**	**71160**	**1561**	**52240**
5356	110852	32184	1106	105451	70271	1155	51915
273	58395	20052	631	55588	41010	407	15201
5083	33108	12132		29067	13395	1155	16911
	19349	72	475	21928	16755		20128
5356	110852	32256	1106	106583	71160	1561	52240
				890			9990
5083	72071	20614		89090	63299	1155	18339
5083	69312	20614		80746	54956	1155	7462
	2759			8344	8344		10876
273	38780	11642	1106	16603	7861	407	23911
273	38780	11642	1106	16603	7861	407	23911
5356	106989	32256	1106	78391	43858	1561	52240
5356	106989	32256	1106	78148	43858	1561	52240
				243			
	3863			28192	27302		
	3863						
	3863						
				2280	2280		
				2280	2280		
				25912	25022		
				25912	25022		

7—11 续表3

单位:万元 (2018)

指 标	Item	科研、教育、医疗用房屋 Scientific Research, Education and Medical
按控股情况分	**Grouped by Controlling Stake**	
国有控股	State-owned	95010
集体控股	Collective-owned	
私人控股	Private	53454
按企业规模分	**Grouped by Enterprises Scale**	
大型	Large-Scale	95010
中型	Medium-Scale	41133
小型	Small-Scale	12322
微型	Miniatrue	
按营业状况分	**Grouped by Operating Status**	
营业	Operating	148464
按隶属关系分	**By affiliation**	
中央	The center	
地方	This place	95010
其他	In the news	53454
按会计准则分	**Grouped by Accounting Standards**	
企业会计准则	Accounting Standards for Business Enterprises	124375
小企业会计准则	Accounting Standards for Small Business Enterprises	11069
其他企业会计制度	Others	13021
按企业资质等级分	**Grouped by Qualification Criteria**	
施工总承包	General Contractors	148464
特 级	Special Grade	8293
一 级	First Grade	104897
二 级	Second Grade	35202
三级及以下	Third Grade and Below	72
专业承包	Professional Contractors	
一 级	First Grade	
三级及以下	Third Grade and Below	

continued

（10 000 yuan）

科学研究用房屋 Scientific Research	教育用房屋 Education	医疗用房屋（卫生医疗用房）Medical(health and medical)	文化、体育、娱乐用房屋 Culture, Sports and Entertainment	厂房及建筑物 Workshop and Buildings	#厂房 Workshop	仓库 Warehouse	其他未列明的房屋建筑物 Other Buildings
5083	69312	20614		81636	54956	1155	17453
273	41539	11642	1106	24947	16204	407	34787
5083	69312	20614		80501	54956	1155	6920
	33452	7681	1106	13975	12750		30312
273	8087	3961		11864	3454	407	14797
				243			210
5356	110852	32256	1106	106583	71160	1561	52240
				25912	25022		
5083	69312	20614		55724	29934	1155	17453
273	41539	11642	1106	24947	16204	407	34787
5083	90925	28367	631	83415	56735	1155	23010
273	7496	3300		8625	3454	407	11243
	12431	589	475	14543	10971		17986
5356	110852	32256	1106	105450	71160	1561	52240
	8293			14259	14259		
5083	71519	28295	392	76092	50546	1155	16704
273	31040	3889	713	14210	5466		35211
		72		889	889	407	325
				1133			
				890			
				243			

7—12 建筑业企业自有施工机械设备及劳动人员情况(市区)

(2018)

指　标	Item	年末自有施工机械设备净值(万元) Net Value of Machinery and Equipment Owned at Year-end (10 000 yuan)
总 计	**Total**	**32767**
#一、二级企业	First and Second Grade	29006
按地区分	**Grouped by County**	
兴庆区	Xingqing	16101
西夏区	Xixia	827
金凤区	Jinfeng	15839
按登记注册类型分	**Grouped by Status of Registration**	
内资企业	Domestic Funded	32767
国有企业	State-owned Enterprises	3551
有限责任公司	Limited Liabilities Corporations	6818
国有独资公司	State Sole Funded Corporations	1375
其他有限责任公司	Other Limited Liabilities Corporations	5443
股份有限公司	Share-holding Corporations Limited	
私营企业	Private Enterprises	22397
私营有限责任公司	Private Limited Liabilities Corporations	17914
私营股份有限公司	Private Share-holding Corporations Ltd.	4484
外商投资企业	Foreign Funded	
中外合资经营企业	Domestic and Foreign Joint Funded Enterprises	
按国民经济行业分(2017)	**Grouped by Sector(2017)**	
房屋建筑业	House Building	14999
住宅房屋建筑	Residential Building	13180
其他房屋建筑业	Other Housing construction	1820
土木工程建筑业	Civil Engineering	17115
铁路、道路、隧道和桥梁工程建筑	Railway,Road,Tunnel and Bridge	8556
公路工程建筑	Road	5227
市政道路工程建筑	Municipal Works	3329
水利和水运工程建筑	Water Conservancy and Water Transportation Projects	1578
水源及供水设施工程建筑	Construction of Water Source and Supply Water Facility	1578
工矿工程建筑	Mining	1174
架线和管道工程建筑	Frame Line and Pipeline	4957
架线及设备工程建筑	Frame Line Equipment Engineering	4957
节能环保工程施工	Energy-saving and Environmental Engineering	
环保工程施工	Environmental Engineering Construction	
其他土木工程建筑	Other Civil Engineering Buildings	850
园林绿化工程施工	Landscaping Project Construction	822
其他土木工程建筑施工	Other Civil Engineering Construction	28

Machinery and Equipment Owned and Employed Persons by Construction Enterprises (City)

年末自有施工机械设备总台数(台) Number of Machinery and Equipment Owned (set)	年末自有施工机械设备总功率(千瓦) Total Power of Machinery and Equipment Owned (kw)	从事建筑业活动的平均人数(人) Average Number of People Engaged in the Construction Industry (person)	期末从业人员数(人) Number of Employed Persons at Year-end (person)	工程技术人员(人) Engineering Persons (person)	现场施工人员(人) Site Construction Persons (person)
7226	**192379**	**130619**	**55016**	**12563**	**16816**
6370	171642	117834	48816	10901	15678
4524	114293	64379	29638	6559	9493
596	11738	10927	8081	1271	2557
2106	66348	55313	17297	4733	4766
7226	192379	130090	54486	12469	16461
284	9426	2637	1695	388	653
2587	53270	42549	20005	4147	8428
971	12706	32114	15699	2720	7674
1616	40564	10435	4306	1427	754
		1565	1735	186	
4355	129683	83339	31051	7748	7380
4211	119701	73923	30265	7377	7116
144	9982	9416	786	371	264
		529	530	94	355
		529	530	94	355
4148	100626	82787	33880	7144	8501
3955	97961	81038	32354	6737	8426
193	2665	1749	1526	407	75
2637	86032	43508	18912	4645	7700
739	44783	22355	5647	1564	1076
190	14251	12509	2834	585	269
549	30532	9846	2813	979	807
263	9395	6374	1858	792	304
263	9395	6374	1858	792	304
341	3544	1420	1320	258	848
1100	25129	10479	8734	1497	5203
1100	25129	10479	8734	1497	5203
		96	82	25	46
		96	82	25	46
194	3181	2784	1271	509	223
24	966	2484	1065	459	183
170	2215	300	206	50	40

7—12 续表1

（2018）

指　标	Item	年末自有施工机械设备净值(万元) Net Value of Machinery and Equipment Owned at Year-end (10 000 yuan)
建筑安装业	Construction Installation	116
电气安装	Electric Installation	110
其他建筑安装业	Other Construction Installation	6
其他建筑安装	Other Building Installation	6
建筑装饰、装修和其他建筑业	Construction, Decoration and Other Construction	536
建筑装饰和装修业	Construction and Decoration	536
公共建筑装饰和装修	Decoration and Decoration of Public Buildings	304
建筑幕墙装饰和装修	Decoration and Decoration of Building Curtain Walls	232
按控股情况分	**Grouped by Controlling Stake**	
国有控股	State-owned	4933
集体控股	Collective-owned	1606
私人控股	Private	26228
外商控股	Foreign	
按企业规模分	**Grouped by Enterprises Scale**	
大型	Large-Scale	5199
中型	Medium-Scale	15630
小型	Small-Scale	10596
微型	Miniatrue	1342
按营业状况分	**Grouped by Operating Status**	
营业	Operating	32654
停业(歇业)	Turn O(f out of business)	105
当年注销	The Cancellation	8
按隶属关系分	**By affiliation**	
中央	The center	3557
地方	This place	2982
其他	In the news	26228
按会计准则分	**Grouped by Accounting Standards**	
企业会计准则	Accounting Standards for Business Enterprises	19118
小企业会计准则	Accounting Standards for Small Business Enterprises	4841
其他企业会计制度	Others	8808
按企业资质等级分	**Grouped by Qualification Criteria**	
施工总承包	General Contractors	27137
特　级	Special Grade	
一　级	First Grade	7416
二　级	Second Grade	17126
三级及以下	Third Grade and Below	2596
专业承包	Professional Contractors	5630
一　级	First Grade	2450
二　级	Second Grade	2014
三级及以下	Third Grade and Below	1166

continued

年末自有施工机械设备总台数(台) Number of Machinery and Equipment Owned (set)	年末自有施工机械设备总功率(千瓦) Total Power of Machinery and Equipment Owned (kw)	从事建筑业活动的平均人数(人) Average Number of People Engaged in the Construction Industry (person)	期末从业人员数(人) Number of Employed Persons at Year-end (person)	工程技术人员(人) Engineering Persons (person)	现场施工人员(人) Site Construction Persons (person)
98	347	1811	1177	459	150
66	198	1021	759	300	100
32	149	790	418	159	50
32	149	790	418	159	50
343	5374	2513	1047	315	465
343	5374	2513	1047	315	465
85	530	662	358	145	85
258	4844	1851	689	170	380
1270	22202	35112	17482	3137	8382
259	10292	1561	953	545	280
5697	159885	93417	36051	8787	7799
		529	530	94	355
656	16972	38371	15441	2644	7453
3673	105200	48555	21022	5396	5085
2269	61068	41035	17234	4062	4100
628	9139	2658	1319	461	178
7220	192055	130497	54951	12544	16816
2	175	66	60	18	
4	149	56	5	1	
980	18424	7278	6117	604	5028
549	14070	29395	12318	3078	3634
5697	159885	93946	36581	8881	8154
3393	104510	76857	34908	7296	11323
992	22477	33254	11206	2942	3261
2841	65392	20508	8902	2325	2232
6193	170992	121958	49242	10870	15306
		3193	564	466	78
2205	47501	50897	20279	4122	9273
3226	103693	56868	23111	4871	5012
762	19798	11000	5288	1411	943
1033	21387	8661	5774	1693	1510
291	8389	2423	2021	508	964
648	12059	4453	2841	934	351
94	939	1785	912	251	195

7—13 建筑业企业财务状况(市区)

单位:万元 (2018)

指 标	Item	年初存货 Stock	资产总计 Total Funds
总 计	**Total**	**428782**	**4292379**
#一、二级企业	First and Second Grade	399252	3967225
按地区分	**Grouped by County**		
兴庆区	Xingqing	215030	2029913
西夏区	Xixia	48358	474886
金凤区	Jinfeng	165395	1787580
按登记注册类型分	**Grouped by Status of Registration**		
内资企业	Domestic Funded	428281	4109814
国有企业	State-owned Enterprises	6256	171099
有限责任公司	Limited Liabilities Corporations	178858	1513502
国有独资公司	State Sole Funded Corporations	64362	933381
其他有限责任公司	Other Limited Liabilities Corporations	114496	580121
股份有限公司	Share-holding Corporations Limited	42458	164740
私营企业	Private Enterprises	200710	2260474
私营有限责任公司	Private Limited Liabilities Corporations	163564	1875188
私营股份有限公司	Private Share-holding Corporations Ltd.	37146	385285
外商投资企业	Foreign Funded	501	182565
中外合资经营企业	Domestic and Foreign Joint Funded Enterprises	501	182565
按国民经济行业分(2017)	**Grouped by Sector(2017)**		
房屋建筑业	House Building	221935	2394001
住宅房屋建筑	Residential Building	212190	2288101
其他房屋建筑业	Other Housing construction	9746	105900
土木工程建筑业	Civil Engineering	188512	1744982
铁路、道路、隧道和桥梁工程建筑	Railway, Road, Tunnel and Bridge	112401	926791
公路工程建筑	Road	77280	582712
市政道路工程建筑	Municipal Works	35121	344080
水利和水运工程建筑	Water Conservancy and Water Transportation Projects	15443	169780
水源及供水设施工程建筑	Construction of Water Source and Supply Water Facility	15443	169780
工矿工程建筑	Mining	620	197708
架线和管道工程建筑	Frame Line and Pipeline	56077	405078
架线及设备工程建筑	Frame Line Equipment Engineering	56077	405078
节能环保工程施工	Energy-saving and Environmental Engineering	1207	8025
环保工程施工	Environmental Engineering Construction	1207	8025
其他土木工程建筑	Other Civil Engineering Buildings	2765	37599
园林绿化工程施工	Landscaping Project Construction	2217	26942
其他土木工程建筑施工	Other Civil Engineering Construction	549	10658
建筑安装业	Construction Installation	10116	64771
电气安装	Electric Installation	5059	40221
其他建筑安装业	Other Construction Installation	5056	24549
其他建筑安装	Other Building Installation	5056	24549
建筑装饰、装修和其他建筑业	Construction, Decoration and Other Construction	8219	88625
建筑装饰和装修业	Construction and Decoration	8219	88625
公共建筑装饰和装修	Decoration and Decoration of Public Buildings	1202	20350
建筑幕墙装饰和装修	Decoration and Decoration of Building Curtain Walls	7017	68276

Financial Indicators on Construction Enterprises (City)

(10 000 yuan)

流动资产合计 Total Circulating Funds	货币资金 Monetary Fund	应收工程款 Projects Receivable	存货 Stock	可供出售金融资产 Available for sale financial assets
3792446	**285343**	**1660399**	**419497**	**4370**
3506902	264438	1533001	388441	4370
1835981	126737	754685	259885	3759
458846	17437	250074	11991	210
1497619	141169	655640	147622	400
3632432	284869	1534167	413647	4370
147016	9452	120496	7354	
1382126	82443	445322	162647	4159
850885	52822	234361	82785	4159
531241	29622	210961	79862	
147831	28851	51508	49352	
1955460	164124	916841	194294	210
1696022	73266	840529	168346	210
259438	90858	76312	25948	
160014	474	126232	5850	
160014	474	126232	5850	
2217709	64249	931748	207997	710
2146965	58780	891999	195985	710
70745	5469	39749	12012	
1441409	211513	667681	194083	3659
766082	136703	313715	119353	28
439487	121897	156819	73710	
326594	14806	156896	45643	28
156377	21053	52959	34763	
156377	21053	52959	34763	
172285	2213	131430	7141	
311439	49901	153422	27440	3631
311439	49901	153422	27440	3631
3620	209	1296	768	
3620	209	1296	768	
31607	1434	14859	4618	
22761	1325	7961	3933	
8846	110	6899	685	
55652	7146	31314	7493	
33457	5358	18292	3856	
22195	1788	13022	3638	
22195	1788	13022	3638	
77675	2436	29656	9924	
77675	2436	29656	9924	
17839	745	8597	1883	
59836	1691	21059	8042	

7—13 续表1

单位:万元 (2018)

指 标	Item	持有至到期投资 Held to maturity investment	长期股权投资 Long term equity investment
总 计	**Total**	**230**	**141605**
#一、二级企业	First and Second Grade	230	141215
按地区分	**Grouped by County**		
兴庆区	Xingqing		25730
西夏区	Xixia	210	2734
金凤区	Jinfeng	20	113142
按登记注册类型分	**Grouped by Status of Registration**		
内资企业	Domestic Funded	230	140605
国有企业	State-owned Enterprises		120
有限责任公司	Limited Liabilities Corporations	20	14502
国有独资公司	State Sole Funded Corporations	20	2938
其他有限责任公司	Other Limited Liabilities Corporations		11564
股份有限公司	Share-holding Corporations Limited		9010
私营企业	Private Enterprises	210	116974
私营有限责任公司	Private Limited Liabilities Corporations	210	35469
私营股份有限公司	Private Share-holding Corporations Ltd.		81505
外商投资企业	Foreign Funded		1000
中外合资经营企业	Domestic and Foreign Joint Funded Enterprises		1000
按国民经济行业分(2017)	**Grouped by Sector(2017)**		
房屋建筑业	House Building	230	35574
住宅房屋建筑	Residential Building	230	32515
其他房屋建筑业	Other Housing construction		3059
土木工程建筑业	Civil Engineering		105669
铁路、道路、隧道和桥梁工程建筑	Railway,Road,Tunnel and Bridge		95923
公路工程建筑	Road		92732
市政道路工程建筑	Municipal Works		3191
水利和水运工程建筑	Water Conservancy and Water Transportation Projects		390
水源及供水设施工程建筑	Construction of Water Source and Supply Water Facility		390
工矿工程建筑	Mining		1000
架线和管道工程建筑	Frame Line and Pipeline		7646
架线及设备工程建筑	Frame Line Equipment Engineering		7646
节能环保工程施工	Energy-saving and Environmental Engineering		
环保工程施工	Environmental Engineering Construction		
其他土木工程建筑	Other Civil Engineering Buildings		710
园林绿化工程施工	Landscaping Project Construction		710
其他土木工程建筑施工	Other Civil Engineering Construction		
建筑安装业	Construction Installation		261
电气安装	Electric Installation		261
其他建筑安装业	Other Construction Installation		
其他建筑安装	Other Building Installation		
建筑装饰、装修和其他建筑业	Construction, Decoration and Other Construction		101
建筑装饰和装修业	Construction and Decoration		101
公共建筑装饰和装修	Decoration and Decoration of Public Buildings		
建筑幕墙装饰和装修	Decoration and Decoration of Building Curtain Walls		101

continued

(10 000 yuan)

固定资产减值准备 Impairment of Fixed Assets	固定资产原价 Original Value of Fixed Assets	房屋和购筑物 Houses and Buildings	机器设备 Machinery and Equipment	运输工具 The Means of Transpor	电子设备 Electronic equipment
1675	**416848**	**132856**	**118624**	**27009**	**6128**
1674	383965	129494	108886	22440	5702
1617	193803	42856	47560	7204	3070
	15419	4953	6033	1102	295
58	207626	85048	65032	18703	2763
1675	378526	131215	86268	23585	5228
	30560	3493	1656	893	1003
1674	148950	59897	37431	8345	2189
1674	94737	42725	27955	3244	1448
	54213	17172	9475	5100	741
	759	172	457	54	76
1	198258	67653	46724	14294	1960
1	152909	25736	45496	12399	1797
	45349	41917	1228	1895	163
	38322	1641	32356	3424	900
	38322	1641	32356	3424	900
57	175512	55794	42324	9231	2421
	134079	38836	30168	7560	1607
57	41433	16958	12157	1671	814
1618	220676	71287	73213	15864	3225
0	77653	43228	11896	4334	666
	50988	39554	7319	2596	118
0	26665	3674	4577	1738	547
151	19529	1179	4411	1764	109
151	19529	1179	4411	1764	109
	45476	3037	33697	3440	908
1467	73887	22769	21336	5635	1453
1467	73887	22769	21336	5635	1453
	1066		812	170	39
	1066		812	170	39
	3064	1074	1061	522	51
	1807	327	915	432	43
	1257	747	146	90	8
	10517	3218	440	961	346
	7505	2795	420	880	274
	3011	423	20	81	72
	3011	423	20	81	72
	10144	2558	2646	954	136
	10144	2558	2646	954	136
	2072	170	668	224	100
	8072	2388	1978	729	37

7—13 续表2

单位:万元 (2018)

指 标	Item	年初存货 Stock	资产总计 Total Funds
按控股情况分	**Grouped by Controlling Stake**		
国有控股	State-owned	71261	1114711
集体控股	Collective-owned	31739	75436
私人控股	Private	325282	2919667
外商控股	Foreign	501	182565
按企业规模分	**Grouped by Enterprises Scale**		
大型	Large-Scale	130279	1295904
中型	Medium-Scale	155473	1943529
小型	Small-Scale	131682	951234
微型	Miniatrue	11349	101711
按营业状况分	**Grouped by Operating Status**		
营业	Operating	428398	4288611
停业(歇业)	Turn O(f out of business)	37	2263
当年注销	The Cancellation	348	1505
按隶属关系分	**By affiliation**		
中央	The center	11420	223845
地方	This place	91580	966302
其他	In the news	325783	3102232
按会计准则分	**Grouped by Accounting Standards**		
企业会计准则	Accounting Standards for Business Enterprises	28321	476669
小企业会计准则	Accounting Standards for Small Business Enterprises	328237	2800131
其他企业会计制度	Others	72225	1015579
按企业资质等级分	**Grouped by Qualification Criteria**		
施工总承包	General Contractors	390574	3896609
特 级	Special Grade	7373	142533
一 级	First Grade	163534	1718313
二 级	Second Grade	197997	1774639
三级及以下	Third Grade and Below	21670	261124
专业承包	Professional Contractors	38209	395770
一 级	First Grade	5812	148058
二 级	Second Grade	24536	183683
三级及以下	Third Grade and Below	7860	64029

continued

(10 000 yuan)

流动资产合计 Total Circulating Funds	货币资金 Monetary Fund	应收工程款 Projects Receivable	存货 Stock	可供出售金融资产 Available for sale financial assets
1008071	63498	360487	91961	4159
63590	20760	34503	3793	
2560771	200612	1139177	317894	210
160014	474	126232	5850	
1109608	162648	303113	138536	4131
1773572	72938	1023982	175515	239
819679	44967	297769	99657	
89586	4790	35535	5789	
3788723	284993	1658435	418881	4370
2228	161	1370	11	
1494	190	594	605	
168425	19451	66483	19541	3631
903237	64807	328507	76212	528
2720785	201086	1265409	323744	210
432623	29468	202219	43267	
2425119	224721	977259	324821	4159
934703	31154	480921	51409	210
3497681	257420	1504634	383969	4370
139167	1869	34576	6417	400
1498806	175136	532784	175176	3731
1627258	66394	838707	176795	239
232451	14022	98568	25582	
294764	27923	155765	35528	
116682	9050	66006	6733	
124990	11990	60929	23321	
53093	6884	28830	5474	

7—13 续表3

单位:万元 (2018)

指 标	Item	持有至到期投资 Held to maturity investment	长期股权投资 Long term equity investment
按控股情况分	**Grouped by Controlling Stake**		
国有控股	State-owned	20	3058
集体控股	Collective-owned		3088
私人控股	Private	210	134459
外商控股	Foreign		1000
按企业规模分	**Grouped by Enterprises Scale**		
大型	Large-Scale	20	89340
中型	Medium-Scale	210	45920
小型	Small-Scale		4604
微型	Miniatrue		1741
按营业状况分	**Grouped by Operating Status**		
营业	Operating	230	141605
停业(歇业)	Turn O(f out of business)		
当年注销	The Cancellation		
按隶属关系分	**By affiliation**		
中央	The center		19
地方	This place	20	6127
其他	In the news	210	135459
按会计准则分	**Grouped by Accounting Standards**		
企业会计准则	Accounting Standards for Business Enterprises		3029
小企业会计准则	Accounting Standards for Small Business Enterprises	20	126419
其他企业会计制度	Others	210	12157
按企业资质等级分	**Grouped by Qualification Criteria**		
施工总承包	General Contractors	230	138184
特 级	Special Grade	20	459
一 级	First Grade		100632
二 级	Second Grade	210	36703
三级及以下	Third Grade and Below		390
专业承包	Professional Contractors		3421
一 级	First Grade		1107
二 级	Second Grade		2314
三级及以下	Third Grade and Below		

continued

(10 000 yuan)

固定资产减值准备 Impairment of Fixed Assets	固定资产原价 Original Value of Fixed Assets				电子设备 Electronic equipment
		房屋和购筑物 Houses and Buildings	机器设备 Machinery and Equipment	运输工具 The Means of Transpor	
1674	125927	46218	30055	4289	2467
	14668	8740	2806	2978	101
1	237931	76257	53407	16318	2661
	38322	1641	32356	3424	900
1617	100709	60307	21660	3011	522
	166671	36843	48350	10547	3295
58	137187	34210	44845	12860	2173
0	12281	1496	3769	591	137
1675	416322	132856	118624	27009	6128
	494				
	32				
1466	57388	18765	18083	1331	1243
208	83207	36193	14778	5936	1325
1	276253	77898	85763	19743	3561
1	40240	5765	12052	4373	565
1674	284293	109285	79124	18233	4720
	92315	17807	27448	4403	844
1618	322705	105428	97969	21568	3625
	4601	1085	1868	93	23
1617	136298	74957	25501	4795	1358
	156127	26447	63090	12847	1952
1	25679	2939	7510	3832	291
57	94142	27428	20655	5442	2503
	28611	3468	3007	1648	1092
57	58328	23537	15420	3057	1277
	7203	423	2228	737	135

7—13 续表4

单位:万元 (2018)

指　标	Item	累计折旧 Accumulated Depreciation	本年折旧 Depreciation This Year
总　计	**Total**	**204901**	**19530**
#一、二级企业	First and Second Grade	187001	16192
按地区分	**Grouped by County**		
兴庆区	Xingqing	109341	9859
西夏区	Xixia	10054	838
金凤区	Jinfeng	85506	8832
按登记注册类型分	**Grouped by Status of Registration**		
内资企业	Domestic Funded	185780	19530
国有企业	State-owned Enterprises	17498	1667
有限责任公司	Limited Liabilities Corporations	82497	6020
国有独资公司	State Sole Funded Corporations	49512	3186
其他有限责任公司	Other Limited Liabilities Corporations	32985	2835
股份有限公司	Share-holding Corporations Limited	417	48
私营企业	Private Enterprises	85368	11794
私营有限责任公司	Private Limited Liabilities Corporations	75371	9435
私营股份有限公司	Private Share-holding Corporations Ltd.	9997	2360
外商投资企业	Foreign Funded	19121	
中外合资经营企业	Domestic and Foreign Joint Funded Enterprises	19121	
按国民经济行业分(2017)	**Grouped by Sector(2017)**		
房屋建筑业	House Building	85965	8031
住宅房屋建筑	Residential Building	68105	5580
其他房屋建筑业	Other Housing construction	17860	2451
土木工程建筑业	Civil Engineering	108187	10053
铁路、道路、隧道和桥梁工程建筑	Railway, Road, Tunnel and Bridge	26972	3909
公路工程建筑	Road	13699	2234
市政道路工程建筑	Municipal Works	13273	1675
水利和水运工程建筑	Water Conservancy and Water Transportation Projects	13066	704
水源及供水设施工程建筑	Construction of Water Source and Supply Water Facility	13066	704
工矿工程建筑	Mining	23755	343
架线和管道工程建筑	Frame Line and Pipeline	42909	4771
架线及设备工程建筑	Frame Line Equipment Engineering	42909	4771
节能环保工程施工	Energy-saving and Environmental Engineering	742	42
环保工程施工	Environmental Engineering Construction	742	42
其他土木工程建筑	Other Civil Engineering Buildings	742	284
园林绿化工程施工	Landscaping Project Construction	348	136
其他土木工程建筑施工	Other Civil Engineering Construction	394	148
建筑安装业	Construction Installation	4973	933
电气安装	Electric Installation	3528	546
其他建筑安装业	Other Construction Installation	1445	387
其他建筑安装	Other Building Installation	1445	387
建筑装饰、装修和其他建筑业	Construction, Decoration and Other Construction	5776	512
建筑装饰和装修业	Construction and Decoration	5776	512
公共建筑装饰和装修	Decoration and Decoration of Public Buildings	1363	137
建筑幕墙装饰和装修	Decoration and Decoration of Building Curtain Walls	4413	376

continued

(10 000 yuan)

固定资产净值 Net value of fixed assets	在建工程 Construction in Proces	无形资产 Intangible assets	土地使用权 Land use right	软件使用权 Software use right
211835	**30813**	**22257**	**14741**	**651**
196936	30212	22219	14741	630
84458	18761	11342	6512	196
5364	2303	2250	2044	205
122013	9749	8665	6186	250
192635	30813	21528	14741	651
13062	9360	609		
66452	7669	13048	8833	489
45225	2811	12024	7987	379
21227	4858	1024	846	110
342		17		17
112779	13784	7854	5908	145
77426	9868	2844	969	74
35352	3916	5010	4939	72
19200		729		
19200		729		
89542	11473	4750	3503	343
65970	6379	2472	1501	310
23573	5095	2277	2003	34
112406	15903	16169	10053	299
50598	1630	4342	4007	74
37289	1613	4073	4007	67
13309	17	269		7
6463	97	2997		2
6463	97	2997		2
21720		729		
30978	11323	7864	5814	220
30978	11323	7864	5814	220
324	2731	232	232	
324	2731	232	232	
2322	123	5	1	3
1459		5	1	3
863	123			
5519	9	96	91	5
3953		94	91	3
1566	9	1		1
1566	9	1		1
4368	3428	1243	1094	4
4368	3428	1243	1094	4
709	38	3		3
3660	3391	1240	1094	1

7—13 续表5

单位:万元 (2018)

指 标	Item	负债合计 Total Liabilities	流动负债合计 Total Liquid Liabilities
总 计	**Total**	**3038170**	**2831202**
#一、二级企业	First and Second Grade	2858962	2660517
按地区分	**Grouped by County**		
兴庆区	Xingqing	1422026	1251295
西夏区	Xixia	400873	400493
金凤区	Jinfeng	1215272	1179414
按登记注册类型分	**Grouped by Status of Registration**		
内资企业	Domestic Funded	2872702	2682400
国有企业	State-owned Enterprises	111897	109684
有限责任公司	Limited Liabilities Corporations	1182288	1127659
国有独资公司	State Sole Funded Corporations	781722	769131
其他有限责任公司	Other Limited Liabilities Corporations	400567	358528
股份有限公司	Share-holding Corporations Limited	100124	9701
私营企业	Private Enterprises	1478394	1435357
私营有限责任公司	Private Limited Liabilities Corporations	1205295	1162568
私营股份有限公司	Private Share-holding Corporations Ltd.	273098	272788
外商投资企业	Foreign Funded	165468	148802
中外合资经营企业	Domestic and Foreign Joint Funded Enterprises	165468	148802
按国民经济行业分(2017)	**Grouped by Sector(2017)**		
房屋建筑业	House Building	1798250	1735297
住宅房屋建筑	Residential Building	1738892	1675800
其他房屋建筑业	Other Housing construction	59358	59496
土木工程建筑业	Civil Engineering	1151478	1010391
铁路、道路、隧道和桥梁工程建筑	Railway, Road, Tunnel and Bridge	592317	493692
公路工程建筑	Road	400299	309875
市政道路工程建筑	Municipal Works	192018	183817
水利和水运工程建筑	Water Conservancy and Water Transportation Projects	114219	110506
水源及供水设施工程建筑	Construction of Water Source and Supply Water Facility	114219	110506
工矿工程建筑	Mining	171347	154681
架线和管道工程建筑	Frame Line and Pipeline	248097	229154
架线及设备工程建筑	Frame Line Equipment Engineering	248097	229154
节能环保工程施工	Energy-saving and Environmental Engineering	4540	1444
环保工程施工	Environmental Engineering Construction	4540	1444
其他土木工程建筑	Other Civil Engineering Buildings	20959	20915
园林绿化工程施工	Landscaping Project Construction	13173	13135
其他土木工程建筑施工	Other Civil Engineering Construction	7786	7780
建筑安装业	Construction Installation	37560	35698
电气安装	Electric Installation	22271	22191
其他建筑安装业	Other Construction Installation	15289	13507
其他建筑安装	Other Building Installation	15289	13507
建筑装饰、装修和其他建筑业	Construction, Decoration and Other Construction	50882	49816
建筑装饰和装修业	Construction and Decoration	50882	49816
公共建筑装饰和装修	Decoration and Decoration of Public Buildings	8008	7342
建筑幕墙装饰和装修	Decoration and Decoration of Building Curtain Walls	42875	42475

continued

(10 000 yuan)

应付账款 Accounts Payable	非流动负债合计 Total Non–Liquid Liabilities	所有者权益合计 Owners' Equity	实收资本 Paid–in Capita	国家资本 State–owned Capitals	集体资本 Collective owned Capitals
1293056	**63981**	**1258863**	**968458**	**104452**	**41918**
1210950	60131	1112918	840716	100401	40818
560423	34782	612542	465642	46639	23430
184844	166	74014	47998	12324	2041
547790	29033	572308	454818	45489	16447
1233650	47315	1241766	938458	104452	41918
34514	2213	59202	20406	16938	2041
473985	22242	331214	249606	87515	16147
317427	12006	151659	111146	87133	
156559	10236	179554	138460	382	16147
2559		64616	41030		23430
722591	22861	786735	627417		300
599667	22551	674548	592109		300
122923	310	112187	35308		
59406	16665	17098	30000		
59406	16665	17098	30000		
753440	19296	600405	515515	76803	3141
719796	19435	553863	488969	60903	3141
33644	-138	46542	26546	15901	
511415	42802	593505	397655	27649	38777
245503	8201	334475	178572	2200	23430
130637		182413	74543	200	23430
114866	8201	152062	104029	2000	
64008	3204	55562	44005	10102	
64008	3204	55562	44005	10102	
62615	16665	26361	39246	3643	
129494	11598	156981	112650	11703	15247
129494	11598	156981	112650	11703	15247
266	3096	3486	3605		
266	3096	3486	3605		
9530	38	16641	19577		100
4973	38	13769	16996		
4557		2872	2581		100
17991	1813	27211	24956		
9504	68	17950	17979		
8487	1745	9261	6977		
8487	1745	9261	6977		
10209	70	37743	30332		
10209	70	37743	30332		
1450	70	12342	10882		
8759		25401	19451		

7—13 续表6

单位:万元 (2018)

指 标	Item	累计折旧 Accumulated Depreciation	本年折旧 Depreciation This Year
按控股情况分	**Grouped by Controlling Stake**		
国有控股	State-owned	67582	4893
集体控股	Collective-owned	8093	877
私人控股	Private	110105	13760
外商控股	Foreign	19121	
按企业规模分	**Grouped by Enterprises Scale**		
大型	Large-Scale	43682	3850
中型	Medium-Scale	86117	6446
小型	Small-Scale	67697	8334
微型	Miniatrue	7405	900
按营业状况分	**Grouped by Operating Status**		
营业	Operating	204420	19525
停业(歇业)	Turn O(f out of business)	459	4
当年注销	The Cancellation	22	
按隶属关系分	**By affiliation**		
中央	The center	33471	3026
地方	This place	42205	2744
其他	In the news	129226	13760
按会计准则分	**Grouped by Accounting Standards**		
企业会计准则	Accounting Standards for Business Enterprises	20390	2277
小企业会计准则	Accounting Standards for Small Business Enterprises	130684	13272
其他企业会计制度	Others	53827	3981
按企业资质等级分	**Grouped by Qualification Criteria**		
施工总承包	General Contractors	159960	13771
特 级	Special Grade	2258	168
一 级	First Grade	62236	5044
二 级	Second Grade	81165	6438
三级及以下	Third Grade and Below	14301	2122
专业承包	Professional Contractors	44941	5759
一 级	First Grade	17977	2027
二 级	Second Grade	23364	2516
三级及以下	Third Grade and Below	3600	1216

continued

(10 000 yuan)

固定资产净值 Net value of fixed assets	在建工程 Construction in Proces	无形资产 Intangible assets	土地使用权 Land use right	软件使用权 Software use right
58345	12171	12634	7987	381
6575	731	480	364	86
127715	17912	8414	6390	184
19200		729		
57027	1868	14042	10568	412
80554	15614	3249	890	141
69465	13275	4957	3283	94
4790	56	8	1	3
211791	30813	22257	14741	651
35				
10				
23918	9219	6589	5805	134
41002	3683	6525	2546	333
146916	17912	9144	6390	184
19767	3893	968	932	16
153580	23084	20157	12970	609
38488	3837	1132	839	26
162659	8836	17794	11322	607
2343	154	21		21
74062	7378	14103	10568	430
74958	1271	3640	754	138
11296	34	30		19
49177	21977	4463	3419	44
10634	9313	819	137	5
34939	12096	3636	3283	37
3604	568	8		2

7—13 续表7

单位:万元 (2018)

指 标	Item	负债合计 Total Liabilities	流动负债合计 Total Liquid Liabilities
按控股情况分	**Grouped by Controlling Stake**		
国有控股	State-owned	900618	885814
集体控股	Collective-owned	55570	55570
私人控股	Private	1916514	1741015
外商控股	Foreign	165468	148802
按企业规模分	**Grouped by Enterprises Scale**		
大型	Large-Scale	1052615	950185
中型	Medium-Scale	1405910	1325790
小型	Small-Scale	525594	504059
微型	Miniatrue	54052	51168
按营业状况分	**Grouped by Operating Status**		
营业	Operating	3036641	2829685
停业(歇业)	Turn O(f out of business)	1394	1382
当年注销	The Cancellation	135	135
按隶属关系分	**By affiliation**		
中央	The center	168071	156837
地方	This place	788118	784547
其他	In the news	2081982	1889818
按会计准则分	**Grouped by Accounting Standards**		
企业会计准则	Accounting Standards for Business Enterprises	282295	277530
小企业会计准则	Accounting Standards for Small Business Enterprises	2034400	1871417
其他企业会计制度	Others	721475	682254
按企业资质等级分	**Grouped by Qualification Criteria**		
施工总承包	General Contractors	2822678	2627041
特 级	Special Grade	109906	109906
一 级	First Grade	1378504	1249854
二 级	Second Grade	1190485	1127449
三级及以下	Third Grade and Below	143783	139832
专业承包	Professional Contractors	215492	204161
一 级	First Grade	92012	89581
二 级	Second Grade	88055	83727
三级及以下	Third Grade and Below	35426	30853

continued

(10 000 yuan)

应付账款 Accounts Payable	非流动负债合计 Total Non-Liquid Liabilities	所有者权益合计 Owners' Equity	实收资本 Paid-in Capita	国家资本 State-owned Capitals	集体资本 Collective owned Capitals
355843	14219	214093	133992	104452	2041
27508		19866	16247		16047
850298	33096	1007807	788219		23830
59406	16665	17098	30000		
386732	12006	243290	132861	49395	23430
700272	37781	537620	405777	37449	17288
184282	11810	430295	381661	16881	1200
21771	2384	47660	48159	727	
1292760	63981	1256626	966588	103725	41918
205		869	870	727	
91		1369	1000		
93165	11233	55774	36486	15846	
290186	2986	178184	113753	88606	18088
909705	49762	1024905	818219		23830
142304	2080	194374	184522	7543	
775775	32331	765731	534926	93050	41818
374977	29570	298759	249011	3860	100
1205678	56479	1078586	840927	78148	41818
51515		32627	28218	28218	
582269	30226	339809	209711	21177	23430
504217	24148	588809	496382	24703	17288
67676	2105	117342	106617	4051	1100
87378	7502	180278	127531	26304	100
44436	2431	56046	40266	17706	
28512	3326	95628	66140	8598	100
14430	1745	28604	21125		

7—13 续表8

单位:万元 (2018)

指 标	Item	法人资本 Corporate Capitals	个人资本 Personal Capitals
总 计	**Total**	**173921**	**632867**
#一、二级企业	First and Second Grade	154793	529404
按地区分	**Grouped by County**		
兴庆区	Xingqing	101778	293795
西夏区	Xixia	14964	18669
金凤区	Jinfeng	57179	320403
按登记注册类型分	**Grouped by Status of Registration**		
内资企业	Domestic Funded	159221	632867
国有企业	State-owned Enterprises	1427	
有限责任公司	Limited Liabilities Corporations	96190	49754
国有独资公司	State Sole Funded Corporations	24014	
其他有限责任公司	Other Limited Liabilities Corporations	72176	49754
股份有限公司	Share-holding Corporations Limited	6767	10833
私营企业	Private Enterprises	54837	572280
私营有限责任公司	Private Limited Liabilities Corporations	54837	536972
私营股份有限公司	Private Share-holding Corporations Ltd.		35308
外商投资企业	Foreign Funded	14700	
中外合资经营企业	Domestic and Foreign Joint Funded Enterprises	14700	
按国民经济行业分(2017)	**Grouped by Sector(2017)**		
房屋建筑业	House Building	79977	355594
住宅房屋建筑	Residential Building	76495	348431
其他房屋建筑业	Other Housing construction	3482	7163
土木工程建筑业	Civil Engineering	86721	229208
铁路、道路、隧道和桥梁工程建筑	Railway, Road, Tunnel and Bridge	31204	121738
公路工程建筑	Road	6600	44313
市政道路工程建筑	Municipal Works	24604	77425
水利和水运工程建筑	Water Conservancy and Water Transportation Projects	1968	31934
水源及供水设施工程建筑	Construction of Water Source and Supply Water Facility	1968	31934
工矿工程建筑	Mining	18300	2003
架线和管道工程建筑	Frame Line and Pipeline	30234	55466
架线及设备工程建筑	Frame Line Equipment Engineering	30234	55466
节能环保工程施工	Energy-saving and Environmental Engineering		3605
环保工程施工	Environmental Engineering Construction		3605
其他土木工程建筑	Other Civil Engineering Buildings	5014	14463
园林绿化工程施工	Landscaping Project Construction	4833	12163
其他土木工程建筑施工	Other Civil Engineering Construction	181	2300
建筑安装业	Construction Installation	2769	22188
电气安装	Electric Installation	577	17403
其他建筑安装业	Other Construction Installation	2192	4785
其他建筑安装	Other Building Installation	2192	4785
建筑装饰、装修和其他建筑业	Construction, Decoration and Other Construction	4455	25877
建筑装饰和装修业	Construction and Decoration	4455	25877
公共建筑装饰和装修	Decoration and Decoration of Public Buildings	1185	9697
建筑幕墙装饰和装修	Decoration and Decoration of Building Curtain Walls	3270	16181

continued

(10 000 yuan)

外商资本 Foreign Capitals	营业收入 Business Revenue	主营业务收入 Revenue from Principal Business	营业成本 Business Costs	主营业务成本 Costs of Principal Business	税金及附加 Taxes and surcharges	主营业务税金及附加 Taxes and Other Charges on Principal Business	其他业务利润 Profits from Other Businesses
15300	**3611997**	**3581961**	**3349425**	**3322456**	**19697**	**18057**	**8449**
15300	3323821	3296308	3086294	3063930	17461	16149	8353
	1978716	1972759	1846956	1843768	11523	10211	1866
	289956	286800	275294	269815	1934	1886	603
15300	1343326	1322401	1227174	1208873	6240	5960	5979
	3541703	3511666	3290042	3263073	19291	17651	8449
	92443	92052	79367	79243	1182	1106	193
	1324410	1317635	1249501	1243508	6147	5273	3095
	967023	964520	920107	915821	4419	3634	1123
	357387	353115	329394	327687	1728	1639	1972
	141446	140466	123106	122490	539	501	
	1983403	1961513	1838068	1817831	11423	10771	5160
	1647694	1631360	1541125	1523325	10127	9539	2087
	335709	330153	296943	294506	1296	1232	3073
15300	70295	70295	59383	59383	406	406	
15300	70295	70295	59383	59383	406	406	
	1882551	1866897	1795065	1779956	10619	10059	2317
	1806237	1793802	1725574	1713125	10057	9543	1607
	76314	73095	69491	66831	562	516	710
15300	1627100	1617424	1469525	1461122	8533	7462	4665
	799463	795882	715330	714709	3895	3857	2592
	504821	501321	447195	446576	1989	1951	2520
	294642	294562	268135	268134	1906	1906	72
	205436	202986	191846	189580	1332	764	95
	205436	202986	191846	189580	1332	764	95
15300	92939	92939	79416	76415	607	607	
	458164	454519	417506	416200	2344	1939	1978
	458164	454519	417506	416200	2344	1939	1978
	2637	2637	2004	2004	10	10	
	2637	2637	2004	2004	10	10	
	68461	68461	63425	62214	346	284	
	62573	62573	58531	57320	279	219	
	5888	5888	4894	4894	67	66	
	58499	55747	48192	46254	279	278	1122
	32876	30249	25983	24140	183	183	1122
	25623	25498	22209	22114	96	95	
	25623	25498	22209	22114	96	95	
	43848	41893	36642	35124	266	258	345
	43848	41893	36642	35124	266	258	345
	10914	10914	9032	9032	57	57	
	32933	30979	27611	26092	209	201	345

7—13 续表9

单位:万元 (2018)

指 标	Item	法人资本 Corporate Capitals	个人资本 Personal Capitals
按控股情况分	**Grouped by Controlling Stake**		
国有控股	State-owned	26881	618
集体控股	Collective-owned	180	20
私人控股	Private	132160	632229
外商控股	Foreign	14700	
按企业规模分	**Grouped by Enterprises Scale**		
大型	Large-Scale	30614	29423
中型	Medium-Scale	64420	271319
小型	Small-Scale	64528	299052
微型	Miniatrue	14359	33073
按营业状况分	**Grouped by Operating Status**		
营业	Operating	173921	631724
停业(歇业)	Turn O(f out of business)		143
当年注销	The Cancellation		1000
按隶属关系分	**By affiliation**		
中央	The center	20640	
地方	This place	6421	638
其他	In the news	146860	632229
按会计准则分	**Grouped by Accounting Standards**		
企业会计准则	Accounting Standards for Business Enterprises	31355	145625
小企业会计准则	Accounting Standards for Small Business Enterprises	109685	275073
其他企业会计制度	Others	32882	212169
按企业资质等级分	**Grouped by Qualification Criteria**		
施工总承包	General Contractors	159595	546066
特 级	Special Grade		
一 级	First Grade	59459	105645
二 级	Second Grade	86541	352550
三级及以下	Third Grade and Below	13595	87870
专业承包	Professional Contractors	14326	86801
一 级	First Grade	2600	19960
二 级	Second Grade	6194	51249
三级及以下	Third Grade and Below	5533	15593

continued

(10 000 yuan)

外商资本 Foreign Capitals	营业收入 Business Revenue	主营业务收入 Revenue from Principal Business	营业成本 Business Costs	主营业务成本 Costs of Principal Business	税金及附加 Taxes and surcharges	主营业务税金及附加 Taxes and Other Charges on Principal Business	其他业务利润 Profits from Other Businesses
	1066585	1063638	1006932	1002512	5667	4806	1333
	77520	76408	68419	68244	700	611	848
	2397598	2371621	2214691	2192317	12924	12234	6268
15300	70295	70295	59383	59383	406	406	
	1284516	1278545	1199326	1197648	5260	4455	3644
15300	1585947	1580794	1480751	1477939	9305	9035	1778
	724276	705424	654703	632365	5034	4469	3027
	17258	17197	14645	14504	98	98	
15300	3609668	3579632	3347392	3320423	19677	18037	8449
	525	525	429	429	3	3	
	1804	1804	1604	1604	17	17	
	279958	277393	258861	254701	1307	1032	1130
	864147	862652	816490	816055	5059	4385	1051
15300	2467892	2441915	2274074	2251700	13330	12640	6268
	590845	587701	561347	557783	3094	3039	506
15300	2429161	2420221	2245662	2239718	12809	11636	5342
	591992	574039	542415	524955	3795	3382	2601
15300	3332765	3310877	3106286	3085562	17852	16368	6249
	89641	89641	87204	87204	350	350	
	1619144	1611684	1516487	1514576	7116	6310	4453
15300	1385839	1373810	1283049	1268743	8358	8007	1701
	238141	235742	219546	215039	2029	1701	96
	279232	271083	243138	236894	1845	1689	2199
	132042	130882	117663	116725	908	832	469
	97155	90292	81891	76682	729	650	1730
	50035	49910	43584	43487	207	207	

7—13 续表10

单位:万元 (2018)

指 标	Item	销售费用 Selling Costs	管理费用 Management Costs
总 计	**Total**	**5064**	**126230**
#一、二级企业	First and Second Grade	3954	108006
按地区分	**Grouped by County**		
兴庆区	Xingqing	2187	62247
西夏区	Xixia	41	8846
金凤区	Jinfeng	2837	55137
按登记注册类型分	**Grouped by Status of Registration**		
内资企业	Domestic Funded	5064	122270
国有企业	State-owned Enterprises	106	6364
有限责任公司	Limited Liabilities Corporations	484	44617
国有独资公司	State Sole Funded Corporations	345	27700
其他有限责任公司	Other Limited Liabilities Corporations	139	16917
股份有限公司	Share-holding Corporations Limited	13	4400
私营企业	Private Enterprises	4461	66889
私营有限责任公司	Private Limited Liabilities Corporations	4446	57900
私营股份有限公司	Private Share-holding Corporations Ltd.	15	8988
外商投资企业	Foreign Funded		3960
中外合资经营企业	Domestic and Foreign Joint Funded Enterprises		3960
按国民经济行业分(2017)	**Grouped by Sector(2017)**		
房屋建筑业	House Building	1109	51021
住宅房屋建筑	Residential Building	1109	45045
其他房屋建筑业	Other Housing construction		5976
土木工程建筑业	Civil Engineering	2917	64661
铁路、道路、隧道和桥梁工程建筑	Railway, Road, Tunnel and Bridge	1187	22934
公路工程建筑	Road	76	12943
市政道路工程建筑	Municipal Works	1111	9992
水利和水运工程建筑	Water Conservancy and Water Transportation Projects	372	9109
水源及供水设施工程建筑	Construction of Water Source and Supply Water Facility	372	9109
工矿工程建筑	Mining	88	5626
架线和管道工程建筑	Frame Line and Pipeline	940	23419
架线及设备工程建筑	Frame Line Equipment Engineering	940	23419
节能环保工程施工	Energy-saving and Environmental Engineering	74	242
环保工程施工	Environmental Engineering Construction	74	242
其他土木工程建筑	Other Civil Engineering Buildings	256	3331
园林绿化工程施工	Landscaping Project Construction	60	2764
其他土木工程建筑施工	Other Civil Engineering Construction	197	568
建筑安装业	Construction Installation	828	6030
电气安装	Electric Installation	744	4303
其他建筑安装业	Other Construction Installation	84	1727
其他建筑安装	Other Building Installation	84	1727
建筑装饰、装修和其他建筑业	Construction, Decoration and Other Construction	210	4518
建筑装饰和装修业	Construction and Decoration	210	4518
公共建筑装饰和装修	Decoration and Decoration of Public Buildings	162	1441
建筑幕墙装饰和装修	Decoration and Decoration of Building Curtain Walls	48	3077

continued

（10 000 yuan）

财务费用 Financial Costs	利息收入 Interest Income	利息支出 Interest Expense	资产减值损失 Empairment of Assets	公允价值变动收益 Lncome from changes in fair value	投资收益 Investment Income	资产处置收益 Income from disposal of assets	其他收益 Other Income
18671	**3122**	**8734**	**3708**	**74**	**1904**	**48**	**1070**
17431	3086	7877	3564	74	1798	48	1026
7910	1629	5768	1422	74	297	33	143
1030	61	904	454		190		520
9731	1433	2061	1832		1418	16	407
13877	3122	8734	3617	74	1904	48	1075
292	27	287	34				7
4371	1624	2803	3077		432	16	932
2092	1109	1169	1278		245		915
2280	515	1634	1799		187	16	17
325			434		10	33	
8889	1471	5643	72	74	1462		136
9137	161	4793	72	74	177		136
−248	1311	850			1286		
4794			92				−5
4794			92				−5
8307	518	3752	711		101		958
8124	512	3722	772		30		563
184	6	30	−61		72		395
9575	2534	4521	2666		1775	48	19
2677	1416	3367	450		1438	33	
1067	1338	1910	432		1266	33	
1610	78	1457	18		172		
935	977	68	309		129		
935	977	68	309		129		
4796	13		94				−5
1127	129	1070	1814		208	16	24
1127	129	1070	1814		208	16	24
10	0	7					
10	0	7					
30	0	11					
24	0	11					
6		0					
436	8	356	183	74	15		79
221	2	198	72	74	15		79
215	6	157	111				
215	6	157	111				
353	62	105	148		13		13
353	62	105	148		13		13
140	57	78	0				
213	5	28	148		13		13

7—13 续表11

单位:万元 (2018)

指 标	Item	销售费用 Selling Costs	管理费用 Management Costs
按控股情况分	**Grouped by Controlling Stake**		
国有控股	State-owned	492	34696
集体控股	Collective-owned		6364
私人控股	Private	4573	81210
外商控股	Foreign		3960
按企业规模分	**Grouped by Enterprises Scale**		
大型	Large-Scale	121	30921
中型	Medium-Scale	1885	44329
小型	Small-Scale	2745	46865
微型	Miniatrue	314	4116
按营业状况分	**Grouped by Operating Status**		
营业	Operating	5055	126010
停业(歇业)	Turn O(f out of business)		99
当年注销	The Cancellation	9	121
按隶属关系分	**By affiliation**		
中央	The center	335	11933
地方	This place	157	29127
其他	In the news	4573	85170
按会计准则分	**Grouped by Accounting Standards**		
企业会计准则	Accounting Standards for Business Enterprises	1064	20277
小企业会计准则	Accounting Standards for Small Business Enterprises	2637	82896
其他企业会计制度	Others	1364	23057
按企业资质等级分	**Grouped by Qualification Criteria**		
施工总承包	General Contractors	3637	101391
特 级	Special Grade		2306
一 级	First Grade	121	36652
二 级	Second Grade	2633	48064
三级及以下	Third Grade and Below	883	14369
专业承包	Professional Contractors	1428	24839
一 级	First Grade	462	9035
二 级	Second Grade	739	11949
三级及以下	Third Grade and Below	227	3855

continued

(10 000 yuan)

财务费用 Financial Costs	利息收入 Interest Income	利息支出 Interest Expense	资产减值损失 Empairment of Assets	公允价值变动收益 Lncome from changes in fair value	投资收益 Investment Income	资产处置收益 Income from disposal of assets	其他收益 Other Income
2388	1127	1457	1457		245		922
84	33	116	1654		187	16	17
11405	1963	7161	506	74	1472	33	136
4794			92				-5
2015	2401	1876	1478		1272	33	520
12517	614	4610	1768		430	16	19
3967	109	2160	429	74	203		531
173	-1	88	34				
18672	3122	8734	3708	74	1904	48	1070
926	94	917	-11		21		7
1546	1065	656	3122		411	16	932
16199	1963	7161	598	74	1472	33	131
1390	24	505			178		
12090	2915	3940	3494		1564	48	991
5192	183	4289	214	74	162		79
17664	3036	8180	3423		1805	48	575
			62				
5119	2897	4544	1416		1367	33	520
11561	115	2977	1912		331	16	12
984	24	659	33		106		44
1007	87	554	285	74	99		494
97	77	56	220	74	30		86
654	-2	300	-46		69		409
256	12	198	111				0

7—13 续表12

单位:万元　　　　　　　　　　　　　　　　　　　　　　　　　　　　　　(2018)

指 标	Item	营业利润 Business Profits	营业外收入 Income Expect Business
总 计	**Total**	**92191**	**6886**
#一、二级企业	First and Second Grade	89950	6640
按地区分	**Grouped by County**		
兴庆区	Xingqing	46919	3067
西夏区	Xixia	3067	1339
金凤区	Jinfeng	42204	2481
按登记注册类型分	**Grouped by Status of Registration**		
内资企业	Domestic Funded	90536	6829
国有企业	State-owned Enterprises	5106	1252
有限责任公司	Limited Liabilities Corporations	17581	3153
国有独资公司	State Sole Funded Corporations	12242	1945
其他有限责任公司	Other Limited Liabilities Corporations	5339	1208
股份有限公司	Share-holding Corporations Limited	12673	
私营企业	Private Enterprises	55176	2425
私营有限责任公司	Private Limited Liabilities Corporations	25176	1866
私营股份有限公司	Private Share-holding Corporations Ltd.	30000	559
外商投资企业	Foreign Funded	1655	57
中外合资经营企业	Domestic and Foreign Joint Funded Enterprises	1655	57
按国民经济行业分(2017)	**Grouped by Sector(2017)**		
房屋建筑业	House Building	16778	3241
住宅房屋建筑	Residential Building	16149	2843
其他房屋建筑业	Other Housing construction	630	399
土木工程建筑业	Civil Engineering	70957	3376
铁路、道路、隧道和桥梁工程建筑	Railway,Road,Tunnel and Bridge	54365	1666
公路工程建筑	Road	42419	461
市政道路工程建筑	Municipal Works	11946	1205
水利和水运工程建筑	Water Conservancy and Water Transportation Projects	1664	49
水源及供水设施工程建筑	Construction of Water Source and Supply Water Facility	1664	49
工矿工程建筑	Mining	2308	58
架线和管道工程建筑	Frame Line and Pipeline	11251	1496
架线及设备工程建筑	Frame Line Equipment Engineering	11251	1496
节能环保工程施工	Energy-saving and Environmental Engineering	297	
环保工程施工	Environmental Engineering Construction	297	
其他土木工程建筑	Other Civil Engineering Buildings	1073	108
园林绿化工程施工	Landscaping Project Construction	916	65
其他土木工程建筑施工	Other Civil Engineering Construction	158	43
建筑安装业	Construction Installation	2719	231
电气安装	Electric Installation	1538	218
其他建筑安装业	Other Construction Installation	1181	13
其他建筑安装	Other Building Installation	1181	13
建筑装饰、装修和其他建筑业	Construction, Decoration and Other Construction	1737	38
建筑装饰和装修业	Construction and Decoration	1737	38
公共建筑装饰和装修	Decoration and Decoration of Public Buildings	83	17
建筑幕墙装饰和装修	Decoration and Decoration of Building Curtain Walls	1654	21

continued

(10 000 yuan)

营业外支出 Expenses Expect Business	利润总额 Total Profits	所得税费用 Income Tax Expense	应付职工薪酬(本年贷方累计发生额) Deal with Wages (volume of gredit side)	应交增值税 Value Added Tax Payable	在境外完成的营业收入 Overseas Revenues	亏损企业数(个) Number of loss-making Enterprises (pieces)
4913	**94254**	**25991**	**190384**	**87617**	**24559**	**135**
4595	92085	24062	176783	80595	24559	77
2337	47739	12482	109537	43471	24559	65
372	4034	1858	19354	10977		6
2204	42481	11651	61494	33169		64
4605	92850	25867	190145	86592	24559	135
380	5978	1534	18802	3918		1
1484	19250	4920	74191	33848	24559	15
1232	12955	1991	44151	25160	24559	4
252	6295	2929	30039	8688		11
68	12605	1986	7579	2852		1
2674	55017	17427	89573	45973		118
2420	24712	12982	77464	42265		118
254	30305	4445	12109	3708		
308	1404	124	239	1026		
308	1404	124	239	1026		
2443	17576	11399	94581	51380		60
2365	16627	11044	89231	49570		58
79	950	356	5350	1810		2
2324	72100	13306	86956	33527	24559	43
515	55606	9207	27796	12108		9
327	42553	6710	20631	6324		3
188	13053	2498	7165	5784		6
169	1544	920	7167	2765		9
169	1544	920	7167	2765		9
352	2013	220	7164	2976		
1247	11500	2318	42397	11115	24559	12
1247	11500	2318	42397	11115	24559	12
	297	3	349	104		1
	297	3	349	104		1
42	1139	640	2083	4459		12
40	940	600	1607	4304		8
1	199	39	476	155		4
104	2846	628	5264	1384		13
91	1665	418	3373	1244		11
13	1182	210	1891	140		2
13	1182	210	1891	140		2
42	1733	658	3582	1326		19
42	1733	658	3582	1326		19
7	92	137	1043	342		13
35	1640	521	2540	984		6

7—13 续表13

单位:万元 (2018)

指 标	Item	营业利润 Business Profits	营业外收入 Income Expect Business
按控股情况分	**Grouped by Controlling Stake**		
国有控股	State–owned	16120	3208
集体控股	Collective–owned	510	421
私人控股	Private	73906	3200
外商控股	Foreign	1655	57
按企业规模分	**Grouped by Enterprises Scale**		
大型	Large–Scale	47220	1832
中型	Medium–Scale	35751	4145
小型	Small–Scale	11341	862
微型	Miniatrue	–2121	47
按营业状况分	**Grouped by Operating Status**		
营业	Operating	92143	6886
停业(歇业)	Turn O(f out of business)	–7	
当年注销	The Cancellation	55	
按隶属关系分	**By affiliation**		
中央	The center	6635	707
地方	This place	9995	2922
其他	In the news	75561	3257
按会计准则分	**Grouped by Accounting Standards**		
企业会计准则	Accounting Standards for Business Enterprises	3850	566
小企业会计准则	Accounting Standards for Small Business Enterprises	72167	5737
其他企业会计制度	Others	16174	584
按企业资质等级分	**Grouped by Qualification Criteria**		
施工总承包	General Contractors	84833	6029
特 级	Special Grade	–282	566
一 级	First Grade	54057	2201
二 级	Second Grade	30612	3116
三级及以下	Third Grade and Below	446	145
专业承包	Professional Contractors	7358	858
一 级	First Grade	3846	418
二 级	Second Grade	1716	338
三级及以下	Third Grade and Below	1795	101

continued

（10 000 yuan）

营业外支出 Expenses Expect Business	利润总额 Total Profits	所得税费用 Income Tax Expense	应付职工薪酬（本年贷方累计发生额） Deal with Wages （volume of gredit side）	应交增值税 Value Added Tax Payable	在境外完成的营业收入 Overseas Revenues	亏损企业数（个） Number of loss-making Enterprises （pieces）
1618	17710	3817	63382	29354	24559	8
131	801	1087	11402	3298		1
2857	74340	20963	115361	53940		126
308	1404	124	239	1026		
1422	47630	6943	49915	25229	24559	
2235	37752	13118	91742	38124		13
1112	11091	5854	45294	23718		73
144	-2218	77	3434	547		49
4866	94253	25986	190152	87461	24559	134
3	-9	2	168	30		1
44	11	3	64	127		
1008	6335	594	32949	6243	24559	1
741	12176	4311	41835	26409		8
3164	75744	21087	115600	54966		126
330	4086	2646	20318	15525		49
3465	74438	15324	137308	54210	24559	53
1118	15730	8021	32758	17883		33
4353	86599	23594	154969	79811	24559	90
68	216	85	6170	5450		
1936	54413	9032	62066	29110	24559	2
2124	31603	12996	76152	38794		40
226	366	1481	10580	6457		48
559	7656	2397	35415	7806		45
385	3880	1103	22585	5002		1
82	1973	846	9810	2238		34
92	1803	448	3021	566		10

7—14 建筑业总承包资质等级一、二级企业名单

Construction Industry List by Contracted Qualification Criteria with First or Secord Grade

(2018)

单位名称 Unit Name	行业类别 Sectors	注册类型 Registration Type	资质等级 Qualification Griteria	企业规模 Scale Enterprises
宁夏建工集团有限公司	住宅房屋建筑	国有独资公司	建筑工程特级	大型
宁夏第二建筑有限公司	住宅房屋建筑	国有独资公司	建筑工程一级	大型
宁夏第五建筑有限公司	住宅房屋建筑	国有独资公司	建筑工程一级	大型
宁夏第一建筑有限公司	住宅房屋建筑	国有独资公司	建筑工程一级	大型
宁夏正丰建筑工程有限公司	住宅房屋建筑	其他有限责任公司	建筑工程一级	中型
宁夏华宇建设工程有限公司	住宅房屋建筑	其他有限责任公司	建筑工程一级	中型
宁夏恺元建筑有限公司	住宅房屋建筑	私营有限责任公司	建筑工程一级	中型
银川三建集团有限公司	住宅房屋建筑	私营有限责任公司	建筑工程一级	中型
宁夏斯达建筑工程有限公司	住宅房屋建筑	私营有限责任公司	建筑工程一级	中型
宁夏煤炭基本建设有限公司	住宅房屋建筑	国有独资公司	建筑工程一级	大型
银川城建集团工程有限公司	住宅房屋建筑	其他有限责任公司	建筑工程一级	中型
宁夏住宅建设工程有限公司	住宅房屋建筑	私营有限责任公司	建筑工程一级	中型
宁夏金宸达建设工程有限公司	住宅房屋建筑	私营有限责任公司	建筑工程一级	中型
宁夏视通建设集团有限公司	住宅房屋建筑	私营有限责任公司	建筑工程一级	中型
宁夏交通建设股份有限公司	公路工程建筑	股份有限公司	公路工程一级	大型
宁夏路桥工程股份有限公司	公路工程建筑	私营股份有限公司	公路工程一级	大型
宁夏水利水电工程局有限公司	水源及供水设施工程建筑	国有独资公司	水利水电工程一级	大型
中电建宁夏工程有限公司	架线及设备工程建筑	国有独资公司	电力工程一级	大型
宁夏方圆建设工程有限公司	市政道路工程建筑	私营有限责任公司	市政公用工程一级	中型
银川第二市政工程有限责任公司	市政道路工程建筑	其他有限责任公司	市政公用工程一级	中型
银川第一市政工程有限责任公司	市政道路工程建筑	私营有限责任公司	市政公用工程一级	中型
宁夏回族自治区农垦建设实业总公司	住宅房屋建筑	国有企业	建筑工程二级	中型
宁夏对外建设总公司	住宅房屋建筑	国有独资公司	建筑工程二级	中型
宁夏第三建筑有限公司	住宅房屋建筑	国有独资公司	建筑工程二级	中型
中冶建工集团(宁夏)建设工程有限公司	住宅房屋建筑	国有独资公司	建筑工程二级	中型
灵武市建筑工程公司	住宅房屋建筑	集体企业	建筑工程二级	中型
宁夏宏瑞建设工程有限公司	住宅房屋建筑	其他有限责任公司	建筑工程二级	中型
宁夏固本建筑有限公司	住宅房屋建筑	其他有限责任公司	建筑工程二级	中型
宁夏永建建筑工程有限公司	住宅房屋建筑	其他有限责任公司	建筑工程二级	中型
宁夏回族自治区新圣基建筑工程有限公司	住宅房屋建筑	其他有限责任公司	建筑工程二级	中型
宁夏兴亚建筑工程有限公司	住宅房屋建筑	其他有限责任公司	建筑工程二级	中型
宁夏永刚建筑工程有限公司	住宅房屋建筑	其他有限责任公司	建筑工程二级	中型
宁夏圣峰建筑工程有限公司	住宅房屋建筑	私营有限责任公司	建筑工程二级	中型
宁夏恒基建筑安装工程有限公司	住宅房屋建筑	私营有限责任公司	建筑工程二级	中型
宁夏伊丰建设工程有限公司	住宅房屋建筑	私营有限责任公司	建筑工程二级	中型
宁夏英利达建筑工程有限公司	住宅房屋建筑	私营有限责任公司	建筑工程二级	中型
宁夏海兴建设集团有限公司	住宅房屋建筑	私营有限责任公司	建筑工程二级	中型
宁夏鑫和成建筑工程有限公司	住宅房屋建筑	私营有限责任公司	建筑工程二级	中型
宁夏石油化工建设有限公司	住宅房屋建筑	私营有限责任公司	建筑工程二级	中型
宁夏陆磐建筑工程有限公司	住宅房屋建筑	私营有限责任公司	建筑工程二级	中型
银川市第一建筑工程有限责任公司	住宅房屋建筑	私营有限责任公司	建筑工程二级	中型
宁夏功达建筑工程有限责任公司	住宅房屋建筑	私营有限责任公司	建筑工程二级	中型
宁夏灵隆建设集团有限责任公司	住宅房屋建筑	私营有限责任公司	建筑工程二级	中型
宁夏晧顺建设有限公司	住宅房屋建筑	私营有限责任公司	建筑工程二级	中型
宁夏亘捷建设工程有限公司	住宅房屋建筑	私营有限责任公司	建筑工程二级	中型
宁夏德成建筑工程有限公司	住宅房屋建筑	私营有限责任公司	建筑工程二级	中型

7—14 续表1 continued

单位名称 Unit Name	行业类别 Sectors	注册类型 Registration Type	资质等级 Qualification Criteria	企业规模 Scale Enterprises
宁夏鎏铭建设工程有限公司	住宅房屋建筑	私营有限责任公司	建筑工程二级	中型
宁夏忠仁建设工程有限公司	住宅房屋建筑	私营有限责任公司	建筑工程二级	中型
宁夏恒远达建筑工程有限公司	住宅房屋建筑	私营有限责任公司	建筑工程二级	中型
宁夏坤隆建设工程有限公司	住宅房屋建筑	私营有限责任公司	建筑工程二级	中型
宁夏鹏晨建设工程有限公司	住宅房屋建筑	私营有限责任公司	建筑工程二级	中型
宁夏瑞泽建筑安装工程有限公司	住宅房屋建筑	私营有限责任公司	建筑工程二级	中型
宁夏佳凯建设工程有限公司	住宅房屋建筑	私营有限责任公司	建筑工程二级	中型
宁夏华建建筑有限责任公司	住宅房屋建筑	私营有限责任公司	建筑工程二级	中型
宁夏新源建设工程有限公司	住宅房屋建筑	私营有限责任公司	建筑工程二级	中型
银川聚仁建筑工程有限公司	住宅房屋建筑	私营有限责任公司	建筑工程二级	中型
宁夏浩泞建筑工程有限公司	住宅房屋建筑	私营有限责任公司	建筑工程二级	中型
宁夏众鑫鹏建筑工程有限责任公司	住宅房屋建筑	私营有限责任公司	建筑工程二级	中型
宁夏成城建设集团有限公司	住宅房屋建筑	私营有限责任公司	建筑工程二级	中型
宁夏亘利建筑工程有限公司	住宅房屋建筑	私营有限责任公司	建筑工程二级	中型
宁夏北方明珠建筑工程有限公司	住宅房屋建筑	私营有限责任公司	建筑工程二级	中型
宁夏大捷建设工程有限公司	住宅房屋建筑	私营有限责任公司	建筑工程二级	中型
宁夏庆元建设实业有限公司	住宅房屋建筑	私营有限责任公司	建筑工程二级	中型
宁夏永益建设工程有限公司	住宅房屋建筑	私营有限责任公司	建筑工程二级	中型
宁夏嘉隆建筑工程有限责任公司	住宅房屋建筑	国有独资公司	建筑工程二级	小型
宁夏北方彩新建工集团股份有限公司	住宅房屋建筑	股份有限公司	建筑工程二级	小型
宁夏万通建设工程有限公司	住宅房屋建筑	其他有限责任公司	建筑工程二级	小型
宁夏铭龙建设有限公司	住宅房屋建筑	其他有限责任公司	建筑工程二级	小型
宁夏昱正泰建筑工程有限公司	住宅房屋建筑	其他有限责任公司	建筑工程二级	小型
宁夏三鑫机械化工程有限公司	住宅房屋建筑	其他有限责任公司	建筑工程二级	小型
宁夏众一建设工程有限公司	住宅房屋建筑	其他有限责任公司	建筑工程二级	小型
宁夏柏晟建设工程有限公司	住宅房屋建筑	私营有限责任公司	建筑工程二级	小型
宁夏海江建筑工程有限公司	住宅房屋建筑	私营有限责任公司	建筑工程二级	小型
宁夏顺城建设有限公司	住宅房屋建筑	私营有限责任公司	建筑工程二级	小型
宁夏鸿辉建筑工程有限公司	住宅房屋建筑	私营有限责任公司	建筑工程二级	小型
宁夏昌泽建设工程有限公司	住宅房屋建筑	私营有限责任公司	建筑工程二级	小型
宁夏品晟建设发展有限公司	住宅房屋建筑	私营有限责任公司	建筑工程二级	小型
宁夏常博建设发展有限公司	住宅房屋建筑	私营有限责任公司	建筑工程二级	小型
宁夏弘和石油建设工程有限公司	住宅房屋建筑	私营有限责任公司	建筑工程二级	小型
宁夏金川建筑工程有限公司	住宅房屋建筑	私营有限责任公司	建筑工程二级	小型
宁夏国基建设工程有限公司	住宅房屋建筑	私营有限责任公司	建筑工程二级	小型
宁夏天禹建设有限公司	住宅房屋建筑	私营有限责任公司	建筑工程二级	小型
宁夏回族自治区建设工程有限公司	住宅房屋建筑	私营有限责任公司	建筑工程二级	小型
宁夏启融通建设工程有限公司	住宅房屋建筑	私营有限责任公司	建筑工程二级	小型
宁夏华力坤建设工程有限公司	住宅房屋建筑	私营有限责任公司	建筑工程二级	小型
宁夏华远恒建设有限公司	住宅房屋建筑	私营有限责任公司	建筑工程二级	小型
宁夏德冠建设工程有限公司	住宅房屋建筑	私营有限责任公司	建筑工程二级	小型
宁夏众力拓建设工程有限公司	住宅房屋建筑	私营有限责任公司	建筑工程二级	小型
宁夏弘宇建设工程有限公司	住宅房屋建筑	私营有限责任公司	建筑工程二级	小型
宁夏冠华建筑安装工程有限公司	住宅房屋建筑	私营有限责任公司	建筑工程二级	小型
宁夏金鼎昌建设工程有限公司	住宅房屋建筑	私营有限责任公司	建筑工程二级	小型
宁夏中海东昇工程有限公司	住宅房屋建筑	私营有限责任公司	建筑工程二级	小型
宁夏华元建设工程有限公司	住宅房屋建筑	私营有限责任公司	建筑工程二级	小型
宁夏华旌建设工程有限公司	住宅房屋建筑	私营有限责任公司	建筑工程二级	小型

7—14 续表2 continued

单位名称 Unit Name	行业类别 Sectors	注册类型 Registration Type	资质等级 Qualification Griteria	企业规模 Scale Enterprises
宁夏苏宏建筑工程有限公司	住宅房屋建筑	私营有限责任公司	建筑工程二级	小型
宁夏润海建设工程发展有限公司	住宅房屋建筑	私营有限责任公司	建筑工程二级	小型
宁夏恒鑫建筑安装工程有限公司	住宅房屋建筑	私营有限责任公司	建筑工程二级	小型
宁夏凯田建筑工程有限公司	住宅房屋建筑	私营有限责任公司	建筑工程二级	小型
宁夏勇峰建筑工程有限公司	住宅房屋建筑	私营有限责任公司	建筑工程二级	小型
宁夏天易建筑工程有限公司	住宅房屋建筑	私营有限责任公司	建筑工程二级	小型
宁夏吉兴达建筑工程有限公司	住宅房屋建筑	私营有限责任公司	建筑工程二级	小型
宁夏天筑建筑工程有限公司	住宅房屋建筑	私营有限责任公司	建筑工程二级	小型
宁夏岭夏建设工程有限公司	住宅房屋建筑	私营有限责任公司	建筑工程二级	小型
宁夏银隆建筑工程有限公司	住宅房屋建筑	私营有限责任公司	建筑工程二级	小型
宁夏晋明建设工程有限公司	住宅房屋建筑	私营有限责任公司	建筑工程二级	小型
宁夏圣特建筑安装工程有限公司	住宅房屋建筑	私营有限责任公司	建筑工程二级	小型
宁夏海山佳盛建设工程有限公司	住宅房屋建筑	私营有限责任公司	建筑工程二级	小型
宁夏宁东建设集团有限公司	住宅房屋建筑	私营有限责任公司	建筑工程二级	小型
宁夏宏斌建筑工程有限公司	住宅房屋建筑	私营有限责任公司	建筑工程二级	小型
宁夏嘉屋建设工程有限公司	住宅房屋建筑	私营有限责任公司	建筑工程二级	小型
宁夏百力德建筑工程有限公司	住宅房屋建筑	私营有限责任公司	建筑工程二级	小型
宁夏灵武市第六建筑安装工程有限公司	住宅房屋建筑	私营有限责任公司	建筑工程二级	小型
宁夏科强建筑安装有限公司	住宅房屋建筑	私营有限责任公司	建筑工程二级	小型
宁夏长银建设工程有限公司	住宅房屋建筑	私营有限责任公司	建筑工程二级	小型
宁夏鑫升建设工程有限公司	住宅房屋建筑	私营有限责任公司	建筑工程二级	小型
宁夏银晨建筑工程有限公司	住宅房屋建筑	私营有限责任公司	建筑工程二级	小型
宁夏业通建设工程有限公司	住宅房屋建筑	私营有限责任公司	建筑工程二级	小型
宁夏威翔建筑工程有限公司	住宅房屋建筑	私营有限责任公司	建筑工程二级	小型
宁夏天拓石油建设工程有限公司	住宅房屋建筑	私营有限责任公司	建筑工程二级	小型
宁夏隆洋建筑实业有限公司	住宅房屋建筑	私营有限责任公司	建筑工程二级	小型
宁夏宁鑫建设工程有限公司	住宅房屋建筑	私营有限责任公司	建筑工程二级	小型
宁夏云腾建设工程有限公司	住宅房屋建筑	私营有限责任公司	建筑工程二级	小型
宁夏合泰建设工程有限公司	住宅房屋建筑	私营有限责任公司	建筑工程二级	小型
宁夏浩林建筑安装工程有限公司	住宅房屋建筑	私营有限责任公司	建筑工程二级	小型
宁夏励诚建设工程有限公司	住宅房屋建筑	私营有限责任公司	建筑工程二级	小型
宁夏年丰建筑工程有限公司	住宅房屋建筑	私营有限责任公司	建筑工程二级	小型
宁夏鼎晟达建设工程有限公司	住宅房屋建筑	私营有限责任公司	建筑工程二级	小型
宁夏麟澔建设工程有限公司	住宅房屋建筑	私营有限责任公司	建筑工程二级	小型
宁夏卓越建筑安装工程有限责任公司	住宅房屋建筑	其他有限责任公司	建筑工程二级	微型
宁夏金盛远建设工程有限公司	住宅房屋建筑	私营有限责任公司	建筑工程二级	微型
宁夏新月建筑有限公司	住宅房屋建筑	私营有限责任公司	建筑工程二级	微型
银川市郊区第二建筑有限公司	住宅房屋建筑	私营有限责任公司	建筑工程二级	微型
宁夏翔实建设工程有限公司	住宅房屋建筑	私营有限责任公司	建筑工程二级	微型
宁夏东业建设工程有限公司	住宅房屋建筑	私营有限责任公司	建筑工程二级	微型
宁夏德贤建筑工程有限公司	住宅房屋建筑	私营有限责任公司	建筑工程二级	微型
宁夏华鹏建设集团有限公司	住宅房屋建筑	私营有限责任公司	建筑工程二级	微型
宁夏建昌建筑实业有限公司	住宅房屋建筑	私营有限责任公司	建筑工程二级	微型
宁夏路捷建设集团有限公司	公路工程建筑	私营有限责任公司	公路工程二级	中型
宁夏银鑫建设工程有限公司	公路工程建筑	私营有限责任公司	公路工程二级	小型
宁夏大洋公路工程有限公司	公路工程建筑	私营有限责任公司	公路工程二级	小型
正坤建设有限公司	水源及供水设施工程建筑	私营有限责任公司	水利水电工程二级	中型
宁夏佳洋新能源开发有限公司	架线及设备工程建筑	其他有限责任公司	电力工程二级	中型

7—14 续表3 continued

单位名称 Unit Name	行业类别 Sectors	注册类型 Registration Type	资质等级 Qualification Griteria	企业规模 Scale Enterprises
宁夏中新能电力建设有限公司	架线及设备工程建筑	其他有限责任公司	电力工程二级	中型
宁夏天信建设发展有限责任公司	架线及设备工程建筑	其他有限责任公司	电力工程二级	中型
宁夏天净元光电力有限公司	架线及设备工程建筑	其他有限责任公司	电力工程二级	中型
宁夏超高压电力工程有限公司	架线及设备工程建筑	其他有限责任公司	电力工程二级	中型
宁夏东宏电力有限公司	架线及设备工程建筑	其他有限责任公司	电力工程二级	中型
宁夏元亘电力有限公司	架线及设备工程建筑	私营有限责任公司	电力工程二级	小型
宁夏荣光电力工程有限公司	架线及设备工程建筑	私营有限责任公司	电力工程二级	小型
宁夏新恒通电力建筑工程有限公司	架线及设备工程建筑	私营有限责任公司	电力工程二级	小型
宁夏新锐电气有限公司	架线及设备工程建筑	私营有限责任公司	电力工程二级	小型
银川明辉电力工程有限公司	架线及设备工程建筑	私营有限责任公司	电力工程二级	小型
宁夏天宏爆破有限公司	工矿工程建筑	私营有限责任公司	矿山工程二级	中型
斯伦贝谢长和油田工程有限公司	工矿工程建筑	中外合资经营企业	石油化工工程二级	中型
宁夏宁化安装检修有限责任公司	工矿工程建筑	国有独资公司	石油化工工程二级	小型
宁夏长中建筑安装工程有限公司	工矿工程建筑	私营有限责任公司	石油化工工程二级	小型
银川中铁水务集团市政工程有限公司	市政道路工程建筑	国有独资公司	市政公用工程二级	中型
诚捷祥集团有限公司	市政道路工程建筑	私营有限责任公司	市政公用工程二级	中型
银川天宏实业有限公司	市政道路工程建筑	私营有限责任公司	市政公用工程二级	中型
宁夏鑫源建设工程有限公司	市政道路工程建筑	私营有限责任公司	市政公用工程二级	中型
宁夏中远工程建设有限公司	市政道路工程建筑	私营有限责任公司	市政公用工程二级	中型
银川市成通建设工程有限公司	市政道路工程建筑	私营有限责任公司	市政公用工程二级	中型
银川市市政建设工程有限责任公司	市政道路工程建筑	私营有限责任公司	市政公用工程二级	中型
宁夏诚畅建设工程有限公司	市政道路工程建筑	私营有限责任公司	市政公用工程二级	中型
宁夏万嘉市政建设工程有限公司	市政道路工程建筑	私营有限责任公司	市政公用工程二级	中型
宁夏建宏道路有限公司	市政道路工程建筑	其他有限责任公司	市政公用工程二级	小型
宁夏赐鑫建筑工程有限公司	市政道路工程建筑	其他有限责任公司	市政公用工程二级	小型
宁夏政柏建设工程有限公司	市政道路工程建筑	私营有限责任公司	市政公用工程二级	小型
宁夏创世恒通公路工程有限公司	市政道路工程建筑	私营有限责任公司	市政公用工程二级	小型
宁夏昱博市政建设工程有限公司	市政道路工程建筑	私营有限责任公司	市政公用工程二级	小型
宁夏邦晟建设工程有限公司	市政道路工程建筑	私营有限责任公司	市政公用工程二级	小型
宁夏凯阳建设工程有限公司	市政道路工程建筑	私营有限责任公司	市政公用工程二级	小型
宁夏华源通工程建设有限公司	市政道路工程建筑	私营有限责任公司	市政公用工程二级	小型
宁夏德嘉建设工程有限公司	市政道路工程建筑	私营有限责任公司	市政公用工程二级	小型
宁夏瑞德建设工程有限公司	市政道路工程建筑	私营有限责任公司	市政公用工程二级	小型
宁夏新宇建设工程有限公司	市政道路工程建筑	私营有限责任公司	市政公用工程二级	小型
宁夏凯珠机械化工程有限公司	市政道路工程建筑	私营有限责任公司	市政公用工程二级	小型
宁夏晨洋公路工程有限公司	市政道路工程建筑	私营有限责任公司	市政公用工程二级	小型
宁夏易方达建设工程有限公司	市政道路工程建筑	私营有限责任公司	市政公用工程二级	小型
宁夏天基伟业建设工程有限公司	市政道路工程建筑	私营有限责任公司	市政公用工程二级	微型
宁夏中畅恒基景观工程有限公司	园林绿化工程施工	私营有限责任公司	市政公用工程(园林绿化)二级	小型
宁夏宝康市政园林工程有限公司	园林绿化工程施工	私营有限责任公司	市政公用工程(园林绿化)二级	小型
宁夏善途建设景观有限公司	园林绿化工程施工	私营有限责任公司	市政公用工程(园林绿化)二级	小型
中盛建设集团有限公司	园林绿化工程施工	私营有限责任公司	市政公用工程(园林绿化)二级	小型
宁夏秀华园林景观工程有限公司	园林绿化工程施工	私营有限责任公司	市政公用工程(园林绿化)二级	小型
宁夏众捷建设景观工程有限公司	园林绿化工程施工	私营有限责任公司	市政公用工程(园林绿化)二级	小型
宁夏聚宏源建设景观工程有限公司	园林绿化工程施工	私营有限责任公司	市政公用工程(园林绿化)二级	微型
宁夏华瑞星建筑景观工程有限公司	园林绿化工程施工	私营有限责任公司	市政公用工程(园林绿化)二级	微型
宁夏通信建设公司	架线及设备工程建筑	国有独资公司	通信工程二级	小型
宁夏捷运通信工程建设有限公司	架线及设备工程建筑	私营有限责任公司	通信工程二级	小型

7—15 建筑业专业承包资质等级一、二级企业名单

Construction Industry List by Professional Contractor Qualification Criteria with First or Secord Grade

(2018)

单位名称 UnitName	行业类别 Sectors	注册类型 Registration Type	资质等级 Qualification Griteria	企业规模 Scale Enterprises
宁夏伊斯兰地质工程公司	其他房屋建筑业	国有独资公司	地基基础工程一级	中型
宁夏夯中岩土工程有限公司	其他房屋建筑业	私营有限责任公司	地基基础工程一级	小型
银川汇达建筑装饰工程有限公司	公共建筑装饰和装修	私营有限责任公司	建筑装修装饰工程一级	小型
宁夏古月建筑装饰工程有限公司	建筑幕墙装饰和装修	私营有限责任公司	建筑幕墙及装修装饰工程一级	中型
宁夏建设投资集团装饰工程有限公司	建筑幕墙装饰和装修	其他有限责任公司	建筑幕墙及装修装饰工程一级	小型
宁夏凯田装饰设计工程有限公司	建筑幕墙装饰和装修	私营有限责任公司	建筑幕墙及装修装饰工程一级	小型
宁夏鑫吉海医疗工程有限公司	建筑幕墙装饰和装修	私营有限责任公司	建筑幕墙及装修装饰工程一级	小型
宁夏众安消防安全工程有限公司	电气安装	私营有限责任公司	消防设施工程一级	小型
宁夏久安消防工程有限公司	电气安装	私营有限责任公司	消防设施工程一级	小型
银川瑞安祥消防安全技术工程有限公司	电气安装	私营有限责任公司	消防设施工程一级	小型
宁夏安消消防设施工程有限公司	电气安装	私营有限责任公司	消防设施工程一级	小型
宁夏宁电消防设备有限公司	电气安装	私营有限责任公司	消防设施工程一级	小型
宁夏众邦消防工程有限公司	电气安装	私营有限责任公司	消防设施工程一级	小型
宁夏天府消防工程设备有限公司	电气安装	私营有限责任公司	消防设施工程一级	微型
宁夏嘉宁科技实业有限公司	电气安装	私营有限责任公司	电子与智能化工程一级	微型
宁夏送变电工程公司	架线及设备工程建筑	国有企业	输变电工程一级	中型
宁夏昊能电力有限公司	架线及设备工程建筑	私营有限责任公司	输变电工程一级	小型
宁夏大力岩土工程公司	其他房屋建筑业	国有企业	地基基础工程二级	小型
宁夏地质工程勘察院	其他房屋建筑业	国有企业	地基基础工程二级	小型
宁夏建设投资集团岩土工程有限公司	其他房屋建筑业	国有独资公司	地基基础工程二级	小型
宁夏煤炭勘察工程有限公司	其他房屋建筑业	国有独资公司	地基基础工程二级	小型
宁夏基础工程有限公司	其他房屋建筑业	其他有限责任公司	地基基础工程二级	小型
宁夏夯利岩土工程有限公司	其他房屋建筑业	私营有限责任公司	地基基础工程二级	小型
宁夏天斧机械化工程有限公司	其他房屋建筑业	私营有限责任公司	地基基础工程二级	小型
宁夏建筑科学研究院股份有限公司	其他房屋建筑业	私营股份有限公司	地基基础工程二级	小型
宁夏天力基础工程有限公司	其他房屋建筑业	私营有限责任公司	地基基础工程二级	小型
宁夏有色地质工程公司	其他房屋建筑业	国有企业	地基基础工程二级(工矿钻井)	微型
宁夏金匠广告装饰工程有限公司	公共建筑装饰和装修	私营有限责任公司	建筑装修装饰工程二级	小型
宁夏佳骅建设工程有限公司	公共建筑装饰和装修	私营有限责任公司	建筑装修装饰工程二级	小型
宁夏百韧广告装饰工程有限公司	公共建筑装饰和装修	私营有限责任公司	建筑装修装饰工程二级	小型
宁夏完美艺家装饰工程有限公司	公共建筑装饰和装修	私营有限责任公司	建筑装修装饰工程二级	小型
宁夏胜邺装饰工程有限公司	公共建筑装饰和装修	私营有限责任公司	建筑装修装饰工程二级	小型
宁夏元泰装饰工程有限公司	公共建筑装饰和装修	私营有限责任公司	建筑装修装饰工程二级	小型

7—15 续表1 continued

单位名称 UnitName	行业类别 Sectors	注册类型 Registration Type	资质等级 Qualification Griteria	企业规模 Scale Enterprises
宁夏环城建设工程有限公司	公共建筑装饰和装修	私营有限责任公司	建筑装修装饰工程二级	小型
银川泰冉装饰设计工程有限公司	公共建筑装饰和装修	私营有限责任公司	建筑装修装饰工程二级	小型
宁夏生美装饰工程有限公司	公共建筑装饰和装修	私营有限责任公司	建筑装修装饰工程二级	小型
宁夏通锦建筑装饰有限公司	公共建筑装饰和装修	私营有限责任公司	建筑装修装饰工程二级	微型
宁夏西美装饰工程有限公司	公共建筑装饰和装修	私营有限责任公司	建筑装修装饰工程二级	微型
宁夏通恒建筑装饰有限公司	公共建筑装饰和装修	私营有限责任公司	建筑装修装饰工程二级	微型
宁夏世筑装饰工程有限公司	公共建筑装饰和装修	私营有限责任公司	建筑装修装饰工程二级	微型
宁夏博辉装饰工程有限公司	公共建筑装饰和装修	私营有限责任公司	建筑装修装饰工程二级	微型
宁夏美筑广告装饰工程有限公司	公共建筑装饰和装修	私营有限责任公司	建筑装修装饰工程二级	微型
宁夏森达广告装饰工程有限公司	公共建筑装饰和装修	私营有限责任公司	建筑装修装饰工程二级	微型
宁夏信誉建筑装饰工程有限公司	公共建筑装饰和装修	私营有限责任公司	建筑装修装饰工程二级	微型
宁夏弘亿元建筑装饰工程有限公司	公共建筑装饰和装修	私营有限责任公司	建筑装修装饰工程二级	微型
宁夏屹立建筑装饰工程有限公司	公共建筑装饰和装修	私营有限责任公司	建筑装修装饰工程二级	微型
宁夏集美建筑装饰工程有限公司	公共建筑装饰和装修	私营有限责任公司	建筑装修装饰工程二级	微型
宁夏金利马建筑装饰工程有限公司	公共建筑装饰和装修	私营有限责任公司	建筑装修装饰工程二级	微型
宁夏舜豪建筑装饰工程有限公司	公共建筑装饰和装修	私营有限责任公司	建筑装修装饰工程二级	微型
深装华南(宁夏)建筑装饰工程有限公司	公共建筑装饰和装修	私营有限责任公司	建筑装修装饰工程二级	微型
宁夏恒亚制造安装有限公司	建筑幕墙装饰和装修	其他有限责任公司	建筑幕墙及装修装饰工程二级	小型
宁夏建筑设计装饰工程有限公司	建筑幕墙装饰和装修	其他有限责任公司	建筑幕墙及装修装饰工程二级	小型
宁夏陆宇建设装饰有限公司	建筑幕墙装饰和装修	私营有限责任公司	建筑幕墙及装修装饰工程二级	小型
银川新形象装饰设计工程有限公司	建筑幕墙装饰和装修	私营有限责任公司	建筑幕墙及装修装饰工程二级	小型
宁夏中联装饰工程有限公司	建筑幕墙装饰和装修	私营有限责任公司	建筑幕墙及装修装饰工程二级	小型
宁夏僖泰装饰工程有限公司	建筑幕墙装饰和装修	私营有限责任公司	建筑幕墙及装修装饰工程二级	小型
宁夏新三星建设工程有限公司	建筑幕墙装饰和装修	私营有限责任公司	建筑幕墙及装修装饰工程二级	小型
宁夏鸿日建筑幕墙装饰有限公司	建筑幕墙装饰和装修	私营有限责任公司	建筑幕墙及装修装饰工程二级	小型
宁夏鑫北装饰有限公司	建筑幕墙装饰和装修	私营有限责任公司	建筑幕墙及装修装饰工程二级	小型
银川市民政福利建筑装饰有限公司	建筑幕墙装饰和装修	私营有限责任公司	建筑幕墙及装修装饰工程二级	小型
宁夏天邦装饰工程有限公司	建筑幕墙装饰和装修	私营有限责任公司	建筑幕墙及装修装饰工程二级	微型
宁夏三昌建筑装饰工程有限公司	建筑幕墙装饰和装修	私营有限责任公司	建筑幕墙及装修装饰工程二级	微型
宁夏红鼎盛建设工程有限公司	建筑幕墙装饰和装修	私营有限责任公司	建筑幕墙及装修装饰工程二级	微型
宁夏鑫翔建设集团股份有限公司	建筑幕墙装饰和装修	私营有限责任公司	建筑幕墙及装修装饰工程二级	微型
宁夏众辰安全技术有限公司	电气安装	私营有限责任公司	消防设施工程二级	小型
宁夏隆泰华消防工程有限公司	电气安装	私营有限责任公司	消防设施工程二级	小型
宁夏恒创设备安装工程有限公司	电气安装	私营有限责任公司	消防设施工程二级	小型
宁夏高力安装工程有限公司	电气安装	私营有限责任公司	消防设施工程二级	小型

7—15 续表2 continued

单位名称 UnitName	行业类别 Sectors	注册类型 Registration Type	资质等级 Qualification Griteria	企业规模 Scale Enterprises
宁夏仁昊建设工程有限公司	电气安装	私营有限责任公司	消防设施工程二级	小型
宁夏泰银消防设备安装工程有限公司	电气安装	私营有限责任公司	消防设施工程二级	小型
宁夏德瑞昇实业有限公司	电气安装	其他有限责任公司	消防设施工程二级	微型
宁夏优泰消防安全工程有限公司	电气安装	私营有限责任公司	消防设施工程二级	微型
宁夏龙津消防安全技术有限公司	电气安装	私营有限责任公司	消防设施工程二级	微型
宁夏丰亨环保消防工程有限公司	电气安装	私营有限责任公司	消防设施工程二级	微型
宁夏安邦智能科技有限公司	电气安装	私营有限责任公司	消防设施工程二级	微型
宁夏银盛达消防工程有限公司	电气安装	私营有限责任公司	消防设施工程二级	微型
宁夏欣安消防工程有限公司	电气安装	私营有限责任公司	消防设施工程二级	微型
宁夏易兴建设工程有限公司	电气安装	私营有限责任公司	消防设施工程二级	微型
宁夏住宅康克建材科技工程有限公司	其他土木工程建筑施工	其他有限责任公司	防水防腐保温工程二级	小型
宁夏建科骏瀚特种工程有限公司	其他土木工程建筑施工	私营有限责任公司	防水防腐保温工程二级	小型
银川恒丰达防腐保温工程有限公司	其他土木工程建筑施工	私营有限责任公司	防水防腐保温工程二级	小型
银川桓安保温工程有限公司	其他土木工程建筑施工	私营有限责任公司	防水防腐保温工程二级	小型
宁夏层峰建设工程有限公司	其他土木工程建筑施工	私营有限责任公司	防水防腐保温工程二级	微型
宁夏茂林建设安装工程有限公司	其他土木工程建筑施工	私营有限责任公司	防水防腐保温工程二级	微型
宁夏安正科贸有限公司	电气安装	私营有限责任公司	电子与智能化工程二级	小型
宁夏思源高科智能工程有限公司	电气安装	私营有限责任公司	电子与智能化工程二级	小型
宁夏智林智能科技有限公司	电气安装	私营有限责任公司	电子与智能化工程二级	小型
宁夏佳邦建筑智能化工程有限公司	电气安装	私营有限责任公司	电子与智能化工程二级	小型
宁夏奇文安全系统工程有限公司	电气安装	私营有限责任公司	电子与智能化工程二级	小型
宁夏亚视电子科技有限公司	电气安装	私营有限责任公司	电子与智能化工程二级	小型
宁夏清达有线电视网络有限公司	电气安装	私营有限责任公司	电子与智能化工程二级	微型
宁夏新锐达视讯有限公司	电气安装	私营有限责任公司	电子与智能化工程二级	微型
宁夏正宇科技网络有限公司	电气安装	私营有限责任公司	电子与智能化工程二级	微型
宁夏金维电子科技有限公司	电气安装	私营有限责任公司	电子与智能化工程二级	微型
银川市福林科技有限公司	电气安装	私营有限责任公司	电子与智能化工程二级	微型
宁夏瑞威尔能源环境工程有限公司	环保工程施工	私营有限责任公司	环保工程二级	小型
宁夏怡达公路工程有限公司	公路工程建筑	私营有限责任公司	公路路面路基工程二级	小型
宁夏东和交通工程开发有限公司	公路工程建筑	其他有限责任公司	公路交通工程(交通安全设施)二级	小型
宁夏百川电力股份有限公司	架线及设备工程建筑	私营股份有限公司	输变电工程二级	小型
宁夏天庆电力工程有限公司	架线及设备工程建筑	私营有限责任公司	输变电工程二级	小型
宁夏坤承电力工程有限公司	架线及设备工程建筑	私营有限责任公司	输变电工程二级	小型
银川市亮化工程建设有限公司	架线及设备工程建筑	其他有限责任公司	城市及道路照明工程二级	小型
宁夏华艺景观照明工程有限公司	架线及设备工程建筑	私营有限责任公司	城市及道路照明工程二级	小型

主要统计指标解释

【建筑业统计单位】 指从事房屋、构筑物建造和设备安装活动的法人企业。建筑业法人企业应同时具备的条件是：1.依法成立，有自己的名称、组织机构和场所，能够承担民事责任；2.独立拥有和使用资产，承担负债，有权与其他单位签订合同；3.独立核算盈亏，能够编制资产负债表。统计范围是具有建筑业资质等级的独立核算的总承包、专业承包和劳务分包企业。

【年末自有施工机械设备总台数】 指年末本企业（或单位）自有的直接用于工程施工的各种机械设备的台数。但不包括附属辅助生产机械设备、运输设备、生产试验机械设备的台数。

【年末自有施工机械设备总功率】 指年末本企业（或单位）自有的直接用于工程施工的各种机械设备年末总功率，按设定能力或查定能力计算。包括施工机械本身的动力和为该机械服务的单独动力设备，如电动机等。但不包括附属辅助生产机械设备、运输机械设备、生产试验机械设备的功率。计算单位用千瓦，动力换算可按1马力=0.735千瓦折合成千瓦数。电焊机、变压器、锅炉不计算动力。

【建筑业总产值】 是以货币表现的建筑业企业在一定时期内生产的建筑业产品和服务的总和。建筑业总产值包括三部分内容：

（1）建筑工程产值：指列入建筑工程预算内的各种工程价值。

（2）安装工程产值：指设备安装工程价值，不包括被安装设备本身价值。

（3）其他产值：建筑业总产值中除建筑工程、安装工程以外的产值。包括房屋构筑物修理产值、非标准设备制造产值、总包企业向分包企业收取的管理费以及不能明确划分的施工活动所完成的产值。

【工程结算收入】 指本企业承包工程实现的工程价款结算收入以及向发包单位收取的除工程 价款以外的按规定列作营业收入的各种款项，如临时设施费、劳动保险费、施工机构调迁费等以及向发包单位收取的各种索赔款。

【建筑业增加值】 是建筑业企业在报告期内以货币表现的建筑业生产经营活动的最终成果。目前建筑业增加值采用分配法（收入法）计算，即从收入的角度出发，根据生产要素在生产过程中应得的收入份额计算。具体计算公式是：

建筑业增加值=本年提取的固定资产折旧+本年应付工资总额+本年应付福利费+管理费中的税金、劳动待业保险金+工程结算税金及附加+营业利润。

【工程结算利润】 指已结算工程实现的利润。如亏损以“-”号表示。计算公式为：工程结算利润=工程结算收入-工程结算成本-销售费用-工程结算税金及附加。

【企业总收入】 指与企业生产经营直接有关的各项收入，包括工程结算收入和其他业务收入。计算公式为：企业总收入=工程结算收入+其他业务收入

【房屋建筑施工面积】 指在报告期内施过工的全部房屋建筑面积，它包括本期新开工的房屋面积、上期施工跨入本期继续施工的房屋面积、上期停缓建在本期恢复施工的房屋面积、本期竣工的房屋面积以及本期施工后又停缓建的房屋面积。

【房屋建筑竣工面积】 指在报告期内房屋建筑按照设计要求已全部完工，达到了住人和使用条件，经检查验收鉴定合格，正式移交使用单位的房屋建筑面积。

【从事建筑业活动的平均人数】 指建筑业企业（或单位）报告期实际拥有的、与建筑施工活动有关的平均人数，包括参加本企业（或单位）建筑施工活动的非本企业（或单位）人员，但不包括企业内部社会服务性机构的人员以及由本企业支付工资但所从事的工作与本企业生产基本无关的人员。

交通运输与邮电

Transport, Postal and Telecommunication Services

8—1 主要年份交通运输业主要经济指标

Major Economic Indicators of Transport Conveyance in Main Years

年份 Year	载客汽车年末拥有量(辆) Number of Passenger Vehicles at Year-end	载货汽车年末拥有量(辆) Number of Truck at Year-end (unit)	公路客运量(万人) Passenger Traffic of Highways (10 000 persons)	公路客运周转量(万人公里) Passenger-kilometers of Highways (10 000 person-km)	公路货运量(万吨) Freight Traffic of Highways (10 000 tons)	公路货运周转量(万吨公里) Freight Ton-kilometers of Highways (10 000 ton-km)
1978	227	1028	185	12436	441	17512
1979	230	1083	162	10980	476	11429
1980	1225	3647	189	15004	469	10284
1981	1448	3668	265	14477	266	8391
1982	1488	3718	340	18282	284	10400
1983	1719	3154	344	20421	319	12018
1984	2030	3583	400	22801	292	12851
1985	2840	4791	529	30601	645	30305
1986	2838	4778	653	35965	672	29367
1987	3028	5152	815	41344	688	38034
1988	3313	5380	879	48898	649	37890
1989	3789	6023	1154	54764	646	36800
1990	4422	7532	1095	49564	685	36796
1991	4794	7913	1329	54133	735	40943
1992	5285	8533	1396	56210	862	46592
1993	5991	9306	1324	57166	960	56678
1994	6908	10068	1405	62297	957	58098
1995	7921	11387	1784	74634	1083	59637
1996	9754	12627	2057	82712	1103	62332
1997	13025	13819	2196	94080	1125	66804
1998	15393	15408	2396	106437	1210	78994
1999	17687	17353	2118	117973	1157	159830
2000	19286	17825	2457	134031	1422	170906
2001	21002	19278	2526	144234	1504	168145
2002	23395	17963	2672	152435	1600	190162
2003	27499	25117	1974	124815	1897	211205
2004	27928	24570	2240	142166	2013	216448
2005	28852	31253	2468	160420	2149	232092
2006	48154	28130	2475	162024	2170	235412
2007	56514	28035	2601	173365	2261	247417
2008	76417	35092	2775	187408	2428	263994
2009	106290	45953	2498	216942	9433	1257876
2010	133293	54316	2682	231846	10244	1347185
2011	206527	73279	2926	251785	11473	1498070
2012	267539	86579	3201	279481	12976	1728042
2013	328567	99235	2818	251389	14520	1604415
2014	391035	107336	3366	303176	15314	1643428
2015	460883	106105	3602	318396	10656	1370800
2016	542718	112795	3447	311482	8779	1132969
2017	630274	121208	2862	277263	7797	1032520
2018	709368	133775	2378	217685	7006	694981

8—2 主要年份邮电业主要经济指标

Major Economic Indicators of Post and Telecommunication Services in Main Years

年 份 Year	邮电业务总量 (万元) Business Volume of Postal and Telecommunication (10 000 yuan)	函件 (万件) Number of Letters (10 000 pcs)	包件 (万件) Number of Packages (10 000pcs)	年末本地固定电话用户(户) Number of Telephone Subscribers (household)	#住宅电话 Residence	移动电话用户期末数(户) Number of Mobile Telephone Subscribers (household)	上网用户 (户) Number of Internet Users (household)
1978	183	413	7.4	2622			
1979	188	546	7.6	2717			
1980	200	603	7.4	3303			
1981	289	652	7.3	3498			
1982	310	674	6.9	3742			
1983	343	651	7.1	4230			
1984	377	636	11.3	5036			
1985	465	897	8.5	5738			
1986	532	949	9.8	6721			
1987	606	1001	9.5	7007			
1988	789	969	11.3	9003			
1989	998	934	10.2	10610			
1990	2307	976	9.0	12178			
1991	2953	1153	7.0	14036			
1992	3798	1086	8.5	16572			
1993	5800	1292	13.0	29502			
1994	8199	1225	9.0	49742	26509	2495	
1995	12967	1296	10.0	81657	55094	4740	
1996	18352	1356	11.0	108910	80450	8053	
1997	25225	1098	11.0	130056	95776	15457	
1998	37400	1090	11.0	160444	126770	31935	
1999	57015	1098	12.6	187467	150534	52902	
2000	72997	1213	15.0	260162	171586	107817	21102
2001	116008	1685	15.1	329612	185834	197215	47456
2002	130389	134	18.3	402525	214230	327112	116364
2003	150294	59	20.3	457690	246919	580460	150238
2004	199442	44	21.3	541000	253133	705009	181568
2005	218200	649	20.4	615000	267000	856800	221700
2006	246431	1964	17.5	572300	258030	1035800	108600
2007	280632	1132	18.2	535100	260900	1248600	114000
2008	326375	942	15.0	536835	259688	1226000	116410
2009	360200	1830	15.8	628400	302800	1469700	197400
2010	431880	1281	15.5	677691	339035	1821558	241946
2011	264017	600	17.1	495652	374830	2428721	307117
2012	293125	828	16.6	508069	402494	3102341	339593
2013	366108	655	17.3	509774	419314	3428468	385854
2014	365423	581	15.6	532104	430248	3796484	440269
2015	316125	594	17.4	389543	410576	3600094	492937
2016	348251	642	18.3	323852	387645	3906918	637648
2017	347126	682	16.7	297944	232587	4153148	683325
2018	334174	235	14.3	244000	165000	3848000	988000

8—3 全社会客货运输量

Traffic Volume of Passenger and Freight

（2018）

指标	Item	客运量（万人）Passenger Traffic（10 000 persons）	客运周转量（万人公里）Passenger-kilometers（10 000 person-km）	货运量（万吨）Freight Traffic（10 000 tons）	货运周转量（万吨公里）Freight Tonkilometers（10 000 ton-km）
公路运输	Highways	2378	217685	7006	694981
民航运输	Civil Aviation	443.10	621636.60	2.51	3273.92

8—4 机动车拥有量

Ownership Volume of Motor Vehicle

单位:辆　　（2018）　　（unit）

指标	Item	合计 Total	#个人 Personal	#营运 Service	#公交客运 Bus	#出租客运 Taxi
总计	**Total**	**898655**	**811801**	**78986**	**2237**	**5631**
汽车	Automotive	856728	781143	67717	2237	5631
载客汽车	Passenger Vehicles	684599	665529	11202	2237	5631
大型	Large-scale	11482	123	3567	2161	
中型	Medium-sized	1422	906	450	66	
小型	Small-scale	673116	660290	7185	10	5631
微型	Miniature	4210	4210			
载货汽车	Truck	165078	111369	53709		
重型	Heavy	36652	13643	23009		
中型	Medium-sized	5746	2852	2894		
轻型	Lightweight	122465	94735	27729		
微型	Miniature	210	133	77		
其它汽车	Others	7051	4245	2806		
摩托车	Motorcycle	23895	23879	16		
普通	Ordinary	23513	23497	16		
轻便	Portable	375	375			
拖拉机	Tractor					
挂车	Trailer	18041	6788	11253		

8—5 邮政、电信业务量

指　标	Item	单 位	Unit
邮电业务总量	Business Volume of Postal and Telecommunication	万元	10 000yuan
#邮政	Post	万元	10 000yuan
包件	Number of Packages	万件	10 000 pcs
订销报纸累计份数	Number of Subscribed and Sold Newspapers Cumulative Copies	万份	10 000 copies
订销杂志累计份数	Number of Subscribed and Sold Magazines Cumulative Copies	万份	10 000 copies
收寄特快专递	Pieces of Express Mail Services	万份	10 000 copies
市内电话年末到达户数	Number of Telephone Subscribers at Year-end	户	subscriber
住宅电话	Household Telephone Subscribers	户	subscriber
农村电话期末到达户数	Rural Fixed Telephone Subscribers at Year-end	户	subscriber
公用电话	Public Telephone	部	set
移动电话期末数	Number of Mobile Telephone Subscribers at Year-end	部	set
互联网用户	Number of Internet Users	户	subscriber
邮政局、所总数	Total Number of Post and Spot	处	unit
邮政服务网点	Number of Postal Offices	处	unit
电信服务网点	Number of Telecommunication Offices	处	unit
本地网及接入网设备总容量	Broad Band Subscribers Capacity of Internet	门	line
电话普及率	Popularization Rate of Telephone	部/百人	set/100persons
移动电话普及率	Popularization Rate of Mobile Telephone	部/百人	set/100persons

Business Volume of Post and Telecommunication Services

2008 年	2009 年	2010 年	2011 年	2012 年	2013 年	2014 年	2015 年	2016 年	2017 年	2018 年
326375	360200	431880	264017	293125	366108	365423	316125	348253	347126	334174
15196	14187	15836	10845	12318	13264	12832	17835	20514	20411	22263
15.04	15.84	15.51	17.06	16.60	17.30	15.60	17.40	18.30	16.70	14.30
2064.12	2168.05	2319.77	2720.80	2857.79	3281.10	3190.90	3164.27	2569.92	2752.85	3075.39
154.75	158.28	167.30	174.85	174.88	168.15	158.08	173.75	184.05	166.19	171.04
36.59	25.31	28.87	25.41	26.90	21.40	17.30	29.38	96.42	103.42	117.63
536835	451966	677691	495652	508069	509774	526517	389543	323852	297944	244000
259688	291551	339035	374830	402494	419314	430231	410576	387645	232587	165000
84612	73722	71847	60679	54640	49212	43214	26050	17819	17017	11354
37960	48545	47987	45743	42611	41248	39785	20716	16388	9341	6578
1226000	1634830	1821558	2428721	3102341	3428468	3796467	3600094	3906918	4153148	3848000
116410	197386	241946	307117	339593	385854	440291	492937	637648	683325	988000
412	498	536	614	555	542	680	106	103	101	94
107	115	105	98	97	97	106	2109	2117	1186	1098
305	383	431	516	458	445	426	1120	1292	1175	1032
899770	891521	876060	901443	929538	937147	975216	993214	987654	1004444	1178956
115.70	122.60	125.40	144.36	176.43	187.50	208.60	196.40	185.70	184.60	176.50
80.50	96.10	91.39	119.89	151.60	164.30	176.20	182.32	196.76	202.99	189.32

主要统计指标解释

【货(客)运量】 指在一定时期内,各种运输工具实际运送的货物(旅客)数量。货运按吨计算,客运按人计算。

【货物(旅客)周转量】 指在一定时期内,由各种运输工具运送的货物(旅客)数量与其相应运输距离的乘积之总和。计算公式为: 货物(旅客)周转量=∑货物(旅客)运输量×运输距离

【邮电业务总量】 即邮电专业产品量。邮电业务量按专业分类包括函件、机要文件、包裹、汇票、报刊发行、邮政快件、特快专递、邮政储蓄、集邮、公众电报、用户电报、传真、长途电话、出租电路、市话无线寻呼、移动电话、分组交换数据通信、出租代维等。

【移动电话用户】 指在邮电部门登记,通过移动电话交换机进入移动电话网、占有移动电话号码的电话用户,按实际办理登记手续进入邮电部门移动电话网的户数进行计算。一部(台)移动电话统计为一户。

【固定电话用户】 指在电信运营商营业网点办理开户登记手续并已接入固定电话网上,并按固定电话业务进行经营管理的全部电话用户。包括普通电话用户、公共电话用户、窄带综合业务数字网(N-ISDN)用户、智能网专用接入终端用户等。

【计算机互联网(INTERNET)用户】 计算机互联网是一个连接计算机网的网络,范围遍及全世界,包括局域网、城域网和广域网,旨在实现计算机资源共享。它分为两大类,一类是学术范围的非盈利的网络,另一类是商业性或非学术的网络。接入这个网络的用户,称为INTERNET用户。

内贸、外贸和旅游

Domestic Trade, Foreign Trade and Tourism

9—1 主要年份社会消费品零售总额分类情况

Total Retail Saled Values of Consumer Goods by Category in Main Years

单位:万元 (10 000yuan)

年份 Year	社会消费品零售总额 Total Retail Sales of Consumer Goods	按经济类型分 Grouped by Economic Type					按行业分 Grouped by Sector	
		国有经济 State-owned	集体经济 Collective-owned	个体经济 Individual	私营经济 Private	股份制经济 Share-holding	批发和零售业 Wholesale and Retail Trade	住宿和餐饮业 Hotels and Catering Services
1949	728	177		540			618	
1950	1128	335	69	711			860	66
1951	1601	468	99	1019			1245	75
1952	2080	616	172	1275			1555	90
1953	2588	678	297	1559			2024	94
1954	3131	906	516	1647			2604	139
1955	3101	994	524	1546			2672	115
1956	3505	1342	1046	963			2949	163
1957	3761	1384	1226	958			2968	164
1958	5098	2299	1925	455			4271	193
1959	7038	4537	2163	222			6520	331
1960	8007	5484	2460				7625	231
1961	7362	5211	2065				7271	256
1962	7079	5628	1225	83			6421	378
1963	6998	5354	1381	102			6319	375
1964	7059	5506	1404	46			6442	295
1965	7213	5575	1533	46			6610	286
1966	8193	6062	2111	5			7603	291
1967	7796	6136	1641	7			7435	250
1968	8324	6376	1928	10			7763	260
1969	8730	6616	2090	11			8231	275
1970	9857	7452	2375	14			9326	329
1971	10821	8254	2536	9			10354	352
1972	13137	9430	3370	12			12125	468
1973	13343	9738	3564	15			12709	484
1974	13933	10008	3778	10			13229	473
1975	14903	10766	3974	11			13963	559
1976	16050	11561	4328	18			15001	599
1977	16780	12039	4559	24			15628	577
1978	22581	14282	5963	40			18031	773
1979	26308	19110	6782	221			21049	885
1980	30622	22929	6924	417			24425	1066
1981	34389	24324	8970	970			27137	1102

注:2018年批发零售业统计报表制度对药品零售额统计口径做了调整。

9—1 续表1 continued

单位:万元 (10 000yuan)

年份 Year	社会消费品零售总额 Total Retail Sales of Consumer Goods	按经济类型分 Grouped by Economic Type					按行业分 Grouped by Sector	
		国有经济 State-owned	集体经济 Collective-owned	个体经济 Individual	私营经济 Private	股份制经济 Share-holding	批发和零售业 Wholesale and Retail Trade	住宿和餐饮业 Hotels and Catering Services
1982	39754	25835	12656	1243			31332	1436
1983	44007	27596	13924	2398			34590	1547
1984	52457	29743	15408	6932			41148	2104
1985	64364	36022	15084	12455			50945	2330
1986	74148	41250	18806	13215			59079	2499
1987	84158	43319	25144	14419			66184	3581
1988	106964	53149	32266	20370			84657	4406
1989	123437	61632	36472	23670			98072	4767
1990	135904	65184	36417	32575			107772	5487
1991	151126	71094	38439	39379			119229	6463
1992	173341	81822	43881	44707			136158	8091
1993	197262	93383	20010	50249	32864	382	181725	10960
1994	229350	106092	21929	61113	38550	1093	199277	23476
1995	306588	143211	29752	77665	52273	2715	267919	31548
1996	357052	158139	35227	90725	59843	11012	312164	36994
1997	396506	144521	32856	112897	63924	38925	346450	41993
1998	434333	138273	29095	131677	71097	56507	378256	47821
1999	471686	125797	23359	148339	86828	79256	408701	54567
2000	519939	111087	19636	175010	106822	99046	448299	63039
2001	567457	98044	17126	192152	118014	123542	486107	72563
2002	631580	88324	14679	225369	144302	149996	537957	85124
2003	719856	81502	12754	257501	165745	193922	611801	99806
2004	828554	78049	11349	299751	194872	236438	703023	117450
2005	954130	76948	11530	339585	231788	286559	809167	137023
2006	1107665	79711	10552	392046	405463	214033	941556	159583
2007	1317421	92843	11471	448567	510765	246667	1126913	184785
2008	1616499	97582	14296	522094	620487	349751	1370188	240549
2009	2042129	134824	11712	524427	629819	727251	1766161	272020
2010	2446470	86917	12848	574085	730708	994984	2131164	315306
2011	3116998	129041	14604	649466	851599	1469824	2737851	379147
2012	3569297	75602	15232	590872	1208496	1665508	3196050	373247
2013	4051813	70843	15741	725107	1085524	2117639	3655413	396400
2014	4454190	70801	19532	867631	1233817	2164136	4031619	422571
2015	4776287	47638	5893	1332987	1488606	1780833	4131980	644307
2016	5141927	45438	5383	1502518	1690331	1765915	4587696	554231
2017	5623113	51572	41969	2182577	1428396	1777773	5064667	558446
2018	5527311	38367	17470	1957868	1598715	1748196	4973068	554244

a) The Statistical Reporting System of wholesale and retail trade in 2018 has adjusted the statistical range of drug retail sales.

9—2 社会消费品零售总额增速

单位:%　　　　(2018)

指 标	Item	合计 Total	兴庆区 Xingqing
社会消费品零售总额增速	**Total Retail Sales of Consumer Goods**	**4.8**	**5.2**
按销售单位所在地分	**Grouped by Location**		
城镇	Town	4.2	5.2
#城区	Urban Area	6.1	5.4
乡村	Country	22.7	9.3
按登记注册类型分	**Grouped by Economic Type**		
国有经济	State- Owned	-2.6	0.8
集体经济	Cllective-Owned	-4.2	8.3
私营经济	Private	-2.9	6.5
个体经济	Individual	17.2	9.3
股份制经济	Share-Holding	0.2	0.1
其他经济	Others	7.9	4.1
按行业分	**Grouped by Sector**		
批发业	Wholesale	0.0	12.0
#限额以上	Above Norm	5.0	15.3
零售业	Retail	6.4	3.5
#限额以上	Above Norm	-6.3	-0.4
住宿业	Lodging Industry	2.0	4.7
#限额以上	Above Norm	-3.3	-2.7
餐饮业	Catering Sevices	-0.5	10.3
#限额以上	Above Norm	6.9	-0.2

Total Retail Saled of Consumer Goods

金凤区 jinfeng	西夏区 Xixia	永宁县 Yongning	贺兰县 Helan	灵武市 Lingwu
7.3	**6.7**	**3.8**	**2.3**	**6.9**
7.2	6.7	3.2	0.5	7.4
7.3	6.9	1.0	13.8	5.0
16.9	9.5	9.6	40.9	4.6
−23.1	−12.3	9.2	40.9	13.3
−11.5	15.5	9.2	40.9	2.6
6.0	−1.2	2.0	−12.6	0.0
33.4	15.0	9.2	40.3	2.5
1.2	4.5	−4.5	−7.1	21.8
28.3	15.5	9.2	5.9	2.6
−35.8	−4.4	−0.2	5.3	20.5
19.1	−4.8	−13.1	−1.4	22.6
32.7	10.0	5.4	1.0	3.0
−2.1	4.0	−10.8	−17.2	7.2
−2.2	−30.1	−1.2	20.3	−100
−1.7	−52.8	−60.8	−6.2	−100
−43.3	8.4	8.2	18.5	5.9
22.6	10.2	−100	−5.0	−15.9

9—3 限额以上批发和零售业法人企业商品分类销售额

Sale Values of Wholesale and Retail by Enterprises above Designated Size by Category

单位:万元 (2018)

指　标	Item	销售额 Sales Value	批发额 Wholesale Value	零售额 Retail Value
总计	**Total**	**10025865**	**7097858**	**2928008**
批发业	**Wholesale Trade**	7523602	7042644	480959
粮油、食品类	Grain and Oils, Food	53527	49136	4390
# 粮油类	Grain and Oils	38369	38366	3
肉禽蛋类	Meat Poultry and eggs	6512	6512	
水产品类	Aquatic Products			
蔬菜类	Vegetables			
干鲜果品类	Dried and Fresh Melons and Fruits			
饮料类	Beverages	11321	644	10677
烟酒类	Tobacco and Liquor	880477	864837	15640
服装、鞋帽、针纺织品类	Clothing,Shoes,Hats and Textiles	49156	48600	556
# 服装类	Clothing	4125	3890	235
鞋帽类	Footwear and Hats			
针纺织品类	Textiles	45031	44710	322
化妆品类	Cosmetics			
金银珠宝类	Gold,Silver and jewelry			
日用品类	Articles for Daily Use	3841	2818	1023
#儿童玩具类	Children`s toys	29	29	
五金、电料类	Hardware & Electrical Materials			
体育、娱乐用品类	Sports and Entertainment Products			
# 照相器材类	Photographic Equipments			
书报杂志类	Newspapers and Magazines	24128	24128	
电子出版物及音像制品类	E-journals and Video Products	374		374
家用电器和音像器材类	Household Appliances and Video Equipments	15171	14964	207
中西药品类	Traditional Chinese and Western Medicine	488500	486840	1660
# 西药类	Western Medicine	414519	413282	1237
中草药及中成药类	Traditional Chinese	69613	69190	423
文化办公用品类	Cultral and Official Goods	4217		4217
# 计算机及其配套产品	Computer and Corollary Equipments	4217		4217
家具类	Furniture			
通讯器材类	Communication Appliances	674		674
煤炭及制品类	Coal and Related Products	120116	120116	
木材及制品类	Wood and Wooden Products			
石油及制品类	Petroleum and Related Products	4871254	4432539	438716
化工材料及制品类	Raw Chemical Materials and Related Products	256235	256235	
# 化肥类	Fertilizer	14592	14592	
金属材料类	Metal Materials	496773	496773	
建筑及装潢材料类	Building and Decoration Materials	4109	4109	
机电产品及设备类	Mechanical & Electrical Products	44583	44583	
# 农机类	Agricultural Machinery	23311	23311	
汽车类	Automobile	111077	108666	2411
其他类	Others	88070	87657	413

9—3 续表1

continued

(10 000yuan)

指 标	Item	销售额 Sales Value	批发额 Wholesale Value	零售额 Retail Value
零售业	**Retail Trade**	**2502263**	**55214**	**2447049**
粮油、食品类	Grain and Oils, Food	301409		301409
# 粮油类	Grain and Oils	57708		57708
肉禽蛋类	Meat Poultry and eggs	33619		33619
水产品类	Aquatic Products	1299		1299
蔬菜类	Vegetables	7427		7427
干鲜果品类	Dried and Fresh Melons and Fruits	23560		23560
饮料类	Beverages	**15317**		**15317**
烟酒类	Tobacco and Liquor	41589		41589
服装、鞋帽、针纺织品类	Clothing,Shoes,Hats and Textiles	242710		242710
# 服装类	Clothing	175402		175402
鞋帽类	Footwear and Hats	40893		40893
针纺织品类	Textiles	26415		26415
化妆品类	Cosmetics	50218		50218
金银珠宝类	Gold,Silver and jewelry	86348		86348
日用品类	Articles for Daily Use	82577	49	82528
# 儿童玩具类	Children`s toys	505		505
五金、电料类	Hardware & Electrical Materials	845		845
体育、娱乐用品类	Sports and Entertainment Products	11425	402	11024
# 照相器材类	Photographic Equipments	838	402	436
书报杂志类	Newspapers and Magazines	12024		12024
电子出版物及音像制品类	E-journals and Video Products	1596		1596
家用电器和音像器材类	Household Appliances and Video Equipments	193489	14267	179222
中西药品类	Traditional Chinese and Western Medicine	54177	699	53479
# 西药类	Western Medicine	37862	699	37163
中草药及中成药类	Traditional Chinese	14113		14113
文化办公用品类	Cultral and Official Goods	39835	6180	33655
# 计算机及其配套产品	Computer and Corollary Equipments	16525	5421	11105
家具类	Furniture	3041		3041
通讯器材类	Communication Appliances	54811	18525	36286
煤炭及制品类	Coal and Related Products			
木材及制品类	Wood and Wooden Products			
石油及制品类	Petroleum and Related Products	89324	3349	85974
化工材料及制品类	Raw Chemical Materials and Related Products			
# 化肥类	Fertilizer			
金属材料类	Metal Materials			
建筑及装潢材料类	Building and Decoration Materials	3170		3170
机电产品及设备类	Mechanical & Electrical Products			
# 农机类	Agricultural Machinery			
汽车类	Automobile	1182881	11744	1171137
其他类	Others	35481		35481

9—4 限额以上批发和零售业法人企业经营情况

单位:万元 (2018)

指 标	Item	法人企业数(个) Corporate Enterprises(unit)
总计	**Total**	**255**
兴庆区	Xingqing	66
西夏区	Xixia	21
金凤区	Jinfeng	53
永宁县	Yongning	29
贺兰县	Helan	67
灵武市	Lingwu	19
批发业	**Wholesale Trade**	**105**
按批发行业小类分	**Grouped by Wholesale Industry Small Class**	
农、林、牧、渔产品批发	Wholesale of Agricultural, Forestry, Animal Husbandry Products	3
谷物、豆及薯类批发	Wholesale of Grain, Bean and Potatoes	2
牲畜批发	Wholesale of Livestock	1
食品、饮料及烟草制品批发	Wholesale of Food,Beverages and Tobacoos	9
米、面制品及食用油批发	Wholesale of Rice,Flour and Edible Oil	1
肉、禽、蛋、奶及水产品批发	Wholesale of Meat and Aquatic Products	1
盐及调味品批发	Wholesale of Salt and Condiments	1
营养和保健品批发	Wholesale of nutrition and health products	1
酒、饮料及茶叶批发	Wholesale of Beverages and tea	3
烟草制品批发	Wholesale of Tobacoos	2
纺织、服装及家庭用品批发	Wholesale of Textiles, Garments and Daily Consummer Aticles	3
纺织品、针织品及原料批发	Wholesale of textiles, knitwear and raw materials	1
服装批发	Wholesale of Garments	1
日用家电批发	Wholesale of Household Electrical Appliances	1
文化、体育用品及器材批发	Wholesale of Cultural, Sports Goods Appliances and Equipments	1
图书批发	Wholesale of Books	1
医药及医疗器材批发	Wholesale of Medicines and Medical Appliances	17
西药批发	Wholesale of Western Medicine	15
中药批发	Wholesale of Chinese Medicine	1
医疗用品及器材批发	Wholesale of Medical Supplies and Equipment	1
矿产品、建材及化工产品批发	Wholesale of Mineral Products, Building Materials and Chemical Products	56
煤炭及制品批发	Wholesale of Coal and Related Products	5
石油及制品批发	Wholesale of Petroleum and Related Products	12
非金属矿及制品批发	Wholesale of non-metallic minerals and products	1
金属及金属矿批发	Wholesale of Metallic mineral Products	33
化肥批发	Wholesale of Chemical Fertilizer	2
农药批发	Wholesale of Pesticide	1
其他化工产品批发	Wholesale of Other Chemical Products	2

Business Operation of wholesale and retail enterprises with legal persons above designated size

(10 000 yuan)

从业人员期末人数(人) Number of employees at the end of the period (person)	商品购进额 Total Commodity Purchas	进口 Imported	商品销售额 Total Commodity Sales Value	通过公共网络实现的商品销售额 Commodity Sales Through Public Network	通过非自营平台实现的商品销售额 Including: sales volume of goods realized through non proprietary platform	使用银行卡支付的商品销售额 Commodity Sales Payed for by Bank Card
23837	**10222325**	**98520**	**10835472**	**351980**	**11754**	
8883	1929011	45532	2091832	4800		
1421	884367	1448	724838	13821		
8187	5497295	45233	5985917	332662	11754	
442	379342		410888			
4097	1183029	6307	1260642			
807	349282		361355	698		
6626	**7823310**	**83201**	**8222238**	**336959**	**2195**	
109	29089		32039	99		
98	26755		29932	99		
11	2334		2107			
720	761925		889442	323039	2195	
59	3939		8434			
31	4403		4479	599		
26	3011		4185			
15	896		844			
153	13448		17119	4077	2195	
436	736228		854380	318364		
111	36912		72724			
35	9356		8516			
26	15880		49243			
50	11677		14964			
118	23396		24128			
118	23396		24128			
1498	444523	36451	488649			
1434	439890	36451	482568			
35	1209		2006			
29	3423		4075			
3448	6111763	340	6283611			
368	262609		264309			
2616	5202475		5388910			
8	5491		6490			
303	585614	340	568146			
73	18776		16665			
35	3588		5007			
45	33212		34085			

9—4 续表1

单位:万元 (2018)

指 标	Item	批发额 Wholesale Value
总 计	**Total**	**7675890**
兴庆区	Xingqing	966954
西夏区	Xixia	518900
金凤区	Jinfeng	4996471
永宁县	Yongning	396752
贺兰县	Helan	460382
灵武市	Lingwu	336430
批发业	**Wholesale Trade**	**7628626**
按批发行业小类分	**Grouped by Wholesale Industry Small Class**	
农、林、牧、渔产品批发	Wholesale of Agricultural, Forestry, Animal Husbandry Products	32039
谷物、豆及薯类批发	Wholesale of Grain, Bean and Potatoes	29932
牲畜批发	Wholesale of Livestock	2107
食品、饮料及烟草制品批发	Wholesale of Food,Beverages and Tobacoos	884473
米、面制品及食用油批发	Wholesale of Rice,Flour and Edible Oil	8434
肉、禽、蛋、奶及水产品批发	Wholesale of Meat and Aquatic Products	4479
盐及调味品批发	Wholesale of Salt and Condiments	4185
营养和保健品批发	Wholesale of nutrition and health products	644
酒、饮料及茶叶批发	Wholesale of Beverages and tea	12351
烟草制品批发	Wholesale of Tobacoos	854380
纺织、服装及家庭用品批发	Wholesale of Textiles, Garments and Daily Consummer Aticles	72489
纺织品、针织品及原料批发	Wholesale of textiles, knitwear and raw materials	8516
服装批发	Wholesale of Garments	49008
日用家电批发	Wholesale of Household Electrical Appliances	14964
文化、体育用品及器材批发	Wholesale of Cultural, Sports Goods Appliances and Equipments	24128
图书批发	Wholesale of Books	24128
医药及医疗器材批发	Wholesale of Medicines and Medical Appliances	485232
西药批发	Wholesale of Western Medicine	479151
中药批发	Wholesale of Chinese Medicine	2006
医疗用品及器材批发	Wholesale of Medical Supplies and Equipment	4075
矿产品、建材及化工产品批发	Wholesale of Mineral Products, Building Materials and Chemical Products	5701260
煤炭及制品批发	Wholesale of Coal and Related Products	264309
石油及制品批发	Wholesale of Petroleum and Related Products	4806663
非金属矿及制品批发	Wholesale of non-metallic minerals and products	6490
金属及金属矿批发	Wholesale of Metallic mineral Products	568043
化肥批发	Wholesale of Chemical Fertilizer	16665
农药批发	Wholesale of Pesticide	5007
其他化工产品批发	Wholesale of Other Chemical Products	34085

continued

(10 000yuan)

出口 Export	零售额 Retail Value	通过公共网络实现的零售额 Including: retail sales realized through public network	通过非自营平台实现的零售额 Including: retail sales realized through non proprietary platform	期末商品库存额 Total Stock at Year-end	服务营业额 Service turnover	年末零售营业面积(平方米) Area of Retail Business at Year-end(sq.m)
16505	**3159582**	**16121**	**10152**	**784179**	**33897**	**1063812**
13234	1124879	4800		161185	659	559927
	205938			190343	3	49340
3271	989446	11322	10152	228353	1563	374582
	14136			25278	228	23189
	800259			127569	31445	47930
	24925			51451		8844
16505	**593612**	**1101**	**593**	**459780**	**3067**	**198153**
				8274		
				7742		
				532		
	4969	1101	593	55332		1409
				3460		
				55		
				1089		
	201			52		200
	4768	1101	593	7692		1209
				42985		
	235			16135		580
				2836		
	235			10149		80
				3149		500
				6508	178	
				6508	178	
	3417			47887	3	19977
	3417			46573	3	15120
				199		4857
				1115		
16505	582351			295380		165296
1941				10458		200
	582247			258466		164726
				50		
14564	104			22402		370
				2170		
				303		
				1530		

9—4 续表2

单位:万元 (2018)

指　标	Item	法人企业数(个) Corporate Enterprises(unit)
机械设备、五金产品及电子产品批发	Wholesale of Machinery, Hardware and Electronic Equipment	14
农业机械批发	Wholesale of Agriculture Machinary	3
汽车及零配件批发	Wholesale of MotorVehicles	8
电气设备批发	Wholesale of Electrical Equipment	1
计算机、软件及辅助设备批发	Wholesale of Computer, Software and Assistant Aplliances	
其他机械设备及电子产品批发	Wholesale of Other Machinary and Electric Equipment	2
其他批发业	Other Wholesale	2
再生物资回收与批发	Recovery and Wholesale of Recycled Materials	1
其他未列明批发业	Other Wholesale Unlisted	1
按登记注册类型分	Grouped By Registration Type	
内资企业	Domestic Funded Enterprises	105
国有企业	State-owned Enterprises	4
有限责任公司	Limited Liability Corporations	28
国有独资公司	State-owned Enterprises	3
其他有限责任公司	Other Limited Liability Corporations	25
股份有限公司	Share-holding Corporations Ltd.	7
私营企业	Private Enterprises	66
私营有限责任公司	Private Limited Liability Corporations	66
按控股情况分	Grouped By Controlling Stake	
国有控股	State-owned	19
私人控股	Private	81
其他	Others	5
按经营形式分	Grouped By Business Form	
独立门店	Indipendent Stores	78
连锁总店	Distributor Chain	5
其他	Others	22
按单位规模分	Grouped By Unit Scale	
大型	large-scale	5
中型	Medium-scale	40
小型	Small-scale	51
微型	Miniature	9

continued

（10 000yuan）

从业人员期末人数（人） Number of employees at the end of the period （person）	商品购进额 Total Commodity Purchas	进口 Imported	商品销售额 Total Commodity Sales Value	通过公共网络实现的商品销售额 Commodity Sales Through Public Network	通过非自营平台实现的商品销售额 Including: sales volume of goods realized through non proprietary platform	使用银行卡支付的商品销售额 Commodity Sales Payed for by Bank Card
494	132632	1448	144100			
96	20284		23229			
270	106544		111074			
42	3490		3592			
86	2314	1448	6205			
128	283071	44963	287545	13821		
59	59294		61559	13821		
69	223777	44963	225986			
6626	7823310	83201	8222238	336959	2195	
560	270885		358152	318364		
1758	1705680	1448	1776017	17897	2195	
444	693148		748420			
1314	1012532	1448	1027598	17897	2195	
2262	3914020	36451	4113853			
2046	1932725	45302	1974215	698		
2046	1932725	45302	1974215	698		
3650	5261715	36451	5624238	322440	2195	
2706	2471904	46750	2502861	698		
270	89691		95139	13821		
3069	2138740	81414	2310681	323039	2195	
1900	913867		815951			
1657	4770704	1788	5095607	13920		
2711	1416788		1446040	318364		
2976	5783390	81414	6100878	17997	2195	
866	586025	1788	634391	599		
73	37108		40929			

9—4 续表3

单位:万元 (2018)

指　标	Item	批发额 Wholesale Value
机械设备、五金产品及电子产品批发	Wholesale of Machinery, Hardware and Electronic Equipment	141460
农业机械批发	Wholesale of Agriculture Machinary	23229
汽车及零配件批发	Wholesale of MotorVehicles	108465
电气设备批发	Wholesale of Electrical Equipment	3561
计算机、软件及辅助设备批发	Wholesale of Computer, Software and Assistant Aplliances	
其他机械设备及电子产品批发	Wholesale of Other Machinary and Electric Equipment	6205
其他批发业	Other Wholesale	287545
再生物资回收与批发	Recovery and Wholesale of Recycled Materials	61559
其他未列明批发业	Other Wholesale Unlisted	225986
按登记注册类型分	Grouped By Registration Type	
内资企业	Domestic Funded Enterprises	7628626
国有企业	State-owned Enterprises	358152
有限责任公司	Limited Liability Corporations	1761268
国有独资公司	State-owned Enterprises	747358
其他有限责任公司	Other Limited Liability Corporations	1013911
股份有限公司	Share-holding Corporations Ltd.	3662348
私营企业	Private Enterprises	1846858
私营有限责任公司	Private Limited Liability Corporations	1846858
按控股情况分	Grouped By Controlling Stake	
国有控股	State-owned	5163126
私人控股	Private	2374035
其他	Others	91465
按经营形式分	Grouped By Business Form	
独立门店	Indipendent Stores	2276062
连锁总店	Distributor Chain	426314
其他	Others	4926250
按单位规模分	Grouped By Unit Scale	
大型	large-scale	993473
中型	Medium-scale	5961341
小型	Small-scale	633187
微型	Miniature	40625

continued

(10 000yuan)

出口 Export	零售额 Retail Value	通过公共网络实现的零售额 Including: retail sales realized through public network	通过非自营平台实现的零售额 Including: retail sales realized through non proprietary platform	期末商品库存额 Total Stock at Year-end	服务营业额 Service turnover	年末零售营业面积(平方米) Area of Retail Business at Year-end(sq.m)
	2641			25022	2886	10891
				5079		
	2610			14010	2886	10086
	31			3449		105
				2485		700
				5242		
				3344		
				1898		
16505	593612	1101	593	459780	3067	198153
				11057	178	
	14749	1101	593	128525	896	12694
	1062			55466		1504
	13687	1101	593	73060	896	11190
	451505			223623		164441
16505	127357			96574	1993	21018
16505	127357			96574	1993	21018
	461112	1101	593	298569	178	168409
16505	128826			149038	2889	26651
	3673			12173		3093
1941	34619	1101	593	158522	2889	25902
	389636			189758	178	98007
14564	169357			111500		74244
	452567			195121		164045
13234	139537	1101	593	224218	3064	13340
3271	1203			36757	3	20368
	304			3684		400

9—4 续表4

单位:万元 (2018)

指 标	Item	法人企业数(个) Corporate Enterprises(unit)
零售业	**Retail Trade**	**150**
按零售行业小类分	Grouped by Retail Trade Industry Small Class	
综合零售	Integrated Retail	15
百货零售	Retail of General Merchandise	9
超级市场零售	Retail of Supermarkets	6
食品、饮料及烟草制品专门零售	Retail of Food,Beverages and Tobaccos	7
粮油零售	Retail of Grain and Oil	1
果品、蔬菜零售	Retail of Fruits and Vegetables	3
酒、饮料及茶叶零售	Retail of Wine,Beverages and Tea	3
其他食品零售	Retail of Other Food	
纺织、服装及日用品专门零售	Special Retail of Textiles,Garments and Daily Consumer Articles	2
服装零售	Retail of Garments	1
钟表、眼镜零售	Retail of watches and glasses	1
厨具卫具及日用杂品零售	Retail of Watches and Glasses	
文化、体育用品及器材专门零售	Retail of Culture,Sports Appliances and Equipments	9
体育用品及器材零售	Retail of Sports Goods Appliances and Equipments	1
图书、报刊零售	Retail of Books, Newspapers and Magazines	2
珠宝首饰零售	Retail of Jewelery	2
工艺美术品及收藏品零售	Retail of Arts ,Crafts and Collections	2
乐器零售	Retail of Musical Instruments Retail	1
其他文化用品零售	Retail of Other Culture Appliances	1
医药及医疗器材专门零售	Retail of Medicines and Medical Appliances	9
西药零售	Retail of Drug	6
中药零售	Retail of Medical Supplies and Appliances	3
汽车、摩托车、零配件和燃料及其他动力销售	Retail of Motor Vehicles,Motorcycles,Fuel and Parts	91
汽车新车零售	Retail of Motor Vehicles	72
机动车燃油零售	Retail of Motor Vehicles and Parts	15
机动车燃气零售	Retail of Motor Vehicles Fuel	4
家用电器及电子产品专门零售	Special Retailof Household Electric Appliances and Electronic Products	14
家用视听设备零售	Retail of Household Audio and Video Equipment	
日用家电零售	Retail of Household Electric Appliances	5
计算机、软件及辅助设备零售	Retail of Computer,Software and Assistant Appliances	7
通信设备零售	Retail of Communication Equipments	2
五金、家具及室内装饰材料专门零售	Special Retail of Hardware,Furniture and Decoration Materials	2
家具零售	Retail of Furniture	2
货摊、无店铺及其他零售业	Retail of Other Decoration Materials	1
生活用燃料零售	Retail of Non-shop and Other Retails	1

continued

(10 000yuan)

从业人员期末人数(人) Number of employees at the end of the period (person)	商品购进额 Total Commodity Purchas	进口 Imported	商品销售额 Total Commodity Sales Value	通过公共网络实现的商品销售额 Commodity Sales Through Public Network	通过非自营平台实现的商品销售额 Including: sales volume of goods realized through non proprietary platform	使用银行卡支付的商品销售额 Commodity Sales Payed for by Bank Card
17211	**2399015**	**15319**	**2613234**	**15021**	**9559**	
7279	762080		830520	9678	9559	
1810	346463		366223			
5469	415617		464297	9678	9559	
280	23000	34	27881			
27	718		822			
206	18759		22123			
47	3523	34	4936			
240	5803		8142			
148	2735		3160			
92	3068		4982			
500	33310	569	35881	543		
123	5782		7329			
214	14406		13366			
95	6880		8231			
44	4178	569	4475	543		
14	1315		1644			
10	750		836			
1400	58767		55202			
1263	56163		52195			
137	2604		3006			
5219	1220890	14716	1329868			
4474	1059538	14716	1154230			
558	152292		162065			
187	9060		13572			
1959	291107		285803	4800		
1433	253014		238964	4800		
353	31648		39140			
173	6445		7700			
179	1453		35492			
179	1453		35492			
155	2605		4446			
155	2605		4446			

9—4 续表5

单位:万元 (2018)

指　标	Item	批发额 Wholesale Value
零售业	**Retail Trade**	**47264**
按零售行业小类分	Grouped by Retail Trade Industry Small Class	
综合零售	Integrated Retail	
百货零售	Retail of General Merchandise	
超级市场零售	Retail of Supermarkets	
食品、饮料及烟草制品专门零售	Retail of Food,Beverages and Tobaccos	
粮油零售	Retail of Grain and Oil	
果品、蔬菜零售	Retail of Fruits and Vegetables	
酒、饮料及茶叶零售	Retail of Wine,Beverages and Tea	
其他食品零售	Retail of Other Food	
纺织、服装及日用品专门零售	Special Retail of Textiles,Garments and Daily Consumer Articles	
服装零售	Retail of Garments	
钟表、眼镜零售	Retail of watches and glasses	
厨具卫具及日用杂品零售	Retail of Watches and Glasses	
文化、体育用品及器材专门零售	Retail of Culture,Sports Appliances and Equipments	21
体育用品及器材零售	Retail of Sports Goods Appliances and Equipments	
图书、报刊零售	Retail of Books, Newspapers and Magazines	
珠宝首饰零售	Retail of Jewelery	
工艺美术品及收藏品零售	Retail of Arts ,Crafts and Collections	
乐器零售	Retail of Musical Instruments Retail	21
其他文化用品零售	Retail of Other Culture Appliances	
医药及医疗器材专门零售	Retail of Medicines and Medical Appliances	699
西药零售	Retail of Drug	699
中药零售	Retail of Medical Supplies and Appliances	
汽车、摩托车、零配件和燃料及其他动力销售	Retail of Motor Vehicles,Motorcycles,Fuel and Parts	3866
汽车新车零售	Retail of Motor Vehicles	3
机动车燃油零售	Retail of Motor Vehicles and Parts	2888
机动车燃气零售	Retail of Motor Vehicles Fuel	975
家用电器及电子产品专门零售	Special Retailof Household Electric Appliances and Electronic Products	42678
家用视听设备零售	Retail of Household Audio and Video Equipment	
日用家电零售	Retail of Household Electric Appliances	30777
计算机、软件及辅助设备零售	Retail of Computer,Software and Assistant Appliances	9887
通信设备零售	Retail of Communication Equipments	2015
五金、家具及室内装饰材料专门零售	Special Retail of Hardware,Furniture and Decoration Materials	
家具零售	Retail of Furniture	
货摊、无店铺及其他零售业	Retail of Other Decoration Materials	
生活用燃料零售	Retail of Non-shop and Other Retails	

continued

(10 000yuan)

出口 Export	零售额 Retail Value	通过公共网络实现的零售额 Including: retail sales realized through public network	通过非自营平台实现的零售额 Including: retail sales realized through non proprietary platform	期末商品库存额 Total Stock at Year-end	服务营业额 Service turnover	年末零售营业面积(平方米) Area of Retail Business at Year-end(sq.m)
	2565970	**15021**	**9559**	**324400**	**30830**	**865659**
	830520	9678	9559	37880		520198
	366223			6814		227946
	464297	9678	9559	31066		292252
	27881			9872	3	11432
	822			145		300
	22123			3338		8992
	4936			6389	3	2140
	8142			4564		282
	3160			681		40
	4982			3883		242
	35860	543		28182		19618
	7329			9315		3753
	13366			5574		11200
	8231			12164		3376
	4475	543		112		885
	1623			962		254
	836			55		150
	54503			11537		28970
	51497			10716		26350
	3006			821		2620
	1326002			201024	29202	157457
	1154227			199093	29202	85703
	159177			1883		41721
	12598			48		30033
	243125	4800		30675	1560	80102
	208187	4800		20649		75532
	29253			9236	1560	2839
	5685			790		1731
	35492			454		45600
	35492			454		45600
	4446			212	65	2000
	4446			212	65	2000

9—4 续表6

单位:万元 (2018)

指　标	Item	法人企业数(个) Corporate Enterprises(unit)
按登记注册类型分	Retail of Life Fuel	
内资企业	Domestic Funded Enterprises	146
国有企业	State-owned Enterprises	3
集体企业	Collective-owned Enterprises	1
有限责任公司	Limited Liability Corporations	51
国有独资公司	State-owned Enterprises	3
其他有限责任公司	Other Limited Liability Corporations	48
股份有限公司	Share-holding Corporations Ltd.	4
私营企业	Private Enterprises	87
私营有限责任公司	Private Limited Liability Corporations	86
私营股份有限公司	Private Share Holding Limited Companies	1
港、澳、台商投资企业	Hong Kong, Macao and Taiwan Investment Enterprises	3
与港澳台商合资经营企业	With the Joint Venture Enterprises from Hong Kong, Macao andTaiwan	1
港澳台商独资企业	Hong Kong, Macao, Taiwan-Owned Enterprise	1
其他港澳台投资企业	Other Hong Kong, Macao and Taiwan Investment Enterprises	1
外商投资企业	Foreign Funded Enterprises	1
中外合资经营企业	Sino-foreign Joint Venture Enterprises	1
按控股情况分	Grouped By Controlling Stake	
国有控股	State-owned	10
集体控股	Collective-owned	3
私人控股	Private	120
港澳台商控股	Holding from Hong Kong, Macao and Taiwan	3
外商控股	Foreign	2
其他	Others	12
按经营形式分	Grouped By Business Form	
独立门店	Indipendent Store	127
连锁总店	Distributor Chain	15
连锁直营店	Chain store	1
其他	Others	7
按单位规模分	Grouped By Unit Scale	
大型	Large-scale	5
中型	Medium-scale	81
小型	Small-scale	56
微型	Miniature	8
按零售业态分	Grouped By Retail Formats	
有店铺零售	Have a Retail Store	139
便利店	Convenience store	1
折扣店	Discount store	1
超市	Supermarket	3
大型超市	Hypermarket	6
百货店	Department Store	8
专业店	Speciality Store	37
专卖店	Franchised Store	80
家居建材商店	Home Fureishing Materials Store	1
厂家直销中心	Center of Manufacturer Direct Deal	2
无店铺零售	Non-store Retail	10
网上商店	Online store	1
其他	Others	9

continued

（10 000yuan）

从业人员期末人数(人) Number of employees at the end of the period (person)	商品购进额 Total Commodity Purchas	进口 Imported	商品销售额 Total Commodity Sales Value	通过公共网络实现的商品销售额 Commodity Sales Through Public Network	通过非自营平台实现的商品销售额 Including: sales volume of goods realized through non proprietary platform	使用银行卡支付的商品销售额 Commodity Sales Payed for by Bank Card
16698	2328554	15319	2508097	14902	9559	
78	10436		10266			
12	1199		1648			
8379	964614	9974	999265	11177	9559	
505	19635		21088			
7874	944979	9974	978176	11177	9559	
3043	458613		485144	3182		
5186	893693	5344	1011775	543		
5150	884766	5344	1002916	543		
36	8927		8858			
430	65345		97728	119		
108	26488		55360			
67	31608		33808			
255	7250		8561	119		
83	5116		7409			
83	5116		7409			
807	180730	569	182226			
279	34889		35049			
7954	1219999	14749	1365583	543		
430	65345		97728	119		
801	8481		58342			
6940	889570		874306	14359	9559	
9789	1587740	15319	1764895	2280		
7110	699153		730000	12741	9559	
79	2035		2142			
233	110087		116197			
7177	818798		839416	12741	9559	
8418	1272565	14716	1398118	1736		
1583	301993	603	366441	543		
33	5659		9260			
16674	2243374	15319	2445861	12860	9559	
20	8740		8765			
82	21569		27681			
173	9659		12024			
5469	415617		464297	9678	9559	
1698	325352		338774			
2846	227504	569	237851			
6170	1199189	14749	1285576	3182		
100			33155			
116	35743		37739			
530	155057		166294	2161		
22	462		543	543		
508	154595		165751	1617		

9—4 续表7

单位:万元 （2018）

指　标	Item	批发额 Wholesale Value
按登记注册类型分	Retail of Life Fuel	
内资企业	Domestic Funded Enterprises	46289
国有企业	State-owned Enterprises	
集体企业	Collective-owned Enterprises	
有限责任公司	Limited Liability Corporations	12467
国有独资公司	State-owned Enterprises	
其他有限责任公司	Other Limited Liability Corporations	12467
股份有限公司	Share-holding Corporations Ltd.	30777
私营企业	Private Enterprises	3046
私营有限责任公司	Private Limited Liability Corporations	3046
私营股份有限公司	Private Share Holding Limited Companies	
港、澳、台商投资企业	Hong Kong, Macao and Taiwan Investment Enterprises	
与港澳台商合资经营企业	With the Joint Venture Enterprises from Hong Kong, Macao andTaiwan	
港澳台商独资企业	Hong Kong, Macao, Taiwan-Owned Enterprise	
其他港澳台投资企业	Other Hong Kong, Macao and Taiwan Investment Enterprises	
外商投资企业	Foreign Funded Enterprises	975
中外合资经营企业	Sino-foreign Joint Venture Enterprises	975
按控股情况分	Grouped By Controlling Stake	
国有控股	State-owned	
集体控股	Collective-owned	
私人控股	Private	13498
港澳台商控股	Holding from Hong Kong, Macao and Taiwan	
外商控股	Foreign	975
其他	Others	32791
按经营形式分	Grouped By Business Form	
独立门店	Indipendent Store	15029
连锁总店	Distributor Chain	31475
连锁直营店	Chain store	
其他	Others	760
按单位规模分	Grouped By Unit Scale	
大型	Large-scale	30777
中型	Medium-scale	5052
小型	Small-scale	8130
微型	Miniature	3305
按零售业态分	Grouped By Retail Formats	
有店铺零售	Have a Retail Store	44221
便利店	Convenience store	
折扣店	Discount store	
超市	Supermarket	
大型超市	Hypermarket	
百货店	Department Store	
专业店	Speciality Store	7506
专卖店	Franchised Store	36715
家居建材商店	Home Fureishing Materials Store	
厂家直销中心	Center of Manufacturer Direct Deal	
无店铺零售	Non-store Retail	3043
网上商店	Online store	
其他	Others	3043

continued

(10 000yuan)

出口 Export	零售额 Retail Value	通过公共网络实现的零售额 Including: retail sales realized through public network	通过非自营平台实现的零售额 Including: retail sales realized through non proprietary platform	期末商品库存额 Total Stock at Year-end	服务营业额 Service turnover	年末零售营业面积(平方米) Area of Retail Business at Year-end(sq.m)
	2461808	14902	9559	312941	28479	836590
	10266			1576		765
	1648			20		300
	986798	11177	9559	86105	4808	409973
	21088			5794	65	27000
	965710	11177	9559	80312	4743	382973
	454367	3182		31081	1234	222081
	1008729	543		194159	22437	203471
	999870	543		193378	22366	203271
	8858			781	71	200
	97728	119		11457	2351	8500
	55360			6895	1565	300
	33808			2882	786	200
	8561	119		1680		8000
	6435			1		20569
	6435			1		20569
	182226			7586	65	56555
	35049			2584	2794	855
	1352085	543		243630	25620	347995
	97728	119		11457	2351	8500
	57367			4131		97362
	841515	14359	9559	55011		354392
	1749867	2280		231664	30560	495326
	698525	12741	9559	79510	268	358288
	2142			9214		3168
	115437			4011	3	8877
	808639	12741	9559	53664		406759
	1393066	1736		226733	29214	356305
	358311	543		42919	1616	100442
	5955			1085		2153
	2401641	12860	9559	320152	30827	847743
	8765			11		3200
	27681					22848
	12024			3299		12172
	464297	9678	9559	31066		292252
	338774			6831		201248
	230345			39671	2012	131601
	1248861	3182		233553	28816	142382
	33155					40000
	37739			5721		2040
	163251	2161		4058	3	17736
	543	543		40		300
	162708	1617		4018	3	17436

9—5 限额以上批发和零售业法人企业主要财务状况

单位:万元 (2018)

指　标	Item	法人企业数(个) Number of Corporate (unit)
总计	**Total**	**255**
兴庆区	Xingqing	66
西夏区	Xixia	21
金凤区	Jinfeng	53
永宁县	Yongning	29
贺兰县	Helan	67
灵武市	Lingwu	19
批发业	**Wholesale Trade**	**105**
按批发行业小类分	**Grouped by Wholesale Industry Small Class**	
农、林、牧、渔产品批发	Wholesale of Agricultural, Forestry, Animal Husbandry Products	3
谷物、豆及薯类批发	Wholesale of Grain, Bean and Potatoes	2
牲畜批发	Wholesale of Livestock	1
食品、饮料及烟草制品批发	Wholesale of Food,Beverages and Tobacoos	9
米、面制品及食用油批发	Wholesale of Rice,Flour and Edible Oil	1
肉、禽、蛋、奶及水产品批发	Wholesale of Meat and Aquatic Products	1
盐及调味品批发	Wholesale of Salt and Condiments	1
营养和保健品批发	Wholesale of health care products	1
酒、饮料及茶叶批发	Wholesale of Beverages and tea	3
烟草制品批发	Wholesale of Tobacoos	2
纺织、服装及家庭用品批发	Wholesale of Textiles,Garments and Daily Consummer Aticles	3
纺织品、针织品及原料批发	Wholesale of textiles, knitwear and raw materials	1
服装批发	Wholesale of Garments	1
日用家电批发	Wholesale of Household Electrical Appliances	1
文化、体育用品及器材批发	Wholesale of Cultural,Sports Goods Appliances and Equipments	1
图书批发	Wholesale of Books	1
医药及医疗器材批发	Wholesale of Medicines and Medical Appliances	17
西药批发	Wholesale of Western Medicine	15
中药批发	Wholesale of Chinese Medicine	1
医疗用品及器材批发	Wholesale of Medical Supplies and Equipment	1
矿产品、建材及化工产品批发	Wholesale of Mineral Products, Building Materials and Chemical Products	56
煤炭及制品批发	Wholesale of Coal and Related Products	5
石油及制品批发	Wholesale of Petroleum and Related Products	12
非金属矿及制品批发	Wholesale of non-metallic minerals and products	1
金属及金属矿批发	Wholesale of Metallic mineral Products	33
化肥批发	Wholesale of Chemical Fertilizer	2
农药批发	Wholesale of Pesticide	1
其他化工产品批发	Wholesale of Other Chemical Products	2

Financial Indicators of Wholesale and Retail by Enterprises above Designated Size

(10 000yuan)

执行《2006年企业会计准则》企业数(个) Number of Enterprises Implementing The Accounting Standards for Business Enterprises 2006	年初存货 Invertory at Begining of Year	期末资产负债 Ending assets and Liabilities					
		流动资产合计 Total Working Capitals	货币资金 Monetary Fund	应收账款 Accounts Receivable	存货 Stock	固定资产合计 Total Fixed Assets	可供出售金融资产 Financial Assets Available for Sale
186	**578976**	**4408827**	**1309348**	**474297**	**614385**	**449504**	**6440**
45	172444	949171	125818	133413	148572	119238	3294
17	17307	301743	28983	79939	25329	69355	
38	225826	1218351	389382	135129	245755	175927	3141
17	26638	91589	9173	22043	31352	7245	
58	114729	443579	112698	60715	109562	57993	5
11	22033	1404393	643294	43058	53814	19746	
82	**284011**	**3223743**	**1097846**	**359802**	**347987**	**239342**	**1746**
3	8455	20739	1081	6285	11545	4237	
2	7652	17264	1076	4627	10483	2722	
1	803	3475	5	1658	1062	1515	
7	57732	372644	291689	10144	48824	30532	384
1	5533	7935	437		3520	5831	
	103	652	138	329	180	92	
1	1266	8958	26	738	1089	158	384
1	538	449	9	160	280	50	
3	6110	20269	590	8916	6699	177	
1	44182	334382	290490	1	37056	24225	
3	11905	59474	3719	20165	20250	8471	
1	2670	9203	162	975	2929	2	
1	5584	41227	87	19190	14565	8465	
1	3651	9045	3470		2756	4	
1	3147	31211	15530	6994	4061	2390	
1	3147	31211	15530	6994	4061	2390	
14	31068	262146	13878	158575	42452	17128	
13	30342	252175	13656	152058	41316	16976	
	15	6703	60	4750	174	146	
1	710	3268	162	1767	962	7	
42	146051	2205934	751435	110152	197179	172397	757
4	10263	98387	6192	29790	15644	47331	
11	105919	1928112	724481	34642	150501	119833	
	67	2551		2079	50	36	
24	27282	166867	19625	40290	28927	2381	757
1	326	471	60	-103	435	69	
1	1086	3813	159	2122	303	2150	
1	1109	5732	918	1333	1319	598	

9—5 续表1

单位:万元 (2018)

指　标	Item	持有至到期投资 Held to maturity investment
总计	**Total**	
兴庆区	Xingqing	
西夏区	Xixia	
金凤区	Jinfeng	
永宁县	Yongning	
贺兰县	Helan	
灵武市	Lingwu	
批发业	**Wholesale Trade**	
按批发行业小类分	**Grouped by Wholesale Industry Small Class**	
农、林、牧、渔产品批发	Wholesale of Agricultural, Forestry, Animal Husbandry Products	
谷物、豆及薯类批发	Wholesale of Grain, Bean and Potatoes	
牲畜批发	Wholesale of Livestock	
食品、饮料及烟草制品批发	Wholesale of Food,Beverages and Tobacoos	
米、面制品及食用油批发	Wholesale of Rice,Flour and Edible Oil	
肉、禽、蛋、奶及水产品批发	Wholesale of Meat and Aquatic Products	
盐及调味品批发	Wholesale of Salt and Condiments	
营养和保健品批发	Wholesale of nutrition and health products	
酒、饮料及茶叶批发	Wholesale of Beverages and tea	
烟草制品批发	Wholesale of Tobacoos	
纺织、服装及家庭用品批发	Wholesale of Textiles,Garments and Daily Consummer Aticles	
纺织品、针织品及原料批发	Wholesale of textiles, knitwear and raw materials	
服装批发	Wholesale of Garments	
日用家电批发	Wholesale of Household Electrical Appliances	
文化、体育用品及器材批发	Wholesale of Cultural,Sports Goods Appliances and Equipments	
图书批发	Wholesale of Books	
医药及医疗器材批发	Wholesale of Medicines and Medical Appliances	
西药批发	Wholesale of Western Medicine	
中药批发	Wholesale of Chinese Medicine	
医疗用品及器材批发	Wholesale of Medical Supplies and Equipment	
矿产品、建材及化工产品批发	Wholesale of Mineral Products, Building Materials and Chemical Products	
煤炭及制品批发	Wholesale of Coal and Related Products	
石油及制品批发	Wholesale of Petroleum and Related Products	
非金属矿及制品批发	Wholesale of non-metallic minerals and products	
金属及金属矿批发	Wholesale of Metallic mineral Products	
化肥批发	Wholesale of Chemical Fertilizer	
农药批发	Wholesale of Pesticide	
其他化工产品批发	Wholesale of Other Chemical Products	

continued

(10 000yuan)

期末资产负债 Ending assets and Liabilities							
长期股权投资 Long term equity investment	固定资产原价 Original Value of Fixed Assets	房屋和构筑物 Houses and structures	机器设备 Machinery equipment	运输工具 Means of transport	电子设备 Electronic equipment	累计折旧 Accumulated Depreciation	本年折旧 Depreciation This Year
934512	**699613**	**185709**	**141707**	**25822**	**13331**	**248382**	**55499**
218413	191307	28634	6032	5469	4459	71465	12679
5040	123289	23083	31722	1999	1146	53735	14857
678725	250895	62135	90311	6058	4427	74260	14485
6276	10784	3839	1493	809	174	3539	590
26058	94393	50074	7147	10099	2749	36184	11629
	28945	17945	5002	1389	375	9199	1260
801605	**368522**	**102204**	**119862**	**10026**	**7380**	**128058**	**28430**
	5212	3346	1040	110	54	975	245
	3182	1500	856	110	54	460	122
	2030	1846	184			515	123
59768	46104	26378	5297	2286	3026	15572	4311
	8128	462	90		13	2298	2298
	162		23	138	1	70	36
1381	400			347		242	3
	51					1	1
	831	123		51	31	654	38
58387	36533	25792	5184	1750	2981	12307	1936
	10621	10349	101	44	89	2150	305
	2						
	10583	10349	101	44	89	2119	301
	35					31	4
8427	4818	4088	22	226	225	2428	215
8427	4818	4088	22	226	225	2428	215
390	23602	4847	344	1508	561	6473	1731
390	23140	4847	344	1178	438	6164	1621
	384			268	116	238	107
	78			62	7	71	3
633417	269135	48658	112799	4658	2980	95832	20824
233678	65332	2047	2401	1146	212	17805	9702
371608	193857	42693	109799	2199	2546	73313	10537
	41					5	5
28132	5606	1138	595	1194	130	3225	392
	164	88	2	74	1	95	79
	2795	2692	2	46	55	646	3
	1340				37	742	107

9—5 续表2

单位:万元 (2018)

指 标	Item	法人企业数(个) Number of Corporate (unit)
机械设备、五金产品及电子产品批发	Wholesale of Mechanical Equipment, Hardware Products and Electronic Products	14
农业机械批发	Wholesale of Agriculture Machinary	3
汽车及零配件批发	Wholesale of MotorVehicles	8
电气设备批发	Wholesale of Electrical Equipment	1
计算机、软件及辅助设备批发	Wholesale of Computer,Software and Assistant Aplliances	
其他机械设备及电子产品批发	Wholesale of Other Machinary and Electric Equipment	2
其他批发业	Other Wholesale	2
再生物资回收与批发	Recovery and Wholesale of Recycled Materials	1
其他未列明批发业	Other Wholesale Unlisted	1
按登记注册类型分	Grouped By Registration Type	
内资企业	Domestic Funded Enterprises	105
国有企业	State-owned Enterprises	4
有限责任公司	Limited Liability Corporations	28
国有独资公司	State-owned Enterprises	3
其他有限责任公司	Other Limited Liability Corporations	25
股份有限公司	Share-holding Corporations Ltd.	7
私营企业	Private Enterprises	66
私营有限责任公司	Private Limited Liability Corporations	66

continued

（10 000yuan）

执行《2006年企业会计准则》企业数（个） Number of Enterprises Implementing The Accounting Standards for Business Enterprises 2006	年初存货 Invertory at Begining of Year	期末资产负债 Ending assets and Liabilities					
		流动资产合计 Total Working Capitals	货币资金 Monetary Fund	应收账款 Accounts Receivable	存货 Stock	固定资产合计 Total Fixed Assets	可供出售金融资产 Financial Assets Available for Sale
10	20596	80194	20190	22476	18522	2040	
3	3262	13340	2310	5450	3520	465	
6	11994	34202	8546	8817	9793	1157	
1	2724	26517	9106	5762	2724	340	
	2615	6135	229	2447	2485	78	
2	5060	191401	324	25011	5155	2146	605
1	3164	36806	2	25007	3344	6	
1	1895	154595	323	4	1811	2140	605
82	284011	3223743	1097846	359802	347987	239342	1746
3	9945	136640	104502	7733	8671	11389	384
27	82785	2008738	902206	167989	115549	88043	
3	44334	362729	204981	66343	47957	32315	
24	38452	1646010	697224	101645	67592	55728	
7	65474	114798	-4155	35947	68200	110324	
45	125807	963567	95294	148133	155567	29585	1362
45	125807	963567	95294	148133	155567	29585	1362

9—5 续表3

单位:万元 (2018)

指 标	Item	持有至到期投资 Held to maturity investment
机械设备、五金产品及电子产品批发	Wholesale of Mechanical Equipment, Hardware Products and Electronic Products	
农业机械批发	Wholesale of Agriculture Machinary	
汽车及零配件批发	Wholesale of MotorVehicles	
电气设备批发	Wholesale of Electrical Equipment	
计算机、软件及辅助设备批发	Wholesale of Computer,Software and Assistant Aplliances	
其他机械设备及电子产品批发	Wholesale of Other Machinary and Electric Equipment	
其他批发业	Other Wholesale	
再生物资回收与批发	Recovery and Wholesale of Recycled Materials	
其他未列明批发业	Other Wholesale Unlisted	
按登记注册类型分	Grouped By Registration Type	
内资企业	Domestic Funded Enterprises	
国有企业	State-owned Enterprises	
有限责任公司	Limited Liability Corporations	
国有独资公司	State-owned Enterprises	
其他有限责任公司	Other Limited Liability Corporations	
股份有限公司	Share-holding Corporations Ltd.	
私营企业	Private Enterprises	
私营有限责任公司	Private Limited Liability Corporations	

continued

(10 000yuan)

期末资产负债Ending assets and Liabilities							
长期股权投资 Long term equity investment	固定资产原价 Original Value of Fixed Assets	房屋和构筑物 Houses and structures	机器设备 Machinery equipment	运输工具 Means of transport	电子设备 Electronic equipment	累计折旧 Accumulated Depreciation	本年折旧 Depreciation This Year
447	5289	1668	256	630	141	3033	604
147	874	351		297	4	409	48
300	3731	1275	225	310	132	2358	525
	582					242	25
	102	42	32	23	5	24	6
99157	3743	2871	3	564	304	1596	195
	14	11			4	8	8
99157	3728	2861	3	564	301	1588	187
801605	368522	102204	119862	10026	7380	128058	28430
9808	21977	9295	1062	1793	1127	10588	2891
60663	124250	31535	6992	2952	4596	36011	12585
59516	43127	23026	5992	696	2161	10617	2300
1146	81122	8509	1000	2256	2434	25394	10285
2274	168951	33952	105165	137	142	57916	9688
728861	53344	27423	6642	5144	1515	23543	3266
728861	53344	27423	6642	5144	1515	23543	3266

9—5 续表4

单位:万元 (2018)

指　标	Item	法人企业数(个) Number of Corporate (unit)
按控股情况分	Grouped By Controlling Stake	
国有控股	State-owned	19
私人控股	Private	81
其他	Others	5
按经营形式分	Grouped By Business Form	
独立门店	Indipendent Stores	78
连锁总店	Distributor Chain	5
其他	Others	22
按单位规模分	Grouped By Unit Scale	
大型	large-scale	5
中型	Medium-scale	40
小型	Small-scale	51
微型	Miniature	9
零售业	**Retail Trade**	**150**
按零售行业小类分	**Grouped by Retail Trade Industry Small Class**	
综合零售	Integrated Retail	15
百货零售	Retail of General Merchandise	9
超级市场零售	Retail of Supermarkets	6
食品、饮料及烟草制品专门零售	Retail of Food,Beverages and Tobaccos	7
粮油零售	Retail of Grain and Oil	1
果品、蔬菜零售	Retail of Fruits and Vegetables	3
酒、饮料及茶叶零售	Retail of Wine,Beverages and Tea	3
其他食品零售	Retail of Other Food	
纺织、服装及日用品专门零售	Special Retail of Textiles,Garments and Daily Consumer Articles	2
服装零售	Retail of Garments	1
厨具卫具及日用杂品零售	Retail of Kitchenware and Household Goods	
钟表、眼镜零售	Watches and glasses retail	1

continued

(10 000yuan)

执行《2006年企业会计准则》企业数(个) Number of Enterprises Implementing The Accounting Standards for Business Enterprises 2006	年初存货 Invertory at Begining of Year	期末资产负债 Ending assets and Liabilities					
		流动资产合计 Total Working Capitals	货币资金 Monetary Fund	应收账款 Accounts Receivable	存货 Stock	固定资产合计 Total Fixed Assets	可供出售金融资产 Financial Assets Available for Sale
18	118342	773967	350895	131704	131904	202656	384
59	155009	2395674	743457	202106	204493	35668	1362
5	10660	54101	3494	25992	11591	1018	
56	96990	2181130	825117	197618	145890	79718	989
5	26494	77002	18275	14968	30183	97479	
21	160527	965610	254455	147217	171914	62144	757
4	23555	223519	84594	60388	38982	121846	
39	217055	2759698	980867	227899	264086	110614	605
30	36563	193097	26548	54415	41141	6875	1141
9	6838	47430	5838	17100	3779	7	
104	**294965**	**1185084**	**211501**	**114495**	**266398**	**210163**	**4694**
14	35683	246316	36528	32145	36193	86542	4689
8	6316	143110	17982	2802	6101	42095	2689
6	29367	103206	18546	29343	30092	44447	2000
2	5736	58796	3046	6970	8535	4607	
	324	919	675	66	145	361	
1	1644	17071	1668	6033	2882	3029	
1	3768	40806	703	871	5508	1217	
1	7976	8625	80	99	8140	847	
	4783	4996	80		4688	2	
1	3193	3630		99	3452	845	

9—5 续表5

单位:万元 (2018)

指　标	Item	持有至到期投资 Hold to maturity investment
按控股情况分	Grouped By Controlling Stake	
国有控股	State-owned	
私人控股	Private	
其他	Others	
按经营形式分	Grouped By Business Form	
独立门店	Indipendent Stores	
连锁总店	Distributor Chain	
其他	Others	
按单位规模分	Grouped By Unit Scale	
大型	large-scale	
中型	Medium-scale	
小型	Small-scale	
微型	Miniature	
零售业	**Retail Trade**	
按零售行业小类分	**Grouped by Retail Trade Industry Small Class**	
综合零售	Integrated Retail	
百货零售	Retail of General Merchandise	
超级市场零售	Retail of Supermarkets	
食品、饮料及烟草制品专门零售	Retail of Food,Beverages and Tobaccos	
粮油零售	Retail of Grain and Oil	
果品、蔬菜零售	Retail of Fruits and Vegetables	
酒、饮料及茶叶零售	Retail of Wine,Beverages and Tea	
其他食品零售	Retail of Other Food	
纺织、服装及日用品专门零售	Special Retail of Textiles,Garments and Daily Consumer Articles	
服装零售	Retail of Garments	
厨具卫具及日用杂品零售	Retail of Kitchenware and Household Goods	
钟表、眼镜零售	Watches and glasses retail	

continued

(10 000yuan)

期末资产负债							
长期股权投资 Long-term equity investment	固定资产原价 Original Value of Fixed Assets	房屋和构筑物 Buildings and structures	机器设备 Machine equipment	运输工具 Means of transport	电子设备 Electronic equipment	累计折旧 Accumulated Depreciation	本年折旧 Depreciation This Year
72744	302122	70671	112787	4115	5473	98560	24301
728861	63640	30888	7070	5851	1845	27756	3956
	2761	645	5	60	62	1743	173
111203	131761	34186	8976	7936	4491	51632	13075
10686	151784	37841	105159	286	283	53594	9928
679717	84977	30178	5728	1804	2606	22833	5427
2634	187609	37864	106083	1220	890	65052	10542
788838	165917	61159	12220	5633	6094	55108	16411
10076	14016	3182	1538	2744	322	7140	1110
57	981	21	429	74	758	366	
132907	**331091**	**83504**	**21845**	**15796**	**5951**	**120324**	**27069**
70285	126539	294	69	54	299	39997	5691
63333	62792	294	69	54	299	20697	3245
6952	63747					19300	2445
7665	9430	2041	1093	370	498	4823	1078
	747	619	30	80	18	386	42
510	6560	395	156	114	466	3531	873
7155	2123	1026	907	176	14	906	163
	2008					1162	121
	47					45	
	1961					1117	121

9—5 续表6

单位:万元 (2018)

指 标	Item	法人企业数(个) Number of Corporate (unit)
文化、体育用品及器材专门零售	Retail of Culture,Sports Appliances and Equipments	9
体育用品及器材零售	Retail of Sports Goods Appliances and Equipments	1
图书、报刊零售	Retail of Books, Newspapers and Magazines	2
珠宝首饰零售	Retail of Jewelery	2
工艺美术品及收藏品零售	Retail of Arts ,Crafts and Collections	2
乐器零售	Retail of Musical instrument	1
其他文化用品零售	Retail of Other Culture Appliances	1
医药及医疗器材专门零售	Retail of Medical Supplies and Appliances	9
西药零售	Retail of Western Medicine	6
中药零售	Retail of Chinese medicine	3
汽车、摩托车、零配件和燃料及其他动力销售	Retail of Motor Vehicles,Motorcycles,Fuel and Parts	91
汽车新车零售	Retail of New Car	72
机动车燃油零售	Retail of Motor Vehicle Fuel	15
机动车燃气零售	Retail of Motor Vehicle Gas	4
家用电器及电子产品专门零售	Special Retailof Household Electric Appliances and Electronic Products	14
家用视听设备零售	Retail of Household Audio and Video Equipment	
日用家电零售	Retail of Household Electric Appliances	5
计算机、软件及辅助设备零售	Retail of Computer,Software and Assistant Appliances	7
通信设备零售	Retail of Communication Equipments	2
五金、家具及室内装饰材料专门零售	Special Retail of Hardware,Furniture and Decoration Materials	2
家具零售	Retail of Furniture	2
货摊、无店铺及其他零售业	Retail of Non-shop and Other Retails	1
生活用燃料零售	Retail of Life Fuel	1

continued

（10 000yuan）

执行《2006年企业会计准则》企业数（个） Number of Enterprises Implementing The Accounting Standards for Business Enterprises 2006	年初存货 Invertory at Begining of Year	期末资产负债 Ending assets and Liabilities					
		流动资产合计 Total Working Capitals	货币资金 Monetary Fund	应收账款 Accounts Receivable	存货 Stock	固定资产合计 Total Fixed Assets	可供出售金融资产 Financial Assets Available for Sale
6	25519	44947	1991	9936	27656	13561	
1	6782	9811	35	636	7895	34	
2	4622	13373	1494	5182	6077	6552	
1	12245	14208	311	84	11821	6686	
2	157	5476	81	3820	72	289	
	933	990	1	1	986		
	780	1089	69	214	805		
4	9434	29191	1883	3972	11572	6038	
4	7923	26455	1799	2935	10122	5739	
	1511	2736	84	1037	1451	298	
65	138896	662250	140758	51960	140308	88837	6
57	134806	478240	122259	27391	138115	79052	6
7	3953	179181	15557	24313	2003	6930	
1	137	4829	2942	256	190	2856	
10	39942	128993	26893	7811	32616	7872	
5	29612	101155	25366	3680	22303	5870	
4	9402	24710	1235	4098	9614	1977	
1	928	3128	292	33	700	25	
1	31063	3315	147	1535	601	746	
1	31063	3315	147	1535	601	746	
1	719	2652	177	67	776	1113	
1	719	2652	177	67	776	1113	

9—5 续表7

单位:万元 (2018)

指　标	Item	持有至到期投资 Held to maturity investment
文化、体育用品及器材专门零售	Retail of Culture,Sports Appliances and Equipments	
体育用品及器材零售	Retail of Sports Goods Appliances and Equipments	
图书、报刊零售	Retail of Books, Newspapers and Magazines	
珠宝首饰零售	Retail of Jewelery	
工艺美术品及收藏品零售	Retail of Arts ,Crafts and Collections	
乐器零售	Retail of Musical instrument	
其他文化用品零售	Retail of Other Culture Appliances	
医药及医疗器材专门零售	Retail of Medical Supplies and Appliances	
西药零售	Retail of Western Medicine	
中药零售	Retail of Chinese medicine	
汽车、摩托车、零配件和燃料及其他动力销售	Retail of Motor Vehicles,Motorcycles,Fuel and Parts	
汽车新车零售	Retail of New Car	
机动车燃油零售	Retail of Motor Vehicle Fuel	
机动车燃气零售	Retail of Motor Vehicle Gas	
家用电器及电子产品专门零售	Special Retailof Household Electric Appliances and Electronic Products	
家用视听设备零售	Retail of Household Audio and Video Equipment	
日用家电零售	Retail of Household Electric Appliances	
计算机、软件及辅助设备零售	Retail of Computer,Software and Assistant Appliances	
通信设备零售	Retail of Communication Equipments	
五金、家具及室内装饰材料专门零售	Special Retail of Hardware,Furniture and Decoration Materials	
家具零售	Retail of Furniture	
货摊、无店铺及其他零售业	Retail of Non-shop and Other Retails	
生活用燃料零售	Retail of Life Fuel	

continued

(10 000yuan)

期末资产负债 Ending assets and Liabilities							
长期股权投资 Long term equity investment	固定资产原价 Original Value of Fixed Asset	房屋和构筑物 Houses and structures	机器设备 Machinery equipment	运输工具 Means of transport	电子设备 Electronic equipment	累计折旧 Accumulated Depreciation	本年折旧 Depreciation This Year
5146	19674	15914	689	267	152	5509	905
1386	677	187	338	80	72	74	74
500	10369	8612	351	124	37	3782	254
3260	8073	7116		26	24	1387	397
	534			15	20	245	174
	5			5		5	
	16			16		16	6
	9291	456		841	270	3253	2804
	8976	456		797	270	3236	2788
	315			44		17	15
36919	145352	62069	17332	13444	4101	56515	15320
32239	122931	56202	8981	11297	3122	43879	13797
4680	13885	4953	5029	1664	977	6956	931
	8536	915	3322	483	2	5681	592
2880	11797	212	448	310	313	3924	890
2880	8736		385			2866	671
	2795	212	64	300	58	819	200
	265			10	255	240	20
	1844	1365	46	34	319	1098	70
	1844	1365	46	34	319	1098	70
10011	5157	1153	2168	477		4045	191
10011	5157	1153	2168	477		4045	191

9—5 续表8

单位:万元 (2018)

指 标	Item	法人企业数(个) Number of Corporate (unit)
按登记注册类型分	Grouped By Registration Type	
内资企业	Domestic Funded Enterprises	146
国有企业	State-owned Enterprises	3
集体企业	Collective-owned Enterprises	1
有限责任公司	Limited Liability Corporations	51
国有独资公司	State-owned Enterprises	3
其他有限责任公司	Other Limited Liability Corporations	48
股份有限公司	Share-holding Corporations Ltd.	4
私营企业	Private Enterprises	87
私营有限责任公司	Private Limited Liability Corporations	86
私营股份有限公司	private share holding limited companies	1
港、澳、台商投资企业	Hong Kong, Macao and Taiwan Investment Enterprises	3
与港澳台商合资经营企业	With the Joint Venture Enterprises from Hong Kong, Macao and Taiwan	1
港澳台商独资企业	Hong Kong, Macao, Taiwan-Owned Enterprise	1
其他港澳台投资企业	Other Hong Kong, Macao and Taiwan Investment Enterprises	1
外商投资企业	Foreign Funded Enterprises	1
中外合资经营企业	Sino-foreign Joint Venture Enterprises	1
按控股情况分	Grouped By Controlling Stake	
国有控股	State-owned	10
集体控股	Collective-owned	3
私人控股	Private	120
港澳台商控股	Holding from Hong Kong, Macao and Taiwan	3
外商控股	Foreign	2
其他	Others	12
按经营形式分	Grouped By Business Form	
独立门店	Indipendent Store	127
连锁总店	Distributor Chain	15
连锁直营店	Chain stores	1
其他	Others	7
按单位规模分	Grouped By Unit Scale	
大型	Large-scale	5
中型	Medium-scale	81
小型	Small-scale	56
微型	Miniature	8
按零售业态分	Grouped By Retail Formats	
有店铺零售	Have a Retail Store	139
便利店	Convenience Store	1
折扣店	Discount Store	1
超市	Supermarket	3
大型超市	Hypermarket	6
百货店	Department Store	8
专业店	Speciality Store	37
专卖店	Franchised Store	80
家居建材商店	Home Fureishing Materials Store	1
厂家直销中心	Center of Manufacturer Direct Deal	2
无店铺零售	Non-store Retail	10
网上商店	Online store	1
其他	Others	9

continued

(10 000yuan)

执行《2006年企业会计准则》企业数(个) Number of Enterprises Implementing The Accounting Standards for Business Enterprises 2006	年初存货 Invertory at Begining of Year	期末资产负债 Ending assets and Liabilities					
		流动资产合计 Total Working Capitals	货币资金 Monetary Fund	应收账款 Accounts Receivable	存货 Stock	固定资产合计 Total Fixed Assets	可供出售金融资产 Financial Assets Available for Sale
101	287103	1166777	205674	113798	257960	198682	4694
2	1274	3870	2045	261	1244	489	
	36	192	107	30	54	18	
36	78907	410921	52461	71746	80638	82715	2000
3	5441	15944	830	5239	6910	7634	
33	73466	394978	51631	66506	73728	75082	2000
4	39107	239733	43429	4127	33748	46787	2689
59	167780	512060	107633	37634	142276	68673	6
58	166814	507074	104630	37592	141604	68621	6
1	966	4986	3003	42	672	52	
3	7758	15682	3681	499	8296	10595	
1	4959	6528	273	368	5785	6234	
1	2800	7681	3379	120	2462	656	
1		1473	30	11	49	3705	
	105	2626	2146	198	143	886	
	105	2626	2146	198	143	886	
9	6987	33530	4443	9503	8442	8827	
2	1846	17967	5943	1213	3517	3073	
79	207924	766059	143738	61910	184467	95607	6
3	7758	15682	3681	499	8296	10595	
1	5532	13342	5346	293	5091	1098	
10	64918	338506	48350	41078	56585	90962	4689
90	196799	747362	152231	42787	172888	139257	2694
9	83388	409860	57096	69849	80931	62476	2000
1	9070	10972	31	84	9023	6305	
4	5708	16890	2144	1775	3556	2124	
5	63687	333056	50457	39156	56602	89421	4689
64	190150	688653	133730	60573	173889	101739	6
30	40231	160085	27148	13168	34963	18936	
5	897	3290	167	1598	945	67	
97	290153	1030315	195133	90050	262232	205064	4694
1	110	1710	5	4	88	212	
1	7	4132	479	400	7	48	
1	2681	10349	973	3420	2847	608	
6	29367	103206	18546	29343	30092	44447	2000
6	5951	139891	17560	2507	6861	42044	2689
20	40064	142688	18404	19169	42943	32618	
59	205270	615881	138034	34340	173675	80640	6
1		1144	112			75	
2	6704	11315	1021	866	5721	4373	
7	4738	154628	16356	24386	4102	5099	
1	87	126				3	
6	4651	154503	16356	24386	4102	5096	

9—5 续表9

单位:万元 (2018)

指 标	Item	持有至到期投资 Held to maturity investment
按登记注册类型分	Grouped By Registration Type	
内资企业	Domestic Funded Enterprises	
国有企业	State-owned Enterprises	
集体企业	Collective-owned Enterprises	
有限责任公司	Limited Liability Corporations	
国有独资公司	State-owned Enterprises	
其他有限责任公司	Other Limited Liability Corporations	
股份有限公司	Share-holding Corporations Ltd.	
私营企业	Private Enterprises	
私营有限责任公司	Private Limited Liability Corporations	
私营股份有限公司	Private Share Holding Limited Companies	
港、澳、台商投资企业	Hong Kong, Macao and Taiwan Investment Enterprises	
与港澳台商合资经营企业	With the Joint Venture Enterprises from Hong Kong, Macao and Taiwan	
港澳台商独资企业	Hong Kong, Macao, Taiwan-Owned Enterprise	
其他港澳台投资企业	Other Hong Kong, Macao and Taiwan Investment Enterprises	
外商投资企业	Foreign Funded Enterprises	
中外合资经营企业	Sino-foreign Joint Venture Enterprises	
按控股情况分	Grouped By Controlling Stake	
国有控股	State-owned	
集体控股	Collective-owned	
私人控股	Private	
港澳台商控股	Holding from Hong Kong, Macao and Taiwan	
外商控股	Foreign	
其他	Others	
按经营形式分	Grouped By Business Form	
独立门店	Indipendent Store	
连锁总店	Distributor Chain	
连锁直营店	Chain Stores	
其他	Others	
按单位规模分	Grouped By Unit Scale	
大型	Large-scale	
中型	Medium-scale	
小型	Small-scale	
微型	Miniature	
按零售业态分	Grouped By Retail Formats	
有店铺零售	Have a Retail Store	
便利店	Convenience Store	
折扣店	Discount Store	
超市	Supermarket	
大型超市	Hypermarket	
百货店	Department Store	
专业店	Speciality Store	
专卖店	Franchised Store	
家居建材商店	Home Fureishing Materials Store	
厂家直销中心	Center of Manufacturer Direct Deal	
无店铺零售	Non-store Retail	
网上商店	Online Store	
其他	Others	

continued

（10 000yuan）

期末资产负债 Ending assets and Liabilities							
长期股权投资 Long term equity investment	固定资产原价 Original Value of Fixed Assets	房屋和构筑物 Houses and structures	机器设备 Machinery equipment	运输工具 Means of transport	电子设备 Electronic equipment	累计折旧 Accumulated Depreciation	本年折旧 Depreciation This Year
132907	312476	83504	20912	15290	5844	113189	23613
	1532	619	30	555	37	1043	509
	48		48			30	1
22693	131587	29273	9269	4159	2514	48836	9909
10511	15460	9894	2578	618	37	7791	456
12182	116127	19378	6690	3541	2477	41045	9453
66213	68031	1431	96	217	82	21244	2755
44000	111278	52182	11470	10358	3212	42036	10438
44000	111173	52182	11448	10314	3181	41983	10430
	106		22	45	30	53	7
	14801		934	507	107	4206	3290
	8820					2586	2586
	1818		934	507	107	1162	246
	4164					459	459
	3814					2929	166
	3814					2929	166
10511	18481	11155	2616	1229	341	9619	1228
	4176	1642	144	359	95	1103	201
49230	154654	70491	17252	13483	5256	58478	14906
	14801		934	507	107	4206	3290
	4027					2929	166
73165	134952	216	900	219	152	43990	7278
117929	224928	59409	17426	13560	4295	85670	20543
11718	94472	14763	3053	1640	1528	31392	5831
3260	7384	7116		26	24	1079	388
	4307	2217	1366	570	104	2184	308
73165	130531					41110	6735
47356	167115	71262	16286	12532	4717	64772	16168
12385	33322	12243	5559	3236	1231	14386	4146
	123			28	3	57	21
132907	321582	79943	18072	14859	5215	115914	26189
	665	642	8	8	8	453	16
	113					65	11
	1215	395	156	114	493	607	551
6952	63747					19300	2445
63333	62669	294	69	70	272	20626	3217
19451	57084	25226	8915	3458	1169	24431	5494
43170	129622	53385	8914	11170	3271	48413	14221
	100		10	10		24	19
	6368			28	2	1995	214
	9508	3561	3773	937	736	4409	879
	50					47	6
	9458	3561	3773	937	736	4362	874

9—5 续表10

单位:万元 (2018)

指 标	Item	固定资产净值 Net value of fixed assets
总计	**Total**	**450446**
兴庆区	Xingqing	119273
西夏区	Xixia	69554
金凤区	Jinfeng	176635
永宁县	Yongning	7245
贺兰县	Helan	57993
灵武市	Lingwu	19746
批发业	**Wholesale Trade**	**240248**
按批发行业小类分	**Grouped by Wholesale Industry Small Class**	
农、林、牧、渔产品批发	Wholesale of Agricultural, Forestry, Animal Husbandry Products	4237
谷物、豆及薯类批发	Wholesale of Grain, Bean and Potatoes	2722
牲畜批发	Wholesale of Livestock	1515
食品、饮料及烟草制品批发	Wholesale of Food,Beverages and Tobacoos	30532
米、面制品及食用油批发	Wholesale of Rice,Flour and Edible Oil	5831
肉、禽、蛋、奶及水产品批发	Wholesale of Meat and Aquatic Products	92
盐及调味品批发	Wholesale of Salt and Condiments	158
营养和保健品批发	Wholesale of nutrition and health products	50
酒、饮料及茶叶批发	Wholesale of Beverages and tea	177
烟草制品批发	Wholesale of Tobacoos	24225
纺织、服装及家庭用品批发	Wholesale of Textiles,Garments and Daily Consummer Aticles	8471
纺织品、针织品及原料批发	Wholesale of textiles, knitwear and raw materials	2
服装批发	Wholesale of Garments	8465
日用家电批发	Wholesale of Household Electrical Appliances	4
文化、体育用品及器材批发	Wholesale of Cultural,Sports Goods Appliances and Equipments	2390
图书批发	Wholesale of Books	2390
医药及医疗器材批发	Wholesale of Medicines and Medical Appliances	17128
西药批发	Wholesale of Western Medicine	16976
中药批发	Wholesale of Chinese Medicine	146
医疗用品及器材批发	Wholesale of Medical Supplies and Equipment	7

continued

（10 000yuan）

期末资产负债Ending assets and Liabilities							
固定资产减值准备 Fixed assets depreciation reserves	在建工程 Construction in Process	无形资产 Intangible Assets	土地使用权 Land Use Right	软件使用权 Software Use Right	商　誉 Good Will	非流动资产合计 Total Non-current Assets	资产总计 Total Assets
942	**138246**	**1761389**	**981748**	**29498**	**163342**	**1954139**	**6362966**
35	28671	339643	297247	14202	1116	484538	1433709
198	4372	56676	56601	48	162226	188053	489796
708	59102	1108520	407311	13413		1073752	2292103
	8008	33009	32967	42		24995	116584
	1744	204675	168860	1710		120007	563586
	36349	18866	18762	83		62795	1467188
906	**112039**	**1229876**	**531391**	**19449**		**1338098**	**4561841**
	8008	34235	34235			16206	36945
	8008	34235	34235			14269	31533
						1937	5412
	3781	82242	70867	11063		115523	488167
	17	5714	5714			6419	14355
						143	795
		312				2285	11243
						50	499
		2147	2147			432	20701
	3764	74069	63006	11063		106193	440574
		45		45		11135	70609
						2	9205
		45		45		11129	52356
						4	9049
	10	1883	1868	12		11031	42242
	10	1883	1868	12		11031	42242
	8176	37648	26760	399		30862	293008
	6719	37637	26760	388		29247	281422
	1456					1602	8305
		11		11		14	3281

9—5 续表11

单位:万元 (2018)

指　标	Item	流动负债合计 Total Current Liabilities
总计	**Total**	**3806703**
兴庆区	Xingqing	842015
西夏区	Xixia	264359
金凤区	Jinfeng	1089906
永宁县	Yongning	58952
贺兰县	Helan	386859
灵武市	Lingwu	1164613
批发业	**Wholesale Trade**	**2781312**
按批发行业小类分	**Grouped by Wholesale Industry Small Class**	
农、林、牧、渔产品批发	Wholesale of Agricultural, Forestry, Animal Husbandry Products	15489
谷物、豆及薯类批发	Wholesale of Grain, Bean and Potatoes	13137
牲畜批发	Wholesale of Livestock	2352
食品、饮料及烟草制品批发	Wholesale of Food,Beverages and Tobacoos	222960
米、面制品及食用油批发	Wholesale of Rice,Flour and Edible Oil	3264
肉、禽、蛋、奶及水产品批发	Wholesale of Meat and Aquatic Products	160
盐及调味品批发	Wholesale of Salt and Condiments	3284
营养和保健品批发	Wholesale of Nutrition and Health Products	562
酒、饮料及茶叶批发	Wholesale of Beverages and tea	15616
烟草制品批发	Wholesale of Tobacoos	200074
纺织、服装及家庭用品批发	Wholesale of Textiles,Garments and Daily Consummer Aticles	47024
纺织品、针织品及原料批发	Wholesale of Textiles,Knitwear and Raw Materials	4340
服装批发	Wholesale of Garments	34477
日用家电批发	Wholesale of Household Electrical Appliances	8207
文化、体育用品及器材批发	Wholesale of Cultural,Sports Goods Appliances and Equipments	25033
图书批发	Wholesale of Books	25033
医药及医疗器材批发	Wholesale of Medicines and Medical Appliances	222854
西药批发	Wholesale of Western Medicine	219611
中药批发	Wholesale of Chinese Medicine	3133
医疗用品及器材批发	Wholesale of Medical Supplies and Equipment	110

continued

（10 000yuan）

期末资产负债Ending assets and Liabilities					
应付账款 Accounts Payable	非流动负债合计 Total non-current Liabilities	负债合计 Total Liabilities	所有者权益 Total Owners' Equities	实收资本 Paid-in Capitals	国家资本 State-owned Capitals
547789	**765382**	**4632825**	**1827414**	**987101**	**84180**
197447	194234	1104019	426963	179434	31255
24265	3976	268392	221404	172251	40778
244888	250963	1333782	958321	338737	3624
8324	2369	61322	55263	42045	
54687	25018	411876	151710	119005	8469
18178	288822	1453435	13753	135628	55
354465	**687326**	**3536466**	**1122648**	**595863**	**64050**
6209	2324	17813	19132	4500	
4761	2324	15461	16072	2000	
1448		2352	3060	2500	
13731	7933	230893	257275	13388	6786
	7709	10973	3382	3752	3752
108		160	635	500	
277	93	3376	7866	3384	
428		562	-63	50	
7863		15616	5086	1600	500
5055	132	200206	240369	4103	2534
3086		47024	23586	31842	
545		4340	4865	4800	
2540		34477	17878	26942	
		8207	843	100	
9524	1170	26203	16039	7009	7009
9524	1170	26203	16039	7009	7009
94261	167	223020	69988	31520	9962
92196	167	219777	61645	25520	9962
1998		3133	5172	5500	
68		110	3172	500	

9—5 续表12

单位:万元 (2018)

指　标	Item	固定资产净值 Net value of fixed assets
矿产品、建材及化工产品批发	Wholesale of Mineral Products,Building Materials and Chemical Products	173303
煤炭及制品批发	Wholesale of Coal and Related Products	47526
石油及制品批发	Wholesale of Petroleum and Related Products	120544
非金属矿及制品批发	Non-metallic minerals and products wholesale	36
金属及金属矿批发	Wholesale of Metallic mineral Products	2381
化肥批发	Wholesale of Chemical Fertilizer	69
农药批发	Wholesale of Pesticide	2150
其他化工产品批发	Wholesale of Other Chemical Products	598
机械设备、五金产品及电子产品批发	Wholesale of Mechanical Equipment, Hardware Products and Electronic Products	2040
农业机械批发	Wholesale of Agriculture Machinary	465
汽车及零配件批发	Wholesale of MotorVehicles	1157
电气设备批发	Wholesale of Electrical Equipment	340
计算机、软件及辅助设备批发	Wholesale of Computer,Software and Assistant Aplliances	
其他机械设备及电子产品批发	Wholesale of Other Machinary and Electric Equipment	78
其他批发业	Other Wholesale	2146
再生物资回收与批发	Recovery and Wholesale of Recycled Materials	6
其他未列明批发业	Other Wholesale Unlisted	2140
按登记注册类型分	Grouped By Registration Type	
内资企业	Domestic Funded Enterprises	240248
国有企业	State-owned Enterprises	11389
有限责任公司	Limited Liability Corporations	88238
国有独资公司	State-owned Enterprises	32510
其他有限责任公司	Other Limited Liability Corporations	55728
股份有限公司	Share-holding Corporations Ltd.	111035
私营企业	Private Enterprises	29585
私营有限责任公司	Private Limited Liability Corporations	29585

continued

(10 000yuan)

期末资产负债 Ending assets and Liabilities							
固定资产减值准备 Fixed assets depreciation reserves	在建工程 Construction in Process	无形资产 Intangible assets	土地使用权 Land use right	软件使用权 Software use right	商 誉 Good will	非流动资产合计 Total Non-current Assets	资产总计 Total Assets
906	91492	1036746	362596	6388		1033305	3239239
195	17288	124922	6008			311225	409612
711	71792	902309	356473	6346		679278	2607390
						36	2587
		299		42		36338	203205
						69	540
		115	115			2266	6078
	2412	9101				4094	9826
	468	25662	25469	23		7396	87590
						626	13967
	468	25662	25469	23		6352	40554
						340	26857
						78	6213
	104	11415	9596	1519		112639	304040
	104	45		45		124	36930
		11370	9596	1474		112516	267110
906	112039	1229876	531391	19449		1338098	4561841
	27	14662	14186	161		24408	161049
195	53951	159533	132342	17001		236837	2245575
195	3838	80723	68967	10914		115861	478590
	50113	78810	63375	6087		120976	1766985
711	33332	802820	298138	343		252026	366824
	24728	252861	86725	1944		824827	1788393
	24728	252861	86725	1944		824827	1788393

9—5 续表13

单位:万元 （2018）

指　标	Item	流动负债合计 Total Current Liabilities
矿产品、建材及化工产品批发	Wholesale of Mineral Products,Building Materials and Chemical Products	2062292
煤炭及制品批发	Wholesale of Coal and Related Products	100280
石油及制品批发	Wholesale of Petroleum and Related Products	1820579
非金属矿及制品批发	Non-metallic minerals and products wholesale	2992
金属及金属矿批发	Wholesale of Metallic mineral Products	131360
化肥批发	Wholesale of Chemical Fertilizer	403
农药批发	Wholesale of Pesticide	1822
其他化工产品批发	Wholesale of Other Chemical Products	4857
机械设备、五金产品及电子产品批发	Wholesale of Mechanical Equipment, Hardware Products and Electronic Products	80968
农业机械批发	Wholesale of Agriculture Machinary	9817
汽车及零配件批发	Wholesale of MotorVehicles	39568
电气设备批发	Wholesale of Electrical Equipment	27521
计算机、软件及辅助设备批发	Wholesale of Computer,Software and Assistant Aplliances	
其他机械设备及电子产品批发	Wholesale of Other Machinary and Electric Equipment	4061
其他批发业	Other Wholesale	104695
再生物资回收与批发	Recovery and Wholesale of Recycled Materials	26511
其他未列明批发业	Other Wholesale Unlisted	78183
按登记注册类型分	Grouped By Registration Type	
内资企业	Domestic Funded Enterprises	2781312
国有企业	State-owned Enterprises	38252
有限责任公司	Limited Liability Corporations	1630295
国有独资公司	State-owned Enterprises	285044
其他有限责任公司	Other Limited Liability Corporations	1345251
股份有限公司	Share-holding Corporations Ltd.	358189
私营企业	Private Enterprises	754577
私营有限责任公司	Private Limited Liability Corporations	754577

continued

（10 000yuan）

期末资产负债Ending assets and Liabilities					
应付账款 Accounts Payable	非流动负债合计 Total non-current Liabilities	负债合计 Total Liabilities	所有者权益 Total Owners' Equities	实收资本 Paid-in Capitals	国家资本 State-owned Capitals
170331	523676	2653795	682717	472029	40293
17665	33762	134042	275570	69609	38408
131274	487074	2375423	329241	321263	1885
1387		2992	–405		
18662		131417	71789	79581	
–79		403	137	100	
15		1822	4257	106	
1406	2840	7697	2129	1369	
24034	1954	82922	4668	15975	
3968		9818	4149	2850	
9588	1954	41522	–968	9925	
8435		27521	–665	1000	
2043		4061	2152	2200	
33289	150102	254797	49243	19600	
8780		26511	10418	10000	
24509	150102	228286	38825	9600	
354465	687326	3536466	1122648	595863	64050
9800	8971	47223	113826	15713	10761
124187	295101	1993166	252409	188723	51204
49252	1144	286188	192402	19102	19102
74935	293957	1706979	60007	169622	32103
68143	833	359022	105075	113099	2085
152334	382422	1137055	651338	278328	
152334	382422	1137055	651338	278328	

9—5 续表14

单位:万元 (2018)

指　标	Item	固定资产净值 Net value of fixed assets
按控股情况分	Grouped By Controlling Stake	
国有控股	State-owned	203562
私人控股	Private	35668
其他	Others	1018
按经营形式分	Grouped By Business Form	
独立门店	Indipendent Stores	79913
连锁总店	Distributor Chain	98190
其他	Others	62144
按单位规模分	Grouped By Unit Scale	
大型	large-scale	122557
中型	Medium-scale	110809
小型	Small-scale	6875
微型	Miniature	7
零售业	**Retail Trade**	**210198**
按零售行业小类分	**Grouped by Retail Trade Industry Small Class**	
综合零售	Integrated Retail	86542
百货零售	Retail of General Merchandise	42095
超级市场零售	Retail of Supermarkets	44447
食品、饮料及烟草制品专门零售	Retail of Food,Beverages and Tobaccos	4607
粮油零售	Retail of Grain and Oil	361
果品、蔬菜零售	Retail of Fruits and Vegetables	3029
酒、饮料及茶叶零售	Retail of Wine,Beverages and Tea	1217
其他食品零售	Retail of Other Food	

continued

（10 000yuan）

期末资产负债 Ending assets and Liabilities							
固定资产减值准备 Fixed assets depreciation reserves	在建工程 Construction in Process	无形资产 Intangible assets	土地使用权 Land use right	软件使用权 Software use right	商　誉 Good will	非流动资产合计 Total Non-current Assets	资产总计 Total Assets
906	37584	911899	388985	17418		444293	1218261
	71938	308831	142406	1986		889173	3284847
	2517	9146		45		4632	58733
195	57580	176306	149327	8107		288947	2470077
711	34740	804607	300006	12		248448	325451
	19720	248963	82058	11330		800703	1766313
711	33332	822519	316846	492		267466	490984
195	74252	384915	210633	18876		1037785	3797483
	4454	22430	3912	69		27776	220873
		12		12		5071	52501
35	**26207**	**531513**	**450357**	**10049**	**163342**	**616041**	**1801125**
	11882	223153	206423	7279	1116	267023	513338
	11864	211442	196297	6126	1116	187456	330565
	18	11711	10126	1153		79567	182773
	158	8118	8091	27		16217	75013
						517	1435
	8	15		15		6367	23438
	150	8103	8091	12		9334	50139

9—5 续表15

单位:万元 (2018)

指 标	Item	流动负债合计 Total Current Liabilities
按控股情况分	Grouped By Controlling Stake	
国有控股	State-owned	790197
私人控股	Private	1953954
其他	Others	37162
按经营形式分	Grouped By Business Form	
独立门店	Indipendent Stores	1668511
连锁总店	Distributor Chain	200374
其他	Others	912427
按单位规模分	Grouped By Unit Scale	
大型	large-scale	363736
中型	Medium-scale	2243250
小型	Small-scale	123729
微型	Miniature	50598
零售业	**Retail Trade**	**1025391**
按零售行业小类分	**Grouped by Retail Trade Industry Small Class**	
综合零售	Integrated Retail	232424
百货零售	Retail of General Merchandise	130443
超级市场零售	Retail of Supermarkets	101982
食品、饮料及烟草制品专门零售	Retail of Food,Beverages and Tobaccos	56308
粮油零售	Retail of Grain and Oil	182
果品、蔬菜零售	Retail of Fruits and Vegetables	9324
酒、饮料及茶叶零售	Retail of Wine,Beverages and Tea	46802
其他食品零售	Retail of Other Food	

continued

(10 000yuan)

期末资产负债Ending assets and Liabilities					
应付账款 Accounts Payable	非流动负债合计 Total non-current Liabilities	负债合计 Total Liabilities	所有者权益 Total Owners' Equities	实收资本 Paid-in Capitals	国家资本 State-owned Capitals
154341	10919	868886	446647	188016	64050
189078	673568	2627578	657269	394805	
11046	2840	40002	18732	13042	
145115	447261	2183599	286478	290688	39108
23259	1482	201857	123594	119593	7009
186091	238583	1151010	712576	185583	17933
51493	324	364060	224197	122345	9762
266129	681961	2992981	804502	373215	52493
26086	5041	128770	92102	76266	1795
10756		50654	1847	24038	
193324	**78056**	**1096359**	**704766**	**391238**	**20130**
93344	31771	264195	249143	90940	1000
18258	21460	151903	178662	32200	1000
75086	10310	112292	70481	58740	
6891	2261	58568	16445	16640	574
93	57	239	1196	574	574
6312	1540	10865	12574	10900	
486	663	47465	2675	5166	

9—5 续表16

单位:万元 (2018)

指 标	Item	固定资产净值 Net value of fixed assets
纺织、服装及日用品专门零售	Special Retail of Textiles,Garments and Daily Consumer Articles	847
服装零售	Retail of Garments	2
厨具卫具及日用杂品零售	Retail of Kitchenware and Household Goods	
钟表、眼镜零售	Retail of watches and glasses	845
文化、体育用品及器材专门零售	Retail of Culture,Sports Appliances and Equipments	13596
体育用品及器材零售	Retail of Sports Goods Appliances and Equipments	34
图书、报刊零售	Retail of Books, Newspapers and Magazines	6587
珠宝首饰零售	Retail of Jewelery	6686
工艺美术品及收藏品零售	Retail of Arts ,Crafts and Collections	289
乐器零售	Retail of Musical instrument	
其他文化用品零售	Retail of Other Culture Appliances	
医药及医疗器材专门零售	Retail of Medical Supplies and Appliances	6038
西药零售	Retail of Western Medicine	5739
中药零售	Retail of Chinese medicine	298
汽车、摩托车、零配件和燃料及其他动力销售	Retail of Motor Vehicles,Motorcycles,Fuel and Parts	88837
汽车新车零售	Retail of New Car	79052
机动车燃油零售	Retail of Motor Vehicle Fuel	6930
机动车燃气零售	Retail of Motor Vehicle Gas	2856
家用电器及电子产品专门零售	Special Retailof Household Electric Appliances and Electronic Products	7872
家用视听设备零售	Retail of Household Audio and Video Equipment	
日用家电零售	Retail of Household Electric Appliances	5870
计算机、软件及辅助设备零售	Retail of Computer,Software and Assistant Appliances	1977
通信设备零售	Retail of Communication Equipments	25
五金、家具及室内装饰材料专门零售	Special Retail of Hardware,Furniture and Decoration Materials	746
家具零售	Retail of Furniture	746
货摊、无店铺及其他零售业	Retail of Non-shop and Other Retails	1113
生活用燃料零售	Retail of Life Fuel	1113

continued

（10 000yuan）

期末资产负债Ending assets and Liabilities							
固定资产减值准备 Fixed assets depreciation reserves	在建工程 Construction in Process	无形资产 Intangible assets	土地使用权 Land use right	软件使用权 Software use right	商　誉 Good will	非流动资产合计 Total Non-current Assets	资产总计 Total Assets
						909	9535
						2	4998
						907	4537
35	7374	12673	12393	267		28100	73048
		12				1873	11684
35	7243	12393	12393			15534	28907
	131	267		267		10209	24417
		1				484	5960
							991
							1089
		338		141		9278	38468
		338		141		8966	35420
						312	3048
	6749	280202	221163	1483	162226	259561	921811
	2349	253030	198598	1321		156682	634922
	3372	25719	22218	162	162226	97335	276517
	1028	1453	347			5544	10373
		5392	663	839		16403	145396
		3890				14159	115314
		1502	663	839		2127	26837
						117	3245
	45					7263	10577
	45					7263	10577
		1637	1624	13		11288	13939
		1637	1624	13		11288	13939

9—5 续表17

单位:万元　　(2018)

指　标	Item	流动负债合计 Total Current Liabilities
纺织、服装及日用品专门零售	Special Retail of Textiles,Garments and Daily Consumer Articles	7584
服装零售	Retail of Garments	6949
厨具卫具及日用杂品零售	Retail of Kitchenware and Household Goods	
钟表、眼镜零售	Retail of watches and glasses	635
文化、体育用品及器材专门零售	Retail of Culture,Sports Appliances and Equipments	43759
体育用品及器材零售	Retail of Sports Goods Appliances and Equipments	9557
图书、报刊零售	Retail of Books, Newspapers and Magazines	19024
珠宝首饰零售	Retail of Jewelery	8440
工艺美术品及收藏品零售	Retail of Arts ,Crafts and Collections	5069
乐器零售	Retail of Musical instrument	857
其他文化用品零售	Retail of Other Culture Appliances	812
医药及医疗器材专门零售	Retail of Medical Supplies and Appliances	17447
西药零售	Retail of Western Medicine	15927
中药零售	Retail of Chinese medicine	1520
汽车、摩托车、零配件和燃料及其他动力销售	Retail of Motor Vehicles,Motorcycles,Fuel and Parts	577520
汽车新车零售	Retail of New Car	439069
机动车燃油零售	Retail of Motor Vehicle Fuel	132455
机动车燃气零售	Retail of Motor Vehicle Gas	5997
家用电器及电子产品专门零售	Special Retailof Household Electric Appliances and Electronic Products	73315
家用视听设备零售	Retail of Household Audio and Video Equipment	
日用家电零售	Retail of Household Electric Appliances	53679
计算机、软件及辅助设备零售	Retail of Computer,Software and Assistant Appliances	17478
通信设备零售	Retail of Communication Equipments	2159
五金、家具及室内装饰材料专门零售	Special Retail of Hardware,Furniture and Decoration Materials	14804
家具零售	Retail of Furniture	14804
货摊、无店铺及其他零售业	Retail of Non-shop and Other Retails	2231
生活用燃料零售	Retail of Life Fuel	2231

continued

（10 000yuan）

期末资产负债Ending assets and Liabilities					
应付账款 Accounts Payable	非流动负债合计 Total non-current Liabilities	负债合计 Total Liabilities	所有者权益 Total Owners' Equities	实收资本 Paid-in Capitals	国家资本 State-owned Capitals
627	510	8094	1441	3961	
		6949	-1951	1800	
627	510	1145	3392	2161	
18264	4665	48424	24624	24217	4335
2133		9557	2127	2837	
14487	3690	22714	6194	4055	4055
366		8440	15977	16601	
539	975	6044	-84	323	280
407		857	134	100	
332		812	277	302	
11439		17447	21021	10631	
10230		15927	19493	9557	
1209		1520	1528	1074	
32592	38203	608636	313175	221921	2850
25934	32941	464922	170001	128458	
7168	5243	137697	138819	90315	2550
-509	20	6017	4355	3148	300
26423	607	73922	71474	9556	
19314	607	54286	61028	2000	
5786		17478	9359	6806	
1323		2159	1086	750	
3089		14804	-4227	2000	
3089		14804	-4227	2000	
656	39	2270	11670	11371	11371
656	39	2270	11670	11371	11371

9—5 续表18

单位:万元　　　　(2018)

指　标	Item	固定资产净值 Net value of fixed assets
按登记注册类型分	Grouped By Registration Type	
内资企业	Domestic Funded Enterprises	198717
国有企业	State-owned Enterprises	489
集体企业	Collective-owned Enterprises	18
有限责任公司	Limited Liability Corporations	82751
国有独资公司	State-owned Enterprises	7669
其他有限责任公司	Other Limited Liability Corporations	75082
股份有限公司	Share-holding Corporations Ltd.	46787
私营企业	Private Enterprises	68673
私营有限责任公司	Private Limited Liability Corporations	68621
私营股份有限公司	Private Share Holding Limited Companies	52
港、澳、台商投资企业	Hong Kong, Macao and Taiwan Investment Enterprises	10595
与港澳台商合资经营企业	With the Joint Venture Enterprises from Hong Kong, Macao and Taiwan	6234
港澳台商独资企业	Hong Kong, Macao, Taiwan-Owned Enterprise	656
其他港澳台投资企业	Other Hong Kong, Macao and Taiwan Investment Enterprises	3705
外商投资企业	Foreign Funded Enterprises	886
中外合资经营企业	Sino-foreign Joint Venture Enterprises	886
按控股情况分	Grouped By Controlling Stake	
国有控股	State-owned	8862
集体控股	Collective-owned	3073
私人控股	Private	95607
港澳台商控股	Holding from Hong Kong, Macao and Taiwan	10595
外商控股	Foreign	1098
其他	Others	90962
按经营形式分	Grouped By Business Form	
独立门店	Indipendent Store	139257
连锁总店	Distributor Chain	62511
连锁直营店	Chain Stores	6305
其他	Others	2124
按单位规模分	Grouped By Unit Scale	
大型	Large-scale	89421
中型	Medium-scale	101774
小型	Small-scale	18936
微型	Miniature	67
按零售业态分	Grouped By Retail Formats	
有店铺零售	Have a Retail Store	205099
便利店	Convenience Store	212
折扣店	Discount Store	48
超市	Supermarket	608
大型超市	Hypermarket	44447
百货店	Department Store	42044
专业店	Speciality Store	32653
专卖店	Franchised Store	80640
家居建材商店	Home Fureishing Materials Store	75
厂家直销中心	Center of Manufacturer Direct Deal	4373
无店铺零售	Non-store Retail	5099
网上商店	Online store	3
其他	Others	5096

continued

(10 000yuan)

期末资产负债Ending assets and Liabilities							
固定资产减值准备 Fixed assets depreciation reserves	在建工程 Construction in Process	无形资产 Intangible assets	土地使用权 Land use right	软件使用权 Software use right	商 誉 Good will	非流动资产合计 Total Non-current Assets	资产总计 Total Assets
35	26207	515706	450357	9850	163342	600694	1767471
	7					654	4524
						30	222
35	10946	96818	75609	1430	162226	242666	653587
35	7236	14030	14017	13		26815	42758
	3710	82788	61592	1417	162226	215851	610829
	11703	216505	197898	6110	1116	194223	433956
	3551	202383	176850	2310		163122	675182
	3551	202383	176850	2310		163000	670074
						122	5108
		14701		199		14347	30029
		14502				7998	14526
		199		199		2644	10325
						3705	5178
		1106				1000	3626
		1106				1000	3626
35	7277	15908	15424	34		36368	69898
		2327	2327			3400	21367
	7210	267363	222765	2612	162226	287060	1053119
		14701		199		14347	30029
		1106	-63			1864	15206
	11721	230108	209904	7204	1116	273001	611507
	17626	473253	398886	7791	1116	406177	1153538
35	8450	55165	49503	1131	162226	194656	604516
	131	267		267		9723	20695
		2828	1968	860		5485	22376
	11721	226690	206423	7204	1116	269112	602168
35	10855	262110	209011	2667	162226	302125	990778
	3632	42713	34923	178		44737	204822
						68	3358
35	26137	522509	442230	9172	1116	529492	1559807
		1428	1407	21		355	2065
						512	4643
	8	36		15		764	11113
	18	11711	10126	1153		79567	182773
	11864	211421	196297	6126	1116	186886	326777
35	11700	39869	38182	383		75238	217925
	2502	247330	185504	1474		174333	790214
	45					6392	7536
		10714	10714			5446	16761
	70	9004	8127	877	162226	86549	241177
						3	128
	70	9004	8127	877	162226	86546	241049

9—5 续表19

单位:万元

(2018)

指　标	Item	流动负债合计 Total Current Liabilities
按登记注册类型分	Grouped By Registration Type	
内资企业	Domestic Funded Enterprises	1007123
国有企业	State-owned Enterprises	2139
集体企业	Collective-owned Enterprises	103
有限责任公司	Limited Liability Corporations	359190
国有独资公司	State-owned Enterprises	21527
其他有限责任公司	Other Limited Liability Corporations	337663
股份有限公司	Share-holding Corporations Ltd.	169309
私营企业	Private Enterprises	476382
私营有限责任公司	Private Limited Liability Corporations	472739
私营股份有限公司	Private Share Holding Limited Companies	3643
港、澳、台商投资企业	Hong Kong, Macao and Taiwan Investment Enterprises	17478
与港澳台商合资经营企业	With the Joint Venture Enterprises from Hong Kong, Macao and Taiwan	6720
港澳台商独资企业	Hong Kong, Macao, Taiwan-Owned Enterprise	5526
其他港澳台投资企业	Other Hong Kong, Macao and Taiwan Investment Enterprises	5232
外商投资企业	Foreign Funded Enterprises	790
中外合资经营企业	Sino-foreign Joint Venture Enterprises	790
按控股情况分	Grouped By Controlling Stake	
国有控股	State-owned	39704
集体控股	Collective-owned	15405
私人控股	Private	689149
港澳台商控股	Holding from Hong Kong, Macao and Taiwan	17478
外商控股	Foreign	4381
其他	Others	259274
按经营形式分	Grouped By Business Form	
独立门店	Indipendent Store	706441
连锁总店	Distributor Chain	301568
连锁直营店	Chain stores	6367
其他	Others	11016
按单位规模分	Grouped By Unit Scale	
大型	Large-scale	253782
中型	Medium-scale	595495
小型	Small-scale	173695
微型	Miniature	2419
按零售业态分	Grouped By Retail Formats	
有店铺零售	Have a Retail Store	932373
便利店	Convenience Store	1250
折扣店	Discount Store	3521
超市	Supermarket	7474
大型超市	Hypermarket	101982
百货店	Department Store	125977
专业店	Speciality Store	136408
专卖店	Franchised Store	533138
家居建材商店	Home Fureishing Materials Store	11865
厂家直销中心	Center of Manufacturer Direct Deal	10759
无店铺零售	Non-store Retail	93001
网上商店	Online store	106
其他	Others	92895

continued

（10 000yuan）

期末资产负债 Ending assets and Liabilities					
应付账款 Accounts Payable	非流动负债合计 Totale of	负债合计 Total Liabilities	所有者权益 Total Owners' Equities	实收资本 Paid-in Capitals	国家资本 State-owned Capitals
187563	78056	1078091	689380	373661	19830
1926	57	2197	2328	634	629
38		103	118	1	
115188	28144	380247	273340	167466	19201
15105	3742	25269	17490	16178	15371
100083	24402	354978	255851	151288	3830
33805	22909	192218	241738	64063	
36605	26946	503327	171855	141498	
36580	26916	499655	170419	140498	
26	29	3672	1436	1000	
5758		17478	12551	15529	
3353		6720	7806	7000	
252		5526	4799	3889	
2153		5232	-54	4640	
3		790	2835	2048	300
3		790	2835	2048	300
21046	4774	44478	25420	21202	19830
5081	144	15548	5819	1551	
57860	41088	723149	329970	263854	
5758		17478	12551	15529	
7627	1000	5381	9825	42548	300
95951	31050	290325	321182	46555	
72987	60435	759788	393750	214129	13580
119124	16958	318526	285990	151652	4000
366		6367	14329	15100	
846	663	11679	10697	10356	2550
101022	31539	285321	316847	80563	
80442	41233	629641	361137	264979	16671
12081	5284	178979	25843	45040	3459
-222		2419	939	656	
189297	75150	1000435	559372	302417	18670
		1250	815	1090	1090
2351		3521	1123	1000	
2812	530	8004	3109	5000	
75086	10310	112292	70481	58740	
16138	21460	147437	179340	31402	1000
35319	5020	141428	76497	62474	16006
57185	37649	563699	226515	140611	574
150		11865	-4329	1000	
257	180	10939	5822	1100	
4026	2906	95907	145271	88771	1460
		106	23	23	
4026	2906	95801	145248	88748	1460

9—5 续表20

单位:万元 (2018)

指　标	Item	集体资本 State-ownde Capitals
总　计	**Total**	**10964**
兴庆区	Xingqing	933
西夏区	Xixia	10030
金凤区	Jinfeng	1
永宁县	Yongning	
贺兰县	Helan	
灵武市	Lingwu	
批发业	**Wholesale Trade**	**10801**
按批发行业小类分	**Grouped by Wholesale Industry Small Class**	
农、林、牧、渔产品批发	Wholesale of Agricultural, Forestry, Animal Husbandry Products	
谷物、豆及薯类批发	Wholesale of Grain, Bean and Potatoes	
牲畜批发	Wholesale of Livestock	
食品、饮料及烟草制品批发	Wholesale of Food,Beverages and Tobacoos	
米、面制品及食用油批发	Wholesale of Rice,Flour and Edible Oil	
肉、禽、蛋、奶及水产品批发	Wholesale of Meat and Aquatic Products	
盐及调味品批发	Wholesale of Salt and Condiments	
营养和保健品批发	Wholesale of nutrition and health products	
酒、饮料及茶叶批发	Wholesale of Beverages and tea	
烟草制品批发	Wholesale of Tobacoos	
纺织、服装及家庭用品批发	Wholesale of Textiles,Garments and Daily Consummer Aticles	
纺织品、针织品及原料批发	Wholesale of textiles, knitwear and raw materials	
服装批发	Wholesale of Garments	
日用家电批发	Wholesale of Household Electrical Appliances	
文化、体育用品及器材批发	Wholesale of Cultural,Sports Goods Appliances and Equipments	
图书批发	Wholesale of Books	
医药及医疗器材批发	Wholesale of Medicines and Medical Appliances	
西药批发	Wholesale of Western Medicine	
中药批发	Wholesale of Chinese Medicine	
医疗用品及器材批发	Wholesale of Medical Supplies and Equipment	

continued

（10 000yuan）

期末资产负债 Ending assets and Liabilities				损益及分配 Profit and loss and distribution			
法人资本 Corporate Capitals	个人资本 Personal Capitals	港澳台资本 Hongkong，Macao and Taiwan Capitals	外商资本 Foreign Capitais	营业收入 Total Revenue	主营业务收入 Revenue from Principal Business	营业成本 Business Costs	主营业务成本 Costs of Principal Business
677929	**196951**	**15529**	**1548**	**9713352**	**9537407**	**9070529**	**8999326**
111461	35786			1868261	1814033	1666957	1656033
100270	21173			674530	625856	644744	597351
249701	79224	4640	1548	5367050	5303958	5060844	5049558
17651	24394			355328	355216	344318	344228
68374	31274	10889		1131458	1122936	1049527	1048542
130472	5101			316725	315408	304141	303614
412584	**108428**			**7348236**	**7268363**	**7040967**	**6972991**
2000	2500			29409	29312	27390	27300
2000				27303	27205	25956	25866
	2500			2107	2107	1434	1434
4952	1650			767301	765947	666655	666081
				8528	8434	7810	7801
	500			4479	4479	4175	4175
3384				3848	3721	2871	2830
	50			749	749	719	719
	1100			14702	14647	12464	12464
1569				734995	733917	638617	638092
31842				64278	63867	57910	57493
4800				8516	8516	8001	8001
26942				42861	42451	38574	38157
100				12900	12900	11335	11335
				24307	24128	20931	20917
				24307	24128	20931	20917
5449	16109			423546	423233	384302	384278
5374	10184			418329	418016	380739	380715
75	5425			1714	1714	882	882
	500			3503	3503	2681	2681

9—5 续表21

单位:万元 (2018)

指标	Item	集体资本 State-ownde Capitals
矿产品、建材及化工产品批发	Wholesale of Mineral Products, Building Materials and Chemical Products	801
煤炭及制品批发	Wholesale of Coal and Related Products	
石油及制品批发	Wholesale of Petroleum and Related Products	
非金属矿及制品批发	Wholesale of non-metallic minerals and products	
金属及金属矿批发	Wholesale of Metallic mineral Products	
化肥批发	Wholesale of Chemical Fertilizer	
农药批发	Wholesale of Pesticide	
其他化工产品批发	Wholesale of Other Chemical Products	801
机械设备、五金产品及电子产品批发	Wholesale of Mechanical Equipment, Hardware Products and Electronic Products	
农业机械批发	Wholesale of Agriculture Machinary	
汽车及零配件批发	Wholesale of MotorVehicles	
电气设备批发	Wholesale of Electrical Equipment	
计算机、软件及辅助设备批发	Wholesale of Computer,Software and Assistant Aplliances	
其他机械设备及电子产品批发	Wholesale of Other Machinary and Electric Equipment	
其他批发业	Other Wholesale	10000
再生物资回收与批发	Recovery and Wholesale of Recycled Materials	10000
其他未列明批发业	Other Wholesale Unlisted	
按登记注册类型分	Grouped By Registration Type	
内资企业	Domestic Funded Enterprises	10801
国有企业	State-owned Enterprises	
有限责任公司	Limited Liability Corporations	10801
国有独资公司	State-owned Enterprises	
其他有限责任公司	Other Limited Liability Corporations	10801
股份有限公司	Share-holding Corporations Ltd.	
私营企业	Private Enterprises	
私营有限责任公司	Private Limited Liability Corporations	

continued

(10 000yuan)

期末资产负债 Ending assets and Liabilities				损益及分配 Profit and loss and distribution			
法人资本 Corporate Capitals	个人资本 Personal Capitals	港澳台资本 Hongkong, Macao and Taiwan Capitals	外商资本 Foreign Capitais	营业收入 Total Revenue	主营业务收入 Revenue from Principal Business	营业成本 Business Costs	主营业务成本 Costs of Principal Business
352145	78790			5660533	5585964	5519044	5452931
	31201			292583	253187	279009	238842
308379	11000			4773592	4738502	4663506	4637569
				5589	5589	5053	5053
43560	36021			539630	539610	524689	524689
100				14788	14788	14533	14533
106				5007	5007	3915	3915
	568			29345	29281	28339	28329
6596	9379			132635	129684	120711	120068
1050	1800			23243	23229	20671	20671
4916	5009			99915	97839	93026	93026
	1000			4024	4024	2699	2699
630	1570			5454	4592	4316	3673
9600				246228	246228	244024	243924
				53068	53068	51115	51115
9600				193159	193159	192909	192809
412584	108428			7348236	7268363	7040967	6972991
4952				313136	312378	236722	236642
121454	5264			1578157	1536603	1508118	1467209
				649571	648479	611884	608945
121454	5264			928586	888123	896235	858264
111014				3635127	3601734	3555581	3529754
175164	103164			1821816	1817649	1740545	1739385
175164	103164			1821816	1817649	1740545	1739385

9—5 续表22

单位:万元 (2018)

指 标	Item	集体资本 State-ownde Capitals
按控股情况分	Grouped By Controlling Stake	
国有控股	State-owned	
私人控股	Private	
其他	Others	10801
按经营形式分	Grouped By Business Form	
独立门店	Indipendent Stores	801
连锁总店	Distributor Chain	
其他	Others	10000
按单位规模分	Grouped By Unit Scale	
大型	large-scale	
中型	Medium-scale	10000
小型	Small-scale	801
微型	Miniature	
零售业	**Retail Trade**	**163**
按零售行业小类分	**Grouped by Retail Trade Industry Small Class**	
综合零售	Integrated Retail	
百货零售	Retail of General Merchandise	
超级市场零售	Retail of Supermarkets	
食品、饮料及烟草制品专门零售	Retail of Food,Beverages and Tobaccos	30
粮油零售	Retail of Grain and Oil	
果品、蔬菜零售	Retail of Fruits and Vegetables	
酒、饮料及茶叶零售	Retail of Wine,Beverages and Tea	30
其他食品零售	Retail of Other Food	

continued

(10 000yuan)

期末资产负债 Ending assets and Liabilities				损益及分配 Profit and loss and distribution			
法人资本 Corporate Capitals	个人资本 Personal Capitals	港澳台资本 Hongkong, Macao and Taiwan Capitals	外商资本 Foreign Capitais	营业收入 Total Revenue	主营业务收入 Revenue from Principal Business	营业成本 Business Costs	主营业务成本 Costs of Principal Business
123966				4985169	4910604	4778021	4711415
287377	107428			2280994	2275827	2185949	2184589
1241	1000			82073	81933	76996	76986
183496	67283			2054844	2009767	1912723	1871130
112255	328			705544	683569	649953	632889
116833	40817			4587848	4575028	4478291	4468972
112583				1245284	1211525	1103877	1078206
258437	52285			5514263	5470265	5376121	5334510
31064	42605			552476	551388	528137	527444
10500	13538			36213	35185	32832	32832
265346	**88523**	**15529**	**1548**	**2365116**	**2269043**	**2029563**	**2026335**
76715	8585	4640		790008	711170	624265	622883
22715	8485			324101	292120	249958	248578
54000	100	4640		465907	419050	374306	374305
110	15926			25095	25025	21019	21013
				599	541	894	887
	10900			19867	19867	16587	16587
110	5026			4629	4616	3539	3539

9—5 续表23

单位:万元 (2018)

指　标	Item	集体资本 State-ownde Capitals
纺织、服装及日用品专门零售	Special Retail of Textiles,Garments and Daily Consumer Articles	
服装零售	Retail of Garments	
厨具卫具及日用杂品零售	Retail of Kitchenware and Household Goods	
钟表、眼镜零售	Retail of watches and glasses	
文化、体育用品及器材专门零售	Retail of Culture,Sports Appliances and Equipments	
体育用品及器材零售	Retail of Sports Goods Appliances and Equipments	
图书、报刊零售	Retail of Books, Newspapers and Magazines	
珠宝首饰零售	Retail of Jewelery	
工艺美术品及收藏品零售	Retail of Arts ,Crafts and Collections	
乐器零售	Retail of Musical instrument	
其他文化用品零售	Retail of Other Culture Appliances	
医药及医疗器材专门零售	Retail of Medical Supplies and Appliances	
西药零售	Retail of Western Medicine	
中药零售	Retail of Chinese medicine	
汽车、摩托车、零配件和燃料及其他动力销售	Retail of Motor Vehicles,Motorcycles,Fuel and Parts	133
汽车新车零售	Retail of New Car	
机动车燃油零售	Retail of Motor Vehicle Fuel	133
机动车燃气零售	Retail of Motor Vehicle Gas	
家用电器及电子产品专门零售	Special Retailof Household Electric Appliances and Electronic Products	
家用视听设备零售	Retail of Household Audio and Video Equipment	
日用家电零售	Retail of Household Electric Appliances	
计算机、软件及辅助设备零售	Retail of Computer,Software and Assistant Appliances	
通信设备零售	Retail of Communication Equipments	
五金、家具及室内装饰材料专门零售	Special Retail of Hardware,Furniture and Decoration Materials	
家具零售	Retail of Furniture	
货摊、无店铺及其他零售业	Retail of Non-shop and Other Retails	
生活用燃料零售	Retail of Life Fuel	

continued

(10 000yuan)

期末资产负债Ending assets and Liabilities				损益及分配Profit and loss and distribution			
法人资本 Corporate Capitals	个人资本 Personal Capitals	港澳台资本 Hongkong, Macao and Taiwan Capitals	外商资本 Foreign Capitais	营业收入 Total Revenue	主营业务收入 Revenue from Principal Business	营业成本 Business Costs	主营业务成本 Costs of Principal Business
	3961			7009	7009	5766	5766
	1800			2714	2714	2452	2452
	2161			4295	4295	3314	3314
2880	17003			31167	30636	24057	23956
2837				6357	6177	4716	4656
				11480	11228	8387	8350
	16601			7096	7096	5497	5497
43				4094	3997	3560	3557
	100			1419	1419	1262	1262
	302			721	721	635	635
9581	1050			50575	49956	36032	35969
9507	50			48055	47437	34170	34108
74	1000			2519	2519	1862	1862
165555	40947	10889	1548	1198788	1190768	1104252	1102868
80441	37129	10889		1044757	1037007	962131	960948
83914	3719			141700	141460	133888	133705
1199	100		1548	12331	12301	8233	8215
8505	1051			251424	243601	205452	205203
2000				209807	202190	171838	171671
5755	1051			34695	34537	28081	27999
750				6921	6873	5533	5533
2000				6990	6990	5528	5528
2000				6990	6990	5528	5528
				4061	3889	3192	3150
				4061	3889	3192	3150

9—5 续表24

单位:万元 (2018)

指标	Item	集体资本 State-ownde Capitals
按登记注册类型分	Grouped By Registration Type	
内资企业	Domestic Funded Enterprises	163
国有企业	State-owned Enterprises	
集体企业	Collective-owned Enterprises	1
有限责任公司	Limited Liability Corporations	162
国有独资公司	State-owned Enterprises	
其他有限责任公司	Other Limited Liability Corporations	162
股份有限公司	Share-holding Corporations Ltd.	
私营企业	Private Enterprises	
私营有限责任公司	Private Limited Liability Corporations	
私营股份有限公司	Private Share Holding Limited Companies	
港、澳、台商投资企业	Hong Kong, Macao and Taiwan Investment Enterprises	
与港澳台商合资经营企业	With the Joint Venture Enterprises from Hong Kong, Macao and Taiwan	
港澳台商独资企业	Hong Kong, Macao, Taiwan-Owned Enterprise	
其他港澳台投资企业	Other Hong Kong, Macao and Taiwan Investment Enterprises	
外商投资企业	Foreign Funded Enterprises	
中外合资经营企业	Sino-foreign Joint Venture Enterprises	
按控股情况分	Grouped By Controlling Stake	
国有控股	State-owned	
集体控股	Collective-owned	1
私人控股	Private	30
港澳台商控股	Holding from Hong Kong, Macao and Taiwan	
外商控股	Foreign	
其他	Others	132
按经营形式分	Grouped By Business Form	
独立门店	Indipendent Store	133
连锁总店	Distributor Chain	
连锁直营店	Chain Stores	
其他	Others	30
按单位规模分	Grouped By Unit Scale	
大型	Large-scale	
中型	Medium-scale	
小型	Small-scale	163
微型	Miniature	
按零售业态分	Grouped By Retail Formats	
有店铺零售	Have a Retail Store	133
便利店	Convenience Store	
折扣店	Discount Store	
超市	Supermarket	
大型超市	Hypermarket	
百货店	Department Store	
专业店	Speciality Store	1
专卖店	Franchised Store	132
家居建材商店	Home Fureishing Materials Store	
厂家直销中心	Center of Manufacturer Direct Deal	
无店铺零售	Non-store Retail	30
网上商店	Online store	
其他	Others	30

continued

（10 000yuan）

期末资产负债 Ending assets and Liabilities				损益及分配 Profit and loss and distribution			
法人资本 Corporate Capitals	个人资本 Personal Capitals	港澳台资本 Hongkong, Macao and Taiwan Capitals	外商资本 Foreign Capitais	营业收入 Total Revenue	主营业务收入 Revenue from Principal Business	营业成本 Business Costs	主营业务成本 Costs of Principal Business
265146	88523			2269976	2175993	1946278	1943833
5				9047	8970	8153	8146
				1414	1414	1222	1222
122326	25777			944217	889255	797333	795471
807				18639	17808	14030	13950
121519	25777			925577	871447	783303	781521
60679	3385			424722	393526	332232	332093
82137	59362			890577	882827	807338	806901
81137	59362			882939	875191	800511	800074
1000				7638	7636	6827	6827
		15529		88394	86334	78630	77864
		7000		50235	48558	46066	45301
		3889		29785	29403	26932	26932
		4640		8374	8374	5632	5632
199			1548	6746	6716	4655	4638
199			1548	6746	6716	4655	4638
1372				159679	153520	141149	140827
1000	550			31593	31579	24532	24521
181524	82299			1208234	1194906	1090773	1089016
		15529		88394	86334	78630	77864
40699			1548	52617	48786	41349	41332
40750	5674			824598	753918	653130	652775
115893	67447	15529	1548	1570454	1526705	1370370	1367479
141702	5950			691324	639227	559742	559586
	15100			1847	1847	886	886
7750	26			101491	101265	98565	98384
77179	3385			788770	717187	619604	619417
167860	63370	15529	1548	1239658	1216570	1091055	1088288
19652	21767			328587	327186	311410	311135
655	1			8101	8101	7495	7495
178041	88497	15529	1548	2214731	2119028	1888407	1885346
				7963	7739	7642	7461
1000				26124	23734	21569	21560
	5000			10658	10658	9452	9452
54000	100	4640		465907	419050	374306	374305
21715	8687			298178	268586	227591	226220
22008	22912		1548	212624	210693	175609	175418
77218	51798	10889		1154286	1139614	1037154	1035870
1000				4980	4980	4075	4075
1100				34012	33974	31009	30987
87255	26			149336	148967	140164	139997
23				543	543	320	320
87232	26			148793	148424	139844	139677

9—5 续表25

单位:万元 (2018)

指标	Item	营业税金及附加 Business Taxesand Other Charges
总计	**Total**	**57210**
兴庆区	Xingqing	6194
西夏区	Xixia	862
金凤区	Jinfeng	46410
永宁县	Yongning	262
贺兰县	Helan	2746
灵武市	Lingwu	737
批发业	**Wholesale Trade**	**45403**
按批发行业小类分	**Grouped by Wholesale Industry Small Class**	
农、林、牧、渔产品批发	Wholesale of Agricultural, Forestry, Animal Husbandry Products	14
谷物、豆及薯类批发	Wholesale of Grain, Bean and Potatoes	14
牲畜批发	Wholesale of Livestock	
食品、饮料及烟草制品批发	Wholesale of Food,Beverages and Tobacoos	39382
米、面制品及食用油批发	Wholesale of Rice,Flour and Edible Oil	
肉、禽、蛋、奶及水产品批发	Wholesale of Meat and Aquatic Products	
盐及调味品批发	Wholesale of Salt and Condiments	26
营养和保健品批发	Wholesale of nutrition and health products	1
酒、饮料及茶叶批发	Wholesale of Beverages and tea	14
烟草制品批发	Wholesale of Tobacoos	39341
纺织、服装及家庭用品批发	Wholesale of Textiles,Garments and Daily Consummer Aticles	224
纺织品、针织品及原料批发	Wholesale of textiles, knitwear and raw materials	9
服装批发	Wholesale of Garments	182
日用家电批发	Wholesale of Household Electrical Appliances	33
文化、体育用品及器材批发	Wholesale of Cultural,Sports Goods Appliances and Equipments	77
图书批发	Wholesale of Books	77
医药及医疗器材批发	Wholesale of Medicines and Medical Appliances	861
西药批发	Wholesale of Western Medicine	822
中药批发	Wholesale of Chinese Medicine	29
医疗用品及器材批发	Wholesale of Medical Supplies and Equipment	10

continued

（10 000yuan）

损益及分配 Profit and loss and distribution							
主营业务税金及附加 Taxes and Other Charges onPrincipal Business	其他业务利润 Profits fromOther Businesses	销售费用 Selling Costs	管理费用 Management Costs	财务费用 Financial Costs	利息收入 Interest Income	利息支出 Interest Expense	资产减值损失 Asset Impairment Loss
52835	**32879**	**301786**	**129585**	**70207**	**6459**	**62049**	**4062**
6028	20224	122585	41128	26881	–316	20996	1350
961	712	20923	5340	611	937	1374	873
42497	1177	110047	52763	17330	3042	15676	–50
262	7209	8270	3178	723	50	653	
2356	3747	33268	23200	9586	206	5839	562
732	–192	6693	3976	15074	2539	17511	1327
43890	**11933**	**104983**	**56215**	**51186**	**5993**	**52820**	**2211**
14	7213	258	940	335	8	338	
14	7213	258	780	275	8	281	
			161	60		58	
38878	1606	7949	17156	–2255	2613	297	–2
	84	601	634	45	2	47	
		61	187	–7		–12	
7	87	472	226				
1		63	16	16			
14	881	1674	259	281	1	262	
38855	554	5078	15835	–2591	2609		–2
224	4	2260	657	44	–11		1327
9		241	194	2	2		
182		1799	113	53			1327
33	4	220	350	–12	–13		
77	164	1064	1685	–19	21		90
77	164	1064	1685	–19	21		90
733	284	13122	11614	5168	308	3085	–259
693	284	12202	10984	5150	307	3077	–259
29		791	429	11			
10		129	202	7	1	8	

9—5 续表26

单位:万元 （2018）

指　标	Item	营业税金及附加 Business Taxesand Other Charges
矿产品、建材及化工产品批发	Wholesale of Mineral Products, Building Materials and Chemical Products	4112
煤炭及制品批发	Wholesale of Coal and Related Products	316
石油及制品批发	Wholesale of Petroleum and Related Products	3223
非金属矿及制品批发	Wholesale of non-metallic minerals and products	10
金属及金属矿批发	Wholesale of Metallic mineral Products	520
化肥批发	Wholesale of Chemical Fertilizer	5
农药批发	Wholesale of Pesticide	
其他化工产品批发	Wholesale of Other Chemical Products	38
机械设备、五金产品及电子产品批发	Wholesale of Mechanical Equipment, Hardware Products and Electronic Products	404
农业机械批发	Wholesale of Agriculture Machinary	7
汽车及零配件批发	Wholesale of MotorVehicles	348
电气设备批发	Wholesale of Electrical Equipment	15
计算机、软件及辅助设备批发	Wholesale of Computer,Software and Assistant Aplliances	
其他机械设备及电子产品批发	Wholesale of Other Machinary and Electric Equipment	34
其他批发业	Other Wholesale	329
再生物资回收与批发	Recovery and Wholesale of Recycled Materials	71
其他未列明批发业	Other Wholesale Unlisted	259
按登记注册类型分	Grouped By Registration Type	
内资企业	Domestic Funded Enterprises	45403
国有企业	State-owned Enterprises	38399
有限责任公司	Limited Liability Corporations	3000
国有独资公司	State-owned Enterprises	1465
其他有限责任公司	Other Limited Liability Corporations	1535
股份有限公司	Share-holding Corporations Ltd.	1799
私营企业	Private Enterprises	2205
私营有限责任公司	Private Limited Liability Corporations	2205

continued

（10 000yuan）

损益及分配 Profit and loss and distribution							
主营业务税金及附加 Taxes and Other Charges onPrincipal Business	其他业务利润 Profits fromOther Businesses	销售费用 Selling Costs	管理费用 Management Costs	财务费用 Financial Costs	利息收入 Interest Income	利息支出 Interest Expense	资产减值损失 Asset Impairment Loss
3242	1534	74632	17906	28797	3015	31069	888
316		4638	1505	4017	9	3985	868
2354	1480	58546	12696	21620	3087	25088	
10		793	107	1			
520		9526	2983	2840	-80	1876	20
5		251	54	24		24	
		547	117	96		96	
38	54	331	445	199			
394	1128	4573	3601	1552	3	1093	163
7		1232	496	43	-7	37	
338	1128	2825	1806	756	10	312	163
15		364	380	751	1	743	
34		153	919	1		2	
329		1127	2656	17565	37	16939	3
71		1127	314	180	44	226	3
259			2342	17385	-7	16713	
43890	11933	104983	56215	51186	5993	52820	2211
38368	677	6096	10310	-2261	2313	47	88
2320	9411	18994	21538	16576	3088	18831	543
863	474	4242	10966	430	475	742	-431
1457	8937	14753	10572	16146	2613	18088	974
1468		53710	7630	1431	546	2368	61
1734	1844	26182	16737	35440	46	31575	1519
1734	1844	26182	16737	35440	46	31575	1519

9—5 续表27

单位:万元 （2018）

指　标	Item	营业税金及附加 Business Taxesand Other Charges
按控股情况分	Grouped By Controlling Stake	
国有控股	State-owned	42261
私人控股	Private	3017
其他	Others	125
按经营形式分	Grouped By Business Form	
独立门店	Indipendent Stores	41088
连锁总店	Distributor Chain	978
其他	Others	3337
按单位规模分	Grouped By Unit Scale	
大型	large-scale	39579
中型	Medium-scale	5027
小型	Small-scale	676
微型	Miniature	121
零售业	**Retail Trade**	**11808**
按零售行业小类分	Grouped by Retail Trade Industry Small Class	
综合零售	Integrated Retail	6859
百货零售	Retail of General Merchandise	3197
超级市场零售	Retail of Supermarkets	3662
食品、饮料及烟草制品专门零售	Retail of Food,Beverages and Tobaccos	131
粮油零售	Retail of Grain and Oil	6
果品、蔬菜零售	Retail of Fruits and Vegetables	15
酒、饮料及茶叶零售	Retail of Wine,Beverages and Tea	109
其他食品零售	Retail of Other Food	
纺织、服装及日用品专门零售	Special Retail of Textiles,Garments and Daily Consumer Articles	40
服装零售	Retail of Garments	6
厨具卫具及日用杂品零售	Retail of Kitchenware and Household Goods	
钟表、眼镜零售	Retail of watches and glasses	34

continued

（10 000yuan）

损益及分配 Profit and loss and distribution							
主营业务税金及附加 Taxes and Other Charges onPrincipal Business	其他业务利润 Profits fromOther Businesses	销售费用 Selling Costs	管理费用 Management Costs	财务费用 Financial Costs	利息收入 Interest Income	利息支出 Interest Expense	资产减值损失 Asset Impairment Loss
41229	1151	69034	31342	–380	3339	3195	644
2536	9824	33205	23556	50983	2618	49139	1564
125	957	2744	1316	583	36	486	3
40980	11189	36974	28583	37052	4843	38551	2475
683	186	38297	9949	14	914	611	90
2227	557	29712	17683	14120	237	13658	–354
39209	605	54850	17346	–2126	2991	1104	–377
3903	11106	34514	31039	50319	2962	49304	2404
657	222	13764	6892	2132	41	1732	13
121		1856	938	861		680	170
8945	**20947**	**196803**	**73370**	**19020**	**466**	**9229**	**1852**
4558	9828	117112	25390	3556	17	162	1479
3195	5378	50484	9175	2335	16	25	1898
1363	4450	66628	16214	1222		137	–419
131	12	2551	1215	313	154	36	
6		158	108	–2	2		
15	1	1897	642	283	153	36	
109	11	495	466	32	–1		
40		966	819	470	393		
6		469	359	425	393		
34		497	460	45			

9—5 续表28

单位:万元 (2018)

指　标	Item	营业税金及附加 Business Taxesand Other Charges
文化、体育用品及器材专门零售	Retail of Culture,Sports Appliances and Equipments	97
体育用品及器材零售	Retail of Sports Goods Appliances and Equipments	16
图书、报刊零售	Retail of Books, Newspapers and Magazines	12
珠宝首饰零售	Retail of Jewelery	56
工艺美术品及收藏品零售	Retail of Arts ,Crafts and Collections	11
乐器零售	Retail of Musical instrument	2
其他文化用品零售	Retail of Other Culture Appliances	1
医药及医疗器材专门零售	Retail of Medical Supplies and Appliances	282
西药零售	Retail of Western Medicine	280
中药零售	Retail of Chinese medicine	1
汽车、摩托车、零配件和燃料及其他动力销售	Retail of Motor Vehicles,Motorcycles,Fuel and Parts	3231
汽车新车零售	Retail of New Car	2918
机动车燃油零售	Retail of Motor Vehicle Fuel	248
机动车燃气零售	Retail of Motor Vehicle Gas	65
家用电器及电子产品专门零售	Special Retailof Household Electric Appliances and Electronic Products	1060
家用视听设备零售	Retail of Household Audio and Video Equipment	
日用家电零售	Retail of Household Electric Appliances	875
计算机、软件及辅助设备零售	Retail of Computer,Software and Assistant Appliances	158
通信设备零售	Retail of Communication Equipments	27
五金、家具及室内装饰材料专门零售	Special Retail of Hardware,Furniture and Decoration Materials	34
家具零售	Retail of Furniture	34
货摊、无店铺及其他零售业	Retail of Non-shop and Other Retails	75
生活用燃料零售	Retail of Life Fuel	75

continued

(10 000yuan)

损益及分配 Profit and loss and distribution							
主营业务税金及附加 Taxes and Other Charges onPrincipal Business	其他业务利润 Profits fromOther Businesses	销售费用 Selling Costs	管理费用 Management Costs	财务费用 Financial Costs			资产减值损失 Asset Impairment Loss
					利息收入 Interest Income	利息支出 Interest Expense	
97	1018	3938	3756	833	2	691	
16	181	1341	399	114		103	
12	214	1690	1848	18	-2		
56	623	696	836	325		210	
11		45	601	376	4	378	
2		105	42				
1		61	31	1			
282	412	9950	2474	-54	148	42	18
280	412	9763	2041	-67	148	30	18
1		187	434	12		12	
2691	2284	33900	28135	13356	191	7849	347
2417	3246	29457	22925	12476	118	7288	333
210	15	3471	3582	889	3	557	
65	-977	973	1628	-9	70	4	13
1044	7261	26342	10012	374	-439	289	9
875	7213	22482	6788	95	-436	123	9
142		2835	2973	252	5	135	
27	48	1026	251	28	-7	30	
28	2	1423	1005	132	1	125	
28	2	1423	1005	132	1	125	
75	130	622	566	41	-2	37	
75	130	622	566	41	-2	37	

9—5 续表29

单位:万元 （2018）

指　标	Item	营业税金及附加 Business Taxesand Other Charges
按登记注册类型分	Grouped By Registration Type	
内资企业	Domestic Funded Enterprises	9283
国有企业	State-owned Enterprises	32
集体企业	Collective-owned Enterprises	5
有限责任公司	Limited Liability Corporations	4130
国有独资公司	State-owned Enterprises	178
其他有限责任公司	Other Limited Liability Corporations	3952
股份有限公司	Share-holding Corporations Ltd.	2682
私营企业	Private Enterprises	2435
私营有限责任公司	Private Limited Liability Corporations	2410
私营股份有限公司	private share holding limited companies	25
港、澳、台商投资企业	Hong Kong, Macao and Taiwan Investment Enterprises	2484
与港澳台商合资经营企业	With the Joint Venture Enterprises from Hong Kong, Macao and Taiwan	171
港澳台商独资企业	Hong Kong, Macao, Taiwan-Owned Enterprise	41
其他港澳台投资企业	Other Hong Kong, Macao and Taiwan Investment Enterprises	2272
外商投资企业	Foreign Funded Enterprises	41
中外合资经营企业	Sino-foreign Joint Venture Enterprises	41
按控股情况分	Grouped By Controlling Stake	
国有控股	State-owned	798
集体控股	Collective-owned	153
私人控股	Private	4043
港澳台商控股	Holding from Hong Kong, Macao and Taiwan	2484
外商控股	Foreign	123
其他	Others	4208
按经营形式分	Grouped By Business Form	
独立门店	Indipendent Store	9273
连锁总店	Distributor Chain	2293
连锁直营店	Chain stores	41
其他	Others	200
按单位规模分	Grouped By Unit Scale	
大型	Large-scale	4015
中型	Medium-scale	7077
小型	Small-scale	699
微型	Miniature	17
按零售业态分	Grouped By Retail Formats	
有店铺零售	Have a Retail Store	11476
便利店	Convenience Store	18
折扣店	Discount Store	97
超市	Supermarket	10
大型超市	Hypermarket	3662
百货店	Department Store	3096
专业店	Speciality Store	946
专卖店	Franchised Store	3440
家居建材商店	Home Fureishing Materials Store	26
厂家直销中心	Center of Manufacturer Direct Deal	181
无店铺零售	Non-store Retail	329
网上商店	Online store	6
其他	Others	323

continued

(10 000yuan)

损益及分配 Profit and loss and distribution							
主营业务税金及附加 Taxes and Other Charges onPrincipal Business	其他业务利润 Profits fromOther Businesses	销售费用 Selling Costs	管理费用 Management Costs	财务费用 Financial Costs	利息收入 Interest Income	利息支出 Interest Expense	资产减值损失 Asset Impairment Loss
8864	20947	189493	71512	18747	404	8951	1816
32	19	615	343	4	4	11	
5		39	80				
3899	6764	93722	33839	4822	558	1970	–53
176	326	3612	2509	77	–1	37	7
3723	6438	90111	31330	4744	559	1933	60
2682	11014	59349	11982	1440	–446	–37	1757
2246	3150	35769	25268	12481	289	7006	112
2221	3149	35496	25086	12528	297	7052	111
25	1	273	182	–47	–8	–45	1
41		6586	1595	308	16	278	23
		2231	925	95	1	71	
30		1152	670	200	9	200	23
11		3202		14	6	8	
41		724	263	–35	45		13
41		724	263	–35	45		13
787	5224	13373	4326	615	25	428	5
153		2480	2160	30	–7	46	110
3634	4241	57048	35970	15058	685	8477	199
41		6586	1595	308	16	278	23
123	3801	12904	970	–604	45		–250
4208	7680	104413	28349	3613	–298		1766
6420	9143	109591	43723	17232	1053	8418	2240
2293	11803	85737	27264	1332	–586	544	–388
41		474	671	217		210	
191		1002	1712	240	–1	58	
4015	11423	108868	27505	2893	–291		1523
4270	8543	77994	36350	13592	757	7617	319
643	981	9832	9202	2483	–2	1612	10
17		109	313	53	1		
8620	20947	191313	70154	18653	443	9151	1843
9		235	15	5		5	
97		2976	1317	98	–3	101	
10	1	1287	234	128	1	32	
1363	4450	66628	16214	1222		137	–419
3095	5378	47491	7889	2237	19	–76	1898
920	775	19436	12987	2431	602	1877	27
2925	10326	51610	30189	12256	–173	6825	336
20		960	708	7	1		
181	16	690	601	268	–5	249	1
324		5491	3176	362	23	78	9
6		40	51	3	1	4	
318		5451	3125	359	23	75	9

单位:万元 (2018)

指　标	Item	公允价值变动收益 Profits and Losses on The Changes in Fair Value
总　计	**Total**	
兴庆区	Xingqing	
西夏区	Xixia	
金凤区	Jinfeng	
永宁县	Yongning	
贺兰县	Helan	
灵武市	Lingwu	
批发业	**Wholesale Trade**	
按批发行业小类分	**Grouped by Wholesale Industry Small Class**	
农、林、牧、渔产品批发	Wholesale of Agricultural, Forestry, Animal Husbandry Products	
谷物、豆及薯类批发	Wholesale of Grain, Bean and Potatoes	
牲畜批发	Wholesale of Livestock	
食品、饮料及烟草制品批发	Wholesale of Food,Beverages and Tobacoos	
米、面制品及食用油批发	Wholesale of Rice,Flour and Edible Oil	
肉、禽、蛋、奶及水产品批发	Wholesale of Meat and Aquatic Products	
盐及调味品批发	Wholesale of Salt and Condiments	
营养和保健品批发	Wholesale of nutrition and health products	
酒、饮料及茶叶批发	Wholesale of Beverages and tea	
烟草制品批发	Wholesale of Tobacoos	
纺织、服装及家庭用品批发	Wholesale of Textiles,Garments and Daily Consummer Aticles	
纺织品、针织品及原料批发	Wholesale of textiles, knitwear and raw materials	
服装批发	Wholesale of Garments	
日用家电批发	Wholesale of Household Electrical Appliances	
文化、体育用品及器材批发	Wholesale of Cultural,Sports Goods Appliances and Equipments	
图书批发	Wholesale of Books	

continued

(10 000yuan)

损益及分配 Profit and loss and distribution				
投资收益 Investment Income	资产处置收益 Income from disposal of assets	其他收益 Other income	营业利润 Business Profits	营业外收入 Revenue Excluding Business
32207	**-858**	**1294**	**110486**	**10767**
1555	51	808	5071	3708
-600		4	52	1204
28577	-895	396	107667	3274
128			-1307	688
2513	-14	86	15169	617
35			-16166	1276
28916	**-616**	**456**	**75071**	**4607**
			474	721
			21	668
			452	52
28255	1	96	66767	1045
			-563	813
			63	36
113		79	445	102
			-66	2
			11	4
28142	1	17	66878	88
20			1876	36
20			90	
			813	36
			973	
174			652	52
174			652	52

单位:万元 （2018）

指 标	Item	营业外支出 Non-business Expenditure
总 计	**Total**	**9512**
兴庆区	Xingqing	6501
西夏区	Xixia	514
金凤区	Jinfeng	1489
永宁县	Yongning	87
贺兰县	Helan	711
灵武市	Lingwu	211
批发业	**Wholesale Trade**	**2821**
按批发行业小类分	**Grouped by Wholesale Industry Small Class**	
农、林、牧、渔产品批发	Wholesale of Agricultural, Forestry, Animal Husbandry Products	57
谷物、豆及薯类批发	Wholesale of Grain, Bean and Potatoes	57
牲畜批发	Wholesale of Livestock	
食品、饮料及烟草制品批发	Wholesale of Food,Beverages and Tobacoos	286
米、面制品及食用油批发	Wholesale of Rice,Flour and Edible Oil	2
肉、禽、蛋、奶及水产品批发	Wholesale of Meat and Aquatic Products	
盐及调味品批发	Wholesale of Salt and Condiments	
营养和保健品批发	Wholesale of nutrition and health products	
酒、饮料及茶叶批发	Wholesale of Beverages and tea	8
烟草制品批发	Wholesale of Tobacoos	276
纺织、服装及家庭用品批发	Wholesale of Textiles,Garments and Daily Consummer Aticles	17
纺织品、针织品及原料批发	Wholesale of textiles, knitwear and raw materials	17
服装批发	Wholesale of Garments	
日用家电批发	Wholesale of Household Electrical Appliances	
文化、体育用品及器材批发	Wholesale of Cultural,Sports Goods Appliances and Equipments	
图书批发	Wholesale of Books	

continued

(10 000yuan)

损益及分配 Profit and loss and distribution		人工成本及增值税 Labor cost and VAT		从事批发零售业活动的从业人员平均人数(人) Employees engaged in wholesale and retail activities Average number of people
利润总额 Total Profits	应交所得税 Tax Payable	应付职工薪酬 Benefits of Employee Payable	应交 增值税 Added Tax Payable	
111742	**24023**	**155184**	**87945**	**22952**
2278	6031	59253	41215	8615
742	246	13378	4384	1414
109453	14641	44273	30877	7786
−706	12	2166	−191	450
15076	2997	31898	9802	3803
−15101	96	4215	1858	884
76857	**14287**	**73004**	**59576**	**6591**
1137	25	540	−1048	107
632	25	512	−1048	96
505		28		11
67526	10095	17048	15145	735
249		474		59
99		86		31
547	150	534	36	26
−64		6	10	15
6	6	829	59	152
66690	9938	15120	15040	452
1895	263	1201	1413	183
73	12	152		33
848		777	1204	100
973	252	272	209	50
704		2239	37	119
704		2239	37	119

9—5 续表32

单位:万元 （2018）

指　标	Item	公允价值变动收益 Profits and Losses on The Changes in Fair Value
医药及医疗器材批发	Wholesale of Medicines and Medical Appliances	
西药批发	Wholesale of Western Medicine	
中药批发	Wholesale of Chinese Medicine	
医疗用品及器材批发	Wholesale of Medical Supplies and Equipment	
矿产品、建材及化工产品批发	Wholesale of Mineral Products, Building Materials and Chemical Products	
煤炭及制品批发	Wholesale of Coal and Related Products	
石油及制品批发	Wholesale of Petroleum and Related Products	
非金属矿及制品批发	Wholesale of non-metallic minerals and products	
金属及金属矿批发	Wholesale of Metallic mineral Products	
化肥批发	Wholesale of Chemical Fertilizer	
农药批发	Wholesale of Pesticide	
其他化工产品批发	Wholesale of Other Chemical Products	
机械设备、五金产品及电子产品批发	Wholesale of Mechanical Equipment, Hardware Products and Electronic Products	
农业机械批发	Wholesale of Agriculture Machinary	
汽车及零配件批发	Wholesale of MotorVehicles	
电气设备批发	Wholesale of Electrical Equipment	
计算机、软件及辅助设备批发	Wholesale of Computer,Software and Assistant Aplliances	
其他机械设备及电子产品批发	Wholesale of Other Machinary and Electric Equipment	
其他批发业	Other Wholesale	
再生物资回收与批发	Recovery and Wholesale of Recycled Materials	
其他未列明批发业	Other Wholesale Unlisted	
按登记注册类型分	Grouped By Registration Type	
内资企业	Domestic Funded Enterprises	
国有企业	State-owned Enterprises	
有限责任公司	Limited Liability Corporations	
国有独资公司	State-owned Enterprises	
其他有限责任公司	Other Limited Liability Corporations	
股份有限公司	Share-holding Corporations Ltd.	
私营企业	Private Enterprises	
私营有限责任公司	Private Limited Liability Corporations	

continued

（10 000yuan）

损益及分配 Profit and loss and distribution				
投资收益 Investment Income	资产处置收益 Income from disposal of assets	其他收益 Other income	营业利润 Business Profits	营业外收入 Revenue Excluding Business
256	1	382	9375	917
256	1	382	9329	916
			–428	
			474	
195	–617	–22	14176	1784
		4	2234	352
51	–617	–26	13408	839
			–375	
144			–1337	509
			–80	6
			332	78
			–6	1
			1210	38
			292	5
			1072	31
			–184	1
			31	1
17			–19459	15
			259	1
17			–19718	15
28916	–616	456	75071	4607
286	–3	85	24150	1014
28429	57	399	37743	1213
28398	4	396	49814	127
31	53	3	–12071	1086
	–670	–29	14216	629
201			–1037	1751
201			–1037	1751

9—5 续表33

单位：万元 （2018）

指　标	Item	营业外支出 Non-business Expenditure
医药及医疗器材批发	Wholesale of Medicines and Medical Appliances	664
西药批发	Wholesale of Western Medicine	654
中药批发	Wholesale of Chinese Medicine	
医疗用品及器材批发	Wholesale of Medical Supplies and Equipment	10
矿产品、建材及化工产品批发	Wholesale of Mineral Products, Building Materials and Chemical Products	1614
煤炭及制品批发	Wholesale of Coal and Related Products	21
石油及制品批发	Wholesale of Petroleum and Related Products	1360
非金属矿及制品批发	Wholesale of non-metallic minerals and products	
金属及金属矿批发	Wholesale of Metallic mineral Products	228
化肥批发	Wholesale of Chemical Fertilizer	6
农药批发	Wholesale of Pesticide	
其他化工产品批发	Wholesale of Other Chemical Products	
机械设备、五金产品及电子产品批发	Wholesale of Mechanical Equipment, Hardware Products and Electronic Products	29
农业机械批发	Wholesale of Agriculture Machinary	2
汽车及零配件批发	Wholesale of MotorVehicles	18
电气设备批发	Wholesale of Electrical Equipment	8
计算机、软件及辅助设备批发	Wholesale of Computer,Software and Assistant Aplliances	
其他机械设备及电子产品批发	Wholesale of Other Machinary and Electric Equipment	2
其他批发业	Other Wholesale	153
再生物资回收与批发	Recovery and Wholesale of Recycled Materials	24
其他未列明批发业	Other Wholesale Unlisted	129
按登记注册类型分	Grouped By Registration Type	
内资企业	Domestic Funded Enterprises	2821
国有企业	State-owned Enterprises	25
有限责任公司	Limited Liability Corporations	1123
国有独资公司	State-owned Enterprises	302
其他有限责任公司	Other Limited Liability Corporations	821
股份有限公司	Share-holding Corporations Ltd.	411
私营企业	Private Enterprises	1262
私营有限责任公司	Private Limited Liability Corporations	1262

continued

（10 000yuan）

损益及分配 Profit and loss and distribution		人工成本及增值税 Labor cost and VAT		从事批发零售业活动的从业人员平均人数(人) Employees engaged in wholesale and retail activities Average number of people
利润总额 Total Profits	应交所得税 Tax Payable	应付职工薪酬 Benefits of Employee Payable	应交增值税 Added Tax Payable	
9628	1932	10190	4821	1374
9592	1808	9822	4708	1306
–428	8	185	27	38
464	116	182	86	30
14346	1808	35378	38553	3460
2565	532	2987	2094	334
12887	1086	29921	35502	2597
–375		52	40	8
–1055	168	1473	859	369
–80		555		72
410		167	24	35
–5	21	223	33	45
1220	106	5299	483	485
295	44	481	23	96
1085	32	3888	237	256
–191		448	69	44
30	30	482	154	89
–19597	59	1109	172	128
235	59	368	172	59
–19833		742		69
76857	14287	73004	59576	6591
25138	6181	12788	11526	563
37833	5328	24611	10106	1750
49639	4854	9903	5158	446
–11806	473	14707	4948	1304
14434	947	21508	33671	2272
–547	1831	14098	4273	2006
–547	1831	14098	4273	2006

9—5 续表34

单位:万元 (2018)

指 标	Item	公允价值变动收益 Profits and Losses on The Changes in Fair Value
按控股情况分	Grouped By Controlling Stake	
国有控股	State-owned	
私人控股	Private	
其他	Others	
按经营形式分	Grouped By Business Form	
独立门店	Indipendent Stores	
连锁总店	Distributor Chain	
其他	Others	
按单位规模分	Grouped By Unit Scale	
大型	large-scale	
中型	Medium-scale	
小型	Small-scale	
微型	Miniature	
零售业	**Retail Trade**	
按零售行业小类分	**Grouped by Retail Trade Industry Small Class**	
综合零售	Integrated Retail	
百货零售	Retail of General Merchandise	
超级市场零售	Retail of Supermarkets	
食品、饮料及烟草制品专门零售	Retail of Food,Beverages and Tobaccos	
粮油零售	Retail of Grain and Oil	
果品、蔬菜零售	Retail of Fruits and Vegetables	
酒、饮料及茶叶零售	Retail of Wine,Beverages and Tea	
其他食品零售	Retail of Other Food	
纺织、服装及日用品专门零售	Special Retail of Textiles,Garments and Daily Consumer Articles	
服装零售	Retail of Garments	
厨具卫具及日用杂品零售	Retail of Kitchenware and Household Goods	
钟表、眼镜零售	Retail of watches and glasses	

continued

（10 000yuan）

损益及分配 Profit and loss and distribution				
投资收益 Investment Income	资产处置收益 Income from disposal of assets	其他收益 Other income	营业利润 Business Profits	营业外收入 Revenue Excluding Business
28715	-616	456	92802	1984
201			-18036	2618
			306	5
307	50	92	-4557	2152
174	-671	-29	5738	561
28435	4	393	73890	1894
256	-673	358	32076	644
28403	57	18	42815	3621
257		79	1275	308
			-1096	33
3291	**-243**	**838**	**35415**	**6160**
627	-234	335	12075	2282
323		8	7386	218
304	-234	327	4690	2064
			-132	889
			-565	575
			444	253
			-12	62
			-1051	2
			-998	2
			-53	

9—5 续表35

单位:万元 (2018)

指　标	Item	营业外支出 Non-business Expenditure
按控股情况分	Grouped By Controlling Stake	
国有控股	State-owned	1294
私人控股	Private	1502
其他	Others	25
按经营形式分	Grouped By Business Form	
独立门店	Indipendent Stores	1646
连锁总店	Distributor Chain	374
其他	Others	801
按单位规模分	Grouped By Unit Scale	
大型	large-scale	458
中型	Medium-scale	1983
小型	Small-scale	357
微型	Miniature	23
零售业	**Retail Trade**	**6691**
按零售行业小类分	**Grouped by Retail Trade Industry Small Class**	
综合零售	Integrated Retail	5615
百货零售	Retail of General Merchandise	6803
超级市场零售	Retail of Supermarkets	-1188
食品、饮料及烟草制品专门零售	Retail of Food,Beverages and Tobaccos	36
粮油零售	Retail of Grain and Oil	1
果品、蔬菜零售	Retail of Fruits and Vegetables	
酒、饮料及茶叶零售	Retail of Wine,Beverages and Tea	35
其他食品零售	Retail of Other Food	
纺织、服装及日用品专门零售	Special Retail of Textiles,Garments and Daily Consumer Articles	
服装零售	Retail of Garments	
厨具卫具及日用杂品零售	Retail of Kitchenware and Household Goods	
钟表、眼镜零售	Retail of watches and glasses	

continued

(10 000yuan)

损益及分配 Profit and loss and distribution		人工成本及增值税 Labor cost and VAT		从事批发零售业活动的从业人员平均人数(人) Employees engaged in wholesale and retail activities Average number of people
利润总额 Total Profits	应交所得税 Tax Payable	应付职工薪酬 Benefits of Employee Payable	应交增值税 Added Tax Payable	
93492	12004	53321	54425	3603
−16919	2202	18201	4760	2712
285	81	1483	390	276
−4051	7614	35829	19738	2999
5925	921	18938	5397	1919
74983	5752	18237	34441	1673
32263	7760	32436	40617	2719
44453	5993	35172	16146	2869
1227	534	5051	2681	853
−1086		345	132	150
34884	**9736**	**82180**	**28369**	**16361**
8742	3855	16711	5407	6989
800	2018	11672	1119	1908
7942	1837	5039	4287	5081
721	24	3375	183	263
9		83	16	27
696	3	2983	78	180
16	21	308	88	56
−1050		1210	257	243
−996		704	64	144
−53		505	194	99

9—5 续表36

单位:万元 (2018)

指　标	Item	公允价值变动收益 Profits and Losses on The Changes in Fair Value
文化、体育用品及器材专门零售	Retail of Culture,Sports Appliances and Equipments	
体育用品及器材零售	Retail of Sports Goods Appliances and Equipments	
图书、报刊零售	Retail of Books, Newspapers and Magazines	
珠宝首饰零售	Retail of Jewelery	
工艺美术品及收藏品零售	Retail of Arts ,Crafts and Collections	
乐器零售	Retail of Musical instrument	
其他文化用品零售	Retail of Other Culture Appliances	
医药及医疗器材专门零售	Retail of Medical Supplies and Appliances	
西药零售	Retail of Western Medicine	
中药零售	Retail of Chinese medicine	
汽车、摩托车、零配件和燃料及其他动力销售	Retail of Motor Vehicles,Motorcycles,Fuel and Parts	
汽车新车零售	Retail of New Car	
机动车燃油零售	Retail of Motor Vehicle Fuel	
机动车燃气零售	Retail of Motor Vehicle Gas	
家用电器及电子产品专门零售	Special Retailof Household Electric Appliances and Electronic Products	
家用视听设备零售	Retail of Household Audio and Video Equipment	
日用家电零售	Retail of Household Electric Appliances	
计算机、软件及辅助设备零售	Retail of Computer,Software and Assistant Appliances	
通信设备零售	Retail of Communication Equipments	
五金、家具及室内装饰材料专门零售	Special Retail of Hardware,Furniture and Decoration Materials	
家具零售	Retail of Furniture	
货摊、无店铺及其他零售业	Retail of Non-shop and Other Retails	
生活用燃料零售	Retail of Life Fuel	

continued

(10 000yuan)

损益及分配 Profit and loss and distribution				
投资收益 Investment Income	资产处置收益 Income from disposal of assets	其他收益 Other income	营业利润 Business Profits	营业外收入 Revenue Excluding Business
29			–1605	691
			–229	3
			–476	625
29			–284	51
			–610	12
			1	
			–7	
	–2	6	1881	10
	–2	6	1858	10
			24	
2536	–6	108	17212	1770
3120	–6	108	17711	663
–600			–962	157
15			462	950
12		145	8268	270
12		145	7816	72
			396	198
			56	1
			–1130	53
			–1130	53
88		244	–103	193
88		244	–103	193

9—5 续表37

单位:万元 (2018)

指标	Item	营业外支出 Non-business Expenditure
文化、体育用品及器材专门零售	Retail of Culture,Sports Appliances and Equipments	218
体育用品及器材零售	Retail of Sports Goods Appliances and Equipments	188
图书、报刊零售	Retail of Books, Newspapers and Magazines	28
珠宝首饰零售	Retail of Jewelery	2
工艺美术品及收藏品零售	Retail of Arts ,Crafts and Collections	
乐器零售	Retail of Musical instrument	
其他文化用品零售	Retail of Other Culture Appliances	
医药及医疗器材专门零售	Retail of Medical Supplies and Appliances	27
西药零售	Retail of Western Medicine	27
中药零售	Retail of Chinese medicine	
汽车、摩托车、零配件和燃料及其他动力销售	Retail of Motor Vehicles,Motorcycles,Fuel and Parts	631
汽车新车零售	Retail of New Car	534
机动车燃油零售	Retail of Motor Vehicle Fuel	74
机动车燃气零售	Retail of Motor Vehicle Gas	23
家用电器及电子产品专门零售	Special Retailof Household Electric Appliances and Electronic Products	87
家用视听设备零售	Retail of Household Audio and Video Equipment	
日用家电零售	Retail of Household Electric Appliances	85
计算机、软件及辅助设备零售	Retail of Computer,Software and Assistant Appliances	2
通信设备零售	Retail of Communication Equipments	
五金、家具及室内装饰材料专门零售	Special Retail of Hardware,Furniture and Decoration Materials	73
家具零售	Retail of Furniture	73
货摊、无店铺及其他零售业	Retail of Non-shop and Other Retails	3
生活用燃料零售	Retail of Life Fuel	3

continued

(10 000yuan)

损益及分配 Profit and loss and distribution		人工成本及增值税 Labor cost and VAT		从事批发零售业活动的从业人员平均人数(人) Employees engaged in wholesale and retail activities Average number of people
利润总额 Total Profits	应交所得税 Tax Payable	应付职工薪酬 Benefits of Employee Payable	应交增值税 Added Tax Payable	
-1132		4184	307	501
-414		481	54	123
121		2687	61	214
-235		546	21	96
-598		357	40	44
1		75	15	14
-7		37	117	10
1864	289	7134	1673	1284
1840	288	6835	1671	1147
24	1	299	2	137
18351	4207	34530	12614	4871
17840	3681	31182	9730	4187
-879	222	2412	2541	491
1389	304	936	343	193
8451	1361	12623	7693	1893
7803	1306	8694	5318	1411
591	55	3191	620	332
57		738	1755	150
-1150		882	96	153
-1150		882	96	153
87		1531	140	164
87		1531	140	164

9—5 续表38

单位:万元 （2018）

指 标	Item	公允价值变动收益 Profits and Losses on The Changes in Fair Value
按登记注册类型分	Grouped By Registration Type	
内资企业	Domestic Funded Enterprises	
国有企业	State-owned Enterprises	
集体企业	Collective-owned Enterprises	
有限责任公司	Limited Liability Corporations	
国有独资公司	State-owned Enterprises	
其他有限责任公司	Other Limited Liability Corporations	
股份有限公司	Share-holding Corporations Ltd.	
私营企业	Private Enterprises	
私营有限责任公司	Private Limited Liability Corporations	
私营股份有限公司	private share holding limited companies	
港、澳、台商投资企业	Hong Kong, Macao and Taiwan Investment Enterprises	
与港澳台商合资经营企业	With the Joint Venture Enterprises from Hong Kong, Macao and Taiwan	
港澳台商独资企业	Hong Kong, Macao, Taiwan-Owned Enterprise	
其他港澳台投资企业	Other Hong Kong, Macao and Taiwan Investment Enterprises	
外商投资企业	Foreign Funded Enterprises	
中外合资经营企业	Sino-foreign Joint Venture Enterprises	
按控股情况分	Grouped By Controlling Stake	
国有控股	State-owned	
集体控股	Collective-owned	
私人控股	Private	
港澳台商控股	Holding from Hong Kong, Macao and Taiwan	
外商控股	Foreign	
其他	Others	
按经营形式分	Grouped By Business Form	
独立门店	Indipendent Store	
连锁总店	Distributor Chain	
连锁直营店	Chain stores	
其他	Others	
按单位规模分	Grouped By Unit Scale	
大型	Large-scale	
中型	Medium-scale	
小型	Small-scale	
微型	Miniature	
按零售业态分	Grouped By Retail Formats	
有店铺零售	Have a Retail Store	
便利店	Convenience Store	
折扣店	Discount Store	
超市	Supermarket	
大型超市	Hypermarket	
百货店	Department Store	
专业店	Speciality Store	
专卖店	Franchised Store	
家居建材商店	Home Fureishing Materials Store	
厂家直销中心	Center of Manufacturer Direct Deal	
无店铺零售	Non-store Retail	
网上商店	Online store	
其他	Others	

continued

(10 000yuan)

损益及分配				
投资收益 Investment Income	资产处置收益 Income from disposal of assets	其他收益 Other income	营业利润 Business Profits	营业外收入 Revenue Excluding Business
3291	−243	838	35561	6004
			−101	591
			68	
−208	−223	581	10524	2989
88		245	−1440	821
−296	−223	335	11964	2168
335		134	15749	404
3164	−19	124	9321	2020
3164	−19	124	8944	2020
			377	
			−1232	157
			747	119
			767	26
			−2746	12
			1085	
			1085	
88		245	−238	1438
		−10	2120	182
2564	−6	128	6692	2432
			−1232	157
			−1874	257
639	−236	474	29948	1694
3595	−7	370	20794	3435
−304	−236	468	15277	2662
			−442	2
			−214	62
619	−236	474	25220	1897
2323	45	277	14878	3340
349	−51	87	−4799	913
			116	10
3891	−243	838	36351	5924
			48	
			66	10
			−450	104
304	−234	327	4690	2064
323		8	8307	208
132	6	259	593	2103
3132	−11	224	22616	1381
			−797	47
	−4	20	1278	8
−600			−946	236
			10	
−600			−956	236

9—5 续表39

单位:万元　　　　(2018)

指　标	Item	营业外支出 Non-business Expenditure
按登记注册类型分	Grouped By Registration Type	
内资企业	Domestic Funded Enterprises	6639
国有企业	State-owned Enterprises	2
集体企业	Collective-owned Enterprises	
有限责任公司	Limited Liability Corporations	711
国有独资公司	State-owned Enterprises	145
其他有限责任公司	Other Limited Liability Corporations	566
股份有限公司	Share-holding Corporations Ltd.	5163
私营企业	Private Enterprises	763
私营有限责任公司	Private Limited Liability Corporations	761
私营股份有限公司	Private Share Holding Limited Companies	2
港、澳、台商投资企业	Hong Kong, Macao and Taiwan Investment Enterprises	50
与港澳台商合资经营企业	With the Joint Venture Enterprises from Hong Kong, Macao and Taiwan	47
港澳台商独资企业	Hong Kong, Macao, Taiwan-Owned Enterprise	3
其他港澳台投资企业	Other Hong Kong, Macao and Taiwan Investment Enterprises	1
外商投资企业	Foreign Funded Enterprises	1
中外合资经营企业	Sino-foreign Joint Venture Enterprises	1
按控股情况分	Grouped By Controlling Stake	
国有控股	State-owned	166
集体控股	Collective-owned	20
私人控股	Private	912
港澳台商控股	Holding from Hong Kong, Macao and Taiwan	50
外商控股	Foreign	-1571
其他	Others	7114
按经营形式分	Grouped By Business Form	
独立门店	Indipendent Store	7497
连锁总店	Distributor Chain	-810
连锁直营店	Chain stores	1
其他	Others	3
按单位规模分	Grouped By Unit Scale	
大型	Large-scale	5521
中型	Medium-scale	1027
小型	Small-scale	107
微型	Miniature	36
按零售业态分	Grouped By Retail Formats	
有店铺零售	Have a Retail Store	6632
便利店	Convenience Store	
折扣店	Discount Store	
超市	Supermarket	
大型超市	Hypermarket	-1188
百货店	Department Store	6803
专业店	Speciality Store	145
专卖店	Franchised Store	781
家居建材商店	Home Fureishing Materials Store	57
厂家直销中心	Center of Manufacturer Direct Deal	34
无店铺零售	Non-store Retail	59
网上商店	Online store	
其他	Others	59

continued

(10 000yuan)

损益及分配 Profit and loss and distribution		人工成本及增值税 Labor cost and VAT		从事批发零售业活动的从业人员平均人数(人) Employees engaged in wholesale and retail activities Average number of people
利润总额 Total Profits	应交所得税 Tax Payable	应付职工薪酬 Benefits of Employee Payable	应交增值税 Added Tax Payable	
34926	9058	78847	26832	15793
489	92	443	184	78
68	4	61	38	12
12801	3100	25907	12164	7789
-764		4836	303	566
13565	3100	21071	11861	7223
10990	3038	16555	4998	3027
10578	2825	35881	9448	4887
10203	2769	35625	9293	4851
375	56	255	155	36
-1126	407	2840	1360	485
819	208	1097	947	120
790	199	471	301	65
-2735		1272	112	300
1084	271	493	177	83
1084	271	493	177	83
1034	629	6787	2088	870
2282	316	3029	419	277
8212	3309	47188	11631	7047
-1126	407	2840	1360	485
-45	271	1386	162	801
24528	4804	20950	12710	6881
16732	6405	60083	16432	9014
18749	3308	20121	10026	7042
-442		479		80
-155	24	1497	1911	225
21596	4777	19613	9978	7131
17191	4772	54740	14899	7598
-3992	179	7694	3466	1599
90	8	133	27	33
35644	9693	79485	27143	15868
48	12	204	1370	20
76	22	744	376	82
-346	3	684	86	155
7942	1837	5039	4287	5081
1712	1996	10887	822	1796
2551	938	18711	5468	2778
23216	4706	41984	14202	5743
-807		438	15	74
1253	179	795	517	139
-769	43	2685	1222	490
10		92		22
-779	43	2593	1222	468

9—6 限额以上批发和零售业连锁经营情况

单位:万元　　　　　　　　　　　　　　　　　　　　　　　　　　　　　　　　　　　　(2018)

指　标	Item	连锁总店数（个）Number of Chain Stores (unit)
总　计	**Total**	**26**
按登记注册类型分	**Grouped By Registration Type**	
内资企业	Domestic Funded Enterprises	26
国有企业	State-owned Enterprises	4
有限责任公司	Limited Liability Corporations	8
其他有限责任公司	Other Limited Liability Corporations	8
股份有限公司	Share-holding Corporations Ltd.	4
私营企业	Private Enterprises	10
私营有限责任公司	Limited Liability Corporations	9
私营股份有限公司	Private Share-holding Corporations Ltd.	1
按行业分	**Grouped By Sector**	
批发业	Wholesale Trade	7
食品、饮料及烟草制品批发	Wholesale of food, beverage and tobacco products	2
文化、体育用品及器材批发	Wholesale of Culture, Sports Goods and Equipment	1
医药及医疗器材批发	Wholesale of medicine and medical equipment	2
矿产品、建材及化工产品批发	Wholesale of Mineral Products, Building Materialsand Chemical Products	2
机械设备、五金产品及电子产品批发	Wholesale of Mechanical Equipment,hardware and Electronic Products	
零售业	Retail Trade	19
综合零售	Integrated Retail	5
食品、饮料及烟草制品专门零售	Food, Beverages and Tobacco Products Sold Exclusively	1
纺织、服装及日用品专门零售	Textile, clothing and daily necessities retail	1
文化、体育用品及器材专门零售	Retail of Culture,Sports Appliances and Equipments	1
医药及医疗器材专门零售	Retail of Medicines and Medical Appliances	6
汽车、摩托车、燃料及零配件专门零售	Automobile, motorcycle, fuel and spare parts retail	3
家用电器及电子产品专门零售	Special Retail ofHousehold Electric Appliances and Electronic Products	2
按业态分	**Grouped By Retail Formats**	
超市	Supermarket	1
大型超市	Hypermarket	2
百货店	Department Stores	2
专业店	Speciality Store	16
其中:加油站	Gas Station	4
专卖店	Store	4
其他	Others	1

Chain Operations Statistics of Wholesale and Retail by Enterprises above Designated Size

(10 000 yuan)

商品购进总额 Total Purchase	统一配送 Unified Distribution	商品销售总额 Total Sales of Commodities	零售额 Retail Sales
2186121	**1457623**	**2214507**	**1423204**
2186121	1457623	2214507	1423204
260843	260843	342848	12721
684889	330613	659868	599565
684889	330613	659868	599565
1181237	826551	1148967	771092
59153	39616	62824	39828
40002	20465	44272	39043
19150	19150	18552	785
1075499	1075499	1098034	390032
244707	244707	327928	
2526	2526	2310	111
1714	1714	2059	2059
826551	826551	765738	387862
1110622	382124	1116473	1033173
621525	42167	618378	586295
2626		2899	2899
6743		7183	7183
13610	13610	12610	12610
60464	57703	54467	34026
190561	61501	226035	226035
215094	207144	194901	164124
7141	7141	7653	7653
387390	33657	383996	354469
226994	1369	226729	224173
1252320	1112549	1194799	763507
958913	829853	928452	550577
71736	62367	79925	73402
240540	240540	321405	

9—7 限额以上住宿和餐饮业法人企业经营情况

单位：万元 （2018）

指　标	Item	法人企业数（个）Number of Corporate Unit （unit）
总计	**Total**	**56**
住宿业	**Hotels**	**30**
按住宿业行业小类分	**Grouped by Hotels Industry Small Class**	
旅游饭店	Turist Hotel	24
旅游饭店	Turist Hotel	24
一般旅馆	General Hotel	6
经济型连锁酒店	Economy chain hotel	1
其他一般旅馆	Other General Hotel	5
按登记注册类型分	Grouped By Registration Type	
内资企业	Domestic Funded Enterprises	30
国有企业	State-owned Enterprises	2
集体企业	Collective-owned Enterprises	
有限责任公司	Limited Liability Corporations	14
国有独资公司	State-owned Enterprises	2
其他有限责任公司	Other Limited Liability Corporations	12
股份有限公司	Share-holding Corporations Ltd.	
私营企业	Private Enterprises	14
私营独资企业	Private Owned Enterprises	
私营有限责任公司	Private Limited Liability Corporations	13
私营股份有限公司	Private Share Holding Limited Companies	1
按控股情况分	Grouped By Controlling Stake	
国有控股	State-owned	6
集体控股	Collective-owned	2
私人控股	Private	20
港澳台商控股	Holding from Hong Kong, Macao and Taiwan	
外商控股	Foreign	
其他	Others	1
按经营形式分	Grouped By Business Form	
独立门店	Indipendent Stores	28
连锁门店	Distributor Chain	
其他	Others	2
按单位规模分	Grouped By Unit Scale	
大型	Large-scale	
中型	Medium-scale	6
小型	Small-scale	23
微型	Miniature	1
按星级分	Grouped By Star Grade	
五星	Five	
四星	Four	13
三星	Three	7
二星	Two	
一星	One	
其他	Others	10

Bussiness of Hotels and Catering Servies by Enterprises above Designated Size

(10 000 yuan)

从业人员(人) Number of Employees at Year-end (Person)	营业额 Business Revenue	使用银行卡支付的营业额 Business Revenue payed for Bank Cards	客房收入 From Hotel Rooms	通过公共网络实现的客房收入 Hotel Rooms Revenue from Public Network	通过非自营平台实现的客房收入 Hotel Rooms Revenue from Non-proprietary Platform	餐费收入 From Meals
5659	**85755**		**31592**	**2866**	**619**	**47735**
3177	**50551**		**23576**	**2151**	**619**	**21238**
2907	46259		20556			
2907	46259		20556	1648	619	20213
270	4291		3020	1648	619	20213
				503		1025
47	655		459			197
223	3636		2561	503		828
3177	50551		23576	2151	619	21238
557	8129		3674	16		2369
1646	26866		11109	1729	484	12912
140	2716		1471			811
1506	24150		9637	1729	484	12101
974	15556		8794	406	135	5957
896	13856		7911	406	135	5139
78	1700		883			818
760	11585		4944	83		4643
188	2015		477	150	60	926
1496	23262		12462	1714	559	9496
286	7562		2611	203		4530
2691	40523		19949	1886	619	15835
486	10028		3626	265		5403
1458	23920		9901	756	424	11359
1719	26631		13674	1394	194	9879
1322	19059		8331	427	135	8127
559	8254		2915	444		4522
1296	23238		12330	1280	484	8588

9—7 续表1

单位:万元 (2018)

指　标	Item	法人企业数(个) Number of Corporate Unit (unit)
餐饮业	**Catering Servies**	**26**
按餐饮业行业小类分	**Grouped by Catering Industry Small Class**	
正餐服务	Dinner Service	26
正餐服务	Dinner Service	26
快餐服务	Fast Food Service	
按登记注册类型分	Grouped By Registration Type	
内资企业	Domestic Funded Enterprises	26
有限责任公司	Limited Liability Corporations	5
国有独资公司	State-owned Enterprises	
其他有限责任公司	Other Limited Liability Corporations	5
股份有限公司	Share-holding Corporations Ltd.	1
私营企业	Private Enterprises	20
私营独资企业	Private Owned Enterprises	
私营合伙企业	Private Partnership Enterprises	
私营有限责任公司	Private Limited Liability Corporations	19
私营股份有限公司	Private Share-holding Corporations Ltd.	1
外商投资企业	Foreign Funded Enterprises	
中外合资经营企业	Sino-foreign Joint Venture Enterprises	
按控股情况分	Grouped By Controlling Stake	
国有控股	State-owned	1
集体控股	Collective-owned	
私人控股	Private	24
外商控股	Foreign	
其他	Others	1
按经营形式分	Grouped By Business Form	
独立门店	Indipendent Stores	23
连锁门店	Distributor Chain	
其他	Others	3
按单位规模分	Grouped By Unit Scale	
大型	large-scale	
中型	Medium-scale	4
小型	Small-scale	22
微型	Miniature	
住宿业按地区分组	**Accommodation Industry Grouped by Region**	**30**
银川市	Yinchuan	30
兴庆区	Xingqing	15
西夏区	Xixia	2
金凤区	Jinfeng	11
永宁县	Yongning	
贺兰县	Helan	1
灵武市	Lingwu	1
餐饮业按地区分组	**Catering Industry Grouped by Region**	**26**
银川市	Yinchuan	26
兴庆区	Xingqing	8
西夏区	Xixia	1
金凤区	Jinfeng	11
永宁县	Yongning	
贺兰县	Helan	4
灵武市	Lingwu	2

continued

(10 000 yuan)

从业人员(人) Number of Employees at Year-end (Person)	营业额 Business Revenue	使用银行卡支付的营业额 Business Revenue payed for Bank Cards	客房收入 From Hotel Rooms	通过公共网络实现的客房收入 Hotel Rooms Revenue from Public Network	通过非自营平台实现的客房收入 Hotel Rooms Revenue from Non-proprietary Platform	餐费收入 From Meals
2482	**35205**		**8016**	**716**		**26497**
2482	35205		8016	716		26497
2482	35205		8016	716		26497
2482	35205		8016	716		26497
937	14528		5559	696		8814
937	14528		5559	696		8814
28	356					355
1517	20321		2457	19		17327
1399	19612		2457	19		16619
118	708					708
78	1022		378			578
2128	29859		6119	716		23156
276	4324		1520			2764
2129	30226		6480	716		23099
353	4979		1536			3398
920	15741		4596	696		11069
1562	19463		3421	19		15428
3177	**50551**		**23576**	**2151**	**619**	**21238**
3177	50551		23576	2151	619	21238
1647	25211		11388	1360	619	10811
54	705		392			236
1372	22607		10587	791		9373
78	1700		883			818
26	327		327			
2482	**35205**		**8016**	**716**		**26497**
2482	35205		8016	716		26497
1210	18479		3955	341		14260
78	1022		378			578
702	8922		2288	356		6609
348	4965		943	19		3711
144	1817		453			1340

9—7 续表2

单位:万元 (2018)

指　标	Item	通过公共网络实现的餐费收入 Meal Revenue from Public Network
总　计	**Total**	**1695**
住宿业	**Hotels**	**1293**
按住宿业行业小类分	**Grouped by Hotels Industry Small Class**	
旅游饭店	Turist Hotel	1265
旅游饭店	Turist Hotel	1265
一般旅馆	General Hotel	28
经济连锁型酒店	Economy Chain Hotel	
其他一般旅馆	Other General Hotel	28
按登记注册类型分	Grouped By Registration Type	
内资企业	Domestic Funded Enterprises	1293
国有企业	State-owned Enterprises	84
集体企业	Collective-owned Enterprises	
有限责任公司	Limited Liability Corporations	1095
国有独资公司	State-owned Enterprises	
其他有限责任公司	Other Limited Liability Corporations	1095
股份有限公司	Share-holding Corporations Ltd.	
私营企业	Private Enterprises	115
私营独资企业	Private Owned Enterprises	
私营有限责任公司	Private Limited Liability Corporations	115
私营股份有限公司	Private Share Holding Limited Companies	
按控股情况分	Grouped By Controlling Stake	
国有控股	State-owned	88
集体控股	Collective-owned	4
私人控股	Private	1061
港澳台商控股	Holding from Hong Kong, Macao and Taiwan	
外商控股	Foreign	
其他	Others	140
按经营形式分	Grouped By Business Form	
独立门店	Indipendent Stores	1151
连锁门店	Distributor Chain	
其他	Others	142
按单位规模分	Grouped By Unit Scale	
大型	Large-scale	
中型	Medium-scale	249
小型	Small-scale	1044
微型	Miniature	
按星级分	Grouped By Star Grade	
五星	Five	
四星	Four	205
三星	Three	886
二星	Two	
一星	One	
其他	Others	202

continued

(10 000 yuan)

通过非自营平台实现的餐费收入 Meal Rooms Revenue from Non-proprietary Platform	商品销售额 From Commo ditie	其他收入 From Other Income	其中:外卖送餐服务收入 Including: take out service income	客房数(间) Number of Rooms (room)	床位数(个) Number of Beds(unit)	餐位数(位) Number of Dining-seats (person)	年末餐饮营业面积(平方米) Operating Area of Catering Servies at Year-end(sq.m)
38	**1436**	**4993**	**71**	**5596**	**8980**	**22864**	**141366**
38	**1083**	**4655**	**70**	**4108**	**6598**	**11756**	**71576**
38	835	4655	70	3636	5903	10999	69036
38	835	4655	70	3636	5903	10999	69036
	247			472	695	757	2540
				94	140	172	100
	247			378	555	585	2440
38	1083	4655	70	4108	6598	11756	71576
	100	1987		613	810	1488	2255
38	881	1964	70	1820	2966	5169	39101
	367	66		163	334	391	1550
38	514	1898	70	1657	2632	4778	37551
	102	704		1675	2822	5099	30220
	102	704		1475	2422	4349	26220
				200	400	750	4000
	600	1398	70	824	1436	2751	11251
4	64	549		189	285	300	1790
34	419	885		2258	3714	7011	53915
		421		355	576	606	3420
38	1066	3672	1	3539	5672	10650	65586
	17	983	69	569	926	1106	5990
34	38	2622	69	1572	2321	5194	23816
4	1044	2033	1	2536	4277	6562	46560
							1200
	526	2075	69	1623	2837	6463	35251
4	309	508	1	801	1405	2337	23335
34	247	2072		1684	2356	2956	12990

9—7 续表3

单位:万元 (2018)

指　标	Item	通过公共网络实现的餐费收入 Meal Revenue from Public Network
餐饮业	**Catering Servies**	**401**
按餐饮业行业小类分	**Grouped by Catering Industry Small Class**	
正餐服务	Dinner Service	401
正餐服务	Dinner Service	401
快餐服务	Fast Food Service	
按登记注册类型分	Grouped By Registration Type	
内资企业	Domestic Funded Enterprises	401
有限责任公司	Limited Liability Corporations	160
国有独资公司	State-owned Enterprises	
其他有限责任公司	Other Limited Liability Corporations	160
股份有限公司	Share-holding Corporations Ltd.	58
私营企业	Private Enterprises	184
私营独资企业	Private Owned Enterprises	
私营合伙企业	Private Partnership Enterprises	
私营有限责任公司	Private Limited Liability Corporations	184
私营股份有限公司	Private Share-holding Corporations Ltd.	
外商投资企业	Foreign Funded Enterprises	
中外合资经营企业	Sino-foreign Joint Venture Enterprises	
按控股情况分	Grouped By Controlling Stake	
国有控股	State-owned	
集体控股	Collective-owned	
私人控股	Private	401
外商控股	Foreign	
其他	Others	
按经营形式分	Grouped By Business Form	
独立门店	Indipendent Stores	401
连锁门店	Distributor Chain	
其他	Others	
按单位规模分	Grouped By Unit Scale	
大型	large-scale	
中型	Medium-scale	160
小型	Small-scale	242
微型	Miniature	
住宿业按地区分组	**Accommodation Industry Grouped by Region**	**1293**
银川市	Yinchuan	1293
兴庆区	Xingqing	1102
西夏区	Xixia	
金凤区	Jinfeng	191
永宁县	Yongning	
贺兰县	Helan	
灵武市	Lingwu	
餐饮业按地区分组	**Catering Industry Grouped by Region**	**401**
银川市	Yinchuan	401
兴庆区	Xingqing	160
西夏区	Xixia	
金凤区	Jinfeng	215
永宁县	Yongning	
贺兰县	Helan	27
灵武市	Lingwu	

continued

(10 000 yuan)

通过非自营平台实现的餐费收入 Meal Rooms Revenue from Non-proprietary Platform	商品销售额 From Commo ditie	其他收入 From Other Income	其中:外卖送餐服务收入 Including: take out service income	客房数(间) Number of Rooms (room)	床位数(个) Number of Beds(unit)	餐位数(位) Number of Dining-seats (person)	年末餐饮营业面积(平方米) Operating Area of Catering Servies at Year-end(sq.m)
	353	**338**		**1488**	**2382**	**11108**	**69790**
	353	338		1488	2382	11108	69790
	353	338		1488	2382	11108	69790
	353	338		1488	2382	11108	69790
	45	110		920	1438	3172	21500
	45	110		920	1438	3172	21500
		1				200	1000
	308	228		568	944	7736	47290
	308	228		568	944	7268	45690
						468	1600
	5	62		114	227	684	1600
	314	271		1103	1722	9974	63690
	35	6		271	433	450	4500
	315	332		1193	1925	10255	62453
	39	6		295	457	853	7337
	40	36		685	1041	2568	23100
	313	302		803	1341	8540	46690
38	**1083**	**4655**	**70**	**4108**	**6598**	**11756**	**71576**
38	1083	4655	70	4108	6598	11756	71576
38	669	2343	70	1995	3254	6272	35466
	78			103	219	251	950
	335	2312		1679	2477	4483	27760
				200	400	750	4000
				131	248		3400
	353	**338**		**1488**	**2382**	**11108**	**69790**
	353	338		1488	2382	11108	69790
	228	37		620	931	3459	28950
	5	62		114	227	684	1600
	14	12		404	630	3830	28721
	108	204		258	444	2395	8719
		24		92	150	740	1800

9—8 限额以上住宿和餐饮业法人企业主要财务状况

单位:万元 (2018)

指　标	Item	法人企业数（个）Number of Corporate(unit)	执行《2006年企业会计准则》企业数(个) Number of Enterprises Implementing The Accounting Standards for Business Enterprises 2006
总　计	**Total**	**56**	**36**
住宿业	**Hotels**	**30**	**19**
按住宿业行业小类分	**Grouped by Hotels Industry Small Class**		
旅游饭店	Turist Hotel	24	18
旅游饭店	Turist Hotel	24	18
一般旅馆	General Hotel	6	1
经济型连锁酒店	Economy Chain Hotel	1	1
其他一般旅馆	Other General Hotel	5	
按登记注册类型分	Grouped By Registration Type		
内资企业	Domestic Funded Enterprises	30	19
国有企业	State-owned Enterprises	2	2
集体企业	Collective-owned Enterprises		
有限责任公司	Limited Liability Corporations	14	8
国有独资公司	State-owned Enterprises	2	1
其他有限责任公司	Other Limited Liability Corporations	12	7
股份有限公司	Share-holding Corporations Ltd.		
私营企业	Private Enterprises	14	9
私营独资企业	Private Owned Enterprises		
私营有限责任公司	Private Limited Liability Corporations	13	8
私营股份有限公司	Private Share Holding Limited Companies	1	1
按控股情况分	Grouped By Controlling Stake		
国有控股	State-owned	6	5
集体控股	Collective-owned	2	2
私人控股	Private	20	11
港澳台商控股	Holding from Hong Kong, Macao and Taiwan		
外商控股	Foreign		
其他	Others	1	
按经营形式分	Grouped By Business Form		
独立门店	Indipendent Stores	28	18
连锁门店	Distributor Chain		
其他	Others	2	1
按单位规模分	Grouped By Unit Scale		
大型	Large-scale		
中型	Medium-scale	6	4
小型	Small-scale	23	14
微型	Miniature	1	1
按星级分	Grouped By Star Grade		
五星	Five		
四星	Four	13	9
三星	Three	7	6
二星	Two		
一星	One		
其他	Others	10	4

Financial Indicators of Hotels and Catering Servies by Enterprises above Designed Size

(10 000 yuan)

年初存货 Invertory at Begining of Year	期末资产负债 Ending assets and Liabilities					
	流动资产合计 Total Working Capitals	货币资金 Monetary Fund	应收账款 Accounts Receivable	存货 Stock	固定资产合计 Total Fixed Assets	可供出售金融资产 Available for sale financial assets
5042	**86746**	**9854**	**5332**	**4808**	**163265**	
3722	**50478**	**6555**	**1298**	**3550**	**128210**	
3624	46134	6443	1197	3462	127468	
3624	46134	6443	1197	3462	127468	
98	4344	111	101	89	742	
19	78	13	12	24	8	
79	4266	98	89	65	734	
3722	50478	6555	1298	3550	128210	
1268	5952	1653	89	1189	75791	
802	15023	4349	799	851	28594	
290	1694	364	308	283	4656	
512	13329	3985	491	568	23938	
1652	29503	553	411	1510	23824	
1640	29262	470	269	1493	17395	
12	241	83	142	16	6430	
615	6735	3104	539	651	25782	
14	608	455	4	21	928	
1904	36806	700	719	1763	27342	
19	1706	1677	9	20		
3551	46803	4313	1199	3332	121044	
171	3675	2242	99	219	7166	
1938	18641	2890	455	1894	92972	
1785	31837	3664	842	1657	35237	
1982	26676	2256	650	1998	43678	
293	8407	1839	200	194	7684	
1447	15395	2460	448	1359	76847	

9—8 续表1

单位:万元 (2018)

指 标	Item	持有至到期投资 Held to maturity investment	长期股权投资 Long term equity investment
总 计	**Total**		**458**
住宿业	**Hotels**		
按住宿业行业小类分	**Grouped by Hotels Industry Small Class**		
旅游饭店	Turist Hotel		
旅游饭店	Turist Hotel		
一般旅馆	General Hotel		
经济型连锁酒店	Economy Chain Hotel		
其他一般旅馆	Other General Hotel		
按登记注册类型分	Grouped By Registration Type		
内资企业	Domestic Funded Enterprises		
国有企业	State-owned Enterprises		
集体企业	Collective-owned Enterprises		
有限责任公司	Limited Liability Corporations		
国有独资公司	State-owned Enterprises		
其他有限责任公司	Other Limited Liability Corporations		
股份有限公司	Share-holding Corporations Ltd.		
私营企业	Private Enterprises		
私营独资企业	Private Owned Enterprises		
私营有限责任公司	Private Limited Liability Corporations		
私营股份有限公司	Private Share Holding Limited Companies		
按控股情况分	Grouped By Controlling Stake		
国有控股	State-owned		
集体控股	Collective-owned		
私人控股	Private		
港澳台商控股	Holding from Hong Kong, Macao and Taiwan		
外商控股	Foreign		
其他	Others		
按经营形式分	Grouped By Business Form		
独立门店	Indipendent Stores		
连锁门店	Distributor Chain		
其他	Others		
按单位规模分	Grouped By Unit Scale		
大型	Large-scale		
中型	Medium-scale		
小型	Small-scale		
微型	Miniature		
按星级分	Grouped By Star Grade		
五星	Five		
四星	Four		
三星	Three		
二星	Two		
一星	One		
其他	Others		

continued

(10 000 yuan)

期末资产负债 Ending assets and Liabilities						
固定资产原价 Original Value of Fixed Assets	房屋和构筑物 Houses and structures	机器设备 Machinery equipment	运输工具 Means of transport	电子设备 Electronic equipment	累计折旧 Accumulated Depreciation	本年折旧 Depreciation this year
259324	**69376**	**13715**	**1544**	**5464**	**92644**	**14697**
202783	**58541**	**11716**	**523**	**2316**	**71160**	**6530**
200495	57607	11716	523	2316	69614	6102
200495	57607	11716	523	2316	69614	6102
2288	934				1546	428
8						0
2280	934				1546	428
202783	58541	11716	523	2316	71160	6530
102800	2892	197		181	27009	2892
57944	36874	8947	437	381	25935	1202
5345	5179	116	11	21	689	180
52599	31695	8831	426	359	25247	1022
42040	18775	2571	87	1755	18215	2437
34999	18775	2571	87	1755	17605	1826
7040					611	611
52156	34320	7028	113	417	22960	603
1929	993	669	70	145	1001	23
49991	23228	4019	341	1755	22648	3030
186404	46055	9580	422	2101	61946	6175
16379	12486	2136	102	215	9214	356
140432	29974	6715	112	1722	44045	3498
62351	28568	5001	411	594	27114	3032
79655	48729	8773	231	2108	32563	2657
19069	8025	2658	250	137	11385	531
104059	1787	285	43	70	27212	3342

9—8 续表2

单位:万元 (2018)

指　标	Item	固定资产净值 Net value of fixed assets	固定资产减值准备 Fixed assets depreciation reserves
总　计	**Total**	**166680**	**3415**
住宿业	**Hotels**	**131624**	**3414**
按住宿业行业小类分	**Grouped by Hotels Industry Small Class**		
旅游饭店	Turist Hotel	130882	3414
旅游饭店	Turist Hotel	130882	3414
一般旅馆	General Hotel	742	
经济型连锁酒店	Economy Chain Hotel	8	
其他一般旅馆	Other General Hotel	734	
按登记注册类型分	Grouped By Registration Type		
内资企业	Domestic Funded Enterprises	131624	3414
国有企业	State-owned Enterprises	75791	
集体企业	Collective-owned Enterprises		
有限责任公司	Limited Liability Corporations	32008	3414
国有独资公司	State-owned Enterprises	4656	
其他有限责任公司	Other Limited Liability Corporations	27352	3414
股份有限公司	Share-holding Corporations Ltd.		
私营企业	Private Enterprises	23824	
私营独资企业	Private Owned Enterprises		
私营有限责任公司	Private Limited Liability Corporations	17395	
私营股份有限公司	Private Share Holding Limited Companies	6430	
按控股情况分	Grouped By Controlling Stake		
国有控股	State-owned	29196	3414
集体控股	Collective-owned	928	
私人控股	Private	27342	
港澳台商控股	Holding from Hong Kong, Macao and Taiwan		
外商控股	Foreign		
其他	Others		
按经营形式分	Grouped By Business Form		
独立门店	Indipendent Stores	124458	3414
连锁门店	Distributor Chain		
其他	Others	7166	
按单位规模分	Grouped By Unit Scale		
大型	Large-scale		
中型	Medium-scale	96386	3414
小型	Small-scale	35237	
微型	Miniature		
按星级分	Grouped By Star Grade		
五星	Five		
四星	Four	47092	3414
三星	Three	7684	
二星	Two		
一星	One		
其他	Others	76847	

continued

（10 000 yuan）

期末资产负债Ending assets and Liabilities						
在建工程 Construction in Process	无形资产 Intangible assets	土地使用权 land use right	软件使用权 Software use right	商誉 good will	非流动资产合计 Total non-current assets	资产总计 Total Assets
8922	**5024**	**3007**	**185**		**193974**	**280720**
8922	**3398**	**3007**	**4**		**145259**	**195737**
3620	3398	3007	4		138669	184803
3620	3398	3007	4		138669	184803
5302					6590	10934
					8	86
5302					6582	10848
8922	3398	3007	4		145259	195737
2261	24	17			78132	84084
5716	2569	2561	4		38069	53092
122	897	892	1		5782	7476
5594	1672	1669	3		32287	45616
945	804	429			29058	58561
945	804	429			22628	51890
					6430	6671
220	1528	1520	4		28732	35467
	1058	1058			1986	2594
6477	805	429			38150	74956
						1706
8860	3395	3007	1		137841	184644
62	3		3		7418	11093
2290	730	720	3		96213	114854
6633	2668	2287	1		49046	80883
339	2332	1949	4		47748	74425
1053					11157	19564
7530	1066	1058			86354	101749

9—8 续表3

单位:万元 (2018)

指标	Item	法人企业数(个) Number of Corporate(unit)	执行《2006年企业会计准则》企业数(个) Number of Enterprises Implementing The Accounting Standards for Business Enterprises 2006
餐饮业	**Catering Servies**	**26**	**17**
按餐饮业行业小类分	**Grouped by Catering Industry Small Class**		
正餐服务	Dinner Service	26	17
正餐服务	Dinner Service	26	17
快餐服务	Fast Food Service		
按登记注册类型分	Grouped By Registration Type		
内资企业	Domestic Funded Enterprises	26	17
有限责任公司	Limited Liability Corporations	5	4
国有独资公司	State-owned Enterprises		
其他有限责任公司	Other Limited Liability Corporations	5	4
股份有限公司	Share-holding Corporations Ltd.	1	
私营企业	Private Enterprises	20	13
私营独资企业	Private Owned Enterprises	20	13
私营合伙企业	Private Partnership Enterprises		
私营有限责任公司	Private Limited Liability Corporations	19	12
私营股份有限公司	Private Share-holding Corporations Ltd.	1	1
外商投资企业	Foreign Funded Enterprises		
中外合资经营企业	Sino-foreign Joint Venture Enterprises		
按控股情况分	Grouped By Controlling Stake		
国有控股	State-owned	1	1
集体控股	Collective-owned		
私人控股	Private	24	15
外商控股	Foreign		
其他	Others	1	1
按经营形式分	Grouped By Business Form		
独立门店	Indipendent Stores	23	16
连锁门店	Distributor Chain		
其他	Others	3	1
按单位规模分	Grouped By Unit Scale		
大型	large-scale		
中型	Medium-scale	4	3
小型	Small-scale	22	14
微型	Miniature		
住宿业按地区分组	**Accommodation Industry Grouped by Region**	**30**	**19**
银川市	Yinchuan	30	19
兴庆区	Xingqing	15	12
西夏区	Xixia	2	
金凤区	Jinfeng	11	5
永宁县	Yongning		
贺兰县	Helan	1	1
灵武市	Lingwu	1	1
餐饮业按地区分组	**Catering Industry Grouped by Region**	**26**	**17**
银川市	Yinchuan	26	17
兴庆区	Xingqing	8	7
西夏区	Xixia	1	1
金凤区	Jinfeng	11	4
永宁县	Yongning		
贺兰县	Helan	4	4
灵武市	Lingwu	2	1

continued

（10 000 yuan）

年初存货 Invertory at Begining of Year	期末资产负债 Ending assets and Liabilities					
	流动资产合计 Total Working Capitals	货币资金 Monetary Fund	应收账款 Accounts Receivable	存货 Stock	固定资产合计 Total Fixed Assets	可供出售金融资产 Available for sale financial assets
1320	**36268**	**3300**	**4034**	**1258**	**35056**	
1320	36268	3300	4034	1258	35056	
1320	36268	3300	4034	1258	35056	
1320	36268	3300	4034	1258	35056	
567	4803	1598	680	397	9196	
567	4803	1598	680	397	9196	
24	77	8		22	773	
729	31388	1694	3354	839	25086	
729	31388	1694	3354	839	25086	
688	29404	1689	1883	764	24185	
41	1984	6	1472	76	901	
36	259	180	46	23	27	
1184	35059	2821	3722	1139	34079	
99	951	300	266	96	949	
1216	34927	2874	3650	1016	33842	
104	1341	426	384	242	1213	
483	3277	1572	656	379	14468	
837	32992	1728	3379	880	20587	
3722	**50478**	**6555**	**1298**	**3550**	**128210**	
3722	50478	6555	1298	3550	128210	
1139	17130	3747	848	1172	32308	
266	929	44	190	264	4632	
2192	28599	2565	105	2098	83997	
12	241	83	142	16	6430	
114	3579	115	13		844	
1320	**36268**	**3300**	**4034**	**1258**	**35056**	
1320	36268	3300	4034	1258	35056	
714	6733	1348	2537	639	10317	
36	259	180	46	23	27	
420	8715	1440	514	408	10032	
67	4966	161	247	79	4487	
83	15595	171	691	109	10193	

9—8 续表4

单位:万元 (2018)

指标	Item	持有至到期投资 Held to maturity investment	长期股权投资 Long term equity investment
餐饮业	**Catering Servies**		**458**
按餐饮业行业小类分	**Grouped by Catering Industry Small Class**		
正餐服务	Dinner Service		458
正餐服务	Dinner Service		458
快餐服务	Fast Food Service		
按登记注册类型分	Grouped By Registration Type		
内资企业	Domestic Funded Enterprises		458
有限责任公司	Limited Liability Corporations		
国有独资公司	State-owned Enterprises		
其他有限责任公司	Other Limited Liability Corporations		
股份有限公司	Share-holding Corporations Ltd.		
私营企业	Private Enterprises		458
私营独资企业	Private Owned Enterprises		458
私营合伙企业	Private Partnership Enterprises		
私营有限责任公司	Private Limited Liability Corporations		458
私营股份有限公司	Private Share-holding Corporations Ltd.		
外商投资企业	Foreign Funded Enterprises		
中外合资经营企业	Sino-foreign Joint Venture Enterprises		
按控股情况分	Grouped By Controlling Stake		
国有控股	State-owned		
集体控股	Collective-owned		
私人控股	Private		458
外商控股	Foreign		
其他	Others		
按经营形式分	Grouped By Business Form		
独立门店	Indipendent Stores		458
连锁门店	Distributor Chain		
其他	Others		
按单位规模分	Grouped By Unit Scale		
大型	large-scale		
中型	Medium-scale		
小型	Small-scale		458
微型	Miniature		
住宿业按地区分组	**Accommodation Industry Grouped by Region**		
银川市	Yinchuan		
兴庆区	Xingqing		
西夏区	Xixia		
金凤区	Jinfeng		
永宁县	Yongning		
贺兰县	Helan		
灵武市	Lingwu		
餐饮业按地区分组	**Catering Industry Grouped by Region**		**458**
银川市	Yinchuan		458
兴庆区	Xingqing		
西夏区	Xixia		
金凤区	Jinfeng		458
永宁县	Yongning		
贺兰县	Helan		
灵武市	Lingwu		

continued

（10 000 yuan）

期末资产负债 Ending assets and Liabilities						
固定资产原价 Original Value of Fixed Assets	房屋和构筑物 Houses and structures	机器设备 Machinery equipment	运输工具 Means of transport	电子设备 Electronic equipment	累计折旧 Accumulated Depreciation	本年折旧 Depreciation this year
56541	**10835**	**2000**	**1020**	**3148**	**21484**	**8167**
56541	10835	2000	1020	3148	21484	8167
56541	10835	2000	1020	3148	21484	8167
56541	10835	2000	1020	3148	21484	8167
14603	8013	1611	629	3133	5407	1889
14603	8013	1611	629	3133	5407	1889
2091	2091				1318	114
39847	731	389	391	15	14760	6164
39847	731	389	391	15	14760	6164
38670	32	317			14484	5889
1177	699	72	391	15	276	276
186		4	12	15	159	12
54126	10334	1451	927	2821	20047	7786
2228	502	545	81	312	1279	369
53934	10302	1454	940	2836	20091	7770
2607	534	545	81	312	1393	397
19878	8013	1607	617	3118	5410	2038
36663	2822	392	403	30	16075	6128
202783	**58541**	**11716**	**523**	**2316**	**71160**	**6530**
202783	58541	11716	523	2316	71160	6530
73128	43841	11089	481	2115	37407	1399
5338	5179	103	4	17	706	198
115034	7278	525	39	184	31037	4211
7040					611	611
2243	2243				1400	113
56541	**10835**	**2000**	**1020**	**3148**	**21484**	**8167**
56541	10835	2000	1020	3148	21484	8167
20596	1201	1340	1008	2761	10280	6643
186		4	12	15	159	12
13759	9634	653		372	3726	858
7514		4			3027	350
14486					4293	305

9—8 续表5

单位:万元 (2018)

指　　标	Item	固定资产净值 Net value of fixed assets	固定资产减值准备 Fixed assets depreciation reserves
餐饮业	**Catering Servies**	**35057**	**1**
按餐饮业行业小类分	**Grouped by Catering Industry Small Class**		
正餐服务	Dinner Service	35057	1
正餐服务	Dinner Service	35057	1
快餐服务	Fast Food Service		
按登记注册类型分	Grouped By Registration Type		
内资企业	Domestic Funded Enterprises	35057	1
有限责任公司	Limited Liability Corporations	9196	
国有独资公司	State-owned Enterprises		
其他有限责任公司	Other Limited Liability Corporations	9196	
股份有限公司	Share-holding Corporations Ltd.	773	
私营企业	Private Enterprises	25087	1
私营独资企业	Private Owned Enterprises	25087	1
私营合伙企业	Private Partnership Enterprises		
私营有限责任公司	Private Limited Liability Corporations	24187	1
私营股份有限公司	Private Share-holding Corporations Ltd.	901	
外商投资企业	Foreign Funded Enterprises		
中外合资经营企业	Sino-foreign Joint Venture Enterprises		
按控股情况分	Grouped By Controlling Stake		
国有控股	State-owned	27	
集体控股	Collective-owned		
私人控股	Private	34080	1
外商控股	Foreign		
其他	Others	949	
按经营形式分	Grouped By Business Form		
独立门店	Indipendent Stores	33842	
连锁门店	Distributor Chain		
其他	Others	1214	1
按单位规模分	Grouped By Unit Scale		
大型	large-scale		
中型	Medium-scale	14468	
小型	Small-scale	20589	1
微型	Miniature		
住宿业按地区分组	**Accommodation Industry Grouped by Region**	**131624**	**3414**
银川市	Yinchuan	131624	3414
兴庆区	Xingqing	35722	3414
西夏区	Xixia	4632	
金凤区	Jinfeng	83997	
永宁县	Yongning		
贺兰县	Helan	6430	
灵武市	Lingwu	844	
餐饮业按地区分组	**Catering Industry Grouped by Region**	**35057**	**1**
银川市	Yinchuan	35057	1
兴庆区	Xingqing	10317	
西夏区	Xixia	27	
金凤区	Jinfeng	10033	1
永宁县	Yongning		
贺兰县	Helan	4487	
灵武市	Lingwu	10193	

continued

(10 000 yuan)

期末资产负债Ending assets and Liabilities						
在建工程 Construction in Process	无形资产 Intangible assets	土地使用权 land use right	软件使用权 Software use right	商誉 good will	非流动资产合计 Total non-current assets	资产总计 Total Assets
	1626		**181**		**48715**	**84983**
	1626		181		48715	84983
	1626		181		48715	84983
	1626		181		48715	84983
	288		178		16534	21337
	288		178		16534	21337
	2		2		1019	1097
	1336				31162	62550
	1336				31162	62550
	1336				28222	57626
					2940	4924
	110				137	396
	1489		153		47019	82077
	28		28		1559	2510
	1598		153		46863	81790
	28		28		1852	3192
	178		178		16941	20218
	1448		2		31774	64765
8922	**3398**	**3007**	**4**		**145259**	**195737**
8922	3398	3007	4		145259	195737
403	2122	2115	3		37855	54985
122	893	892	1		5757	6686
7572	383				93549	122147
					6430	6671
825					1669	5248
	1626		**181**		**48715**	**84983**
	1626		181		48715	84983
	175		175		16201	22935
	110				137	396
	6		6		16287	25002
	441				5002	9968
	894				11087	26682

9—8 续表6

单位:万元 (2018)

指　标	Item	流动负债合计 Total Current Liabilities	应付账款 Accounts Payable	非流动负债合计 Totale of Non-current Liabilities
总　计	**Total**	**122156**	**31484**	**154891**
住宿业	**Hotels**	**62732**	**22231**	**140887**
按住宿业行业小类分	**Grouped by Hotels Industry Small Class**			
旅游饭店	Turist Hotel	56471	22816	133987
旅游饭店	Turist Hotel	56471	22816	133987
一般旅馆	General Hotel	6261	-586	6900
经济型连锁酒店	Economy Chain Hotel	37	34	
其他一般旅馆	Other General Hotel	6224	-619	6900
按登记注册类型分	Grouped By Registration Type			
内资企业	Domestic Funded Enterprises	62732	22231	140887
国有企业	State-owned Enterprises	6124	2795	99344
集体企业	Collective-owned Enterprises			
有限责任公司	Limited Liability Corporations	27174	17857	19709
国有独资公司	State-owned Enterprises	6320	343	
其他有限责任公司	Other Limited Liability Corporations	20854	17514	19709
股份有限公司	Share-holding Corporations Ltd.			
私营企业	Private Enterprises	29435	1579	21834
私营独资企业	Private Owned Enterprises			
私营有限责任公司	Private Limited Liability Corporations	28556	1579	21834
私营股份有限公司	Private Share Holding Limited Companies	879		
按控股情况分	Grouped By Controlling Stake			
国有控股	State-owned	27538	16437	
集体控股	Collective-owned	565	517	9
私人控股	Private	27893	2321	41534
港澳台商控股	Holding from Hong Kong, Macao and Taiwan			
外商控股	Foreign			
其他	Others	1211	254	
按经营形式分	Grouped By Business Form			
独立门店	Indipendent Stores	61054	21763	140887
连锁门店	Distributor Chain			
其他	Others	1678	468	
按单位规模分	Grouped By Unit Scale			
大型	Large-scale			
中型	Medium-scale	27817	19817	115844
小型	Small-scale	34915	2414	25043
微型	Miniature			
按星级分	Grouped By Star Grade			
五星	Five			
四星	Four	48037	18407	17130
三星	Three	7899	515	1004
二星	Two			
一星	One			
其他	Others	6797	3309	122753

continued

(10 000 yuan)

期末资产负债 Ending assets and Liabilities								
负债合计 Total Liabilities	所有者权益 Total Owners' Equities	实收资本 Paid-in Capitals	国家资本 State-owned Capitals	集体资本 Collective-owned Capitals	法人资本 Corporate Capitals	个人资本 Personal Capitals	港澳台资本 Hong Kong, Macao and Taiwan capital	外商资本 Foreign capital
277047	**9169**	**103509**	**25428**	**3581**	**59683**	**14817**		
203619	**-2386**	**56327**	**25428**	**3581**	**22256**	**5061**		
190458	-158	54105	25428	3581	20356	4739		
190458	-158	54105	25428	3581	20356	4739		
13161	-2227	2222			1900	322		
37	49	100			100			
13124	-2276	2122			1800	322		
203619	-2386	56327	25428	3581	22256	5061		
105467	-21383	5135	5135					
46883	11705	28528	20293	3581	4133	521		
6320	1156	1522	1522					
40564	10549	27007	18771	3581	4133	521		
51268	7293	22663			18123	4540		
50389	1501	16872			12332	4540		
879	5792	5792			5792			
27539	13425	23582	23582					
574	2020	3581		3581				
69426	5530	27317			22256	5061		
1211	495							
201941	-17297	41910	11012	3581	22256	5061		
1678	14911	14416	14416					
143661	-23310	21706	20118		1088	500		
59958	20925	34621	5310	3581	21168	4561		
65167	14754	38469	23082		11973	3414		
8903	10661	10958	500	1875	8384	200		
129550	-27801	6900	1847	1707	1900	1447		

单位:万元 (2018)

指　标	Item	流动负债合计 Total Current Liabilities	应付账款 Accounts Payable	非流动负债合计 Totale of Non-current Liabilities
餐饮业	**Catering Servies**	**59424**	**9253**	**14004**
按餐饮业行业小类分	**Grouped by Catering Industry Small Class**			
正餐服务	Dinner Service	59424	9253	14004
正餐服务	Dinner Service	59424	9253	14004
快餐服务	Fast Food Service			
按登记注册类型分	Grouped By Registration Type			
内资企业	Domestic Funded Enterprises	59424	9253	14004
有限责任公司	Limited Liability Corporations	30785	2389	9000
国有独资公司	State-owned Enterprises			
其他有限责任公司	Other Limited Liability Corporations	30785	2389	9000
股份有限公司	Share-holding Corporations Ltd.	70	11	
私营企业	Private Enterprises	28569	6853	5004
私营独资企业	Private Owned Enterprises			
私营合伙企业	Private Partnership Enterprises			
私营有限责任公司	Private Limited Liability Corporations	24857	6779	5004
私营股份有限公司	Private Share-holding Corporations Ltd.	3712	74	
外商投资企业	Foreign Funded Enterprises			
中外合资经营企业	Sino-foreign Joint Venture Enterprises			
按控股情况分	Grouped By Controlling Stake			
国有控股	State-owned	2370	66	
集体控股	Collective-owned			
私人控股	Private	49611	8111	14004
外商控股	Foreign			
其他	Others	7443	1077	
按经营形式分	Grouped By Business Form			
独立门店	Indipendent Stores	51555	8089	13934
连锁门店	Distributor Chain			
其他	Others	7869	1164	70
按单位规模分	Grouped By Unit Scale			
大型	large-scale			
中型	Medium-scale	22685	2518	10104
小型	Small-scale	36739	6735	3900
微型	Miniature			
住宿业按地区分组	**Accommodation Industry Grouped by Region**	**62732**	**22231**	**140887**
银川市	Yinchuan	62732	22231	140887
兴庆区	Xingqing	30876	17871	19643
西夏区	Xixia	5980	320	
金凤区	Jinfeng	23814	4040	121244
永宁县	Yongning			
贺兰县	Helan	879		
灵武市	Lingwu	1183		
餐饮业按地区分组	**Catering Industry Grouped by Region**	**59424**	**9253**	**14004**
银川市	Yinchuan	59424	9253	14004
兴庆区	Xingqing	23332	2536	10104
西夏区	Xixia	2370	66	
金凤区	Jinfeng	17437	1944	95
永宁县	Yongning			
贺兰县	Helan	9191	4447	5
灵武市	Lingwu	7095	260	3800

continued

(10 000 yuan)

期末资产负债 Ending assets and Liabilities								
负债合计 Total Liabilities	所有者权益 Total Owners' Equities	实收资本 Paid-in Capitals	国家资本 State-owned Capitals	集体资本 Collective-owned Capitals	法人资本 Corporate Capitals	个人资本 Personal Capitals	港澳台资本 Hong Kong, Macao and Taiwan capital	外商资本 Foreign capital
73428	**11555**	**47182**			**37427**	**9756**		
73428	11555	47182			37427	9756		
73428	11555	47182			37427	9756		
73428	11555	47182			37427	9756		
39785	-18448	8618			7618	1000		
39785	-18448	8618			7618	1000		
70	1027	2000			2000			
33573	28976	36564			27809	8756		
29861	27765	35381			27125	8256		
3712	1212	1183			683	500		
2370	-1974	100			100			
63615	18462	46564			36809	9756		
7443	-4934	518			518			
65489	16301	46477			36909	9569		
7939	-4747	705			518	187		
32789	-12571	9818			7498	2320		
40639	24126	37364			29929	7436		
203619	**-2386**	**56327**	**25428**	**3581**	**22256**	**5061**		
203619	-2386	56327	25428	3581	22256	5061		
50519	9962	34352	22060	3581	5372	3339		
5980	706	1543	1522			21		
145058	-22910	11141	1847		7593	1701		
879	5792	5792			5792			
1183	4065	3500			3500			
73428	**11555**	**47182**			**37427**	**9756**		
73428	11555	47182			37427	9756		
33436	-10501	11297			3471	7826		
2370	-1974	100			100			
17531	7471	12364			11738	627		
9196	772	1508			505	1003		
10895	15787	21913			21613	300		

9—8 续表8

单位:万元 (2018)

指 标	Item	营业收入 Total Revenue	主营业务收入 Revenue from Principal Business
总 计	**Total**	**81917**	**80973**
住宿业	**Hotels**	**48305**	**47427**
按住宿业行业小类分	**Grouped by Hotels Industry Small Class**		
旅游饭店	Turist Hotel	44570	44018
旅游饭店	Turist Hotel	44570	44018
一般旅馆	General Hotel	3736	3410
经济型连锁酒店	Economy Chain Hotel	655	655
其他一般旅馆	Other General Hotel	3080	2754
按登记注册类型分	Grouped By Registration Type		
内资企业	Domestic Funded Enterprises	48305	47427
国有企业	State-owned Enterprises	7684	7684
集体企业	Collective-owned Enterprises		
有限责任公司	Limited Liability Corporations	26065	25196
国有独资公司	State-owned Enterprises	2550	2545
其他有限责任公司	Other Limited Liability Corporations	23515	22651
股份有限公司	Share-holding Corporations Ltd.		
私营企业	Private Enterprises	14556	14547
私营独资企业	Private Owned Enterprises		
私营有限责任公司	Private Limited Liability Corporations	12922	12913
私营股份有限公司	Private Share Holding Limited Companies	1635	1635
按控股情况分	Grouped By Controlling Stake		
国有控股	State-owned	11125	10835
集体控股	Collective-owned	1926	1676
私人控股	Private	21916	21578
港澳台商控股	Holding from Hong Kong, Macao and Taiwan		
外商控股	Foreign		
其他	Others	7562	7562
按经营形式分	Grouped By Business Form		
独立门店	Indipendent Stores	38411	37533
连锁门店	Distributor Chain		
其他	Others	9894	9894
按单位规模分	Grouped By Unit Scale		
大型	Large-scale		
中型	Medium-scale	23283	23106
小型	Small-scale	25023	24322
微型	Miniature		
按星级分	Grouped By Star Grade		
五星	Five		
四星	Four	18489	18307
三星	Three	7789	7668
二星	Two		
一星	One		
其他	Others	22028	21453

continued

(10 000 yuan)

损益及分配 Profit and loss and distribution					
营业成本 Business Costs	主营业务成本 Costs of Principal Business	营业税金及附加 Business Taxes and Other Charges	主营业务税金及附加 Taxes and Other Charges on Principal Business	其他业务利润 Profits from Other Businesses	销售费用 Selling Costs
32600	**32570**	**1007**	**903**	**589**	**33704**
18201	**18171**	**772**	**682**	**359**	**21009**
16917	16887	765	675	359	19670
16917	16887	765	675	359	19670
1284	1284	7	7		1339
593	593	3	3		
691	691	4	4		1339
18201	18171	772	682	359	21009
1612	1612	32	32		8431
10896	10866	526	437	359	6943
2119	2119	61	61		65
8777	8747	465	376	359	6878
5692	5692	214	214		5636
5210	5210	202	202		5081
483	483	12	12		555
6039	6009	477	393		954
1521	1521	22	16	359	182
7968	7968	232	232		9922
1643	1643	31	31		2298
14402	14372	606	516	359	18599
3799	3799	166	166		2410
6249	6249	405	405		12739
11951	11921	366	277	359	8270
7684	7684	568	567		4985
4285	4255	125	42		2368
6232	6232	79	73	359	13656

9—8 续表9

单位:万元 （2018）

指 标	Item	营业收入 Total Revenue	主营业务收入 Revenue from Principal Business
餐饮业	**Catering Servies**	**33612**	**33546**
按餐饮业行业小类分	**Grouped by Catering Industry Small Class**		
正餐服务	Dinner Service	33612	33546
正餐服务	Dinner Service	33612	33546
快餐服务	Fast Food Service		
按登记注册类型分	Grouped By Registration Type		
内资企业	Domestic Funded Enterprises	33612	33546
有限责任公司	Limited Liability Corporations	13854	13854
国有独资公司	State-owned Enterprises		
其他有限责任公司	Other Limited Liability Corporations	13854	13854
股份有限公司	Share-holding Corporations Ltd.	356	356
私营企业	Private Enterprises	19402	19336
私营独资企业	Private Owned Enterprises		
私营合伙企业	Private Partnership Enterprises		
私营有限责任公司	Private Limited Liability Corporations	18734	18668
私营股份有限公司	Private Share-holding Corporations Ltd.	668	668
外商投资企业	Foreign Funded Enterprises		
中外合资经营企业	Sino-foreign Joint Venture Enterprises		
按控股情况分	Grouped By Controlling Stake		
国有控股	State-owned	963	963
集体控股	Collective-owned		
私人控股	Private	28516	28450
外商控股	Foreign		
其他	Others	4133	4133
按经营形式分	Grouped By Business Form		
独立门店	Indipendent Stores	28890	28824
连锁门店	Distributor Chain		
其他	Others	4722	4722
按单位规模分	Grouped By Unit Scale		
大型	large-scale		
中型	Medium-scale	14935	14935
小型	Small-scale	18677	18611
微型	Miniature		
住宿业按地区分组	**Accommodation Industry Grouped by Region**	**48305**	**47427**
银川市	Yinchuan	48305	47427
兴庆区	Xingqing	24081	23532
西夏区	Xixia	695	695
金凤区	Jinfeng	21567	21239
永宁县	Yongning		
贺兰县	Helan	1635	1635
灵武市	Lingwu	327	327
餐饮业按地区分组	**Catering Industry Grouped by Region**	**33612**	**33546**
银川市	Yinchuan	33612	33546
兴庆区	Xingqing	17574	17574
西夏区	Xixia	963	963
金凤区	Jinfeng	8638	8638
永宁县	Yongning		
贺兰县	Helan	4711	4645
灵武市	Lingwu	1727	1727

continued

(10 000 yuan)

损益及分配 Profit and loss and distribution					
营业成本 Business Costs	主营业务成本 Costs of Principal Business	营业税金及附加 Business Taxes and Other Charges	主营业务税金及附加 Taxes and Other Charges on Principal Business	其他业务利润 Profits from Other Businesses	销售费用 Selling Costs
14399	**14399**	**236**	**221**	**230**	**12695**
14399	14399	236	221	230	12695
14399	14399	236	221	230	12695
14399	14399	236	221	230	12695
5058	5058	49	49		5399
5058	5058	49	49		5399
175	175	1	1		257
9165	9165	186	171	230	7039
8907	8907	151	136	230	6779
259	259	35	35		261
321	321	4	4		445
12796	12796	213	198	230	9915
1282	1282	18	18		2335
12747	12747	215	201	230	10357
1652	1652	21	19		2338
4971	4971	100	100		6146
9428	9428	136	121	230	6549
18201	**18171**	**772**	**682**	**359**	**21009**
18201	18171	772	682	359	21009
11410	11380	672	582	359	6910
561	561	16	16		64
5639	5639	72	72		13461
483	483	12	12		555
109	109				18
14399	**14399**	**236**	**221**	**230**	**12695**
14399	14399	236	221	230	12695
6606	6606	169	163		6814
321	321	4	4		445
4407	4407	46	44		3028
2295	2295	12	9	230	1632
770	770	4			777

9—8 续表10

单位:万元 (2018)

指 标	Item	管理费用 Management Costs	财务费用 Financial Costs
总 计	**Total**	**22387**	**2440**
住宿业	**Hotels**	**11675**	**1467**
按住宿业行业小类分	**Grouped by Hotels Industry Small Class**		
旅游饭店	Turist Hotel	10461	1232
旅游饭店	Turist Hotel	10461	1232
一般旅馆	General Hotel	1214	234
经济型连锁酒店	Economy Chain Hotel	161	
其他一般旅馆	Other General Hotel	1053	234
按登记注册类型分	Grouped By Registration Type		
内资企业	Domestic Funded Enterprises	11675	1467
国有企业	State-owned Enterprises	1951	13
集体企业	Collective-owned Enterprises		
有限责任公司	Limited Liability Corporations	6133	27
国有独资公司	State-owned Enterprises	330	-2
其他有限责任公司	Other Limited Liability Corporations	5803	29
股份有限公司	Share-holding Corporations Ltd.		
私营企业	Private Enterprises	3591	1426
私营独资企业	Private Owned Enterprises		
私营有限责任公司	Private Limited Liability Corporations	3471	1421
私营股份有限公司	Private Share Holding Limited Companies	120	5
按控股情况分	Grouped By Controlling Stake		
国有控股	State-owned	2222	-12
集体控股	Collective-owned	180	3
私人控股	Private	5192	1445
港澳台商控股	Holding from Hong Kong, Macao and Taiwan		
外商控股	Foreign		
其他	Others	2782	18
按经营形式分	Grouped By Business Form		
独立门店	Indipendent Stores	8632	1457
连锁门店	Distributor Chain		
其他	Others	3042	10
按单位规模分	Grouped By Unit Scale		
大型	Large-scale		
中型	Medium-scale	6034	40
小型	Small-scale	5641	1427
微型	Miniature		
按星级分	Grouped By Star Grade		
五星	Five		
四星	Four	3938	1097
三星	Three	1300	92
二星	Two		
一星	One		
其他	Others	6437	278

continued

(10 000 yuan)

损益及分配 Profit and loss and distribution							
利息收入 Interest Income	利息支出 Interest Expense	资产减值损失 Asset Impairment Loss	公允价值变动收益 Income from changes in fair value	投资收益 Investment Income	资产处置收益 Income from disposal of assets	其他收益 Other income	营业利润 Business Profits
47	**1770**	**4**				**1**	**–13020**
31	**1143**	**4**					**–7606**
31	1143	4					–7252
31	1143	4					–7252
							–354
							–101
							–253
31	1143	4					–7606
–2							–4355
32	3	4					–1102
6		–3					–20
26	3	6					–1082
1	1140						–2149
1	1140						–2610
							460
28		4					–1184
1	3						17
1	1140						–3002
3							789
15	1143	4					–8074
16							467
13	5	6					–4963
18	1138	–3					–2643
18	1055	4					–2559
12	87						–381
1	1						–4666

9—8 续表11

单位:万元 （2018）

指 标	Item	管理费用 Management Costs	财务费用 Financial Costs
餐饮业	**Catering Servies**	**10713**	**973**
按餐饮业行业小类分	**Grouped by Catering Industry Small Class**		
正餐服务	Dinner Service	10713	973
正餐服务	Dinner Service	10713	973
快餐服务	Fast Food Service		
按登记注册类型分	Grouped By Registration Type		
内资企业	Domestic Funded Enterprises	10713	973
有限责任公司	Limited Liability Corporations	7593	575
国有独资公司	State-owned Enterprises		
其他有限责任公司	Other Limited Liability Corporations	7593	575
股份有限公司	Share-holding Corporations Ltd.	65	1
私营企业	Private Enterprises	3055	397
私营独资企业	Private Owned Enterprises		
私营合伙企业	Private Partnership Enterprises		
私营有限责任公司	Private Limited Liability Corporations	2933	394
私营股份有限公司	Private Share-holding Corporations Ltd.	122	3
外商投资企业	Foreign Funded Enterprises		
中外合资经营企业	Sino-foreign Joint Venture Enterprises		
按控股情况分	Grouped By Controlling Stake		
国有控股	State-owned	186	2
集体控股	Collective-owned		
私人控股	Private	9122	959
外商控股	Foreign		
其他	Others	1405	12
按经营形式分	Grouped By Business Form		
独立门店	Indipendent Stores	9222	960
连锁门店	Distributor Chain		
其他	Others	1491	13
按单位规模分	Grouped By Unit Scale		
大型	large-scale		
中型	Medium-scale	7274	652
小型	Small-scale	3438	321
微型	Miniature		
住宿业按地区分组	**Accommodation Industry Grouped by Region**	**11675**	**1467**
银川市	Yinchuan	11675	1467
兴庆区	Xingqing	4786	128
西夏区	Xixia	373	1
金凤区	Jinfeng	6299	1320
永宁县	Yongning		
贺兰县	Helan	120	5
灵武市	Lingwu	97	13
餐饮业按地区分组	**Catering Industry Grouped by Region**	**10713**	**973**
银川市	Yinchuan	10713	973
兴庆区	Xingqing	7503	656
西夏区	Xixia	186	2
金凤区	Jinfeng	1772	65
永宁县	Yongning		
贺兰县	Helan	798	8
灵武市	Lingwu	454	243

continued

（10 000 yuan）

损益及分配 Profit and loss and distribution							
利息收入 Interest Income	利息支出 Interest Expense	资产减值损失 Asset Impairment Loss	公允价值变动收益 Income from changes in fair value	投资收益 Investment Income	资产处置收益 Income from disposal of assets	其他收益 Other income	营业利润 Business Profits
17	**628**					**1**	**-5414**
17	628					1	-5414
17	628					1	-5414
17	628					1	-5414
13	534						-4821
13	534						-4821
1							-143
3	94					1	-451
3	94					1	-440
							-11
							5
16	628					1	-4500
							-919
16	626					1	-4614
	1						-801
14	611						-4210
2	17					1	-1205
31	**1143**	**4**					**-7606**
31	1143	4					-7606
30	114	4					-2602
							-320
1	1017						-5236
							460
	13						91
17	**628**					**1**	**-5414**
17	628					1	-5414
3	611					1	-4176
							5
14	15						-687
	1						-35
							-522

9—8 续表12

单位:万元 (2018)

指　标	Item	营业外收入 Revenue from Excluding Business	营业外支出 Expence from Excluding Business
总　计	**Total**	**834**	**253**
住宿业	**Hotels**	**733**	**202**
按住宿业行业小类分	**Grouped by Hotels Industry Small Class**		
旅游饭店	Turist Hotel	731	201
旅游饭店	Turist Hotel	731	201
一般旅馆	General Hotel	3	1
经济型连锁酒店	Economy Chain Hotel		
其他一般旅馆	Other General Hotel	3	1
按登记注册类型分	Grouped By Registration Type		
内资企业	Domestic Funded Enterprises	733	202
国有企业	State-owned Enterprises	376	72
集体企业	Collective-owned Enterprises		
有限责任公司	Limited Liability Corporations	97	90
国有独资公司	State-owned Enterprises	62	11
其他有限责任公司	Other Limited Liability Corporations	35	79
股份有限公司	Share-holding Corporations Ltd.		
私营企业	Private Enterprises	261	40
私营独资企业	Private Owned Enterprises		
私营有限责任公司	Private Limited Liability Corporations	261	29
私营股份有限公司	Private Share Holding Limited Companies		11
按控股情况分	Grouped By Controlling Stake		
国有控股	State-owned	249	20
集体控股	Collective-owned		
私人控股	Private	274	117
港澳台商控股	Holding from Hong Kong, Macao and Taiwan		
外商控股	Foreign		
其他	Others		
按经营形式分	Grouped By Business Form		
独立门店	Indipendent Stores	713	201
连锁门店	Distributor Chain		
其他	Others	21	2
按单位规模分	Grouped By Unit Scale		
大型	Large-scale		
中型	Medium-scale	261	144
小型	Small-scale	472	58
微型	Miniature		
按星级分	Grouped By Star Grade		
五星	Five		
四星	Four	500	45
三星	Three	7	3
二星	Two		
一星	One		
其他	Others	227	154

continued

(10 000 yuan)

损益及分配 Profit and loss and distribution		人工成本及增值税 Labor cost and VAT		从事住宿和餐饮业活动 的从业人员平均人数(人) Average Number of Employees Engaged in the Accommodation and Catering Industry(person)
利润总额 Total Profits	应交所得税 Tax Payable	应付职工薪酬 Benefits of Employee Payable	应交增值税 Added Tax Payable	
-12440	**266**	**25509**	**2061**	**5496**
-7075	**112**	**15293**	**1149**	**3111**
-6722	110	14283	1117	2848
-6722	110	14283	1117	2848
-353	3	1010	33	263
-101		167	11	40
-252	3	843	22	223
-7075	112	15293	1149	3111
-4051	4	3936	57	579
-1095	9	7019	662	1545
31		964	96	110
-1126	9	6056	566	1435
-1929	100	4338	431	987
-2378	15	4127	365	909
450	86	211	66	78
-954	2	3443	271	681
16	4	747	45	184
-2845	106	6086	550	1495
789		1798	238	280
-7561	112	12442	873	2646
486		2851	277	465
-4846	12	8175	495	1433
-2229	100	7118	655	1678
-2104	102	5898	501	1261
-378	8	1812	269	548
-4593	3	7583	379	1302

9—8 续表13

单位:万元 （2018）

指　标	Item	营业外收入 Revenue from Excluding Business	营业外支出 Expence from Excluding Business
餐饮业	**Catering Servies**	**100**	**51**
按餐饮业行业小类分	**Grouped by Catering Industry Small Class**		
正餐服务	Dinner Service	100	51
正餐服务	Dinner Service	100	51
快餐服务	Fast Food Service		
按登记注册类型分	Grouped By Registration Type		
内资企业	Domestic Funded Enterprises	100	51
有限责任公司	Limited Liability Corporations	30	17
国有独资公司	State-owned Enterprises		
其他有限责任公司	Other Limited Liability Corporations	30	17
股份有限公司	Share-holding Corporations Ltd.		
私营企业	Private Enterprises	70	34
私营独资企业	Private Owned Enterprises		
私营合伙企业	Private Partnership Enterprises		
私营有限责任公司	Private Limited Liability Corporations	70	34
私营股份有限公司	Private Share-holding Corporations Ltd.		
外商投资企业	Foreign Funded Enterprises		
中外合资经营企业	Sino-foreign Joint Venture Enterprises		
按控股情况分	Grouped By Controlling Stake		
国有控股	State-owned		
集体控股	Collective-owned		
私人控股	Private	92	47
外商控股	Foreign		
其他	Others	9	4
按经营形式分	Grouped By Business Form		
独立门店	Indipendent Stores	92	44
连锁门店	Distributor Chain		
其他	Others	9	7
按单位规模分	Grouped By Unit Scale		
大型	large-scale		
中型	Medium-scale	40	18
小型	Small-scale	60	33
微型	Miniature		
住宿业按地区分组	**Accommodation Industry Grouped by Region**	**733**	**202**
银川市	Yinchuan	733	202
兴庆区	Xingqing	251	108
西夏区	Xixia	62	11
金凤区	Jinfeng	421	72
永宁县	Yongning		
贺兰县	Helan		11
灵武市	Lingwu		
餐饮业按地区分组	**Catering Industry Grouped by Region**	**100**	**51**
银川市	Yinchuan	100	51
兴庆区	Xingqing	65	16
西夏区	Xixia		
金凤区	Jinfeng	3	18
永宁县	Yongning		
贺兰县	Helan	28	17
灵武市	Lingwu	5	1

continued

(10 000 yuan)

损益及分配 Profit and loss and distribution		人工成本及增值税 Labor cost and VAT		从事住宿和餐饮业活动的从业人员平均人数(人) Average Number of Employees Engaged in the Accommodation and Catering Industry(person)
利润总额 Total Profits	应交所得税 Tax Payable	应付职工薪酬 Benefits of Employee Payable	应交增值税 Added Tax Payable	
-5365	**154**	**10216**	**911**	**2385**
-5365	154	10216	911	2385
-5365	154	10216	911	2385
-5365	154	10216	911	2385
-4808		4354	491	923
-4808		4354	491	923
-143		114	5	40
-414	154	5748	416	1422
-404	137	5387	395	1329
-11	17	361	20	93
5		170	35	72
-4455	154	8713	751	2042
-914		1333	126	271
-4566	111	8646	779	2037
-798	43	1570	132	348
-4187	40	4667	253	888
-1177	114	5550	658	1497
-7075	**112**	**15293**	**1149**	**3111**
-7075	112	15293	1149	3111
-2458	20	7354	548	1572
-270	2	171	34	50
-4887	5	7463	493	1383
450	86	211	66	78
91		94	9	28
-5365	**154**	**10216**	**911**	**2385**
-5365	154	10216	911	2385
-4127	90	5795	410	1136
5		170	35	72
-702	46	2404	240	676
-24	17	1393	197	357
-517	1	455	31	144

9—9 重点商品交易市场成交情况

单位:万元 (2018)

指 标	Item	市场个数(个) Number of Markets(unit)	#亿元以上市场 Markets Over 100Million Yuan
总 计	**Total**	**39**	**22**
按经营环境分	**Grouped by Business Environment**		
露天式	Open Air	6	6
封闭式	Closed	33	16
其他	Others		
按经营方式分	**Grouped by Star**		
批发	Wholesale	14	10
零售	Retail	25	12
按市场类别分	**Grouped by Market**		
综合市场	Integrated Markets	6	4
工业消费品综合市场	Industrial Products Integrated Markets	1	1
农产品综合市场	Farm Produce Comprehensive Markets	2	2
其他综合市场	Others	3	1
专业市场	Special Markets	33	18
生产资料市场	Production Markets	5	4
农业生产用具市场	Agricultural Productions Markets	1	1
木材市场	Wood Markets		
金属材料市场	Metal Materials Markets	3	2
机械设备市场	Machinery and Equipment Markets	1	1
农产品市场	Agricultural Products Markets	5	5
粮油市场	Grain and Oil Markets	1	1
蔬菜市场	Vegetables Markets	2	2
水产品市场	Aquatil Products Markets		
干鲜果品市场	Fresh and Dried Fruits Markets	1	1
其他农产品市场	Others	1	1
纺织、服装、鞋帽市场	Textile, Garments, Footwear and Hat Wear Markets	7	3
布料及纺织品市场	Textiles and Textile Goods Markets		
服装市场	Garments	2	
鞋帽市场	Footwear and Hat Wear Markets	1	
其他纺织服装鞋帽市场	Others	4	3
日用品及文化用品市场	Daily Use Articles and Cultaral Goods Markets		
其他日用品及文化用品市场	Others		
电器、通讯器材、电子设备市场	Electrical,Communication Appliances and ElectronicEquipment Markets	2	1
通讯器材市场	Communication Appliances Markets	1	
计算机及辅助设备市场	Computer and Assistant Appliances Markets	1	1
家具、五金及装饰材料市场	Furniture,Hardware & Electrical Materials and Decoration Materials Markets	12	4
家具市场	Furniture Markets	5	2
装饰材料市场	Building and Decoration Materials Markets	3	
灯具市场	Lamps Markets	1	
其他装修市场	Others	3	2
汽车、摩托车及零配件市场	Automotive,Motorcycle and Accessories Markets	1	1
汽车市场	Automotive Markets	1	1
花、鸟、鱼、虫市场	Flowers, Birds, Fish and Insects Markets	1	
花卉市场	Flower Markets	1	

Basic Statistics on Commodity Exchange Markets of Transaction Value

(10 000 yuan)

摊位数量（个） Number of Booths (unit)	#亿元以上市场 Markets Over 100 Million Yuan	成交额（万元） Turnover (10 000yuan)	#亿元以上市场 Markets Over 100 Million Yuan	营业面积（平方米） Area of business (square meter)	#亿元以上市场 Markets Over 100 Million Yuan
19864	**16452**	**2189083**	**2142693**	**2572072**	**1983873**
5758	5758	1242436	1242436	982370	982370
14106	10694	946647	900257	1589702	1001503
6922	6290	1692690	1676730	1551553	1245985
12942	10162	496393	465963	1020519	737888
3491	2910	176854	161627	353762	113762
360	360	27620	27620	48742	48742
1487	1487	35095	35095	31020	31020
1644	1063	114139	98912	274000	34000
16373	13542	2012229	1981066	2218310	1870111
2212	2148	733616	732220	297958	284958
185	185	149305	149305	10000	10000
1731	1667	559011	557615	255470	242470
296	296	25300	25300	32488	32488
3782	3782	916890	916890	912285	912285
38	38	19361	19361	7364	7364
2270	2270	278683	278683	405000	405000
1123	1123	412705	412705	470900	470900
351	351	206141	206141	29021	29021
6050	5271	187802	184239	145135	120000
427		1315		22020	
		1080			
5623	5271	185407	184239	123115	120000
344	264	35000	34300	12000	9000
80		700		3000	
264	264	34300	34300	9000	9000
2990	1272	121523	97569	647932	343868
1123	621	62406	52904	246299	113868
1002		13379		125416	
78		520		7800	
787	651	45218	44665	268417	230000
805	805	15848	15848	200000	200000
805	805	15848	15848	200000	200000
190		1550		3000	
190		1550		3000	

9—10 利用外资情况

Utilization of Foreign Capital

单位:万美元 （2018） （USD 10 000）

指 标	Item	新批项目个数（个）Number of Newly Approved Project （unit）	项目总投资 Total Investment of Project	合同外资 Contracted Foreign Investment	实际利用外资 Actual Utilization of Foreign Capital
直接利用外资	Foreign Direct Investment	24	41886.89	9619.21	7219.83
#中外合资企业	Sino-foreign Joint Ventures	17	33798.08	7715.38	1709.73
外商独资企业	Foreign Funds Enterprises	4	5620.6	1594.13	3116.87

9—11 进出口贸易总额

Number of Major Export Commodities

单位:亿元 （2018） （100 million yuan）

指 标	Item	合计 Total
进出口贸易总额	Total Trade Value of Imports and Exports	168.83
出口贸易总额	Total Trade Value of Exports	127.79
进口贸易总额	Total Trade Value of Imports	41.04

9—12 主要出口商品数量

Number of Major Export Commodities

指 标	Item	单位	Unit	2018 年
铁合金	Ferrosilicon	千克	Kilogram	87000152
碳化硅	Silicon Carbide	千克	Kilogram	41510726
抗菌素	Antibiotics	千克	Kilogram	1905081
羊绒衫	Cashmere Sweater	件	pieces	365578
其他活性炭	Other Activated Carbon	千克	Kilogram	21744300
制成的饲料添加剂	Made of Feed Additives	千克	Kilogram	32604590
其他未混合的水果汁	Unmixed fruit juice	千克	Kilogram	1011814
葡萄酒	Wine	升	Litre	8502
天然蜂蜜	Natural Honey	千克	Kilogram	1562189

9—13 旅游情况

Basic Statistics of Traveling

指 标	Item	单位	Unit	2018 年	2017 年
接待国内游客总人数	Total Number of Domestic Visitors	万人次	10 000 person-times	1658.21	1428.8
接待国内游客总收入	Total Income of Domestic Visitors	亿元	100 million yuan	148.8	130.19
接待国内游客人均花费额	Per Capita Amount of Domestic Visitors	元	yuan	897.35	911.18
接待海外旅游者	Number of Overseas Tourists	人次	person-times	53791	45839
旅游外汇收入	Tourism Exchange Income	万美元	USD 100 million	2958.5	2702

注:接待国内游客人均花费额类不含农家乐部分。

a)The per capita amount of domestic visitors does not agritainment.

主要统计指标解释

【社会消费品零售总额】 指国民经济各行业直接售给城乡居民和社会集团的消费品总额，它是反映各行业通过多种商品流通渠道向居民和社会集团供应的生活消费品总量，是研究国内零售市场变动情况、反映经济景气程度的重要指标。

社会消费品零售总额包括：(1)售给城乡居民作为生活用的商品和修建房屋用的建筑材料；(2)售给社会集团的各种办公用品和公用消费品；(3)售给机关、团体、学校、部队、企业、事业单位的职工食堂和旅店(招待所)附设专门供本店旅客食用，不对外营业的食堂的各种食品、燃料；企业单位和国营农场直接售给本单位职工和职工食堂的自己生产的产品；(4)售给部队干部、战士生活用和粮食、副食品、衣着品、日用品、燃料；(5)售给来华的外国人、华侨、港澳台同胞的消费品；(6)居民自费购买的中、西药品、中药材及医疗用品；(7)报社、出版社直接售给居民和社会集团的报纸、图书、杂志，集邮公司出售的新、旧纪念邮票、特种邮票、首日封、集邮册、集邮工具等；(8)旧货寄售商店自购、自销部分的商品；(9)煤气公司、液化石油气站售给居民和社会集团的煤气灶具和罐装液化气石油气；(10)农民售给非农业居民和社会集团的商品。不包括售给国民经济各部门企业、事业单位(包括国有经济的农场)生产经营用的各种原材料、燃料、设备、工具等和售给批发零售贸易业、餐饮业作为转卖用的商品，旧货寄售商店受托寄售卖出的商品，服务业的营业收入，邮局出售邮票的收入，自来水、电力、煤气生产(供应)单位的产品供应收入，也不包括农民之间的商品销售。

【商品销售总额】 指对本企业(单位)以外的单位和个人出售的商品金额(包括售给本单位消费用的商品，含增值税)。它反映批发零售贸易业在国内市场上销售商品以及出口商品的总量。商品销售总额包括：(1)售给城乡居民和社会集团消费用的商品；(2)售给工业、农业、建筑业、运输邮电业、批发零售贸易业、餐饮业、服务业等作为生产、经营使用的商品；(3)售给批发零售贸易业作为转卖或加工后转卖的商品；(4)对国(境)外直接出口的商品。不包括出售本企业(单位)自用的废旧包装用品；未通过买卖行为付出的商品；经本单位介绍，由买卖双方直接结算，本单位只收取手续费的业务；购货退出的商品以及商品损耗和损失等。

【零售额】 指售给城乡居民用于生活消费和社会集团用于公共消费的商品金额。

商品零售包括：(1)售给城乡居民的各种生活消费品，售给入境旅游的外国人、华侨、港澳台同胞的各类商品；(2)售给行政事业单位、社会团体、军队和武警等机构的商品，以及以零售方式售给各类企业的商品。具体包括：用于非生产和社会交往的办公用品，如通讯设备、计算器具和设备、电讯网络设备、文印设备、音像视听器材和设备、纸张、本册、文具及装订文印材料、家具、日用电器、针纺织品、清洁卫生用品、文体用品、奖品、纪念品、礼品等；供内部人员乘坐的交通工具和燃料；用于办公设施修缮的各类配件、材料、工具等；用于取暖和防暑降温的设备、燃料、材料及食品等；专用于教学的用品和设备；非营利医疗机构的中、西药品、中药材和医疗设备器材；非专用的劳动保护用品；不对外营业的内部食堂用的餐具、炊具、设备、清洁卫生工具和食品、燃料等；军队、武警用于其人员生活的衣着品和个人用品；其他各类非生产性设备和用品。

商品零售不包括：(1)售给城乡居民已确知是用于生产、经营的商品；(2)售给各类农业生产者的生产资料类商品，如农机、农药化肥、农膜、种子饲料等商品；(3)售给企业单位生产用具及生产上专用的劳动保护用品。

【营业额】 指住宿和餐饮业单位在经营活动中因提供服务或销售商品等取得的全部收入，包括：客房收入、餐费收入、商品销售额(含增值税)和其他收入。不包括法人单位附营的其他行业产业活动单位的餐费收入、商品销售收入等各项收入。

【客房收入】 指住宿和餐饮业单位在经营活动中因提供住宿服务取得的收入。不包括法人单位附营的其他行业产业活动单位的客房收入。

【餐费收入】 指住宿和餐饮业单位因为顾客提供就餐服务取得的收入。包括：经烹饪、调制加工后出售的各种食品，如主食、炒菜、凉拌菜等的收入。不包括法人单位附营的其他行业产业活动单位的餐费收入。

【其他收入】 指营业额中除客房收入、餐费收入、商品销售额(含增值税)以外的其他收入。

【进出口总额】 海关进出口总额指实际进出我国国境的货物总金额。包括对外贸易实际进出口货样。来料加工装配进出口货物，国家间、联合国及国际组织无偿援助物资和赠送品，华侨、港澳台同胞和外籍华人捐赠品，租赁期满归承租人所有的租赁货物。进料加工进出口货物。边境地方贸易及边境地区小额贸易进出口货物(边民互市贸易除外)，中外合资企业、中外合作经营企业、外商独资经营企业进出口货物和公用物品，到、离岸价格在规定限额以上进出口货物和广告品(无商业价值、无使用价值和免费提供出口的除外)，从保税仓库提取在中国境内销售的进口货物，以及其他进出口货物。进出口总额用以观察一个国家在对外贸易方面的总规模，我国规定出口货物按离岸价格统计，进口货物按到岸价格统计。

【利用外资】 指我国各级政府、部门、企业和其他经济组织通过对外借款、吸收外商直接投资以及用其他方式筹措的境外现汇、设备、技术等。

财政金融保险

Governement Finance,Financial Intermediation and Insurance

10—1 主要年份地方财政收支情况

ocal Financial Revenue and Expenditure in Main Years

单位:万元　　　　(10 000 yuan)

年 份 Year	地方财政收入 Local Financial Revenue	#市区 City	地方财政支出 Local Financial Expenditure	#市区 City	#基本建设支出 Capital Construction	#农业支出 Expenditure for Surporting Rural Production	#文教科学卫生 Science, education culture and healh care
1951	201	79	39	23	4		
1952	307	159	92	67	16		
1953	452	307	243	88	7	1	70
1954	850	604	337	181	91	2	79
1955	607	326	225	83	14	4	66
1956	584	341	409	198	54	5	172
1957	730	422	392	176	33	7	158
1958	773	721	1040	652	694	6	139
1959	1356	1242	1349	929	785	36	234
1960	2100	1576	2571	1761	1618	73	382
1961	1007	903	1631	876	638	113	343
1962	970	843	1194	759	439	26	319
1963	1145	982	1387	858	541	62	288
1964	1457	1108	1904	1244	871	84	499
1965	1580	1175	1641	1027	636	83	557
1966	1935	1501	1930	1207	742	83	578
1967	1434	1101	1520	892	651	42	461
1968	1260	913	1455	941	664	27	435
1969	2198	1782	1932	1298	1043	13	520
1970	2827	2381	2294	1430	1234	34	568
1971	3277	2798	2837	1527	1095	48	625
1972	3886	3265	3069	1873	975	80	709
1973	4449	3657	3451	2163	837	118	756
1974	4574	3655	3885	2507	1211	153	834
1975	5467	4308	4324	2410	1200	191	901
1976	5333	4037	5214	2528	1993	158	993
1977	5522	4057	5257	2776	1682	188	1035
1978	7254	5413	6833	3915	2317	202	
1979	7117	5441	8272	4688	2337	1955	
1980	3881	2396	6669	3411	276	1932	
1981	3160	1671	5153	2416	217	1070	

10—1 续表 continued

单位:万元 (10 000 yuan)

年 份 Year	地方财政收入 Local Financial Revenue	# 市区 City	地方财政支出 Local Financial Expenditure	#市区 City	# 基本建设支出 Capital Construction	# 农业支出 Expenditure for Surporting Rural Production	# 文教科学卫生 Science, education culture and healh care
1982	3958	2271	7478	4221	501	1052	
1983	4087	2554	9219	5669	723	1335	
1984	5833	4080	12048	7390	809	1199	
1985	13171	10544	12223	6974	744	1472	
1986	14056	11251	17413	10993	1242	1513	
1987	15941	12815	15306	8986	368	1578	
1988	18850	15133	18230	10862	436	2023	
1989	21277	17458	21238	13674	470	2425	
1990	22965	19173	22367	14382	453	2315	
1991	26391	22130	26179	18147	493	1680	
1992	24737	19790	25198	16805	641	2136	
1993	31260	24223	31211	19732	866	2614	
1994	19598	14899	33718	21292	797	1878	
1995	26402	20868	42954	28799	1641	1673	
1996	42468	32474	51499	35104	2487	2279	
1997	54396	41935	66118	45690	2297	3099	
1998	74720	61745	85335	63941	2360	3394	
1999	80515	66323	90549	67040	2694	3369	
2000	94989	79183	123786	91481	16031	3416	
2001	123089	103303	163850	118290	25296	3530	
2002	133234	112189	202666	147863	36049	4689	
2003	160561	137437	234359	177796	29063	9665	
2004	194609	162362	284863	215923	30969	12876	
2005	249307	210424	343573	254325	35907	14021	
2006	299372	244279	431830	306971	47976	16419	
2007	539726	389012	744479	499537			
2008	646674	467143	926417	613012			
2009	925713	655309	1114240	641419			
2010	1379942	932676	1768768	1041810			
2011	1801422	1253585	2377933	1515983			
2012	1873131	1331335	2672293	1693464			
2013	2232886	1623472	3077821	1943088			
2014	2517282	1785730	3685557	2379303			
2015	2438310	1622913	3718067	2330739			
2016	2276231	1632488	3970408	2668690			
2017	2245024	1494755	3924870	2479659			
2018	2355961	1683905	4413415	2869232			

10—2 地方财政收入

Local Financial Revenue

单位:万元　　　　　　（2018）　　　　　　（10 000 yuan）

指标	Item	合计 Total	市区 City	永宁县 Yongning	贺兰县 Helan	灵武市 Lingwu
本年收入总计	**Total Government Revenue This Year**	**2355961**	**1683905**	**98558**	**173494**	**400004**
一般公共预算收入	**General Budget Revenue**	**1732544**	**1209451**	**65360**	**115984**	**341749**
税收收入	Total Tax Revenue	1182321	759039	48854	92579	281849
增值税	Value-added Tax	517497	298664	22411	27719	168703
营业税	Business Tax	756	967	-12	8	-207
企业所得税	Corporate Income Tax	98444	74504	2367	6881	14692
个人所得税	Individual Income Tax	46930	32966	1482	1946	10536
资源税	Resource Tax	0	0	0	0	0
城市维护建设税	City Maintenance and Construction Tax	136431	94506	3703	4745	33477
房产税	House Property Tax	61552	42363	2839	3773	12577
印花税	Stamp Tax	33959	22564	1489	2317	7589
城镇土地使用税	Urban Land Use Tax	47560	17901	4501	7477	17681
土地增值税	Land Appreciation Tax	50429	35612	2012	10996	1809
车船税	Tax on Vehicles and Boat Operation	27250	19123	760	5574	1793
耕地占用税	Farm Land Occupation Tax	32194	25840	1144	1816	3394
契税	Deed Tax	125327	93558	6079	19224	6466
非税收入	Total Non-tax Revenue	550223	450412	16506	23405	59900
专项收入	Special Program Recipts	140071	105133	6020	5927	22991
行政事业性收费收入	Charge of Administrative and Institutional Units	47607	29721	2713	8989	6184
罚没收入	Penalty Receipts	33035	16398	1929	2825	11883
国有资本经营收入	Operating Income of State-owned Capital	30104	27557	2547	0	0
国有资源(资产)有偿使用收入	Income from National Resources(assets)Paid Using	192540	172271	2704	4420	13145
其他收入	Other Income	16951	11622	0	821	4508
基金预算收入	**Fund Budget Revenue**	**617296**	**469202**	**33198**	**57510**	**57296**
国有土地使用权出让收入	Income from the use of state-owned land	560161	422238	32422	55572	49929
国有资本经营预算收入	**State-owned Capital Management Budget Revenue**	**6211**	**5252**	**0**	**0**	**959**
国有资本经营收入	Income from State-owned Capital Operation	6211	5252	0	0	959

10—3 地方财政支出

Local Financial Expenditure

单位:万元 (2018) (10 000 yuan)

指标	Item	合计 Total	市区 City	永宁县 Yongning	贺兰县 Helan	灵武市 Lingwu
本年支出总计	**Total Government Expenditure This Year**	**4413415**	**2869232**	**346040**	**389119**	**809024**
一般公共预算支出	General Budget Expenditure	**3632756**	**2283431**	**311721**	**316699**	**720905**
一般公共服务支出	Expenditure for General Public Services	219328	147761	16320	18892	36355
国防支出	Expenditure for National Defense	0	0	0	0	0
公共安全支出	Expenditure for Public Security	127843	95987	7681	9275	14900
教育支出	Expenditure for Education	384219	230210	47603	43113	63293
科学技术支出	Expenditure for Science and Technology	98630	76560	925	4895	16250
文化体育与传媒支出	Expenditure for Culture,Sports and Media	49941	37539	2750	4011	5641
社会保障和就业支出	Expenditure forSocial Safety Net and Employment Effort	324991	197634	34442	42575	50340
医疗卫生与计划生育支出	Expenditure for Medical and Health Care	217035	143680	20744	19420	33191
节能环保支出	Expenditure for Environment Protection	242485	110995	14557	16163	100770
城乡社区支出	Expenditure forUrban and Rural Community Affairs	1092052	829022	66500	37700	158830
农林水支出	Expenditure for Agriculture,Forestryand Water Conservancy	301554	125416	58825	64529	52784
交通运输支出	Expenditure for Transportation	64974	41593	8335	4561	10485
资源勘探信息等支出	Expenditure for Resource Exploration,Electricityand Information Technology	193281	64136	1180	14305	113660
商业服务业等支出	Expenditure for Business Service Industry Affairs	63121	38538	4702	8913	10968
金融支出	Expenditure for Financial	3610	3570	10	0	30
国土海洋气象等支出	Expenditure forLand Resources And Meteorology Affairs	30220	20107	2077	5487	2549
住房保障支出	Expenditure for Affordable Houses	106963	70591	6102	9925	20345
粮油物资储备支出	Expenditure for Reserve for Cereals and Oils	2168	1825	5	48	290
其他支出(类)	Other Expenditure	115046	54317	18963	12602	29164
债务付息支出	Expenditure for Debt Principal and Interest	-4705	-6050	0	285	1060
政府性基金支出	**Governmental fund Expenditure**	**772328**	**578979**	**34319**	**72420**	**86610**
国有土地使用权出让相关支出	Expenditure for State-owned Land Use Right Transfer	640771	493604	2585	69700	74882
城市公用事业附加相关支出	Expenditure for Urban Public Utilities	0	0	0	0	0
农业土地开发资金相关支出	Expenditure for Agricultural Land Development Funds	543	0	276	253	14
城市基础设施配套费相关支出	Expenditure for The cost of the urban infrastructure	49287	49222	0	8	57
污水处理费相关支出	Expenditure for Sewage Disposal	1475	0	360	572	543
新型墙体材料专项基金相关支出	Expenditure for Special Fund for New wall materials	0	0	0	0	0
彩票公益金相关支出	Expenditure for Lottery Ticket Public Welfare Fund	9938	6779	731	1112	1316
其他政府性基金相关支出	Other Expenditure	12552	4024	246	179	8103
国有资本经营支出	**Expenditure for State-owned Capital Operation**	**8331**	**6822**	**0**	**0**	**1509**

注:自2017年起散装水泥专项资金相关支出指标并入新型墙体材料专项基金相关支出。

a)From 2017, the expenditure target of Bulk Cement Special Fund will be merged into the expenditure of New Wall Materials Special Fund.

10—4 主要年份金融机构存、贷款余额

Total Deposits and Loans of Financial Institutions in Main Years

单位:万元 (10 000 yuan)

年 份 Year	各项存款余额 Total Deposits	# 国家银行 State Bank	# 居民储蓄 Saving Deposits	各项贷款余额 Total Loans	# 国家银行 State Bank	# 工业贷款 Loans to Industrial Sector	# 商业贷款 Loans to Commercial Sector	# 农业贷款 Loans to Agricultural Sector
1951	27	27	8	13	13		2	7
1952	51	51	12	25	25		2	10
1953	92	92	19	39	39	2	5	21
1954	1137	1137	135	1092	1092	28	43	19
1955	2256	2256	155	2605	2605	80	1213	29
1956	2525	2525	248	2966	2966	50	569	178
1957	3282	3282	355	3523	3523	10	426	118
1958	5898	5898	413	6088	6088	225	1700	49
1959	19157	19157	625	19480	19480	1548	4528	89
1960	31169	31169	757	31608	31608	3248	2093	167
1961	18809	18809	752	19481	19481	2002	8101	178
1962	12994	12994	936	13213	13213	883	633	536
1963	9310	9310	670	10824	10824	538	1767	520
1964	8908	8908	892	9326	9326	456	2294	404
1965	13077	13077	1009	13907	13907	256	3375	438
1966	21340	21340	1195	20958	20958	415	6076	966
1967	23802	23802	1291	24300	24300	489	6405	804
1968	21700	21700	1361	22263	22263	679	6991	633
1969	26827	26827	1333	27592	27592	848	7299	577
1970	26021	26021	1455	27210	27210	2461	10592	563
1971	29952	29952	1723	30038	30038	5528	13362	751
1972	26818	26818	2025	27003	27003	4970	12852	379
1973	29112	29112	2303	28643	28643	2019	13350	354
1974	28487	28487	2575	28972	28972	4309	12420	337
1975	36203	36203	2774	36696	36696	3864	14235	445
1976	37683	37683	2957	38506	38506	4596	12950	642
1977	41410	41410	3383	42337	42337	4041	14454	759
1978	49659	49659	3903	50310	50310	3802	17152	934
1979	50928	50928	5135	50453	50453	4044	17681	1131
1980	83659	83659	6734	83659	83659	6700	16611	908
1981	98680	98680	8862	99103	99103	7519	20505	758

10—4 续表 continued

单位:万元 (10 000 yuan)

年 份 Year	各项存款余额 Total Deposits	# 国家银行 State Bank	# 居民储蓄 Saving Deposits	各项贷款余额 Total Loans	# 国家银行 State Bank	# 工业贷款 Loans to Industrial Sector	# 商业贷款 Loans to Commercial Sector	# 农业贷款 Loans to Agricultural Sector
1982	71523	71523	11802	72742	72742	6803	22173	676
1983	107439	107439	15814	106354	106354	8699	20620	464
1984	148583	148583	23568	149627	149627	12361	24332	4228
1985	95110	95110	30382	98640	98640	26876	40067	4992
1986	115343	115343	42416	126374	126374	36572	46583	6282
1987	128112	128112	57368	170829	170829	47666	55486	8961
1988	149310	149310	71642	224608	224608	62190	79357	8570
1989	180472	180472	93624	257532	257532	78071	89926	11639
1990	225386	225386	122634	311791	311791	108775	100529	12956
1991	281564	281564	154230	399997	399997	131676	107238	13563
1992	345822	345822	186737	468094	468094	156467	128217	13913
1993	416441	416441	236156	570809	570809	184433	151318	15877
1994	674904	549733	362184	796435	690839	205252	168235	26422
1995	863818	708656	493414	900108	782052	233542	175200	23903
1996	1097742	933259	628206	1051645	931411	294426	239680	27268
1997	1242053	1091149	714143	1201302	1032897	328032	275001	33885
1998	1389316	1215715	813962	1310574	1164919	335518	290594	42587
1999	1903393	1642217	913344	1848119	1655668	377651	433091	46311
2000	2232318	1885173	998236	2053071	1774688	362999	373399	49141
2001	2813614	2319854	1239655	2353019	1970644	405628	315090	75352
2002	3583910	2666719	1548067	2854180	2177933	407808	283762	136569
2003	4641305	3069964	1930771	3724738	2543640	458811	262614	218000
2004	5139463	3455615	2188016	4013796	2840865	496620	267837	261023
2005	6126851	4200698	2649514	5517095	4152282	456304	308036	331312
2006	7182299		3063847	6612150		450296	336665	356859
2007	8096592		3264143	7960248		669992	371927	390264
2008	9939064		4231523	9650819		1172224	292573	330976
2009	12789671		5194029	12891250		1142625	325506	410443
2010	15979613		6344542	16410628				
2011	18101999		7252604	19454215				
2012	21082811		9014685	22829704				
2013	23409309		10152220	26606157				
2014	26089685		10898949	31859330				
2015	30177702		13049710	36539817				
2016	33434020		13913467	40765663				
2017	35872321		14969408	44603072				
2018	37045588		13535639	47978695				

10—5 金融机构年末存、贷款余额

Total Deposits and Loans of Financial Institutions at Year-end

单位:万元　　　　(2018)　　　　(10 000 yuan)

指　标	Item	合 计 Total	市 区 City	永宁县 Yongning	贺兰县 Helan	灵武市 Lingwu
年末各项存款余额	**Total Deposits at Year-end**	**37045588**	**32251988**	**1366018**	**1585348**	**1842235**
境内存款	Domestic Deposits	37027631	32235262	1365817	1584924	1841628
住户存款	Households Deposits	16647868	13243813	1035249	1190597	1178208
活期存款	Demand Deposits	6358148	5092488	327416	405622	532622
定期及其他存款	Time Deposits and Others	10289720	8151325	707833	784975	645587
非金融企业存款	Non-financial Deposits	10295594	9718738	111254	174532	291069
活期存款	Demand Deposits	4669469	4285667	67005	110409	206388
定期及其他存款	Time Deposits and Others	5626125	5433072	44249	64123	84681
广义政府存款	Deposits of Government in Broad Money	8771143	7959684	219313	219795	372351
财政性存款	Fiscal Deposits	1864263	1762626	15813	4500	81323
机关团体存款	Organizations & communities Deposits	6906880	6197058	203500	215295	291027
非银行业金融机构存款	Non-banking Financial Institutions Deposits	1313450	1313027	0		0
境外存款	Overseas Deposits	1159928	16726	201	424	606
年末各项贷款余额	**Total Loans at Year-end**	**47978695**	**43698609**	**1260669**	**1142394**	**1877023**
境内贷款	Domestic Loans	47535128	43698048	1260633	1142394	1877023
住户贷款	Households Loans	9046304	7404408	594789	699424	741214
短期贷款	Short-term Loans	2441716	1725144	239806	305893	397528
消费贷款	Consumption Loans	1462206	1075116	47635	79239	112800
经营贷款	Business Loans	1520457	650028	192171	226655	284728
中长期贷款	Medium & Long-term Loans	6621456	5679263	354983	393530	343687
消费贷款	Consumption Loans	5116142	4592885	218236	243523	155014
经营贷款	Business Loans	1854768	1086378	136747	150007	188673
非金融企业及机关团体贷款	Non-financial Corporationsand Organizations& communities Loans	38278022	36293641	665845	442970	1135808
短期贷款	Short-term Loans	6992039	6194035	208509	182729	406177
中长期贷款	Medium & Long-term Loans	26838076	25715574	372150	183317	673428
票据融资	Bill Financing	4515934	4380618	84105	76925	51211
各项垫款	Every Advance Money	9486	3414	1080	0	4993
境外贷款	Overseas Loans	596	560	36	0	0

10—6 中资全国性大型银行年末存、贷款余额

Total Deposits and Loans of Financial Institutions at Year-end

单位:万元　　　　　　　　　　　　　　(2018)　　　　　　　　　　　　　　(10 000 yuan)

指 标	Item	合 计 Total	市 区 City	永宁县 Yongning	贺兰县 Helan	灵武市 Lingwu
年末各项存款余额	**Total Deposits at Year-end**	**17301686**	**15042515**	**681631**	**650255**	**927285**
境内存款	Domestic Deposits	17284855	15026909	681430	649838	926679
个人存款	Personal Deposits	8241711	6724730	462047	486170	568764
活期储蓄存款	Demand Savings Deposits	4189334	3335454	236369	250245	367266
定期储蓄存款	Time Savings Deposits	1545678	1247399	115304	114399	68576
结构性存款	Structured Deposits	920336	833162	31378	21921	33875
单位存款	Unit Deposits	8406759	7665922	219383	163540	357914
活期存款	Demand Savings Deposits	4419410	3928224	118634	120102	252450
定期存款	Time Savings Deposits	1432853	1323464	72375	9528	27486
保证金存款	Margin Deposit	544384	470914	22054	21662	29754
结构性存款	Structured Deposits	130191	128090	1	0	2100
国库定期存款	Treasury Time Deposit	400700	400700	0	0	0
非存款类金融机构存款	Non-deposit Financial Institutions Deposits	235685	235557	0	128	0
境外存款	Overseas Deposits	16831	15606	201	418	606
年末各项贷款余额	**Total Loans at Year-end**	**30889836**	**28870681**	**475631**	**361797**	**1181726**
境内贷款	Overseas Loans	30889406	28870288	475595	361797	1181726
短期贷款	Short-term Loans	4046743	3388536	184766	114228	359214
个人贷款及透支	Personal Loans and Overdrafts	838809	616067	71048	52319	99375
个人消费贷款	Personal Consumption Loans	642467	513370	30255	35533	63310
单位贷款及透支	Unit Ordinary Loans and Overdrafts	3207934	2772469	113718	61908	259839
经营贷款及透支	Business Loans and Overdrafts	2796205	2381377	111319	60245	243264
固定资产贷款	Fixed Asset Loans	49304	45150	0	0	4154
贸易融资	Trade Finance	362425	345942	2399	1664	12421
中长期贷款	Medium & Long-term Loans	24866976	23526690	289413	245866	805007
个人贷款	Personal Loans	4317749	3686484	223001	223981	184282
个人消费贷款	Personal Consumption Loans	3981515	3410283	207170	211781	152282
单位贷款	Corporate Loans	20549228	19840206	66412	21885	620725
经营贷款	Business Loans	2628641	2516258	5096	4080	103207
固定资产贷款	Fixed Asset Loans	17861136	17264497	61315	17805	517519
并购贷款	Annexation loans	22000	22000	0		
贸易融资	Trade Financing	37450	37450	0	0	0
票据融资	Bill Financing	1967376	1952824	336	1704	12513
各项垫款	Every Advance Money	8311	2238	1080	0	4993
境外贷款	Overseas Loans	429	393	36	0	0

10—7 政策性银行年末存、贷款余额

Total Deposits and Loans of Policy Banks at Year-end

单位:万元　　(2018)　　(10 000 yuan)

指 标	Item	合 计 Total	市 区 City	永宁县 Yongning	贺兰县 Helan	灵武市 Lingwu
年末各项存款余额	**Total Deposits at Year-end**	**265367**	**235301**	**11515**	**6409**	**12142**
单位存款	Unit Deposits	265367	235301	11515	6409	12142
活期存款	Demand Savings Deposits	244941	215926	10965	5909	12141
定期存款	Time Savings Deposits	4950	3900	550	500	0
保证金存款	Margin Deposit	5041	5040	0	0	1
年末各项贷款余额	**Total Loans at Year-end**	**1532908**	**1121114**	**248598**	**91742**	**71454**
短期贷款	Short-term Loans	341689	231649	52728	8798	48515
单位贷款及透支	Unit Ordinary Loans and Overdrafts	341689	231649	52728	8798	48515
经营贷款及透支	Business Loans and Overdrafts	341689	231649	52728	8798	48515
中长期贷款	Medium & Long-term Loans	1191219	889465	195870	82944	22940
单位贷款	Corporate Loans	1191219	889465	195870	82944	22940
非存款类金融机构贷款	Non-deposit Financial Institutions Loans	0	0	0	0	0
票据融资	Bill Financing	0	0	0	0	0
融资租赁	Finance Leases	0	0	0	0	0
各项垫款	Every Advance Money	0	0	0	0	0

注:2010 年国家开发银行进行了股改,表中政策性银行仅包括农业发展银行。

a)The National Development Bank shares changed in 2010, Policy banks in the table only includes the Agricultural Develpoment Bank.

10—8 地方性金融机构年末存、贷款余额

Total Deposits and Loans of Local Financial Institutions at Year-end

单位:万元 (2018) (10 000 yuan)

指标	Item	合计 Total	市区 City	永宁县 Yongning	贺兰县 Helan	灵武市 Lingwu
年末各项存款余额	**Total Deposits at Year-end**	**14302433**	**11940265**	**657059**	**883625**	**821484**
个人存款	Personal Deposits	7465302	5609318	573203	673337	609444
活期储蓄存款	Demand Savings Deposits	1644206	1243763	91047	144040	165356
定期储蓄存款	Time Savings Deposits	4657204	3234379	469708	520639	432479
结构性存款	Structured Deposits	1102418	1078619	7391	7148	9260
单位存款	Unit Deposits	5903807	5397628	83856	210283	212040
活期存款	Demand Savings Deposits	2452152	2146213	55916	122916	127107
定期存款	Time Savings Deposits	1673372	1521468	19350	58324	74229
保证金存款	Margin Deposit	1637450	1599118	4259	28410	5664
结构性存款	Structured Deposits	65757	56386	4331	0	5040
非存款类金融机构存款	Treasury Time Deposit	804041	804041	0	0	0
年末各项贷款余额	**Total Loans at Year-end**	**11179211**	**9385632**	**536441**	**633297**	**623842**
短期贷款	Short-term Loans	3864545	2941903	210821	315845	395976
个人贷款及透支	Personal Loans and Overdrafts	1749786	1031361	168758	251514	298153
个人消费贷款	Personal Consumption Loans	614361	505845	17380	41646	49490
单位贷款及透支	Unit Ordinary Loans and Overdrafts	2009760	1805541	42064	64331	97824
经营贷款及透支	Business Loans and Overdrafts	1987975	1788756	42064	64331	92824
固定资产贷款	Fixed Asset Loans	21785	16785	0	0	5000
贸易融资	Trade Finance	0	0	0	0	0
中长期贷款	Medium & Long-term Loans	5159380	4486132	241850	242231	189168
个人贷款	Personal Loans	1700270	1245141	131981	163742	159405
个人消费贷款	Personal Consumption Loans	562081	522218	11066	26065	2732
单位贷款	Corporate Loans	3459110	3240990	109868	78488	29763
经营贷款	Business Loans	2908753	2742164	78780	62346	25463
固定资产贷款	Fixed Asset Loans	550357	498826	31088	16143	4300
票据融资	Bill Financing	2155282	1957594	83770	75221	38698
各项垫款	Every Advance Money	4	4	0	0	0

注:地方性金融机构包括宁夏银行、石嘴山银行、农村商业银行、农村信用社、村镇银行。

a)Local financial institutions included Bank of Ningxia, Yellow River Rural Commercial Bank, Rural Credit Cooperatives and Village Bank.

10—9 保险业务情况

Basic Statistics for Insurance Companies

单位:万元　　（2018）　　（10 000 yuan）

指标	Item	保费收入 Premium	赔款支出 Reparation
总计	**Total**	1828317.85	604854.64
财产险	**Property Insurance**	**638981.31**	**322850.16**
企业财产险	Enterprise Property Insurance	17509.50	7973.65
家庭财产险	Family Property Insurance	3089.56	1108.93
责任险	Liability Insurance	30047.69	12094.78
机动车辆险	Motor Vehicle Insurance	457378.29	236066.83
货物运输险	Freight Transport Insurance	1884.68	741.83
工程险	Engineering Insurance	1424.86	2051.57
农业险	Agriculture Insurance	69807.44	53281.39
其他险	Other Insurance	57839.29	9531.18
人身险	**Personal Accident Insurance**	**1189336.54**	**282004.48**
人寿险	Life Insurance	830967.64	179882.77
意外伤害险	Accident Injury Insurance	52295.78	15403.66
健康险	Health Insurance	306073.12	86718.05

主要统计指标解释

【一般公共预算收入】 指属于地方一般公共预算的收入,包括地方企业上交利润,城市维护建设税(不含铁道部门、各银行总行、各保险公司总公司集中缴纳的部分),房产税,城镇土地使用税,土地增值税,车船税,耕地占用税,契税,烟叶税,印花税,增值税25%部分,纳入共享范围的企业所得税40%部分,个人所得税40%部分,证券交易印花税3%部分,海洋石油资源税以外的其他资源税,地方非税收入等。

【税收收入】 包括增值税、消费税、企业所得税、企业所得税退税、个人所得税、资源税、固定资产投资方向调节税、城市维护建设税、房产税、印花税、城镇土地使用税、土地增值税、车船税、耕地占用税、契税、烟叶税和其他税收收入。

【企业所得税】 指税务机关按《中华人民共和国企业所得税暂行条例》征收的企业所得税及依照《中华人民共和国外商投资企业和外国企业所得税法》征收的外商投资企业和外国企业所得税。税务机关对港澳台商投资企业征收的企业所得税也包括在内。

【个人所得税】 指反映按照《中华人民共和国个人所得税法》和《对储蓄存款利息所得征收个人所得税的实施办法》征收的个人所得税。

【一般公共预算支出】 指一般公共服务,公共安全支出,地方统筹的各项社会事业支出等。

【一般公共服务支出】 指政府提供一般公共服务的支出。

【年末金融机构人民币各项存款余额】 指企业、机关、团体和居民根据可以收回的原则,把货币存入银行或其他信用机构保管并取得一定利息的年末货币总量。

【年末金融机构人民币各项贷款余额】 指年终时银行或其他信用机构根据必须归还的原则,按一定利率,为企业、个人等提供资金贷款的总额。不包括外币贷款。

【住户存款余额】 指城乡居民在某一时点上,在银行和其他金融机构的本(人民币)、外币储蓄存款总额。不包括居民的手存现金和工矿企业、部队、机关、团体等单位存款。

【保费收入】 保险费收入指投保人或被保险人为获得保险保障而付给保险人的代价。储金收入指投保人为取得经济保障而存入保险公司的存款,保险期满,保险公司连同部分利息退还投保人。

【赔款支出】 赔款指财产保险在被保险财产发生保险合同规定的损失后,保险公司按实际损失给予的经济补偿金额。给付指人身保险在保险责任发生的意外伤害或事故及返还性保险期满,保险公司给保险人支付的款项。

人民生活和物价

people's living conditions ang price indices

11—1 主要年份城市居民收支及价格指数情况

Income and Expenditure of Uran Households and Price Indices in Main Years

年 份 Year	城镇居民人均可支配收入(元) Per Capita Disposable Income of Uran Households(yuan)	城镇居民人均消费性支出(元) Per Capita Consumption Expenditure of Uran Households(yuan)	恩格尔系数(%) Engel's Coefficient(%)	居民消费价格总指数(%) Consumer price Index(%)	#服务项目价格指数 Service Items Price Price	商品零售价格指数(%) Retail Price Index(%)
1949	118.64	110.96	60.10			
1950	136.13	135.94	60.10			
1951	156.15	166.52	60.11	123.7		113.3
1952	179.24	204.02	60.11	106.7		102.6
1953	187.00	205.38	60.03	104.7		102.8
1954	195.04	206.70	59.94	101.4		102.1
1955	203.43	208.05	59.85	100.7		101.2
1956	212.18	209.44	59.75	100.1		100.2
1957	221.56	211.09	59.65	102.5		101.5
1958	222.31	210.03	60.04	102.4		101.7
1959	222.97	209.52	60.24	102.9		102.0
1960	223.64	209.74	60.24	104.3		104.4
1961	224.31	210.79	60.00	120.2		120.6
1962	224.99	212.85	59.48	95.1		95.3
1963	226.08	216.48	58.66	88.9		89.1
1964	233.73	218.25	58.66	94.9		95.7
1965	263.90	235.81	57.02	97.7		97.5
1966	268.74	238.59	57.49	98.2		98.1
1967	273.58	241.75	57.87	102.5		102.5
1968	278.50	245.26	58.18	101.3		101.3
1969	283.51	249.08	58.44	102.5		102.5
1970	288.62	253.26	58.62	100.8		100.8
1971	293.81	257.74	58.76	99.8		99.7
1972	299.10	262.50	58.84	100.4		100.4
1973	304.49	267.59	58.88	100.3		100.3
1974	309.97	272.97	58.87	100.4		100.4
1975	315.55	278.65	58.83	100.6		100.7
1976	321.23	284.62	58.74	100.9		101.1
1977	327.01	291.24	58.75	108.2		108.4
1978	346.08	306.12	58.75	100.6	100.0	100.7
1979	369.49	314.13	60.04	101.2	100.1	101.3
1980	488.18	403.32	54.75	106.5	105.0	106.5

11—1 续表 continued

年 份 Year	城镇居民人均可支配收入(元) Per Capita Disposable Income of Uran Households(yuan)	城镇居民人均消费性支出(元) Per Capita Consumption Expenditure of Uran Households(yuan)	恩格尔系数(%) Engel's Coefficient(%)	居民消费价格总指数(%) Consumer price Index(%)	#服务项目价格指数 Service Items Price Price	商品零售价格指数(%) Retail Price Index(%)
1981	485.01	422.90	52.50	101.7	103.2	101.6
1982	501.36	448.07	52.92	101.2	102.6	101.1
1983	550.00	477.46	55.05	101.8	98.5	101.7
1984	672.43	583.30	54.69	103.8	101.9	103.8
1985	815.45	703.41	47.92	108.9	112.3	108.6
1986	972.44	830.82	46.35	107.3	109.8	107.1
1987	1050.51	916.73	49.26	110.1	100.7	111.0
1988	1170.23	1177.16	46.90	117.2	107.6	118.1
1989	1298.92	1241.06	53.10	115.8	105.6	116.7
1990	1580.72	1432.67	52.92	106.3	145.3	102.9
1991	1708.50	1490.00	49.42	106.0	113.3	105.3
1992	1961.60	1683.80	46.11	109.7	117.1	108.9
1993	2326.00	2159.50	42.09	116.7	140.3	113.9
1994	3410.40	3036.10	43.89	124.3	115.9	119.1
1995	3931.70	3540.50	44.15	117.3	120.3	114.7
1996	4252.07	3684.99	44.50	107.0	107.7	106.2
1997	4471.08	4016.61	42.67	104.1	114.1	102.2
1998	4821.05	4398.48	39.00	100.2	117.7	97.1
1999	5167.67	4484.40	36.25	100.1	105.5	98.7
2000	5621.51	5369.05	34.15	99.2	107.6	97.7
2001	6256.61	5507.79	33.73	101.4	109.6	100.6
2002	6845.28	5979.36	35.68	99.5	103.9	98.7
2003	7245.32	6093.01	36.37	101.7	104.5	99.8
2004	7984.33	6728.85	37.37	103.2	102.9	102.0
2005	8852.42	7311.38	35.76	101.7	102.9	100.6
2006	10067.76	8288.47	34.62	101.6	101.9	101.2
2007	12185.47	9176.42	36.28	105.3	102.1	103.6
2008	14458.00	11455.00	35.38	107.6	101.5	105.9
2009	15715.44	12271.76	32.81	99.7	100.4	98.5
2010	17073.12	13589.00	32.07	103.8	104.8	102.5
2011	19480.85	14931.24	35.28	105.5	104.1	104.2
2012	21900.50	16389.53	33.38	102.6	102.6	100.6
2013	23776.41	16843.79	32.26	103.5	101.8	102.3
2014	26117.69	20401.22	30.50	102.1	102.8	100.8
2015	28261.37	21694.03	30.32	101.6	103.4	100.2
2016	30477.81	22897.85	29.08	101.7	101.8	100.8
2017	32980.81	23124.48	28.77	101.7	103.6	101.5
2018	35586.34	25505.80	25.44	102.2	101.6	102.7

11—2 城镇居民家庭就业情况

Employed Conditions of Urban Households

（2018）

指　标	Item	单 位	unit	总平均 Total Average
调查人口和就业情况	**Statistics of Survey Population and Employment**			
户均常住人口	Resident Population of Average Household	人	person	2.83
由本户供养的在校学生	Enrollment Students Supported by the Family	人/户	Person / household	0.49
不由本户供养的在校学生	Enrollment Students Non-Supported by the Family	人/户	Person / household	0.00
非在校学生	Non School Students	人/户	Person / household	2.11
受教育程度	Education Level	人/户	Person / household	2.61
未上过学	Never go to School	人/户	Person / household	0.05
小学	Primary School	人/户	Person / household	0.36
初中	Junior Secondary School	人/户	Person / household	0.59
高中	Senior Secondary School	人/户	Person / household	0.56
大学专科	Junior College	人/户	Person / household	0.48
大学本科	Undergraduate	人/户	Person / household	0.52
研究生	Postgraduate	人/户	Person / household	0.05
常住劳动力情况	Labor Situation			
劳动力人数	Number of Labor Force	人/户	Person / household	2.01
整劳动力人数	Number of Full Labour Force	人/户	Person / household	1.22
半劳动力人数	Number of Semi Labour Force	人次	person-time	0.79
常住从业人员情况	**Employment Situation**			
常住成员从业人数	Number of Employment	人/就业者	Person / employment	1.37
参加医疗保险情况	Basic Medical Care Insurance			2.01
新型农村合作医疗	New Rural Co-operative Medical System	人/户	Person / household	0.25
城镇职工基本医疗保险	Urban Workers	人/户	Person / household	1.17
(城镇)居民基本医疗保险	(urban)Non-employment Residents	人/户	Person / household	0.46
公费医疗	Free Medical Care	人/户	Person / household	0
商业医疗保险	Commercial Medical Insurance	人/户	Person / household	0.12
其他医疗保险	Other Medical Insurance	人/户	Person / household	0
没有参加任何医疗保险	Non-Participated in any Medical Insurance	人/户	Person / household	0.11
参加养老保险情况	Basic Pension Insurance			2.01
新型农村社会养老保险	New Rural Old-age Insurance	人/户	Person / household	0.11
城镇职工基本养老保险	Urban Workers	人/户	Person / household	1.24
(城镇)居民社会养老保险	(urban)Non-employment Residents	人/户	Person / household	0.18
商业养老保险	Commercial Pension Insurance	人/户	Person / household	0.03
其他养老保险	Other Pension Insurance	人/户	Person / household	0.02
没有参加任何养老保险	Non-Participated in any Pension Insurance	人/户	Person / household	0.43

11—2 续表 continued

(2018)

指 标	Item	单 位	unit	总平均 Total Average
从事行业	**Engaged in Sector**			
第一产业	Primary Industry	人/户	Person / household	0.02
第二产业	Secondary Industry	人/户	Person / household	0.37
采矿业	Mining	人/户	Person / household	0.07
制造业	Manufacturing	人/户	Person / household	0.14
电力、热力、燃气及水生产供应业	Production and Distribution of Electricity	人/户	Person / household	0.07
建筑业	Construction	人/户	Person / household	0.09
第三产业	Tertiary Industry	人/户	Person / household	0.97
批发和零售业	Wholesale and Retail Trades	人/户	Person / household	0.24
交通运输、仓储和邮政业	Traffic,Transports,Storage and Post	人/户	Person / household	0.09
住宿和餐饮业	Hotels and Catering Services	人/户	Person / household	0.05
信息传输、软件业和信息技术服务业	Information Transmission,Computer Services and Software	人/户	Person / household	0.03
金融业	Financial Intermediation	人/户	Person / household	0.06
房地产业	Real Estate	人/户	Person / household	0.01
租赁和商务服务业	Leasing and Business Services	人/户	Person / household	0.02
科学研究和技术服务业	Scientific Research and Technical Service	人/户	Person / household	0.01
水利、环境和公共设施管理业	Management of Water Conservancy,Environment	人/户	Person / household	0.02
居民服务、修理和其他服务业	Services to Households and Other Services	人/户	Person / household	0.17
教育	Education	人/户	Person / household	0.10
卫生和社会工作	Health and Social Welfare	人/户	Person / household	0.04
文化、体育和娱乐业	Culture, Sports and Entertainment	人/户	Person / household	0.03
公共管理、社会保障和社会组织	Public Management,Social Security and Social Organization	人/户	Person / household	0.12
国际组织	International Organization	人/户	Person / household	0.00
从事职业	**Engaged in Occupation**			1.37
国家机关、党群组织、企业、事业单位负责人	Head of State organs, Party organizations, Enterprises and Government-affiliated institutions	人/户	Person / household	0.04
专业技术人员	Professionals	人/户	Person / household	0.31
办事人员和有关人员	Staff and Related Personnel	人/户	Person / household	0.29
商业、服务业人员	Business and Service Personnel	人/户	Person / household	0.36
农、林、牧、渔、水利业生产人员	Production Personnel of Agricultural, Forestry, Animal Husbandry, Fishery and Water Conservancy Industry	人/户	Person / household	0.02
生产、运输设备操作人员及有关人员	Production, Transport Equipment Operators and Related Personnel	人/户	Person / household	0.23
军人	Soldier	人/户	Person / household	0.00
不便分类的其他从业人员	Other Practitioners without Classification	人/户	Person / household	0.11

11—3 城镇居民家庭年末主要消费拥有情况

Employed Conditions of Urban Ownership Volume of Major Consumer Goods by Urban Households at Year-end

(2018)

指　标	Item	单位	unit	总平均 Total Average
摩托车	Motorcycle	辆	unit	6.43
助力车	Powered Bicycle	辆	unit	33.35
家用汽车	Automobile	辆	unit	56.84
洗衣机	Washing Machine	台	set	99.34
电冰箱	Refrigerator	台	set	99.06
彩色电视机	Color Television Set	台	set	101.56
计算机	Computer	台	set	79.99
组合音响	Hi-Fi Stereo Component	套	set	—
摄像机	Video Camera	架	set	—
照相机	Camera	架	set	23.59
其它中高档乐器	Secondary and Top Grade Musical Instrument	件	set	11.05
微波炉	Microwave Oven	台	set	68.1
空调器	Air Conditioner	台	set	33.86
淋浴热水器	Water Heater for Shower	台	set	98.32
消毒碗柜	Disinfection Cupboard	台	set	—
洗碗机	Dishwasher	台	set	0.42
健身器材	Health Equipment	套	set	7.49
固定电话	Telephone	部	unit	9.39
移动电话	Mobile Telephone	部	unit	245.33
#接入互联网移动电话	Mobile Telephone Accessed to Internet	部	unit	230.51
接入有线电视机	Television Accessed to Network	台	set	84.18
接入互联网计算机	Computer Accessed to Internet	台	set	71.42

11—4 城镇居民家庭收支情况(年人均)

Basic Statistics of Cash Income and Expenditure by Urban Households(Annual Average)

(2018)

指 标	item	总平均 Total Average
可支配收入(新口径)	**Disposable Income(new caliber)**	**35586.34**
工资性收入	Income from Wages and Salaries	23097.17
工资	Wages	22050.63
实物福利	Material Benefits	25.83
其他	Others	1020.71
经营净收入	Net Income from Business	3555.68
第一产业经营净收入	Primary Industry	156.03
第二产业经营净收入	Secondary Industry	652.45
第三产业经营净收入	Tertiary Industry	2747.20
财产净收入	Net Income from Properties	2132.33
利息净收入	Interest	106.55
红利收入	Dividend	311.15
储蓄性保险净收益	Net Profit of Savings Insurance	8.19
转让承包土地经营权租金净收入	Rent Income of Transfer Contract Land Management Right	40.30
出租房屋财产性收入	Rental Housing Property Income	384.86
出租机械、专利、版权等资产的收入	Rent Income of Machinery, Patents, Copyrights and Other Assets	13.49
其他财产净收入	Others	90.77
房屋虚拟租金	Virtual Rent of House	1177.02
转移净收入	Net Income from Transfer	6801.16
转移性收入	Transfer Income	9286.43
养老金或离退休金	Pension	8432.39
社会救济和补助	Social Relief	98.99
转移性支出	Transfer Expenditure	2485.28
个人所得税	Individual Income-tax	198.16
社会保障支出	Social Security Expenditures	2098.12
外来从业人员寄给家人的支出	Expenses for Family by Foreign Employees	0.00
赡养支出	Support Expenditures	91.22
其他转移性支出	Others	97.77
消费支出	**Consumption Expenditure**	**25505.80**
食品烟酒	Food, Cigarettes and Liquor	6488.24
食品	Food	3518.49
谷物	Cereal	373.82
薯类	Potatoes	28.28
豆类	Beans	39.64
食用油	Edible Oil	95.29
蔬菜和食用菌	Vegetable and Edible Fungus	441.64
肉类	Meat	745.41
禽类	Poultry	163.92
水产品	Aquatic Products	141.34
蛋类	Eggs	82.02
奶类	Dairy Products	348.97
干鲜瓜果类	Dry and Fresh Fruits	655.83
糖果糕点类	Sweets and Cakes	159.24
其他食品	Others	243.08
烟酒	Cigarettes and Liquor	541.82
烟草	Tobacco	411.76
酒类	Wine	130.06
饮料	Beverag	139.32

11—4 续表 continued

(2018)

指 标	Item	总平均 Total Average
饮食服务	Catering Services	2288.62
食堂用餐	Dining Room	45.62
其他在外饮食	Other Dining Outside	2242.56
食品加工服务费	Food Processing Service Charge	0.44
衣着	Clothing	2293.70
衣类	Clothes	1883.40
鞋类	Shoes	410.30
居住	Residence	4834.48
租赁房房租	Rent of Rental Housing	164.10
住房维修及管理	Housing Maintenance and Management	598.29
水电燃料及其他	Hydropower Fuel and Others	911.81
自有住房折算租金	Converted Rent of Owned Housing	3160.28
生活用品及服务	Daily Necessities and Services	1560.04
家具及室内装饰品	Furniture and Interior Decoration	224.50
家用器具	Household Appliances	286.87
家用纺织品	Home Textiles	151.61
家庭日用杂品	Family Daily Necessities	314.41
个人用品	Personal Items	502.53
家庭服务	Domestic Service	80.12
交通通信	Transport and Communications	3769.38
交通	Transport	2802.18
交通工具	Traffic Tools	378.18
交通费	Traffic Expense	632.58
交通工具用燃料	Fuel for Transportation	973.32
交通工具使用及维修	Use and Maintenance of Transportation	818.11
车辆保险支出	Expenses of Vehicle Insurance	377.95
通信	Communications	967.19
通信工具	Communication Tools	235.54
通信服务	Communication Services	731.65
教育文化娱乐	Education, Culture and Recreation	3441.01
教育	Education	1879.61
学前教育	Pre-primary Education	269.30
小学教育	Primary Education	318.92
初中教育	Junior Secondary Education	198.72
高中教育	Senior Secondary Education	236.82
中专职高教育	Vocational Secondary Education	18.93
大专及以上教育	Junior College and Above Education	681.66
成人教育	Adult Education	155.26
文化娱乐	Cultural and Recreation	1561.40
文娱耐用消费品	Entertainment and Durable Consumer Goods	180.49
其他文娱用品	Other Entertainment Products	280.74
文化娱乐服务	Cultural Entertainment Service	1100.16
医疗保健	Health Care and Medical Services	2350.46
医疗器具及药品	Medical Apparatus and Medicine	832.78
医疗服务	Medical Service	1517.69
门诊总费用	Total Cost of Outpatient Service	663.16
住院总费用	Total Hospitalization Expenses	854.53
其他用品和服务	Other Articles and Services	768.48
其他用品	Other Articles	349.18
其他服务	Other Services	419.30

11—5 城镇居民平均每人全年购买商品数量

Employed Conditions of Urban Households

（2018）

指 标	item	单位	unit	总平均 Total Average
食用植物油	Edible Vegetable Oil	千克	kg	5.8
猪肉	Pork	千克	kg	6.9
牛肉	Beef	千克	kg	3.4
羊肉	Mutton	千克	kg	5.1
禽类	Poultry	千克	kg	6.2
鲜蛋	Fresh Eggs	千克	kg	7.8
鱼	Fish	千克	kg	3.0
鲜菜	Fresh Vegetables	千克	kg	93.1
白酒	Liquor	千克	kg	0.7
啤酒	Beer	千克	kg	1.8
鲜瓜果	Fruits	千克	kg	77.7
糕点	Cake	千克	kg	3.5
鲜奶	Fresh Dairy Products	千克	kg	14.0
酸奶	Yogurt	千克	kg	6.5
鞋类	Shoes	双	pair	2.6
液化石油气	Liquefied Petroleum Gas	千克	kg	0.4
管道天然气	Pipeline Natural Gas	立方米	cu.m	94.5

11—6 城镇居民家庭住房基本情况

Housing Statistics of Urban Households

（2018）

指 标	Item	单 位	unit	总平均 Total Average
现住房建筑面积	Housing Sonstruction Area	平方米	sq.m	36.47
本住户居住空间样式	Residential Space Style			100.00
单栋楼房	Single Building	%	%	0.15
单栋平房	Single Bungalow	%	%	0.35
四居室及以上单元房	Four and above Bedroom	%	%	3.01
三居室单元房	Three Bedroom	%	%	44.20
二居室单元房	Two Bedroom	%	%	49.88
一居室单元房	One Bedroom	%	%	2.42
筒子楼或连片平房	Tube-shaped apartment or Many of the Bungalow	%	%	0.00
其他	Others			0.00
主要建筑材料	Main Building Materials	%	%	100.00
钢筋混凝土	Reinforced Concrete	%	%	54.60
砖混材料	Brick Material	%	%	45.40
砖瓦砖木	Tile and Brick	%	%	0.00
竹草土坯	Bamboo Grass Mud	%	%	0.00
其他	Others	%	%	0.00
现住房房屋来源	Source of House			100.00
租赁公房	Lease Public Housing	%	%	0.32
租赁私房	Lease Private Housing	%	%	5.73
自建住房	House Built by Oneself	%	%	0.27
购买商品房	Purchase Commercial Housing	%	%	68.14
购买房改住房	Purchase Reform Housing	%	%	11.97
购买保障性住房	Purchase Affordable Housing	%	%	4.16
拆迁安置房	Removal and Resettlement Housing	%	%	7.30
继承或获赠住房	Inheritance or Gift of Housing	%	%	0.78
免费借用房	Free Use of Housing	%	%	1.33
雇主提供免费住房	Provided Free Housing by Employers	%	%	0.00
其他来源	Others	%	%	0.00

11—7 农村居民家庭就业情况

Employed Conditions of Rural Households

（2018）

指标	Item	单位	unit	总平均 Total Average
调查人口和就业情况	**Statistics of Survey Population and Employment**			
户均常住人口	Resident Population of Average Household	人	person	3.34
由本户供养的在校学生	Enrollment Students Supported by the Family	人/户	Person / household	0.67
不由本户供养的在校学生	Enrollment Students Non-Supported by the Family	人/户	Person / household	0.00
非在校学生	Non School Students	人/户	Person / household	2.45
6周岁及以上住户成员受教育程度	**Education Level**			3.12
未上过学	Never go to School	人/户	Person / household	0.25
小学	Primary School	人/户	Person / household	1.04
初中	Junior Secondary School	人/户	Person / household	1.23
高中	Senior Secondary School	人/户	Person / household	0.35
大学专科	Junior College	人/户	Person / household	0.18
大学本科	Undergraduate	人/户	Person / household	0.08
研究生	Postgraduate	人/户	Person / household	0.00
常住劳动力情况	**Labor Situation**			
劳动力人数	Number of Labor Force	人/户	Person / household	2.30
整劳动力人数	Number of Full Labour Force	人/户	Person / household	1.31
半劳动力人数	Number of Semi Labour Force	人/户	Person / household	0.99
常住从业人员情况	**Employment Situation**			
常住成员从业人数	Number of Employment	人/就业者	Person / employment	1.77
参加医疗保险情况	Basic Medical Care Insurance			2.3
新型农村合作医疗	New Rural Co-operative Medical System	人/户	Person / household	1.98
城镇职工基本医疗保险	Urban Workers	人/户	Person / household	0.12
(城镇)居民基本医疗保险	(urban)Non-employment Residents	人/户	Person / household	0.17
公费医疗	Free Medical Care	人/户	Person / household	0.00
商业医疗保险	Commercial Medical Insurance	人/户	Person / household	0.02
其他医疗保险	Other Medical Insurance	人/户	Person / household	0.00
没有参加任何医疗保险	Non-Participated in any Medical Insurance	人/户	Person / household	0.01
参加养老保险情况	Basic Pension Insurance			2.30
新型农村社会养老保险	New Rural Old-age Insurance	人/户	Person / household	1.61
城镇职工基本养老保险	Urban Workers	人/户	Person / household	0.16
(城镇)居民社会养老保险	(urban)Non-employment Residents	人/户	Person / household	0.08
商业养老保险	Commercial Pension Insurance	人/户	Person / household	0.01
其他养老保险	Other Pension Insurance	人/户	Person / household	0.05
没有参加任何养老保险	Non-Participated in any Pension Insurance	人/户	Person / household	0.39

11—7 续表 continued

(2018)

指 标	Item	单 位	unit	总平均 Total Average
从事行业	**Engaged in Sector**			**1.77**
第一产业	Primary Industry	人/户	Person / household	0.55
第二产业	Secondary Industry	人/户	Person / household	0.37
采矿业	Mining	人/户	Person / household	0.01
制造业	Manufacturing	人/户	Person / household	0.13
电力、热力、燃气及水生产供应业	Production and Distribution of Electricity	人/户	Person / household	0.04
建筑业	Construction	人/户	Person / household	0.19
第三产业	Tertiary Industry	人/户	Person / household	0.86
批发和零售业	Wholesale and Retail Trades	人/户	Person / household	0.17
交通运输、仓储和邮政业	Traffic,Transports,Storage and Post	人/户	Person / household	0.18
住宿和餐饮业	Hotels and Catering Services	人/户	Person / household	0.09
信息传输、软件业和信息技术服务业	Information Transmission,Computer Services and Software	人/户	Person / household	0.01
金融业	Financial Intermediation	人/户	Person / household	0.00
房地产业	Real Estate	人/户	Person / household	0.00
租赁和商务服务业	Leasing and Business Services	人/户	Person / household	0.01
科学研究和技术服务业	Scientific Research and Technical Service	人/户	Person / household	0.00
水利、环境和公共设施管理业	Management of Water Conservancy,Environment	人/户	Person / household	0.07
居民服务、修理和其他服务业	Services to Households and Other Services	人/户	Person / household	0.21
教育	Education	人/户	Person / household	0.03
卫生和社会工作	Health and Social Welfare	人/户	Person / household	0.02
文化、体育和娱乐业	Culture, Sports and Entertainment	人/户	Person / household	0.02
公共管理、社会保障和社会组织	Public Management,Social Security and Social Organiza-tion	人/户	Person / household	0.04
国际组织	International Organization	人/户	Person / household	0.00
从事职业	**Engaged in Occupation**			**1.77**
国家机关、党群组织、企业、事业单位负责人	Head of State organs, Party organizations, Enterprises and Government-affiliated institutions	人/户	Person / household	0.00
专业技术人员	Professionals	人/户	Person / household	0.09
办事人员和有关人员	Staff and Related Personnel	人/户	Person / household	0.07
商业、服务业人员	Business and Service Personnel	人/户	Person / household	0.31
农、林、牧、渔、水利业生产人员	Production Personnel of Agricultural, Forestry, Animal Husbandry, Fishery and Water Conservancy Industry	人/户	Person / household	0.54
生产、运输设备操作人员及有关人员	Production, Transport Equipment Operators and Related Personnel	人/户	Person / household	0.32
军人	Soldier	人/户	Person / household	0.00
不便分类的其他从业人员	Other Practitioners without Classification	人/户	Person / household	0.44

11—8 农村居民家庭收支情况(年人均)

Income and Expenditure by Rural Households(Annual Average)

(2018)

指 标	item	总平均 Total Average
可支配收入(新口径)	**Disposable Income (new caliber)**	**14160.20**
工资性收入	Income from Wages and Salaries	6622.77
工资	Wages	6576.89
实物福利	Material Benefits	10.25
其他	Others	35.63
经营净收入	Net Income from Business	6103.21
第一产业经营净收入	Primary Industry	3645.67
第二产业经营净收入	Secondary Industry	159.76
第三产业经营净收入	Tertiary Industry	2297.78
财产净收入	Net Income from Properties	422.70
利息净收入	Interest	4.24
红利收入	Dividend	22.70
储蓄性保险净收益	Net Profit of Savings Insurance	3.36
转让承包土地经营权租金净收入	Rent Income of Transfer Contract Land Management Right	220.88
出租房屋财产性收入	Rental Housing Property Income	206.23
出租机械、专利、版权等资产的收入	Rent Income of Machinery, Patents, Copyrights and Other Assets	32.46
其他财产净收入	Others	-67.17
房屋虚拟租金	Virtual Rent of House	0.00
转移净收入	Net Income from Transfer	1011.52
转移性收入	Transfer Income	1629.45
养老金或离退休金	Pension	881.10
社会救济和补助	Social Relief	97.32
转移性支出	Transfer Expenditure	617.92
个人所得税	Individual Income-tax	1.81
社会保障支出	Social Security Expenditures	491.66
外来从业人员寄给家人的支出	Expenses for Family by Foreign Employees	0.00
赡养支出	Support Expenditures	34.37
其他转移性支出	Others	90.09
总支出	**Total Expenditure**	**27510.93**
消费支出	**Consumption Expenditure**	**12322.09**
食品烟酒	Food, Cigarettes and Liquor	3485.38
食品	Food	2530.12
谷物	Cereal	385.32
薯类	Potatoes	21.54
豆类	Beans	23.39
食用油	Edible Oil	122.60
蔬菜和食用菌	Vegetable and Edible Fungus	321.92
肉类	Meat	723.25
禽类	Poultry	148.20
水产品	Aquatic Products	41.20
蛋类	Eggs	53.23
奶类	Dairy Products	155.63
干鲜瓜果类	Dry and Fresh Fruits	327.86
糖果糕点类	Sweets and Cakes	62.56
其他食品	Others	143.43
烟酒	Cigarettes and Liquor	288.96
烟草	Tobacco	242.79
酒类	Wine	46.17
饮料	Beverag	73.29

11—8 续表1 continued

(2018)

指 标	item	总平均 Total Average
饮食服务	Catering Services	593.01
食堂用餐	Dining Room	19.45
其他在外饮食	Other Dining Outside	566.42
食品加工服务费	Food Processing Service Charge	7.14
衣着	Clothing	993.82
衣类	Clothes	796.04
鞋类	Shoes	197.78
居住	Residence	2084.11
租赁房房租	Rent of Rental Housing	112.58
住房维修及管理	Housing Maintenance and Management	369.64
水电燃料及其他	Hydropower Fuel and Others	629.93
自有住房折算租金	Converted Rent of Owned Housing	971.95
生活用品及服务	Daily Necessities and Services	724.45
家具及室内装饰品	Furniture and Interior Decoration	103.72
家用器具	Household Appliances	167.91
家用纺织品	Home Textiles	78.68
家庭日用杂品	Family Daily Necessities	151.63
个人用品	Personal Items	201.43
家庭服务	Domestic Service	21.09
交通通信	Transport and Communications	2154.08
交通	Transport	1605.81
交通工具	Traffic Tools	481.12
交通费	Traffic Expense	175.25
交通工具用燃料	Fuel for Transportation	508.51
交通工具使用及维修	Use and Maintenance of Transportation	440.92
车辆保险支出	Expenses of Vehicle Insurance	216.57
通信	Communications	548.27
通信工具	Communication Tools	151.00
通信服务	Communication Services	397.27
教育文化娱乐	Education, Culture and Recreation	1292.31
教育	Education	950.81
学前教育	Pre-primary Education	106.00
小学教育	Primary Education	91.52
初中教育	Junior Secondary Education	85.85
高中教育	Senior Secondary Education	162.13
中专职高教育	Vocational Secondary Education	46.72
大专及以上教育	Junior College and Above Education	377.47
成人教育	Adult Education	81.13
文化娱乐	Cultural and Recreation	341.51
文娱耐用消费品	Entertainment and Durable Consumer Goods	58.01
其他文娱用品	Other Entertainment Products	97.54
文化娱乐服务	Cultural Entertainment Service	185.95
医疗保健	Health Care and Medical Services	1378.89
医疗器具及药品	Medical Apparatus and Medicine	428.27
医疗服务	Medical Service	950.62
门诊总费用	Total Cost of Outpatient Service	515.73
住院总费用	Total Hospitalization Expenses	434.89
其他用品和服务	Other Articles and Services	209.04
其他用品	Other Articles	125.99
其他服务	Other Services	83.05

11—8 续表2 continued

(2018)

指 标	item	总平均 Total Average
生产经营费用支出	Expenditure of Production and Operating	4727.50
第一产业经营费用支出	Operating Expenditure of Primary Industry	3242.77
农业	Farming	1858.51
林业	Forestry	21.30
牧业	Animal Husbandry	1115.88
渔业	Fishery	247.09
第二产业生产费用支出	Production Expenditure of Secondary Industry	234.30
采矿业	Mining	0.00
制造业	Manufacturing	27.36
电力、热力、燃气及水生产和供应业	Production and Distribution of Electricity	0.00
建筑业	Construction	206.94
第三产业经营费用支出	Operating Expenditure of Tertiary Industry	1250.44
批发和零售业	Wholesale and Retail Trades and Catering Services	98.08
交通运输、仓储和邮政业	Transport, Postal and Telecommunication Services	1054.34
住宿和餐饮业	Hotels and Catering Services	14.01
房地产业	Real Estate	0.00
租赁和商务服务业	Leasing and Business Services	0.00
居民服务、修理和其他服务业	Services to Households and Other Services	54.08
其他	Others	1.64
农林牧渔服务业	Agriculture, Forestry, Animal Husbandry and Fishery Service	28.28
财产性支出	Property Expenditure	152.98
转移性支出	Transfer Expenditure	617.92
部分商业保险支出	Part of Commercial Insurance Expenditure	261.83
购置资产及非经常性转移支出	Purchase Assets and Non Recurrent Transfer Expenditure	7218.07
借贷性支出	Borrowing Expenditure	2210.53

11—9 农村居民家庭住房基本情况

Housing Statistics of Rural Households

（2018）

指标	Item	单位	unit	总平均 Total Average
现住房建筑面积	**Housing Sonstruction Area**	**平方米**	**sq.m**	**34.20**
本住户居住空间样式	Residential Space Style			100.00
单栋楼房	Single Building	%	%	0.55
单栋平房	Single Bungalow	%	%	77.03
四居室及以上单元房	Four and above Bedroom	%	%	0.28
三居室单元房	Three Bedroom	%	%	9.84
二居室单元房	Two Bedroom	%	%	12.31
一居室单元房	One Bedroom	%	%	0.00
筒子楼或连片平房	Tube-shaped apartment or Many of the Bungalow	%	%	0.00
其他	Others			0.00
主要建筑材料	Main Building Materials	%	%	100.00
钢筋混凝土	Reinforced Concrete	%	%	21.10
砖混材料	Brick Material	%	%	41.99
砖瓦砖木	Tile and Brick	%	%	36.18
竹草土坯	Bamboo Grass Mud	%	%	0.22
其他	Others	%	%	0.51
现住房房屋来源	Source of House			100.00
租赁公房	Lease Public Housing	%	%	0.00
租赁私房	Lease Private Housing	%	%	1.59
自建住房	House Built by Oneself	%	%	74.91
购买商品房	Purchase Commercial Housing	%	%	6.82
购买房改住房	Purchase Reform Housing	%	%	0.00
购买保障性住房	Purchase Affordable Housing	%	%	0.00
拆迁安置房	Removal and Resettlement Housing	%	%	16.18
继承或获赠住房	Inheritance or Gift of Housing	%	%	0.00
免费借用房	Free Use of Housing	%	%	0.51
雇主提供免费住房	Provided Free Housing by Employers	%	%	0.00
其他来源	Others	%	%	0.00

11—10　农民人均消费品消费量

Per Capita Consumption of Consumer Goods by Rural Households

（2018）

指　标	item	单位	unit	总平均 Total Average
粮食消费量	Grain Consumption	公斤	kg	118.06
谷物消费量	Cereal Consumption	公斤	kg	113.01
小麦	Wheat	公斤	kg	55.82
稻谷	Unhusked Rice	公斤	kg	53.81
玉米	Corn	公斤	kg	1.85
其他谷物	Others	公斤	kg	1.53
薯类消费量	Potatoes Consumption	公斤	kg	0.83
豆类消费量	Beans Consumption	公斤	kg	4.23
油脂类消费量	Oil Consumption	公斤	kg	7.55
蔬菜及菜制品	Vegetable and Vegetable Products	公斤	kg	96.03
肉类	Meat	公斤	kg	18.26
猪肉	Pork	公斤	kg	7.67
牛肉	Beef	公斤	kg	3.78
羊肉	Mutton	公斤	kg	5.97
禽类	Poultry	公斤	kg	7.39
水产品	Aquatic Products	公斤	kg	2.26
蛋类及蛋制品	Eggs and Eggs Products	公斤	kg	5.64
奶和奶制品	Dairy Products	公斤	kg	11.34
干鲜瓜果类	Dry and Fresh Fruits	公斤	kg	75.63
糖果糕点类	Sweets and Cakes	公斤	kg	3.93
饮料	Beverage	公斤	kg	0.23
烟叶	Tobacco	公斤	kg	28.59
酒	Wine	公斤	kg	2.8

11—11 农民百户耐用消费品拥有量

Number of Durable Consumer Goods Owned Per Hundred by Rural Households

（2018）

指标	Item	单位	unit	总平均 Total Average
家用汽车	Automobile	辆	unit	46.78
摩托车	Motorcycle	辆	unit	56.30
助力车	Powered Bicycle	辆	unit	84.45
洗衣机	Washing Machine	台	set	104.85
电冰箱	Refrigerator	台	set	102.75
微波炉	Microwave Oven	台	set	26.29
彩色电视机	Color TV Set	台	set	108.08
接入有线电视	Access Cable TV	台	set	40.51
空调	Air Conditioner	台	set	5.20
热水器	Water Heater	台	set	98.99
太阳能热水器	Solar Water Heater	台	set	84.38
消毒碗柜	Disinfection Cupboard	台	set	—
洗碗机	Dishwasher	台	set	0.00
排油烟机	Lampblack Machine	台	set	45.54
固定电话	Telephone	部	set	2.17
移动电话	Mobile Telephone	部	set	280.03
接入互联网	Access the Internet	部	set	257.46
计算机	Computer	台	set	27.99
接入互联网	Access the Internet	台	set	18.63
摄像机	Video Disc Player	台	set	—
照相机	Camera	架	set	4.11
中高档乐器	Secondary and Top Grade Musical Instrument	台	set	1.13
健身器材	Health Equipment	台	set	0.36
组合音响	Hi-Fi Stereo Component	套	set	—

11—12 居民消费价格指数

单位:%　　　　(2018,以上年价格为100)

指标	Item	年度 Year	月份 Month 一 Jan.	二 Feb.
居民消费价格总指数	**Consumer Price Index**	**102.2**	**101.9**	**102.5**
非食品烟酒价格指数	Price Index of Excluding Food ,Tobacco and liquor	102.3	102.6	102.6
食品(原口径)指数	Food(Previous Definitions)Index	102.0	100.3	102.4
非食品(原口径)指数	Non-Food(Previous Definitions) Index	102.3	102.5	102.5
服务价格指数	Service Items Price Index	101.6	101.7	101.9
工业品价格指数	Producer Price Index	103.0	103.5	103.2
鲜活食品价格指数	Fresh Food Price Index	103.3	100.0	106.1
消费品价格指数	**Consumer Goods Price Index**	**102.5**	**102.0**	**102.7**
能源价格指数	Energy Price Index	106.5	103.2	103.3
非食品价格指数	Non-food Price Index	102.2	102.3	102.3
扣除食品和能源价格指数	Price Index of Excluding Food and Energy	101.9	102.2	102.2
扣除鲜菜鲜果价格指数	Price Index of Excluding Fresh Vegetables and Fresh Fruits	102.1	102.1	102.0
扣除自有住房价格指数	Price Index of Excluding Private Housing	102.1	102.0	102.6
居住(扣自有住房)价格指数	Residence(Excluding Private Housing) Price Index	103.8	103.6	103.3
食品烟酒	Food ,Tobacco and Liquor	101.8	100.3	102.2
食品	Food	102.2	100.3	103.4
粮食	Grain	100.2	100.7	100.0
大米	Rice	100.7	101.9	100.5
面粉	Flour	101.6	101.8	102.9
其他粮食	Others	97.6	94.8	95.9
粮食制品	Grain Products	100.0	101.6	99.5
薯类	Tubers	110.1	103.9	104.3
薯类	Tubers	110.1	103.9	104.3
豆类	Beans and Products	102.9	99.8	99.5
干豆	Beans	97.9	100.1	101.8
豆制品	Bean Products	103.0	99.8	99.4
食用油	Edible oil and Fats	99.5	101.5	100.4
食用植物油	Edible Vegetable Oil	99.4	101.6	100.4
食用动物油	Edible Animal Oil	102.1	100.0	100.0
菜	Vegetables	106.4	98.3	117.4
鲜菜	Fresh Vegetables	106.6	98.2	118.0
干菜及菜制品	Dry Vegetables and Related Products	101.5	101.0	100.2
畜肉类	Livestock Meat	100.6	99.9	98.9
猪肉	Pork	91.8	93.9	92.4
牛肉	Beef	102.6	101.5	100.7
羊肉	Mutton	107.2	104.5	103.4
畜肉副产品	Meat by-products	95.2	95.1	95.2
其他畜肉及制品	Others	101.6	101.1	101.3
禽肉类	Poultry	101.2	100.1	99.9
鸡	Chicken	102.0	102.0	101.7
鸭	Duck	96.6	96.2	96.2
其他禽肉及制品	Others	99.9	96.6	96.6

Consumer Price Indices

(2018, preceding year=100) %

三 Mar.	四 Apr.	五 May.	六 June.	七 July.	八 Aug.	九 Sept.	十 Oct.	十一 Nov.	十二 Dec.
102.0	**102.0**	**102.3**	**102.4**	**102.5**	**102.4**	**102.2**	**102.3**	**101.7**	**101.8**
102.5	102.5	102.5	102.8	102.8	102.9	101.7	101.8	101.6	101.6
100.9	100.9	102.0	101.8	102.0	101.3	103.6	103.9	102.1	102.4
102.4	102.5	102.4	102.7	102.7	102.9	101.7	101.8	101.6	101.6
101.6	101.5	101.1	101.5	102.0	102.6	100.7	101.1	101.2	101.8
103.3	103.4	103.7	103.8	103.5	103.2	102.7	102.5	102.0	101.5
101.9	100.8	102.9	102.0	102.4	100.6	107.7	108.6	102.9	103.6
102.2	**102.2**	**102.9**	**102.9**	**102.8**	**102.3**	**103.0**	**103.0**	**102.0**	**101.8**
102.6	103.6	105.1	107.4	110.5	109.7	110.3	110.8	107.9	103.7
102.2	102.3	102.4	102.6	102.6	102.7	101.7	101.8	101.6	101.6
102.2	102.2	102.2	102.3	102.2	102.4	101.2	101.3	101.3	101.5
102.0	102.0	102.2	102.5	102.5	102.6	101.7	101.8	101.6	101.6
102.0	102.0	102.3	102.5	102.5	102.2	102.0	102.1	101.5	101.6
103.8	103.7	103.6	104.1	103.2	103.5	104.0	104.3	103.8	104.7
100.8	100.8	101.8	101.7	101.8	101.2	103.4	103.6	101.9	102.2
101.0	100.9	102.1	101.8	102.0	101.0	104.6	104.9	102.1	102.6
100.7	100.4	100.0	100.1	100.3	99.7	99.8	98.9	100.7	101.0
102.2	101.2	100.5	101.0	102.3	101.8	100.8	97.8	98.9	99.4
104.4	104.3	102.3	101.8	101.6	99.2	100.3	101.0	100.5	99.0
94.4	94.3	96.0	96.0	95.3	95.2	97.3	99.4	104.7	108.6
99.7	99.9	99.9	99.9	99.9	99.9	99.6	98.5	100.8	100.5
105.2	111.7	109.1	113.1	113.3	114.6	122.2	114.2	110.7	104.4
105.2	111.7	109.1	113.1	113.3	114.6	122.2	114.2	110.7	104.4
102.1	102.0	102.1	101.4	104.4	104.2	104.2	104.7	104.7	105.8
101.9	99.6	96.7	96.3	93.4	94.7	95.4	95.9	99.8	99.5
102.1	102.1	102.2	101.5	104.7	104.5	104.5	104.9	104.8	105.9
98.6	99.9	101.0	99.4	100.0	99.0	98.5	98.7	98.4	99.3
98.5	99.8	101.0	99.4	100.0	98.9	98.2	98.4	98.1	99.0
100.0	100.0	100.0	100.0	100.0	100.0	106.2	106.2	106.2	106.2
106.1	108.3	111.2	105.7	104.6	94.7	116.9	115.8	99.1	101.6
106.3	108.6	111.6	105.8	104.7	94.4	117.6	116.4	99.0	101.6
100.9	100.7	102.3	102.5	102.1	102.1	102.1	101.5	101.4	101.4
98.9	97.8	98.7	100.6	100.8	102.9	102.9	103.2	101.2	101.3
90.2	84.7	83.7	87.0	89.2	95.0	96.9	98.4	95.1	95.3
100.2	102.3	103.9	103.2	102.9	102.8	102.6	103.3	103.8	104.3
106.2	105.8	108.0	111.3	110.5	110.8	109.1	108.3	104.8	104.3
94.8	94.9	94.2	93.5	93.8	96.3	96.6	95.8	95.9	96.8
100.4	101.4	102.2	102.0	100.6	102.1	102.2	101.8	101.9	102.4
100.6	101.4	101.4	101.5	101.9	99.4	101.1	99.5	101.9	106.0
102.7	102.5	102.4	102.6	103.1	98.7	101.0	98.6	101.9	107.3
95.2	91.8	90.1	90.5	91.3	92.6	100.4	99.8	104.8	111.0
96.7	99.9	100.4	100.4	100.4	101.5	101.3	101.3	101.5	102.6

11—12 续表1

单位:%　　　　(2018,以上年价格为100)

指 标	Item	年度 Year	月份 Month 一 Jan.	二 Feb.
水产品	Aquatic Products	102.0	103.1	106.0
淡水鱼	Freshwater Fish	100.4	99.7	106.7
海水鱼	Marine Fish	102.3	105.4	104.1
虾蟹类	shrimps,Prawn and Crabs	101.5	104.5	104.9
其他水产品及制品	Others	106.7	108.7	106.6
蛋类	Eggs	112.7	116.4	121.5
鸡蛋	Chicken	113.2	117.4	123.0
其他蛋及制品	Others	106.2	102.3	101.9
奶类	Milk	102.4	102.5	102.7
鲜奶	Fresh Milk	103.3	103.0	102.0
酸奶	Yoghourt	101.1	103.7	101.7
奶粉	Milk Powder	101.9	100.2	104.1
其他奶制品	Others	102.9	103.1	105.3
干鲜瓜果类	Dried and Fresh Melons and Fruits	100.4	97.2	96.8
鲜瓜果	Fresh Melons and Fruits	101.7	97.7	97.8
坚果	Nuts	97.4	96.0	92.5
瓜果制品	Products of Melons and Fruits	100.1	97.0	100.5
糖果糕点类	Sugar,Candy and Cake	100.5	100.2	99.4
食糖	Sugar	100.2	100.0	104.4
糖果	Candy	104.5	103.2	101.2
糕点	Cake	98.9	98.9	97.6
其他糖果糕点	Others	102.2	101.6	102.2
调味品	Flavoring	102.1	102.7	102.7
食用盐	Edible Salt	100.0	100.0	100.0
酱油	Sauce	102.4	106.9	106.9
食醋	Edible Vinegar	103.5	107.6	107.6
调味酱	Bechamel	103.4	100.0	100.0
味精	MSG	104.8	100.0	100.0
其他调味品	Others	101.3	100.0	100.0
其他食品类	Other Food	102.1	100.1	101.3
方便食品	Convenience Food	102.1	103.3	102.8
淀粉及制品	Starch and Derived Products	99.1	95.1	98.1
膨化食品	Puffed Food	106.6	102.6	103.5
茶及饮料	Tea and Beverages	103.9	102.7	101.0
茶叶	Tea	104.9	105.0	99.6
固体咖啡	Solid Coffee	100.7	103.1	102.1
其他固体饮料	Other Solid Drink	99.7	99.1	100.3
饮用水	Drinking Water	106.4	100.0	100.0
果汁饮料	Juice	99.9	101.1	99.6
其他液体饮料	Others	111.2	104.4	104.8

continued

（2018, preceding year=100） %

三 Mar.	四 Apr.	五 May.	六 June.	七 July.	八 Aug.	九 Sept.	十 Oct.	十一 Nov.	十二 Dec.
102.5	102.5	103.0	100.8	100.9	101.5	101.4	101.0	100.5	101.0
101.2	100.1	101.6	97.9	98.2	99.8	100.8	99.7	98.7	99.9
104.1	103.6	104.1	103.3	104.1	101.9	99.3	99.8	99.6	99.3
101.7	101.1	101.1	101.1	101.1	101.1	100.1	100.5	99.8	100.9
105.5	110.2	108.5	106.4	105.5	106.0	105.9	105.8	106.5	104.7
123.9	118.9	123.9	118.5	111.5	105.2	104.6	108.2	106.6	101.6
125.5	120.5	125.8	119.8	112.0	105.1	104.3	107.9	106.1	100.7
104.8	100.0	101.0	102.3	105.0	106.3	109.4	112.3	113.9	115.4
103.0	102.6	103.6	103.4	103.1	103.5	101.3	100.5	100.6	102.0
104.2	104.2	104.6	104.2	104.7	104.2	101.3	100.9	102.3	104.3
101.1	101.1	101.1	101.1	101.1	101.1	100.6	100.0	100.0	100.0
102.1	100.8	103.9	104.6	101.8	104.1	101.9	100.5	98.7	100.2
105.3	103.6	104.3	102.5	104.5	104.3	101.4	100.3	99.1	101.2
94.8	92.9	95.2	96.1	99.9	102.9	105.3	108.9	108.9	108.5
94.9	90.7	94.2	94.1	99.4	105.7	107.6	114.0	114.1	113.7
93.1	96.1	95.7	99.4	101.0	97.9	100.9	99.0	99.8	98.4
98.7	100.0	100.0	100.0	100.0	100.0	102.8	101.1	99.6	100.9
99.6	99.4	100.0	101.1	100.8	100.3	101.3	102.3	100.9	101.3
104.4	100.0	100.0	99.3	99.3	99.3	97.6	99.3	99.3	100.0
105.2	105.3	105.1	104.7	105.4	105.4	104.8	104.8	104.6	104.7
96.3	96.7	97.8	99.9	99.2	98.3	100.6	101.8	99.7	100.1
102.2	102.2	102.2	102.2	101.6	101.4	102.6	103.3	102.2	102.2
101.8	102.1	102.5	102.0	102.1	101.3	101.8	102.1	102.2	102.1
100.0	100.0	100.0	100.0	100.0	100.0	100.0	100.0	100.0	100.0
102.6	101.7	101.7	101.7	101.7	100.0	101.5	101.5	101.5	101.5
102.6	102.6	104.6	102.6	102.6	102.6	102.6	102.6	102.6	102.0
102.6	105.3	105.3	103.1	104.0	102.6	102.6	105.3	105.3	105.3
105.7	105.7	105.7	105.7	105.7	105.7	105.7	105.7	105.7	105.7
100.0	101.4	101.9	101.9	101.9	101.3	101.9	101.4	101.9	101.9
99.1	100.7	101.8	103.1	102.7	103.8	102.1	103.6	103.4	104.0
101.6	106.8	105.7	102.8	99.4	100.8	99.7	102.3	100.8	99.7
94.0	93.1	97.4	102.5	102.4	102.4	99.1	100.5	100.5	104.5
102.6	102.6	102.4	104.6	108.3	110.5	110.0	110.0	111.5	110.0
101.1	102.6	105.4	104.7	104.7	103.4	103.6	105.2	106.8	105.9
96.3	105.5	107.6	106.3	106.8	107.6	106.9	105.1	107.4	104.8
102.5	100.4	104.2	99.4	99.6	96.9	96.3	99.9	103.0	101.8
100.4	99.1	97.1	99.7	98.3	98.5	100.7	102.2	100.0	100.9
104.1	103.7	105.7	105.6	107.7	105.6	107.1	112.7	112.4	112.4
99.6	98.8	100.1	100.4	100.0	99.6	98.9	100.0	100.1	100.4
106.6	104.8	113.1	117.5	115.2	111.3	112.3	112.1	115.9	115.8

11—12 续表2

单位:%　　　　(2018,以上年价格为100)

指标	Item	年度 Year	月份 Month 一 Jan.	二 Feb.
烟酒	**Tobacco and Liquor**	**100.2**	**99.7**	**100.1**
烟草	Tobacco	100.0	100.0	100.0
烟草	Tobacco	100.0	100.0	100.0
酒类	Liquor	100.6	99.2	100.3
白酒	White spirit	101.0	98.8	101.6
葡萄酒	Wine	96.8	100.0	96.2
啤酒	Beer	102.1	100.8	99.9
其他酒类	Others	97.4	94.7	93.5
在外餐饮	Out-dining	101.2	100.2	100.4
正餐	Dinner	100.3	100.1	100.2
快餐	Fast Food	100.0	100.0	100.0
地方小吃	Local Snacks	102.5	100.0	100.0
其他在外餐饮	Others	108.4	102.1	103.1
衣着	**Clothing**	**102.0**	**103.9**	**102.5**
服装	Garments	102.1	103.0	101.8
男式服装	Men's Clothing	103.3	104.2	103.3
男式西服	Western-style Clothes	99.5	104.1	100.6
男式冬衣	Winter Coat	102.1	106.8	105.9
男式夹克衫	Clip Grams Shirt	106.4	107.1	108.8
男式毛线衣	Wool Sweaters	99.9	98.2	98.4
男式运动装	Sport swear	98.7	98.9	93.4
男式衬衫T恤	Shirts and T-shirts	106.5	106.2	106.2
男式裤子	Trousers	102.4	105.8	103.9
男式内衣	Underwear	108.9	102.2	104.6
女式服装	Women's Clothing	101.4	101.6	100.6
女式外套	Outerwear	98.7	100.7	100.7
女式冬衣	Winter Coat	97.3	99.5	93.4
女式毛线衣	Wool Sweaters	98.5	98.7	98.7
女式运动装	Sport swear	97.9	98.9	93.4
女式衬衫T恤	Shirts and T-shirts	106.8	109.6	110.1
女式裤子	Trousers	100.8	104.3	104.3
女式裙子	skirts	105.2	105.8	105.8
女式内衣	Underwear	101.3	92.1	94.3
儿童服装	Children Clothing	100.9	107.3	100.7
婴幼服装	Baby's Clothing	103.3	105.7	105.1
儿童上衣	Upper Outer Garment	99.8	106.3	98.5
儿童裤子	Trousers	100.8	102.9	94.0
儿童裙子	Skirts	100.8	114.9	107.4

continued

(2018, preceding year=100) %

三 Mar.	四 Apr.	五 May.	六 June.	七 July.	八 Aug.	九 Sept.	十 Oct.	十一 Nov.	十二 Dec.
100.3	**100.8**	**100.4**	**100.7**	**100.2**	**100.2**	**100.1**	**100.0**	**99.9**	**99.8**
100.0	100.0	100.0	100.0	100.0	100.0	100.0	100.0	100.0	100.0
100.0	100.0	100.0	100.0	100.0	100.0	100.0	100.0	100.0	100.0
101.1	102.7	101.4	102.5	100.5	100.8	100.4	99.9	99.6	99.4
102.7	103.9	101.2	103.7	100.7	101.0	100.2	99.8	99.4	99.2
97.0	98.4	99.2	95.1	94.7	96.0	97.3	97.3	96.0	94.7
99.9	102.2	102.9	102.9	103.6	103.2	103.2	102.1	102.1	102.1
92.5	96.7	100.5	100.5	97.7	98.0	97.2	97.2	100.0	100.0
100.5	100.7	101.5	101.5	101.6	101.8	101.7	101.6	101.6	101.6
100.3	100.3	100.3	100.3	100.3	100.3	100.2	100.3	100.3	100.3
100.0	100.0	100.0	100.0	100.0	100.0	100.0	100.0	100.0	100.0
100.0	100.0	103.7	103.7	103.7	103.7	103.7	103.7	103.7	103.7
104.1	106.5	108.9	108.9	110.9	113.0	111.8	110.7	110.7	110.7
102.9	**103.0**	**102.7**	**102.9**	**102.1**	**102.3**	**101.1**	**99.5**	**100.3**	**100.9**
102.4	102.8	102.8	102.8	102.2	102.8	101.6	100.3	101.4	101.8
104.2	104.4	104.0	103.9	103.4	103.5	102.1	101.2	102.4	102.6
101.3	99.1	99.1	99.1	99.1	99.1	99.1	95.2	99.8	98.8
99.9	99.9	99.9	99.9	99.9	99.9	99.9	99.9	104.7	107.5
110.9	111.1	110.1	109.4	108.4	108.4	106.6	102.7	97.3	98.6
100.2	100.2	100.2	100.2	100.2	100.2	100.2	101.3	102.0	97.5
97.0	99.0	101.5	104.2	104.2	104.2	95.6	92.5	97.7	97.7
108.8	110.5	108.6	106.7	105.9	107.3	106.1	104.8	103.5	103.9
103.3	101.7	101.9	102.7	100.3	99.9	98.1	101.2	103.6	107.2
109.5	113.2	112.0	112.0	112.0	112.0	109.3	109.3	106.8	104.6
101.3	102.2	101.9	101.8	101.2	102.0	101.1	99.9	101.0	101.6
99.5	98.5	97.7	98.8	95.2	96.4	99.4	99.7	99.1	99.1
95.3	94.6	94.6	94.6	94.6	94.6	94.6	94.6	103.6	111.6
97.8	98.7	98.7	98.7	98.7	98.7	98.7	99.7	100.0	95.3
94.7	98.2	100.6	103.4	103.4	103.4	94.9	91.8	96.9	96.9
109.3	108.4	108.7	107.5	107.6	108.6	105.8	103.1	102.3	102.3
102.9	101.6	99.9	98.7	97.3	98.0	100.5	100.5	100.5	101.8
106.9	107.9	107.2	106.7	106.7	110.2	107.1	100.3	99.4	99.4
98.8	105.0	103.9	103.9	103.9	103.9	103.1	104.6	102.2	100.0
99.6	97.0	101.7	105.0	103.2	104.2	101.5	97.3	97.5	97.3
100.3	99.5	100.2	104.0	104.0	107.3	105.0	103.0	103.0	103.0
98.5	95.5	102.2	105.2	103.8	103.8	101.5	96.3	94.6	94.0
94.3	92.1	101.8	110.2	107.1	108.1	102.8	98.0	100.8	100.8
106.1	102.4	101.9	101.2	98.5	98.9	97.1	93.7	95.4	95.4

11—12 续表3

单位:%　　　　(2018,以上年价格为100)

指 标	Item	年度 Year	月份 Month 一 Jan.	二 Feb.
服装材料	Clothing Material	101.3	103.6	103.6
服装材料	Clothing Material	101.3	103.6	103.6
其他衣着及配件	Other Clothing and Accessories	100.3	100.0	100.0
袜子	Socks	100.0	100.0	100.0
帽子	Hats	100.4	100.0	100.0
其他衣着配件	Others	100.6	100.0	100.0
衣着加工服务费	Clothing Manufacturing Services	102.9	104.0	104.0
衣着洗涤保养	Cleaning and Maintenance	103.6	104.9	104.9
衣着加工	Clothing Manufacturin	100.0	100.0	100.0
鞋类	Shoes	101.7	107.7	105.0
鞋	Shoes	101.7	107.9	105.1
男鞋	Male	101.8	107.8	103.8
女鞋	Female	103.4	107.2	105.6
童鞋	Children	98.1	109.4	106.0
鞋类加工服务	Shoes Manufacturing Services	100.0	100.0	100.0
鞋类加工服务	Shoes Manufacturing Services	100.0	100.0	100.0
居住	**Residence**	**103.5**	**102.1**	**101.9**
租赁房房租	Rental Housing Rent	97.7	94.3	93.2
公房房租	Public Houses	100.0	100.0	100.0
私房房租	Private Houses	97.2	92.9	91.6
住房保养维修及管理	Housing Maintenance and management	104.7	103.9	104.1
住房装潢材料	Housing Decoration Materials	104.6	105.4	105.9
木地板	Wood Flooring	104.1	106.8	108.0
瓷砖	Ceramic	103.2	111.5	111.5
水泥	Cement	109.9	113.6	113.6
涂料	Painting	102.5	100.0	100.0
板材	Boarding	105.1	104.4	104.4
管材	Tubing	103.5	106.2	106.2
厨卫设备	Hutch Defends Equipment	103.9	100.8	102.4
门窗	Door & Window	108.2	102.7	102.7
其他住房装潢材料	Others	102.6	100.0	100.0
物业管理费	Property Management Fee	100.0	100.0	100.0
物业管理费	Property Management Fee	100.0	100.0	100.0
住房装潢维修	Housing Decoration Maintenance	109.4	104.5	104.5
装潢维修费	Decoration Maintenance fee	111.0	105.3	105.3
其他住房费用	Other Housing fee	100.0	100.0	100.0

continued

(2018, preceding year=100) %

三 Mar.	四 Apr.	五 May.	六 June.	七 July.	八 Aug.	九 Sept.	十 Oct.	十一 Nov.	十二 Dec.
103.6	103.6	101.8	100.0	100.0	100.0	100.0	100.0	100.0	100.0
103.6	103.6	101.8	100.0	100.0	100.0	100.0	100.0	100.0	100.0
99.7	100.0	100.3	102.0	100.3	100.4	99.8	100.6	100.3	100.7
100.0	100.0	100.0	100.0	100.0	100.0	100.0	100.0	100.0	100.0
100.0	100.0	100.0	100.0	100.0	101.5	101.5	102.3	100.0	100.0
99.1	100.0	100.9	105.1	100.9	100.0	98.4	100.0	100.9	101.7
104.0	104.0	104.0	104.0	104.0	104.0	104.0	100.0	100.0	100.0
104.9	104.9	104.9	104.9	104.9	104.9	104.9	100.0	100.0	100.0
100.0	100.0	100.0	100.0	100.0	100.0	100.0	100.0	100.0	100.0
104.8	103.9	102.7	103.4	101.7	101.0	99.7	96.9	96.6	97.9
104.9	104.0	102.8	103.5	101.7	101.0	99.7	96.9	96.5	97.9
103.4	102.9	104.1	106.8	104.4	102.8	98.5	94.6	95.5	99.3
106.5	105.3	104.6	105.5	104.5	104.5	102.0	99.2	98.4	98.4
104.0	102.8	97.2	94.9	92.6	91.9	96.9	95.9	94.6	94.6
100.0	100.0	100.0	100.0	100.0	100.0	100.0	100.0	100.0	100.0
100.0	100.0	100.0	100.0	100.0	100.0	100.0	100.0	100.0	100.0
102.7	**103.1**	**103.1**	**103.3**	**103.0**	**104.0**	**104.6**	**104.9**	**104.4**	**104.8**
93.5	94.2	94.0	94.0	95.8	97.9	101.6	103.7	103.8	107.3
100.0	100.0	100.0	100.0	100.0	100.0	100.0	100.0	100.0	100.0
91.9	92.8	92.6	92.6	94.8	97.5	102.0	104.5	104.7	109.1
105.7	104.9	104.9	104.9	104.9	104.6	104.6	104.4	103.9	105.5
106.2	104.7	104.8	104.8	104.6	104.1	104.1	103.7	103.9	103.6
104.4	102.9	104.0	103.7	103.3	103.3	103.3	102.7	103.3	103.3
106.8	102.0	101.2	101.2	101.2	101.2	101.2	101.2	101.2	100.0
116.4	112.7	112.7	112.7	109.2	106.0	106.0	106.0	106.0	106.0
100.0	103.4	103.4	103.4	103.4	103.4	103.4	103.4	103.4	103.4
106.7	106.7	106.7	106.7	106.7	105.2	105.2	102.9	102.9	102.9
106.2	106.2	106.2	106.2	106.2	100.0	100.0	100.0	100.0	100.0
103.6	104.5	104.5	104.5	104.5	104.5	104.5	104.5	104.5	103.7
110.9	108.0	108.0	108.8	109.5	109.4	109.4	109.4	109.4	110.2
103.1	103.1	103.1	103.1	103.1	103.1	103.1	103.1	103.1	103.1
100.0	100.0	100.0	100.0	100.0	100.0	100.0	100.0	100.0	100.0
100.0	100.0	100.0	100.0	100.0	100.0	100.0	100.0	100.0	100.0
110.2	110.2	110.2	110.2	110.2	110.2	110.2	110.2	107.7	114.7
111.9	111.9	111.9	111.9	111.9	111.9	111.9	111.9	108.9	117.0
100.0	100.0	100.0	100.0	100.0	100.0	100.0	100.0	100.0	100.0

11—12 续表4

单位:%　　　　(2018,以上年价格为100)

指 标	Item	年度 Year	月份 Month 一 Jan.	二 Feb.
水电燃料	Water,Electricity and Fuel	105.0	106.0	105.6
水	Water	116.0	128.5	126.4
水	Water	116.0	128.5	126.4
电	Electricity	100.0	100.0	100.0
电	Electricity	100.0	100.0	100.0
燃气	Gas	104.8	100.0	100.0
管道燃气	Pipeline Natural Gas	106.0	100.0	100.0
液化石油气	Liquefied Petroleum Gas	100.0	100.0	100.0
取暖费	Heating fee	100.0	100.0	100.0
取暖费	Heating fee	100.0	100.0	100.0
其他燃料	Other Fuel	119.0	125.0	125.0
其他燃料	Other Fuel	119.0	125.0	125.0
自有住房	Private Housing	103.1	99.9	100.0
自有住房	Private Housing	103.1	99.9	100.0
生活用品及服务	**Articles of daily use and Services**	**102.6**	**102.5**	**102.9**
家具及室内装饰品	Furniture and Upholstery	103.8	106.5	106.5
家具	Furniture	104.2	106.7	106.7
柜	Cabinets	103.7	107.6	107.6
床	Beds	103.1	105.1	105.1
桌	Tables	104.4	105.0	105.0
椅	Chairs	105.0	105.8	105.8
沙发	Sofas	105.3	108.7	108.7
其他家具	Others	103.1	105.1	105.1
室内装饰品	Upholstery	101.6	105.1	105.1
灯具	lamps and Lanterns	100.9	104.6	104.6
其他室内装饰品	Other	105.3	107.8	107.8
家用器具	Home Appliances	104.9	105.2	106.3
大型家用器具	Major	104.3	105.2	105.7
洗衣机	Washing Machine	108.5	107.9	109.7
电冰箱(柜)	Refrigerator(cabinet)	104.9	107.6	107.4
抽油烟机	Exhaust Fan	104.2	99.6	102.0
空调器	Air Conditioner	98.1	101.0	99.5
热水器	Water Heater	98.9	106.1	103.8
炉具灶具	Cooker	107.4	105.8	108.0
微波炉	Microwave Oven	109.0	103.5	106.6
其他大型家用器具	Others	102.6	105.3	106.3

continued

（2018，preceding year=100） %

三 Mar.	四 Apr.	五 May.	六 June.	七 July.	八 Aug.	九 Sept.	十 Oct.	十一 Nov.	十二 Dec.
105.6	105.6	105.6	106.5	104.3	104.3	104.3	104.3	103.7	103.7
126.4	126.4	126.4	126.4	106.9	106.9	106.9	106.9	106.9	106.9
126.4	126.4	126.4	126.4	106.9	106.9	106.9	106.9	106.9	106.9
100.0	100.0	100.0	100.0	100.0	100.0	100.0	100.0	100.0	100.0
100.0	100.0	100.0	100.0	100.0	100.0	100.0	100.0	100.0	100.0
100.0	100.0	100.0	104.8	108.7	108.7	108.7	108.7	108.7	108.7
100.0	100.0	100.0	106.1	111.0	111.0	111.0	111.0	111.0	111.0
100.0	100.0	100.0	100.0	100.0	100.0	100.0	100.0	100.0	100.0
100.0	100.0	100.0	100.0	100.0	100.0	100.0	100.0	100.0	100.0
100.0	100.0	100.0	100.0	100.0	100.0	100.0	100.0	100.0	100.0
125.0	125.0	125.0	115.4	121.2	121.2	121.2	121.2	105.0	105.0
125.0	125.0	125.0	115.4	121.2	121.2	121.2	121.2	105.0	105.0
101.0	102.2	102.2	102.2	102.7	104.9	105.5	105.9	105.4	104.8
101.0	102.2	102.2	102.2	102.7	104.9	105.5	105.9	105.4	104.8
102.2	**102.8**	**103.1**	**103.0**	**103.0**	**102.8**	**102.3**	**102.4**	**101.9**	**101.6**
105.8	105.2	105.2	105.1	104.1	103.1	103.1	101.7	100.3	100.0
106.2	105.9	105.9	105.8	104.6	103.5	103.5	101.8	100.3	100.0
106.7	106.2	106.2	106.2	103.3	100.9	100.9	100.4	100.0	100.0
104.8	104.5	104.5	104.5	103.4	102.4	102.4	101.2	100.0	100.0
105.0	105.0	105.0	105.0	105.4	105.8	105.8	103.9	102.1	100.0
105.8	105.8	105.8	105.8	106.8	108.0	108.0	103.8	100.0	100.0
108.2	107.7	107.7	107.5	105.7	104.2	104.2	102.1	100.0	100.0
104.3	103.5	103.5	103.5	103.5	103.5	103.5	101.7	100.0	100.0
102.9	100.8	100.8	100.8	100.8	100.8	100.8	100.8	100.8	100.0
102.2	100.0	100.0	100.0	100.0	100.0	100.0	100.0	100.0	100.0
106.5	105.3	105.3	105.3	105.3	105.3	105.3	105.3	105.3	100.0
104.6	104.9	106.0	105.7	105.5	104.8	104.5	104.8	103.8	103.2
103.9	104.1	104.8	105.2	104.9	104.1	103.7	104.1	103.2	102.7
108.9	107.9	107.7	109.8	110.1	108.8	108.0	108.0	107.6	107.6
104.4	105.3	105.3	105.5	105.5	104.4	103.7	104.7	103.0	102.0
101.9	100.8	105.6	105.7	105.7	105.5	105.5	106.2	105.9	105.9
96.8	98.0	98.3	98.6	98.3	97.5	98.3	96.8	96.8	97.3
100.3	98.4	98.5	96.9	97.5	97.5	96.1	97.5	97.0	97.0
106.9	108.1	108.1	108.2	108.2	108.1	108.1	109.1	107.0	103.2
107.4	109.7	114.3	115.8	109.9	108.9	108.9	108.9	107.3	107.3
106.3	105.1	104.0	102.5	100.6	100.7	100.3	100.1	100.1	100.7

11—12 续表5

单位:%　　　　　　　　　　　　　　　　　　　　　　　　(2018,以上年价格为100)

指 标	Item	年度 Year	月份 Month 一 Jan.	二 Feb.
小家电	Small	106.7	105.0	108.0
厨房小家电	Kitchen	109.7	105.1	110.9
生活小家电	Household	102.8	104.9	104.5
家用纺织品	Home textile	103.1	100.7	103.1
床上用品	Bed Articles	103.6	100.0	100.0
被子	Quilt	100.0	100.0	100.0
床单被套	Bed Sheet and Duvet Cover	108.7	100.0	100.0
其他床上用品	Others	100.0	100.0	100.0
窗帘门帘	Curtain	100.0	100.0	100.0
窗帘门帘	Curtain	100.0	100.0	100.0
其他家用纺织品	Others	105.9	103.3	116.1
其他家用纺织品	Others	105.9	103.3	116.1
家庭日用杂品	Household Articles Daily Use	101.1	100.2	99.7
洗涤卫生用品	Washing Sanitary Articles	101.2	99.4	98.3
清洗用品	Cleaning Articles	99.9	98.7	98.6
清洁用具	Cleaning Appliance	103.6	100.0	100.0
清洁用纸	Cleaning Paper	100.6	99.5	97.0
厨具餐具茶具	Kitchen,Tableware and Tea Set	101.2	100.5	100.9
厨具	Kitchen	101.2	100.0	100.0
餐具	Tableware	100.5	101.8	101.8
茶具	Tea Set	102.7	99.3	102.0
家用手工工具	Hand Tools for Household Use	100.3	100.0	100.0
家用手工工具	Hand Tools for Household Use	100.3	100.0	100.0
其他家庭日用杂品	Others	100.8	100.9	100.6
配电附件	Distribution Accessories	99.8	101.0	102.7
雨具	Rain Gear	99.6	98.3	100.0
其他日用杂品	Others	101.6	101.9	100.1
个人护理用品	Personal-care Products	100.1	100.0	99.9
化妆品	Cosmetics	99.9	100.0	100.0
清洁化妆品	Cleaning	100.0	100.0	100.0
护肤化妆品	Skin-care	99.8	100.0	100.0
彩妆化妆品	Make-up	100.0	100.0	100.0
化妆器具	Make-up Appliances	100.0	100.0	100.0
其他护理用品类	Other Nursing Materials	100.5	99.9	99.7
清洁类护理用品	Cleaning	98.7	95.4	94.7
护发美发用品	Bath & Slim	101.4	100.8	100.8
护理器具	Nursing Appliances	102.0	104.5	104.5
其他护理用品	Others	100.0	99.9	99.9

continued

(2018, preceding year=100) %

三 Mar.	四 Apr.	五 May.	六 June.	七 July.	八 Aug.	九 Sept.	十 Oct.	十一 Nov.	十二 Dec.
106.3	107.1	109.4	107.0	107.1	106.9	106.8	106.6	105.4	104.4
110.1	111.9	114.3	110.0	109.7	109.5	109.2	108.9	108.9	107.8
101.5	101.1	103.1	103.0	103.6	103.6	103.6	103.6	100.8	100.2
101.1	103.9	103.6	103.6	103.6	103.6	103.6	103.6	103.6	103.6
100.0	104.8	104.8	104.8	104.8	104.8	104.8	104.8	104.8	104.8
100.0	100.0	100.0	100.0	100.0	100.0	100.0	100.0	100.0	100.0
100.0	111.6	111.6	111.6	111.6	111.6	111.6	111.6	111.6	111.6
100.0	100.0	100.0	100.0	100.0	100.0	100.0	100.0	100.0	100.0
100.0	100.0	100.0	100.0	100.0	100.0	100.0	100.0	100.0	100.0
100.0	100.0	100.0	100.0	100.0	100.0	100.0	100.0	100.0	100.0
105.4	106.9	105.0	105.0	105.0	105.0	105.0	105.0	105.0	105.0
105.4	106.9	105.0	105.0	105.0	105.0	105.0	105.0	105.0	105.0
99.9	101.6	101.6	101.2	102.2	102.3	100.8	101.4	101.1	100.7
101.0	101.6	102.5	101.2	102.4	104.1	101.5	102.2	101.1	99.6
99.1	99.1	100.7	100.1	102.0	101.2	100.9	100.1	99.7	98.6
102.5	106.3	105.0	103.8	106.2	108.8	103.8	103.8	102.8	100.2
101.5	100.2	102.2	100.2	100.2	103.2	100.2	102.5	101.0	100.1
100.3	102.0	101.5	100.8	102.8	101.0	100.3	101.3	101.3	101.2
101.0	102.1	101.0	100.0	103.6	101.0	100.0	102.1	102.1	102.1
98.6	100.9	100.9	100.4	101.3	100.0	100.0	100.0	100.0	100.0
102.0	105.1	105.1	105.1	103.5	103.6	102.0	102.0	102.0	100.9
100.0	100.3	100.3	100.3	100.3	100.3	100.3	100.3	100.3	100.3
100.0	100.3	100.3	100.3	100.3	100.3	100.3	100.3	100.3	100.3
97.7	101.3	100.5	102.0	101.3	101.3	100.4	100.5	101.0	101.9
93.4	101.1	99.0	104.5	102.9	101.2	96.4	97.1	98.5	100.0
100.0	100.0	98.3	100.0	98.6	100.0	100.0	100.0	100.0	100.0
98.3	101.9	101.9	101.9	101.9	101.8	101.9	101.9	102.3	103.3
99.8	99.8	99.7	100.0	100.2	100.6	100.1	100.5	100.6	100.5
100.0	100.0	99.0	100.0	100.0	100.0	100.0	100.0	100.0	100.0
100.0	100.0	100.0	100.0	100.0	100.0	100.0	100.0	100.0	100.0
100.0	100.0	97.9	100.0	100.0	100.0	100.0	100.0	100.0	100.0
100.0	100.0	100.0	100.0	100.0	100.0	100.0	100.0	100.0	100.0
100.0	100.0	100.0	100.0	100.0	100.0	100.0	100.0	100.0	100.0
99.5	99.5	101.0	100.0	100.5	101.6	100.2	101.3	101.8	101.5
94.1	94.1	99.0	96.8	99.9	103.7	99.0	102.6	103.0	103.4
100.8	100.8	100.6	101.6	101.7	101.7	101.7	101.7	102.7	101.4
104.5	104.5	104.5	102.1	100.0	100.0	100.0	100.0	100.0	100.0
99.9	99.9	100.6	99.9	99.9	99.9	99.9	99.9	100.0	100.0

11—12 续表6

单位:%　　（2018,以上年价格为100）

指标	Item	年度 Year	月份 Month 一 Jan.	二 Feb.
家庭服务	Home Service	103.2	103.6	103.6
家政服务	Housekeeping	103.9	104.3	104.3
家庭维修服务	Maintenance	102.1	102.3	102.3
交通和通信	**Transportation and Communication**	**102.2**	**100.7**	**102.2**
交通	Transportation	103.4	101.1	103.6
交通工具	Transportation Facility	104.9	103.7	104.1
小型汽车	Sedan	105.4	103.9	104.3
电动自行车	Electric Bicycle	101.0	102.6	102.6
自行车	Bicycles	103.2	104.7	104.7
其他交通工具	Others	99.3	100.0	100.0
交通工具用燃料	Fuel of Vehicles Use	111.4	105.5	105.8
汽油	Gasoline	113.1	106.6	106.9
柴油	Diesel Oil	114.3	107.1	107.4
其他车用能源	Others	100.0	98.1	98.1
交通工具使用和维修	Use and Maintance of Transporatation Facility	99.7	99.8	99.8
停车费	Parking Fees	100.0	100.0	100.0
车辆使用费	Fees for Vehicles Use	100.0	100.0	100.0
交通工具零配件	Accessories	98.1	98.6	98.6
车辆修理与保养	Repair and Maintenance of Vehicles	100.0	100.0	100.0
交通费	Traffic Fare	98.1	95.2	104.0
市内公共交通	Urban Traffic	100.0	100.0	100.0
出租汽车	Taxi	100.0	100.0	100.0
飞机票	Air Tickets	92.4	81.5	118.0
火车票	Train Tickets	100.0	100.0	100.0
长途汽车	Coach	100.0	100.0	100.0
其他交通费	Others	102.0	103.4	100.9
通信	Communication	99.5	99.7	99.3
通信工具	Communication Facility	97.3	96.7	96.4
固定电话机	Telephone	107.6	106.2	106.2
移动电话机	Mobile Telephone	96.5	95.7	95.3
通信工具零配件	Accessories	98.5	100.0	100.0
通信服务	Communication Service	100.0	100.5	100.0
固定电话费	Telephone	100.0	100.0	100.0
移动通信费	Mobile Communications	100.0	100.0	100.0
上网费	On Network Costs	100.0	100.0	100.0
其他通信服务	Others	101.3	118.2	100.0

continued

(2018, preceding year=100) %

三 Mar.	四 Apr.	五 May.	六 June.	七 July.	八 Aug.	九 Sept.	十 Oct.	十一 Nov.	十二 Dec.
103.6	103.2	103.2	103.2	103.2	103.2	103.2	103.2	103.2	102.4
104.3	103.7	103.7	103.7	103.7	103.7	103.7	103.7	103.7	103.7
102.3	102.3	102.3	102.3	102.3	102.3	102.3	102.3	102.3	100.0
102.0	**102.2**	**102.6**	**103.8**	**103.8**	**103.7**	**102.4**	**102.6**	**101.3**	**99.5**
102.6	103.1	103.9	105.5	105.7	105.5	103.8	104.3	102.4	99.8
106.5	106.4	108.4	107.6	107.1	105.8	104.1	104.5	100.7	100.7
107.0	107.0	109.4	108.5	107.9	106.4	104.5	104.9	100.6	100.6
101.8	100.0	100.0	100.0	100.0	100.0	100.0	101.6	101.6	101.6
104.7	104.7	104.7	103.2	103.2	103.2	102.6	101.2	101.2	101.2
100.0	100.0	96.1	96.1	100.0	100.0	100.0	100.0	100.0	100.0
103.7	106.7	110.9	114.7	119.4	116.9	118.6	119.9	113.8	102.1
104.6	109.0	113.9	118.4	122.9	120.0	121.5	122.6	112.9	99.6
104.9	109.8	115.3	120.2	125.4	122.1	123.6	125.1	114.3	99.5
98.1	91.5	91.5	91.5	96.4	96.4	98.6	100.0	120.2	120.2
99.5	99.5	99.5	99.7	99.7	99.7	99.7	99.7	99.7	99.7
100.0	100.0	100.0	100.0	100.0	100.0	100.0	100.0	100.0	100.0
100.0	100.0	100.0	100.0	100.0	100.0	100.0	100.0	100.0	100.0
97.1	97.1	97.1	98.4	98.4	98.4	98.4	98.4	98.4	98.4
100.0	100.0	100.0	100.0	100.0	100.0	100.0	100.0	100.0	100.0
98.3	98.2	95.4	100.1	98.6	101.4	96.1	96.0	98.0	96.7
100.0	100.0	100.0	100.0	100.0	100.0	100.0	100.0	100.0	100.0
100.0	100.0	100.0	100.0	100.0	100.0	100.0	100.0	100.0	100.0
92.4	92.5	82.5	100.1	94.4	105.4	86.5	84.6	91.2	85.8
100.0	100.0	100.0	100.0	100.0	100.0	100.0	100.0	100.0	100.0
100.0	100.0	100.0	100.0	100.0	100.0	100.0	100.0	100.0	100.0
104.5	106.4	102.0	104.5	106.5	94.5	103.1	103.6	97.6	97.6
100.4	100.2	99.7	99.8	99.5	99.4	99.2	98.6	99.0	98.9
100.4	99.5	97.9	98.2	98.3	98.0	97.2	94.6	95.8	95.4
113.9	107.2	107.2	107.2	107.2	107.2	107.2	107.2	107.2	107.2
99.7	99.2	97.2	97.6	97.7	97.4	96.5	93.2	94.5	94.0
97.5	97.5	97.5	97.5	97.5	97.5	97.5	100.0	100.0	100.0
100.0	100.0	100.0	100.0	100.0	100.0	100.0	100.0	100.0	100.0
100.0	100.0	100.0	100.0	100.0	100.0	100.0	100.0	100.0	100.0
100.0	100.0	100.0	100.0	100.0	100.0	100.0	100.0	100.0	100.0
100.0	100.0	100.0	100.0	100.0	100.0	100.0	100.0	100.0	100.0
100.0	100.0	100.0	100.0	100.0	100.0	100.0	100.0	100.0	100.0

11—12 续表7

单位:%

（2018,以上年价格为100）

指 标	Item	年度 Year	月份 Month	
			一 Jan.	二 Feb.
邮递服务	Postal Service	102.9	104.4	104.4
邮政邮寄	Post	100.0	100.0	100.0
快递服务	Expressage	104.0	106.3	106.3
教育文化和娱乐	**Education,Culture and Recreation**	**102.2**	**103.1**	**105.4**
教育	Education	104.2	106.2	106.2
教育用品	Education Products	106.2	103.7	103.7
工具书	Reference Book	100.0	100.0	100.0
教材	Textbook	107.0	100.0	100.0
参考资料	Reference Material	107.6	107.8	107.8
其他教育用品	Others	100.0	100.0	100.0
教育服务	Educational Service	103.8	106.7	106.7
学前教育	Pre-school	113.3	121.5	121.5
小学初中教育	Primary and Junior Schools	100.0	100.0	100.0
高中中职教育	High and Vocational Schools	100.0	100.0	100.0
高等教育	Higher Education	100.0	100.0	100.0
课外教育	Professional Skills Training	112.6	120.2	120.2
专业技能培训	Professional Skills Training	95.0	100.6	100.6
文化娱乐	Cultural and Recreation	99.7	99.1	104.2
文娱耐用消费品	Durable Consumer Goods for Cultural and Recreation	98.3	101.5	101.5
电视机	TV Set	93.5	100.3	100.7
照相机	Camera	95.9	99.1	99.5
台式计算机	Desktop Computer	98.5	102.3	102.0
笔记本平板	Tablets	103.2	101.2	101.0
乐器	Musical Instruments	104.7	106.8	106.8
音响	Sound Equipment	100.4	100.0	100.0
其他文娱耐用消费品	Ohters	100.3	100.0	100.0
其他文娱用品	Other Entertainment Products	104.1	103.2	103.8
书报杂志	Newspapers and Magazines	120.6	116.5	116.5
纸张文具	Paper and Stationery	99.7	100.0	100.0
体育户外用品	Sports and Outdoor Products	100.5	100.0	100.0
游戏用品和玩具	Games and Toys	100.0	100.0	100.0
园艺花卉及用品	Gardening Flowers and Products	100.8	100.0	103.8
宠物及用品	Pets and Products	100.0	100.0	100.0
其他文化娱乐用品	Ohters	100.0	100.0	100.0
文化娱乐服务	Cultural and Recreation Services	99.8	100.0	100.0
电影票	Movie Tickets	100.0	100.0	100.0
景点门票	Attractions Tickets	95.0	100.0	100.0
有线电视	Cable Television	100.0	100.0	100.0
健身活动	Fitness Activities	103.6	100.0	100.0
其他文娱服务	Others	100.0	100.0	100.0

continued

(2018, preceding year=100) %

三 Mar.	四 Apr.	五 May.	六 June.	七 July.	八 Aug.	九 Sept.	十 Oct.	十一 Nov.	十二 Dec.
104.4	104.4	104.4	104.4	100.0	100.0	100.0	102.8	102.8	102.8
100.0	100.0	100.0	100.0	100.0	100.0	100.0	100.0	100.0	100.0
106.3	106.3	106.3	106.3	100.0	100.0	100.0	103.9	103.9	103.9
104.5	**103.4**	**102.8**	**103.1**	**103.9**	**103.4**	**98.8**	**99.5**	**99.8**	**99.6**
106.2	105.9	105.9	105.4	105.4	105.4	100.9	100.9	100.9	101.2
106.0	106.0	106.0	106.0	106.0	106.0	107.7	107.7	107.7	107.7
100.0	100.0	100.0	100.0	100.0	100.0	100.0	100.0	100.0	100.0
108.6	108.6	108.6	108.6	108.6	108.6	108.1	108.1	108.1	108.1
105.9	105.9	105.9	105.9	105.9	105.9	109.8	109.8	109.8	109.8
100.0	100.0	100.0	100.0	100.0	100.0	100.0	100.0	100.0	100.0
106.3	105.8	105.8	105.3	105.3	105.3	99.7	99.7	99.7	100.0
121.5	118.3	118.3	118.3	118.3	118.3	103.0	103.0	103.0	103.0
100.0	100.0	100.0	100.0	100.0	100.0	100.0	100.0	100.0	100.0
100.0	100.0	100.0	100.0	100.0	100.0	100.0	100.0	100.0	100.0
100.0	100.0	100.0	100.0	100.0	100.0	100.0	100.0	100.0	100.0
120.2	120.2	120.2	120.2	120.2	120.2	100.0	100.0	100.0	100.0
96.8	96.8	96.8	92.2	92.2	92.2	92.2	92.2	92.2	95.3
102.3	100.2	98.6	99.9	101.9	100.9	95.9	97.6	98.2	97.2
99.6	98.6	98.1	97.7	98.1	97.4	97.4	97.4	96.5	96.3
97.4	94.0	91.9	90.8	91.8	91.9	92.0	91.8	89.8	89.6
97.4	93.8	91.0	93.5	96.0	95.3	95.3	96.8	96.8	96.8
99.7	99.4	98.8	96.9	96.0	96.7	97.3	97.8	97.8	97.8
99.9	101.7	104.5	105.7	106.0	105.4	104.5	103.6	103.0	102.4
106.8	108.0	108.0	108.0	108.0	101.7	100.9	100.9	100.9	100.9
102.1	102.1	102.1	100.4	100.4	100.4	100.4	100.4	98.0	98.0
100.0	100.5	100.5	100.5	100.5	100.5	100.5	100.6	99.8	99.8
103.2	103.2	103.2	103.2	104.8	105.4	104.8	104.8	105.1	105.1
116.5	116.5	116.5	116.5	124.6	124.6	124.6	124.6	124.6	124.6
100.0	100.0	100.0	100.0	100.0	100.0	98.4	98.4	100.0	100.0
100.0	100.0	100.0	100.0	100.0	100.0	101.3	101.3	101.7	101.7
100.0	100.0	100.0	100.0	100.0	100.0	100.0	100.0	100.0	100.0
100.0	100.0	100.0	100.0	100.0	104.6	100.0	100.0	100.0	100.0
100.0	100.0	100.0	100.0	100.0	100.0	100.0	100.0	100.0	100.0
100.0	100.0	100.0	100.0	100.0	100.0	100.0	100.0	100.0	100.0
100.0	100.0	101.3	101.2	101.2	101.2	101.3	98.4	98.4	94.5
100.0	100.0	100.0	100.0	100.0	100.0	100.0	100.0	100.0	100.0
100.0	100.0	100.0	100.0	100.0	100.0	100.0	86.1	86.1	67.4
100.0	100.0	100.0	100.0	100.0	100.0	100.0	100.0	100.0	100.0
100.0	100.0	105.5	105.0	105.0	105.0	105.5	105.5	105.5	105.5
100.0	100.0	100.0	100.0	100.0	100.0	100.0	100.0	100.0	100.0

11—12 续表8

单位:%　　　　（2018,以上年价格为100）

指 标	Item	年度 Year	月份 Month 一 Jan.	二 Feb.
旅游	Touring and Outing	99.4	93.5	112.1
旅行社收费	Travel Agent Fees	99.3	92.2	114.6
其他旅游	Others	100.0	100.0	100.0
医疗保健	**Health Care**	**101.6**	**104.9**	**101.3**
药品及医疗器具	Medicines and Medical Apparatus	102.2	102.2	102.4
中药	Traditional Chinese Medicines	104.4	101.5	102.2
中药材	Traditional Chinese	111.5	106.3	109.0
中成药	Chinese Patent Medicine	100.9	99.1	98.8
西药	Western Medicines	101.1	100.9	101.0
抗微生物药	Antimicrobial	100.3	100.3	100.3
消化系统用药	Digestive System	103.5	105.6	105.6
呼吸系统用药	Respiratory	101.5	101.3	101.3
解热镇痛药	Antipyretic and Analgesic	102.4	98.0	98.0
抗肿瘤药	Antineoplastic	99.1	98.6	98.6
激素及影响内分泌药	Hormone and Endocrine	92.8	97.8	97.8
心血管系统用药	Cardiovascular	93.3	90.9	90.9
血液系统用药	Hematological system	90.5	87.8	88.1
治疗精神障碍药	Antipsychotics	114.2	113.7	113.7
神经系统用药	Nervous System	103.5	100.7	100.7
消毒防腐及创伤外科用药	Disinfection Antiseptics and Traumatology Department	107.7	113.0	113.0
泌尿系统用药	Urinary System	100.9	100.4	100.4
维生素、矿物质类药	Vitamin and Mineral	103.5	105.7	105.7
调节水、电解质及酸碱平衡药	Regulate water Electrolyte and Acid-base Balance	102.4	104.0	104.8
滋补保健品	Nourishing Health Products	103.0	109.0	109.0
医疗卫生器具	Medical Apparatus	99.7	96.3	96.3
医疗卫生器具	Medical Apparatus	99.7	96.3	96.3
保健器具	Health Care Apparatus	99.4	99.4	99.4
保健器具	Health Care Apparatus	99.4	99.4	99.4
医疗服务	Medical Services	100.9	108.1	100.0
综合医疗类	Comprehensive Medical	101.3	107.9	100.0
一般医疗服务	General Medical Services	100.8	98.6	100.0
一般治疗操作	General Treatment Operation	101.8	119.4	100.0
护理	Nursing	101.2	98.6	100.0
其他综合医疗服务	Others	100.0	100.0	100.0
诊断类	Diagnosis	100.7	107.9	100.0
病理学诊断	Pathology	103.0	155.1	100.0
实验室诊断	Laboratory	100.0	100.0	100.0
影像学诊断	Iconography	100.4	105.2	100.0
临床诊断	Clinic	101.4	114.4	100.0

continued

（2018，preceding year=100） %

三 Mar.	四 Apr.	五 May.	六 June.	七 July.	八 Aug.	九 Sept.	十 Oct.	十一 Nov.	十二 Dec.
107.9	101.3	95.0	100.4	106.1	103.0	86.3	94.1	97.5	97.5
109.6	101.5	93.9	100.4	107.2	103.5	84.0	92.9	96.9	96.9
100.0	100.0	100.0	100.0	100.0	100.0	100.0	100.0	100.0	100.0
101.1	**101.2**	**101.5**	**101.1**	**101.1**	**101.0**	**101.0**	**101.5**	**101.5**	**102.5**
102.0	102.2	102.9	102.0	102.0	101.8	101.8	102.8	102.8	102.0
103.6	103.3	103.8	104.3	104.3	105.8	105.6	107.0	107.7	104.3
113.3	112.5	112.2	112.5	112.5	113.9	113.1	113.9	116.1	103.8
98.8	98.8	99.6	100.3	100.3	101.7	101.9	103.5	103.5	104.5
101.0	101.1	101.1	100.6	100.7	100.3	100.4	101.8	101.8	102.1
100.3	100.3	100.3	100.3	100.3	100.3	100.3	100.2	100.2	100.2
105.6	105.6	105.6	104.3	104.3	100.7	100.7	101.0	101.0	102.1
101.3	101.3	101.3	101.3	103.3	101.3	101.3	101.3	101.3	101.3
98.0	102.2	102.2	102.2	102.2	104.9	105.4	105.4	105.4	105.4
98.6	98.6	98.6	98.6	98.6	98.6	98.6	100.8	100.8	100.8
97.8	91.7	91.3	91.3	91.3	91.3	88.5	91.4	91.4	92.0
90.9	90.9	90.9	90.3	90.3	96.1	96.1	97.9	97.9	97.9
88.1	88.1	88.1	87.1	87.1	86.7	86.7	100.6	100.6	100.6
113.7	113.7	113.7	113.7	112.8	112.8	113.6	116.0	116.0	116.0
100.7	102.1	102.7	101.8	101.8	106.0	106.3	106.3	106.3	106.3
113.0	113.0	113.0	113.0	113.0	99.7	101.4	101.7	101.7	101.7
100.4	100.4	100.4	100.6	100.6	100.6	101.1	102.1	102.1	102.3
105.7	105.7	105.7	105.7	105.7	100.8	100.8	100.5	100.5	100.5
104.8	104.8	104.8	100.0	100.0	100.3	100.3	101.4	101.4	103.0
104.5	104.6	107.6	103.2	103.2	99.6	99.8	99.8	98.8	98.8
96.3	98.7	98.7	98.7	98.7	102.5	102.5	102.5	102.5	102.5
96.3	98.7	98.7	98.7	98.7	102.5	102.5	102.5	102.5	102.5
99.4	99.4	99.4	99.4	99.4	99.4	99.4	99.4	99.4	99.4
99.4	99.4	99.4	99.4	99.4	99.4	99.4	99.4	99.4	99.4
100.0	100.0	100.0	100.0	100.0	100.0	100.0	100.0	100.0	103.1
100.0	100.0	100.0	100.0	100.0	100.0	100.0	100.0	100.0	108.0
100.0	100.0	100.0	100.0	100.0	100.0	100.0	100.0	100.0	111.1
100.0	100.0	100.0	100.0	100.0	100.0	100.0	100.0	100.0	104.8
100.0	100.0	100.0	100.0	100.0	100.0	100.0	100.0	100.0	115.5
100.0	100.0	100.0	100.0	100.0	100.0	100.0	100.0	100.0	100.0
100.1	100.1	100.1	100.1	100.1	100.1	100.1	100.1	100.1	100.2
100.0	100.0	100.0	100.0	100.0	100.0	100.0	100.0	100.0	100.0
100.0	100.0	100.0	100.0	100.0	100.0	100.0	100.0	100.0	100.0
100.0	100.0	100.0	100.0	100.0	100.0	100.0	100.0	100.0	100.3
100.4	100.4	100.4	100.4	100.4	100.4	100.4	100.4	100.4	100.4

单位:%　　　　（2018,以上年价格为100）

指 标	Item	年度 Year	月份 Month 一 Jan.	二 Feb.
治疗类	Therapy	102.0	128.2	100.0
临床手术治疗	Clinical Operation	102.1	126.5	100.0
临床非手术治疗	Non-Clinical Operation	101.9	129.5	100.0
康复类	Rehabilitation	99.8	97.2	100.0
康复医疗	Rehabilitation Therapy	99.8	97.2	100.0
中医医疗服务类	Chinese Medicine Service	99.6	93.6	100.0
中医治疗	Chinese Medicine Therapy	99.6	93.6	100.0
其他医疗服务	Others	100.0	100.0	100.0
其他用品和服务	**Other Goods and Services**	**100.2**	**101.0**	**100.8**
其他用品类	Other Items	98.5	100.1	98.7
首饰手表	Jewellery and Watches	97.6	99.6	97.6
金饰品	Gold	96.4	101.4	96.8
银饰品	Silver	100.0	100.0	100.0
铂金饰品	Platinum	96.2	97.1	96.1
手表	Watches	101.1	100.0	100.0
其他杂项用品	Others	100.6	101.1	101.4
箱包	Luggage	101.4	102.7	102.7
母婴用品	Maternal and Child Products	100.4	100.0	100.9
眼镜	Glasses	99.4	100.0	100.0
其他服务类	Other Services	101.5	101.7	102.5
旅馆住宿	Hotel Accommodation	98.7	95.6	98.9
宾馆住宿	Hotel	99.0	102.5	105.9
其他住宿	Others	98.2	85.9	89.0
美容美发洗浴	Beauty,Hairdressing and Bath	99.9	99.1	100.0
美容	Beauty	100.0	100.0	100.0
美发	Hairdressing	99.8	98.1	100.0
洗浴	Bath	100.0	100.0	100.0
养老服务	Service for the aged	101.0	106.4	106.4
金融保险	Finance and Insurance	104.2	104.3	104.3
金融服务	Finance Services	100.0	100.0	100.0
车辆保险	Vehicle Insurance	100.0	100.0	100.0
旅行保险	Travel Insurance	100.0	100.0	100.0
其他保险	Other Insurance	108.2	108.5	108.5
其他服务类	Other Services	100.0	100.0	100.0
中介服务	Intermediary Agent	100.0	100.0	100.0
其他服务	Others	100.0	100.0	100.0

continued

(2018, preceding year=100) %

三 Mar.	四 Apr.	五 May.	六 June.	七 July.	八 Aug.	九 Sept.	十 Oct.	十一 Nov.	十二 Dec.
100.0	100.0	100.0	100.0	100.0	100.0	100.0	100.0	100.0	101.5
100.0	100.0	100.0	100.0	100.0	100.0	100.0	100.0	100.0	103.6
100.0	100.0	100.0	100.0	100.0	100.0	100.0	100.0	100.0	100.0
100.0	100.0	100.0	100.0	100.0	100.0	100.0	100.0	100.0	100.0
100.0	100.0	100.0	100.0	100.0	100.0	100.0	100.0	100.0	100.0
100.0	100.0	100.0	100.0	100.0	100.0	100.0	100.0	100.0	102.1
100.0	100.0	100.0	100.0	100.0	100.0	100.0	100.0	100.0	102.1
100.0	100.0	100.0	100.0	100.0	100.0	100.0	100.0	100.0	100.0
100.1	**99.8**	**99.7**	**100.1**	**101.2**	**101.2**	**99.3**	**98.9**	**99.6**	**100.4**
98.5	98.4	99.1	99.1	98.9	98.2	97.0	97.5	98.7	98.4
97.6	97.3	98.3	98.1	98.2	97.3	95.8	96.4	98.0	97.6
96.4	95.8	97.5	97.0	96.5	95.3	92.1	93.9	96.7	97.4
100.0	100.0	100.0	100.0	100.0	100.0	100.0	100.0	100.0	100.0
96.6	96.5	97.6	97.5	97.0	95.7	94.8	94.4	96.3	94.0
100.0	100.0	100.0	100.0	102.2	102.2	102.2	102.2	102.2	102.2
100.7	100.7	100.9	101.3	100.5	100.1	99.8	100.1	100.1	100.1
102.7	102.7	102.7	102.7	101.3	100.0	100.0	100.0	100.0	100.0
98.6	98.6	99.1	100.5	100.0	101.8	100.5	101.8	101.8	101.8
100.0	100.0	100.0	100.0	100.0	98.5	98.5	98.5	98.5	98.5
101.3	101.0	100.3	100.9	103.0	103.5	101.1	99.9	100.3	102.0
98.6	97.2	93.3	96.2	107.3	109.7	97.8	92.7	94.0	103.1
105.1	95.8	93.1	96.5	105.5	101.6	95.3	95.1	93.1	101.1
88.9	99.4	93.7	95.8	110.4	124.3	102.4	89.0	95.5	106.4
100.0	100.0	100.0	100.0	100.0	100.0	100.0	100.0	100.0	100.0
100.0	100.0	100.0	100.0	100.0	100.0	100.0	100.0	100.0	100.0
100.0	100.0	100.0	100.0	100.0	100.0	100.0	100.0	100.0	100.0
100.0	100.0	100.0	100.0	100.0	100.0	100.0	100.0	100.0	100.0
100.0	100.0	100.0	100.0	100.0	100.0	100.0	100.0	100.0	100.0
104.3	104.3	104.3	104.3	104.3	104.3	104.3	103.8	103.8	103.8
100.0	100.0	100.0	100.0	100.0	100.0	100.0	100.0	100.0	100.0
100.0	100.0	100.0	100.0	100.0	100.0	100.0	100.0	100.0	100.0
100.0	100.0	100.0	100.0	100.0	100.0	100.0	100.0	100.0	100.0
108.5	108.5	108.5	108.5	108.5	108.5	108.5	107.3	107.3	107.3
100.0	100.0	100.0	100.0	100.0	100.0	100.0	100.0	100.0	100.0
100.0	100.0	100.0	100.0	100.0	100.0	100.0	100.0	100.0	100.0
100.0	100.0	100.0	100.0	100.0	100.0	100.0	100.0	100.0	100.0

11—13 商品零售价格分类指数

Retail Price Indices by Classification

单位:%　　　　(2018,以上年价格为100)

指　标	Item	指 数 Indice
商品零售价格指数	**Retail Price Index**	**102.7**
食品	**Food**	**101.9**
粮食	Grain	100.6
大米	Rice	100.7
面粉	Flour	101.6
其他粮食	Others	97.6
粮食制品	Grain Products	100.0
薯类	Tubers	110.1
薯类	Tubers	110.1
豆类	Beans and Products	101.2
干豆	Beans	97.9
豆制品	Bean Products	103.0
食用油	Edible oil and Fats	100.4
食用植物油	Edible Vegetable Oil	99.4
食用动物油	Edible Animal Oil	102.1
菜	Vegetables	105.3
鲜菜	Fresh Vegetables	106.6
干菜及菜制品	Dry Vegetables and Related Products	101.5
畜肉类	Livestock Meat	99.6
猪肉	Pork	91.8
牛肉	Beef	102.6
羊肉	Mutton	107.2
畜肉副产品	Meat by-products	95.2
其他畜肉及制品	Others	101.6
禽肉类	Poultry	101.0
鸡	Chicken	102.0
鸭	Duck	96.6
其他禽肉及制品	Others	99.9
水产品	Aquatic Products	101.6
淡水鱼	Freshwater Fish	100.4
海水鱼	Marine Fish	102.3
虾蟹类	shrimps,Prawn and Crabs	101.5
其他水产品及制品	Others	106.7
蛋类	Eggs	111.1
鸡蛋	Chicken	113.2
其他蛋及制品	Others	106.2
奶类	Milk	102.2
鲜奶	Fresh Milk	103.3
酸奶	Yoghourt	101.1

11—13 续表3 continued

(2018, preceding year=100) %

指　标	Item	指数 Indice
纺织品	**Textile**	**103.9**
服装材料	Clothing Material	101.3
服装材料	Clothing Material	101.3
床上用品	Bed Articles	104.3
被子	Quilt	100.0
床单被套	Bed Sheet and Duvet Cover	108.7
其他床上用品	Others	100.0
家用电器及音像器材	**Home Appliances and Audio & Video Equipment**	**101.1**
家庭设备	Household Equipment	104.6
洗衣机	Washing Machine	108.5
电冰箱(柜)	Refrigerator(cabinet)	104.9
抽油烟机	Exhaust Fan	104.2
空调器	Air Conditioner	98.1
热水器	Water Heater	98.9
炉具灶具	Cooker	107.4
微波炉	Microwave Oven	109.0
厨房小家电	Kitchen	109.7
生活小家电	Household	102.8
其他大型家用器具	Other Home Appliances	102.6
文娱用耐用消费品	Durable Consumer Goods for Cultural and Recreation	97.3
电视机	TV Set	93.5
照相机	Camera	95.9
音响	Sound Equipment	100.4
其他文娱耐用消费品	Others	100.3
专业音像器材	Professional Audio and Video Equipment	98.3
专业音响器材	Audio	100.1
专业声像器材	Video	95.8
文化办公用品	**Cultural and Office Goods**	**100.1**
纸张文具	Paper and Stationery	99.7
台式计算机	Desktop Computer	98.5
笔记本平板	Tablets	103.2
电脑附件	Computer Accessories	96.5
打印复印机	Printers	97.6
教学设备	Teaching Equipment	99.7
日用品	**Commodity**	**100.6**
日用百货	General Merchandise	101.0
电动自行车	Electric Bicycle	101.0
自行车	Bicycles	103.2
雨具	Others	99.6
护理器具	Nursing Appliances	102.0

11—13 续表4 continued

单位:%　　　　(2018,以上年价格为100)

指　标	Item	指 数 Indice
清洁用纸	Cleaning Paper	100.6
化妆器具	Make-up Appliances	100.0
厨具餐具茶具	Kitchen,Tableware and Tea Set	101.4
厨具	Kitchen	101.2
餐具	Tableware	100.5
茶具	Tea Set	102.7
清洗用品	Cleaning Articles	99.9
清洗用品	Cleaning Articles	99.9
其他日用品	Others	100.5
灯具	lamps and Lanterns	100.9
箱包	Luggage	101.4
母婴用品	Maternal and Child Products	100.4
眼镜	Glasses	99.4
其他护理用品	Other Nursing Materials	100.0
其他日用杂品	Other Daily Groceries	101.6
体育娱乐用品	**Sports and Entertainment Goods**	**100.9**
体育户外用品	Sports and Outdoor Products	100.5
体育户外用品	Sports and Outdoor Products	100.5
娱乐用品	Recreation Products	101.3
乐器	Musical Instruments	104.7
游戏用品和玩具	Games and Toys	100.0
园艺花卉及用品	Gardening Flowers and Products	100.8
宠物及用品	Pets and Products	100.0
其他文化娱乐用品	Others	100.0
交通、通信用品	**Transportation and Communication Articles**	**101.7**
交通运输机械	Transport machinery	102.4
小型汽车	Sedan	105.4
大中型客车	Large and Medium Coach	101.9
交通工具零配件	Accessories	98.1
通信器材	Telecom Equipment	100.7
固定电话机	Telephone	107.6
移动电话机	Mobile Telephone	96.5
其他通信器材	Others	100.4
家具	**Furniture**	103.9
柜	Cabinets	103.7
床	Beds	103.1
桌	Tables	104.4

11—13 续表5 continued

（2018，preceding year=100） %

指　标	Item	指 数 Indice
椅	Chairs	105.0
沙发	Sofas	105.3
其他家具	Others	103.1
化妆品	**Cosmetics**	**100.0**
清洁化妆品	Cleaning	100.0
护肤化妆品	Skin-care	99.8
彩妆化妆品	Make-up	100.0
清洁类护理用品	Cleaning Nursing Materials	98.7
护发美发用品	Bath & Slim Materials	101.4
金银饰品	**Gold and Silver Jewellery**	**96.8**
金饰品	Gold	96.4
银饰品	Silver	100.0
铂金饰品	Platinum	96.2
中西药品及医疗保健用品	**Traditional Chinese & Western Medicines and Health Care Products**	**102.7**
医疗卫生器具	Medical Apparatus	99.7
医疗卫生器具	Medical Apparatus	99.7
中药	Traditional Chinese Medicines	107.7
中药材	Traditional Chinese	111.5
中成药	Chinese Patent Medicine	100.9
西药	Western Medicines	100.3
抗微生物药	Antimicrobial	100.3
消化系统用药	Digestive System	103.5
呼吸系统用药	Respiratory	101.5
解热镇痛药	Antipyretic and Analgesic	102.4
抗肿瘤药	Antineoplastic	99.1
激素及影响内分泌药	Hormone and Endocrine	92.8
心血管系统用药	Cardiovascular	93.3
血液系统用药	Hematological system	90.5
治疗精神障碍药	Antipsychotics	114.2
神经系统用药	Nervous System	103.5
消毒防腐及创伤外科用药	Disinfection Antiseptics and Traumatology Department	107.7
泌尿系统用药	Urinary System	100.9
维生素、矿物质类药	Vitamin and Mineral	103.5
调节水、电解质及酸碱平衡药	Regulate water Electrolyte and Acid-base Balance	102.4
保健器具及用品	Health Equipment and Supplies	101.9

11—13 续表6 continued

单位:%　　　　(2018,以上年价格为100)

指　标	Item	指 数 Indice
保健器具	Health Care Apparatus	99.4
滋补保健品	Nourishing Health Products	103.0
书报杂志及电子出版物	**Books,Newspapers, Magazine and Electronic Publications**	**113.7**
教材及参考书	Textbook and Supplies	105.9
工具书	Reference Book	100.0
教材	Textbook	107.0
参考资料	Reference Material	107.6
其他教育用品	Others	100.0
书报杂志	Newspapers and Magazines	120.6
书报杂志	Newspapers and Magazines	120.6
计算机办公软件	Computer Office Software	100.0
计算机办公软件	Computer Office Software	100.0
燃料	**Fuel**	**110.3**
煤炭及制品	Coal and Related Product	117.8
原煤	Raw Coal	119.0
煤制品	Coal Product	117.8
石油及制品	Oil and Related Product	109.7
管道燃气	Pipeline Gas	106.0
液化石油气	Liquefied Petroleum Gas	100.0
汽油	Gasoline	113.1
柴油	Diesel Oil	114.3
建筑材料及五金电料	**Building Materials and Metal Materials**	**104.4**
建筑装璜材料	Building Decoration Materials	104.7
木地板	Wood Flooring	104.1
瓷砖	Ceramic	103.2
水泥	Cement	109.9
涂料	Painting	102.5
板材	Boarding	105.1
管材	Tubing	103.5
厨卫设备	Hutch Defends Equipment	103.9
门窗	Door & Window	108.2
其他住房装潢材料	Others	102.6
五金水暖	Hardware Plumbing	103.9
家用手工工具	Hand Tools for Household Use	100.3
配电附件	Distribution Accessories	99.8
水暖器材	Plumbing Equipment	107.8

11—14 各种物价总指数

Variety of Price Indices

单位:% (%)

指 标	Item	居民消费价格总指数 Consumer Price Index	商品零售价格总指数 Retail Price Index
以 1957 年价格为 100	Year of 1957=100	913.0	614.4
以 1962 年价格为 100	Year of 1962=100	726.6	493.5
以 1965 年价格为 100	Year of 1965=100	881.6	593.6
以 1970 年价格为 100	Year of 1970=100	837.0	564.0
以 1978 年价格为 100	Year of 1978=100	750.8	503.5
以 1980 年价格为 100	Year of 1980=100	696.6	466.8
以 1985 年价格为 100	Year of 1985=100	588.2	396.3
以 1990 年价格为 100	Year of 1990=100	344.8	235.0
以 1992 年价格为 100	Year of 1992=100	296.8	204.8
以 1995 年价格为 100	Year of 1995=100	174.1	131.8
以 1997 年价格为 100	Year of 1997=100	170.3	121.3
以 1998 年价格为 100	Year of 1998=100	156.3	124.9
以 1999 年价格为 100	Year of 1999=100	156.2	126.5
以 2000 年价格为 100	Year of 2000=100	160.1	133.8
以 2001 年价格为 100	Year of 2001=100	155.2	128.8
以 2002 年价格为 100	Year of 2002=100	156.2	130.2
以 2003 年价格为 100	Year of 2003=100	153.4	130.6
以 2004 年价格为 100	Year of 2004=100	148.6	128.1
以 2005 年价格为 100	Year of 2005=100	151.6	131.8
以 2006 年价格为 100	Year of 2006=100	143.9	126.0
以 2007 年价格为 100	Year of 2007=100	136.6	121.5
以 2008 年价格为 100	Year of 2008=100	126.9	114.7
以 2009 年价格为 100	Year of 2009=100	127.3	116.5
以 2010 年价格为 100	Year of 2010=100	122.4	113.1
以 2011 年价格为 100	Year of 2011=100	116.3	109.2
以 2012 年价格为 100	Year of 2012=100	113.5	108.6
以 2013 年价格为 100	Year of 2013=100	109.7	106.1
以 2014 年价格为 100	Year of 2014=100	107.4	105.3
以 2015 年价格为 100	Year of 2015=100	106.8	105.8
以 2016 年价格为 100	Year of 2016=100	103.9	104.2
以 2017 年价格为 100	Year of 2017=100	102.2	102.7

11—15 工业生产者出厂价格指数

单位：%　　　　（以上年价格为100）

指　标	Item	2011 年
全部工业品出厂价格总指数	**Total Industry Products Price Index**	**109.1**
核心指数	Core Index	112.2
高技术	Hi-technology	106.1
能源	Enery	106.5
按轻重工业分	Grouped by Light and Heavy Industry	
轻工业	Light Industry	119.4
以农产品为原料	Raw Material of Agricultural Products	117.6
以非农产品为原料	Raw Material of Non-Agricultural Products	128.3
重工业	Heavy Industry	107.2
采掘	Mining & Quarrying	112.1
原料	Raw Material	105.8
加工	Process	108.3
按生产生活资料分	Grouped by Means of Production and Means of Livilyhood	
生产资料	Means of Production	108.6
采掘	Mining & Quarrying	112.1
原料	Raw Material	105.7
加工	Process	112.7
生活资料	Consumer Goods	114.3
食品	Food	109.5
衣着	Clothing	114.3
一般日用品	Artiales for Daily Used	120.6
耐用消费品	Durable Cinsumer Goods	101.1
按初级中间最终产品分	Grouped by Primary Products Intermediate Products and fiual Products	
初级产品	Primary Products	112.1
矿产品	Minerals	112.1
废料	Waste	—
中间产品	Intermediate Products	108.9
最终产品	Final Products	107.0
最终投资品	Final Investment	111.9
最终消费品	Final Consumption Goods	103.0
按工业部门分	Grouped by Industry Branch	
冶金工业	Metallurgy Industry	110.5
电力工业	Electric Power Industry	100.4
煤炭及炼焦工业	Coal and Coking Industry	110.1
石油工业	Petroleum Industry	115.8
化学工业	Chemistry Industry	116.8
机械工业	Machinery Industry	103.0
建筑材料工业	Building Materials Industry	102.6
森林工业	Forest Industry	100.1

Industrial Producer Price Indices

(preceding year=100)　　(%)

2012年	2013年	2014年	2015年	2016年	2017年	2018年
99.4	**95.0**	**97.1**	**94.5**	**98.9**	**112.3**	**107.9**
97.4	96.2	96.3	97.3	99.2	106.1	104.6
89.1	94.0	98.0	102.7	102.6	104.1	117.3
100.9	94.3	97.4	92.3	98.5	117.9	110.8
100.4	97.6	99.8	99.5	99.5	100.8	100.6
101.8	100.2	101.3	99.9	98.9	100.4	100.8
93.3	83.4	90.4	97.1	103.2	103.3	98.9
99.2	94.5	96.6	93.5	98.7	114.8	109.4
92.5	71.5	92.6	89.8	96.2	129.0	119.8
101.6	98.4	98.0	93.0	99.5	115.5	109.2
96.4	95.7	94.6	97.0	98.2	106.5	104.1
99.8	95.1	97.0	93.9	98.7	113.7	108.2
92.5	71.5	92.6	89.8	96.2	129.0	119.8
102.0	98.7	98.0	92.8	99.4	115.7	108.3
98.5	97.1	96.4	97.8	98.5	105.1	103.2
95.2	93.7	98.3	99.9	100.0	102.1	106.1
100.1	100.4	102.5	101.0	98.2	100.2	103.2
108.2	103.4	104.8	98.4	93.8	101.7	100.0
88.2	84.5	91.3	98.8	103.8	104.3	111.6
100.5	100	100.2	101.0	100.1	100.0	100.0
92.5	71.5	92.6	89.8	96.2	129.0	119.8
92.5	71.5	92.6	89.8	96.2	129.0	119.8
—	—	—	—	—	—	—
100.4	97.7	97.4	94.8	99.2	110.8	106.6
101.2	98.3	98.5	95.1	98.2	107.1	105.1
102.3	97.1	96.5	89.6	97.0	108.5	109.2
100.2	99.3	100.0	99.4	99.2	105.9	101.5
95.9	94.8	94.4	91.9	102.4	115.7	103.6
100.9	100.0	100.0	99.3	99.3	107.8	100.4
92.6	75.2	91.2	87.7	100.3	141.2	119.6
108.3	98.5	96.9	81.5	95.9	111.5	115.5
91.3	89.4	90.6	97.5	97.7	107.2	109.2
100.5	98.3	99.6	99.6	99.9	100.3	99.9
95.2	97.2	96.4	93.3	99.3	110.8	108.0
100.5	100.3	100.3	101.1	100.1	100.0	100.0

11—15 续表

单位:%　　　　(以上年价格为100)

指　标	Item	2011年
食品工业	Food Industry	108.9
纺织工业	Textile Industry	126.7
缝纫工业	Sewing Industry	109.6
皮革工业	Leather Industry	115.6
造纸工业	Papermaking Industry	104.2
文教艺术用品工业	Culture and Education Articles Industry	102.8
其它工业	Others Industry	115.1
按工业行业分	Grouped by Industry Sector	
煤炭开采和洗选业	Mining and Washing of Coal	112.1
农副食品加工业	Processing of Food from Agricultural Products	108.7
食品制造业	Manufacture of Foods	123.2
饮料制造业	Manufacture of Beverages	106.6
纺织业	Manufacture of Textile	126.4
纺织服装、鞋、帽制造业	Manufacture of Textile Wearing Apparel,Footware and Caps	102.4
皮革、毛皮、羽毛(绒)及其制品业	Manufacture of Leather,Fur,Feather and Related Products	115.6
木材加工及木、竹、藤、棕、草制品业	Processing of Timber,Manufacture of Wood,Bamboo,Rattan,Palm and Straw Products	98.9
家具制造业	Manufacture of Furniture	100.9
造纸及纸制品业	Manufacture of Paper and Paper Products	104.2
印刷业和记录媒介的复制	Printing,Reproduction of Recording Media	102.8
石油加工、炼焦及核燃料加工业	Processing of Petroleum,Coking,Processing of Nuclear Fuel	114.1
化学原料及化学制品制造业	Manufacture of Raw Chemical Materials and Chemical Products	116.2
医药制造业	Manufacture of Medicines	106.2
化学纤维制造业	Manufacture of Chemical Fibers	—
橡胶制品业	Manufacture of Rubber	117.8
塑料制品业	Manufacture of Plastics	106.0
非金属矿物制品业	Manufacture of Non-metallic Mineral Products	104.9
黑色金属冶炼及压延加工业	Smelting and Pressing of Ferrous Metals	107.9
有色金属冶炼及压延加工业	Smelting and Pressing of Non-ferrous Metals	110.6
金属制品业	Manufacture of Metal Products	113.6
通用设备制造业	Manufacture of General Purpose Machieery	103.7
专用设备制造业	Manufacture of Special Purpose Machieery	100.1
交通运输设备制造业	Manufacture of Transport Equipment	101.8
电气机械及器材制造业	Manufacture of Electrical Machinery and Equipment	102.2
仪器仪表及文化、办公用机械制造业	Manufacture of Measuring Instruments and Machinery for Cultural Activity and Office Work	104.8
电力、热力的生产和供应业	Production and Suppy of Electric Power,Steam and Hot Water	100.4
燃气生产和供应业	Production and Suppy of Gas	100.0
水的生产和供应业	Production and Suppy of Tap Water	115.1

continued

(preceding year=100) (%)

2012 年	2013 年	2014 年	2015 年	2016 年	2017 年	2018 年
100.7	101.3	102.6	99.8	98.3	100.7	103.0
102.4	99.7	100.4	100.1	100.1	99.7	99.2
105.4	100.5	104.2	100.5	98.3	102.4	99.5
109.4	107.4	102.7	94.9	88.9	100.4	100.7
100.2	97.8	100.0	100.0	100.2	103.7	102.3
104.8	103.9	100.3	100.0	100.0	100.4	101.1
101.3	98.3	97.7	101.6	100.4	112.1	117.9
92.5	71.5	92.6	89.8	95.7	132.5	120.2
102.8	104.6	100.6	99.3	101.0	101.5	101.3
91.1	85.8	96.1	96.6	98.1	101.5	99.8
102.6	98.6	102.3	103.0	99.6	100.4	106.1
102.5	99.7	100.6	100.1	99.9	99.9	99.2
102.2	101.7	101.1	100.0	100.1	100.0	100.0
109.4	107.4	102.7	94.9	88.9	100.4	100.7
100.3	100.7	100.6	101.1	100.1	100.0	100.0
100.6	100.0	100.2	101.2	100.1	100.0	100.0
100.2	97.8	100.0	100.0	100.2	103.7	102.3
105.2	104.2	100.4	100.0	100.0	100.4	101.1
105.4	97.0	94.6	80.4	99.8	122.0	116.3
102.0	94.3	90.8	102.5	93.2	103.9	107.0
88.1	93.6	98.0	102.9	102.9	104.6	120.2
—	—	—	—	—	—	—
85.0	87.1	85.7	89.8	92.1	115.5	103.6
99.7	96.9	102.0	92.1	95.0	105.4	102.1
96.2	97.3	96.3	93.9	99.1	111.8	109.5
94.6	96.9	90.0	86.9	98.3	103.2	103.3
94.3	93.0	94.9	92.6	106.5	120.9	101.8
102.5	97.5	98.4	95.8	98.2	112.4	105.8
100.2	99.8	99.9	99.8	99.6	100.2	100.1
99.8	97.3	97.1	100.0	99.7	100.4	99.9
100.0	100.0	100.0	100.0	—	—	—
100.0	96.0	99.4	99.4	100.1	100.4	99.5
100.9	99.3	97.6	100.1	100.2	100.1	101.3
102.6	100.0	100.0	99.3	99.3	107.8	100.4
133.0	114.9	115.6	101.3	90.7	110.1	116.6
102.0	100.0	101.2	111.4	103.0	103.5	110.0

11—16 工业生产者购进价格指数

单位:%　　　　　　　　　　　　　　　　　　　　　　　　　　　　(以上年价格为100)

指 标	Item	2011 年
全部原材料购进价格总指数	**Purchasing Price of Materials**	**115.0**
按初级中间最终产品分	**Grouped by Intermediate Product and Final Product**	
初级产品	Primary Product	119.7
农产品	Agricultural Product	115.5
矿产品	Minerals	121.9
废料	Scrap	117.7
中间产品	Intermediate Product	108.4
九大类原材料购进价格指数	**Classification of Purchasing Price of Materials**	
燃料、动力类	Fuel and Power	116.5
黑色金属材料类	Ferrous Metals	108.9
钢材	Steel	107.5
其它	Others	112.5
有色金属材料及电线类	Nonferrous Metals and Electric Wires	104.2
化工原料类	Raw Chemical Materials	120.8
木材及纸浆类	Timber and Paper Pulp	101.9
建筑材料及非金属类	Building Materials and Non-metallic Mineral	123.0
其它工业原材料及半成品类	Others Industry Raw Materials and Semi-manufantures	108.7
农副产品类	Agricultural Products	115.5
纺织原料类	Textile Materials	114.7

11—17 房地产价格指数

单位:%　　　　　　　　房地产月同比价格指数　　　　　　　　(2018,以上年价格为100)

指 标	Item	1月	2月
新建住宅价格指数	**New Residential Buildings Sales Price Index**		
新建商品住宅价格指数	**New Commercialized Houses Sales Price Index**	**104.1**	**105.2**
90m² 及以下	Housing of 90 Square Meters Below	104.4	105.0
90-144m²	Housing of Square Meters Below 90 and 140	104.0	104.7
144m² 以上	Housing of 144 Square Meters Above	104.5	106.7
二手住宅价格指数	**Second-hand House Sales Price Index**	**101.2**	**101.6**
90m² 及以下	Housing of 90 Square Meters Below	101.2	101.6
90-144m²	Housing of Square Meters Below 90 and 140	101.0	101.6
144m² 以上	Housing of 144 Square Meters Above	101.6	101.7

单位:%　　　　　　　　房地产月环比价格指数　　　　　　　　(2018,以上年价格为100)

指 标	Item	1月	2月
新建住宅价格指数	**New Residential Buildings Sales Price Index**		
新建商品住宅价格指数	**New Commercialized Houses Sales Price Index**	**100.4**	**100.5**
90㎡及以下	Housing of 90 Square Meters Below	100.4	100.6
90-144㎡	Housing of Square Meters Below 90 and 140	100.1	100.5
144㎡以上	Housing of 144 Square Meters Above	101.1	100.6
二手住宅价格指数	**Second-hand House Sales Price Index**	**100.2**	**99.9**
90㎡及以下	Housing of 90 Square Meters Below	100.2	99.9
90-144㎡	Housing of Square Meters Below 90 and 140	100.2	100.0
144㎡以上	Housing of 144 Square Meters Above	100.4	99.8

Purchasing Price Indices of Industrial Producer

(preceding year=100) (%)

2012年	2013年	2014年	2015年	2016年	2017年	2018年
104.2	**96.9**	**97.0**	**84.6**	**96.4**	**113.4**	**110.5**
106.8	95.8	96.9	76.4	92.3	119.0	115.1
101.0	101.3	101.7	96.3	96.8	100.5	99.5
109.7	93.2	94.5	65.9	90.0	129.0	122.2
90.9	86.7	89.7	76.8	99.6	111.0	114.3
100.2	98.5	97.1	96.1	102.3	106.2	103.9
107.4	96.0	96.4	74.3	94.1	121.9	118.5
93.8	89.4	92.1	92.1	103.3	114.6	105.7
96.2	88.9	93.4	96.8	104.0	113.2	105.6
87.7	90.5	88.8	79.8	101.0	119.5	106.1
94.2	94.3	91.3	97.1	97.8	111.9	103.4
100.3	93.9	93.8	88.4	98.1	114.2	100.9
100.8	99.4	99.7	99.8	102.2	102.0	104.0
110.3	87.4	91.4	90.2	98.7	105.5	105.0
103.1	104.9	98.9	98	101.6	101.9	102.5
101.0	101.3	101.7	96.3	96.7	100.5	99.5
97.3	98.6	100.7	99.6	99.2	106.2	99.6

Price Indices of Real Estate

(2018, preceding year=100) (%)

3月	4月	5月	6月	7月	8月	9月	10月	11月	12月
105.9	**106.2**	**106.2**	**107.1**	**107.7**	**109.0**	**109.6**	**109.7**	**108.9**	**109.2**
105.4	106.6	106.3	106.9	107.7	109.3	109.9	109.4	108.0	108.7
105.5	105.7	105.9	107.2	107.7	109.0	109.3	109.4	108.7	108.9
107.0	107.3	106.7	107.0	108.0	108.9	110.0	110.6	110.0	110.2
101.7	**101.8**	**101.6**	**102.3**	**103.2**	**104.0**	**105.4**	**105.7**	**105.5**	**105.4**
101.7	101.6	101.3	102.1	103.1	103.7	104.9	105.4	105.6	105.6
101.7	102.0	101.8	102.5	103.4	104.3	105.9	105.9	105.3	105.0
101.6	101.6	101.2	101.9	102.6	104.0	105.5	105.7	105.9	106.3

(2018, preceding month =100) (%)

3月	4月	5月	6月	7月	8月	9月	10月	11月	12月
100.8	**100.6**	**100.4**	**101.4**	**101.0**	**101.7**	**100.9**	**100.2**	**100.3**	**100.8**
100.2	100.7	100.1	101.0	101.3	101.7	101.0	99.8	100.2	101.5
101.0	100.7	100.5	101.6	100.8	101.8	100.4	100.2	100.2	100.6
100.5	100.1	100.2	100.9	101.2	101.4	101.8	100.5	100.5	101.0
100.1	**100.2**	**100.0**	**100.8**	**100.9**	**100.9**	**101.4**	**100.2**	**100.5**	**100.2**
100.1	100.1	100.0	100.8	100.9	100.8	101.3	100.4	100.6	100.4
100.0	100.4	100.0	100.7	100.9	100.9	101.5	100.0	100.3	100.0
100.0	100.1	99.8	100.9	100.8	101.6	101.5	100.1	100.6	100.5

主要统计指标解释

【城乡居民人均可支配收入】 指调查户在调查内获得的、可用于最终消费支出和储蓄的总和，即调查户可以用来自由支配的收入。可支配收入既包括现金，也包括实物收入。按照收入的来源，可支配收入包含四项，分别为：工资性收入、经营净收入、财产净收入和转移净收入。

可支配收入=工资性收入+经营净收入+财产净收入+转移净收入

其中：经营净收入=经营收入—经营费用—生产性固定资产折旧—生产税

财产净收入=财产性收入—财产性支出转移净

收入=转移性收入—转移性支出

【城乡居民消费支出】 指住户用于满足家庭日常生活消费需要的全部支出，包括用于消费品的支出和用于服务性消费的支出。根据用途不同，消费支出可划分为食品烟酒、衣着、居住、生活用品及服务、交通通信、教育文化娱乐、医疗保健、其他用品及服务八大类。根据来源不同，消费支出可划分为现金消费支出、实物消费支出（含自产自用、来自单位、来自政府和其它社会组织）。

【居民消费价格指数（简称CPI）】 是指城乡居民购买并用于日常生活消费的商品和服务项目的价格。居民消费价格调查的任务是调查、搜集和整理这些商品和服务项目的价格，并编制居民消费价格指数（英文名称：ConsumerPriceIn-dex 缩写：CPI），旨在反应一定时期内居民所消费商品及服务项目的价格水平变动趋势和变动程度。居民消费价格水平的变动率在一定程度上反映了通货膨胀（或紧缩）的程度。

【商品零售价格指数（简称RPI）】 商品的零售价格是商品在流通过程中最后一个环节的价格，是工业、商业、餐饮和其他零售企业向城乡居民、机关团体出售生活消费品和办公用品的价格。商品零售价格调查的任务是系统地调查、搜集和整理市场商品零售价格资料，编制商品零售价格指数（RPI），以此反映市场商品零售价格的变动趋势和变动程度。其目的在于掌握商品价格的变动趋势，为国家宏观调控和国民经济核算提供参考依据。

【工业生产者价格指数】 包括工业生产者出厂价格指数（简称PPI）和工业生产者购进价格指数（简称IPI），是反映工业产品价格变化趋势和变动幅度的统计指标，是工业品价格在不同时间和空间条件下平均变动的相对数。工业生产者价格包括工业品第一次出售时的出厂价格和企业作为中间投入的原材料、燃料、动力购进价格，是进行国民经济核算和经济管理的重要依据。

【房地产价格指数】 是综合反映住宅商品价格水平总体变化趋势和变化幅度的相对数，住宅销售价格指数由全国70个大中城市的新建商品住宅销售价格指数和二手住宅销售价格指数组成。

12

城市公用事业

City Public Utilities

12—1　主要年份城市设施水平

指　标	Item	单位	Unit
人均日生活用水量	Per Capita Daily Water Consumption for Residential Use	升	liter
用水普及率	Coverage Rate of Urban Population with Access to Tap Water	%	%
每万人拥有公交车辆	Number of Public Transportation Vehicles Per 10 000 Population	标台	unit
燃气普及率	Coverage Rate of Urban Population with Access to Gas	%	%
人均拥有城市道路面积	Per Capita Area of Paved Roads	平方米	sq.m
排水管道密度	Density of City Sewage Pipes	公里/平方公里	km/sq.km
污水处理率	Rate of Sewage Disposal	%	%
#污水处理厂集中处理率	Rate of Sewage Disposal	%	%
粪便处理率	Rate of Disposal of Excrement and Urine	%	%
清运生活垃圾无害化处理率	Rate of Life Garbage Disposal	%	%
人均公园绿地面积	Per Capita Park Green Area	平方米	sq.m
建成区绿地率	Parks and Green land Rate of Developed Areas	%	%
建成区绿化覆盖率	Green Covered Rate of Completed Area	%	%

注:城市公用事业数据资料均来自相关部门。

12—2　主要年份城市环境卫生

指　标	Item	单位	Unit
从业人数	Number of Employed Persons	人	person
道路清扫保洁面积	Area under Cleaning Program	万平方米	10 000 sq.m
#机械清扫	Mechanical Cleaning	万平方米	10 000 sq.m
生活垃圾清运量	Volume of Garbage Disposal	万吨	10 000 tons
生活垃圾无害化处理厂(场)	Harmless Treatment Plant of Garbage(Field)	座	unit
生活垃圾无害化处理能力	Harmless Treatment Capacity of Garbage	吨/日	ton/day
生活垃圾无害化处理量	Harmless Treatment quantity of Garbage	万吨	10 000 tons
粪便清运量	Volume of Excrement and Urine Disposal	万吨	10 000 tons
公厕数量	Number of Public Lavatories	座	unit
#水冲式	Flush	座	unit
市容环卫专用车辆	NumberSanitationof Special Vehicles for Environmental	辆	vehicle

The Level of Urban Facilities in Main Years

2009年	2010年	2011年	2012年	2013年	2014年	2015年	2016年	2017年	2018年
162.0	164.9	153.2	163.0	163.5	165.0	184.0	194.0	213.0	221.0
99.5	99.5	85.0	96.3	97.3	96.0	96.0	96.0	96.0	96.0
14.10	11.00	11.50	13.30	14.30	13.90	17.40	10.25	12.38	17.84
97.8	82.4	73.9	82.6	83.3	99.6	89.9	96.0	97.0	95.0
15.10	15.30	12.20	13.60	19.80	13.70	13.70	15.28	15.47	18.34
3.80	3.70	4.10	4.00	4.00	4.20	4.00	7.65	7.91	
87.0	91.8	92.0	92.0	93.0	93.0	93.8	95.2	95.3	95.5
87.0	91.8	92.0	92.0	93.0	93.0	93.8	95.2	95.3	95.5
100	100	100	100	100	100	100	100	100	100
100	100	100	100	100	100	100	97	96	100
14.00	12.10	12.20	13.40	15.10	16.10	16.30	16.52	16.79	17.04
43.20	43.20	43.30	41.90	41.10	40.40	40.90	41.48	42.11	41.68
43.00	43.00	43.20	41.70	41.10	40.40	40.90	41.51	42.14	42.02

a)Date in this table came from related department.

Environmental Sanitation in Main Years

2009年	2010年	2011年	2012年	2013年	2014年	2015年	2016年	2017年	2018年
2591	3290	3045	3233	3734	4028	4476	4589	5021	5075
1793	1503	1916	2544	3697	3885	4188	4156	4251	5099
490	520	520	520	556	1090	1443	1578	2091	2751
26.0	29.0	29.6	37.0	41.0	44.0	51.0	46.7	50.1	51.9
1	1	1	1	1	1	2	2	2	2
1000	1000	1000	1000	1000	1000	2500	2500	3000	3000
26.0	29.0	29.6	37.0	41.0	44.0	51.0	45.3	48.3	51.9
0.8	1.0	1.0	1.0	1.0	0.8	1.0	6.0	5.0	4.0
288	338	338	392	214	215	263	285	309	320
251	301	301	355	211	214	263	285	309	320
279	340	301	299	634	818	1100	1033	1301	1276

12—3 主要年份城市供水

指 标	Item	单位	Unit
年末水厂个数	Number of Waterworks at Year-end	个	unit
地下水综合生产能力	Synthesize Productivity of Groundwater	万立方米/日	10 000 cu.m/day
水质综合合格率	Qualified Rate of Water Quality at Year-end	%	%
年末供水管道总长度	Length of Water Supply Pipelines	公里	km
全年供水总量	Total Annual Volume of Water Supply	万立方米	10 000 cu.m
#生产用量	Volume of Productive Use	万立方米	10 000 cu.m
居民生活用量	Volume of Residential Use	万立方米	10 000 cu.m
城市公共管网漏失率	Rate of City Public Pipe Network	%	%
用水户数	Number of Households with Access to Tap Water	万户	10 000 household
用水人口	Number of Residents with Access to Tap Water	万人	10 000 person
城市居民人均生活用水量	Volume of Per Capita in Urban Life	升/人·日	liter/person·day

12—4 主要年份城市园林绿化

指 标	Item	单位	Unit
园林绿地面积	Area of Parks and Green land	公顷	hectare
#建成区公园绿地面积	Area of Public Parks and Green land	公顷	hectare
年末绿化覆盖面积	Green Covered Area at Year-end	公顷	hectare
#建成区	Completed Area	公顷	hectare
公园个数	Number of Parks	个	unit
公园面积	Area of Parks	公顷	hectare

12—5 主要年份城市公共交通

指 标	Item	单位	Unit
公共汽车运营车辆数	Number of Public Vehicles under Operation	辆	unit
标准运营车辆	Number of Standard Vehicles under Operation	标台	unit
运营线路网长度	Network Length	公里	km
客运总量	Volume of Passenger	万人次	10 000 person-times
出租汽车数	Number of Taxi	辆	unit
出租汽车从业人员	Drivers of Taxi	人	person

Tap Water Supply of City in Main Years

2009年	2010年	2011年	2012年	2013年	2014年	2015年	2016年	2017年	2018年
6	6	6	6	6	7	8	8	8	8
44.0	44.0	41.0	39.4	40.2	34.5	44.6	44.6	40.0	40.0
100	100	100	100	100	100	100	100	100	100
831.00	841.00	850.00	859.00	641.00	724.00	739.00	772.87	792.47	801.41
10225	10525	11249	11468	11835	9717	10824	11445	13778	14226
2917	2671	2642	2413	2445	2101	2655	2984	932	1261
4452	5104	5182	5381	5776	6316	6718	6925	3345	3624
9.80	10.20	9.90	10.10	11.70	11.50	13.40	13.40	10.47	10.46
22.9	23.0	36.3	34.6	36.5	38.1	37.8	39.5	39.3	40.5
105.3	107.6	125.4	122.0	128.0	140.0	138.9	140.0	143.0	145.0
162	165	153	163	167	115	133	145	160	164

Parks and Green Areas of City in Main Years

2009年	2010年	2011年	2012年	2013年	2014年	2015年	2016年	2017年	2018年
5181	5407	5584	5884	7413	8506	9022	9683	9951	10302
1545	1556	1651	1780	2173	2213	2263	2322	2400	2419
5403	5701	5865	6165	7694	8694	9209	9869	10111	10495
4976	5188	5332	5632	6102	6506	6821	7086	7301	7722
17	17	17	17	17	19	20	20	21	21
532	532	950	532	532	660	730	730	1252	1252

Public Transportation of City in Main Years

2009年	2010年	2011年	2012年	2013年	2014年	2015年	2016年	2017年	2018年
1321	1401	1377	1535	1645	1616	1949	1818	2202	2074
1492	1421	1514	1762	1942	1907	2398	2246	2755	2613
410	420	450	489	1594	1755	1979	658	702	742
17378	18171	19920	25445	30048	30271	30653	31025	29321	27861
5006	5006	5006	5278	5364	5364	5364	5364	5364	5442
11000	9667	12000	12000	12000	13193	12000	13400	10077	10070

12—6 主要年份市政建设及城市燃气

指标	Item	单位	Unit	2009 年
市政建设	**Public Facilities**			
年末实有道路长度	Length of Paved Roads at Year-end	公里	km	490
道路面积	Area of Street	万平方米	10 000sq.m	1594
#人行道面积	Area of Sidewalk	万平方米	10 000sq.m	478
年末实有桥梁数	Number of Bridge at Year-end	座	unit	47
#立交桥	Overpass	座	unit	2
排水管道长度	Length of Draining Water Pipelines	公里	km	436
路灯盏数	Number of Street Lights	盏	unit	115305
污水年排放量	Volume of Sewage Annual Emission	万立方米	10 000cu.m	9203
污水处理厂座数	Number of Sewage Treatment Plant	座	unit	4
污水年处理量	Volume of Sewage Annual Disposal	万立方米	10 000cu.m	8004
液化石油气	**Liquefied Petroleum Gas**			
供气总量	Volume of Gas Supply	吨	ton	7890
#家庭用量	Volume of Household	吨	ton	7890
用气户数	Number of Household Used Gas	户	household	150000
#家庭用户	Household	户	household	150000
用气人口	Population with Access to Gas	万人	10 000 persons	45.00
天然气	**Natural Gas**			
供气总量	Volume of Gas Supply	万立方米	10 000cu.m	55092
#家庭用量	Volume of Household	万立方米	10 000cu.m	55092
用气户数	Number of Household Used Gas	户	household	195000
#家庭用户	Household	户	household	195000
用气人口	Population with Access to Gas	万人	10 000 persons	58.50
供气管道长度	Length of Gas Pipelines	公里	km	1334
集中供热	**Heating**			
供热能力(热水)	Heating Capacity(hot water)	兆瓦	mega watts	2947.00
#热电厂供热(热水)	Heating by Thermal Power Plan(t hot water)	兆瓦	mega watts	977.22
锅炉房供热	Heating by Boiler Room	兆瓦	mega watts	1955.50
供热总量(热水)	Quantity of Heat Supplied(hot water)	万吉焦	10 000gigajoules	2894.00
#热电厂供热(热水)	Heating by Thermal Power Plan(t hot water)	万吉焦	10 000gigajoules	905.00
管道长度(热水)	Length of Heating Pipelines(hot water)	公里	km	656.00
供热面积	Area of Centralized Heating	万平方米	10 000sq.m	3279.00
#住宅	Residence	万平方米	10 000sq.m	2721.00
集中供热率	Rate of Heating	%	%	71.0

12—7 主要年份城市规模及用地情况

指标	Item	单位	Unit	2009 年
城市建成区面积	**Developed Areas of Cities**	**平方公里**	**sq.km**	**115.70**
城市建设用地面积	**Land Used of City Areas and Floor Space of Buildings**	**平方公里**	**sq.km**	**115.70**
#居住用地	Land Used of Residence	平方公里	sq.km	36.90
公共设施用地	Land Used of Public Facilities	平方公里	sq.km	22.50
工业用地	Land Used of Industry	平方公里	sq.km	14.60
仓储用地	Land Used of Warehousing	平方公里	sq.km	5.40
交通设施用地	Land Used of External Transport	平方公里	sq.km	5.00
公用设施用地	Land Used of Municipal Utilities	平方公里	sq.km	5.20

Public Transportation of City in Main Years

2010 年	2011 年	2012 年	2013 年	2014 年	2015 年	2016 年	2017 年	2018 年
506	551	563	598	605	616	687	697	715
1652	1796	1809	1837	1881	1897	2535	2565	2660
352	395	398	407	447	447	537	544	568
49	49	49	52	85	90	86	90	90
2	2	2	2	4	4	3	3	3
451	522	538	544	683	689	1136	1176	1256
118093	120900	128000	134530	137198	143534	132466	126407	106695
10525	10931	13281	15283	15658	15664	15992	16179	18002
4	5	5	5	6	6	6	8	8
9662	10057	12125	14214	14568	14724	15227	15419	17192
7684	6950	11084	12321	14000	6570	5117	4056	4355
7684	6950	5500	5573	5000	5528	4566	4056	4121
100000	90000	72500	77060	97000	90000	101000	100920	111600
100000	90000	72500	75198	97000	80000	90000	100920	111600
39.90	35.92	28.30	20.45	21.34	13.50	13.00	22.01	24.55
86937	95626	147354	172394	172394	162000	163000	122154	151376
86937	95626	45666	63261	60130	19785	46139	19562	16784
278617	305588	336116	458688	519000	522531	562435	599772	631723
278617	305588	336116	458609	519000	520000	557868	596612	628348
66.36	72.95	80.20	113.29	123.76	124.80	135.00	130.75	137.61
1527	1560	1751	2124	2417	2542	2675	3233	3233
2994.72	3107.72	3394.40	3551.62	3519.32	4028.10	4081.80	4519.00	4420.52
977.22	977.22	977.20	989.22	935.22	1027.00	1027.00	1654.00	2794.52
2003.50	2130.50	2417.20	2562.40	2584.10	3001.10	3054.80	2865.00	1626.00
2940.00	2066.52	2462.70	2058.43	2176.65	2254.77	2539.67	2924.00	3460.47
905.00	638.40	843.40	679.20	748.39	732.45	732.45	1075.00	3354.00
755.00	963.00	1297.00	1384.00	1299.00	1672.68	1874.18	3000.00	2785.01
3452.00	3564.00	3914.00	4093.00	4247.00	4663.00	5710.84	6138.80	6681.96
2790.00	2680.00	3012.00	3197.00	3412.00	3699.00	4452.51	4835.90	5372.58
71.0	71.1	72.4	73.0	71.0	71.0	71.3	80.2	58.1

Size and Land Used of City in Main Years

2010 年	2011 年	2012 年	2013 年	2014 年	2015 年	2016 年	2017 年	2018 年
120.60	**126.40**	**135.10**	**148.60**	**160.80**	**166.80**	**170.70**	**194.04**	**203.28**
120.60	**126.40**	**135.10**	**148.60**	**160.80**	**166.80**	**170.70**	**194.04**	**192.84**
37.70	39.70	42.80	45.50	49.40	50.90	52.16	57.89	67.58
23.10	24.00	25.10	27.10	27.60	27.90	28.65	30.38	25.31
14.80	15.00	15.20	15.50	15.70	15.80	16.65	29.56	23.98
5.40	5.70	6.40	7.20	7.20	7.20	7.43	7.47	5.51
5.20	5.20	5.40	7.30	10.10	11.70	27.36	29.40	28.80
5.20	5.20	6.50	6.60	6.60	6.90	9.33	9.43	4.13

主要统计指标解释

【水综合生产能力】 指按供水设施取水、净化、送水、出厂输水干管等环节设计能力计算的综合生产能力。包括在原设计能力的基础上,经挖、革、改增加的生产能力。计算时,以四个环节中最薄弱的环节为主确定能力。原则上按设计能力填报,对于经过更新改造后,实际生产能力与设计能力相差很大的,按实际能力填报。

【供水管道长度】 指从送水泵至用户水表之间所有管道的长度。不包括新安装尚未使用、水厂内以及用户建筑物内的管道。在同一条街道埋设两条或两条以上管道时,应按每条管道的长度计算。

【供水总量】 指报告期供水企业(单位)供出的全部水量。包括有效供水量和漏损水量。有效供水量指水厂将水供出厂外后,各类用户实际使用到的水量。包括售水量和免费供水量。售水量指报告期供水企业(单位)收费供应的水量。免费供水量指无偿供应的水量,比如消防用水,特困居民免收水费的水量等。漏损水量指在供水过程中由于管道及附属设施破损而造成的漏水量、失窃水量以及水表失灵少计算的水量。管道及附属设施漏水量指供水管道、闸井、表井、消火栓及中间加压设施(水池、水库、水塔)等各种管道及附属供水设施的明漏、暗漏、溢流、渗漏等漏失的水量。

【集中供热】 指从一个或多个热源通过热网向城市的热用户供给生产和生活热能的方式。要求具有一定的规模:大、中城市供热设备的单机容量在7 兆瓦及以上(锅炉单台容量在10 吨/时及以上),民用建筑供热面积在10万平方米及以上;小城市供热设备的单机容量在3兆瓦及以上(锅炉单台容量在4吨/时及以上),民用建筑供热面积在4万平方米及以上。工业供热能力不得小于7兆瓦(单台锅炉容量不小于10吨/时)。

【供热总量】 指在报告期供热企业(单位)向城市热用户输送全部蒸汽和热水的总热量。

【运营线路网长度】 指公共交通线路所通过的运营线路净长度。计算公式:运营线路网长度=运营线路总长度-Σ重复的线路长度

【污水处理能力】 指污水处理厂(或污水处理装置)每昼夜处理污水量的设计能力。

【绿化覆盖面积】 指城市中的乔木、灌木、草坪等所有植被的垂直投影面积。包括公园绿地、防护绿地、生产绿地、附属绿地、其他绿地的绿化种植覆盖面积、屋顶绿化覆盖面积以及零散树木的覆盖面积,不含各类绿地中的水域面积以及没有被植被覆盖的面积(硬化道路、无屋顶绿化的建筑物等)。乔木树冠下重迭的灌木和草本植物不能重复计算。

【绿地面积】 指报告期末用作园林和绿化的各种绿地面积。包括公园绿地、生产绿地、防护绿地、附属绿地和其他绿地的面积。

【公园绿地】 城市中向公众开放的、以游憩为主要功能,有一定的游憩设施和服务设施,同时兼有健全生态、美化景观、防灾减灾等综合作用的绿化用地。它是城市建设用地、城市绿地系统和城市市政公用设施的重要组成部分。

13

教育、科学、文化

Education, Science and Culture

13—1　主要年份各类学校在校学生数

单位:人

年份 Year	高等学校 Higher Education	# 普通高等学校 Regular Institutions of Higher Education	中等职业教育 Vocational Secondary Education	# 中等专业学校 Regular Specialized Secondary Schools	# 职业学校 Vocational Education Schools	普通中学 Regular Secondary Education Schools	小学 Primary Schools
1949			190	190		482	11151
1950			419	419		562	11459
1951			708	708		508	11975
1952			1247	1247		729	14769
1953			1389	1389		885	17549
1954			1379	1379		1219	16939
1955			1088	1088		1638	20483
1956			1720	1720		2530	27199
1957			1673	1673		3526	31500
1958	329	329	2254	2254		5285	52329
1959	784	784	2609	2609		6918	60622
1960	1079	1079	4522	4522		7081	65047
1961	1288	1288	2817	2817		6205	51191
1962	1174	1174	919	919		5729	44091
1963	1084	1084	724	724		6804	50397
1964	1056	1056	816	816		7497	62525
1965	982	982	1005	1005		9322	71561
1966	808	808	900	900		9278	67636
1967	627	627	635	635		8766	66962
1968	351	351	612	612		7696	70280
1969						11696	73706
1970			200	200		16141	70880
1971			300	300		19701	78410
1972	441	441	445	445		19741	91292
1973	1025	1025	693	693		25048	102186
1974	1614	1614	800	800		31220	112264
1975	2023	1719	1438	1438		40450	119871
1976	3097	2089	1440	1440		53128	125505
1977	2929	2160	1766	1766		61198	126011
1978	2690	2476	1896	1896		66814	126512
1979	7919	2542	2025	2025		63285	126062
1980	8582	3432	2648	2648		59887	123975
1981	7145	5078	3512	2668		55417	119041

Number of Students Enrollment by Level and Type in Main Years

(person)

年份 Year	高等学校 Higher Education	# 普通高等学校 Regular Institutions of Higher Education	中等职业教育 Vocational Secondary Education	# 中等专业学校 Regular Specialized Secondary Schools	# 职业学校 Vocational Education Schools	普通中学 Regular Secondary Education Schools	小学 Primary Schools
1982	8776	4204	3349	2677		52891	115465
1983	10485	4563	4254	3342	279	54279	116699
1984	8519	5025	5757	3362	1377	54361	124486
1985	11139	5790	7547	4423	1580	72492	127998
1986	12536	6540	7420	5435	708	65506	128881
1987	12035	6681	11389	6216	2962	71233	130626
1988	12849	6949	12530	6539	3318	66622	129165
1989	13327	7183	12398	6539	2922	63840	126347
1990	12338	7279	11939	6463	2724	69628	123323
1991	11581	7234	18482	11526	2822	68373	119993
1992	11554	7803	20740	12399	3063	67684	118854
1993	13625	8848	22937	13638	3452	63037	119394
1994	15246	9701	28962	18678	3511	63064	172321
1995	14645	9873	22719	12613	3488	65217	123587
1996	15090	9700	23373	12730	3150	67636	131027
1997	11301	10173	24652	13692	3046	69072	127990
1998	19283	10522	28895	17979	3366	69797	132165
1999	22025	12249	29100	19240	3447	70811	132018
2000	28879	15901	32327	22977	4174	77013	136022
2001	43441	20134	35105	26993	3816	84674	136781
2002	55489	25947	31965	24391	3809	92068	135561
2003	62235	30891	35733	26667	3734	99186	134594
2004	57434	36801	36163	26421	4363	104201	140541
2005	60034	40925	42516	30650	5284	107253	142453
2006	71558	46073	45616	31351	7007	106880	147824
2007	74904	52657	48823	30071	8624	109841	149188
2008	79619	60505	57608	33912	10350	115179	149977
2009	86307	62432	64499	40496	9536	120550	147663
2010	98132	69678	64730	46079	9404	123331	147483
2011	98975	74082	67992	50330	11903	123785	148184
2012	107978	78721	60456	45429	11060	125665	147703
2013	117248	88477	53923			128649	151903
2014	124760	97593	42020			130551	156931
2015	123507	97996	44739			130200	162121
2016	127580	98912	41434			129365	167635
2017	106916	101638	38294			130380	173587
2018	110336	103989	34428			133814	181783

13—2 主要年份各类学校专任教师数

单位:人

年份 Year	高等学校 Higher Education	# 普通高等学校 Regular Institutions of Higher Education	中等职业教育 Vocational Secondary Education	# 中等专业学校 Regular Specialized Secondary Schools	# 职业学校 Vocational Education Schools	普通中学 Regular Secondary Education Schools	小学 Primary Schools
1949			21	21		40	433
1950			30	30		31	453
1951			42	42		37	508
1952			78	78		41	637
1953			67	67		45	487
1954			84	84		55	442
1955			55	55		62	525
1956			101	101		118	646
1957			103	103		142	779
1958	79	79	124	124		293	1223
1959	165	165	157	157		313	1397
1960	247	247	189	189		298	1682
1961	336	336	272	272		348	1622
1962	320	320	217	217		364	1591
1963	293	293	223	223		416	1682
1964	273	273	109	109		455	1965
1965	272	272	113	113		480	2214
1966	223	223	74	74		535	2447
1967	217	217	67	67		549	2079
1968	264	264	49	49		551	2264
1969	230	230	43	43		620	2612
1970	230	230	116	116		747	2862
1971	514	514	117	117		877	2679
1972	374	374	144	144		1047	3128
1973	467	467	161	161		1278	3512
1974	496	496	189	189		1393	3660
1975	535	518	330	330		1623	3969
1976	595	534	237	237		2132	4170
1977	674	580	232	232		2530	4433
1978	658	637	208	208		2503	4479
1979	718	712	370	370		2640	4369
1980	766	738	473	388		2913	4563
1981	724	720	506	506		2938	4551

Number of Full-time Teachers by Level and Type of Schools in Main Years

(person)

年份 Year	高等学校 Higher Education	# 普通高等学校 Regular Institutions of Higher Education	中等职业教育 Vocational Secondary Education	# 中等专业学校 Regular Specialized Secondary Schools	# 职业学校 Vocational Education Schools	普通中学 Regular Secondary Education Schools	小学 Primary Schools
1982	990	862	1715	1378		3543	5063
1983	1173	1004	1695	1430	19	3622	5111
1984	1270	1126	1715	1363	89	3623	5082
1985	1426	1251	1737	1363	81	4135	5428
1986	1526	1322	2277	1853	46	4002	5314
1987	1590	1371	1512	969	200	3945	5338
1988	1789	1432	1747	969	217	3913	5407
1989	1749	1492	1984	975	221	5099	5534
1990	1717	1466	1672	950	273	4473	5388
1991	1803	1486	1948	1180	237	4210	5216
1992	1870	1562	2163	1328	233	4328	5536
1993	1829	1499	2232	1364	251	4382	5853
1994	1889	1736	2377	1465	248	4348	5988
1995	1792	1627	2428	1534	277	4466	6087
1996	1626	1626	2174	1364	240	4518	6054
1997	1779	1669	1872	975	263	4600	6140
1998	1777	1589	2249	1622	294	4625	6214
1999	1829	1646	2331	1516	299	4683	6543
2000	1897	1714	2352	1454	311	4855	6961
2001	2062	1867	2095	1345	320	5013	7087
2002	2063	1876	2159	1373	297	5256	7066
2003	2791	2711	1468	721	305	5675	6950
2004	2917	2917	1431	651	273	5873	6752
2005	3161	3161	1380	549	323	6146	6856
2006	3407	3407	1648	720	364	6398	6873
2007	3564	3564	1645	723	366	6424	6949
2008	3957	3892	2159	862	421	6941	6937
2009	3720	3655	2739	902	440	7185	7200
2010	5069	5004	2222	743	437	7310	7236
2011	5356	5290	1970	734	299	7555	7356
2012	5771	5703	1880	810	493	7789	7582
2013	6189	6119	2142			7940	7820
2014	6678	6606	2048			8182	8049
2015	7013	6937	1187			8537	8280
2016	6996	6920	1196			8752	8581
2017	7029	6953	1047			9023	8872
2018	7053	6978	1122			9714	8570

13—3 教育事业

（2018）

指 标	Item	单位	Unit	总计 Total	市 区 City	永宁县 Yongning	贺兰县 Helan	灵武市 Lingwu
学校数	**Number of Schools**							
普通高等学校	Regular Institutions of Higher Education	所	unit	17	15	2		
成人高等学校	Institutions of Higher Education for Adult	所	unit	1	1			
中等职业学校	Regular Specialized Secondary Schools	所	unit	14	10	2	1	1
中学	Secondary Education Schools	所	unit	79	52	11	7	9
小学	Primary Schools	所	unit	200	114	29	25	32
本年毕业生数	**Graduates in This Year**							
普通高等学校	Regular Institutions of Higher Education	人	person	27733	24270	3463		
#研究生	Postgraduates	人	person	1559	1559			
成人高等学校	Institutions of Higher Education for Adult	人	person	1358	1358			
中等职业学校	Regular Specialized Secondary Schools	人	person	13826	10280	1566	682	1298
中学	Secondary Education Schools	人	person	41812	27884	5142	4291	4495
小学	Primary Schools	人	person	27538	16468	4099	3419	3552
本年招生数	**Number of New Student Enrollment This Year**							
普通高等学校	Regular Institutions of Higher Education	人	person	33309	29572	3737		
#研究生	Postgraduates	人	person	2614	2614			
成人高等学校	Institutions of Higher Education for Adult	人	person	287	287			
中等职业学校	Regular Specialized Secondary Schools	人	person	11685	9366	585	399	1335
中学	Secondary Education Schools	人	person	45642	29532	6100	4962	5048
小学	Primary Schools	人	person	33938	22728	3740	4155	3315

Education

指 标	Item	单位	Unit	总计 Total	市 区 City	永宁县 Yongning	贺兰县 Helan	灵武市 Lingwu
本年在校学生数	**Number of Students Enrollment in This Year**							
普通高等学校	Regular Institutions of Higher Education	人	person	110336	97727	12609		
#研究生	Postgraduates	人	person	6347	6347			
成人高等学校	Institutions of Higher Education for Adult	人	person	2962	2962			
中等职业学校	Regular Specialized Secondary Schools	人	person	34428	27904	1865	1351	3308
中学	Secondary Education Schools	人	person	133814	87729	17829	14033	14223
小学	Primary Schools	人	person	181783	115647	23324	22640	20172
本年教职工数	**Number of Teachers and Staff in This Year**							
普通高等学校	Regular Institutions of Higher Education	人	person	10125	9373	752		
成人高等学校	Institutions of Higher Education for Adult	人	person	123	123			
中等职业学校	Regular Specialized Secondary Schools	人	person	1631	1261	103	145	122
中学	Secondary Education Schools	人	person	10500	6846	1512	1056	1086
小学	Primary Schools	人	person	8772	5238	1057	1294	1183
本年专任教师数	**Number of Full-time Teachers in This Year**							
普通高等学校	Regular Institutions of Higher Education	人	person	6978	6364	614		
成人高等学校	Institutions of Higher Education for Adult	人	person	75	75			
中等职业学校	Regular Specialized Secondary Schools	人	person	1122	849	73	78	122
中学	Secondary Education Schools	人	person	9772	6364	1393	966	1049
小学	Primary Schools	人	person	8570	5145	1054	1189	1182

13—4 学龄儿童入学和小学、初中毕业生情况

Enrollment of School-age Children and Graduates of Primary and Secondary Schools

指 标	Item	单位	Uint	2017 年	2018 年
学龄儿童入学情况	**Enrollment of Children at School-age**				
学龄儿童数	Number of Children at School-age	人	person	173581	172495
已入学学龄儿童数	Total Enrollment		person	173587	172495
学龄儿童入学率	Persontage of Children at School-age Enrollment	%	%	100	100
小学毕业生升学情况	**Enrollment of Graduates of Primary Schools**				
小学毕业生数	Number of Graduates of Primary Schools	人	person	26266	27538
初级中学学校招生数	New Enrollment of Junior Secondary Schools	人	person	26578	27912
小学毕业生升学率	New Enrollment Percentage of Graduates of Primary Schools	%	%	100	100
初中毕业生升学情况	**Enrollment of Graduates of Junior Secondary Schools**				
初中毕业生数	Number of Graduates of Junior Secondary Schools	人	person	24522	23354
高中学校招生数	New Enrollment of Senior Secondary Schools	人	person	18413	17730
普通高中升学率	New Enrollment Percentage of Graduates of Regular Secondary Schools	人	person	75.1	75.92

13—5 广播电视基本情况

Basic Statistics on Radio and TV Stations

	Item	单位	Unit	2017 年	2018 年
广播	**Broadcasting**				
广播人口覆盖率	Population Coverage on Radio	%	%	100	100
节目套数	Program	套	unit	6	7
全年播出时间	Total Broadcasting-time This Year	时	hours	26633	40266
新闻资讯	News Programs	时	hours	8828	7980
专题服务	Special Subject Programs	时	hours	5491	6283
综艺类	General Entertainment Programs	时	hours	5876	15311
广告	Advertising Programs	时	hours	5290	7834
其他	Others	时	hours	1030	2858
广播节目制作	Production of Broadcasting	小时	hour	7461	7293
新闻资讯	News	小时	hour	2283	2336
专题服务	Featured	小时	hour	1719	1616
综艺类	Variety	小时	hour	784	723
广告	Advertising Programs	小时	hour	2504	2541
其他	Others	小时	hour	171	77
电视	**TV**				
电视发射台和转播台	TV Transmission and Relaying Stations	座	unit	6	6
电视人口覆盖率	Viewer Rate	%	%	100	100
节目套数	Program	套	unit	6	7
全年播出时间	Production of TV Programs	时	hours	37041	41682
新闻资讯	News Programs	时	hours	2946	3279
专题服务	Special Subject Programs	时	hours	3369	4271
综艺类	General Entertainment Programs	时	hours	3530	3038
广告	Advertising Programs	时	hours	6548	8648
影视剧	TV Play Programs	时	hours	18384	20305
其他	Others	时	hours	2264	2141
电视节目制作	Production of TV Programs	小时	hour	4801	4161
新闻资讯	News Programs	时	hours	1323	1183
专题服务	Special Subject Programs	时	hours	1584	1298
综艺类	General Entertainment Programs	时	hours	543	459
广告	Advertising Programs	时	hours	1179	1073
其他	Others	时	hours	172	148

13—6 图书、杂志、报纸出版情况

Publication of Books, Magazines and Newspapers

指　标	Item	单位	Uint	2017 年	2018 年
图 书	**Books**				
图书种类	Number of Publications	种	kind	3909	3303
图书印数	Printed Copies	万册	10 000 copies	5837	8070
杂 志	**Magazines**				
杂志种类	Number of Publications	种	kind	37	37
杂志印数	Printed Copies	万册	10 000 copies	649	516
报 纸	**Newspapers**				
报纸种类	Number of Publications	种	kind	19	14
报纸总印数	Printed Copies	万份	10 000 copies	10524	10284

13—7 公共图书馆基本情况

(2018)

指 标	Item	总藏书量(册) Total Collections (volumes)	# 开架书刊 Open-shelf Books	书架单层总长度(米) Total Length of Shelves(m)
合 计	**Total**	**4160203**	**1634591**	**66107**
其中:宁夏图书馆	Ningxia Library	2331890	645522	44896
市属合计	**Public Libraries at Yinchuan Municipal Level**	**1828313**	**989069**	**21211**
银川市图书馆	Yinchuan	989275	493832	12219
兴庆区图书馆	Xingqing	132232	90396	1750
金凤区图书馆	Jinfeng	51468	47418	750
西夏区图书馆	Xixia	101454	81230	1000
永宁县图书馆	Yongning	127111	126291	1800
贺兰县图书馆	Helan	242747	101809	3200
灵武市图书馆	Lingwu	184026	48093	492

13—8 艺术表演团体基本情况

(2018)

指 标	Item	本团原创首演剧目 Original Created and Showed Performances	国内演出场次 Number of Domestic Performances
合 计	**Total**	**6**	**1567**
区属合计	Total of Provincial Level	2	1219
宁夏歌舞团	Ningxia Sing and Dance Troupe	1	239
宁夏京剧团	Ningxia Peking-opera Troupe	0	332
宁夏话剧团	Ningxia Drama Troupe	0	238
宁夏秦腔剧团	Ningxia Qinqiang Troupe	1	410
市属合计	Total of Yinchuan Municiqal Level	4	348
银川艺术剧院有限公司	Yinchuan Art Theatre Ltd.	4	348

13—9 群众艺术馆、文化馆基本情况

(2018)

指 标	Item	举办展览个数(个) Number of Exhibitions (unit)
合 计	**Total**	**63**
其中:宁夏文化馆	Ningxia Cultral Center	40
市属合计	**Total Cultral Center at Yinchuan Municiqal Level**	**23**
银川市文化艺术馆	Yinchuan	5
兴庆区文化馆	Xingqing	2
金凤区文化馆	Jinfeng	5
西夏区文化馆	Xixia	5
永宁县文化馆	Yongning	2
贺兰县文化馆	Helan	4
灵武市文化馆	Lingwu	0

Facilities and Services of Public Libraries

发放借书证数(个) Number of Library Cards Distributed(unit)	总流通人次(千人次) Total Number of Circulation (1000person-times)	#书刊外借千人次 Number of Books Borrowed by Readers	为读者举办各种活动 Activites Hold for Readers 次数(次) Times(times)	参加人次(人次) Participated (Person-times	阅览室座席(个) Seating Capacity of Rerding-rooms	#少儿阅读室座席 Seats for Younger Children
157049	**2800**	**786**	**223**	**68760**	**4255**	**650**
69375	1427	404	39	24350	1500	150
87674	**1373**	**382**	**184**	**44410**	**2755**	**500**
49144	468	107	58	22952	864	176
12163	90	24	9	2800	306	48
2594	62	45	11	5830	240	60
9903	170	81	41	5020	164	48
1200	55	40	14	1610	400	30
12161	452	65	46	4698	490	118
509	76	20	5	1500	291	20

Basic Statistics of Art Performance Troupes

#农村演出场次 Shows in Rural Areas	国内观众人次(千人次) Number of Domestic Spectators (1000person-times)	国外演出场次(场) Number of Perfofmances Showed Abroad (unit)
773	**846**	**29**
710	783	7
123	200	4
180	66	0
177	115	0
230	402	3
63	63	22
63	63	22

Basic Statistics of Mass Art Centres and Cultral Centres

组织文艺活动次数(次) Art Performances and Story-telling Sessions (times)	举办训练班 Training Courses 班次(次) Number of Classes(times)	培训人次(人次) Number of Persons Completing Courses (person-times)
2397	**929**	**46780**
146	46	9000
2251	**883**	**37780**
392	100	5000
341	68	4000
437	606	12280
350	41	8000
210	12	2300
121	24	3200
400	32	3000

13—10 银川市规模以上工业企业科技活动情况

Basic Statistics on Scientific Reserch of Indusrtial Enterprises above Designated Size in Yinchuan

指标	Item	2018年
企业数(个)	Number of Enterprises(unit)	376
#有 R&D 活动的企业	Number of Enterprises Having R&D Activities	110
#有研发机构单位数	Number of Enterprises Having R&D Institutions	58
R&D 人员折合全时人员当量(人年)	Full-time Equivalent of R&D Persone(1 man-year)	3171
基础研究	Basic Research	
应用研究	Applied Research	47
试验发展	Experimental Development	3124
R&D 经费内部支出(万元)	Intramural Expenditure on R&D(10000 yuan)	188007.9
按经济活动类型分	Grouped by Type of Intramural Expenditure on R&D	
#基础研究支出	Basic Research	
应用研究支出	Applied Research	2188.5
试验发展支出	Experimental Development	185819.4
按资金来源分	Grouped by Fund Resource	
#企业资金	Self-raised Funds by Enterprises	173642.7
政府资金	Government Funds	14085.8
其他资金	Others	247.8
境外资金	Foreign Funds	31.6
全社会R&D 经费内部支出于国内生产总值比例(%)	Proportion of Intramural Expenditure on R&D to GDP(%)	1.40
专利申请数(件)	Patent Applications(item)	1153
#发明专利	Inventive Patent	590
发表科技论文(篇)	Scientific Papers Issued(pieces)	562
新产品开发项目数(项)	Number of New Products R&D Projec(t item)	763
新产品开发经费支出(万元)	Expenditure of New Products R&D Projec(t 10000 yuan)	120008.2
新产品产值(万元)	Output Value of New Products(10000 yuan)	3239027.6
新产品销售收入(万元)	Sales Revenue of New Products(10000 yuan)	3258296.4
技术改造经费支出(万元)	Expenditure of Technology Update(10000 yuan)	386369.1
技术引进经费支出(万元)	Expenditure of Technology Introduction(10000 yuan)	552.2
消化吸收经费支出(万元)	Expenditure for Assimilation of Technology(10000 yuan)	7.2
购买国内技术经费支出(万元)	Expenditure for Purchase of Domestic Technology(10000 yuan)	691

主要统计指标解释

【高等学校】 指按国家规定审批程序批准举办，通过全国统一招生考试招收高级中等学校毕业生或具有同等学历者，实施高等教育，培养高等专门人才的学校。包括大学、专门学院、高等专科学校和短期职业大学。

【成人高等学校】 指按照国家规定的审批程序批准举办，招收高中毕业或同等学历者，利用多种形式对成人实施高等教育，培养相当普通高等学校专科或本科毕业水平的专门人才的学校。包括广播电视大学、职工高等学校、农民高等学校、干部管理学院、教育学院、独立函授学院以及普通高等学校举办的函授、夜大学等。

【毕业生数】 指上学年度内，具有学籍的学生学完教学计划规定的全部课程，考试及格，实际毕业的学生数。不包括结业生和肄业生数。

【招生数】 指新学年开学时，一年级实际招收入学的新生数。不包括留级生和复学生数。

【在校学生数】 指学年初具有学籍的在校生总数。

【专任教师】 指主要从事教育工作人员。包括临时(一年以内)调去帮助做其他工作的教学人员。不包括调离教学岗位，担任行政领导工作或其他工作的原教学人员；不包括兼任教师和代课教师。

【艺术表演团体】 指从事戏曲、音乐、舞蹈、杂技等专业艺术表演，有独立账户，实行单独核算的团体。不包括半工半艺、半农半艺的业余剧团。

【艺术表演观众人数(人次)】 指售票、包场演出或民族地区免费演出的艺术表演观众人次数。不包括彩排审查和内部观摩演出的观看人次数。

14

卫生、体育、民政、司法及其他

Public Health, Sports, Civil Administration, Justic ang Others

14—1 主要年份卫生发展情况

年份 Year	卫生机构数(个) Number of Health Care Institutions (unit)	医院、卫生院(个) Hospitals and Health Centers (unit)	#医院 Hospitals	卫生技术人员(人) Medical Technology personne(1 person)	#医生 Doctors	卫生机构床位数(张) Number of Beds in Health Care Institutions (bed)
1949	3	13	1	124	102	40
1950	18	15	4	158	14	40
1951	31	15	4	182	122	50
1952	26	15	4	251	148	120
1953	37	19	8	371	189	150
1954	51	21	10	471	231	200
1955	56	22	11	514	239	255
1956	83	21	10	708	396	276
1957	83	22	11	779	422	341
1958	96	25	14	992	487	501
1959	129	25	14	1210	648	635
1960	176	26	15	1379	777	726
1961	195	35	24	1444	735	739
1962	175	36	25	1344	692	795
1963	167	36	25	1500	756	924
1964	205	37	26	1712	815	1126
1965	199	37	26	1707	788	1234
1966	195	42	31	1834	812	1296
1967	190	42	31	1858	820	1313
1968	177	42	31	1905	852	1348
1969	176	42	31	1951	912	1448
1970	182	43	32	1993	993	1432
1971	192	47	36	2174	1060	1764
1972	208	48	37	2867	1273	1830
1973	243	47	36	3002	1396	1891
1974	257	46	35	3478	1605	2075
1975	275	53	42	3625	1653	2429
1976	313	55	44	3950	1813	2650
1977	331	57	46	4275	1934	2953
1978	312	60	60	4280	2000	2859
1979	337	58	58	4572	2078	2653
1980	392	60	60	5126	2354	2749
1981	416	61	61	5400	2352	3008
1982	466	61	61	5785	2440	3180

注:从 2007 年起含社区卫生服务中心、诊所卫生所和医务室,从 2011 年起含村卫生室。

Basic Statistics of Health Care Development in Main Years

年份 Year	卫生机构数(个) Number of Health Care Institutions (unit)	医院、卫生院(个) Hospitals and Health Centers (unit)	#医院 Hospitals	卫生技术人员(人) Medical Technology personne(1 person)	#医生 Doctors	卫生机构床位数(张) Number of Beds in Health Care Institutions (bed)
1983	474	63	63	6085	2610	3237
1984	438	63	63	6093	2613	3470
1985	433	59	59	6252	2758	3495
1986	475	53	53	6720	3021	3792
1987	478	45	45	7060	3221	3797
1988	455	56	56	7316	3418	4237
1989	447	55	55	7650	3585	4253
1990	510	54	54	7876	4082	4491
1991	472	51	51	8224	4060	4906
1992	471	53	53	8567	4136	5082
1993	389	50	50	8798	4364	5645
1994	403	74	74	7493	3641	5680
1995	134	76	76	7552	3845	5759
1996	148	67	67	7820	3678	5575
1997	135	67	67	7990	3754	5730
1998	136	67	67	7881	3564	5908
1999	136	40	40	7894	3612	5761
2000	137	39	39	7932	4033	6166
2001	137	86	49	8189	3860	6148
2002	130	83	42	7900	3357	6155
2003	149	94	53	8256	3582	6845
2004	163	107	62	8751	3762	7726
2005	158	104	59	8619	3660	8058
2006	143	95	52	8581	3631	8132
2007	495	101	58	10733	4541	7975
2008	595	101	59	11532	4827	8333
2009	533	101	61	12626	5096	8506
2010	543	99	61	13667	5301	9472
2011	862	99	61	14651	5461	10329
2012	903	91	53	15952	5829	11313
2013	931	92	54	17562	6429	12898
2014	939	92	53	19288	7059	13688
2015	964	92	53	20408	7578	14079
2016	967	104	65	22077	8306	15494
2017	1027	109	70	23603	8990	16675
2018	1105	121	86	25449	9684	17348

a)Since 2007, date in this table included community sanitary serive center, clinic health conter and infirmary, included village clinic since 2011.

14—2 卫生机构、床位、人员数

单位:人 (2018)

指 标	Item	机构数(个) Health Care Institutions (unit)
总 计	**Total**	**1105**
医院	**Hospitals**	86
综合医院	Ceneral Hospitals	44
中医医院	Hospitals Specialized in Chinese Medicine	10
中西医结合医院	Hospitals of Traditional Chinise and Western Medicine	1
专科医院	Specialized Hospitals	31
基层医疗卫生机构	**Primary level of Medieal and Health Institutions**	**983**
社区卫生服务中心(站)	Community Health Centers(station)	94
卫生院	Health Centers	35
村卫生室	Village Clinics	226
门诊部	Clinics	18
诊所、卫生所、医务室	Clinics,Health Centers and Dispensaries	610
专业公共卫生机构	**Professional Publil Health Agencies**	**28**
急救中心(站)	Emergency Centers(station)	1
采供血机构	Blood Stations	1
妇幼保健院(所、站)	Maternity and Child Care Centers(unit, station)	5
疾病预防控制中心	Center for Disease Control and Prevention	8
卫生监督所(中心)	Health Supervision centers(center)	8
计划生育服务机构	Family Planning Centers	2
健康教育所(站、中心)	Health Education Centers(station,center)	3
其他卫生机构	**Other Institutions**	**8**
医学在职培训机构	Health In-service Training Centers	
疗养院	Sanatoriums	1
统计信息中心	Statistical Information Center	1
其他	**Others**	**6**

Number of Health Care Institutions,Beds and Persons

（person）

床位数(张) Beds(bed)	工作人员 Number of Staff	卫生技术人员 Medical Technical Personnel	#医生 Doctors	其他技术人员 Other Technical Personnel	管理人员 Administrators	工勤人员 Workers
17348	**31005**	**25449**	**9684**	**1233**	**1820**	**2107**
15709	**22535**	**18467**	**6609**	**899**	**1490**	**1679**
11802	17061	14145	5092	560	1123	1233
1758	2359	2030	730	153	86	90
30	38	35	14		2	1
2119	3077	2257	773	186	279	355
878	**5862**	**4866**	**2280**	**146**	**199**	**255**
226	1396	1270	455	55	30	41
652	947	835	350	42	29	41
	438	42	37			
	470	344	130	23	47	56
	2611	2375	1308	26	93	117
661	**2366**	**1974**	**742**	**153**	**101**	**138**
	31	19	11	1	1	10
	133	100	12	14	6	13
661	1521	1296	465	102	35	88
	442	372	231	27	23	20
	176	149	0	2	18	7
	40	28	14	2	10	
	23	10	9	5	8	
100	**242**	**142**	**53**	**35**	**30**	**35**
100	39	25	13	2	11	1
	15	5	1	7	3	0
	188	**112**	**39**	**26**	**16**	**34**

14—3 卫生事业

Health Protection

(2018)

指 标	Item	全市 Yinchuan	#市区 City
机构数(个)	Health Care Institutions(unit)	1105	698
#医院	Hospitals	86	63
床位数(张)	Beds(bed)	17348	14295
人员数(人)	Number of Sta(f f person)	31005	26053
卫生技术人员	Medical Technical Personnel	25449	21464
执业(助理)医师	Licensed and Assistant Doctors	9684	8246
#执业医师	Licensed Doctors	8928	7746
注册护士	Regietered Nurses	11675	10032
药师(士)	Phamacis(t person)	1432	1124
技师(士)	Technician(person)	1342	1121
#检验师	Library Technician	898	763
其他	Others	1316	941
其他技术人员	Other Technical Personnel	1233	995
管理人员	Administrators	1820	1609
工勤技能人员	Workers	2107	1873

14—4 中心敬老院情况

Situation of the Centre for the elderly

(2018)

指 标	Item	全市 Yinchuan
院数(个)	Number of Geracomiums(unit)	3
床位数(张)	Beds(bed)	592
年末在院人员数(人)	Adoptd Persons at Year-end(person)	369

14—5 群众体育活动情况

Basic Statistics of Mass Sports

(2018)

指 标	Item	举办全民健身活动次数(次) Number of Mass Sports Activities hold (times)	参加活动人数(万人) Number of Attendees (10000persons)
总 计	**Total**	**394**	**98**
银川市	Yinchuan	85	29.8
兴庆区	Xingqing	68	12.2
西夏区	Xixia	75	12.4
金凤区	Jinfeng	60	13.3
永宁县	Yongning	31	9.6
贺兰县	Helan	25	10.5
灵武市	Lingwu	50	10.2

14—6 体育场地数(标准)

Number of Sports Venues(Standard)

单位:个 (2018) (unit)

指 标	Item	体育场 Stadium	体育馆 Gymnasium	游泳馆 Natatorium	游泳池 Swimming Pool	综合训练馆 Comprehenswe Training Venue
总 计	**Total**	**26**	**16**	**11**	**5**	**24**
兴庆区	Xingqing	8	5	8	1	1
西夏区	Xixia	7	5	1	2	19
金凤区	Jinfeng		2	1		
永宁县	Yongning	4				
贺兰县	Helan	2	3		1	3
灵武市	Lingwu	5	1	1	1	1

注:2017 年不包括大中专院校的体育场、馆。
a)The date in above table is not included colleges and technical secondary school in 2016.

14—7 重点优抚对象人员情况

Basic Statistics of Key Preferencial Treatment Group

单位:人 (person)

指 标	Item	2017 年	2018 年
重点优抚对象总人数	Total Number of Recsiving Key Preferential Treatnent	3580	3917
残疾军人		967	979
“三属”人员	Three Types of Family Members	98	102
#烈士家属	Family Members of Martyr	40	44
牺牲军人家属	Family Members of Sacrifice Soldiers	26	25
病故军人家属	Family Members of Disseas Dead Soldiers	32	33
在乡退伍红军老战士、在乡西路 军红军老 战士、红军失散人员	Retired Old Soldiers ofRed Army in the Township, Old Soldiers of Xilujun in the Township and Lost Staff of Red Army	0	0
在乡复员军人	Number of Demobilized Soldiers in Rural Areas	296	258
带病回乡退伍军人	Number of Returning Soldiers With Disseas	76	83
参战退役人员	Number of Ex-serviceman of War -participater	312	315
参核退役人员	Number of Ex-serviceman of Nuclear-participater	142	146

14—8 社会救济对象情况

Basic Statistics of Social Relief

单位:人 (person)

指 标	Item	2017 年	2018 年
城乡低保对象	Number of Persons Receiving Minimum Living Allowance in Urban and Rural Areas	39017	33368
# 城市低保对象	Number of Persons Receiving Minimum Living Allowance in Urban Areas	15425	12109
农村低保对象	Number of Persons Receiving Minimum Living Allowance in Rural Areas	23592	21259
特困人员总数		1288	1248
# 集中供养	Concentrated Support	444	402
散居供养	Scatterd Support	844	846

14—9 律师、公证、调解工作基本情况

Basic Statistics on Lawyers,Notarization and Mediation

指 标	Item	单位	Unit	2017 年	2018 年
律师工作	**Lawyers**				
律师事务所	Number of Law Offices	家	unit	72	75
律师	Lawyers	人	person	1607	1778
担任法律顾问	Legal Advisors	家	unit	1820	1791
民(商)事案件代理	Agent of Civil Cases	件	case	12918	15121
刑事案件辩护	Defender of Criminal Cases	件	case	1985	1168
非诉讼法律事务	Agent of Non-Litigious Legal Affairs	件	case	1774	3209
咨询和代书	Agent of Legal Documents Written on Behalf of Clients	件	case	5945	11928
公证工作	Notarization				
公证处	**Number of Notary Offices**	家	unit	5	5
公证员	Notaries Personnel	人	person	52	52
办理公证	Number of Notarized Documents	件	case	37662	31821
办理涉外公证	Number of Notarized Documents Concerning Foreign Affairs	件	case	4050	5181
人民调解	People's Mediation				
人民调解委员会	**Number of Full-time Judicial Assistants**	个	unit	765	737
人民调解员	Number of People's Mediation Committees	人	person	5443	4631
调解民间纠纷	Number of Mediators	件	case	8917	6449

14—10 社会治安

Public Security

指 标	Item	单位	Unit	2017 年	2018 年
火灾	**Fire Accidents**				
火灾起数	Number of Fire Accidents	起	case	1753	1681
火灾死亡、伤亡人数	Number of Deaths and Injuries	人	person	2	2
#死亡人数	Number of Deaths	人	person	2	2
火灾事故经济损失	Losses Converted into Cash	万元	10 000 yuan	492.38	635.58
交通事故	**Traffic Accidents**				
交通事故起数	Number of Traffic Accidents	起	case	794	964
交通事故死亡、伤亡人数	Number of Deaths and Injuries	人	person	1036	1113
#死亡人数	Number of Deaths	人	person	105	136
交通事故经济损失	Economil Loss of Traffic Accident	万元	10 000 yuan	648.25	387.37
刑事案件	**Criminal Cases**				
刑事案件立案数	Registered Criminal Cases	起	case	19577	18453
刑事案件破案数	Solved Criminal Cases	起	case	9522	8557

14—11 银川市一级以上地震情况

Basic Statistics of Level One Grade above Earthquake

年份 Year	发震时间 Earthquake Occurrence					震中位 Epicenter			震级 Earthquake magnitude
	月 Month	日 Date	时 Hour	分 Minute	秒 Second	经度 Longitude	纬度 Latitude	地点 Place	Ms
2018	1	16	6	28	10	106.25°	38.09°	灵武	1.1
2018	2	4	13	45	8	106.22°	38.42°	银川	1.2
2018	5	9	7	26	32	106.26°	38.30°	永宁	1.7
2018	8	13	17	24	47	106.38°	38.11°	灵武	1.1
2018	8	28	15	59	39	106.09°	38.46°	银川	1.5
2018	9	14	3	50	33	106.51°	38.26°	灵武	1.3
2018	12	11	13	9	10	106.26°	38.46°	银川	1.1

注:据宁夏地震台网测定,不含离台较远的单台地震。

a)The data in above table excluding from the station far single seismic station.

14—12 工业“三废”排放及处理利用情况

指标	Item	单位	Unit
工业废水排放总量	**Industrial Waste Water Discharge**	**万吨**	**10 000 tons**
工业废水中污染物排放量	**Pollutant Emissions of Volume Industrial Waste Water**		
化学需氧量	Chemical Oxygon Demand	吨	ton
氨氮	Ammonia Nitrogen	吨	ton
镉	Cadmium	千克	Kilogram
六价铬	Hexavalent Chromium	千克	Kilogram
铅	Lead	千克	Kilogram
砷	Arsenic	千克	Kilogram
挥发酚	Volatile Phenol	千克	Kilogram
氰化物	Cyanide	千克	Kilogram
石油类	Oil Type	吨	ton
工业废气排放总量	**Waste Air Emission Volume of Industrial**	**万标立方米**	**standard10 000cu.m**
工业二氧化硫排放量	**Emission Volume of Industrial Sulphur Dioxide**	**吨**	**ton**
工业氮氧化物排放量	**Emission Volume of Industrial Nitrogen Oxide**	**吨**	**ton**
烟(粉)尘排放量	**Emission Volume of Soot(dust)**	**吨**	**ton**
工业固体废物产生量	**Solid Wastes Produced Volume of Industrial**	**万吨**	**10 000 tons**
工业固体废物综合利用量	**Solid Wastes Utilized Volume of Industrial**	**万吨**	**10 000 tons**
工业固体废物贮存量	**Solid Wastes Stored Volume of Industrial**	**万吨**	**10 000 tons**
工业固体废物处置量	**Solid Wastes Dealed Volume of Industrial**	**万吨**	**10 000 tons**
工业固体废物排放量	**Solid Wastes Discharge Volume of Industrial**	**万吨**	**10 000 tons**
工业取水总量	**Water Volume of Industrial**	**万吨**	**standard10 000cu.m**

注:2011 年,烟尘与工业粉尘合并统计,指标更名称为“烟(粉)尘”排放量。

14—13 万元工业增加值主要污染物排放强度

单位:吨/万元

指标	Item	2011 年
万元工业增加值废水排放强度	Emission Intensity of Waste Water	15.33
万元工业增加值化学需氧量排放强度	Emission Intensity of ChemicalOxygen Demand	0.0046
万元工业增加值烟(粉)尘排放强度	Emission Intensity of Industrial Fumes(dust)	0.0067
万元工业增加值二氧化硫排放强度	Emission Intensity of Sulfur Dioxide	0.019

Basic Statistics of Industrial Waste Water,Waste Gas&Solid Wastes Discharge and Utilization

2017 年	2018 年
2310.39	**4578.85**
2457.70	2580.60
328.86	143.53
4.01	4.89
5374.98	2080.82
0.003	1.71
6.41	12.73
24682971.52	**20314885.01**
13727.69	**10248.49**
19527.64	**17957.77**
29421.02	**9065.43**
1108.11	**1051.64**
359.59	**288.30**
362.48	**3.53**
386.26	**737.81**
6260.77	**6310.78**

a)The data in above table that soot and industrial dust merger statistics, index name changed to soo(t dust)emissions Since 2011.

Intensity of Main Pollutant Emissions by Ten Thousand Value Added of Industry

(ton/10 000yuan)

2012 年	2013 年	2014 年	2015 年	2016 年	2017 年	2018 年
12.64	11.84	9.90	8.60	6.08	3.48	7.36
0.0035	0.0032	0.0025	0.0018	0.0008	0.0004	0.0004
0.0056	0.0052	0.0049	0.0033	0.0019	0.0044	0.0015
0.0224	0.0177	0.0122	0.0115	0.004	0.0021	0.0016

主 要 统 计 指 标 解 释

【卫生机构】 指各个部门(军事部门除外)、各种性质的设有专职卫生技术人员的卫生事业机构包括:医院、卫生院、门诊部、采供血机构、妇幼保健院(所、站)、专科疾病防治院(所、站)、疾病预防控制中心(防疫站)、卫生监督所、医学科学研究机构、医学在职培训机构、健康教育所(站、中心)、其他卫生机构。

【医院】 指名称为医院、设有固定床位能收容病人住院并能为病人提供医疗、护理服务的医疗机构。包括县及县以上医院、农村乡卫生院、其他医院三部分,按所属性质分为卫生部门、工业及其他部门、集体所有制三类。其中县及县以上医院按业务性质分为综合医院和专科医院。

【卫生技术人员】 指卫生事业机构支付工资的全部固定职工和合同制职工中现任职务为卫生技术工作的人员。包括执业医师、执业助理医师、注册护士、药剂人员、检验人员、其他。

【医生】 指经卫生部门审查合格,从事医疗工作的专业人员。包括卫生技术人员中的执业医师、执业助理医师、其他。

【公证员】 是国家的法律工作者,是在公证处专门行使国家证明权,独立办理公证事务的法律专业人员。

【公证文书】 是指公证处根据当事人的申请,依照事实和法律,按照法定程序制作的,具有特殊法律效力的司法证明文书。

【废水排放总量】 废水包括生产废水和生活废水。生产废水指企业事业单位在生产、科研、医疗等工作中,向外环境排放的所有废水。

【工业废水达标量】 指全国达到国家排放标准的外排工业废水量(包括经过处理和未经处理的)。但不包括虽经处理仍未达到国家排放标准的工业废水。

【工业粉尘回收量】 指经过各种回收处理装置回收的工业粉尘和尘泥量(包括干法和湿法)。

【工业粉尘排放量】 指生产工艺过程中排放的固体粉状物重量。

【工业固体废物产生量】 指工矿企业、事业单位在生产(试验)过程中产生的工业固体废弃物总量,不包括矿山开采的剥离废石和掘进废石(煤矸石除外)。

【工业固体废物综合利用量】 指已用作农业服料、造田、生产建筑材料以及其他方式综合利用的工业固体废物量(不包括填埋和焚烧量)。

【三废综合利用产品产值】 指企业利用“三废”作为主要原料生产的回收利用的产品产值。

【三废综合利用利润】 指企业利用“三废”作为主要原料生产和回收利用的产品售后所得的利润额。

【污染事故】 指由于某种原因引起的、偶然的、突发性的向环境排放污染物,从而造成环境污染和损害,其直接经济损失在千元以上的事件。

15

全区分市县资料

Statistical Data by City and County

15—1 各市县地区生产总值

Gross Domestic Product by City and County

单位:万元　　　　(2018)　　　　(10 000 yuan)

地区	Region	地区生产总值 Gross Domestic Product	第一产业 Primary Industry	第二产业 Secondary Industry	工业 Industry	建筑业 Construction	第三产业 Tertiary Industry	人均地区生产总值(元/人) Per Capita GDP (yuan/person)
银川市	**Yinchuan**	**19014824**	**673147**	**8673326**	**6220183**	**2454719**	**9668351**	**84964**
兴庆区	Xingqing	6337946	84176	1183214	781251	400926	5070556	84555
西夏区	Xixia	3790293	66474	1951090	1333162	615446	1772729	105531
金凤区	Jinfeng	2430049	47291	1064517	398975	669822	1318241	73431
永宁县	Yongning	1217966	171364	552162	259136	293712	494440	50179
贺兰县	Helan	1279901	191101	596313	322792	273581	492488	48975
灵武市	Lingwu	3958669	112742	3326029	3124868	201232	519897	134532
石嘴山市	**Shizuishan**	**6059184**	**314412**	**3664733**	**3061268**	**603466**	**2080039**	**75390**
大武口区	Dawukou	2476525	10887	1482147	1226870	255277	983491	80687
惠农区	Huinong	1759047	69268	1172869	958089	214781	516910	84992
平罗县	Pingluo	1823612	234257	1009717	876309	133408	579638	62924
吴忠市	**Wuzhong**	**5345336**	**665468**	**3026911**	**2084274**	**943292**	**1652957**	**37922**
利通区	Litong	1946934	210095	1146596	800590	346006	590243	46745
红寺堡区	Hongsipu	214486	55043	98703	54955	44068	60740	10554
盐池县	Yanchi	902773	72473	519391	319400	200327	310909	57146
同心县	Tongxin	693444	128798	309597	200804	108793	255048	20733
青铜峡市	Qingtongxia	1587700	199059	952624	708525	244099	436017	53384
固原市	**Guyuan**	**3031944**	**578188**	**845601**	**443745**	**402081**	**1608155**	**24544**
原州区	Yuanzhou	1364359	169408	399773	253878	146081	795178	31829
西吉县	Xiji	649233	176646	128761	41946	86814	343827	18550
隆德县	Longde	280787	59353	88507	29813	58694	132927	17912
泾源县	Jingyuan	184413	29811	62947	8848	54099	91655	18101
彭阳县	Pengyang	553151	142970	165613	109258	56393	244569	27935
中卫市	**Zhongwei**	**4029947**	**577215**	**1753685**	**1237012**	**516923**	**1699047**	**34653**
沙坡头区	Shapotou	1876911	254045	720537	589484	131230	902328	45593
中宁县	Zhongning	1626250	190916	890184	604143	286115	545150	46445
海原县	Haiyuan	526787	132254	142963	43385	99578	251569	13132

注:1.本表绝对数按当年价格计算。
2.各市县产业数据按照最新三次产业划分执行。
a) Level data in this table are calculated at current prices.
b) The data of all cities and counties was calculated according to the division of the latest three strata industries.

15—1 续表 continued

地 区	Region	构成(%) Conposition(%)			指数(上年=100) Indices(preceding year=100)				
		第一产业 Primary Industry	第二产业 Secondary Industry	第三产业 Tertiary Industry	地区生产总值 Gross Demestic Product	第一产业 Primary Industry	第二产业 Secondary Industry	第三产业 Tertiary Industry	人均地区生产总值 Per Capita GDP
银 川 市	**Yinchuan**	**3.5**	**45.6**	**50.8**	**107.2**	**103.6**	**105.5**	**109.2**	**105.8**
兴 庆 区	Xingqing	1.3	18.7	80.0	110.6	103.6	109.0	111.2	109.8
西 夏 区	Xixia	1.8	51.5	46.8	108.3	103.6	108.2	108.7	107.7
金 凤 区	Jinfeng	1.9	43.8	54.2	107.4	103.6	101.9	112.8	102.4
永 宁 县	Yongning	14.1	45.3	40.6	90.8	104.4	81.1	100.4	90.1
贺 兰 县	Helan	14.9	46.6	38.5	100.3	103.3	98.5	101.4	99.2
灵 武 市	Lingwu	2.8	84.0	13.1	109.0	103.0	110.3	101.8	108.3
石嘴山市	**Shizuishan**	**5.2**	**60.5**	**34.3**	**108.0**	**104.4**	**110.0**	**105.4**	**107.4**
大武口区	Dawukou	0.4	59.8	39.7	109.1	103.9	111.5	105.7	108.9
惠 农 区	Huinong	3.9	66.7	29.4	106.8	104.2	108.2	104.2	105.5
平 罗 县	Pingluo	12.8	55.4	31.8	107.9	104.5	109.7	106.1	107.3
吴 忠 市	**Wuzhong**	**12.4**	**56.6**	**30.9**	**106.6**	**104.2**	**107.6**	**105.5**	**105.5**
利 通 区	Litong	10.8	58.9	30.3	106.1	103.9	105.1	109.0	105.1
红寺堡区	Hongsipu	25.7	46.0	28.3	108.9	104.4	114.8	103.9	107.9
盐 池 县	Yanchi	8.0	57.5	34.4	110.6	104.3	115.5	103.5	109.7
同 心 县	Tongxin	18.6	44.6	36.8	109.7	104.3	119.4	101.7	108.2
青铜峡市	Qingtongxia	12.5	60.0	27.5	103.2	104.3	102.4	104.7	102.6
固 原 市	**Guyuan**	**19.1**	**27.9**	**53.0**	**106.6**	**104.0**	**107.5**	**107.0**	**105.6**
原 州 区	Yuanzhou	12.4	29.3	58.3	108.7	104.3	114.0	107.3	107.4
西 吉 县	Xiji	27.2	19.8	53.0	103.6	104.4	89.2	109.6	102.7
隆 德 县	Longde	21.1	31.5	47.3	107.7	104.1	118.3	102.9	107.0
泾 源 县	Jingyuan	16.2	34.1	49.7	106.0	104.0	104.1	107.9	105.1
彭 阳 县	Pengyang	25.8	29.9	44.2	105.0	103.1	107.5	104.5	104.3
中 卫 市	**Zhongwei**	**14.3**	**43.5**	**42.2**	**106.0**	**104.2**	**105.8**	**106.9**	**105.3**
沙坡头区	Shapotou	13.5	38.4	48.1	106.4	104.2	106.5	107.1	105.6
中 宁 县	Zhongning	11.7	54.7	33.5	107.0	104.0	107.0	108.1	106.0
海 原 县	Haiyuan	25.1	27.1	47.8	101.5	104.4	96.2	103.4	101.3

注:本表数据为2018年初步核算数。

a)The data in this table is the preliminary accounting data of 2018 years.

15—2 各市县农林牧渔业总产值

Gross Output Value of Agriculture, Forestry, Animal Husbandry and Fishery by City and County

单位:万元　　（按现行价格计算 calculated at current price）(2018)　　(10 000 yuan)

地区	Region	农林牧渔业总产值 Gross Output Value of Agriculture, Forestry,Animal Husbandry and Fishery	农业 Agriculture	林业 Forestry	牧业 Animal Husbandry	渔业 Fishery	农林牧渔服务业 Output Value of Services for Agriculture, Forestry,Animal Husbandry and Fishery	农林牧渔业总产值指数（上年=100） Indices of Gross Output (preceding year=100)
全区总计	**Total**	**5757748**	**3446305**	**92177**	**1761134**	**197481**	**260651**	**104.0**
银川市	**Yinchuan**	**1372820**	**834896**	**10944**	**363548**	**82490**	**80942**	**103.7**
银川市辖区	District	411981	227537	3075	120664	14760	45946	102.6
永宁县	Yongning	328226	248249	2410	58033	8720	10814	104.1
贺兰县	Helan	390753	246627	1663	79437	51526	11500	104.1
灵武市	Lingwu	241860	112483	3797	105414	7484	12682	104.7
石嘴山市	**Shizuishan**	**603904**	**378818**	**12819**	**132982**	**58760**	**20523**	**105.1**
大武口区	Dawukou	28486	9215	477	3722	10753	4319	102.9
惠农区	Huinong	136956	79778	1312	47722	4327	3816	104.6
平罗县	Pingluo	438462	289825	11030	81539	43680	12388	105.5
吴忠市	**Wuzhong**	**1354720**	**656929**	**16342**	**604117**	**22882**	**54450**	**104.1**
利通区	Litong	431689	160289	2654	241442	4841	22463	104.0
红寺堡区	Hongsipu	100693	70568	2249	24297		3579	103.7
盐池县	Yanchi	167152	56317	5498	96332	188	8818	104.3
同心县	Tongxin	274901	142049	4223	120997		7632	104.4
青铜峡市	Qingtongxia	380285	227707	1719	121049	17853	11958	104.1
固原市	**Guyuan**	**1275850**	**803366**	**41959**	**360231**	**1233**	**69060**	**103.4**
原州区	Yuanzhou	376940	252642	5556	96529	651	21562	104.0
西吉县	Xiji	378411	270741	5597	81967	582	19524	104.5
隆德县	Longde	139906	83346	6175	43056		7329	103.4
泾源县	Jingyuan	88466	25800	9336	41330		12000	101.3
彭阳县	Pengyang	292127	170837	15295	97350		8645	101.9
中卫市	**Zhongwei**	**1150455**	**772297**	**10112**	**300255**	**32115**	**35676**	**104.4**
沙坡头区	Shapotou	499565	333290	2153	125942	24627	13553	105.1
中宁县	Zhongning	382487	265559	3275	93169	7485	13000	103.7
海原县	Haiyuan	268403	173448	4684	81145	4	9123	104.3

15—3 各市县农林牧渔业增加值

Value-added of Agriculture, Forestry, Animal Husbandry and Fishery by City and County

单位:万元　　（按现行价格计算 calculated at current price）(2018)　　(10 000 yuan)

地　区	Region	农林牧渔业增加值 Value Added of Agriculture, Forestry, Animal Husbandry and Fishery	农业 Agriculture	林业 Forestry	牧业 Animal Husbandry	渔业 Fishery	农林牧渔服务业 Output Value of Services for Agriculture, Forestry, Animal Husbandry and Fishery	农林牧渔业增加值指数（上年=100） Indices of Value Added of Agriculture, Forestry, Animal Husbandry and Fishery (preceding year=100)
全区总计	**Total**	**2960643**	**1941220**	**32585**	**743719**	**76381**	**166738**	**104.0**
银川市	**Yinchuan**	**734596**	**503361**	**3819**	**144937**	**30722**	**51757**	**103.7**
银川市辖区	District	230357	146199	1091	48225	5390	29451	103.7
永宁县	Yongning	181379	148031	807	22282	3354	6905	104.3
贺兰县	Helan	200068	142195	586	31013	18962	7312	103.4
灵武市	Lingwu	122792	66935	1335	43416	3017	8089	103.1
石嘴山市	**Shizuishan**	**315358**	**221844**	**4578**	**52570**	**23274**	**13090**	**104.4**
大武口区	Dawukou	13741	5002	164	1636	4175	2764	103.8
惠农区	Huinong	69233	46858	512	17808	1655	2400	104.2
平罗县	Pingluo	232384	169985	3902	33126	17445	7926	104.4
吴忠市	**Wuzhong**	**693919**	**366467**	**5951**	**277838**	**8822**	**34842**	**104.2**
利通区	Litong	224073	84023	973	122721	1980	14377	104.0
红寺堡区	Hongsipu	52558	39934	671	9662		2291	104.4
盐池县	Yanchi	78972	30760	2017	40476	76	5643	104.2
同心县	Tongxin	130347	71459	1675	52340		4873	104.2
青铜峡市	Qingtongxia	207970	140290	615	52640	6766	7658	104.3
固原市	**Guyuan**	**613311**	**405637**	**14682**	**148320**	**453**	**44220**	**104.0**
原州区	Yuanzhou	181745	129833	1962	35944	239	13768	104.3
西吉县	Xiji	184899	134856	2038	35325	214	12466	104.4
隆德县	Longde	63290	37431	2266	18870		4724	104.1
泾源县	Jingyuan	37495	11556	3353	14844		7743	104.0
彭阳县	Pengyang	145883	91961	5064	43337		5520	103.2
中卫市	**Zhongwei**	**603459**	**443912**	**3554**	**120054**	**13110**	**22829**	**104.2**
沙坡头区	Shapotou	265922	200698	696	45712	10166	8651	104.3
中宁县	Zhongning	198621	148668	1147	37562	2943	8300	104.1
海原县	Haiyuan	138917	94546	1711	36781	1	5878	104.3

15—4 各市县规模以上工业企业主要经济指标

Main Economic Indicators on Industrial Enterprises above Designated Size by City and County

单位:个、万元　　(2018)　　(unit,10 000 yuan)

地区	Region	企业单位数 Number of Enterprises	亏损企业 Loss-suffering Enterprises	年初存货 Beginning Inventories	产成品 Finished Goods	资产总计 Total Assets	流动资产合计 Total Current Assets
全区总计	**Total**	**1151**	**344**	**7222326**	**1944744**	**105660332**	**37540518**
银川市	**Yinchuan**	**375**	**129**	**1738283**	**552231**	**34781666**	**11859148**
兴庆区	Xingqing	23	6	76849	55607	5280743	1068996
西夏区	Xixia	79	26	517701	117796	7878697	2931412
金凤区	Jinfeng	35	12	741833	333385	14846479	2763653
永宁县	Yongning	57	15	161041	60134	1922725	937313
贺兰县	Helan	82	27	182037	63263	2069107	1154460
灵武市	Lingwu	100	43	697775	219615	16566631	5152216
石嘴山市	**Shizuishan**	**236**	**77**	**1072141**	**427755**	**10350311**	**5157923**
大武口区	Dawukou	47	7	279882	58966	2212557	1174456
惠农区	Huinong	87	37	348133	159237	3797482	1999069
平罗县	Pingluo	102	33	444126	209553	4340272	1984399
吴忠市	**Wuzhong**	**372**	**94**	**1006966**	**387225**	**14645112**	**5236973**
利通区	Litong	138	38	283282	109169	4643435	1676630
红寺堡区	Hongsipu	17	3	36696	21560	980388	255682
盐池县	Yanchi	49	17	52290	25325	2933956	854483
同心县	Tongxin	58	4	304297	112740	2307105	1036727
青铜峡市	Qingtongxia	110	32	330401	118432	3780229	1413452
固原市	**Guyuan**	**33**	**4**	**36771**	**14811**	**1949703**	**371528**
原州区	Yuanzhou	17	1	23049	10007	1016062	238936
西吉县	Xiji	7	2	5032	2320	207971	42300
隆德县	Longde	5	1	3153	2275	84799	18019
泾源县	Jingyuan						
彭阳县	Pengyang	4	0	5537	209	640872	72273
中卫市	**Zhongwei**	**134**	**40**	**2729212**	**265154**	**30150823**	**12766046**
沙坡头区	Shapotou	83	18	308198	101319	5862710	1929845
中宁县	Zhongning	46	21	2420974	163835	23381174	10590686
海原县	Haiyuan	5	1	40	0	906940	245514
其他	Others						

15—4　续表1　continued

单位:个、万元　　(2018)　　(unit,10 000 yuan)

地区	Region	资产总计 Total Assets			
		流动资产合计 Total Current Assets			固定资产原价 Original Cost of Fixed Assets
		应收账款 Accounts Receivabl	存货 Inventories	产成品 Finished Goods	
全区总计	**Total**	**6945341**	**7478369**	**2195716**	**63737716**
银川市	**Yinchuan**	**2602935**	**1882748**	**607316**	**24688712**
兴庆区	Xingqing	534837	56942	29720	6180817
西夏区	Xixia	843999	544913	144446	5538478
金凤区	Jinfeng	412021	673761	262603	14529010
永宁县	Yongning	166232	147949	38054	1100826
贺兰县	Helan	264683	242371	87589	963877
灵武市	Lingwu	614826	769324	261748	10481544
石嘴山市	**Shizuishan**	**1082467**	**1140360**	**544457**	**5979601**
大武口区	Dawukou	372316	298452	72455	1400667
惠农区	Huinong	373018	330483	189602	2473255
平罗县	Pingluo	337133	511425	282400	2105680
吴忠市	**Wuzhong**	**1565326**	**1235974**	**486743**	**9854645**
利通区	Litong	464298	328808	113735	2468217
红寺堡区	Hongsipu	125151	38286	20271	657071
盐池县	Yanchi	289102	98762	39758	1764850
同心县	Tongxin	308455	441077	192607	1123992
青铜峡市	Qingtongxia	378320	329041	120372	3840516
固原市	**Guyuan**	**129063**	**41122**	**15478**	**1422645**
原州区	Yuanzhou	66084	26785	8954	765992
西吉县	Xiji	18900	6023	4690	183129
隆德县	Longde	4739	3343	1653	44261
泾源县	Jingyuan				
彭阳县	Pengyang	39341	4972	181	429262
中卫市	**Zhongwei**	**1331889**	**2625654**	**324878**	**7686272**
沙坡头区	Shapotou	636490	287118	110744	3551493
中宁县	Zhongning	525652	2298489	214134	3410791
海原县	Haiyuan	169747	40047	0	723989
其他	Others				

15—4 续表2 continued

单位:个、万元 (2018) (unit, 10 000 yuan)

地 区	Region	资产总计 Total Assets				
		房屋和构筑物 Buildings and Structures	机器设备 Machinery Equipment	运输工具 Means of Transportation	累计折旧 Accumulated Depreciation	本年折旧 Depreciation in this Year
全区总计	**Total**	**12920339**	**38957024**	**457926**	**21085344**	**3025094**
银川市	**Yinchuan**	**4528419**	**14414662**	**204851**	**9068619**	**1331705**
兴庆区	Xingqing	642920	4872791	53497	3231315	420452
西夏区	Xixia	805272	2515011	33648	2330496	250168
金凤区	Jinfeng	3100412	11305414	36001	4760760	615310
永宁县	Yongning	383086	637324	19423	515287	60470
贺兰县	Helan	424529	385477	19407	268610	75353
灵武市	Lingwu	2198482	5778205	42876	2510258	497948
石嘴山市	**Shizuishan**	**1177936**	**2335225**	**59187**	**2296400**	**267774**
大武口区	Dawukou	312915	517724	15103	595560	65999
惠农区	Huinong	443543	1204695	16165	1147473	120464
平罗县	Pingluo	421479	612806	27919	553367	81312
吴忠市	**Wuzhong**	**2010068**	**6170866**	**144547**	**3143252**	**457911**
利通区	Litong	595437	1197406	100209	664251	149068
红寺堡区	Hongsipu	35825	533174	984	123080	31696
盐池县	Yanchi	192221	1009328	5667	320151	73433
同心县	Tongxin	134191	894159	4208	155109	57945
青铜峡市	Qingtongxia	1052394	2536798	33481	1880662	145770
固原市	**Guyuan**	**188757**	**461503**	**6367**	**259881**	**74041**
原州区	Yuanzhou	148741	282648	2707	96224	37967
西吉县	Xiji	30403	147879	1935	42749	8158
隆德县	Longde	9418	29153	821	15432	3526
泾源县	Jingyuan					
彭阳县	Pengyang	194	1823	903	105476	24389
中卫市	**Zhongwei**	**1988878**	**4495209**	**42974**	**1769085**	**305666**
沙坡头区	Shapotou	693390	2477958	28148	917230	184751
中宁县	Zhongning	1281297	1472682	14432	742682	94685
海原县	Haiyuan	14191	544570	394	109174	26230
其 他	Others					

15—4 续表3 continued

单位:个、万元 （2018） （unit, 10 000 yuan）

地区	Region	负债合计 Total Liabilities	流动负债合计 Total Current Liabilities	应付账款 Accounts payable	非流动负债合计 Total Non-Current Liabilities	所有者权益合计 Total Owners'Equities
全区总计	**Total**	**66914256**	**44649929**	**11303472**	**21832387**	**38746381**
银川市	**Yinchuan**	**23863997**	**15140672**	**3453006**	**8705422**	**10917984**
兴庆区	Xingqing	3300629	2223753	862845	1076876	1980113
西夏区	Xixia	4753550	2727822	718959	2017706	3125465
金凤区	Jinfeng	10565210	6536649	1117284	4028561	4281269
永宁县	Yongning	1152144	925431	198142	226712	770580
贺兰县	Helan	1394343	1127914	308951	260447	674764
灵武市	Lingwu	12666309	7705331	1201864	4957079	3900322
石嘴山市	**Shizuishan**	**7674504**	**6000717**	**1568880**	**1455443**	**2675804**
大武口区	Dawukou	1476155	1153080	325777	323074	736402
惠农区	Huinong	2692104	2191344	655025	357395	1105377
平罗县	Pingluo	3506246	2656293	588078	774974	834025
吴忠市	**Wuzhong**	**10017073**	**5445191**	**1599834**	**4525764**	**4628034**
利通区	Litong	3090095	1741186	423025	1348907	1553337
红寺堡区	Hongsipu	543124	140110	32629	403014	437263
盐池县	Yanchi	2072178	787413	241270	1284765	861777
同心县	Tongxin	1418732	707586	142839	711146	888373
青铜峡市	Qingtongxia	2892944	2068896	760071	777931	887284
固原市	**Guyuan**	**1401044**	**671490**	**224740**	**729554**	**548659**
原州区	Yuanzhou	777612	467831	177036	309781	238449
西吉县	Xiji	143712	56398	10167	87314	64259
隆德县	Longde	32874	25500	5852	7374	51925
泾源县	Jingyuan					
彭阳县	Pengyang	446846	121761	31684	325085	194026
中卫市	**Zhongwei**	**13989450**	**11285630**	**3501975**	**2554245**	**16161371**
沙坡头区	Shapotou	3544697	2370304	686486	1174393	2318011
中宁县	Zhongning	9879797	8889372	2804163	990425	13501377
海原县	Haiyuan	564956	25954	11326	389428	341983
其他	Others					

15—4 续表4 continued

单位:个、万元 (2018) (unit,10 000 yuan)

地 区	Region	实收资本 Called up Capital	国家资本 National Capital	集体资本 Collective Capital	法人资本 Corporate Capital	个人资本 Personal Capital	港澳台资本 Hong Kong,Macao and Taiwan Capital	外商资本 Foreign Capital
全区总计	**Total**	**22802344**	**5571472**	**251851**	**10365448**	**6052344**	**369265**	**193464**
银川市	**Yinchuan**	**9104329**	**2988042**	**150339**	**4811596**	**675282**	**329800**	**149269**
兴庆区	Xingqing	843693	382282	0	400390	21021	40000	0
西夏区	Xixia	2638430	878397	0	1498364	94436	48020	119213
金凤区	Jinfeng	2317873	1072640	1794	1208252	17967	600	16621
永宁县	Yongning	303995	17343	0	107053	179600	0	0
贺兰县	Helan	617117	117627	13045	426150	46859	0	13435
灵武市	Lingwu	4494368	1554216	135500	2248073	315400	241179	0
石嘴山市	**Shizuishan**	**2083241**	**234842**	**58247**	**1159093**	**588866**	**15518**	**28175**
大武口区	Dawukou	555819	179387	54628	240842	64091	1500	15371
惠农区	Huinong	827068	45204	3119	571003	205798	0	1944
平罗县	Pingluo	700355	10251	500	347249	318977	14018	10860
吴忠市	**Wuzhong**	**3025867**	**889366**	**37264**	**1691585**	**397632**	**0**	**10020**
利通区	Litong	930408	366291	18152	428525	117439	0	0
红寺堡区	Hongsipu	317992	36764	19085	245871	6253	0	10020
盐池县	Yanchi	676181	147324	0	437541	91316	0	0
同心县	Tongxin	441883	119839	0	285292	36752	0	0
青铜峡市	Qingtongxia	659402	219148	27	294356	145872	0	0
固原市	**Guyuan**	**402767**	**35459**	**3000**	**343403**	**20905**	**0**	**0**
原州区	Yuanzhou	170437	16359	3000	149578	1500	0	0
西吉县	Xiji	33385	19100	0	8925	5360	0	0
隆德县	Longde	25820	0	0	14900	10920	0	0
泾源县	Jingyuan							
彭阳县	Pengyang	173125	0	0	170000	3125	0	0
中卫市	**Zhongwei**	**6074993**	**389301**	**3000**	**1283086**	**4369658**	**23948**	**6000**
沙坡头区	Shapotou	1434576	185773	2910	872753	373139	0	0
中宁县	Zhongning	4468710	96608	90	345546	3996519	23948	6000
海原县	Haiyuan	171707	106920	0	64787	0	0	0
其 他	Others							

15—4 续表5 continued

单位:个、万元　　　　（2018）　　　　（unit, 10 000 yuan）

地　区	Region	营业收入 Operating Revenue	营业成本 Operating Cost	其他业务收入 Other Operating Revenue	其他业务利润 Other Operating Profit	销售费用 Selling Expenses
全区总计	**Total**	**49579087**	**41953865**	**1872722**	**96337**	**874878**
银川市	**Yinchuan**	**19322377**	**16169968**	**519645**	**25497**	**322499**
兴庆区	Xingqing	5315496	4961089	12706	2619	16359
西夏区	Xixia	5484622	4104773	138787	4245	77935
金凤区	Jinfeng	3727946	2244912	13988	10991	118684
永宁县	Yongning	948836	778431	59126	3997	43091
贺兰县	Helan	1159813	980238	138100	1190	52237
灵武市	Lingwu	5859639	4920034	165463	10979	88690
石嘴山市	**Shizuishan**	**8266429**	**7413991**	**332447**	**55360**	**199426**
大武口区	Dawukou	1309987	1100159	59330	11491	44871
惠农区	Huinong	3286134	3041405	144994	42639	60052
平罗县	Pingluo	3670308	3272427	128124	1230	94503
吴忠市	**Wuzhong**	**7616840**	**6528990**	**253091**	**-3002**	**157178**
利通区	Litong	2905209	2436647	146942	-13083	81748
红寺堡区	Hongsipu	147368	86078	1044	0	1077
盐池县	Yanchi	1134747	925910	34311	0	14511
同心县	Tongxin	653545	503990	3240	0	2894
青铜峡市	Qingtongxia	2775973	2576365	67555	10081	56949
固原市	**Guyuan**	**683013**	**504674**	**92492**	**2292**	**18588**
原州区	Yuanzhou	371433	307639	41758	2307	9506
西吉县	Xiji	39118	26343	27	0	568
隆德县	Longde	18565	15792	39	0	4536
泾源县	Jingyuan					
彭阳县	Pengyang	253898	154901	50668	-15	3978
中卫市	**Zhongwei**	**10516455**	**9516733**	**666523**	**7666**	**102691**
沙坡头区	Shapotou	2391891	2064618	112475	3344	35013
中宁县	Zhongning	7989044	7379004	553505	4322	42294
海原县	Haiyuan	135521	73111	543	0	25384
其　他	Others					

15—4 续表6 continued

单位:个、万元 (2018) (unit,10 000 yuan)

地 区	Region	管理费用 Administrative Expense	财务费用 Financial Expense	利息收入 Interest Income	利息支出 Interest Expense	营业利润 Operating Profit
全区总计	**Total**	**1841699**	**1697252**	**229244**	**1629193**	**1894558**
银川市	**Yinchuan**	**668075**	**690164**	**19020**	**668424**	**689213**
兴庆区	Xingqing	62682	80353	401	80787	195481
西夏区	Xixia	179332	123268	6987	126123	332084
金凤区	Jinfeng	533628	187552	160772	177509	350550
永宁县	Yongning	95391	30108	4224	31272	-4111
贺兰县	Helan	64964	34044	1734	27754	14592
灵武市	Lingwu	230529	414484	4238	395661	110706
石嘴山市	**Shizuishan**	**281963**	**235610**	**4982**	**214711**	**66530**
大武口区	Dawukou	87311	33767	1807	34358	47973
惠农区	Huinong	102278	50921	2292	50076	-26286
平罗县	Pingluo	92375	150922	883	130277	44844
吴忠市	**Wuzhong**	**190118**	**300913**	**18493**	**273041**	**325626**
利通区	Litong	86454	75232	3685	70517	132318
红寺堡区	Hongsipu	7415	25707	-178	21354	25866
盐池县	Yanchi	22243	63771	12288	49553	106525
同心县	Tongxin	11170	57707	178	52848	76727
青铜峡市	Qingtongxia	62836	78495	2520	78769	-15809
固原市	**Guyuan**	**21494**	**44312**	**-41**	**43423**	**83685**
原州区	Yuanzhou	8084	26441	40	26582	24396
西吉县	Xiji	950	4794	-160	6560	6097
隆德县	Longde	1191	235	3	271	-1899
泾源县	Jingyuan					
彭阳县	Pengyang	11270	12842	76	10009	55091
中卫市	**Zhongwei**	**181598**	**246611**	**27454**	**258913**	**419414**
沙坡头区	Shapotou	109485	102299	8808	108114	74616
中宁县	Zhongning	69453	123766	18520	134651	333166
海原县	Haiyuan	2660	20547	125	16148	11632
其 他	Others					

单位:个、万元 （2018） （unit,10 000 yuan）

地 区	Region	资产减值损失 Assets Devaluation	公允价值变动收益 Profits or Losses on the Changes in Fair Value	投资收益 Investment Income	其他收益 Other Income	营业外收入 Non-Operating Income
全区总计	**Total**	**150737**	**-580**	**100789**	**97995**	**221236**
银川市	**Yinchuan**	**50579**	**-144**	**64179**	**42149**	**73075**
兴庆区	Xingqing	-6867	0	4288	4117	5156
西夏区	Xixia	8433	-198	52229	19545	21396
金凤区	Jinfeng	52848	0	278	7979	16327
永宁县	Yongning	-24	0	3375	4	8725
贺兰县	Helan	1869	0	340	1249	15147
灵武市	Lingwu	43866	54	3202	10724	15276
石嘴山市	**Shizuishan**	**9547**	**-422**	**12792**	**22826**	**56936**
大武口区	Dawukou	-683	-228	3495	18669	11350
惠农区	Huinong	5098	0	2312	1398	35978
平罗县	Pingluo	5132	-193	6985	2759	9608
吴忠市	**Wuzhong**	**5488**	**-15**	**8014**	**10623**	**52991**
利通区	Litong	98	0	21	4312	12729
红寺堡区	Hongsipu	565	0	-81	81	543
盐池县	Yanchi	729	0	4077	146	8830
同心县	Tongxin	-179	0	603	0	6556
青铜峡市	Qingtongxia	4274	-15	3394	6084	24334
固原市	**Guyuan**	**1233**	**0**	**7**	**8316**	**7827**
原州区	Yuanzhou	417	0	4	6749	4614
西吉县	Xiji	62	0	3	0	235
隆德县	Longde	0	0	0	1567	1258
泾源县	Jingyuan					
彭阳县	Pengyang	754	0	0	0	1721
中卫市	**Zhongwei**	**34344**	**0**	**16265**	**12613**	**21455**
沙坡头区	Shapotou	11411	0	15412	3263	10080
中宁县	Zhongning	20822	0	853	9343	11327
海原县	Haiyuan	2111	0	0	6	49
其 他	Others					

15—4 续表8 continued

单位:个、万元 (2018) (unit,10 000 yuan)

地 区	Region	营业外支出 Non-Operating Expense	利润总额 Total Profits	亏损企业亏损总额 Losses of Deficit Enterprises	本年应付职工薪酬 Employee Benefits Payable	从业人员平均人数 Average Employed Persons
全区总计	**Total**	**222578**	**1896162**	**1062336**	**2895613**	**297841**
银川市	**Yinchuan**	**90897**	**670324**	**594128**	**904161**	**95917**
兴庆区	Xingqing	7218	193419	5853	160652	15423
西夏区	Xixia	33215	320266	71596	265412	25903
金凤区	Jinfeng	64210	302667	5810	982119	57082
永宁县	Yongning	6686	-2071	28517	65644	9643
贺兰县	Helan	5644	23025	18475	67695	12105
灵武市	Lingwu	37032	88952	463877	295232	26491
石嘴山市	**Shizuishan**	**42921**	**80547**	**213153**	**390743**	**63277**
大武口区	Dawukou	3097	56226	23637	123993	14945
惠农区	Huinong	22509	-12817	120805	142817	20270
平罗县	Pingluo	17315	37137	68711	123934	28062
吴忠市	**Wuzhong**	**14997**	**363622**	**117855**	**347049**	**47729**
利通区	Litong	6439	138608	28993	118553	19101
红寺堡区	Hongsipu	82	26328	269	6856	996
盐池县	Yanchi	2476	112879	10712	24817	4086
同心县	Tongxin	1573	81710	2173	12503	2836
青铜峡市	Qingtongxia	4427	4098	75709	184322	20710
固原市	**Guyuan**	**1408**	**90103**	**2269**	**56457**	**6350**
原州区	Yuanzhou	384	28626	4	15107	2274
西吉县	Xiji	6	6326	788	2027	603
隆德县	Longde	3	-645	1477	1657	526
泾源县	Jingyuan					
彭阳县	Pengyang	1015	55797	0	37667	2947
中卫市	**Zhongwei**	**9247**	**435633**	**134932**	**264611**	**33838**
沙坡头区	Shapotou	5270	83436	86897	112704	15821
中宁县	Zhongning	3422	341071	23864	149249	17855
海原县	Haiyuan	554	11126	24170	2658	162
其 他	Others					

15-5 各市县按产业划分的固定资产投资构成

Investment Composition of Fixed Assests by Sector for each city and county

单位:万元　　　　(2018)　　　　(10 000 yuan)

地区	Region	投资总计 Total	一产 Primary Industry	二产 Secondary Industry	工业 Industry	三产 Tertiary Industry	基础设施 Infrastructure
全区总计	**Total**	**100.0**	**3.5**	**37.1**	**37.1**	**59.4**	**23.7**
银川市	**Yinchuan**	**100.0**	**1.6**	**33.7**	**33.7**	**64.7**	**12.0**
银川市辖区	District	100.0	0.5	13.2	13.2	86.3	11.9
兴庆区	Xingqing	100.0	0.9	3.7	3.7	95.4	14.0
西夏区	Xixia	100.0	0.3	44.8	44.8	54.9	12.3
金凤区	Jinfeng	100.0	0.3	3.8	3.8	95.9	9.8
永宁县	Yongning	100.0	5.9	24.7	24.7	69.4	20.8
贺兰县	Helan	100.0	8.8	24.3	24.3	66.9	8.6
灵武市	Lingwu	100.0	0.4	79.6	79.6	20.0	11.8
石嘴山市	**Shizuishan**	**100.0**	**3.9**	**63.1**	**63.1**	**33.0**	**12.1**
石嘴山市	District	100.0	5.8	51.4	51.4	42.8	13.1
大武口区	Dawukou	100.0	0.8	51.5	51.5	47.7	14.4
惠农区	Huinong	100.0	9.9	51.2	51.2	38.9	12.1
平罗县	Pingluo	100.0	1.1	80.0	80.0	18.9	10.7
吴忠市	**Wuzhong**	**100.0**	**7.1**	**57.0**	**57.0**	**35.9**	**12.8**
利通区	Litong	100.0	4.3	40.9	40.9	54.8	17.3
红寺堡区	Hongsipu	100.0	8.5	42.2	42.2	49.3	20.0
盐池县	Yanchi	100.0	2.9	82.5	82.5	14.6	2.9
同心县	Tongxin	100.0	14.7	59.2	59.2	26.1	9.8
青铜峡市	Qingtongxia	100.0	14.4	55.2	55.2	30.4	20.6
固原市	**Guyuan**	**100.0**	**5.5**	**14.0**	**14.0**	**80.5**	**38.0**
原州区	Yuanzhou	100.0	1.3	10.3	10.3	88.4	37.1
西吉县	Xiji	100.0	4.8	16.9	16.9	78.3	49.7
隆德县	Longde	100.0	5.7	26.4	26.4	67.9	36.4
泾源县	Jingyuan	100.0	14.6	8.5	8.5	76.9	11.3
彭阳县	Pengyang	100.0	16.1	16.9	16.9	67.0	49.3
中卫市	**Zhongwei**	**100.0**	**8.1**	**34.5**	**34.5**	**57.4**	**18.8**
沙坡头区	Shapotou	100.0	7.0	27.8	27.7	65.2	18.2
中宁县	Zhongning	100.0	11.2	45.7	45.7	43.1	16.5
海原县	Haiyuan	100.0	5.5	33.3	33.3	61.2	24.9

15—6 各市县社会消费品零售额

Total Retail Sales of Consumer Goods by City and County

单位:万元 (10 000 yuan)

地 区	Region	2010	2011	2012	2013	2014	2015	2016	2017	2018
全区总计	**Total**	**4184850**	**5154815**	**5905257**	**6685341**	**7371768**	**7895687**	**8501024**	**9304465**	**9358000**
银川市	**Yinchuan**	**2446470**	**3116998**	**3569297**	**4051813**	**4454190**	**4776287**	**5141927**	**5623114**	**5527311**
兴庆区	Xingqing	1290603	1661218	1864041	2029773	2153505	2314874	2485685	2727619	2617023
西夏区	Xixia	120555	148867	170303	191421	210197	226449	243154	267216	285250
金凤区	Jinfeng	316102	388472	443635	568416	637458	684973	739680	813479	757316
永宁县	Yongning	95238	110953	126930	145343	162093	171851	185556	202169	209838
贺兰县	Helan	543753	714275	857844	990810	1152771	1228860	1330140	1439340	1472618
灵武市	Lingwu	80218	93213	106543	126050	138165	149280	157711	173291	185267
石嘴山市	**Shizuishan**	**573884**	**672682**	**771394**	**843221**	**907532**	**960633**	**1023161**	**1112811**	**1159008**
大武口区	Dawukou	262100	304560	349371	381407	410465	433687	460969	501507	525628
惠农区	Huinong	181312	212860	243938	266427	287027	303655	323384	351023	358839
平罗县	Pingluo	130472	155262	178085	195387	210040	223291	238809	260281	274541
吴忠市	**Wuzhong**	**514885**	**603622**	**692094**	**790518**	**885768**	**953101**	**1027632**	**1126905**	**1191683**
利通区	Litong	259232	301881	346663	397769	444940	481113	521914	572604	612305
红寺堡区	Hongsipu	28922	33694	38479	44174	49575	52807	57301	61862	63037
盐池县	Yanchi	61426	73067	83746	96092	106918	115105	122955	135635	143860
同心县	Tongxin	60432	71291	81459	92243	104700	112759	120114	132231	138954
青铜峡市	Qingtongxia	104873	123688	141747	160240	179635	191318	205348	224574	233527
固原市	**Guyuan**	**322133**	**377374**	**432549**	**495251**	**557297**	**599720**	**649800**	**710953**	**737312**
原州区	Yuanzhou	155662	183293	210345	240825	271595	293659	318513	351752	372726
西吉县	Xiji	77665	90095	103137	118081	132184	140236	151366	162752	159393
隆德县	Longde	29686	34837	39930	45851	51318	55377	59973	64689	68017
泾源县	Jingyuan	19879	23346	26707	30495	34637	37452	40608	44367	45575
彭阳县	Pengyang	39241	45803	52430	59998	67563	72997	79341	87393	91601
中卫市	**Zhongwei**	**327478**	**384139**	**439923**	**504539**	**566981**	**605945**	**658505**	**730682**	**742255**
沙坡头区	Shapotou	178511	208859	239175	274746	309736	333717	362453	399884	413241
中宁县	Zhongning	101845	118779	136090	155587	174270	185092	201530	230164	221504
海原县	Haiyuan	47122	56501	64658	74206	82976	87136	94522	100634	107510

15—7 各地市县地方公共财政收入

单位:万元 (2018)

地区	Region	2010	2011	2012	2013
全区总计	**Total**	**1535507**	**2199767**	**2639569**	**3083376**
区级	**Autonomous Regional Level**	**384429**	**546301**	**672106**	**801381**
地市县级	**Prefecture Level**	**1151078**	**1653466**	**1967463**	**2281995**
银川市	**Yinchuan**	**640368**	**966202**	**1131320**	**1345999**
银川市辖区	District	150824	206395	244566	277306
兴庆区	Xingqing	48220	70212	81749	100352
西夏区	Xixia	14222	18673	22634	26567
金凤区	Jinfeng	18312	26386	33275	39587
永宁县	Yongning	42091	75064	91101	108862
贺兰县	Helan	55158	93361	112730	130241
灵武市	Lingwu	103414	141809	137703	157766
石嘴山市	**Shizuishan**	**216460**	**263831**	**297937**	**309948**
石嘴山市	District	45689	51939	63516	66344
大武口区	Dawukou	33824	35867	44479	47605
惠农区	Huinong	11865	16072	19037	18739
平罗县	Pingluo	51965	68241	76568	85731
吴忠市	**Wuzhong**	**156690**	**219148**	**287426**	**324749**
利通区	Litong	12628	19041	27847	33429
红寺堡区	Hongsipu	5474	8388	10907	14630
盐池县	Yanchi	23492	36470	57956	69581
同心县	Tongxin	8941	12230	17014	21061
青铜峡市	Qingtongxia	53619	68681	79102	92263
固原市	**Guyuan**	**52581**	**79788**	**103345**	**130567**
原州区	Yuanzhou	9594	14967	20169	23298
西吉县	Xiji	4460	8460	9505	11420
隆德县	Longde	3290	4636	6378	9637
泾源县	Jingyuan	2535	3531	4597	6422
彭阳县	Pengyang	9066	16519	20269	25436
中卫市	**Zhongwei**	**84979**	**124497**	**147435**	**170732**
沙坡头区	Shapotou	42555	63333	73434	82080
中宁县	Zhongning	36472	54660	65420	76091
海原县	Haiyuan	5952	6504	8581	12561

注:1.各县(区、市)合计数不等于大市数据,大市包含市本级数据

2.2015年以前沙坡头区数据包含中卫市本级,2015年起沙坡头区数据不包含中卫市本级。

Local Public Government Revenue by Prefecture, City and County

(10 000 yuan)

2014	2015	2016	2017	2018
3398627	**3734474**	**3876576**	**4175888**	**4365205**
872639	**1065445**	**1182353**	**1436962**	**1648900**
2525988	**2669029**	**2694223**	**2738926**	**2716305**
1535998	**1709831**	**1731960**	**1774561**	**1732545**
317148	357466	381232	367239	246246
115067	129600	140966	132216	114409
30910	35105	41365	56687	61068
46830	53105	58502	64166	70769
125520	144588	132821	126633	65360
145449	156220	150809	110566	115984
181635	186642	234335	303082	341750
291020	**267490**	**247391**	**230627**	**239190**
62683	57155	54433	45682	46930
42101	34682	31857	27620	27391
20582	22473	22576	18062	19539
92585	86162	80185	80414	82318
351384	**319659**	**325587**	**326885**	**345724**
29601	32596	34516	28389	30855
17518	16051	17310	20431	21995
85230	75713	77184	71860	82815
20246	22254	21550	23490	26066
104150	69944	74827	79451	72294
152950	**159094**	**157827**	**166805**	**172600**
25037	25071	25070	24192	19625
13604	16675	15213	16817	16888
11479	13500	12834	10306	11102
10138	12613	13637	15077	15783
29296	22100	21866	24018	26446
194636	**212955**	**231458**	**240048**	**226246**
6	8	14	27670	27154
86143	94129	101718	111488	91350
15819	17412	20106	22066	24247

a)The sum of counties(districts,cities)data is not equal to the total data of the city, and the total data of the city include the city itself.

b)Before 2015, data of Shapotou includes Zhongwei, while after 2015, it is not included.

15—8　各地市县地方公共财政支出

单位:万元

地区	Region	2010	2011	2012	2013
全区总计	**Total**	**5575285**	**7059096**	**8643616**	**9224819**
区级	**Autonomous Regional Level**	**1605095**	**2000263**	**2231298**	**2188943**
地市县级	**Prefecture Level**	**3970190**	**5058833**	**6412318**	**7035876**
银川市	**Yinchuan**	**1199157**	**1472546**	**1867446**	**2205311**
银川市辖区	District	285922	365452	438868	467468
兴庆区	Xingqing	99352	136417	151863	180970
西夏区	Xixia	53459	62863	82435	82454
金凤区	Jinfeng	48910	63075	79441	86731
永宁县	Yongning	140892	180797	206078	243312
贺兰县	Helan	136129	163715	225419	248186
灵武市	Lingwu	217375	253272	342965	393173
石嘴山市	**Shizuishan**	**614539**	**648406**	**777175**	**831682**
石嘴山市	District	162447	148990	190568	208903
大武口区	Dawukou	78101	72687	90449	106418
惠农区	Huinong	84346	76303	100119	102485
平罗县	Pingluo	183737	202261	227146	253365
吴忠市	**Wuzhong**	**785706**	**1081638**	**1399324**	**1398375**
利通区	Litong	48368	74942	102394	93356
红寺堡区	Hongsipu	60782	115570	142014	151210
盐池县	Yanchi	119543	175361	209240	239415
同心县	Tongxin	180538	229261	300557	308046
青铜峡市	Qingtongxia	164900	218102	259627	222046
固原市	**Guyuan**	**786629**	**1081060**	**1359933**	**1494503**
原州区	Yuanzhou	141508	186667	227775	269458
西吉县	Xiji	184889	258553	316371	339132
隆德县	Longde	118627	142897	171967	192861
泾源县	Jingyuan	70234	102210	117061	141378
彭阳县	Pengyang	124768	168121	213969	244376
中卫市	**Zhongwei**	**584159**	**775183**	**1008440**	**1106005**
沙坡头区	Shapotou	233508	302723	394290	445093
中宁县	Zhongning	175274	237504	312803	306257
海原县	Haiyuan	175377	234956	301347	354655

注:1.各县(区、市)合计数不等于大市数据,大市包含市本级数据;

2.2015年以前沙坡头区数据包含中卫市本级,2015年起沙坡头区数据不包含中卫市本级。

Local Public Government Expenditure by Prefecture, City and County

(10 000 yuan)

2014	2015	2016	2017	2018
10004526	**11384858**	**12545380**	**13727841**	**14190592**
2409918	**3112664**	**3066278**	**3579426**	**3471793**
7594608	**8272194**	**9479102**	**10148415**	**10718799**
2639036	**2878980**	**3310717**	**3418283**	**3632756**
549048	606096	714366	755055	710172
216748	217824	241068	299492	297096
95396	97518	143515	174261	231394
110626	148964	183511	164635	181682
278827	314378	300914	297528	311721
272002	271869	322582	328433	316699
452049	434581	525174	602329	720905
791844	**793531**	**882217**	**901063**	**1005745**
194426	187021	208437	199775	239380
95946	87073	98097	94596	117660
98480	99948	110340	105179	121720
273453	285316	302472	323572	361595
1447684	**1568074**	**1766106**	**2002162**	**2048878**
93616	113444	135629	140141	163524
155705	174971	220625	281471	267789
262616	284015	329841	366215	366828
315483	361316	436715	528471	530635
232467	247527	274418	290756	311481
1654252	**1835195**	**2090434**	**2259975**	**2405892**
264392	309841	350140	383724	420436
355083	386036	448286	512188	570030
195738	216547	254826	288891	281197
148593	149616	191508	202097	209466
282891	275921	303766	362727	373656
1061792	**1196414**	**1429628**	**1566932**	**1625528**
48944	62723	92030	116558	124301
287355	319633	377858	449771	439463
373434	409121	457150	519224	587259

a)The sum of counties(districts,cities)data is not equal to the total data of the city, and the total data of the city include the city itself.

b)Before 2015, data of Shapotou includes Zhongwei, while after 2015, it is not included.

15—9 主要年份各市县农村居民人均可支配收入

单位:元,%

地 区	Region	2010	2011	2012	2013
全 区	**Total**	**5125**	**5931**	**6776**	**7599**
沿黄地区	**Plain**	**6222**	**7149**	**8143**	**9104**
中南部地区	**Mountain Area**	**3612**	**4193**	**4856**	**5550**
银川市	**Yinchuan**	**6369**	**7309**	**8341**	**9341**
兴庆区	Xingqing	7363	8425	9538	10663
西夏区	Xixia	4970	5787	6678	7827
金凤区	Jinfeng	5691	6535	7450	8359
永宁县	Yongning	6247	7195	8225	9223
贺兰县	Helan	6585	7591	8692	9694
灵武市	Lingwu	6650	7649	8707	9752
石嘴山市	**Shizuishan**	**6298**	**7248**	**8279**	**9278**
大武口区	Dawukou	5537	6354	7252	8124
惠农区	Huinong	6344	7298	8321	9325
平罗县	Pingluo	6428	7420	8486	9530
吴忠市	**Wuzhong**	**5153**	**5921**	**6767**	**7605**
利通区	Litong	6736	7741	8770	9823
红寺堡区	Hongsipu	3443	3956	4533	5211
盐池县	Yanchi	4128	4668	5392	6211
同心县	Tongxin	3610	4159	4783	5457
青铜峡市	Qingtongxia	6464	7466	8542	9457
固原市	**Guyuan**	**3695**	**4297**	**4984**	**5695**
原州区	Yuanzhou	3857	4501	5214	5944
西吉县	Xiji	3613	4195	4866	5539
隆德县	Longde	3598	4174	4834	5535
泾源县	Jingyuan	3325	3861	4529	5176
彭阳县	Pengyang	3743	4363	5050	5807
中卫市	**Zhongwei**	**4510**	**5260**	**6021**	**6681**
沙坡头区	Shapotou	5628	6499	7353	8146
中宁县	Zhongning	5434	6243	7148	7945
海原县	Haiyuan	3304	3852	4488	5138

注:根据2013年城乡一体化住户调查新口径测算方法,按照年度间收入增幅不变的原则,对2010-2015年的农民人均纯收入统一调整为农民人均可支配收入。

Per Capita Annual Disposable Income of Rural Households by City and County in Main Years

(yuan,%)

2014	2015	2016	2017	2018
8410	**9119**	**9852**	**10738**	**11708**
10023	**10821**	**11661**	**12661**	**13712**
6227	**6818**	**7505**	**8347**	**9298**
10275	**11148**	**12037**	**13087**	**14160**
11677	12625	13600	14788	15904
8618	9334	10112	10975	11820
9187	9941	10746	11629	12669
10130	10995	11865	12855	13871
10667	11628	12560	13668	14780
10756	11650	12546	13659	14848
10215	**10995**	**11829**	**12880**	**14000**
8896	9563	10261	11185	12124
10269	11074	11850	12857	13865
10502	11300	12196	13276	14491
8442	**9150**	**9938**	**10912**	**12045**
10787	11589	12576	13675	14906
5837	6408	7081	7896	8796
6975	7674	8532	9549	10685
6123	6711	7388	8216	9185
10435	11200	12040	13135	14199
6395	**7002**	**7714**	**8579**	**9557**
6693	7296	8070	8961	9946
6222	6857	7566	8401	9308
6199	6769	7462	8305	9277
5805	6375	7032	7842	8736
6530	7158	7861	8790	9863
7403	**8002**	**8626**	**9365**	**10236**
8971	9669	10375	11249	12194
8819	9580	10356	11245	12180
5765	6258	6872	7658	8511

a) Pursuant to 2013 urban-rural integration resident survey new method,we follow the priciple of constant yearly income growth rate to uniformly adjust the 2010-2015 farmers ' per capita net income as farmers ' per capita disposable income.

15—10 各市县城镇居民人均可支配收入

Per Capita Annual Disposable Income of Urban Households by City and County

单位:元 (yuan)

市 县	Region	2010	2011	2012	2013	2014	2015	2016	2017	2018
全 区	**Total**	**15093**	**17291**	**19507**	**21476**	**23285**	**25186**	**27153**	**29472**	**31895**
沿黄地区	**Plain**	**15716**	**18011**	**20262**	**22288**	**24160**	**26154**	**28172**	**30540**	**33013**
中南部地区	**Mountain Area**	**11935**	**13618**	**15430**	**17003**	**18449**	**19920**	**21534**	**23383**	**25324**
银 川 市	**Yinchuan**	**16958**	**19335**	**21769**	**23940**	**26118**	**28261**	**30478**	**32981**	**35586**
兴 庆 区	Xingqing	18523	21120	23680	25835	28246	30514	32781	35452	38317
西 夏 区	Xixia	13660	15575	17641	19563	21347	23125	24976	26985	29191
金 凤 区	Jinfeng	17736	20222	22795	25530	27957	30361	32734	35560	38348
永 宁 县	Yongning	15023	16959	19252	21177	23017	25091	26948	29211	30730
贺 兰 县	Helan	14796	16890	19117	20906	22791	24548	26468	28641	31051
灵 武 市	Lingwu	15637	17867	20300	22405	24310	26255	28329	30624	32860
石嘴山市	**Shizuishan**	**14408**	**16702**	**18906**	**20703**	**22380**	**24168**	**25970**	**28186**	**30583**
大武口区	Dawukou	15871	18397	20800	22734	24671	26768	28855	31365	34220
惠 农 区	Huinong	12883	14934	16777	18437	19914	21495	23110	25056	26944
平 罗 县	Pingluo	13009	14769	16719	18308	19736	21216	22738	24606	26647
吴 忠 市	**Wuzhong**	**12940**	**14720**	**16674**	**18298**	**19853**	**21553**	**23351**	**25364**	**27478**
利 通 区	Litong	14084	16122	18206	19953	21710	23582	25303	27387	29828
红寺堡区	Hongsipu	10354	11879	13528	15223	16489	17875	19412	21195	23045
盐 池 县	Yanchi	12494	14217	16055	17653	19157	20919	22673	24677	26601
同 心 县	Tongxin	10867	12337	14127	15774	17131	18758	20277	22101	23803
青铜峡市	Qingtongxia	12874	15112	17107	18713	20292	22003	23633	25547	27591
固 原 市	**Guyuan**	**12556**	**14322**	**16223**	**18085**	**19677**	**21144**	**22717**	**24628**	**26709**
原 州 区	Yuanzhou	13136	15029	17001	19009	20680	22463	24154	26258	28596
西 吉 县	Xiji	11742	13425	15207	17107	18601	19965	21411	23240	25216
隆 德 县	Longde	11008	12605	14348	15970	17441	18632	20047	21732	23361
泾 源 县	Jingyuan	11668	13393	15189	17027	18565	19735	21158	22918	24774
彭 阳 县	Pengyang	11831	13521	15361	17128	18591	20049	21612	23345	25166
中 卫 市	**Zhongwei**	**12997**	**14750**	**16610**	**18421**	**19931**	**21604**	**23277**	**25344**	**27372**
沙坡头区	Shapotou	13596	15495	17487	19293	20920	22703	24339	26488	28694
中 宁 县	Zhongning	13303	14689	16487	18395	19831	21481	23141	25293	27271
海 原 县	Haiyuan	11062	12788	14348	16223	17570	19046	20592	22346	24046

注：根据2013年城乡一体化住户调查新口径测算方法，按照年度间收入增幅不变的原则，对2010–2015年的城镇居民收入统一调整为新口径的城镇居民人均可支配收入。

a)According to the integration of urban and rural household survey in 2013 new caliber and the principle of annual revenue growth, urban resi dents income from 2010 to 2015 unified adjust for the new urban per capita isposable income.

附 记

Apprndix

2018年大事记

一月份

1月10日，银川市统计局党组中心组召开2018年第1次集中学习会。

1月23日，银川市城市商业综合体调查完成数据收集。

1月24日，银川市统计局召开会议，传达全市“学查改”推进会议精神，部署落实工作任务。

是日，银川市统计局春节前走访慰问困难群众。

二月份

2月13日，银川市统计局传达学习市纪委十四届三次全会精神。

2月14日，银川市统计局赴扶贫村开展节前走访慰问活动

2月22日，银川市统计局传达学习中央、区、市纪委会议精神。

2月28日，中共银川市委常委、市人民政府常务副市长杨有贤对银川市统计局专报作出重要批示。

三月份

3月2日，银川市统计局召开机关党组织书记抓党建述职评议暨2018年党风廉政建设工作会议。

3月8日，银川市统计局表彰全市统计系统三八红旗手和巾帼文明示范集体。

3月9日，国家统计局分别向自治区党委、政府和灵武市委、政府发来《关于协助做好灵武市重大统计违法案件立案调查工作的函》(国统执法函〔2018〕55号)、《国家统计局关于立案调查灵武市重大统计违法案件的通知》(国统执法函〔2018〕54号)，决定3月13日赴灵武市开展统计违法行为立案调查。

3月12日，银川市统计局组织全体干部观看《厉害了，我的国》。

3月12日–13日，自治区统计局局长、自治区第四次全国经济普查领导小组办公室主任徐秀梅、自治区统计局副局长、自治区第四次全国经济普查领导小组办公室副主任梁建明调研银川市经济普查现场登记工作。

3月13日至25日，国家统计局对灵武重大统计违纪违法案件依法进行立案调查。

3月15日，银川市统计局参加2017年全区投入产出调查布置暨试点工作培训会。

3月25日，自治区统计执法检查组对贺兰县开展统计执法检查。在贺兰县召开见面会，市委常委、市人民政府常务副市长杨有贤代表市政府表态发言；贺兰县副科级以上干部参加会议。

四月份

4月9日，银川市统计局召开局领导分管科室党风廉政建设工作会。

4月12日，银川市统计局召开各县(市)区统计局长会议。

4月16日，银川市统计局积极开展“平安建设暨国家安全教育集中宣传日”普法宣传活动。

4月27日，银川市统计局党组专题研究机关党建工作。

4月27日，银川市统计局党组专题研究扶贫攻

坚工作。

五月份

5月10日，银川市政府召开专题会议，听取银川市统计局局长孙志强关于全国人大常委会来银川市执法检查的筹备情况。

5月16日–18日全国人大常委会莅临银川市开展统计执法检查工作。

5月18日，全国人大常委会在银川市行政中心听取银川市人民政府关于贯彻执行《统计法》等有关情况的汇报，市委常委、常务副市长杨有贤代表市政府汇报。

5月18日，银川市统计局完成学前儿童教育调研工作。

5月18日，银川市统计局联合银川市妇儿工委办完成了2018年妇女儿童发展规划监测统计培训工作。

5月21日，第四次全国经济普查领导小组召开视频会议。银川市第四次全国经济普查领导小组各成员单位参加。

5月24日，银川市统计局召开严格执行中央八项规定精神专题民主生活会。

六月份

6月13日，银川市统计局深入新民村落实扶贫攻坚工作。

6月14日，银川市人民政府印发《关于开展第四次全国经济普查的通知》（银政发〔2018〕92号文件），银川市第四次全国经济普查工作正式启动。

6月16日，银川市统计局召开警示教育集中约谈会。

6月16日–19日，国务院第四次全国经济普查领导小组办公室分别对灵武市、金凤区开展经济普查事后质量抽查工作。

6月25日–27日，自治区统计执法检查组来银川市开展统计执法检查。各县（市）区统计局局长参加。

6月26日，银川市统计局离休干部葛世忠一次性向党组织缴纳大额党费5000元。

6月27日，银川市统计局与新民村联合开展重温入党誓词活动。

七月份

7月10日–12日，银川市统计局组织开展第四次全国经济普查部分单位“技能从业人员”数据试填试点工作。

7月19日，市第四次全国经济普查领导小组全体成员参加第四次全国经济普查电视电话会议。

7月23日，银川市统计局传达学习全市上半年经济形势分析会议精神，安排部署具体工作。

7月30日–31日，银川市统计局派员参加自治区第四次全国经济普查区划与绘图培训工作。

八月份

8月9日，银川市人民政府办公厅《关于启用银川市第四次全国经济普查领导小组及其办公室印章的通知》（银政办发〔2018〕134号文件），银川市第四次全国经济普查领导小组及办公室印章正式启用。

8月15日，银川市认真落实“以数谋私、数字腐败”排查工作和专项整治工作。

8月19日，银川市第四次全国经济普查领导小组印发《关于组建市第四次全国经济普查领导小组办公室的通知》（银经普组发〔2018〕1号），办公室设在市统计局，下设4个工作组。

是日，银川市统计局召开“以数谋私、数字腐败”全面排查和专项整治工作推进会。

8月29日，银川市统计局领导班子召开防范惩治统计数字造假专题民主生活会。

8月30日–31日，银川市第四次全国经济普查领导小组办公室举办全市经济普查单位清查业务及数据处理软件培训班。

政治建设情况通报会。

九月份

9月7日，国家统计局赵同录司长一行对银川市统计系统开展“以数谋私、数字腐败”全面排查和专项整治工作进行检查。

9月9日-9月14日，“银川市统计系统素质提升高级研修班”第一期在大连东北财经大学举办。

9月10日-10月31日，银川市第四次全国经济普查领导小组办公室组织开展全市第四次全国经济普查单位清查、核查及查遗补漏工作，建立普查登记底册。

9月16日-9月21日，“银川市统计系统素质提升高级研修班”第二期在大连东北财经大学举办。

9月27日，银川市第四次全国经济普查领导小组召开工作会议，市政府副秘书长井胜出席会议并讲话，审定《银川市第四次全国经济普查领导小组成员单位职责》，签订《银川市第四次全国经济普查目标责任书》。

9月29日，银川市第四次经济普查领导小组办公室召开第四次全国经济普查编码工作会议。

十月份

10月10日，银川市第四次全国经济普查领导小组办公室督导金凤区经济普查单位清查工作。

10月15日，银川市统计局组织参与“七五”普法中期第三方评测调查问卷工作。

10月20日，银川市统计局召开正风肃纪加强

十一月份

11月6日，自治区党委副书记、银川市委书记姜志刚对统计工作作出重要批示“各县、(市)区和有关部门要以灵武、贺兰统计违纪违法问题为戒，按照《通知》要求扎实开展自查自纠，对发现的问题及时整改、一盯到底。同时要树立红线意识，建立长效机制，强化日常监督，坚决防止类似的问题再次发生。”

11月12日-16日，银川市第四次全国经济普查工作领导小组办公室组织开展清查数据比对、分析和评估工作。

11月13日-16日，银川市第四次经济普查工作领导小组办公室对各县(市)区清查数据检查工作进行复核验收。

11月22日，长沙市统计局一行5人来银考察学习生态文明考核工作。

十二月份

12月17日-18日，银川市第四次经济普查工作领导小组办公室举办全市第四次全国经济普查方案培训班。

12月26日，银川市出台《生态文明建设目标评价考核办法》。

中国统计出版社最新图书简目

（仅供参考，以实际出版为准）

统计资料

中国统计年鉴　中国统计摘要　中国第三产业统计年鉴
中国第三次全国农业普查综合资料　国际统计年鉴　金砖国家联合统计手册
中国-东盟国家统计手册　中国农村统计年鉴　中国县域统计年鉴
中国农产品价格调查年鉴　中国城市统计年鉴　中国价格统计年鉴
中国贸易外经统计年鉴　中国零售和餐饮连锁企业统计年鉴　中国商品交易市场统计年鉴
大中型批发零售和住宿餐饮企业统计年鉴　中国住户调查年鉴　中国工业统计年鉴
中国环境统计年鉴　中国能源统计年鉴　中国建筑业统计年鉴
中国房地产统计年鉴　投资领域统计年鉴　中国对外直接投资统计公报
中国人口和就业统计年鉴　中国劳动统计年鉴　中国社会统计年鉴
中国科技统计年鉴　中国高技术产业统计年鉴　全国企业创新调查年鉴
中国文化及相关产业统计年鉴　2018年时间利用调查资料　中国妇女儿童状况统计资料
中国基本单位统计年鉴　中国教育统计年鉴　中国教育经费统计年鉴
中国民族统计年鉴　中国残疾人事业统计年鉴　长江经济带发展统计年鉴

省级综合统计年鉴系列

北京　天津　河北　山西　内蒙古　辽宁　吉林　黑龙江　上海　江苏　浙江　安徽　福建　江西　山东　河南　湖北
湖南　广东　广西　海南　重庆　四川　贵州　云南　西藏　陕西　甘肃　青海　宁夏　新疆　新疆生产建设兵团

市(县)级综合统计年鉴系列

滨海新区　石家庄　唐山　邯郸　保定　沧州　邢台　廊坊　承德　衡水　秦皇岛　张家口　太原　大同　阳泉
长治　晋城　朔州　晋中　运城　忻州　临汾　吕梁　呼和浩特　鄂尔多斯　包头　沈阳　大连　长春　延吉　四平
白山　通化　哈尔滨　齐齐哈尔　黑龙江垦区　上海浦东新区　南京　无锡　徐州　常州　苏州　南通　连云港
淮安　盐城　扬州　镇江　泰州　宿迁　江阴　丹阳　海门　张家港　杭州　宁波　温州　嘉兴　湖州　绍兴　金华
衢州　舟山　台州　丽水　合肥　安庆　福州　厦门　宁德　漳州　龙岩　莆田　泉州　三明　南平　南昌　九江
上饶　新余　抚州　赣州　景德镇　济南　青岛　枣庄　潍坊　聊城　郑州　洛阳　平顶山　三门峡　南阳　商丘
信阳　济源　汝州　武汉　十堰　荆州　宜昌　荆门　咸宁　黄冈　长沙　鹰潭　广州　深圳　惠州　东莞　汕尾
湛江　肇庆　南宁　柳州　桂林　贵港　梧州　来宾　河池　防城港　海口　三亚　儋州　成都　内江　贵阳　黔南
毕节　昆明　文山　德宏　西安　延安　安康　铜川　汉中　商洛　银川　兰州　庆阳　乌鲁木齐　昌吉　阿勒泰
兵团一师　二师　三师　四师　六师　七师　八师　十师　十三师　十四师

调查年鉴系列

天津　内蒙古　上海　河南　湖北　湖南　广东　广西　重庆　四川　云南　甘肃　宁夏　南宁　贵港　昆明

统计方法应用/实用手册

Python数据分析基础（第二版）　医用多元统计分析（第三版）　中华生物统计用表
中国国民经济核算体系（2016）基础知识　国民经济核算初级教程　医学统计学手册
全国统计专业技术资格考试系列考试用书：统计业务知识（第四版修订版）　统计业务知识学习指导与习题
全国统计专业技术资格考试系列考试用书：统计相关知识（第四版）　统计相关知识学习指导与习题

统计通俗读物/统计科普图书

领导干部统计知识问答　《防范和惩治统计造假、弄虚作假督察工作规定》辅导读本
统计新媒体运营指南　统计公文知识问答　理解国民账户　中国古代统计史简编

重点图书

辉煌70年　第三次全国农业普查农作物面积遥感测量图集　中国第四次经济普查年鉴
新编英汉汉英统计大词典　中国国民经济核算体系2016　国民经济行业分类注释
挑大学选专业2019—考研择校指南　挑大学选专业2019—高考志愿填报指南　中华医学统计百科全书

发行部电话：(010)63376907　63376908　63376909　同榻行书店电话：(010)68783171　68783172
地址：北京市丰台区西三环南路甲6号　邮政编码：100073　网址：http://www.zgtjcbs.com